Administração
Teoria, processo e prática

O GEN | Grupo Editorial Nacional – maior plataforma editorial brasileira no segmento científico, técnico e profissional – publica conteúdos nas áreas de ciências sociais aplicadas, exatas, humanas, jurídicas e da saúde, além de prover serviços direcionados à educação continuada e à preparação para concursos.

As editoras que integram o GEN, das mais respeitadas no mercado editorial, construíram catálogos inigualáveis, com obras decisivas para a formação acadêmica e o aperfeiçoamento de várias gerações de profissionais e estudantes, tendo se tornado sinônimo de qualidade e seriedade.

A missão do GEN e dos núcleos de conteúdo que o compõem é prover a melhor informação científica e distribuí-la de maneira flexível e conveniente, a preços justos, gerando benefícios e servindo a autores, docentes, livreiros, funcionários, colaboradores e acionistas.

Nosso comportamento ético incondicional e nossa responsabilidade social e ambiental são reforçados pela natureza educacional de nossa atividade e dão sustentabilidade ao crescimento contínuo e à rentabilidade do grupo.

CHIAVENATO

Idalberto
Chiavenato

Administração
Teoria, processo e prática

6ª ed.

- O autor deste livro e a editora empenharam seus melhores esforços para assegurar que as informações e os procedimentos apresentados no texto estejam em acordo com os padrões aceitos à época da publicação, *e todos os dados foram atualizados pelo autor até a data da entrega dos originais à editora.* Entretanto, tendo em conta a evolução das ciências, as atualizações legislativas, as mudanças regulamentares governamentais e o constante fluxo de novas informações sobre os temas que constam do livro, recomendamos enfaticamente que os leitores consultem sempre outras fontes fidedignas, de modo a se certificarem de que as informações contidas no texto estão corretas e de que não houve alterações nas recomendações ou na legislação regulamentadora.

- Data do fechamento do livro: 20/04/2022

- O autor e a editora se empenharam para citar adequadamente e dar o devido crédito a todos os detentores de direitos autorais de qualquer material utilizado neste livro, dispondo-se a possíveis acertos posteriores caso, inadvertida e involuntariamente, a identificação de algum deles tenha sido omitida.

- **Atendimento ao cliente: (11) 5080-0751 | faleconosco@grupogen.com.br**

- Direitos exclusivos para a língua portuguesa
  Copyright © 2022 by
  Editora Atlas Ltda.
  Uma editora integrante do GEN | Grupo Editorial Nacional
  Travessa do Ouvidor, 11
  Rio de Janeiro – RJ – 20040-040
  www.grupogen.com.br

- Reservados todos os direitos. É proibida a duplicação ou reprodução deste volume, no todo ou em parte, em quaisquer formas ou por quaisquer meios (eletrônico, mecânico, gravação, fotocópia, distribuição pela Internet ou outros), sem permissão, por escrito, da Editora Atlas Ltda.

- Capa: Bruno Sales

- Editoração eletrônica: 2 estúdio gráfico

- Ficha catalográfica

C458a
6. ed.

Chiavenato, Idalberto, 1936-
Administração : teoria, processo e prática / Idalberto Chiavenato. - 6. ed. - Barueri [SP] : Atlas, 2022.

Inclui bibliografia e índice
ISBN 978-65-5977-307-7

1. Administração. I. Título.

22-76742   CDD: 658.001
                                                                  CDU: 005.1

Meri Gleice Rodrigues de Souza - Bibliotecária - CRB-7/6439

À Rita.

Dentre todas as dádivas que a vida tem me concedido, aquela que mais me enternece e gratifica é a oportunidade de ter vivido e de conviver com você.

Se você não existisse eu precisaria criá-la mental e espiritualmente para torná-la um sonho que me fascina cada vez mais.

Ou então pedir a Deus que a criasse do jeitinho que você é, nem mais e nem menos.

Isso é tudo para mim.

Parabéns!

Além da edição mais completa e atualizada do livro *Administração*, agora você tem acesso à Sala de Aula Virtual do Prof. Idalberto Chiavenato.

Chiavenato Digital é a solução que você precisa para complementar seus estudos.

São diversos objetos educacionais, como vídeos do autor, mapas mentais, estudos de caso e muito mais!

Para acessar, basta seguir o passo a passo descrito na orelha deste livro.

Bons estudos!

uqr.to/hs6d

Confira o vídeo de apresentação da plataforma pelo autor.

Sempre que o ícone aparece, há um conteúdo disponível na Sala de Aula Virtual.

CHIAVENÁRIO
Glossário interativo com as principais terminologias utilizadas pelo autor.

MAPAS MENTAIS
Esquemas sintetizam de forma gráfica os conteúdos desenvolvidos em cada capítulo.

PARA REFLEXÃO
Situações e temas controversos são apresentados para promover a reflexão.

SAIBA MAIS
Conteúdos complementares colaboram para aprofundar o conhecimento.

TENDÊNCIAS EM ADM
Atualidades e novos paradigmas da Administração são apresentados.

SOBRE O AUTOR

Idalberto Chiavenato é doutor e mestre em administração pela City University Los Angeles (Califórnia, EUA), especialista em administração de empresas pela Escola de Administração de Empresas de São Paulo da Fundação Getulio Vargas (FGV EAESP), graduado em filosofia e pedagogia, com especialização em psicologia educacional, pela Universidade de São Paulo (USP) e em direito pela Universidade Presbiteriana Mackenzie.

Professor honorário de várias universidades do exterior e renomado palestrante ao redor do mundo, foi professor da FGV EAESP. Fundador e presidente do Instituto Chiavenato e membro vitalício da Academia Brasileira de Ciências da Administração. Conselheiro e vice-presidente de assuntos acadêmicos do Conselho Regional de Administração de São Paulo (CRA-SP).

Autor de 48 livros nas áreas de administração, recursos humanos, estratégia organizacional e comportamento organizacional publicados no Brasil e no exterior. Recebeu três títulos de *Doutor Honoris Causa* por universidades latino-americanas e a Comenda de Recursos Humanos pela Associação Brasileira de Recursos Humanos (ABRH-Nacional).

PREFÁCIO

Estamos vivendo em uma sociedade composta de organizações. As organizações constituem a mais significativa e maravilhosa invenção social do ser humano em todos os tempos. A lenta e gradativa caminhada da humanidade rumo ao desenvolvimento social e tecnológico somente foi possível com a ajuda das organizações. Nos tempos atuais, tudo o que precisamos para viver – produtos, serviços, tecnologia, energia, informação, entretenimento – é inventado, criado, projetado, produzido e lançado no mercado por organizações. Muitas vezes nos maravilhamos com as sofisticações tecnológicas e nos esquecemos de que elas são simplesmente o fruto, consequência ou resultado da atividade organizada. Na verdade, o desenvolvimento de cada povo e de cada nação depende basicamente do desenvolvimento de suas organizações – sejam elas lucrativas ou não lucrativas, industriais, comerciais, de serviços públicos, de ensino, saúde etc. Países se tornam adiantados graças, principalmente, ao avanço de suas organizações bem-sucedidas, competentes, sustentáveis, flexíveis e inovadoras.

E para serem assim – bem-sucedidas, competentes, sustentáveis, flexíveis e inovadoras – as organizações precisam ser administradas. Elas requerem um aparato administrativo composto por administradores que atuam como líderes de líderes em uma verdadeira constelação de liderança de lideranças. De uma maneira simplista pode-se afirmar que não há países adiantados ou países atrasados, mas como dizia Peter Drucker, países bem administrados e países mal administrados. Melhor dizendo, há países que possuem organizações de classe mundial, excelentes e bem administradas e há países com organizações que requerem urgentemente a presença de administradores competentes para tirá-las do sufoco e da inércia.

O importante é que o caminho para o desenvolvimento social e econômico – seja de um país ou de uma organização – passa necessariamente pela administração, em qualquer setor.

Como administrador não basta você ser um funcionário entre os vários funcionários de uma organização. Ou trabalhar dentro da média ou da mediana dos desempenhos avaliados como tal. O importante é marcar a sua presença na vida da organização. Isso significa trabalhar mais com ideias e conceitos do que trabalhar com objetos e ferramentas. Olhar para a frente e acima e não apenas para baixo e para o chão. Pense nisso! Para tanto, aprenda a analisar melhor a importância da administração nos dias atuais, nas organizações e em nossas vidas. Principalmente na sua!

Idalberto Chiavenato
www.chiavenato.com

SUMÁRIO

PARTE I – Os Fundamentos da Administração, 1

Capítulo 1
O QUE É ADMINISTRAÇÃO DE EMPRESAS, 3

1.1 CONCEITO DA ADMINISTRAÇÃO, 4
1.1.1 Conceito atual de Administração, 6

1.2 RÁPIDA HISTÓRIA DA TEORIA DA ADMINISTRAÇÃO, 6

1.3 ÊNFASE NAS TAREFAS, 6
1.3.1 Administração Científica, 6

1.4 ÊNFASE NA ESTRUTURA ORGANIZACIONAL, 10
1.4.1 Teoria Clássica, 10
1.4.2 Teoria da Burocracia, 13
1.4.3 Teoria Estruturalista, 16

1.5 ÊNFASE NAS PESSOAS, 16
1.5.1 Escola das Relações Humanas, 16
1.5.2 Teoria Comportamental, 18

1.6 ÊNFASE NA TECNOLOGIA, 18

1.7 ÊNFASE NO AMBIENTE, 19

1.8 ÊNFASE NAS COMPETÊNCIAS E NA COMPETITIVIDADE, 20

1.9 ESTADO DA TEORIA ADMINISTRATIVA, 20

1.10 PERSPECTIVAS DA ADMINISTRAÇÃO, 22
1.10.1 O que a Era Industrial nos deixou, 24
1.10.2 A Era da Informação, 25
1.10.3 A Era Digital, 28

REFERÊNCIAS, 29

Capítulo 2
AS EMPRESAS, 31

2.1 AS EMPRESAS COMO ORGANIZAÇÕES SOCIAIS, 32

xiv Administração | **CHIAVENATO**

2.2 CONCEITO DE ORGANIZAÇÕES, 33
    2.2.1   Organizações formais, 33
    2.2.2   Organizações lucrativas e não lucrativas, 33

2.3 RÁPIDA HISTÓRIA DAS ORGANIZAÇÕES, 34
    2.3.1   A Era Digital, 36

2.4 CARACTERÍSTICAS DAS EMPRESAS, 36

2.5 AS EMPRESAS COMO SISTEMAS ABERTOS, 37
    2.5.1   Conceito de sistema, 37
    2.5.2   Tipos de sistemas, 39
    2.5.3   Representação dos sistemas, 40

2.6 OS NÍVEIS DAS EMPRESAS, 40
    2.6.1   Racionalidade, 40
    2.6.2   As partes da empresa – os níveis organizacionais, 41
    2.6.3   Encadeamento dos níveis organizacionais, 43

2.7 O ALINHAMENTO ORGANIZACIONAL, 45
    2.7.1   Missão organizacional, 45
    2.7.2   Princípios e valores organizacionais, 47
    2.7.3   Visão organizacional, 48
    2.7.4   Os objetivos das empresas, 49

2.8 OS RECURSOS DAS EMPRESAS, 52
    2.8.1   Classificação dos recursos empresariais, 53

2.9 PAPEL DA EMPRESA, 55

REFERÊNCIAS, 57

Capítulo 3
O ADMINISTRADOR, 59

3.1 PAPEL DO ADMINISTRADOR, 60

3.2 AS COMPETÊNCIAS DO ADMINISTRADOR, 60

3.3 AS HABILIDADES DO ADMINISTRADOR, 61

3.4 AS ATIVIDADES DO ADMINISTRADOR, 63

3.5 A NATUREZA DO TRABALHO DO ADMINISTRADOR, 64
    3.5.1   Administrador como empreendedor, como gerente ou como líder, 65

REFERÊNCIAS, 67

PARTE II – O Contexto em que as Empresas Operam, 69

Capítulo 4

O AMBIENTE DAS EMPRESAS, 73

4.1 MAPEAMENTO AMBIENTAL, 74
4.1.1 Seleção ambiental, 74
4.1.2 Percepção ambiental, 74
4.1.3 Consonância e dissonância, 74
4.1.4 Limites ou fronteiras, 75

4.2 AMBIENTE GERAL, 75
4.2.1 Variáveis do ambiente geral, 75

4.3 AMBIENTE DE TAREFA, 78
4.3.1 Setores do ambiente de tarefa, 78
4.3.2 Domínio, 79

4.4 DINÂMICA AMBIENTAL, 80
4.4.1 Homogeneidade *versus* heterogeneidade, 80
4.4.2 Estabilidade *versus* instabilidade, 81

4.5 TIPOLOGIAS DE AMBIENTES, 81

4.6 ANÁLISE AMBIENTAL, 84
4.6.1 Reconhecimento do ambiente de tarefa, 84
4.6.2 Cenários, 84
4.6.3 A influência ambiental, 85
4.6.4 Imperativo ambiental, 87

REFERÊNCIAS, 88

Capítulo 5

A TECNOLOGIA E SUA ADMINISTRAÇÃO, 89

5.1 NOÇÕES DE TECNOLOGIA, 90

5.2 ADMINISTRAÇÃO DA TECNOLOGIA, 91

5.3 TIPOLOGIAS DE TECNOLOGIAS, 92
5.3.1 Tecnologia de acordo com o arranjo físico, 92
5.3.2 Tecnologia de acordo com o produto, 93
5.3.3 Tecnologia de acordo com o tipo de operação, 95

5.4 INFLUÊNCIA DA TECNOLOGIA, 95

5.5 IMPERATIVO TECNOLÓGICO, 96

REFERÊNCIAS, 97

xvi Administração | CHIAVENATO

Capítulo 6
ESTRATÉGIA EMPRESARIAL, 99

6.1 NOÇÕES DE ESTRATÉGIA, 100

6.2 ABORDAGENS DA ESTRATÉGIA, 100

6.3 COMPONENTES DA ESTRATÉGIA EMPRESARIAL, 103
6.3.1 A busca da vantagem competitiva, 103

6.4 PLANEJAMENTO ESTRATÉGICO, 104

6.5 ARTICULAÇÃO ESTRATÉGICA, 104

6.6 TIPOS DE ESTRATÉGIAS EMPRESARIAIS, 106

6.7 DESDOBRAMENTOS ESTRATÉGICOS, 107

6.8 ESTRATÉGIAS COMPETITIVAS, 108

6.9 AVALIAÇÃO DA ESTRATÉGIA EMPRESARIAL, 112

6.10 ADMINISTRAÇÃO DA ESTRATÉGIA, 113

6.11 EFICIÊNCIA E EFICÁCIA, 114

6.12 PROCESSO ADMINISTRATIVO, 115

REFERÊNCIAS, 117

PARTE III – Planejamento da Ação Empresarial, 119

Capítulo 7
PLANEJAMENTO ESTRATÉGICO, 123

7.1 CARACTERÍSTICAS DO PLANEJAMENTO ESTRATÉGICO, 124

7.2 ETAPAS DO PLANEJAMENTO ESTRATÉGICO, 125

7.3 DEFINIÇÃO DOS OBJETIVOS ORGANIZACIONAIS, 125
7.3.1 *Shareholders* e *stakeholders*, 126

7.4 HIERARQUIA DE OBJETIVOS, 127
7.4.1 Administração por Objetivos, 130

7.5 ANÁLISE DAS CONDIÇÕES AMBIENTAIS, 130
7.5.1 Análise do ambiente geral, 131
7.5.2 Análise do ambiente de tarefa, 131
7.5.3 A análise ambiental de Porter, 133
7.5.4 Elaboração de cenários, 134

7.6 ANÁLISE ORGANIZACIONAL, 135
    7.6.1 Recursos, 135
    7.6.2 Competências essenciais, 136
    7.6.3 Análise SWOT, 136

7.7 FORMULAÇÃO DE ALTERNATIVAS ESTRATÉGICAS, 137

7.8 ELABORAÇÃO DO PLANEJAMENTO ESTRATÉGICO, 139
    7.8.1 Filosofias de planejamento, 141

7.9 IMPLEMENTAÇÃO DO PLANEJAMENTO ESTRATÉGICO, 141

7.10 ACOMPANHAMENTO E AVALIAÇÃO DOS RESULTADOS, 142

7.11 *BALANCED SCORECARD* (BSC), 142

REFERÊNCIAS, 144

Capítulo 8
PLANEJAMENTO TÁTICO, 145

8.1 CONCEITUAÇÃO DE PLANEJAMENTO TÁTICO, 146

8.2 CARACTERÍSTICAS DO PLANEJAMENTO TÁTICO, 147

8.3 PROCESSO DECISÓRIO, 148
    8.3.1 Elementos do processo decisório, 149
    8.3.2 Níveis de decisão, 149
    8.3.3 Etapas do processo decisório, 150
    8.3.4 Racionalidade do processo decisório, 150
    8.3.5 Decisões programáveis e não programáveis, 151
    8.3.6 Condições de decisão, 151
    8.3.7 Estilos de decisão, 152

8.4 TIPOS DE PLANOS TÁTICOS, 153

8.5 IMPLEMENTAÇÃO DOS PLANOS TÁTICOS, 154
    8.5.1 Políticas, 154
    8.5.2 Tipos de políticas, 155

REFERÊNCIAS, 155

Capítulo 9
PLANEJAMENTO OPERACIONAL, 157

9.1 CONCEITUAÇÃO DE PLANEJAMENTO OPERACIONAL, 157

9.2 TIPOS DE PLANOS OPERACIONAIS, 158

9.3 PROCEDIMENTOS, 158
    9.3.1 Fluxograma vertical, 160
    9.3.2 Fluxograma horizontal, 161
    9.3.3 Fluxograma de blocos, 162

Administração | CHIAVENATO

9.4 ORÇAMENTOS, 162
9.4.1   Listas de verificação, 163

9.5 PROGRAMAS OU PROGRAMAÇÕES, 164
9.5.1   Cronograma, 165
9.5.2   Gráfico de Gantt, 166
9.5.3   *Program Evaluation Review Technique*, 166

9.6 REGRAS E REGULAMENTOS, 167

9.7 DIVERSIDADE DE PLANOS OPERACIONAIS, 168

REFERÊNCIAS, 168

PARTE IV – Organização da Ação Empresarial, 169

Capítulo 10
DESENHO ORGANIZACIONAL, 175

10.1 OS REQUISITOS DO DESENHO ORGANIZACIONAL, 176

10.2 AS CARACTERÍSTICAS PRINCIPAIS DO DESENHO ORGANIZACIONAL, 177
10.2.1   Diferenciação, 177
10.2.2   Formalização, 178
10.2.3   Centralização, 179
10.2.4   Integração, 181
10.2.5   Conclusões sobre as características do desenho organizacional, 183

10.3 TAMANHO ORGANIZACIONAL, 184

10.4 AMPLITUDE DE CONTROLE, 185

10.5 TIPOS TRADICIONAIS DE ORGANIZAÇÃO, 187

10.6 ORGANIZAÇÃO LINEAR, 187
10.6.1   Características da organização linear, 188
10.6.2   Vantagens da organização linear, 188
10.6.3   Desvantagens da organização linear, 188

10.7 ORGANIZAÇÃO FUNCIONAL, 189
10.7.1   Características da organização funcional, 189
10.7.2   Vantagens da organização funcional, 190
10.7.3   Desvantagens da organização funcional, 190

10.8 ORGANIZAÇÃO LINHA-*STAFF*, 191
10.8.1   Critérios de distinção entre linha e *staff*, 192
10.8.2   Características da organização linha-*staff*, 193
10.8.3   Vantagens da organização linha-*staff*, 195
10.8.4   Desvantagens da organização linha-*staff*, 196

10.9 ESTRUTURA MATRICIAL, 198

10.9.1 Características da estrutura matricial, 198

10.9.2 Vantagens da estrutura matricial, 199

10.9.3 Limitações da estrutura matricial, 200

10.9.4 Aplicações da estrutura matricial, 200

10.10 ORGANIZAÇÕES TEMPORÁRIAS OU ADHOCRÁTICAS, 200

10.10.1 Características da adhocracia, 201

10.11 ESTRUTURA EM REDES, 201

10.11.1 Características da estrutura em redes, 202

10.11.2 Vantagens da estrutura em redes, 203

10.12 ORGANIZAÇÃO VIRTUAL, 203

10.13 DESENHO ORGANIZACIONAL, 203

10.13.1 Organização sem fronteiras, 204

REFERÊNCIAS, 205

Capítulo 11
DESENHO DEPARTAMENTAL, 207

11.1 DEPARTAMENTALIZAÇÃO, 207

11.2 DEPARTAMENTALIZAÇÃO FUNCIONAL, 208

11.2.1 Vantagens da departamentalização funcional, 208

11.2.2 Limitações e desvantagens da departamentalização funcional, 209

11.2.3 Aplicações da departamentalização funcional, 210

11.3 DEPARTAMENTALIZAÇÃO POR PRODUTOS OU SERVIÇOS, 211

11.3.1 Vantagens da departamentalização por produtos/serviços, 211

11.3.2 Limitações da departamentalização por produtos/serviços, 212

11.3.3 Aplicações da departamentalização por produtos/serviços, 212

11.4 DEPARTAMENTALIZAÇÃO POR BASE TERRITORIAL, 213

11.4.1 Características da departamentalização geográfica, 213

11.4.2 Vantagens da departamentalização geográfica, 213

11.4.3 Limitações da departamentalização geográfica, 214

11.4.4 Aplicações da departamentalização geográfica, 214

11.5 DEPARTAMENTALIZAÇÃO POR CLIENTELA, 214

11.5.1 Características da departamentalização por clientela, 214

11.5.2 Vantagens da departamentalização por clientela, 215

11.5.3 Limitações da departamentalização por clientela, 215

11.5.4 Aplicações da departamentalização por clientela, 215

11.6 DEPARTAMENTALIZAÇÃO POR PROCESSO, 216

11.6.1 Características da departamentalização por processo, 216

11.6.2 Vantagens da departamentalização por processos, 216

Administração | **CHIAVENATO**

11.6.3 Limitações da departamentalização por processo, 217

11.6.4 Aplicações da departamentalização por processo, 217

11.6.5 Reengenharia de processos, 217

11.7 DEPARTAMENTALIZAÇÃO POR PROJETO, 217

11.7.1 Características da departamentalização por projetos, 218

11.7.2 Vantagens da departamentalização por projeto, 218

11.7.3 Desvantagens da departamentalização por projeto, 219

11.7.4 Aplicações da departamentalização por projeto, 219

11.7.5 Força-Tarefa, 219

11.8 OPÇÕES DEPARTAMENTAIS, 221

11.9 CRITÉRIOS PARA AVALIAR A DEPARTAMENTALIZAÇÃO, 221

REFERÊNCIAS, 222

Capítulo 12
MODELAGEM DO TRABALHO, 225

12.1 DESENHO DE CARGOS E TAREFAS, 225

12.2 ABORDAGENS AO DESENHO DE CARGOS E TAREFAS, 226

12.2.1 Abordagem clássica ao desenho de cargos, 226

12.2.2 Abordagem humanística ao desenho de cargos, 227

12.2.3 Abordagem contingencial ao desenho de cargos, 228

12.2.4 Desenho de cargos e a abordagem sociotécnica, 230

12.2.5 Especialização e enriquecimento de cargos, 231

12.2.6 Desenho de cargos e as pessoas, 233

12.2.7 Esquemas de integração entre cargos, 234

12.3 NOVAS ABORDAGENS NA MODELAGEM DO TRABALHO, 235

12.4 EQUIPES, 235

REFERÊNCIAS, 237

PARTE V – Direção da Ação Empresarial, 239

Capítulo 13
DIREÇÃO/LIDERANÇA, 247

13.1 ESTILOS DE DIREÇÃO, 247

13.1.1 Teoria X, 247

13.1.2 Teoria Y, 248

13.1.3 Oposição entre teoria X e teoria Y, 248

13.2 SISTEMAS DE ADMINISTRAÇÃO, 250

13.2.1 Sistema 1: autoritário-coercitivo, 250

13.2.2 Sistema 2: autoritário-benevolente, 250

13.2.3 Sistema 3: consultivo, 250

13.2.4 Sistema 4: participativo, 251

13.3 CULTURA ORGANIZACIONAL, 254

13.4 LIDERANÇA, 257

13.4.1 Conceito de liderança, 257

13.4.2 Estilo de liderança autoritária, liberal e democrática, 258

13.5 ESTILOS DE LIDERANÇA, 260

13.5.1 *Managerial Grid*, 261

13.5.2 Eficácia gerencial, 263

13.5.3 *Continuum* de liderança, 263

13.6 NÍVEIS DE LIDERANÇA, 264

13.7 *EMPOWERMENT*, 265

REFERÊNCIAS, 267

Capítulo 14
GERÊNCIA, 269

14.1 MOTIVAÇÃO HUMANA, 269

14.1.1 Ciclo motivacional, 270

14.1.2 A hierarquia das necessidades, 271

14.1.3 Fatores higiênicos e fatores motivacionais, 272

14.1.4 Enriquecimento do cargo, 274

14.1.5 Abordagens contingenciais da motivação humana, 274

14.1.6 Forças básicas da motivação para produzir, 275

14.1.7 Valências, 276

14.1.8 Instrumentalidade, 276

14.1.9 Teoria da expectância, 277

14.1.10 Teoria da fixação de metas, 277

14.1.11 Teoria do reforço, 278

14.1.12 Conceito de homem complexo, 278

14.2 CLIMA ORGANIZACIONAL, 279

14.3 GESTÃO PARTICIPATIVA, 280

14.4 EQUIPES, 280

14.5 COMUNICAÇÃO, 282

14.5.1 Processo de comunicação, 282

14.5.2 Barreiras à comunicação, 284

14.5.3 Propósito das comunicações, 285

14.5.4 Comunicações formais e informais, 286

14.5.5 Comunicações orais e escritas, 286

14.5.6 Comunicações descendentes, ascendentes e laterais, 286

REFERÊNCIAS, 287

Capítulo 15
SUPERVISÃO, 289

15.1 CARACTERÍSTICAS DA SUPERVISÃO, 290

15.2 O TRABALHO EM EQUIPE, 291

15.2.1 Tipos de equipes, 292

15.2.2 Construção de equipes, 293

REFERÊNCIAS, 295

PARTE VI – Controle da Ação Empresarial, 297

Capítulo 16
CONTROLE ESTRATÉGICO, 303

16.1 A NECESSIDADE DE CONTROLAR, 304

16.2 FASES DO CONTROLE ORGANIZACIONAL, 304

16.2.1 Estabelecimento de padrões de desempenho, 304

16.2.2 Avaliação do desempenho ou do resultado organizacional, 305

16.2.3 Comparação do desempenho com o padrão, 306

16.2.4 Ação corretiva, 306

16.3 TIPOS DE CONTROLES ESTRATÉGICOS, 307

16.3.1 Desempenho global da empresa, 308

16.3.2 Balanço contábil e relatórios financeiros, 309

16.3.3 Demonstrativo de lucros e perdas, 309

16.3.4 Análise do Retorno do Investimento, 310

16.3.5 Balanço social – ética e responsabilidade social, 311

16.3.6 Controle organizacional do ponto de vista humano, 311

16.3.7 Variáveis causais, intervenientes e resultantes, 311

REFERÊNCIAS, 312

Capítulo 17

CONTROLE TÁTICO, 313

17.1 ESTABELECIMENTO DE PADRÕES TÁTICOS, 314
17.1.1 Tipos de padrões táticos, 315

17.2 AVALIAÇÃO DOS RESULTADOS, 316

17.3 COMPARAÇÃO DOS RESULTADOS COM OS PADRÕES, 316

17.4 TÉCNICAS DE MENSURAÇÃO, 317
17.4.1 Observação , 317
17.4.2 Relatórios, 317

17.5 AÇÃO CORRETIVA, 318

17.6 TIPOS DE CONTROLES TÁTICOS, 319
17.6.1 Sistema de informação gerencial, 319
17.6.2 Controle orçamentário, 319
17.6.3 Orçamento-Programa, 320
17.6.4 Contabilidade de custos, 321

17.7 CENTROS DE RESPONSABILIDADE, 322

REFERÊNCIAS, 323

Capítulo 18

CONTROLE OPERACIONAL, 325

18.1 CONTROLE COMO UM PROCESSO CIBERNÉTICO, 325

18.2 FASES DO CONTROLE OPERACIONAL, 329

18.3 AÇÃO CORRETIVA, 330
18.3.1 Ação disciplinar, 331

18.4 TIPOS DE CONTROLES OPERACIONAIS, 332
18.4.1 Custo-Padrão, 332
18.4.2 Fluxo de caixa, 334
18.4.3 Orçamento de caixa, 335
18.4.4 Controle de estoques, 336
18.4.5 Programação de produção *just-in-time*, 337
18.4.6 Produção em linha de montagem, 338
18.4.7 Quadros de produtividade, 338
18.4.8 Automação, 338
18.4.9 Controle de qualidade, 338
18.4.10 Medidas não financeiras de desempenho, 339

REFERÊNCIAS, 340

PARTE VII – A Administração da Ação Empresarial, 341

Capítulo 19
COMPETÊNCIAS ORGANIZACIONAIS, CRIAÇÃO DE VALOR E VANTAGENS COMPETITIVAS, 345

19.1 A CASCATA DE COMPETÊNCIAS, 346

19.2 COMPETÊNCIAS ESSENCIAIS, 347
    19.2.1 Competências funcionais, 349
    19.2.2 Competências gerenciais, 350
    19.2.3 Competências individuais, 351
    19.2.4 Vantagem competitiva, 352

19.3 COMPETITIVIDADE, 353
    19.3.1 Modelo de análise estrutural das cinco forças competitivas, 354

19.4 CRIAÇÃO DE VALOR, 356
    19.4.1 Cadeia de valor, 356

19.5 REDE DE VALOR, 359

19.6 RESPONSABILIDADE SOCIAL, 360
    19.6.1 Áreas de responsabilidade social, 361
    19.6.2 Estratégias de responsabilidade social, 361

REFERÊNCIAS, 363

Capítulo 20
SUPRA-ADMINISTRAÇÃO E A GOVERNABILIDADE ORGANIZACIONAL, 365

20.1 SUSTENTABILIDADE, 365
    20.1.1 Indicadores de sustentabilidade corporativa, 368

20.2 INOVAÇÃO, 369
    20.2.1 Tipos de inovação, 370
    20.2.2 Criação de um ambiente propício à inovação, 371

20.3 GOVERNANÇA CORPORATIVA, 372
    20.3.1 Conceituação de governança corporativa, 372
    20.3.2 Origens da governança corporativa, 373
    20.3.3 Componentes da governança corporativa, 374
    20.3.4 Graus de maturidade da governança corporativa, 374
    20.3.5 *Stakeholders*, 375

20.4 ÉTICA, 376
    20.4.1 Código de ética, 376

REFERÊNCIAS, 377

ÍNDICE ALFABÉTICO, 379

PARTE I

OS FUNDAMENTOS DA ADMINISTRAÇÃO

Capítulo 1 – O Que é Administração de Empresas
Capítulo 2 – As Empresas
Capítulo 3 – O Administrador

Ao longo de toda a sua história o ser humano sempre inventou maneiras de melhor aplicar seus esforços para, assim, conseguir melhores resultados de suas ações. E isso ficou evidenciado a partir do momento em que aprendeu a reunir forças, juntar pessoas, intercambiar ideias e experiências e passar a trabalhar em conjunto. Foi a etapa em que o ser humano passou pela Era da Agricultura e ingressou na Era Industrial. Assim inventou a organização – o motor do desenvolvimento econômico e social que permitiu chegarmos ao mundo moderno – o carro-chefe da inovação e da transformação da sociedade contemporânea.

Dentre todas as suas criações, aquela que avulta e se sobressai por ser a mais complexa e maravilhosa é indiscutivelmente a organização – a forma organizada de trabalhar, criar valor, projetar, produzir e distribuir bens e serviços. Não existem duas organizações iguais; cada qual tem a sua personalidade própria, sua natureza especial, seus objetivos e suas características ímpares, desempenho e resultados. As organizações apresentam enorme diversidade e são profundamente diferentes entre si. Podem ser pequenas, médias, grandes, nacionais, regionais, internacionais ou mundiais. Elas são organismos complexos pois se caracterizam como sistemas abertos, orgânicos e em contínua transformação. Lidamos com elas durante anos a fio e não conseguimos entender exatamente como funcionam, como crescem ou sobrevivem.

Além disso, as organizações operam em ambientes diferentes, rodeadas de um universo de fatores econômicos, políticos, tecnológicos, legais, sociais, culturais e demográficos que interagem entre si e se alternam constantemente, proporcionando um campo dinâmico de forças que se caracteriza por enorme mudança e instabilidade ao redor. No fundo, as organizações recebem influências de seu meio ambiente, mas em contrapartida nele também provocam profundas mudanças. Se as organizações se transformam em função do impacto de forças ambientais, elas também provocam alterações nesse contexto externo. Há um complicado jogo de ações e interações provocando e recebendo influências de todas as partes envolvidas.

Além do mais, as organizações não são autônomas e nem autossuficientes. Elas precisam ser governadas, ou melhor, administradas. Elas requerem administradores – como presidente, diretores, gerentes, supervisores, líderes e equipes, pessoas – enfim, todo um aparato administrativo para assegurar a ação organizacional. Toda organização necessita de uma complexa equipe de pessoas altamente qualificadas – para sua adequada administração. Uma verdadeira liderança de lideranças para decidir e agir de maneira apropriada a cada situação ambiental e buscar resultados sempre mais elevados de maneira eficiente e eficaz.

A Administração envolve simultaneamente arte, técnica e ciência. Arte no sentido de que administrar constitui uma *expertise* que requer elegância, beleza, estilo, competência, intuição e muita sensibilidade. Técnica por requerer o uso de ferramentas tanto concretas como conceituais. Ciência porque ela se fundamenta em teorias, ideias, conceitos e abstrações.

A Administração faz as coisas acontecerem. Mas, no fundo, ela não é apenas desempenho, planificação, organização, direcionamento e monitoração de esforços, mas é, sobretudo, criar valor e atingir resultados. Administração é resultado! Sem ela as organizações viveriam ao acaso e jamais encontrariam o seu rumo. Administração e organizações andam de mãos dadas. Uma não existe sem a outra.

Tanto as organizações como sua administração envolvem enorme diversidade e complexidade. Ambas constituem aspectos recentes na história da humanidade. Por incrível que pareça, apesar do fato de as organizações terem alcançado suas feições atuais somente a partir da Revolução Industrial – que ocorreu na segunda metade do século 18 estendendo-se pelo século seguinte – foi somente depois do início do século 20 que a Administração começou a receber atenção e estudos mais profundos por parte de alguns pioneiros que gradativa e lentamente foram tateando, mapeando, ampliando e consolidando o complexo terreno das organizações e assentando as teorias e princípios a respeito de sua adequada administração. É o que veremos no decorrer dos dois próximos capítulos.

Nesta primeira parte teremos três capítulos introdutórios sobre o que é administração, as empresas e o administrador.

Figura I.1 Plano integrado dos capítulos do livro.

1 O QUE É ADMINISTRAÇÃO DE EMPRESAS

OBJETIVOS DE APRENDIZAGEM

- Proporcionar um conceito abrangente de administração.
- Traçar os caminhos da Teoria Administrativa até o estágio em que atualmente se encontra.
- Delinear as perspectivas futuras das organizações e de sua administração.

O QUE VEREMOS ADIANTE

Vivemos em um mundo de organizações. Tudo o que a sociedade requer e necessita é inventado, projetado, desenvolvido, produzido, comercializado e entregue por organizações. Elas são extremamente heterogêneas e altamente diferenciadas: organizações governamentais (como ministérios, secretarias, repartições públicas), organizações não governamentais (ONGs como o terceiro setor, que envolvem atividades culturais, sociais, filantrópicas, de representação), empresas em geral (indústrias, bancos, comércio, entretenimento, informação, energia, segurança). Além disso, as organizações podem se apresentar em diversas dimensões e tamanhos: grandes, médias, pequenas, microempresas, empreendimentos etc.
As organizações não funcionam ao léu. Elas não sobrevivem, crescem ou se tornam bem-sucedidas por mero acaso. O sucesso organizacional não é fruto apenas da sorte, mas de uma série infindável e articulada de decisões, ações, aglutinação de recursos, competências, estratégias e uma busca incansável de objetivos para alcançar resultados cada vez melhores. O que leva uma organização rumo à excelência e ao sucesso não são apenas produtos, serviços, competências ou recursos. É a maneira pela qual ela arranja tudo isso e como é administrada. A administração é o meio com que as organizações são alinhadas e conduzidas para alcançar excelência em suas ações e operações e oferecer resultados estupendos. A administração permite alcançar resultados com os meios disponíveis, fazer maravilhas com os recursos e competências de que se dispõe. Esse é o encanto da administração: transformar recursos e competências em resultados tangíveis e extraordinários. A administração é a maneira pela qual as coisas acontecem nas organizações. Sem ela o mundo moderno jamais seria aquilo que é hoje.

Aumente seus conhecimentos sobre **A grande invenção** na seção *Saiba mais ADM 1.1*

1.1 CONCEITO DA ADMINISTRAÇÃO

A palavra **administração** tem sua origem no latim (*ad*, direção para, tendência e *minister*, comparativo de inferioridade; o sufixo *ter*, subordinação ou obediência, isto é, aquele que realiza uma função abaixo do comando de outrem, aquele que presta um serviço a outro) e significa subordinação e serviço. Em sua raiz, ela significa a função que se desenvolve sob o comando de outro, um serviço que se presta a outro. Essa velha conotação de supervisionar ou de apenas tomar conta de algum empreendimento ou pessoas está hoje totalmente ultrapassada e obsoleta. As organizações em geral e as empresas em particular precisam muito mais do que isso. Elas precisam ser governadas e impulsionadas.

A tarefa da administração consiste em interpretar os objetivos propostos pela organização e traduzi-los em ação empresarial por meio do planejamento, organização, direção e controle de todos os esforços realizados em todas as áreas e em todos os níveis da empresa a fim de atingir tais objetivos da melhor maneira possível. Assim, a administração é o processo de planejar, organizar, dirigir e controlar o uso dos recursos e competências organizacionais para alcançar determinados objetivos de maneira eficiente e eficaz por meio de um arranjo convergente.

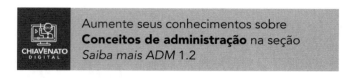

Em resumo, administração é o conjunto de técnicas e processos de planejar, organizar, dirigir/liderar e controlar no sentido de governar e impulsionar organizações no alcance de seus objetivos estratégicos.

Contudo, a administração – embora vista por quase todos os autores de uma maneira simplista e reducionista como um processo cíclico e repetitivo de decisões e ações – é um sistema, ou seja, uma conjugação de inúmeras variáveis convergindo sempre para o alcance final de resultados. Assim, a administração não é apenas um processo linear de decisões e ações para planejar, organizar, dirigir e controlar, mas algo que vai além. Ela constitui uma atividade permanente de integração, conjunção, arranjo, foco e impulsionamento. A administração consegue reunir uma plêiade de diferentes recursos e competências para transformá-los em resultados concretos. Na verdade, administração é a melhor maneira de alcançar resultados. Significa fazer com que as coisas aconteçam e gerar valor e riqueza.

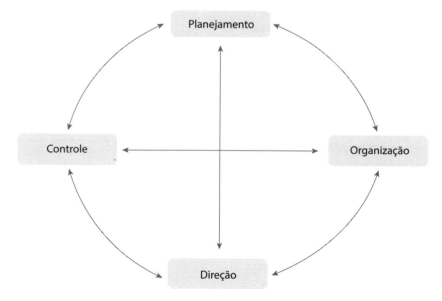

Figura 1.1 O processo administrativo.

Capítulo 1 – O Que é Administração de Empresas

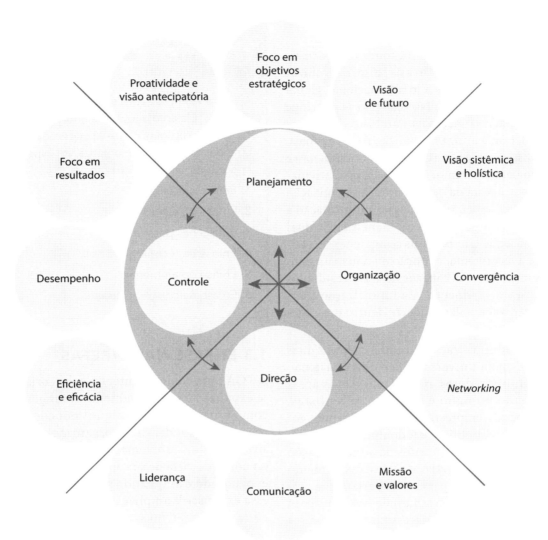

Figura 1.2 A rosácea da administração: a reunião de competências necessárias.

Para chegar ao seu significado atual, o conceito de administração sofreu formidável ampliação e aprofundamento ao longo dos tempos. E o administrador – seja atuando como diretor de empresa, gerente de departamento, chefe, supervisor de turma ou ainda líder de equipe – passou a ser uma figura indispensável em todos os tipos possíveis de organizações humanas. A melhor maneira de se explicar a ampliação e aprofundamento do significado da administração é percorrer a sua trajetória e acompanhar em rápidas pinceladas os passos gradativos da história das organizações e da Teoria Geral da Administração.

PARA REFLEXÃO

Para que serve a administração?

Reflita e, a seguir, discuta com seus colegas.
Para que serve a administração:

- Para tornar as organizações mais eficazes?
- Para utilizar mais eficazmente os recursos disponíveis?
- Para proporcionar resultados melhores e sustentáveis?
- Para aumentar a satisfação do cliente?
- Para incrementar valor e riqueza?
- Para melhorar a qualidade de vida das pessoas?
- Para colaborar com o desenvolvimento do país?

1.1.1 Conceito atual de administração

Atualmente, a administração figura como a única instituição que transcende as fronteiras de países e organizações apresentando um significado internacional, global e mundial. A moderna administração não se restringe aos limites ou fronteiras nacionais. Para ela, as fronteiras nacionais perderam a antiga relevância. Além do mais, o centro de nossa sociedade e de nossa economia não é mais a tecnologia, nem a informação ou a produtividade. O fulcro central está na organização: a organização administrada que maneja a tecnologia, a informação e a produtividade. A organização é a maneira pela qual a sociedade consegue que as coisas sejam feitas. E a administração é a ferramenta, a função ou o instrumento que torna as organizações capazes de gerar resultados e produzir o desenvolvimento. A administração é um fenômeno organizacional: ela ocorre dentro das organizações, não acontece isoladamente.

Além disso, a administração caminha cada vez mais para ser uma ciência universal. Ela é necessária não só para os administradores, mas para todas as áreas do conhecimento humano e científico. Cientistas, profissionais liberais, empreendedores, presidentes, governadores, prefeitos, políticos e todo tipo de empreendimento social requerem conceitos da administração para poderem alcançar objetivos. O desenvolvimento de um país ou organização passa necessariamente pela administração. Médicos necessitam de hospitais para cuidar da saúde. Engenheiros necessitam de empresas para criar projetos e realizar construções.

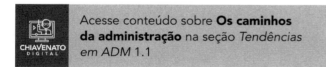

Acesse conteúdo sobre **Os caminhos da administração** na seção *Tendências em ADM 1.1*

1.2 RÁPIDA HISTÓRIA DA TEORIA DA ADMINISTRAÇÃO

Com o gradativo desenvolvimento e complexidade das organizações surgiu a necessidade de administrá-las adequadamente. Daí nasceu a administração. A Teoria Geral da Administração (TGA) é, em certos aspectos, uma decorrência da Teoria das Organizações (TO), ou seja, um meio de operacionalizar conceitos e ideologias a respeito das organizações. A TGA trata do estudo da administração das organizações em geral e das empresas em particular.[1] Ela começou com o estudo das tarefas executadas pelos operários de uma fábrica.

 SAIBA MAIS — A história da TGA

A Teoria Administrativa surgiu no início do século passado. Ela é uma jovem senhora e atravessou fases bem distintas e que se superpõem. Cada uma das fases realça e enfatiza um aspecto importante da administração:

1. Ênfase nas tarefas.
2. Ênfase na estrutura.
3. Ênfase nas pessoas.
4. Ênfase na tecnologia.
5. Ênfase no ambiente.
6. Ênfase na competitividade.

1.3 ÊNFASE NAS TAREFAS

A TGA é um conjunto integrado de teorias em crescente expansão e gradativamente abrangente. Começou como uma teoria sobre alguns poucos aspectos e variáveis situados dentro da organização e focada exclusivamente nos problemas mais imediatos e concretos do ponto de vista de sua aplicação. Paulatinamente foi expandindo e ampliando seu objeto de estudo. Aliás, essa expansão e ampliação não se apresentam de maneira uniforme, mas variam enormemente de acordo com as escolas e teorias administrativas e de acordo com os aspectos e variáveis que cada uma delas considerou relevantes na sua época para fundamentar suas conclusões ou para solucionar os problemas mais importantes com que se defrontavam.

1.3.1 Administração Científica

A ênfase nas tarefas é a abordagem típica da Escola da Administração Científica, nome que recebeu por causa da tentativa de aplicação dos métodos da ciência aos problemas da administração, a fim de alcançar elevada eficiência industrial. Os métodos científicos aplicados aos problemas da administração são a observação e mensuração. A Escola da Administração Científica teve seu início no começo do século 20 pelo engenheiro americano Frederick W. Taylor (1856-1915), considerado o fundador da moderna TGA. Taylor teve inúmeros seguidores (engenheiros como Gantt, Gilbreth, Emerson, Ford, Barth e outros) e provocou uma verdadeira revolução no pensamento administrativo e no mundo industrial da sua época. Sua preocupação original foi tentar eliminar o fantasma do desperdício e das perdas sofridas pelas indústrias americanas e elevar os níveis de produtividade por meio da aplicação de métodos e técnicas da engenharia industrial. A administração científica representa uma primeira aproximação teórica aos estudos da administração empresarial e localizou-se inicialmente no nível do trabalho individual de cada operário tomado isoladamente. Até então, a escolha do método de trabalho era confiada ao próprio operário que se baseava na sua experiência pessoal anterior para definir como iria realizar suas tarefas. Isso fazia com que as indústrias americanas revelassem uma profunda disparidade de métodos de trabalho, pois cada operário tinha seu esquema pessoal de trabalho, o que dificultava a supervisão, controle e padronização de utensílios e ferramentas de trabalho. Taylor procurou tirar do operário o direito de escolher a sua maneira pessoal de executar a tarefa – no que foi bem-sucedido – para impor-lhe um método planejado e estudado por um profissional especializado no planejamento das tarefas. Essa administração das tarefas se assentava na organização racional do trabalho para definir o método (*the best way*) pelo qual o operário poderia se tornar eficiente em suas atividades.[2]

SAIBA MAIS — A produção em massa

A linha de montagem onde cada operário executa tarefas simples e repetitivas ao longo de sua jornada diária de trabalho é um dos exemplos típicos dessa fragmentação, simplificação das tarefas e busca da padronização. Henry Ford teve a intuição de utilizá-la para a produção de automóveis a fim de reduzir drasticamente os custos de produção e, consequentemente, o preço de um carro que antes era privativo e exclusivo das grandes fortunas. Ford popularizou o automóvel graças à sua genialidade. Não inventou nada, mas soube como poucos utilizar as inovadoras técnicas oferecidas na sua época pela administração científica. Esta provocou uma verdadeira revolução nos processos produtivos das indústrias, melhorando métodos e processos, reduzindo custos e incrementando poderosamente a qualidade e produtividade. E de lambuja, melhores salários para os operários.

A técnica para se chegar ao método racional era o estudo de tempos e movimentos (*motion-time study*). As atividades mais complexas eram subdivididas em atividades mais simples e essas em movimentos elementares para facilitar sua racionalização e padronização. Até os movimentos elementares – os quais Gilbreth denominou *therbligs* como unidade fundamental de trabalho – foram padronizados. Simplificação e padronização para tornar o trabalho mais eficiente.[3,7] Daí a fragmentação das tarefas para permitir a especialização do trabalhador.

Localizada a "melhor maneira" de executar a tarefa, esta passa a ser o método de trabalho do operário. A preocupação seguinte é o estabelecimento dos tempos e padrões de produção por meio da cronometragem para definir o tempo médio necessário para um operário normal realizar a tarefa devidamente racionalizada. Esse tempo constitui o tempo-padrão ou eficiência equivalente a 100%. O tempo-padrão passou a ser uma das formas de controle do desempenho do operário. Para assegurar a eficiência do operariado, tornava-se necessário selecionar os operários mais aptos, treiná-los na execução do método escolhido e oferecer-lhes condições ambientais de trabalho agradáveis e condições de conforto capazes de reduzir a fadiga – poderoso inimigo da eficiência. Para conseguir a colaboração e o engajamento do operariado no sistema e sua participação no aumento da eficiência, a solução encontrada foi oferecer planos de incentivos salariais e prêmios de produção. A produção individual até o nível de 100% de eficiência passa a ser remunerada de acordo com o número de peças produzidas. Acima de 100% de eficiência a remuneração passa a ser acrescida de um prêmio ou incentivo adicional o qual aumenta na medida em que se eleva a eficiência do operário.

Taylor e seus seguidores se preocuparam em construir um modelo de administração baseado na racionalização e no controle da atividade humana. Uma espécie de engenharia aplicada à administração. Ao buscar uma produtividade sempre maior, a administração científica concentrou-se na tecnologia de produção em massa, cujos princípios se apoiam em conceitos ligados ao estudo de tempos e movimentos. Os princípios de produção em massa são:

1. **Padronização**: a estandartização de máquinas e equipamentos de produção, o cuidado com o seu arranjo físico e disposição racional foram outras consequências dessa forte tentativa de reduzir a variabilidade e diversidade no processo produtivo.

2. **Racionalização do trabalho**: é a aplicação dos princípios de administração científica ao trabalho do operário.
3. **Ritmo**: é o movimento ordenado e cadenciado do produto por meio da linha de montagem em uma série de operações planejadas em postos de trabalho específicos e sequenciais.

 **SAIBA MAIS** — **Conceito de *homo economicus***

Ideias como tempo-padrão e incentivos salariais se baseiam na concepção do *homo economicus*, ou seja, na pressuposição de que as pessoas são motivadas exclusivamente por interesses salariais e materiais. Na verdade, as pessoas pensam em ganhar dinheiro, mas não se reduzem apenas a esta intenção. Essa visão reducionista e restritiva do ser humano predominou durante décadas e foi a responsável pelo preconceito de que o desperdício industrial era causado pela vadiagem do operariado por falta de incentivos salariais adequados. Foi uma imagem materialista e utilitarista da natureza humana.[4]

 **SAIBA MAIS** — **Padronização**

Um padrão é uma unidade de medida ou um sistema da classificação comumente aceito. A padronização é a aplicação dos padrões em um grupo, numa organização ou em uma sociedade. Significa que métodos científicos serão empregados para desenvolver os melhores padrões possíveis para determinados propósitos. Tende a promover a simplificação pela eliminação de padrões desnecessários e pela utilização de padrões uniformes numa empresa ou indústria. A simplificação pode ser procurada por si só, com ou sem um programa de padronização. A padronização e simplificação podem aumentar significativamente a eficiência operacional e reduzir os custos de produção.

A pressuposição vigente era de que a tecnologia de produção em massa combinada com a técnica de estudos de tempos e movimentos para a organização das tarefas individuais resolveria todos os problemas de produtividade. Em termos mais específicos, previa-se a ocorrência do aumento da produção, redução de custos e melhor qualidade do trabalho. A Figura 1.3 mostra o tipo de raciocínio da época.

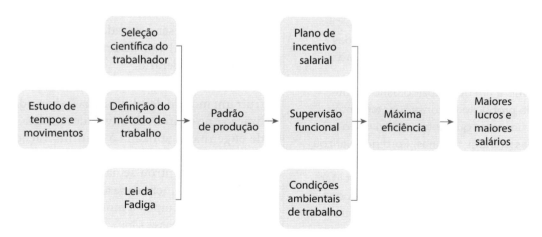

Figura 1.3 A abordagem microscópica e mecanicista da administração científica.[5]

Capítulo 1 – O Que é Administração de Empresas

Depois, Taylor preocupou-se também com o papel do gerente. O trabalho gerencial deveria estar baseado em princípios da administração científica, conforme a Figura 1.4.

A ênfase nas tarefas é uma abordagem microscópica utilizada no nível do operário e não no nível da empresa tomada como uma totalidade. É uma abordagem mecanicista por envolver um conjunto de fatores (estudo de tempos e movimentos, seleção científica do operário, aplicação do método planejado racionalmente, medidas para reduzir ou neutralizar a fadiga, estabelecimento de padrões de produção etc.), como se cada um deles contribuísse de maneira determinística para a maximização da eficiência ou como se fossem dentes de uma engrenagem, blocos de construção ou mecanismos de relojoaria.

A ênfase nas tarefas no nível do operário representa o primeiro enfoque administrativo, ainda míope, limitado e reduzido a algumas poucas variáveis da realidade empresarial. Foi o primeiro passo da TGA.

SAIBA MAIS — **Características da ênfase nas tarefas**[6]

- Pragmatismo: ênfase na prática e na aplicação no trabalho organizacional.
- Organização racional do trabalho por meio da análise e racionalização do trabalho.
- Divisão do trabalho e especialização do operário.
- Desenho de cargos e tarefas.
- Utilização de princípios de administração à tarefa das pessoas, como receituário para o administrador.
- Incentivos salariais e prêmios de produção.
- Padronização.
- Abordagem prescritiva e normativa.

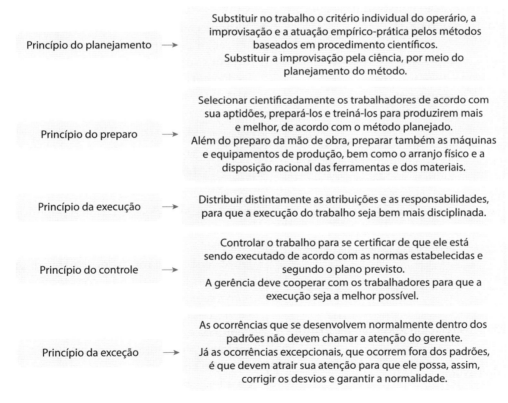

Princípio do planejamento →	Substituir no trabalho o critério individual do operário, a improvisação e a atuação empírico-prática pelos métodos baseados em procedimento científicos. Substituir a improvisação pela ciência, por meio do planejamento do método.
Princípio do preparo →	Selecionar cientificadamente os trabalhadores de acordo com sua aptidões, prepará-los e treiná-los para produzirem mais e melhor, de acordo com o método planejado. Além do preparo da mão de obra, preparar também as máquinas e equipamentos de produção, bem como o arranjo físico e a disposição racional das ferramentas e dos materiais.
Princípio da execução →	Distribuir distintamente as atribuições e as responsabilidades, para que a execução do trabalho seja bem mais disciplinada.
Princípio do controle →	Controlar o trabalho para se certificar de que ele está sendo executado de acordo com as normas estabelecidas e segundo o plano previsto. A gerência deve cooperar com os trabalhadores para que a execução seja a melhor possível.
Princípio da exceção →	As ocorrências que se desenvolvem normalmente dentro dos padrões não devem chamar a atenção do gerente. Já as ocorrências excepcionais, que ocorrem fora dos padrões, é que devem atrair sua atenção para que ele possa, assim, corrigir os desvios e garantir a normalidade.

Figura 1.4 Os quatro princípios da administração científica de Taylor.

> **PARA REFLEXÃO**
>
> **Como e onde utilizar a administração científica?**
>
> Reflita e, a seguir, discuta com seus colegas a respeito do assunto supra e tente chegar a uma conclusão. Como e onde utilizar a administração científica na prática?

1.4 ÊNFASE NA ESTRUTURA ORGANIZACIONAL

É a fase em que administrar significa basicamente planejar e organizar a estrutura de órgãos e cargos que compõem a empresa e dirigir e controlar as suas atividades. Nesta abordagem, verifica-se que a eficiência da empresa é muito mais do que a soma da eficiência dos seus trabalhadores e que ela deve ser alcançada por meio da racionalidade, isto é, da adequação dos meios (órgãos e cargos) aos fins que se deseja alcançar. A preocupação com a estrutura da organização constitui uma enorme ampliação do objeto de estudo da TGA.

> **SAIBA MAIS — Da microabordagem à macroabordagem**
>
> A microabordagem de Taylor até então reduzida ao nível individual de cada operário com relação à tarefa passa a ser enormemente ampliada ao nível da empresa como uma totalidade em relação à sua estrutura organizacional. O desafio maior está em alocar os recursos necessários para a tarefa organizacional e estabelecer como serão utilizados e conjugados.

São três as abordagens relacionadas com a estrutura organizacional:

1. Teoria Clássica de Fayol.
2. Teoria da Burocracia de Weber.
3. Teoria Estruturalista.

Cada uma dessas três abordagens será apresentada a seguir.

1.4.1 Teoria Clássica

A primeira abordagem enfatizando a estrutura organizacional nasceu com Henri Fayol (1841-1925), engenheiro francês que inaugurou a abordagem anatômica e estrutural da empresa, substituindo o enfoque analítico e concreto de Taylor por uma visão sintética, global e universal. Fayol defendia a visão anatômica da empresa em termos de organização formal, isto é, a síntese dos diferentes órgãos que compõem a estrutura organizacional, suas relações e suas funções dentro do todo.[7]

Para Fayol, toda empresa possui seis funções básicas:[8]

1. **Funções técnicas**: relacionadas com a produção de bens ou de serviços da empresa.
2. **Funções comerciais**: relacionadas com a compra, venda e permutação.
3. **Funções financeiras**: relacionadas com a procura e gerência de capitais.
4. **Funções contábeis**: relacionadas com os inventários, registros, balanços, custos e estatísticas.
5. **Funções de segurança**: relacionadas com a proteção e preservação dos bens e das pessoas.
6. **Funções administrativas**: relacionadas com a integração de cúpula das outras cinco funções. As funções administrativas coordenam e sincronizam as demais funções (não administrativas) da empresa pairando sempre acima delas.

> **SAIBA MAIS — As funções da empresa**
>
> A velha visão de Fayol passou por fortes mudanças. Hoje, as empresas em geral se articulam mediante áreas como finanças (envolvendo contabilidade), marketing, produção e operações (envolvendo funções técnicas) e gestão humana (envolvendo recursos humanos).
> As funções de segurança passaram a ser enquadradas dentro da área de produção e operações ou conforme a natureza de cada empresa.
> A função administrativa ocorre nos vários níveis de administradores: no presidente, diretores, gerentes, supervisores e líderes de equipe.
> Ela se espraia em uma hierarquia ao longo de toda a organização.

Figura 1.5 Proporcionalidade da função administrativa nos níveis hierárquicos da empresa.[9]

Contudo, a função administrativa não é privativa ou exclusiva da alta cúpula. Ela se reparte proporcionalmente por todos os níveis de hierarquia da empresa. Existe uma proporcionalidade da função administrativa: ela não se concentra exclusivamente no topo da empresa, nem é privilégio dos diretores, mas é distribuída proporcionalmente entre todos os níveis hierárquicos. Na medida em que se desce na escala hierárquica, mais aumenta a proporção das outras funções da empresa e, na medida em que se sobe na escala hierárquica, mais aumentam a extensão e volume das funções administrativas. Nos níveis mais altos predominam as funções administrativas, enquanto nos níveis mais baixos predominam as demais funções (não administrativas).

As funções administrativas constituem as próprias funções do administrador. Para Fayol, as funções administrativas são compostas pelos elementos da administração:[10]

1. **Prever**: visualizar o futuro e traçar o programa de ação.
2. **Organizar**: constituir o duplo organismo material e social da empresa.
3. **Comandar**: dirigir e orientar o pessoal.
4. **Coordenar**: ligar, unir, harmonizar todos os atos e todos os esforços coletivos.
5. **Controlar**: verificar que tudo ocorra de acordo com as regras estabelecidas e as ordens dadas.

Em seu conjunto, os elementos da administração constituem o processo administrativo. São localizáveis em qualquer trabalho do administrador, em qualquer nível hierárquico ou em qualquer área de atividade da empresa. Em outros termos, tanto o diretor, como o gerente, chefe ou supervisor – cada qual em seu nível – desempenham atividades de previsão, organização, comando, coordenação e controle, como atividades administrativas essenciais.

Figura 1.6 As funções básicas da empresa.

Posteriormente, outros autores clássicos e neoclássicos alteraram o processo administrativo proposto por Fayol, cada qual à sua maneira. O processo administrativo passou a ser como no Quadro 1.1.

Para os autores clássicos, a administração – como toda ciência – deve basear-se em leis ou em princípios universais aplicáveis a todas as situações com que o administrador se defronta: os princípios gerais de administração. Esses princípios prescrevem como o administrador deve se comportar, daí o caráter prescritivo e normativo da Teoria Clássica.

Uma das características da Teoria Clássica é o seu enfoque eminentemente prescritivo e normativo: como o administrador deve conduzir-se em todas as situações por meio do processo administrativo e quais os princípios gerais que deve seguir para obter a máxima eficiência. A preocupação com as regras do jogo é fundamental, como mostra a Figura 1.7.

Quadro 1.1 O processo administrativo para os vários autores clássicos e neoclássicos

Fayol	Gulick	Urwick	Dale	Newman	Nossa abordagem
Prever	Planejar	Investigar/prever/planejar	Planejar	Planejar	Planejar
Organizar	Organizar	Organizar	Organizar	Organizar	Organizar
Comandar/coordenar	Administração pessoal/dirigir/coordenar	Comandar/coordenar	Dirigir	Liderar	Dirigir
Controlar	Informar/orçar	Controlar	Controlar	Controlar	Controlar

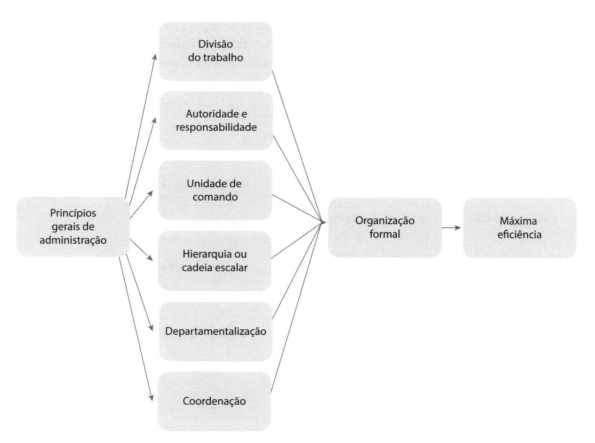

Figura 1.7 A abordagem prescritiva e normativa da Teoria Clássica.[11]

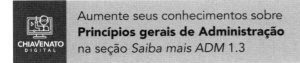

Aumente seus conhecimentos sobre **Princípios gerais de Administração** na seção *Saiba mais ADM* 1.3

Os pontos de vista de Fayol e seus seguidores foram posteriormente retomados pelos autores neoclássicos – que veremos adiante – dentro de uma abordagem mais eclética e quase enciclopédica, utilizando conceitos de outras teorias administrativas mais recentes e mais amplas, na tentativa de reduzir a rigidez e o mecanicismo da abordagem clássica.

1.4.2 Teoria da Burocracia

A segunda abordagem relacionada com a estrutura organizacional nasceu com Max Weber (1864-1920), sociólogo alemão considerado o fundador da Teoria da Burocracia. Para Weber, o termo burocracia não tem o significado pejorativo de uso popular, mas um significado técnico que identifica certas características da organização formal voltadas exclusivamente para a racionalidade e para a eficiência. O tipo "ideal" de burocracia, segundo Weber, apresenta sete dimensões principais:[12]

1. **Formalização**: todas as atividades da organização são definidas por escrito (rotinas e procedimentos) e a organização opera de acordo com um conjunto de leis ou regras (regras e regulamentos, regimento interno, estatutos) que são aplicáveis a todos os casos individuais, sem exceção.

2. **Divisão do trabalho**: cada participante tem um cargo ou posição definidos com esfera específica de competência, com deveres oficiais, atribuições estritamente especificadas e delimitadas.

3. **Princípio da hierarquia**: a burocracia se assenta em uma hierarquia bem definida de autoridade. Cada funcionário é submetido a ordens impessoais que guiam suas ações de modo a assegurar sua obediência. Cada função mais baixa está sob controle e supervisão da mais alta, assegurando unidade de controle: cada funcionário tem apenas um único chefe. Daí o formato de estrutura piramidal da burocracia.

4. **Impessoalidade**: o funcionário ideal desempenha com impessoalidade o relacionamento com outros ocupantes de cargos. A burocracia enfatiza os cargos e não as pessoas que os ocupam, pois as pessoas entram e saem da organização mas os cargos permanecem para garantir sua continuidade e perpetuação.

5. **Competência técnica**: a seleção e escolha dos participantes da organização é baseada na competência técnica e qualificação profissional dos candidatos e não em preferências de ordem pessoal. Daí a utilização de testes e concursos para preenchimento de cargos ou para promoções. A burocracia é eminentemente meritocrática. O sistema também prevê encarreiramento das pessoas e as promoções são feitas de acordo com o mérito funcional dependendo sempre do julgamento do superior.

6. **Separação entre propriedade e administração**: os recursos utilizados para a execução das tarefas não são propriedade dos burocratas, mas da organização.

Figura 1.8 As dimensões da burocracia.

A sua administração está separada da propriedade dos meios de produção pois o dirigente ou o burocrata não é necessariamente o dono da organização ou dos seus meios de produção, mas um profissional especializado na sua gestão. Daí o gradativo afastamento do capitalista da gestão do seu próprio negócio e a pulverização do capital por meio das sociedades anônimas. A burocracia permitiu o surgimento das sociedades anônimas e do moderno mercado de capitais.

7. **Profissionalização do funcionário**: os funcionários da burocracia são profissionais, pois são especialistas em face da divisão do trabalho; são assalariados de acordo com suas funções ou posição hierárquica; seus cargos constituem sua principal atividade dentro da organização; são nomeados pelo superior imediato; seus mandatos são por tempo indeterminado; seguem uma carreira dentro da organização e não possuem a propriedade dos meios de produção da organização. A burocracia permitiu o surgimento dos funcionários como profissionais.

As sete dimensões acima constituem as características básicas do modelo burocrático.

Mais recentemente, Hall[13] verificou que essas sete dimensões principais da burocracia se apresentam em graus variados em cada organização. A dimensão varia dentro de um *continuum* que vai de um mínimo a um máximo de gradação. Uma empresa pode ser altamente burocratizada em algumas dimensões e precariamente burocratizada em outras. Essas sete dimensões estão fortemente presentes no modelo burocrático "ideal" estudado por Weber.

Segundo o sociólogo, dentro de um ponto de vista estritamente técnico a burocracia representa o tipo de organização capaz de atingir o mais elevado grau de eficiência no alcance dos objetivos organizacionais. Em outros termos, a burocracia significa o tipo de organização humana em que a racionalidade atinge o seu mais elevado grau. A racionalidade determina a adequação dos meios para o alcance de fins ou objetivos selecionados. A burocracia constitui um exemplo típico do modelo de organização dotado de racionalidade capaz de ser aplicável a todos os tipos de organizações e empresas, independentemente de sua natureza, operações, tamanho etc. A burocracia visa atingir consequências desejadas: a previsibilidade do comportamento das pessoas dentro da organização. Até certo ponto, isso significa a tentativa de padronizar o desempenho humano para alcançar um objetivo organizacional: a máxima eficiência da organização.

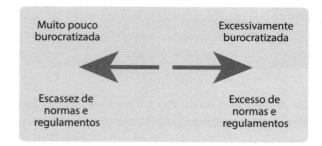

Figura 1.9 O *continuum* dos graus de burocratização.

Weber não levou em conta as diferenças individuais das pessoas e nem a organização informal, que veremos adiante. O comportamento das pessoas na organização nem sempre ocorre dentro da previsibilidade descrita por ele. Existem consequências imprevistas (ou indesejadas) e que levam à ineficiência e às imperfeições. A estas deu-se o nome de disfunções da burocracia, para designar as anomalias de funcionamento que são responsáveis pelo sentido pejorativo que o termo burocracia adquiriu junto aos leigos no assunto.

As principais disfunções da burocracia são:[14]

1. **Despersonalização do relacionamento entre os participantes**: pelo fato de os ocupantes de cargos se tratarem como tal e não como pessoas.

2. **Internalização das diretrizes**: isto é, as normas e os regulamentos – inicialmente elaborados para melhor atingir os objetivos organizacionais – adquirirem valor próprio, transformando-se de meios em objetivos e se tornando absolutos. O funcionário passa a se preocupar mais com as regras e os regulamentos da organização do que com o seu próprio trabalho dentro dela.

3. **Uso da categorização como técnica do processo decisório**: ou seja, a tomada de decisão passa a ser prerrogativa do funcionário que tem a categoria hierárquica mais elevada, independentemente do seu conhecimento sobre o assunto que está sendo decidido.

4. **Excesso de formalismo e de papelório**: pois a tendência de documentar e formalizar todas as comunicações chega a um ponto que pode prejudicar o funcionamento da organização.

5. **Exibição de sinais de autoridade**: pois como a burocracia enfatiza enormemente a hierarquia como meio de controle do desempenho dos participantes, surge a necessidade de utilização de indicadores, de símbolos ou sinais que destaquem a autoridade e o

Capítulo 1 – O Que é Administração de Empresas   15

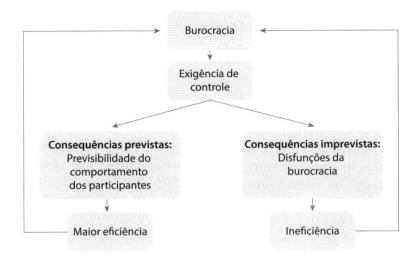

Figura 1.10 Consequências previstas (previsibilidade do comportamento) e consequências imprevistas (disfunções) da burocracia.[15]

poder, como é o caso de uniformes, tipo de sala ou de mesa utilizada, locais reservados no refeitório ou no estacionamento de carros etc.

6. **Superconformidade em relação às regras e aos regulamentos da organização**: os quais passam a adquirir uma importância fundamental, pois a partir daí o funcionário desenvolve uma verdadeira devoção e obsessão pelas regras e regulamentos, condicionando seu desempenho em função deles e, assim, deixa de lado os deveres inerentes ao cargo.

7. **Propensão dos participantes a se defenderem de pressões externas**: como a organização burocrática recebe pressões externas no sentido de mudanças, o funcionário passa a percebê-las como ameaças à posição que desfruta dentro da organização e um perigo para sua segurança pessoal. Daí a tendência de se defender contra qualquer tipo de influência externa, o que leva fatalmente a dificuldades no atendimento aos clientes e usuários, tomados como figuras estranhas e portadoras daquelas ameaças e pressões.

8. **Resistência à mudança**: pois as mudanças representam ameaças igualmente para sua posição e estabilidade dentro da organização. O funcionário se sente mais seguro e protegido com a rotina que domina, pois a conhece bem e ela não lhe traz ameaças. Para preservar e garantir seu esquema atual, passa a resistir a qualquer forma de mudança ou modificação da situação.

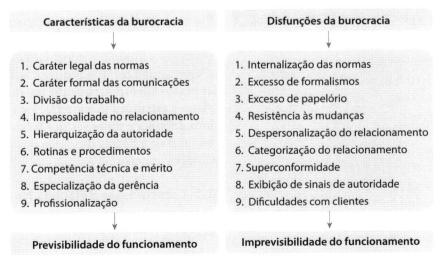

Figura 1.11 Disfunções da burocracia.[16]

As causas das disfunções residem basicamente no fato de que a burocracia não leva em conta a variabilidade do ser humano. Ela parte do pressuposto de que todas as pessoas se comportam de maneira igual, homogênea e padronizada. Isso não diminui a importância das burocracias na sociedade moderna. Todas as grandes organizações e empresas multinacionais – em face do seu tamanho e complexidade – adotaram o modelo burocrático como forma organizacional básica no decorrer da Era Industrial. Hoje, as empresas tentam se desvencilhar do modelo burocrático. Ele foi criado para um mundo conservador e permanente e não comporta mudanças. Foi extremamente importante quando o mundo mudava pouco e de maneira ordenada, sequencial, progressiva e previsível. Essa mudança linear e contínua foi substituída por uma mudança muito mais veloz, rápida, dinâmica e profunda. Esse modelo rígido e inflexível foi uma invenção da Era Industrial e que não se ajusta à Era da Informação que exige organizações flexíveis, adaptativas, ágeis, orgânicas e inovadoras. E muito menos à Era Digital.

Apesar de todas as suas limitações e desvantagens, a burocracia parece ser o modelo mais tolerável para se lidar com as grandes e complexas organizações. Ou elas diminuem de tamanho, se desdobram em unidades corporativas de negócios ou passam a funcionar como redes de alianças estratégicas. Caso contrário, o modelo burocrático ainda tende a prevalecer principalmente nas organizações estatais e nas repartições públicas. Ele foi criado para durar em tempos de estabilidade e de previsibilidade e não na Era Digital, plena de mudanças e transformações.

> **PARA REFLEXÃO**
>
> **Como e onde utilizar a abordagem da estrutura organizacional?**
>
> Reflita e, a seguir, discuta com seus colegas a respeito da estrutura organizacional e tente chegar a uma conclusão. Como e onde utilizar a abordagem da estrutura organizacional na prática? Lembre-se, o modelo burocrático foi criado para uma era de estabilidade e previsibilidade, feito para durar séculos. E foi o que aconteceu. Contudo, em um mundo em célere mudança e transformação como a Era Digital, ele simplesmente tolhe e impede qualquer forma de adaptabilidade e flexibilidade.

1.4.3 Teoria Estruturalista

A terceira alternativa dentro das correntes da TGA que enfatizam a estrutura organizacional é a chamada Teoria Estruturalista. Ela se desenvolveu a partir dos estudos sobre as limitações e rigidez do modelo burocrático, considerado um típico sistema fechado, altamente mecanístico e fundamentado em uma "teoria da máquina", em que a organização é concebida como um arranjo estático de peças cujo funcionamento é deterministicamente previsto. Indo muito além do modelo burocrático, os estruturalistas introduziram o conceito de sistema aberto no estudo das organizações e tentaram compatibilizar as contribuições clássica e humanística da TGA. Foi uma abordagem múltipla e compreensiva na análise das organizações, focalizando-as como complexos de estruturas formais e informais. Um passo adiante na concepção de modelos estruturais menos rígidos e inflexíveis.

Os estruturalistas criaram várias tipologias de organizações e análises comparativas para melhor compreensão do fenômeno organizacional, incluindo a análise interorganizacional e o ambiente externo, que passou a ser considerado uma variável a mais no estudo das empresas. Verificou-se que a inovação e mudança trazem conflitos dentro das organizações e que o conflito é um sinal de vitalidade, ou seja, sinal de ideias e atitudes diferentes que se chocam e muitas vezes se antagonizam. A administração do conflito passa a ser um elemento crucial e de múltiplas aplicações e a Teoria Estruturalista representa um período de intensa transição e expansão nos territórios da TGA.

1.5 ÊNFASE NAS PESSOAS

É a fase em que administrar é, sobretudo, lidar com pessoas. Essa terceira abordagem da TGA foi uma reação aos modelos mecanicistas e rígidos da Teoria Clássica e da Teoria da Burocracia. Ela procura enfatizar as pessoas dentro das empresas, deixando em segundo plano a estrutura e as tarefas. É a chamada abordagem humanística e pode ser desdobrada em duas escolas ou teorias: a Escola das Relações Humanas e a Teoria Comportamental.

1.5.1 Escola das Relações Humanas

A primeira colocação da abordagem humanística – a Escola das Relações Humanas – teve em Elton Mayo (1880-1949) e Kurt Lewin (1890-1947) seus principais precursores. Trata-se da abordagem mais democrática e liberalizante ocorrida na TGA.[17] Surgiu como uma teoria de oposição e combate à Teoria Clássica, alicerçada sobre as obras de Taylor e Fayol, cuja hegemonia cobriu tranquilamente as três primeiras décadas do século 20. Disposta a democratizar e humanizar a administração das empresas e fortalecer e reforçar seus pontos de vista, a Escola das Relações Humanas negou ou omitiu todos os conceitos desenvolvidos e afirmados pela Teoria Clássica – como os de organização formal, autoridade e responsabilidade, hierarquia, unidade de comando, estudos de tempos e movimentos, eficiência, departamentalização e princípios gerais de administração – para substituí-los por outros conceitos desenvolvidos a partir da psicologia e sociologia industriais – tais como organização informal, motivação, comunicação, liderança, incentivos sociais e dinâmica de grupo.

SAIBA MAIS — Da engenharia para a psicologia – do tecnicismo para o humanismo

O administrador típico na concepção clássica – eminentemente técnico e voltado para os aspectos lógicos da organização – cede agora lugar ao administrador típico dessa nova abordagem – eminentemente humanista e voltado para os aspectos psicológicos e sociológicos da organização. Os planos de incentivos salariais fundamentados na concepção do *homo economicus* passam a ser substituídos pelo incentivo social e simbólico fundamentado na concepção do *homo social*. Segundo esta concepção, o homem é motivado basicamente por recompensas sociais e simbólicas, pois as necessidades psicológicas do ser humano são mais importantes do que a necessidade de ganhar mais dinheiro. A partir da experiência de Hawthorne (1927-1932), desenvolvida para mensurar os efeitos da iluminação sobre a produção, surgem inúmeras pesquisas para tentar comprovar cientificamente as conclusões e afirmações de autores humanistas.

Contudo, esta teoria apresenta apenas conclusões parciais, omitindo variáveis importantes abordadas pelos clássicos e utilizando um viés francamente demagógico e manipulativo. Estes aspectos levaram a Escola das Relações Humanas ao descrédito, principalmente por valorizar símbolos baratos, relegar a um plano secundário as recompensas salariais e por tentar esconder duas lógicas diferentes e até certo ponto antagônicas: a do empresário, que procura maximizar seus lucros, e a do trabalhador, que procura maximizar seu salário.

SAIBA MAIS — Abordagem manipulativa

Nela prevalece ainda o pressuposto de que o homem é um instrumento a ser usado pela organização, ao invés de se encarar a organização como instrumento do homem: o conceito de relações humanas foi utilizado mais como fachada para a manipulação dissimulada dos indivíduos do que propriamente como uma filosofia administrativa sadia e justa. Apesar de todas as críticas negativas, não há como negar o impulso para a "equalização do poder", que representa uma redução na diferença de poder e status entre supervisores e subordinados.

Num sentido mais amplo, a Escola das Relações Humanas representa uma reação saudável contra a ênfase no trabalho programado, no controle hierárquico rígido e no alto grau de especialização do trabalhador, aspectos característicos do taylorismo e da teoria tradicional. Um dos principais objetivos do movimento humanista foi tentar quebrar o excessivo controle hierárquico e encorajar a espontaneidade dos trabalhadores. Os autores humanistas são unânimes quanto a um diagnóstico básico: as organizações mais complexas tendem a bloquear o crescimento individual e o autodesenvolvimento das pessoas, levando-as à apatia, ao desperdício das capacidades humanas e a atividades disfuncionais, como greves, redução do trabalho e competição destrutiva.

As principais contribuições da Teoria das Relações Humanas à TGA se concentram no esforço pioneiro rumo à humanização das empresas: a ênfase na organização informal, nos grupos sociais, nas comunicações, motivação, liderança, nas abordagens participativas e, sobretudo, na preocupação com a satisfação no trabalho.

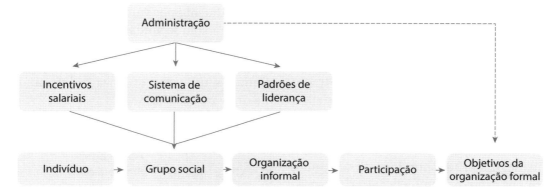

Figura 1.12 A abordagem manipulativa da Teoria das Relações Humanas.[18]

1.5.2 Teoria Comportamental

A segunda abordagem humanística – a Teoria Comportamental ou escola do comportamento organizacional – surgiu com o livro de Herbert A. Simon publicado em 1947 (*Comportamento Administrativo*), no qual o autor desenvolve uma teoria das decisões. Para ele, a decisão é muito mais importante do que a ação que a sucede. A partir daí as empresas são visualizadas como sistemas de decisões, nos quais as pessoas percebem, sentem, decidem e agem, definindo seus comportamentos frente às situações com que se deparam. A administração não pode deixar de lado esses aspectos comportamentais. A abordagem comportamental descende diretamente da Escola das Relações Humanas e mantém a tradição de deixar os aspectos estruturais em segundo plano, para focalizar os aspectos comportamentais. Essa abordagem reúne uma constelação de autores muito conhecidos[19] e procura desenvolver e comparar estilos de administração capazes de potenciar as motivações individuais existentes nos participantes das organizações e reduzir as incongruências e conflitos entre objetivos organizacionais e individuais dos participantes.

Mais recentemente, dentro da abordagem comportamental, surgiu um movimento de grande vitalidade denominado Desenvolvimento Organizacional (DO), voltado para estratégias de mudança organizacional planejada por meio de modelos de diagnóstico, intervenção e mudança, envolvendo modificações estruturais ao lado de modificações comportamentais para melhorar a eficiência e eficácia das empresas. Esse movimento incorpora a Teoria dos Sistemas, técnicas de sensibilização herdadas dos laboratórios de treinamento de sensitividade iniciados por Lewin.[20] A ideia era renovar e revitalizar as organizações para flexibilizá-las e adequá-las a um mundo em constante mudança.

1.6 ÊNFASE NA TECNOLOGIA

É a fase em que administrar significa lidar com a tecnologia a fim de extrair dela a máxima eficiência possível. Com os adventos da cibernética, mecanização, automação, computação e, mais recentemente, da robotização, a Tecnologia da Informação (TI), colocada a serviço da empresa, passou a moldar-lhe a estrutura e condicionar seu funcionamento. Muito embora a administração científica de Taylor e seus seguidores tenham se preocupado com a tecnologia de sua época, suas incursões neste campo são estritamente limitadas ao nível da tarefa individual de cada operário e de maneira concreta e imediatista. Por incrível que possa parecer, uma das mais recentes áreas de estudo da TGA é o papel da tecnologia na determinação da estrutura e funcionamento das empresas. Somente em 1960 com as pesquisas da socióloga Joan Woodward sobre uma amostra de indústrias é que se passou – embora tardiamente – a compreender o importante papel da tecnologia sobre as empresas que a utilizam sob variadas formas e naturezas para realizar suas operações e atingir seus objetivos. Alguns autores chegaram a afirmar a existência de um "imperativo tecnológico", ou seja, a tecnologia tomada como variável independente e a estrutura organizacional da empresa que a utiliza como variável dela dependente. Em outras palavras, a estrutura organizacional é uma variável dependente da tecnologia utilizada. É a tecnologia que define a estrutura organizacional.

Ainda dentro da linhagem inglesa, a corrente de Tavistock passou a conceber a empresa como um sistema sociotécnico no qual interagem três subsistemas intimamente interdependentes: o subsistema social ou humano (composto de pessoas, com seus valores, habilidades e conhecimentos), o subsistema tecnológico

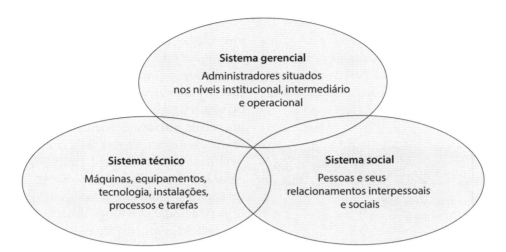

Figura 1.13 O sistema sociotécnico.

(composto de equipamentos, instalações, tecnologia, processos e tarefas) e o subsistema administrativo (composto pelo aparato administrativo desdobrado no nível estratégico, tático e operacional da organização).

A Teoria da Contingência incumbiu-se de absorver rapidamente a preocupação com a tecnologia ao lado da preocupação com o ambiente para definir uma abordagem mais ampla a respeito do desenho organizacional – uma maneira mais recente de visualizar o formato e a estrutura organizacional e seu funcionamento.[21]

> **PARA REFLEXÃO**
>
> **Como e onde utilizar a abordagem na tecnologia?**
>
> Reflita e, a seguir, discuta com seus colegas a respeito da tecnologia e sua influência na estruturação organizacional e tente chegar a uma conclusão. Como e onde utilizar a abordagem da tecnologia na prática?

1.7 ÊNFASE NO AMBIENTE

É a fase em que administrar significa, sobretudo, lidar com as demandas do ambiente e obter o máximo de eficácia da empresa em suas relações com ele. Com a influência da Teoria dos Sistemas na TGA, verificou-se que apenas o estudo das variáveis internas – as variáveis endógenas – não proporcionava uma compreensão mais ampla da estrutura e do comportamento organizacionais. Tornava-se necessário o estudo das variáveis exógenas, situadas fora dos limites da empresa e que influenciam profundamente seus aspectos estruturais e comportamentais. As relações de interação entre empresas e seus ambientes passaram a explicar com mais profundidade certos aspectos da estrutura organizacional e dos processos operacionais utilizados pelas empresas. Afinal, nenhuma organização existe para si própria, mas para servir a uma necessidade da sociedade. Essa ênfase no ambiente surgiu com o aparecimento da Teoria da Contingência, segundo a qual não existe uma única "melhor maneira" (*the best way*) de organizar as empresas, como afirmavam os clássicos. Pelo contrário, as características estruturais das empresas dependem das características ambientais que as circundam. Em outros termos, as características estruturais são explicadas pelas características ambientais que as determinam. As organizações que não conseguem se adaptar ao seu contexto ambiental tendem a desaparecer do mapa. Alguns autores falam em "imperativo ambiental" para explicar o determinismo das influências ambientais sobre as empresas: as variáveis ambientais são variáveis independentes e os aspectos de estrutura organizacional são variáveis delas dependentes. As empresas bem-sucedidas são aquelas que conseguem adaptar-se e ajustar-se adequadamente às demandas, exigências e desafios ambientais. É no ambiente que estão os clientes, consumidores e usuários, assim como os fornecedores e os concorrentes: tudo depende deles.

A ênfase no ambiente marca a ampliação máxima do objeto de estudo da administração: as empresas e os ambientes que as envolvem. A contribuição dos chamados autores neoestruturalistas, principalmente James D. Thompson, é fundamental. A análise ambiental – como veremos adiante – embora ainda careça de muita pesquisa e investigação atingiu certo desenvolvimento teórico e constitui ainda hoje uma das áreas de estudo mais cruciais da TGA.[22]

> **PARA REFLEXÃO**
>
> **Como e onde utilizar a abordagem contingencial?**
>
> Reflita e, a seguir, discuta com seus colegas a respeito da abordagem contingencial e tente chegar a uma conclusão. Como e onde utilizar a abordagem contingencial na prática?

1.8 ÊNFASE NAS COMPETÊNCIAS E NA COMPETITIVIDADE

A Era da Informação trouxe novos desafios e abordagens à TGA. As organizações deixaram de ser vistas como conjuntos integrados de recursos para serem consideradas possuidoras de competências sempre atualizadas, articuladas e prontas para serem aplicadas a qualquer oportunidade, no momento em que ela surja, antes que os concorrentes o façam. Os recursos, por serem estáticos e inertes, passam a constituir a plataforma, ou seja, a base sobre a qual as competências operam. O mundo organizacional deixa de ser um conjunto de coisas físicas e estáticas para se tornar um universo de competências essenciais para o sucesso dos negócios. Ao contrário dos recursos, as competências são dinâmicas, intangíveis, mutáveis e garantidoras da competitividade organizacional. Ao longo deste livro abordaremos as competências organizacionais.

1.9 ESTADO DA TEORIA ADMINISTRATIVA

Essas rápidas pinceladas a respeito dos gradativos passos da TGA demonstram o efeito cumulativo e gradativamente abrangente das diversas teorias com suas diferentes contribuições e enfoques.[23] Mas, qual delas é a teoria correta? Todas as teorias apresentadas são válidas, mas cada uma mostra apenas uma parte da verdade, priorizando ou valorizando apenas uma ou algumas das seis variáveis básicas do sucesso organizacional: tarefas, estrutura, pessoas, tecnologia, ambiente, competitividade. Na realidade, cada teoria administrativa

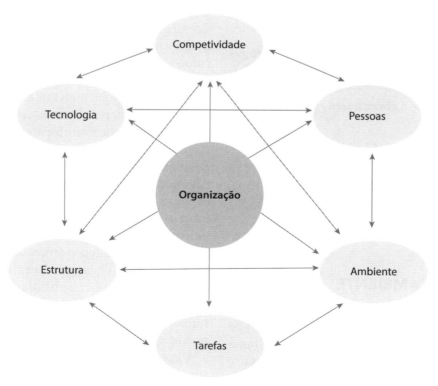

Figura 1.14 As seis variáveis básicas da empresa na teoria administrativa.[24]

surgiu como uma resposta aos problemas empresariais mais relevantes de sua época. E, neste aspecto, todas elas foram bem-sucedidas ao apresentarem soluções específicas para tais problemas. De certo modo, todas são aplicáveis às situações de hoje. E o administrador precisa conhecê-las bem para ter à sua disposição um naipe de alternativas interessantes para cada situação.

 Aumente seus conhecimentos sobre **As teorias administrativas e suas aplicações** na seção *Saiba mais ADM* 1.4

O estado da TGA é bastante complexo: ela permite numerosas opções de abordagens a respeito de seu objeto de estudo e engloba um extenso leque de variáveis que devem ser levadas em consideração.

A TGA estuda a administração das empresas e demais tipos de organizações do ponto de vista da interação e interdependência entre as seis variáveis principais, cada qual objeto específico de estudo por parte de uma ou mais correntes da Teoria Administrativa. Essas variáveis básicas – tarefa, estrutura, pessoas, tecnologia, ambiente e competitividade – constituem os principais componentes no estudo da administração de empresas. O comportamento dessas variáveis é sistêmico e complexo: cada qual influencia e é influenciada pelas demais. Modificações em uma provocam modificações em maior ou menor grau nas outras. O comportamento do conjunto dessas variáveis é diferente da soma dos comportamentos de cada uma considerada isoladamente. Elas produzem um efeito multiplicador em que cada variável proporciona ajuda recíproca às outras.

Na realidade, a adequação entre essas seis variáveis constitui o principal desafio da administração. No nível de uma subunidade especializada (por exemplo, um departamento, uma divisão, uma seção), algumas dessas variáveis podem assumir papel preponderante.

Devido à crescente importância da administração e aos novos e complexos desafios com que ela se defronta, os autores e pesquisadores têm se concentrado em algumas variáveis isoladas do enorme contexto de variáveis que intervêm – cada qual com sua natureza, impacto, duração, importância etc. – na estrutura e no comportamento das empresas e que dificultam enormemente sua visão global. Na medida em que a **administração** se defronta com

Quadro 1.2 Traduzindo as seis variáveis básicas em uma visão integrada

Tarefas	Excelência operacional que se traduz em produtos e serviços de alta qualidade
Estrutura	Integração e articulação interna de recursos e competências
Pessoas	Participação, envolvimento, engajamento, *empowerment*, equipes
Tecnologia	Infraestrutura tecnológica como base para operações e informações
Ambiente	Foco no mundo dos negócios em que se situam clientes, fornecedores e concorrentes
Competitividade	Foco em competências e em resultados sustentáveis

Quadro 1.3 As principais teorias administrativas e suas abordagens[25]

Ênfase	Teorias administrativas	Principais enfoques
Tarefas	Administração Científica	Racionalização do trabalho no nível operacional
Estrutura	Teoria Clássica Teoria Neoclássica	Organização formal Princípios gerais da administração Funções do administrador
	Teoria da Burocracia	Organização formal burocrática Racionalidade organizacional
	Teoria Estruturalista	Múltipla abordagem: organização formal e informal; análise intraorganizacional; análise interorganizacional

(continua)

(continuação)

Ênfase	Teorias administrativas	Principais enfoques
Pessoas	Teoria das Relações Humanas	Organização informal Motivação, liderança, comunicações e dinâmica de grupo
	Teoria do Comportamento Organizacional	Estilos de administração Teoria das decisões Integração de objetivos organizacionais e individuais
	Teoria do Desenvolvimento Organizacional	Mudança organizacional planejada Abordagem de sistema aberto
Ambiente	Teoria Estruturalista	Análise intraorganizacional e análise ambiental Abordagem de sistema aberto
	Teoria da Contingência	Análise ambiental (imperativo ambiental) Abordagem de sistema aberto
Tecnologia	Teoria da Contingência	Administração da tecnologia (imperativo tecnológico)
Competitividade	Novas Abordagens na Administração	Caos e complexidade Aprendizagem organizacional Capital Intelectual

novos desafios e novas situações que se desenvolvem com o decorrer do tempo, as teorias administrativas precisam adaptar suas abordagens ou modificá-las completamente para continuarem úteis e aplicáveis. Isto explica, em parte, os gradativos passos da TGA no decorrer deste século. O resultado disso tudo é a gradativa abrangência e complexidade que acabamos de discutir.

> **PARA REFLEXÃO**
>
> **Afinal, o que é administração?**
>
> Reflita e, a seguir, discuta com seus colegas a respeito do assunto supra e tente chegar a uma conclusão. Afinal, o que é administração?
>
> Administração não é apenas desempenho, condução dos negócios, solucionar problemas ou tentar melhorar as coisas.
>
> Administração é:
> - fazer acontecer de maneira flexível e ágil;
> - alcançar resultados incríveis.

1.10 PERSPECTIVAS DA ADMINISTRAÇÃO

A tarefa administrativa está se tornando cada vez mais incerta e desafiadora, pois está sujeita a rápidas e intensas mudanças e transformações carregadas de ambiguidades e incertezas. O administrador está se defrontando com problemas cada vez mais diferentes e complexos que os anteriores. Sua atenção, disputada por eventos e grupos de interesses situados dentro e fora da empresa, lhe proporcionam informações contraditórias que complicam seu diagnóstico e visão dos problemas a resolver ou das situações a enfrentar. São exigências da sociedade, clientes, fornecedores; são os desafios dos concorrentes; expectativas da alta administração, dos subordinados, dos acionistas etc. Nas mudanças nas necessidades dos consumidores, nas novas tecnologias disruptivas, na incrível rapidez dos mercados. Todas essas exigências, desafios e expectativas sofrem profundas e rápidas mudanças que ultrapassam a capacidade de compreensão do administrador. Além do mais, essas mudanças tendem a aumentar sua complexidade e rapidez face à inclusão de outras novas variáveis na medida em que o processo se desenvolve criando uma turbulência que perturba e complica a tarefa administrativa de planejar, organizar, liderar e controlar uma empresa de modo eficiente e eficaz. E o futuro parece complicar essa realidade.

Inúmeros fatores estão provocando profundos impactos sobre as empresas, tais como:

1. **As empresas estão continuamente se adaptando aos seus mutáveis ambientes**: essa adaptação contínua pode provocar crescimento, estabilidade provisória ou o enxugamento da empresa. O crescimento se dá quando a empresa satisfaz as demandas ambientais

e o ambiente solicita maior volume de saídas e resultados da empresa. O crescimento é uma decorrência inevitável do êxito empresarial. Na medida em que o tamanho da empresa aumenta, torna-se necessário mantê-lo ou controlá-lo a proporções administráveis – de acordo com o produto ou serviço, objetivos empresariais, recursos envolvidos, localização geográfica, ou uma mistura composta desses elementos. O enxugamento ocorre quando a empresa não consegue satisfazer demandas ambientais e precisa encolher seu tamanho, reduzir operações a fim de compatibilizar suas saídas e resultados para adequar-se às demandas ambientais.

2. **A adaptação organizacional envolve mudanças de estratégia, estrutura interna, tecnologia, mercados, produtos e serviços etc.**: a adaptação à mutabilidade ambiental pode ainda mostrar-se agudamente em certos órgãos da empresa mais afetados pelas influências ambientais. Quase sempre, as pessoas requerem um cuidado especial para colaborarem espontaneamente frente a tais mudanças. Evitar ou neutralizar a resistência à mudança é indispensável. Colaboração e engajamento é indispensável.

3. **Existe uma tendência para a continuidade de taxas elevadas de inflação**: os custos de energia, de matérias-primas e de mão de obra estão se elevando sensivelmente. A inflação e os juros exigirão, cada vez mais, maior eficiência na administração das empresas no sentido de obter melhores resultados com os recursos disponíveis, bem como programas de redução de custos operacionais. A inflação impõe novas pressões e ameaças sobre as empresas, para que mantenham seus lucros e garantam sua sobrevivência. Isto, por sua vez, trará um ímpeto adicional na busca de maior produtividade e qualidade. Fazer cada vez mais com cada vez menos.

4. **A concorrência se torna cada vez mais aguda**: na medida em que aumentam os mercados e negócios crescem também os riscos da atividade empresarial. Mais do que nunca, o produto ou serviço que demonstra ser superior – mais avançado, mais seguro, mais desejável – será o mais procurado. O resultado dará um novo sentido de urgência para desenvolver produtos e serviços e, para isso, maiores investimentos em pesquisa e desenvolvimento, aperfeiçoamento das tecnologias e maiores esforços de vendas por parte das empresas. Isto demandará criatividade e inovação ao mesmo tempo que provocará a dissolução de velhos departamentos ou divisões e criação de novos departamentos ou divisões, centralização de maior número

de atividades a fim de evitar o esforço e custo de duplicação de atividades e operações. Porém, um fato é evidente: as organizações terão de ser mais flexíveis e ágeis do que antes e deverão estar preparadas para mudar de rumo de acordo com as circunstâncias e contingências ambientais. A substituição de órgãos fixos e permanentes por equipes transitórias é uma mostra dessa preocupação.

5. **Existe uma forte tendência para crescente sofisticação da tecnologia**: os novos processos e instrumentos introduzidos pela tecnologia nas empresas sempre causaram impacto sobre sua estrutura e comportamento organizacional. A produção em linha de montagem, por exemplo, passou a exigir novas formas de distribuição em massa aos consumidores, na medida em que foi aumentando a quantidade dos produtos, expandindo facilidades de venda e compra e o papel da administração de linha nos escalões intermediários da empresa tornou-se vital para sua eficiência. A invenção de um instrumento relativamente simples, como o telefone, provocou uma influência revolucionária nas empresas: tornou possível e prática a descentralização geográfica das empresas, permitindo a comunicação rápida e eficiente capaz de garantir-lhes a integração organizacional necessária para ampliar seu território de operações.

6. **A internacionalização do mundo dos negócios – a globalização – o fator mais significativo do desenvolvimento das organizações**: graças ao progresso da internet, telefonia 5G, comunicações, computador e transporte a jato, as empresas internacionalizaram e mudaram suas atividades e operações, criando novas estruturas e comportamentos em um esforço para a exportação ou criação de subsidiárias para fincar o pé em outros territórios estrangeiros. Isso provocou a integração do desenvolvimento e manufatura do produto e descentralização da tomada de decisão nas empresas. Cada um desses fenômenos provoca consequências que se projetarão sobre as empresas do futuro.

7. **Maior visibilidade das empresas.**: enquanto crescem ou diminuem, as empresas tornam-se mais competitivas, mais sofisticadas tecnologicamente, internacionalizam-se mais e sua influência ambiental aumenta. Isto faz com que as empresas chamem mais a atenção do ambiente e do público e passem a ser mais visíveis e percebidas pela opinião pública. A visibilidade da empresa – sua capacidade de chamar a atenção – pode ocorrer de muitas maneiras, positivas ou negativas. Se suas instalações contaminam o ar ou a rede fluvial

mais próxima isto será notado por especialistas em poluição e pelo público em geral. Se seus produtos são de má qualidade, os consumidores notarão e passarão a reclamar. Se a empresa demite grande número de pessoas, chamará a atenção da imprensa, dos sindicatos e do governo. Se suas vendas provocam o aumento das exportações ou importações o governo central perceberá. O que não permite dúvidas é o fato de que a empresa jamais será ignorada. E sua visibilidade causará impacto à sua estrutura e comportamento. A transparência torna-se fundamental e a ética e responsabilidade corporativa e social são obrigações fundamentais de toda organização.

8. **Todos esses desafios, pressões e ameaças que recaem sobre as empresas, e que no futuro serão maiores, precisam ser enfrentados**: a arma com que as empresas os enfrentarão será principalmente uma – administradores competentes, inteligentes e bem preparados. Estes deverão saber como adequar e ajustar as principais variáveis empresariais entre si – tarefas, tecnologias, estrutura organizacional, pessoas, ambiente externo e competências. Se eles não o souberem fazer, quem conseguirá?

9. **Estamos em uma era de descontinuidade**: as mudanças são tão grandes e tão rápidas que fica difícil entrever a relação de causa e efeito entre elas. Daí a descontinuidade que se nota nas quatro principais áreas a seguir:[26]

   a. **Estão surgindo tecnologias genuinamente novas** e que não são desdobramentos das tecnologias atuais. Elas criarão novas indústrias e novos tipos de organizações que tornarão obsoletas as grandes indústrias e os empreendimentos hoje existentes.

   b. **Estamos diante de grandes mudanças na economia mundial**: o mundo tornou-se um enorme ambiente, um mercado único, um centro de compras global. A economia internacional tornou-se uma economia mundial. É a globalização e tudo isso é irreversível.

   c. **Os aspectos políticos da vida social e econômica se modificam rapidamente** e a sociedade e a nação de hoje são pluralistas. Cada tarefa importante é confiada a uma grande instituição organizada para durar para sempre e dirigida por administradores. Esta nova sociedade pluralista, constituída por uma infinidade de instituições, traz desafios políticos, filosóficos e espirituais que ultrapassam a compreensão das pessoas.

   d. **Porém, a mais importante das mudanças é a que está ocorrendo com o conhecimento**, uma vez que ele tornou-se o capital principal, o centro de custo e o recurso crucial da economia, a moeda mais valiosa. Os detentores do poder passaram a ser as pessoas de conhecimento e não as que possuem experiência conquistada em longos anos de vivência e muito menos as que ocupam posições hierárquicas mais elevadas. A experiência focaliza o passado; o conhecimento aponta para o futuro e a hierarquia está desabando. Estamos na Era do Capital Intelectual.[27]

1.10.1 O que a Era Industrial nos deixou

Tais fatores de mudanças e transformações no decorrer da Era da Informação mostram claramente que o futuro pertencerá às empresas dinâmicas, flexíveis e inovadoras. Eles influirão poderosamente sobre as empresas no futuro, como:[28]

1. As empresas viverão em um ambiente cada vez mais turbulento e que delas exigirá flexibilidade, jogo de cintura, alterações e ajustamentos contínuos. É a mudança.

2. As empresas continuarão a ampliar suas fronteiras e domínios. Elas deverão crescer em tamanho e em complexidade. É a globalização.

3. As empresas continuarão a diferenciar suas atividades, criando maiores problemas de integração e de coordenação. É a complexidade.

4. As empresas continuarão a encontrar problemas na acumulação e utilização do conhecimento. Ganharão realce as atividades intelectuais em detrimento das atividades rotineiras. É a gestão do conhecimento.

5. Maior destaque será dado à sugestão, persuasão e orientação e não mais à coerção baseada no exercício da autoridade como meio de coordenação do trabalho dos membros e coordenação das funções do interior da empresa. É a democracia.

6. Será maior a influência das pessoas em todos os níveis da empresa. Futuramente, as organizações precisarão adotar um modelo de equalização do poder e não da sua diferenciação, reduzindo as diferenças impostas pela hierarquia de autoridade. É a participação.

7. Os problemas interfaciais entre as várias empresas serão maiores. Surgirão novos meios que permitirão uma eficiente coordenação interorganizacional (tecnologias de gestão do relacionamento com clientes,

fornecedores de recursos e serviços, concorrentes, agências reguladoras etc.). As fronteiras organizacionais estão desaparecendo. São as alianças estratégicas tecendo uma enorme rede (*networking*) entre empresas. É a era das inclusões organizacionais.

8. Os sistemas de informação e de decisão exercerão uma influência cada vez maior sobre as empresas. É a tecnologia da informação acelerando cada vez mais o trabalho organizacional.

9. A influência das pessoas, dos profissionais e dos cientistas crescerá no seio das empresas. É a Era do Capital Humano e do Capital Intelectual.

10. As metas das empresas serão ampliadas. Haverá maior ênfase à satisfação de uma série conjunta de objetivos do que à maximização de qualquer um deles tomado isoladamente. A empresa deverá satisfazer a múltiplas expectativas dos grupos de interesses envolvidos. É a era dos *stakeholders*, isto é, dos vários grupos de interesses que contribuem direta ou indiretamente para o sucesso empresarial e que cobram resultados e retornos de seus investimentos.

11. Será cada vez mais difícil avaliar o desempenho da empresa. Serão criadas numerosas técnicas administrativas para avaliação do desempenho em todas as esferas da atividade da empresa. O balanço contábil e demonstrações financeiras deverão agregar o balanço social e demonstrações de responsabilidade social. É a era da ética e da responsabilidade corporativa.

12. E, por fim, mas não por último vem a questão da intensa concorrência no mundo empresarial. É a era da competitividade.

1.10.2 A Era da Informação

Na verdade, o mundo dos negócios ingressou na Era da Informação a partir de 1980, deixando para trás a Era Industrial. Quais as diferenças? Veja o Quadro 1.4.

Quadro 1.4 As características da Era Industrial e da Era da Informação

Era Industrial	Era da Informação
■ Fábrica – empresa física e tangível	■ Empresa virtual e em rede
■ Empresa de cimento e concreto	■ Empresa de bites e *bytes*
■ Máquinas e equipamentos	■ Computadores e terminais
■ Estabilidade e permanência	■ Mudança e instabilidade
■ Manter o *status quo*	■ Mudar e inovar
■ Mão de obra braçal – trabalho muscular	■ Conhecimento – trabalho cerebral
■ Emprego único, tradicional e presencial	■ Atividade compartilhada, engajada e virtual
■ Trabalho individual, isolado e solitário	■ Trabalho em equipe, participativo e solidário
■ Gerência tradicional	■ Liderança, *coaching* e *mentorin*
■ Impor ordens e comandos	■ Conquistar a colaboração
■ Obediência cega às regras e regulamentos	■ Empreendedorismo e intraempreendedorismo
■ Especialização e foco em uma única atividade	■ Flexibilidade, multifuncionalidade e polivalência
■ Capital financeiro	■ Capital intelectual

Na Era Industrial, imperou a fábrica e a empresa de concreto e tijolo, enquanto na Era da Informação impera a empresa que faz negócios por meio de conceitos virtuais. Na primeira, a ênfase estava nos recursos, no tamanho organizacional e na perpetuidade. Na segunda, a ênfase está nas competências, conectibilidade, flexibilidade e prontidão. Na primeira, as pessoas eram fornecedoras de mão de obra e trabalho servil, na segunda as pessoas são fornecedoras de conhecimentos, competências e de trabalho intelectual.

Na Era Industrial, os resultados eram focados exclusivamente no acionista ou proprietário (*shareholder*), enquanto na Era da Informação os resultados são focados em 360° nos grupos de interesses envolvidos no negócio da organização (*stakeholders*), como mostra a Figura 1.15.

A Era Industrial permanece – assim como a Era da Agricultura não desapareceu – mas engolfada pela vitalidade da Era da Informação. Esta predomina no produto interno bruto dos países mais avançados.

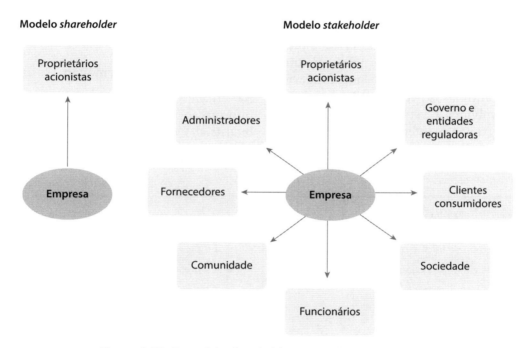

Figura 1.15 O modelo *shareholder* e o modelo *stakeholder*.

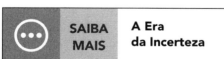 **SAIBA MAIS** **A Era da Incerteza**

O economista John Kenneth Galbraith localiza na Primeira Guerra Mundial as grandes mudanças da nossa época, a que chama de Era da Incerteza. "Assim teve início a Era da Incerteza. Sua índole provinha basicamente de novos alinhamentos sociais, a nova coalizão governante que ora surgia. Um caso de destaque foi o dinheiro. Nos anos que antecederam 1914, o dinheiro fora uma das grandes certezas da vida. Ele era bom e eterno. Depois de 1914, nunca mais foi o mesmo. Foi a Primeira Guerra Mundial que mostrou que a nova estabilidade do dinheiro não passava de uma ilusão. Juntamente com os velhos sistemas políticos, a estabilidade monetária também desabou. Haveria uma incerteza maior do que antes sobre a maneira de ganhar dinheiro. E haveria também incerteza quanto ao que ele poderia comprar".[29]

Quadro 1.5 Comparação entre a Era Industrial e a Era da Informação

Era Industrial	Era da Informação
■ Modelo *shareholder* ■ Recursos organizacionais ■ Redução de custos ■ Eficiência e eficácia ■ Ordem – controles internos ■ Regras e regulamentos ■ Rigidez e ordem	■ Modelo *stakeholder* ■ Competências essenciais ■ Geração de valor ■ Satisfação do cliente ■ Governança corporativa ■ Espírito empreendedor ■ Flexibilidade e inovação

Hoje vivemos em um mundo de organizações. Tudo é inventado, criado, planejado, desenvolvido, produzido, comercializado, financiado e entregue por organizações. Se a administração foi a maior invenção do século passado, as organizações constituem a invenção maior do século anterior. São elas que proporcionam produtos, serviços, crédito e financiamento, entretenimento, informação, alimentação, vestuário, saúde, educação, religião, segurança, paz e guerra – enfim tudo que o mundo moderno necessita. E o fato principal é que as organizações precisam ser administradas. A administração tornou-se um fenômeno organizacional.

Quadro 1.6 Principais reflexos da Era da Informação

- Conhecimento
- Digitalização
- Virtualização
- Molecularização
- Integração/redes interligadas
- Desintermediação
- Convergência
- Inovação
- Imediatismo
- Globalização

Além dos seus reflexos na administração das empresas, a Era da Informação trouxe uma nova lógica das organizações; trouxe também novos paradigmas.

Quadro 1.7 A nova lógica das organizações após a Era da Informação

- Cadeias de comando mais curtas
- Menos unidade de comando
- Amplitudes de controle maiores
- Mais participação e *empowerment*
- *Staff* como consultor e não como executor
- Ênfase nas equipes de trabalho
- A organização como sistema de unidade de negócios interdependentes
- Infoestrutura – TI
- Abrandamento dos controles externos às pessoas
- Foco no negócio (*core business*) e eliminação do acessório, supérfluo
- Consolidação da economia do conhecimento

A Era da Informação foi um momento crítico que transformou rapidamente o mundo dos negócios, impulsionou as forças da mudança no cenário organizacional e abriu as portas da Era Digital.

 Acesse conteúdo sobre **Organizações como sistemas temporários** na seção *Tendências em ADM 1.2*

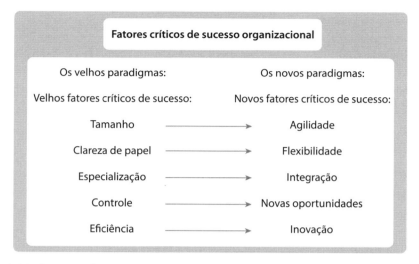

Figura 1.16 Os novos fatores críticos do sucesso organizacional após a Era da Informação.

1.10.3 A Era Digital

Enfim, ingressamos na Era Digital. Um mundo extremamente dinâmico, mutável e fortemente conectado, no qual cada vez mais a tecnologia proporciona maior eficiência, precisão e liberação da atividade humana para tarefas mais sofisticadas e que exijam conhecimento e competências. Com tudo isso, estamos nos aproximando da 4ª Revolução Industrial.

Nesse mundo conectado, dinâmico e mutável caracterizado por volatilidade, incerteza, complexidade e ambiguidade, lidar com organizações e sua adequada administração está se tornando um enorme desafio.

Em função de tantas mudanças e transformações, o mundo em que vivemos deixou de ser linear e sequencial, tornou-se quântico e exponencial. E será a partir daqui que consideraremos a administração das organizações dentro dessa realidade atual.

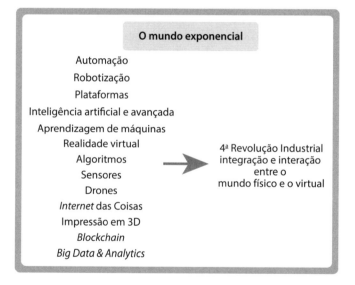

Figura 1.17 O mundo exponencial da Era Digital.

Quadro 1.8 O complexo e incerto mundo de hoje[30]

Um mundo volátil	Mudança quântica e probabilística em todos os elementos em contínuo movimento. Complexa, gradativa, dinâmica, intangível e imprevisível
Um mundo incerto	As ciências priorizavam a certeza e evitavam a incerteza Hoje aceitam a incerteza e convivem com ela Cenários no curto prazo sem perder visão do corredor do LP
Um mundo complexo	Complexidade e diversificação resultam em surpresas e resultados imprevisíveis. Eles são a norma e não a exceção O mundo nem sempre é ordenado ou explicável Resultados inesperados e imprevisíveis ocorrem normalmente Difícil entender a complexidade, daí a desorientação
Um mundo ambíguo	Tudo pode ter mais do que um sentido ou significado A ambiguidade é a duplicidade de sentido em toda situação, por isso a imprecisão, indecisão confusão, indeterminação, incerteza, indefinição e até incompreensão

REFERÊNCIAS

1. CHIAVENATO, I. *Introdução à Teoria Geral da Administração*. São Paulo: Atlas, 2020.

2. CHIAVENATO, I. *op. cit.*

3. SCHEIN, E. H. *Organizational Psychology*: Englewood Cliffs. New Jersey: Prentice-Hall, 1965. p. 26.

4. CHIAVENATO, I. *op. cit.*

5. CHIAVENATO, I. *op. cit.*

6. CHIAVENATO, I. *Teoria Geral da Administração*. São Paulo: Atlas, 2021. p. 61-84, v. 2.

7. Fayol teve uma infinidade de seguidores, como Urwick, Gulick, Dale, Mooney e outros.

8. FAYOL, H. *Administração industrial e geral*. São Paulo: Atlas, 1964.

9. CHIAVENATO, I. *op. cit.*

10. FAYOL, Henri, *op. cit.*

11. CHIAVENATO, I. *op. cit.*

12. CHIAVENATO, I. *op. cit.*

13. HALL, R. H. *Organizaciones*: estructura y processo. Madri: Prentice-Hall Int., 1973. p. 61-64.

14. CHIAVENATO, I. *op. cit.*

15. Adaptado de: MARCH, J. G.; SIMON, H. A. *Teoria das organizações*. Rio de Janeiro: Fundação Getulio Vargas, 1967. p. 53.

16. CHIAVENATO, I. *Os novos paradigmas*: como as mudanças estão mexendo com as organizações. Barueri: Manole, 2010. p. 70.

17. Esta escola teve seguidores importantes, como Roethlisberger, Dickson, Homans, Lippitt, Dubin, Tannenbaum, Bavelas, Massarik e surgiu a partir da experiência de Hawthorne entre os anos 1928 a 1932.

18. CHIAVENATO, I. *op. cit.*, p. 208.

19. Autores como McGregor, Likert, Maslow, Herzberg, Argyris, March, Cyert, Fiedler, Strauss, McClelland, Leavitt, Porter, Lawler e Hackman.

20. O DO tem seguidores conhecidíssimos, como Bennis, Schein, Beckhard, Lawrence, Lorsch, Blake, Mouton, Reddin, Greiner, Bradford, Argyris, French e Bell.

21. Importantes autores têm se dedicado atualmente ao estudo do impacto da tecnologia sobre as empresas, como Thompson, Perrow, Child, Rice, Davis, Emery, Trist, Galbraith, Pugh, Hickson, Hinnings e Khandwalla.

22. Dentro da Teoria da Contingência e com enfoque para a análise ambiental estão autores como Lawrence, Lorsch, Morse, Thompson, Starbuck, Aldrich, Emery, Trist, Negandhi, Evan, Dill e Galbraith, Khandwalla.

23. CHIAVENATO, I. Novas abordagens na teoria administrativa. *Revista de Administração de Empresas*. Rio de Janeiro: Fundação Getulio Vargas, 1981, v. 19, n. 2, p. 27-42.

24. CHIAVENATO, I. *op. cit.*

25. CHIAVENATO, I. *op. cit.*

26. CHIAVENATO, I. *op. cit.*

27. DRUCKER, P. F. *Uma era de descontinuidade*: orientações para uma sociedade em mudança. Rio de Janeiro: Zahar, 1970.

28. KAST, F. E.; ROSENZWEIG, J. E. *Organização e administração*: um enfoque sistêmico. São Paulo: Pioneira, 1976. p. 675.

29. GALBRAITH, J. K. *A era da incerteza*. São Paulo: Pioneira, 1979. p. 157-160.

30. REVES, M.; LEVIN, S.; UEDA, D. Gestão biológica do negócio: sistemas adaptativos complexos. *BCG Henderson Institute*, Boston Consulting Group, july, 18, 2017.

2 AS EMPRESAS

OBJETIVOS DE APRENDIZAGEM

- Proporcionar uma ideia das empresas como classes de organizações sociais e como sistemas abertos.
- Analisar a hierarquia de sistemas que ocorre nos três níveis da empresa.
- Mostrar o alinhamento organizacional por meio da missão, visão e objetivos organizacionais.
- Analisar os recursos das empresas e sua administração.

O QUE VEREMOS ADIANTE

As empresas representam um tipo especial de organização: a organização focada no lucro. As empresas constituem uma das mais complexas e admiráveis instituições sociais que a criatividade e engenhosidade humana construíram. As empresas de hoje são diferentes das de ontem e, provavelmente, amanhã e no futuro distante apresentarão diferenças ainda maiores. Não existem duas organizações semelhantes pois sua principal característica é a diversidade: as empresas podem assumir diferentes tamanhos e estruturas organizacionais. Existem empresas dos mais diversos ramos de atividade utilizando diferentes tecnologias para produzir bens ou serviços dos mais variados tipos e que são vendidos e distribuídos de maneiras diferentes para os mais diversos tipos de mercados a fim de serem utilizados pelos mais diversos consumidores. Ademais, as empresas operam em diferentes ambientes, sofrendo as mais variadas coações e contingências, que se modificam no tempo e no espaço, reagindo a elas dentro de estratégias e comportamentos diferentes, alcançando resultados extremamente diferentes. Tudo isso faz com que as empresas apresentem uma incrível complexidade pois além de serem diferentes entre si elas enfrentam uma variedade de impactos e influências em seu contexto de atuação.

SAIBA MAIS — Empresas são empresas

Mas cada uma delas tem seus encantos, peculiaridades e características próprias, cada qual com sua personalidade, competências e cultura. Ainda não sabemos clonar empresas, elas são especiais e únicas. É preciso conhecê-las, entendê--las e interpretá-las. Elas são organizações sociais.

2.1 AS EMPRESAS COMO ORGANIZAÇÕES SOCIAIS

As empresas constituem um tipo de organização social com finalidade lucrativa. Na moderna sociedade em que vivemos todo o processo produtivo é realizado dentro de organizações. Assim, a nossa sociedade moderna e industrializada se caracteriza por ser uma sociedade composta de organizações. O homem moderno passa a maior parte de seu tempo dentro de organizações, das quais depende para nascer, viver, aprender, trabalhar, ganhar seu salário, curar suas doenças, obter todos os produtos e serviços de que necessita etc. Uma das razões que explicam a enorme variedade e densidade de organizações no mundo atual é o fato de que a organização é o que existe de mais eficiente para satisfazer um grande número de necessidades humanas. Pelas suas limitações físicas, biológicas e psicológicas, o ser humano busca, por meio de cooperação com seus semelhantes, a conjugação de esforços para atingir objetivos que, sozinho, não teria condições de atingir ou, se tivesse, talvez levasse muito mais tempo e consumisse muito mais esforços. As organizações surgem dessa necessidade primária de cooperação. Toda organização é composta de duas ou mais pessoas que interagem entre si, por meio de relações recíprocas, para atingir objetivos comuns.[1]

Existem três razões fundamentais que explicam a existência das organizações:[2]

1. **Razões sociais**: as pessoas são seres gregários que necessitam de relacionamento com outras pessoas para viver. Elas se organizam por causa dessa necessidade de estar juntas e procuram satisfações sociais que somente as organizações podem atender.
2. **Razões materiais**: as pessoas se organizam para alcançar três coisas que isoladamente jamais conseguiriam sozinhas:
   a. **Gradativo aumento de competências e habilidades**: as organizações possibilitam a integração, agrupamento e ampliação das competências e habilidades de várias pessoas. Por meio das organizações, as pessoas conseguem, juntas, atuar de maneira mais eficiente do que se estivessem trabalhando sozinhas. A união faz a força.
   b. **Compressão de tempo**: as organizações apresentam uma grande capacidade de comprimir o tempo requerido para alcançar um objetivo. Ao conseguir alcançar objetivos com maior rapidez, as **organizações** obtêm um ganho de tempo e de esforço extremamente importante nos negócios empresariais. Em muitos casos, a redução do tempo disponível para a realização da tarefa ou atividade é mais importante do que a eficiência, principalmente nas empresas focadas no tempo e na pontualidade de suas operações.
   c. **Acumulação e multiplicação do conhecimento**: as organizações dispõem de meios e recursos para que as pessoas desfrutem da experiência e vivência dos outros permitindo que o conhecimento seja produzido, reunido, organizado, acumulado, disseminado e devidamente aplicado pelos seus membros. A gestão do conhecimento está por trás disso tudo. No mundo de negócios de hoje a organização precisa gerir o conhecimento como um valioso ativo e fator crítico de seu sucesso. Ele constitui a inteligência coletiva de uma organização.
3. **Efeito sinérgico**: as organizações apresentam um efeito multiplicador em função das várias interações entre seus membros. Assim, o resultado da tarefa organizacional é mais do que a simples soma das tarefas individuais. A aritmética organizacional pode dar um resultado como 2 + 2 = 5 ou mais. É o efeito multiplicador ou de sinergia (do grego, trabalho conjunto). Existe sinergia quando duas ou mais causas atuando juntas produzem um efeito maior do que a soma dos efeitos que produziriam atuando individualmente.

 Aumente seus conhecimentos sobre **Sinergia e entropia** na seção *Saiba mais* ADM 2.1

Na medida em que a organização é bem-sucedida, isto é, em que consegue atingir os seus objetivos, ela tende a ampliá-los ou a crescer seja em tamanho, seja em participação no mercado. Esse crescimento a leva a aumentar o número de pessoas e o volume dos demais recursos necessários para sua operação, cuja atividade cooperativa permita o alcance dos novos objetivos. Com o aumento do número de pessoas, aumenta também o número de relações entre elas a fim de garantir o intercâmbio necessário. E isso provoca aumento da complexidade organizacional.

É interessante notar que as organizações não colocam seus objetivos dentro de si mesmas. Nenhuma organização existe apenas por existir, mas para atingir objetivos para os quais foi constituída. Os objetivos organizacionais estão geralmente colocados fora das organizações, isto é, no ambiente em que estão inseridas, na sociedade maior que as envolve e condiciona seu comportamento. Um dos principais objetivos das organizações é produzir algo necessário à sociedade. Se a sociedade absorve e aceita o que é produzido, porque dele necessita para satisfazer suas necessidades, então a organização está prestando uma função social. Para ser bem-sucedida, a primeira exigência feita a uma organização é que ela satisfaça alguma necessidade da sociedade onde está inserida.

SAIBA MAIS — **Diversidade de organizações**

Tal é a proliferação das organizações na sociedade atual e a variedade de suas estruturas e finalidades, que o seu estudo se tornou muito complexo. As organizações podem dedicar-se tanto à produção de bens e produtos (como a maioria das empresas industriais), como a serviços especializados muito diversificados (hospitais, universidades e escolas, clínicas médicas, partidos políticos, clubes e associações, lojas e supermercados, bancos e financeiras, seguradoras, igrejas e instituições religiosas, empresas de transportes aéreos, ferroviários, rodoviários, marítimos, fluviais), empresas de informação e comunicações, divertimento e lazer, organizações não governamentais (ONGs) etc. Existe uma variedade incrível de organizações.

2.2 CONCEITO DE ORGANIZAÇÕES

Dentro de uma abordagem mais ampla, as organizações "são unidades sociais (ou agrupamentos humanos), intencionalmente construídas e reconstruídas, a fim de atingir objetivos específicos".[3] Isto significa que as organizações são propositada e planejadamente construídas e elaboradas para atingir determinados objetivos e que também são reconstruídas e reelaboradas, isto é, reestruturadas e redefinidas na medida em que os objetivos são atingidos ou na medida em que se descobrem meios melhores para atingi-los com menor custo, esforço e tempo. Uma organização nunca constitui uma unidade pronta e acabada, mas um organismo social vivo e sujeito continuamente a mudar e desenvolver.

2.2.1 Organizações formais

Dá-se o nome de organizações formais às organizações caracterizadas por regras e regulamentos formalizados por escrito e por estruturas de posições e hierarquia que ordenam as relações entre os indivíduos ou órgãos componentes. Por meio da organização formal procura-se tirar vantagens da especialização de atividades, facilitar o processo de tomada de decisões e assegurar o cumprimento e execução dessas decisões pelos indivíduos participantes. Assim, a organização formal "tenta regular o comportamento humano para o alcance eficiente dos objetivos explícitos, tornando-se um caso de estudo especial".[4] De um modo geral, as organizações formais são altamente burocratizadas. O fato é que organizações virtuais, como redes, plataformas e ecossistemas estão surgindo em uma velocidade incrível, como veremos adiante.

2.2.2 Organizações lucrativas e não lucrativas

As organizações podem ter objetivos lucrativos ou não lucrativos. Entre elas existem aquelas moldadas explicitamente para atingir o lucro como meio de se autossustentarem com o excedente de resultados financeiros e de proporcionarem retorno de investimentos ou de capital aos seus proprietários ou acionistas. As empresas em geral constituem exemplos típicos de organizações lucrativas. Empresa é todo empreendimento humano que procura reunir e integrar a gestão humana e suas competências e recursos (financeiros, físicos, tecnológicos, mercadológicos etc.) no sentido de alcançar objetivos de autossustentação e lucratividade pela produção e comercialização de bens ou serviços. A sustentabilidade é um objetivo óbvio, pois trata-se de dar continuidade e permanência ao empreendimento. A lucratividade representa a remuneração do empreendimento em si e é ela o estímulo básico capaz de assegurar a livre iniciativa de dar continuidade ou de aumentar o empreendimento.

PARA REFLEXÃO

Para que servem as organizações?

Reflita e, a seguir, discuta com seus colegas a respeito do assunto supra e tente chegar a uma conclusão. Para que servem as organizações?

- Para produzir bens
- Para prestar serviços
- Para prestar serviços à comunidade
- Para prestar serviços à sociedade
- Para cobrar impostos dos contribuintes
- Para proporcionar educação, saúde e segurança
- Para proporcionar valor às pessoas
- O que mais?

Mas existem organizações que não incluem obrigatoriamente o lucro como objetivo. Elas são voltadas para o bem social, a comunidade, interesses profissionais, filantropia, saúde, esportes, cultura etc. As empresas públicas, repartições públicas, clubes esportivos, associações filantrópicas, organizações não governamentais (ONGs) são exemplos de organizações voltadas para o social.

2.3 RÁPIDA HISTÓRIA DAS ORGANIZAÇÕES

A administração surgiu com o crescimento e complexidade das organizações. Durante toda a longa história do trabalho humano, foi somente em meados do século 18, com o início da 1ª Revolução Industrial, que apareceram as primeiras organizações que se desenvolveram com uma impressionante lentidão.

SAIBA MAIS — A Revolução Industrial

Nossa história começa a partir de 1776 com a invenção da máquina a vapor por James Watt (1736-1819) e sua aplicação à produção. Com ela surgiu uma nova concepção de trabalho que veio modificar completamente a estrutura social e comercial da época, provocando profundas e rápidas mudanças de ordem econômica, política e social que em um período de aproximadamente um século, foram maiores do que todas as mudanças ocorridas em todo o milênio anterior. É o período chamado de Revolução Industrial, que se iniciou na Inglaterra e rapidamente se alastrou por todo o mundo civilizado da época. A Revolução Industrial provocou a substituição do precário e incipiente artesanato das oficinas pela industrialização, preparando o caminho para o aparecimento das modernas indústrias e dos desafios de sua administração.

A história das organizações pode ser dividida em seis fases:

1. **Fase artesanal**: é a fase que vai desde a Antiguidade até aproximadamente 1780, quando se inicia a Revolução Industrial. Nela, o regime de produção é fundamentado no artesanato rudimentar das pequenas oficinas e na mão de obra intensiva e não qualificada na agricultura. Há um predomínio de pequenas oficinas, granjas e agricultura, com base no trabalho escravo e uso de ferramentas elementares e toscas. Há resquícios ainda do feudalismo e o sistema comercial é baseado na antiga tradição das trocas em mercados locais.

2. **Fase da 1ª Revolução Industrial**: é a transição do artesanato à industrialização que ocorreu entre 1780 e 1860. Foi nesse momento que nasceu a Era Industrial com a intensa industrialização e mecanização das oficinas e da agricultura. Os dois expoentes são o carvão (a nova fonte básica de energia) e o ferro (material básico), que passam a ter enorme importância no desenvolvimento dos países. Nessa fase ocorre uma crescente mecanização das oficinas (aparecimento da máquina de fiar em 1767, do tear hidráulico em 1769 e do tear mecânico em 1792) e da agricultura (aparecimento do descaroçador de algodão em 1792). A máquina a vapor e a aplicação da força motriz do vapor à produção provocam o aparecimento do sistema fabril: as oficinas mecanizadas transformam-se em fábricas e em usinas dotadas de enormes e pesadas máquinas que passam a substituir o esforço muscular humano. Os transportes passam por vigoroso desenvolvimento com a navegação a vapor (1807), com a invenção da locomotiva a vapor e o aparecimento das primeiras estradas de ferro de grande porte (a partir de 1823). As comunicações são incrementadas com o aparecimento do telégrafo elétrico (1835) e do selo postal (1840).

3. **Fase da 2ª Revolução Industrial**: é o desenvolvimento industrial que ocorreu entre 1860 a 1914. Os dois expoentes são o aço (o novo material básico, cujo processo de fabricação foi desenvolvido a partir de 1856) e a eletricidade. Dá-se a substituição do ferro pelo aço como material industrial, e do vapor pela eletricidade e pelos derivados do petróleo como principais fontes de energia. Surge o intenso desenvolvimento da maquinaria, com o aparecimento do motor a explosão e do motor elétrico (1873). Há um crescente domínio da nascente indústria pela ciência e pelo avanço tecnológico por uma onda de invenções. Há transformações radicais nos transportes (com o surgimento do telégrafo sem fio, do telefone em 1876 e do cinema), e o mundo se torna cada vez menor. O capitalismo industrial cede lugar ao capitalismo financeiro, surgindo os grandes bancos e instituições financeiras ao lado de uma espetacular ampliação dos mercados. As empresas bem-sucedidas crescem

assustadoramente e passam por um processo de burocratização em função do seu tamanho e por um enfoque mecanicista de suas funções.

4. **Fase do gigantismo industrial**: é a fase situada entre as duas Grandes Guerras Mundiais (entre 1914 e 1945) nas quais se incrementa a organização e tecnologia avançada para fins predominantemente bélicos. É o momento que compreende a grande depressão econômica de 1929 e a crise mundial por ela provocada. É, sobretudo, a fase em que as empresas atingem proporções enormes, atuando em operações de âmbito internacional e multinacional. Ocorre o predomínio de aplicações técnico-científicas e a ênfase em materiais petroquímicos. Os transportes se intensificam: navegação de grande porte, estradas de ferro e rodovias, aprimoramento do automóvel e do avião. Além das ferrovias e estradas, as comunicações se tornam mais amplas e rápidas, com o telégrafo, telefone, rádio e a televisão. O mundo se torna menor ainda. E cada vez mais complexo.

5. **Fase moderna da Era Industrial**: que vai de 1945 (pós-guerra) a 1980, marcando uma nítida separação entre os países desenvolvidos (industrializados), os subdesenvolvidos (não industrializados) e os países em desenvolvimento. O desenvolvimento tecnológico é surpreendente e se torna mais rápida a sua utilização para fins comerciais por produtos e processos mais sofisticados. Novos materiais básicos surgem (como plástico, alumínio, novas fibras têxteis sintéticas, concreto protendido) e novas fontes de energia são desenvolvidas (energia nuclear, energia solar, energia eólica); contudo, o petróleo e a eletricidade mantêm seu predomínio. Novas tecnologias surgem (como circuito integrado, transistor, silicone), provocando o aparecimento de novas maravilhas de nossa época (televisão em cores, som de alta fidelidade, computador, máquina de calcular eletrônica, comunicação telefônica e transmissão de TV por satélite, popularização do automóvel). Esses fenômenos são consequência de um fenômeno maior: eles são inventados, criados, projetados e construídos dentro de organizações. A pesquisa e o desenvolvimento tecnológicos passam a ser feitos dentro das empresas e orientados basicamente para usos comerciais. Nessa fase, surgem e se desenvolvem organizações de grande porte, juntamente com uma variedade enorme de empresas médias e pequenas (microempresas e miniempresas). A automação e computação se fazem presentes, aumentando poderosamente seus recursos e potencialidades e distanciando cada vez mais as empresas de vanguarda em relação àquelas

Figura 2.1 As fases da história das empresas.

que ainda não se atualizaram neste sentido. Por outro lado, escassez de recursos, inflação, juros e custos em contínua ascensão ajudam a complicar o ambiente. O mundo se torna menor ainda devido ao incrível incremento das comunicações, transportes e dos negócios em âmbito internacional, mas se torna também cada vez mais complexo, dinâmico e mutável. Essa complexidade e mutabilidade trazem uma novidade consigo: a incerteza e a imprevisibilidade do que irá acontecer.

6. **Fase da Era da Informação**: é a fase após 1980 com a globalização dos negócios e carregada de desafios, dificuldades, ameaças, coações, contingências, restrições e adversidades para as organizações. O ambiente externo passa a se caracterizar por uma complexidade e mutabilidade que as empresas não conseguem decifrar e interpretar adequadamente. Assim, ocorre a mudança e transformação no ambiente de negócios e no que está ocorrendo ao redor das empresas e o início da incerteza quanto ao que poderá ocorrer em um futuro próximo ou remoto. Nessa fase, as empresas lutam com acirrada concorrência e enfrentam a dificuldade em entender as reações do mercado e as ações dos concorrentes. A tradição e o passado referem-se ao que se foi e que não resolverão os problemas desse momento. E nem do futuro. Em outros termos, a maneira tradicional de administrar e de fazer as coisas como elas sempre foram feitas no passado não proporciona os resultados adequados. Tudo mudou, inclusive a administração. Uma 3ª Revolução Industrial marca esta fase: a revolução do computador, substituindo agora não mais o músculo humano pela máquina, mas o cérebro humano pela máquina eletrônica. É a internet mudando radicalmente a maneira de se fazer negócios. Entramos definitivamente na Era da Informação.

2.3.1 A Era Digital

Chegou a era da grande aceleração das mudanças e transformações, em que novos e diferentes paradigmas surgem e evoluem com uma rapidez incrível. Existem pressões e desafios de todos os lados.

A Era Digital ainda vai trazer muitas surpresas pela frente com a criação de novas tecnologias e, sobretudo, o surgimento de novos modelos de negócios.

Já surgiram as *startups*, as organizações ágeis e baseadas em plataformas ou em ecossistemas digitais e o mundo virtual se expandiu assustadoramente, provocando mudanças no ambiente do trabalho e a rápida transformação digital. É um mundo cheio de transformações e disrupturas, ao lado de perturbação, incerteza multidimensional, caos e complexidade.

A verdadeira mudança organizacional ocorre a partir de uma nítida visão do que se pretende para o futuro e da formulação de objetivos compartilhados que possam ajudar a transformar tudo isso em realidade. Com um detalhe: fazendo as pessoas crescerem com o crescimento da empresa para incrementá-la cada vez mais. Agregar valor e incentivar as pessoas a fazê-lo é realmente o trabalho do líder de hoje e de amanhã.

2.4 CARACTERÍSTICAS DAS EMPRESAS

As empresas produzem bens ou serviços, empregam pessoas, utilizam competências e tecnologias, requerem recursos e, sobretudo, necessitam de administração. O que faz as empresas diferentes das demais organizações sociais são as seguintes características:[5]

1. **As empresas são orientadas para o lucro**: embora o propósito final das **empresas** seja atender a uma necessidade do mercado com a produção de bens ou serviços, seu propósito imediato é o lucro, isto é, o retorno financeiro que excede o volume de insumos. O lucro permite a sustentabilidade financeira do negócio no longo prazo.

2. **As empresas assumem riscos**: riscos envolvem tempo, dinheiro, recursos e esforços. As empresas não trabalham em condições de **certeza**. O risco ocorre quando a empresa possui algum conhecimento a respeito das consequências de seus negócios, conhecimento este que pode ser usado para prognosticar a possibilidade de que venha a ocorrer. O risco das operações empresariais é aceito como um ingrediente inerente aos negócios e pode até incluir a possibilidade de perda completa dos investimentos feitos.

3. **As empresas são dirigidas por uma filosofia de negócios**: os administradores de cúpulas tomam decisões e reagem de acordo com mercados, clientes, custos, preços, concorrência, regulamentos do governo, legislação, conjuntura econômica, relações com a comunidade, além de assuntos internos relativos à estrutura e ao comportamento da empresa. Essas decisões e ações estão subordinadas a uma filosofia de negócios que define princípios e valores fundamentais para as empresas. Elas assumem uma dupla responsabilidade econômica e social com relação aos clientes e consumidores, fornecedores, empregados, acionistas e à sociedade como um todo.

4. **As empresas são geralmente avaliadas sob um ponto de vista contábil**: a abordagem contábil é importante pois os investimentos e retornos devem ser registrados, processados, sumariados e analisados de uma forma simplificada e medidos em termos de dinheiro. Neste sentido, as empresas prestam contas aos seus proprietários, acionistas e investidores (*shareholders*).

5. **As empresas são geralmente avaliadas sob um ponto de vista social**: os ativos intangíveis (como conhecimentos, habilidades, talentos, relacionamento com clientes e consumidores, com a comunidade e sociedade etc.) estão agora modificando a avaliação da empresa por parte dos vários grupos de interesses. Cada vez mais o valor de mercado das empresas está mais relacionado com seus ativos intangíveis (capital intelectual) do que com seus ativos tangíveis (patrimônio físico e contábil). Além disso, as empresas prestam contas aos diversos grupos de interesses responsáveis pelo seu sucesso (*stakeholders*).

6. **As empresas devem ser reconhecidas como negócios**: seja pelas outras organizações, empresas e agências governamentais. As empresas são consideradas produtoras de bens ou serviços e como tal passam a ser solicitadas por outras organizações que lhes fornecem entradas, consomem suas saídas ou ainda concorrem com elas ou lhes aplicam taxas e impostos. O importante é saber realmente qual é o negócio da empresa.

7. **As empresas constituem propriedade privada**: que deve ser controlada e administrada pelos seus proprietários ou acionistas ou por administradores profissionais escolhidos para isso.

> **PARA REFLEXÃO**
>
> **O que você entende por empresa?**
> Faça uma discussão com seus colegas a respeito do assunto supra e tente chegar a uma conclusão. O que se pode entender como empresa?

2.5 AS EMPRESAS COMO SISTEMAS ABERTOS

Com o advento da Teoria dos Sistemas, tornou-se evidente e indisfarçável a natureza sistêmica das organizações em geral e das empresas em particular. O conceito de sistema aberto surgiu na biologia a partir do estudo dos seres vivos e de sua dependência e adaptabilidade ao meio ambiente, estendendo-se às outras disciplinas científicas (como psicologia, sociologia etc.) e chegando à administração. Hoje, a Teoria dos Sistemas se aplica a todos os tipos de sistemas vivos, desde o vírus até as sociedades. As coisas vivas são sistemas abertos com entradas e saídas em constante intercâmbio em relação ao meio ambiente.

2.5.1 Conceito de sistema

A empresa constitui um sistema. Um sistema pode ser definido como um conjunto de elementos dinamicamente interrelacionados que desenvolvem uma atividade ou função para atingir um ou mais objetivos ou propósitos. Vamos desdobrar a seguir esta conceituação de sistema:[6]

1. **Conjunto integrado de elementos**: que são partes ou órgãos componentes do sistema, isto é, os subsistemas que o compõem. Isso significa totalidade, o sistema é uma integração de várias partes.

2. **Dinamicamente interrelacionados**: os elementos ou subsistemas estão em interação e interdependência formando uma rede de comunicações e relações. Isso provoca dependência recíproca entre eles. O que ocorre em um subsistema provoca influência nos demais.

3. **Que desenvolvem uma atividade ou função**: que é a operação, atividade ou processo do sistema. Cada subsistema assume uma determinada atividade ou função específica e importante para o sistema como um todo.

4. **Para atingir um ou mais objetivos ou propósitos**: que constituem a própria finalidade para a qual o sistema foi criado. Todo sistema é algo criado ou construído para alcançar objetivos.

Em função dessas quatro características, o sistema funciona como um todo integrado e organizado logicamente. Esse aspecto de totalidade e de integridade é o fundamento de todo sistema. Quando falamos em natureza sistêmica, queremos nos referir a este funcionamento global, total e integrado, no qual o todo é maior (ou diferente) do que a soma de suas partes. Em suma, o sistema é mais do que a soma de suas partes. E ele é diferente das partes, como a água é diferente do hidrogênio e oxigênio que a compõem.

Para poder funcionar, o sistema apresenta os seguintes parâmetros:

1. **Entradas ou insumos (*inputs*)**: todo sistema recebe ou importa do ambiente externo os insumos de que necessita para poder operar. Nenhum sistema é autossuficiente ou autônomo. Esses insumos podem entrar na forma de recursos, energia ou informação.

2. **Operação ou processamento**: todo sistema processa ou converte suas entradas por meio dos seus subsistemas. Cada tipo de entrada (sejam recursos materiais, como máquinas e equipamentos ou materiais, recursos financeiros, como dinheiro e investimentos) é processado por subsistemas específicos, ou seja, especializados no seu processamento.

3. **Saídas ou resultados (*outputs*)**: todo sistema coloca no ambiente externo os resultados ou saídas de suas operações. As entradas são devidamente processadas e convertidas em resultados. São, então, exportadas de novo ao ambiente. As saídas – na forma de produtos ou serviços prestados, ou na forma de energia ou informação – são decorrentes da operação ou processamento realizados pelos diversos subsistemas em conjunto.

4. **Retroação ou realimentação (*feedback*)**: é a reentrada ou retorno no sistema de parte de suas saídas ou resultados, que passam a influenciar o seu funcionamento no sentido de alcançar o equilíbrio entre entradas e saídas. A retroação é, geralmente, uma informação ou energia de retorno que volta ao sistema para realimentá-lo ou para alterar seu funcionamento em função dos resultados ou saídas. A retroação é, basicamente, um mecanismo sensor que permite ao sistema orientar-se em relação ao ambiente externo e verificar os desvios que devem ser corrigidos a fim de que possa alcançar seu objetivo.

Há dois tipos de **retroação**:

a. **Retroação positiva**: atua no sentido de estimular a entrada de insumos no sistema para agilizar ou incrementar as suas operações e, em consequência, produzir mais saídas ou resultados.

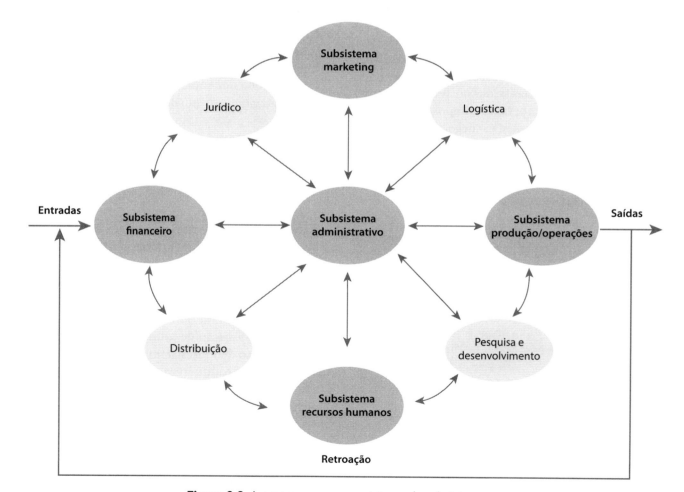

Figura 2.2 A empresa como um sistema de subsistemas.

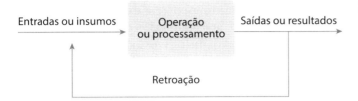

Figura 2.3 A retroação como energia de retorno para equilibrar o sistema.

b. Retroação negativa: se a ação do sistema foi exagerada ou mais do que o suficiente, a retroação negativa atua no sentido de inibir ou restringir a entrada de insumos para frear ou reduzir suas operações e, em consequência, produzir menos saídas ou resultados.

Mediante a retroação – positiva ou negativa – o sistema alcança equilíbrio e estabilidade no seu funcionamento. Esse equilíbrio é dinâmico e chama-se homeostasia nos sistemas vivos.

 **Homeostasia**

Homeostasia ou homeostase é um conceito que vem da biologia. A palavra originou-se do grego (*homo* = igual e *stasis* = equilíbrio). Significa o estado estável dos organismos vivos. Não importa as condições mutáveis do meio ambiente, os organismos vivos mantêm graças à homeostasia um estado relativamente estável.
É um mecanismo de autorregulação que mantém a estabilidade do organismo frente às mudanças ambientais. É o caso da temperatura do corpo que se mantém relativamente estável apesar das mudanças no ambiente.

2.5.2 Tipos de sistemas

Quanto ao seu grau de abertura, os sistemas podem ser fechados ou abertos, dependendo de duas circunstâncias:

1. **Permeabilidade**: refere-se à abertura de suas fronteiras ou limites em relação ao ambiente que o cerca. Quanto maior a permeabilidade, maior o intercâmbio entre o sistema e o ambiente que o envolve externamente.

2. **Previsibilidade**: refere-se à expectativa de comportamento do sistema, ou seja, como o sistema irá funcionar frente ao ambiente que o cerca.

Assim:

a. **Sistema aberto**: apresenta elevada permeabilidade, ou seja, tem muitíssimas entradas e saídas que permitem intensas transações com o seu ambiente externo. Por essa razão apresenta pouca previsibilidade no seu comportamento. O sistema aberto possui uma variedade enorme de entradas e saídas, nem sempre bem conhecidas graças ao seu intenso intercâmbio com o meio ambiente. Exemplos: sistemas vivos ou orgânicos mais complexos e de difícil caracterização, organizações, empresas, economia global ou nacional, mercados, negócios e pessoas.

b. **Sistema fechado**: apresenta pouca ou nenhuma permeabilidade, ou seja, tem pouquíssimas entradas ou saídas em relação ao ambiente externo. Na verdade, nunca há um sistema absolutamente fechado ou hermético. Suas entradas e saídas são limitadas, bem conhecidas e perfeitamente determinadas, guardando entre si uma relação de causa e efeito que pode ser matematicamente conhecida. Uma determinada influência ambiental provoca um determinado efeito ou comportamento do sistema. Por essa razão apresenta elevada previsibilidade no seu comportamento. São os sistemas mecânicos ou determinísticos. Exemplos: motores, artefatos, programações e orçamentos.

 Aumente seus conhecimentos sobre **Sistema, suprasistema e subsistema** na seção *Saiba mais ADM 2.2*

Além disso, os sistemas podem ser tipificados segundo a sua natureza em:

1. **Sistemas físicos ou concretos**: são os sistemas constituídos de objetos, equipamentos e coisas reais. São tangíveis e podem ser perfeitamente descritos em termos quantitativos e qualitativos. Recebem o nome de ***hardware***.

2. **Sistemas abstratos ou conceituais**: são os sistemas constituídos de conceitos, ideias, hipóteses, abstrações, planos, programações, regras e regulamentos. Quase sempre são intangíveis, invisíveis e existem no pensamento das pessoas. Recebem o nome de ***software***.

SAIBA MAIS — Interação entre *hardware* e *software*

Todo sistema físico requer um sistema conceitual para poder funcionar e desempenhar suas funções. A recíproca também é verdadeira: os sistemas abstratos somente se realizam quando aplicados a algum sistema físico. *Hardware* e *software* se complementam. É o exemplo de uma universidade com suas salas de aulas, carteiras, equipamentos, iluminação etc. (sistema físico) para desenvolver um programa educacional (sistema abstrato) ou um centro de processamento de dados onde o equipamento e circuitos processam programas ou instruções ao computador.

2.5.3 Representação dos sistemas

Cada sistema é constituído de vários subsistemas, os quais podem ser desdobrados em outros subsistemas componentes, e assim por diante. Por outro lado, cada sistema faz parte integrante de um sistema maior, que constitui o seu ambiente externo. Para estudar ou analisar um sistema, utilizam-se modelos, que são a representação de um sistema. Em geral essa representação é simbólica e pode ser:

1. **Representação gráfica**: o modelo gráfico representa a estrutura básica de um sistema, como é o caso do organograma, que representa a estrutura empresarial; a planta que representa a estrutura de um prédio ou edifício; um mapa que representa uma cidade ou país.
2. **Representação matemática**: o modelo matemático representa o funcionamento de um sistema por meio de uma equação matemática que permite prever seu comportamento.
3. **Representação descritiva**: o modelo descritivo representa um sistema por meio de uma minuciosa descrição ou explicação da sua composição ou funcionamento. É o caso de um conto literário que pode descrever um fato ou acontecimento, ou de um caso que retrata o comportamento de uma empresa.

Ao longo deste livro utilizaremos modelos gráficos, matemáticos e descritivos para representar a empresa ou partes dela.

2.6 OS NÍVEIS DAS EMPRESAS

As empresas constituem sistemas complexos destinados a atingir objetivos também diferenciados e complexos. Para tanto, ocorre a divisão do trabalho e especialização de atividades dos órgãos e dos participantes. É possível definir diversos níveis de atuação dentro da empresa, cada qual desenvolvendo diferentes enfoques quanto aos objetivos empresariais. Cada nível tem a sua própria racionalidade.

2.6.1 Racionalidade

No sentido aplicado por Max Weber[7] racionalidade implica adequação dos meios utilizados aos fins que se deseja alcançar. No contexto da Teoria da Burocracia isto significa eficiência: uma empresa é racional se os meios mais eficientes são escolhidos para alcançar os objetivos desejados. No entanto, são levados em consideração os objetivos organizacionais e não os objetivos individuais dos participantes. Desta maneira, o fato de uma empresa ser racional não implica, necessariamente, que todos os seus participantes ajam racionalmente no que concerne às suas próprias aspirações e objetivos pessoais. Muito ao contrário: quanto mais racional e burocrática se torna a empresa, tanto mais os seus participantes individuais se tornam simples engrenagens de uma máquina, ignorando o propósito e o significado do seu comportamento. Para Weber, a racionalidade é baseada no conhecimento científico e é atingida pela elaboração de regras e regulamentos que servem para dirigir todo comportamento dos participantes de encontro à eficiência. Esta é também a concepção de racionalidade que fundamenta a administração científica de Taylor, que almeja a descoberta e aplicação da melhor maneira (*the best way*) de desempenho e de trabalho industrial.

Aumente seus conhecimentos sobre **Racionalidade** na seção *Saiba mais* ADM 2.3

Existe uma racionalidade empresarial:[8] toda empresa se comporta de acordo com uma racionalidade que lhe é própria. A racionalidade está ligada aos meios, métodos e processos que a empresa acredita serem capazes de proporcionar o alcance de determinados fins ou resultados. A racionalidade se fundamenta em uma presunção sobre as relações de causa e efeito: determinadas ações conduzem a certas consequências. Assim, uma ação ou um procedimento é racional se é consistente ou congruente com o alcance de objetivos que se pretende atingir ou se ajusta a presunções, axiomas ou premissas previamente aceitas e estabelecidas pela empresa. Existe racionalidade porque o comportamento da empresa é planejado e dirigido para certos objetivos que ela pretende alcançar. Para que haja racionalidade, os meios, procedimentos, métodos, processos etc. devem ser coerentes com o alcance dos objetivos desejados.

De um modo geral, a empresa tenta satisfazer simultaneamente os problemas relacionados com sua racionalidade técnica, econômica, social, política, legal etc. O desafio está em compatibilizar essas diferentes racionalidades. Contudo, muitas vezes o atendimento de uma delas pode prejudicar a satisfação das demais. Um tipo de tarefa ou produto escolhido pela empresa para atender à racionalidade técnica (busca da eficiência na produção) pode sacrificar a racionalidade econômica (preço mais elevado do produto no mercado), a racionalidade legal (criando dificuldade com marca ou patente já existente no mercado), a racionalidade social (impondo condições adversas de trabalho aos empregados) etc.[9]

2.6.2 As partes da empresa – os níveis organizacionais

As empresas podem ser analisadas sob o prisma de três diferentes estratos ou níveis hierárquicos: o nível institucional, o mediador ou gerencial e o técnico. Preferimos chamá-los, respectivamente, de nível institucional, intermediário e operacional.[10]

1. **Nível institucional**: é o nível estratégico; corresponde ao mais elevado da empresa, composto dos diretores, dos proprietários ou acionistas e dos altos executivos. Nele estão o presidente e os diretores responsáveis pelos assuntos globais da empresa, incluindo também todos aqueles que proporcionam suporte direto para o pessoal do topo (como as secretárias, assistentes etc.). Em algumas empresas o nível institucional envolve também o conselho administrativo, como na maioria das sociedades anônimas.

O nível institucional é o mais elevado e envolve as pessoas e os órgãos que definem os objetivos empresariais e as estratégias globais necessárias para atingi-los adequadamente. Daí ser o componente estratégico: ao visualizar o cenário ambiental e suas condições, ele traça ou procura traçar as manobras empresariais necessárias para neutralizar as ameaças e coações que ocorrem no ambiente e que trazem insegurança, para tratar com as contingências ambientais que trazem incerteza e para aproveitar as situações favoráveis que trazem oportunidades no ambiente. Ele é o responsável pela definição dos objetivos e das

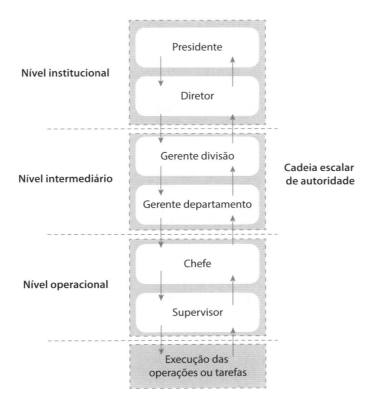

Figura 2.4 Cadeia escalar de autoridade nos três níveis da empresa.

estratégias da empresa e pelas principais decisões empresariais. É o nível que se defronta com o ambiente externo, extremamente vasto e mutável que circunda e envolve a empresa. Por isso é o mais periférico. Além de estar voltado para os objetivos do negócio e para os interesses do grupo dominante, o nível institucional é predominantemente extrovertido, isto é, voltado para a realidade ambiental externa. Em outros termos, é constituído pelas camadas da empresa expostas ao ambiente e que estão situadas na periferia organizacional e na interface com a realidade externa que a empresa precisa atender. É o nível que mantém contato e interação com as forças ambientais. Lida com a incerteza, exatamente pelo fato de não ter poder ou controle algum sobre os eventos ambientais presentes e muito menos capacidade de prever com razoável precisão os eventos ambientais futuros.[11]

2. **Nível intermediário**: é também chamado mediador ou gerencial e está colocado entre o institucional e o operacional. Cuida da articulação interna entre os dois níveis que respectivamente estão colocados no topo e na base da organização empresarial. Trata-se da linha do meio de campo. Determina a escolha e captação dos recursos necessários, bem como a distribuição e colocação do que foi produzido pela empresa nos diversos segmentos do mercado. É o nível que lida com os problemas de adequação das decisões tomadas no nível institucional com as operações realizadas no nível operacional. O nível intermediário é geralmente composto da média administração da empresa, isto é, as pessoas ou os órgãos que transformam as estratégias elaboradas para atingir os objetivos empresariais em programas de ação pois o nível institucional está geralmente ligado ao nível operacional por uma cadeia de administradores de linha média com autoridade formal. Essa cadeia de autoridade é escalar, pois liga, por uma linha simples, o topo à base da organização, fazendo com que cada subordinado tenha apenas um superior. Cabe ao nível intermediário administrar o nível operacional e cuidar das decisões nos níveis departamentais relacionadas com o dimensionamento e alocação dos recursos necessários às atividades da empresa.

3. **Nível operacional**: é também denominado nível técnico ou núcleo técnico; está localizado nas áreas inferiores da empresa. Está relacionado com os problemas ligados à execução cotidiana e eficiente das tarefas e operações da empresa e orientado quase que exclusivamente para as exigências impostas pela natureza da tarefa técnica a ser executada, com os materiais a serem processados e com a cooperação de numerosos especialistas necessários ao andamento dos trabalhos. É o nível em que as tarefas são executadas e as operações realizadas: envolve o trabalho básico relacionado diretamente com a produção dos produtos ou serviços da empresa.

O nível operacional é geralmente composto pelas áreas encarregadas de programar e executar as tarefas e operações básicas da empresa. É nele que estão as máquinas e os equipamentos, as instalações físicas, as linhas de montagem, os escritórios, os balcões de atendimento etc., cujo funcionamento deve atender a determinadas rotinas e procedimentos programados dentro de uma regularidade e continuidade que assegurem a utilização plena dos recursos disponíveis e a máxima eficiência das operações.

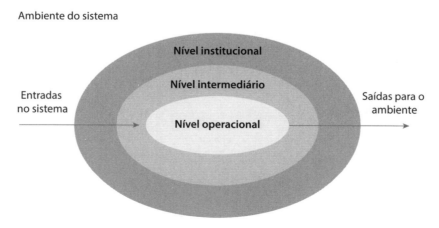

Figura 2.5 Relação sistêmica entre os níveis institucional, intermediário e operacional.[12]

Figura 2.6 Natureza dos problemas dos três níveis da empresa.

Há dois aspectos que não devem ser esquecidos quando se trata do nível operacional:[13]

1. **O nível operacional não está situado exclusivamente na área de produção dos bens e serviços realizados pela empresa**: ele não se limita apenas à área fabril ou industrial, mas está situado em todas as demais áreas empresariais como finanças, mercadologia, recursos humanos, processamento de dados etc. É o nível em que as tarefas e operações (produtivas, financeiras, mercadológicas, informacionais etc.) são programadas e executadas rotineiramente. Daí a denominação nível operacional.

2. **O nível operacional nem sempre está situado exclusivamente nos níveis mais baixos da hierarquia organizacional**: pode atingir todas as camadas nas quais predominam a especialização e a racionalização técnica. Na medida em que a tecnologia utilizada pela empresa e o ambiente que envolve a empresa forem simples, estáveis e previsíveis (não sujeitos a mudanças), o nível operacional tende a limitar-se aos níveis mais baixos da hierarquia organizacional. Contudo, na medida em que a tecnologia utilizada pela empresa é complexa, sofisticada e instável (sujeita a mudanças intensas e rápidas) e o ambiente externo que envolve a empresa é instável, dinâmico, mutável e turbulento, o nível operacional tende a projetar-se a todas as camadas da hierarquia organizacional convocadas para compartilhar dos problemas técnicos e da racionalidade técnica.

2.6.3 Encadeamento dos níveis organizacionais

Na realidade, não há uma separação nítida e permanente entre os três níveis da empresa, podendo haver até superposição entre eles. Como mostra a Figura 2.6, há uma enorme diferença no funcionamento de cada um desses três níveis da empresa. O nível institucional, por manter interação com o ambiente externo da empresa, funciona como um sistema aberto. Ao se defrontar com a incerteza, a indefinição, a complexidade e a imprevisibilidade que povoam o ambiente, assume risco e adota critérios de racionalidade empresária: em vez de buscar a máxima eficiência (típica da lógica do sistema fechado), ele busca a eficiência satisfatória. Isto significa que a tomada de decisões da alta cúpula procura antes resultados satisfatórios do que a maximização de resultados. O nível operacional situado no nível mais íntimo da empresa, ao contrário, precisa de uma rígida programação cotidiana baseada na certeza e na previsibilidade para poder funcionar como um relógio. O dia a dia de uma fábrica, de um escritório, de uma agência bancária, precisa ser sempre igual: os métodos e processos, as rotinas e os procedimentos, as operações e tarefas devem ser sempre executadas cotidianamente com a máxima eficiência. Assim, o nível operacional funciona como um sistema fechado, com pouca flexibilidade, e adota critérios de racionalidade técnica: busca a máxima eficiência possível.

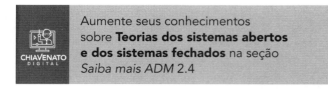

Aumente seus conhecimentos sobre **Teorias dos sistemas abertos e dos sistemas fechados** na seção *Saiba mais ADM 2.4*

Intermediando o nível institucional e o operacional – tão diferentes entre si – o nível intermediário funciona como um sistema aberto e mediador. O nível intermediário amortece e limita os impactos e solavancos da incerteza trazida do ambiente pelo nível institucional, absorvendo-os e digerindo-os para levar ao nível operacional os programas e procedimentos de trabalho

Figura 2.7 A atuação nos níveis institucional, intermediário e operacional.[14]

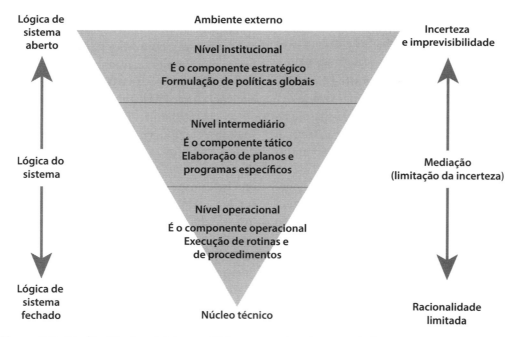

Figura 2.8 Nível institucional, intermediário e operacional e seu relacionamento com a incerteza.[15]

rigidamente estabelecidos, que este deverá seguir para executar as tarefas básicas da empresa com eficiência, proporcionando à empresa condições de atender às demandas do ambiente e atingir os seus objetivos. O nível intermediário deve ser flexível, elástico, capaz de amortecer e conter os impactos e pressões externas para não prejudicar as operações internas realizadas cotidianamente no nível operacional. Como o nível operacional tem pouca flexibilidade, cabe ao nível intermediário servir de bolsão mediador, compassando os ritmos mais rápidos ou mais lentos das forças ambientais com as possibilidades rotineiras de atuação do nível operacional.

Ao integrar seus níveis, a empresa como um todo permanece flexível e adaptável para satisfazer às demandas externas do ambiente (graças ao nível institucional) e, ao mesmo tempo, eficiente e racional (graças ao nível operacional). Em relação ao ambiente, a empresa deve ser eficaz e, em relação à sua tarefa, deve ser eficiente. A eficácia será garantida pelo nível institucional, enquanto a eficiência será garantida pelo nível operacional. O nível intermediário – predominantemente administrativo – se incumbe de integrar e articular os níveis institucional e operacional, amortecendo e absorvendo a incerteza provinda do nível institucional e fornecendo regularidade ao nível operacional.

2.7 O ALINHAMENTO ORGANIZACIONAL

Não bastam apenas os níveis organizacionais em termos de estrutura. As empresas requerem uma conjunção de crenças, ideias, princípios e valores que lhe dão consistência e identidade própria. Todo negócio deve ter uma missão para cumprir, uma visão do futuro que o norteie e valores que pretende consagrar. Tudo isso precisa ser muito claro para que todos os parceiros saibam exatamente o que fazer, como, quando e onde. Conceitos como missão, visão, valores e objetivos globais são fundamentais para nortear os rumos do negócio. Quando estiverem bem definidos e estabelecidos o negócio se torna mais racional uma vez que todas as decisões e ações são regidas e orientadas para o alcance de determinados fins que se tem em vista. A racionalidade decorre da escolha dos meios certos para atingir certos fins. Os meios escolhidos são racionais se eles conduzem aos fins desejados. Toda empresa tem a sua racionalidade. Se os fins são econômicos – como lucro ou simplesmente o ganho financeiro – os meios devem se ajustar a uma racionalidade econômica. Se os fins são legais – como a escolha da melhor composição jurídica para o negócio – os meios devem se ajustar a uma racionalidade legal e assim por diante. Se o novo negócio pretende utilizar uma tecnologia sofisticada para aumentar sua eficiência e eficácia, os meios devem se ajustar a uma racionalidade técnica ou tecnológica. Uma vez definida a missão, visão, valores e objetivos, o passo seguinte é definir a estratégia para conduzir todos estes aspectos em direção ao alcance dos objetivos estabelecidos.

2.7.1 Missão organizacional

A missão significa a razão de ser do próprio negócio. Por que ele foi criado e para o que ele existe. O empreendedor pode abrir um negócio por muitas razões, como prestar um novo e diferente serviço à sociedade, satisfazer novas expectativas dos consumidores, aproveitar e incrementar novas tecnologias, ajudar a comunidade em determinados setores mais carentes, expressar criatividade e inovação ou investir a poupança em um negócio rentável.

Figura 2.9 A missão da empresa e seus desdobramentos.

A missão da empresa sempre está colocada fora das suas fronteiras e centrada na sociedade. Em síntese, a missão da empresa define os produtos/serviços, os mercados e a tecnologia, refletindo os valores e as prioridades do negócio.

Assim, o mercado, as competências essenciais, os produtos/serviços e a tecnologia – o modo de fazer as coisas – quase sempre são considerados os quatro componentes indispensáveis na formulação da missão da empresa. Mas não se confundem com ela. São os três componentes econômicos que guiam a direção estratégica de quase todos os negócios viáveis, definindo as atividades da organização no presente e o potencial futuro do negócio.

Assim, a missão da empresa está voltada para a definição do negócio e do cliente a fim de delinear exatamente o que fazer (produto ou serviço), como fazer (tecnologia a ser utilizada e métodos e processos) e para quem fazer (mercado ou cliente).

SAIBA MAIS — Por que a empresa precisa existir

O simples desejo de ter um negócio próprio ou de obter lucro com um determinado empreendimento não justifica a existência de uma empresa e nem são suficientes para ela alcançar sucesso. É necessário muito mais do que isso. O lucro é uma decorrência do negócio e não deve ser considerado como uma missão ou como um objetivo global. Lucro não é missão, mas pode ser um objetivo importante ou uma decorrência fundamental do negócio. Afinal, ninguém trabalha de graça. Sem dúvida, é necessária uma forte motivação econômica focada em ganhos financeiros, mas ela não deve ser o único elemento determinante de um novo negócio. Para prosperar a empresa precisa produzir bens e serviços que os clientes se interessem em comprar em quantidades suficientes e a determinados preços. Preço, qualidade, concorrência, confiabilidade são aspectos fundamentais em qualquer negócio.

A primeira coisa que o administrador ou empreendedor precisa pensar quando pretende abrir um novo negócio – ou mesmo dar-lhe continuidade – é definir por que sua empresa precisa existir.[16] Convém colocar essas razões por escrito em um texto curto e simples que reflita suas ideias para que todas as pessoas possam conhecê-las. Em seus contatos e reuniões com os parceiros o administrador deve sempre ter em mente a missão do negócio, bater sempre nessa tecla. Por essa razão, o administrador deve trabalhar como um missionário, tendo sempre a missão do negócio em sua cabeça e em seu coração e, se possível, no dos seus parceiros. A missão é a bússola do negócio.

A missão organizacional precisa ser detalhada e explicitada para melhor entendimento das pessoas que compõem a empresa. Vasconcelos e Pagnoncelli[18] oferecem o exemplo da missão da Nansen Instrumentos de Precisão: oferecer soluções em mecânica de precisão, medição e controle por meio de produtos e serviços com tecnologia e qualidade que assegurem a satisfação do cliente. Segundo os autores, essa definição é assim detalhada:

1. **Oferecer**: ir ao encontro do cliente com atitudes proativas e antecipatórias.
2. **Soluções**: respostas da empresa às necessidades do cliente.
3. **Mecânica de precisão**: transformação de materiais em produtos de precisão por processos mecânicos.
4. **Medição**: determinação de um valor pela comparação com um padrão.
5. **Controle**: atuação no processo para garantir os resultados esperados.
6. **Serviços**: atividades que fazem parte das soluções oferecidas ao cliente.
7. **Tecnologia**: conjunto de conhecimentos utilizados para gerar produtos e serviços.

É necessário que a missão seja assimilada e compreendida de maneira uniforme por todas as pessoas da empresa para que haja consonância e convergência. Quanto maior a equipe, tanto maior a necessidade do detalhamento da missão para que ela seja claramente entendida por todos. Quanto mais as pessoas assimilam a missão organizacional tanto mais elas passam a trabalhar pela causa da empresa e não para a empresa em si. Além disso, elas passam a ter o entendimento de como colaborar para o sucesso da missão organizacional.

Aumente seus conhecimentos sobre **A missão organizacional** na seção *Saiba mais ADM 2.5*

Quadro 2.1 Exemplos de missão organizacional[17]

Propósito organizacional (missão)	
Vasconcellos Filho e Pagnoncelli pesquisaram a definição de missão em várias organizações e empresas. A seguir, alguns exemplos de missões pesquisados pelos autores:	
McDonald's	Servir alimentos de qualidade com rapidez e simpatia, em um ambiente limpo e agradável
Danone	Assegurar que as pessoas possam crescer, viver melhor e ser providas diariamente com alimentos melhores e uma grande variedade de sabores, visando uma saúde melhor
Hospital das Clínicas de São Paulo	Salvar vidas
Caixa Econômica Federal (CEF)	Promover a melhoria contínua da qualidade de vida da sociedade por meio da intermediação de recursos financeiros
Instituto Nacional de Tecnologia (INT)	Participar ativamente do desenvolvimento e modernização do país pela incorporação de soluções tecnológicas criativas, atividades de produção e gestão de bens e serviços, contribuindo para a melhoria da qualidade de vida da sociedade
Disney	Alegrar as pessoas
Walmart	Dar às pessoas comuns a oportunidade de comprar as mesmas coisas que os ricos
Nike	Viver a alegria do avanço e usar tecnologia em benefício do público
Revista Exame	Transformar a informação em conhecimento; dar sentido a coisas aparentemente desconexas; antecipar ideias e conceitos
Editora Senac	Disseminar conhecimentos na forma de livros e vídeos
Senac	Desenvolver pessoas e organizações para o mundo do trabalho mediante ações educacionais
Fiat	Produzir automóveis que as pessoas desejam comprar e tenham orgulho em possuir
3M	Solucionar de maneira inovadora problemas não solucionados

Na verdade, toda empresa é ou foi criada para atender a alguma finalidade: oferecer um produto ou um serviço à sociedade. A missão representa essa finalidade ou incumbência. Em outros termos, a missão significa a própria razão de ser e de existir da organização e qual é o seu papel na sociedade.

Em geral, a missão envolve os aspectos essenciais do negócio. Cada organização tem sua missão específica e da qual decorrem seus princípios e valores organizacionais.

2.7.2 Princípios e valores organizacionais

Valores são as crenças e atitudes básicas que ajudam a definir o comportamento individual. Eles variam entre as pessoas e empresas. Muitas organizações procuram manter elevados padrões éticos nas suas atividades cotidianas com a introdução de códigos formais de ética, cursos internos sobre ética profissional, desenvolvimento de uma cultura ética e apoio total da alta direção. O código de ética é um documento escrito que estabelece os valores e padrões éticos para servirem como guias para o comportamento dos funcionários.

Os códigos de conduta ética costumam identificar os comportamentos esperados em termos de cidadania, boas relações com os clientes, atendimento estrito à legislação vigente, prevenção de atos ilegais e clareza absoluta nos negócios.

Os valores podem assumir diferentes interpretações sobre se um comportamento é ético ou não em determinadas situações. Muitas vezes, as pessoas tentam racionalizar o comportamento não ético, tentando convencer a si próprias ou as demais pessoas de que o seu comportamento não é realmente ilegal ou que atende aos melhores interesses da companhia ou ainda que ninguém sairá prejudicado. Isso acontece geralmente em situações ambíguas ou quando o comportamento está na fronteira daquilo que é certo ou errado.

Aumente seus conhecimentos sobre **Os Valores Básicos, Propósito e Princípios da Procter & Gamble** na seção *Saiba mais ADM 2.6*

2.7.3 Visão organizacional

Enquanto a missão trata da filosofia básica da organização, a visão serve para vislumbrar o futuro que se deseja alcançar. A visão é a imagem que a organização define a respeito do seu futuro, ou seja, do que ela pretende vir a ser. Muitas organizações colocam a visão como o projeto de futuro do que elas gostariam de ser dentro de um determinado período de tempo, algo ao redor de cinco anos. Desta maneira, a visão organizacional indica quais os objetivos a serem alcançados nos próximos cinco anos para orientar os seus membros quanto ao futuro que a organização pretende transformar em realidade. O conceito de visão remete necessariamente ao conceito de objetivos organizacionais.

Enquanto a missão se refere à essência do negócio e da sua própria razão de ser e de existir, a visão está focada no futuro e no destino. Visão significa a imagem que o empreendedor tem a respeito do futuro do seu negócio. É o que ele pretende que o negócio seja dentro de certo horizonte de tempo. O empreendedor não deve tocar o seu negócio a esmo, ao sabor dos ventos. É preciso ter um direcionamento, uma ideia de futuro, quase um sonho para ser realizado e transformado em um empreendimento saudável e bem-sucedido. Para tanto, é preciso enxergar longe rumo ao futuro pretendido. A visão de futuro significa olhar para o horizonte e visualizar qual a imagem que se tem da empresa quando se chegar lá. Isso permite que o empreendedor possa estabelecer objetivos e metas, indicadores de desempenho e mensuradores de resultados para saber se está ou não alcançando tais objetivos e metas. Assim, a visão é o componente que permite desdobrar os objetivos a serem alcançados.

Quanto mais o administrador ou empreendedor divulga a visão de futuro do seu negócio, tanto mais seus parceiros e colaboradores entenderão exatamente o que devem fazer para chegar lá e ajudar a empresa a alcançar seu sucesso. O empreendedor precisa transmitir o que tem em mente para o seu negócio e a visão constitui a imagem mais apropriada para isso. Por esta razão, o empreendedor deve trabalhar como um visionário. Não como um lunático ou maluco beleza, mas alguém dotado de uma imagem mental do que deverá ser seu empreendimento ao longo do tempo. É para essa direção que o negócio deve caminhar com toda a força e esforços conjugados. A visão funciona como uma bússola para os parceiros envolvidos. Além disso, a visão tira a empresa da chamada zona de conforto, que é a gradativa acomodação profissional que caracteriza certos negócios ao longo dos tempos.

Todavia, não basta apenas definir a missão e a visão. É preciso ir além e divulgá-las intensivamente e amplamente para toda a equipe da empresa.

Aumente seus conhecimentos sobre **Para que serve a Visão do Negócio?** na seção *Saiba mais ADM 2.7*

Quadro 2.2 Uma definição da visão empresarial

O que somos hoje	O que queremos ser no próximo ano	O que queremos ser daqui a dois anos
▪ Somos uma empresa que publica revistas de moda feminina	▪ Queremos ser uma das melhores revistas de moda feminina do país	▪ Queremos ser a melhor revista de moda feminina do país
▪ Nossa circulação mensal é de 50 mil exemplares	▪ Queremos uma circulação mensal de 70 mil exemplares	▪ Queremos alcançar uma circulação mensal de 100 mil exemplares
▪ Temos 30 mil assinantes cadastrados	▪ Queremos alcançar 50 mil assinantes cadastrados	▪ Queremos chegar a 90 mil assinantes cadastrados
▪ Fazemos propaganda para cerca de 20 empresas do ramo da moda feminina	▪ Queremos fazer propaganda para cerca de 40 empresas do ramo da moda feminina	▪ Queremos fazer propaganda para cerca de 90 empresas do ramo da moda feminina
▪ Nosso faturamento mensal bruto é de 500 mil reais	▪ Nosso faturamento mensal bruto será de 700 mil reais	▪ Nosso faturamento mensal bruto será de 900 mil reais
▪ Utilizamos tecnologia gráfica de terceira geração	▪ Utilizaremos tecnologia gráfica de quarta geração	▪ Utilizaremos tecnologia gráfica de quinta geração
▪ Nossa produtividade atual é de 80%	▪ Nossa produtividade será de 90%	▪ Nossa produtividade será de 95%
▪ Nossa rentabilidade atual sobre o patrimônio é de 12%	▪ Nossa rentabilidade sobre o patrimônio será de 15%	▪ Nossa rentabilidade sobre o patrimônio será de 18%

Quadro 2.3 Diferenças entre missão e visão[19]

Missão	Visão
Inclui o negócio da empresa	É o que se sonha no negócio
É o ponto de partida	É aonde vamos
É a carteira de identidade da empresa	É o passaporte para o futuro
Identifica "quem somos"	Projeta "quem desejamos ser"
Dá rumo à empresa	Energiza a empresa
É orientadora	É inspiradora
Foco do presente para o futuro	Focalizada no futuro
Vocação para a eternidade	É mutável conforme os desafios

2.7.4 Os objetivos das empresas

Do conceito de visão organizacional decorrem os objetivos globais da empresa.

Comumente, o mercado fala em objetivos, metas e resultados. Na prática esses termos são utilizados de maneira indiscriminada. Objetivos são estados desejáveis que se pretende alcançar. Enquanto o objetivo não é alcançado ele constitui um alvo, uma meta desejada.

Os objetivos básicos de um negócio podem ser assim expressos:

1. O lucro é a força motivadora do empreendedor que cria a empresa.

2. O serviço ao cliente e a oferta de valores econômicos desejados (bens ou serviços) justificam a existência do negócio.

3. A criação e agregação de valor.

4. A competitividade do negócio no mercado.

5. A sustentabilidade e perenidade do negócio.

6. A flexibilidade e inovação do negócio.

7. A responsabilidade social de acordo com os códigos éticos e morais estabelecidos pela sociedade na qual a empresa opera.

Todo objetivo deve ser formulado de maneira abrangente para estimular a criatividade e, ao mesmo tempo, de maneira restrita para oferecer uma direção ao negócio. Na prática, toda empresa tem uma variedade de objetivos: financeiros, comerciais, administrativos, tecnológicos, sociais, comunitários etc. Alguns são convergentes entre si e cada objetivo auxilia o alcance de outro: objetivos de propaganda e venda se ajudam mutuamente. Quanto mais se anuncia um produto a venda tende a crescer. Outros objetivos são totalmente divergentes e cada um deles atrapalha ou impede o alcance de outro: reduzir custos e aumentar benefícios do pessoal são incompatíveis entre si. A redução de custos implica em redução de benefícios e o aumento de benefícios implica em aumento de custos. Assim, muitas empresas pretendem alcançar objetivos discordantes – que mais se antagonizam e competem entre si do que se ajudam de maneira cooperativa ou colaborativa.[20] O efeito decorrente é tipicamente centrífugo: cada objetivo caminha para um lado e nenhum ajuda os demais. Resultado: a eficiência e a eficácia da empresa vão para o espaço.

Para colocar as coisas em ordem, muitas empresas definem hierarquias de objetivos de acordo com suas prioridades e importâncias relativas. Comumente, as empresas elegem três tipos de objetivos:

1. **Objetivos globais ou estratégicos**: são os objetivos mais importantes da empresa. São globais porque envolvem a empresa como um todo e se estendem no longo prazo. Por esta razão são alcançados em períodos de tempo mais dilatados e requerem um esforço integrado e coeso de toda a empresa. Em geral, os objetivos globais envolvem um período de três a cinco anos. Exemplo: ter em até 24 meses cerca de 1 milhão de clientes ou produzir 1 milhão de garrafas por mês em cerca de três anos ou ainda crescer em 25% o faturamento da empresa.

2. **Objetivos táticos ou departamentais**: são objetivos de cada divisão ou departamento da empresa. Podem ser objetivos financeiros (lucro anual, orçamento anual, despesas financeiras mensais, custo mensal das vendas), mercadológicos (vendas, faturamento mensal, participação no mercado), administrativos (despesas administrativas, aumento da eficiência e da produtividade), de produção (produção mensal, custos industriais mensais, produtividade das máquinas

e equipamentos) etc. São em geral objetivos de médio prazo que constitui o período contábil de um ano;

3. **Objetivos operacionais**: são os objetivos de cada tarefa ou atividade da empresa. Referem-se aos objetivos cotidianos de cada atividade ou produto da empresa como produção diária, vendas diárias, estoque diário, tempo médio de atendimento ao cliente e percentagem de visitas com pedidos. Como exemplo, aumentar o número de visitas a clientes em 5% no próximo mês ou reduzir o custo operacional de produção em 3% dentro de dois meses.

Na medida em que operam, as empresas podem mudar ou ampliar seus objetivos, criando com isto novas oportunidades. A maior parte das empresas de petróleo julgava que seu objetivo era perfurar, refinar ou comercializar petróleo e derivados, ou as três coisas em conjunto. Atualmente essas companhias consideram-se empresas de energia que fornecem petróleo, gás, eletricidade, carvão, energia solar e outras formas alternativas de energia. Os bancos transformaram-se em grandes corporações e passaram a oferecer todo tipo de serviço financeiro. Os jornais estão se aproximando cada vez mais do ramo das comunicações e se distanciando gradativamente do velho ramo editorial. Todas essas empresas ampliaram seu campo de ação para apresentar um crescimento maior do que aquelas que continuaram sua definição histórica e tradicional.

As empresas são classes de organizações, isto é, são unidades sociais que existem para atingir metas específicas: a sua razão de ser é servir a elas. Dentro dessa colocação, os objetivos empresariais têm muitas funções:[21]

1. Ao apresentar uma situação futura os objetivos indicam uma rota que a empresa procura seguir e estabelecem linhas mestras para orientar a atividade dos participantes.

2. Os objetivos constituem uma fonte de legitimidade que justifica as atividades de uma empresa e até a sua própria existência.

3. Os objetivos servem como padrões pelos quais os participantes e os estranhos à empresa podem comparar e avaliar o êxito do negócio, sua eficiência e seu rendimento.

4. Os objetivos servem como unidade de medida para se verificar e comparar a produtividade da empresa ou de seus órgãos ou ainda de seus participantes.

Quadro 2.4 Exemplos de objetivos, meios e indicadores de um hotel

Objetivos	Meios	Indicadores e medidas
Aumento da participação no mercado	Bom serviço	Proporção de clientes que retornam Taxa de ocupação Retroação informal
Moral do pessoal	Grau de satisfação	Rotatividade do pessoal Absenteísmo do pessoal Retroação informal
Estabilidade financeira	Imagem no mercado financeiro	Proporção entre preço e retorno Participação dos custos no preço
Lucratividade	Retorno do investimento	Margem de lucro por cliente Lucro operacional bruto Tendências dos custos Fluxo de caixa
Força da equipe gerencial	Desempenho gerencial	Rotatividade do pessoal Lucro por área de atividade Proporção entre gerentes/funcionários Retroação informal
Satisfação dos proprietários ou acionistas	Fluxo de caixa adequado	Taxa de ocupação Vendas Lucro operacional bruto Lucro por divisão ou departamento

SAIBA MAIS — O impulso dado pelos objetivos

Há uma variedade de palavras que geralmente expressam objetivos como metas, alvos, fins, resultados, missões, propósitos, padrões, linhas mestras e cotas. Geralmente, elas significam um estado de coisas que alguns membros julgam desejáveis para sua empresa e procuram dotá-la dos meios e recursos necessários para alcançá-la por meio de determinadas estratégias, táticas ou operações.

Os objetivos definidos de maneira formal pelas empresas são geralmente apresentados ou comunicados em documentos oficiais da empresa, como estatutos, atas de assembleias, relatórios anuais ou por meio de pronunciamentos públicos de dirigentes e que ajudam a compreender o comportamento e as decisões tomadas pelos membros da empresa.

Os objetivos naturais de uma empresa geralmente são:[22]

1. Proporcionar meios de satisfazer as necessidades de bens e serviços da sociedade ou comunidade, ou seja, servir a uma necessidade do mercado.
1. Aumentar o bem-estar da sociedade por meio do uso econômico dos fatores de recursos.
2. Proporcionar um retorno justo aos investimentos dos proprietários ou acionistas com o lucro.
3. Proporcionar um clima em que as pessoas possam satisfazer uma variedade de necessidades humanas. Quase sempre isso significa um lugar excelente para trabalhar.
4. Proporcionar emprego produtivo e rentável para todos os fatores de produção.

Assim, as empresas podem ser estudadas do ponto de vista de seus objetivos. São eles que estabelecem a base para a relação entre a empresa e seu ambiente. As empresas não buscam unicamente um só objetivo, pois precisam satisfazer uma enorme quantidade de requisitos e exigências que são impostos a ela não somente pelo ambiente externo, mas também pelos seus *stakeholders*. Esses objetivos não são estáticos, mas dinâmicos e em contínua evolução, alterando as relações (externas) da empresa com o seu ambiente e com os seus participantes (internas), sendo continuamente reavaliados e modificados em função das mudanças do ambiente e da sua organização interna.

Convém lembrar que os objetivos são efêmeros e passageiros:

1. Quando um objetivo se torna realidade, deixa de ser o objetivo desejado e passa a ser uma situação atual. Um objetivo é um estado que se procura e não um estado que se possui.
2. Existem empresas que legitimam e simultaneamente têm dois ou mais objetivos. Estão sempre acrescentando novos objetivos aos originais.
3. Quase todas as empresas possuem um órgão formal – como um departamento, por exemplo – que estabelece os objetivos iniciais e as suas modificações posteriores. Em muitas delas os objetivos são estabelecidos formalmente pelos votos dos acionistas, pelo conselho de administração, pelo voto dos funcionários ou ainda pelo proprietário que possui e dirige a empresa.
4. Podem ocorrer mudanças e substituições de objetivos para os quais a empresa não foi criada e para os quais os recursos não são adequados ou suficientes. Ao longo de sua vida as empresas mudam ou acrescentam objetivos aos seus negócios.
5. Pode-se avaliar o resultado de uma empresa na medida em que ela atinge os seus objetivos. A eficiência de uma empresa é medida pela quantidade de recursos utilizados para proporcionar resultados ou alcançar objetivos. A eficiência aumenta na medida em que os mesmos resultados ou objetivos são alcançados com menores recursos e custos. A eficiência está relacionada com o volume de recursos necessários para o alcance dos objetivos organizacionais. A eficácia está relacionada com a maneira pela qual a empresa alcança seus objetivos. Eficiência e eficácia serão estudadas mais adiante.
6. O caminho para chegar aos objetivos organizacionais é a estratégia organizacional.

PARA REFLEXÃO

Por que missão, visão e valores da empresa são tão importantes?

Reflita e, a seguir, discuta com seus colegas a respeito do assunto supra e tente chegar a uma conclusão. Por que a missão, visão e valores da empresa são tão importantes?

2.8 OS RECURSOS DAS EMPRESAS

Toda empresa necessita de recursos para poder funcionar e alcançar objetivos. Os recursos são os meios empregados para possibilitar as ações e operações da empresa e proporcionar eficiência e eficácia no alcance dos resultados desejados. São ativos utilizados para produzir produtos ou prestar serviços. A administração constitui a maneira de fazer com que os processos sejam feitos da melhor forma possível por meio dos recursos disponíveis a fim de atingir seus objetivos.

SAIBA MAIS — Fatores de produção

Foi-se o tempo em que a empresa representava o ponto de convergência de inúmeros fatores de produção, isto é, de recursos produtivos. Tradicionalmente, os fatores de produção têm sido apontados genericamente em todo processo produtivo como natureza, capital e trabalho.
A natureza fornece os materiais e matérias-primas que deverão ser processados e transformados em produtos ou em serviços prestados. O capital proporciona os meios de pagamento para a aquisição ou obtenção dos materiais ou matérias-primas necessários e para a remuneração da mão de obra empregada.
O trabalho representa a intervenção humana ou física realizada sobre os materiais e matérias-primas para a sua conversão em produtos acabados ou serviços prestados.
Essa colocação peca pelo exagerado simplismo e superficialidade, pois o processo produtivo é bem mais complexo e envolve um número muito grande de variáveis intervenientes. Além do mais, essa colocação focaliza o processo produtivo do ponto de vista de um mero sistema fechado quando, na realidade, ele apresenta marcantes características de um sistema aberto face ao intenso intercâmbio com o ambiente.

A empresa é um empreendimento social onde se reúnem recursos variados para atingir determinados objetivos. E por que a empresa é um empreendimento social? Por que ela é constituída por pessoas que trazem competências e que com elas lidam com recursos.

Sem recursos não há como atingir os objetivos. As pessoas não podem trabalhar sem máquinas ou ferramentas, sem instalações ou tecnologias. Os recursos são meios que as empresas utilizam para realizar suas tarefas e atingir seus objetivos: são bens ou serviços consumidos internamente na realização das atividades empresariais para produzir seus produtos ou serviços.

Um recurso é um ativo, uma competência, um processo, habilidade ou conhecimento controlado pela empresa, que constitui uma força quando proporciona alguma vantagem competitiva. Significa algo que a empresa faz ou tem o potencial de fazer bem em relação aos seus concorrentes existentes ou potenciais. Neste sentido representa uma força a favor da empresa. Mas um recurso pode ser uma fragilidade quando a empresa não tem a habilidade suficiente de utilizá-lo adequadamente e quando os concorrentes estão mais habilitados a utilizar.[23]

Barney[24] propõe quatro aspectos para analisar cada um dos recursos básicos de uma empresa:

1. **Valor**: o recurso proporciona vantagem competitiva?
2. **Raridade**: outros concorrentes o possuem?
3. **Imitabilidade**: qual é o custo para os concorrentes imitarem um recurso?
4. **Organização**: a empresa está organizada para explorar bem seus recursos?

A resposta positiva a cada uma dessas questões significa que o recurso pode ser considerado uma força e uma competência distintiva em relação às empresas concorrentes. Caso contrário, não passa de uma *commodity*.

SAIBA MAIS — Recursos próprios ou alheios?

Geralmente, quando se fala em recursos, surge a imagem simplista de dinheiro, equipamento, materiais, máquinas, tecnologias. Porém, os recursos empresariais são extremamente diversificados e complexos. Os recursos podem ser próprios ou alheios, ou seja, de propriedade da empresa que os adquire e incorpora para utilizá-los em suas atividades ou podem ser obtidos sob empréstimo, aluguel ou locação (*leasing*). Existe ainda a terceirização de atividades – *outsourcing* – que nada mais é do que produzir externamente com recursos de terceiros.

Ao contrário do que acontece com os aspectos ambientais que ocorrem à sua inteira revelia, os recursos são ativos tangíveis que estão sob controle da empresa e sobre os quais ela pode tomar decisões e provocar ações. Avaliar a importância dos recursos empresariais é fundamental para assegurar o futuro da empresa. Torna-se necessário comparar as medidas desses recursos com:

1. O desempenho passado da empresa.
2. Os concorrentes principais.
3. A indústria (setor de atividade) como um todo.

Na medida em que um recurso é significativamente diferente daquilo que foi no passado da empresa, dos seus concorrentes principais ou da média do setor de atividade, o recurso pode ser considerado um fator estratégico e deve fazer parte de decisões estratégicas.[25]

2.8.1 Classificação dos recursos empresariais

De um modo genérico, os recursos empresariais são classificados em cinco grupos:

1. **Recursos físicos ou materiais**: são recursos necessários para garantir as operações básicas da empresa, seja para produzir bens ou produtos, seja para prestar serviços especializados. Os recursos materiais constituem o próprio espaço físico, prédios, edifícios e terrenos, o processo produtivo em si, a tecnologia que o orienta, métodos e processos de trabalho voltados para a produção dos bens e serviços produzidos pela empresa. Boa parte do que será tratado sobre tecnologia é aplicável à área dos recursos materiais e físicos. Porém, a tecnologia não se limita apenas aos recursos físicos ou materiais.

2. **Recursos financeiros**: são recursos relacionados com o dinheiro sob a forma de capital, fluxo de caixa (entradas e saídas), empréstimos, financiamentos, créditos etc., em disponibilidade imediata ou mediata para fazer frente aos compromissos da empresa. Incluem também a receita decorrente das operações da empresa, investimentos de terceiros e toda forma de numerário que transite pela tesouraria ou pelo caixa.

   Os recursos financeiros garantem os meios para a aquisição ou obtenção dos demais recursos necessários. Até certo ponto, são os recursos financeiros que definem boa parte da eficácia da empresa no alcance de seus objetivos, já que eles permitem adquirir os recursos necessários para suas operações dentro de um volume adequado. É muito comum traduzir-se o desempenho da empresa pela linguagem financeira, em termos de lucros, em valores monetários ou em termos de liquidez de suas ações. Também é muito comum o dimensionamento dos recursos físicos ou materiais em termos financeiros, como o valor de máquinas e equipamentos da empresa, do estoque de matérias-primas, de produtos acabados ou o próprio valor patrimonial e de mercado da empresa.

3. **Recursos mercadológicos ou comerciais**: constituem os meios pelos quais a empresa localiza, entra em contato e influencia seus clientes ou usuários. Neste sentido, os recursos mercadológicos incluem o seu mercado de consumidores ou clientes dos produtos ou serviços oferecidos pela empresa. Assim, envolvem todas as atividades de pesquisa e análise de mercado (de consumidores e de concorrentes), organização de vendas (incluindo previsão de vendas, execução e controle), promoção, propaganda, distribuição dos produtos pelos canais adequados (atacadistas, varejistas, canais de distribuição, redes), desenvolvimento de novos produtos necessários às demandas do mercado, definição de preços, assistência técnica ao consumidor etc. Não fossem os recursos mercadológicos, de nada adiantariam os demais recursos da empresa, pois se esta fosse despojada de seus clientes – consumidores ou usuários – perderia a própria razão de existir. Correspondem ao termo

---

TENDÊNCIAS EM ADM

As gigantes de tecnologia

As gigantes de tecnologia de hoje foram as empresas mais inovadoras da geração passada. Algumas líderes do setor de tecnologia estão rapidamente se juntando e reinventando seus negócios principais em torno de dados e do digital. São empresas cuja tecnologia permite que se movam rapidamente com mais flexibilidade e mais escala do que seus concorrentes. Como são organizadas em um conjunto de plataformas modulares geridas por equipes, a TI facilita e impulsiona a inovação: uma enorme vantagem competitiva. Cada plataforma é um *cluster* lógico de atividades e de tecnologias com uma meta de negócios específico administrada como um negócio ou como serviço. E quando montadas, elas formam a espinha dorsal da empresa.[26]
Logo mais, quando as várias tecnologias avançadas se juntarem e combinarem, os avanços serão fantásticos.

marketing utilizado por autores americanos. São também chamados recursos comerciais, como denominação restritiva para distinguir apenas as atividades diretamente relacionadas com as operações de vendas.

4. **Recursos tecnológicos**: correspondentes aos *softwares* (como programas, aplicativos) e *hardwares* (equipamentos, instalações, tecnologias, computadores, inteligência artificial).

5. **Recursos administrativos**: constituem os meios com os quais as atividades empresariais são planejadas, organizadas, dirigidas e controladas. Incluem todos os processos de tomada de decisão e distribuição da informação necessária, além dos esquemas de coordenação e integração utilizados pela empresa.

Todos esses recursos – físicos, financeiros, comerciais e tecnológicos – articulados e integrados conduzem a resultados impressionantes, principalmente quando são moldados por competências humanas. Aí vem o desempenho humano para trabalhar com isso tudo. E, é claro, a administração.

Os cinco grupos de recursos empresariais podem ser esquematizados conforme apresentado no Quadro 2.5.

Normalmente, cada conjunto de recursos empresariais similares é administrado dentro de um esquema de divisão de trabalho e de especialização de atividades, ao qual já demos o nome de diferenciação. Cada área de recursos corresponde uma especialidade da administração:

1. **Recursos humanos**: são as pessoas que ingressam, permanecem e participam da empresa, qualquer que seja o seu nível hierárquico ou sua tarefa. O conceito de Administração de Recursos Humanos (ARH) vem desde a Era Industrial quando as pessoas eram entendidas como recursos empresariais. Hoje o conceito

Quadro 2.5 Classificação dos recursos empresariais

Recursos	Conteúdo principal	Denominação tradicional	Concepção americana
Materiais e físicos	■ Edifícios e terrenos ■ Máquinas ■ Equipamentos ■ Instalações ■ Matérias-primas ■ Materiais ■ Tecnologia de Produção	Natureza	*Materials and machinery*
Financeiros	■ Capital ■ Fluxo de dinheiro ■ Crédito ■ Receita ■ Financiamentos ■ Investimentos	Capital	*Money*
Humanos	■ Diretores ■ Gerentes ■ Chefes ■ Supervisores ■ Funcionários ■ Operários ■ Técnicos	Trabalho	*Man*
Mercadológicos	■ Mercado de clientes, consumidores ou usuários	Não tem correspondente	*Marketing*
Administrativos	■ Planejamento ■ Organização ■ Direção ■ Controle	Empresa	*Management*

está migrando para Gestão de Pessoas dentro de uma abordagem mais humana e abrangente. As pessoas estão distribuídas no nível institucional da empresa (presidente e diretores), no nível intermediário (gerentes, executivos e assessores) e no nível operacional (supervisores de primeira linha, técnicos e colaboradores internos). Constituem o único recurso vivo e dinâmico das empresas; aliás, a inteligência que decide e manipula os demais recursos que são inertes e estáticos por si. Além disso, elas têm uma irresistível vocação para o crescimento e desenvolvimento. As pessoas trazem para as empresas conhecimentos, habilidades, julgamentos, atitudes, comportamentos, percepções etc. Sejam dirigentes, gerentes, executivos, colaboradores internos, as pessoas desempenham papéis extremamente diferentes – conforme os cargos, equipes ou competências exigidas – dentro da empresa. Ademais, elas são diferentes entre si, constituindo um recurso altamente diversificado em face das diferenças individuais de personalidade, experiência, motivação etc.

Assim, a administração requer várias especializações: cada um dos recursos exige uma especialização. Em geral, a situação dessas especialidades em uma empresa pode ser teoricamente demonstrada dentro de um esquema super simplificado conforme apresentado na Figura 2.11.

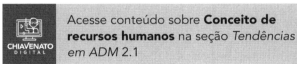

Acesse conteúdo sobre **Conceito de recursos humanos** na seção *Tendências em ADM* 2.1

2.9 PAPEL DA EMPRESA

Mas, afinal, qual é o papel da empresa? Quais são as exigências que se faz a uma empresa? Na verdade, a empresa precisa desempenhar simultaneamente vários papéis:

1. **Satisfazer uma necessidade da sociedade, do mercado ou do cliente**: toda empresa tem uma finalidade bem definida que é servir à sociedade, comunidade, mercado ou ao cliente/consumidor. Os produtos produzidos ou os serviços prestados se alinham a essa finalidade. Nenhuma empresa serve a si mesma.

2. **Gerar riqueza e agregar valor**: graças ao fenômeno da sinergia, a empresa capta insumos, processa-os e fornece saídas – na forma de produtos ou serviços – em direção ao seu ambiente. O resultado das saídas deve ser maior do que o custo das entradas. Isso significa gerar riqueza, agregar valor. A empresa representa o maior agregador de valor na sociedade moderna.

3. **Distribuir a riqueza gerada**: a riqueza gerada pela empresa não é totalmente apropriada por ela ou por seus proprietários. Como é gerada graças à contribuição e colaboração de vários grupos de interesses ou parceiros envolvidos, ela precisa ser distribuída proporcionalmente entre eles. Grande parte é revertida na forma de lucros ou dividendos para os proprietários ou acionistas, outra na forma de bônus

Figura 2.10 Os recursos empresariais e as especialidades da administração.

Figura 2.11 As especialidades da administração e os recursos envolvidos.

ou recompensas para seus executivos e funcionários, outra mediante de preços mais baixos ou qualidade mais elevada para seus clientes, além dos impostos ao governo e benfeitorias para a comunidade. A distribuição da riqueza gerada funciona como reforço para a obtenção da colaboração e contribuição de todos os *stakeholders* envolvidos.

4. **Respeitar a natureza e colaborar com a comunidade**: toda empresa provoca um impacto maior ou menor na natureza. Em termos ecológicos, a empresa precisa assumir uma responsabilidade corporativa no sentido de repor o que extraiu da natureza ou, pelo menos, preservar a natureza.[27] A empresa deve promover a sustentabilidade com a preservação da natureza e dos recursos naturais ao mesmo tempo em que deve atuar de maneira socialmente responsável frente à comunidade na qual opera. Essa é a responsabilidade corporativa que o administrador deve apoiar.

Cabe ao administrador fazer com que todos esses papéis sejam devidamente desempenhados pela empresa.[28] Ele deve entregar a cada *stakeholder* o retorno do seu investimento para que ele continue investindo no negócio da empresa. Esse é o seu papel para garantir a sustentabilidade do negócio a longo prazo.

PARA REFLEXÃO

Qual o papel da empresa na sociedade moderna?

Reflita e, a seguir, discuta com seus colegas a respeito do assunto supra e tente chegar a uma conclusão. Qual é o papel da empresa na sociedade moderna?

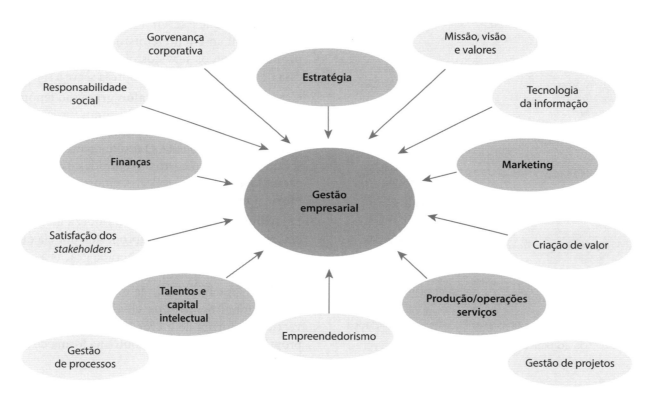

Figura 2.12 O espectro de papéis de uma empresa.

REFERÊNCIAS

1. BARNARD, C. I. *As Funções do Executivo*. São Paulo: Atlas, 1961.

2. HICKS, H. G.; GULLET, R. C. *The Management of Organizations*. New York: McGraw-Hill, 1975. p. 8-12.

3. PARSONS, T. *Structure and Process in Modern Societies*. Glencoe: The Free Press, 1962. p. 17.

4. CARZO JR., R.; YANOUZAS, J. N. *Formal Organizations*: a systems approach. Homewood: Richard D. Irwin & The Dorsey Press, 1971. p. 12.

5. Adaptado de: KOHN, M. *Dynamic Managing*: principles, process, practice. Menlo Park: Cal. Cummings Publ., 1977. p. 1-3.

6. CHIAVENATO, I. *Introdução à Teoria Geral da Administração*. São Paulo: Atlas, 2020.

7. WEBER, M. *Ética Protestante e o Espírito do Capitalismo*. São Paulo: Pioneira, 1967.

8. SIMON, H. A. *Comportamento Administrativo*. Rio de Janeiro: Fundação Getulio Vargas, 1965.

9. CHIAVENATO, I. *Introdução à Teoria Geral da Administração*. *op. cit.*

10. CHIAVENATO, I. *Introdução à Teoria Geral da Administração*. *op. cit.*

11. MINTZBERG, H. *The Structuring of Organizations*: a synthesis of the research. Englewood Cliffs: Prentice-Hall, 1978. p. 24-25.

12. Adaptado de: THOMPSON, J. D. *Dinâmica Organizacional*: fundamentos sociológicos da teoria administrativa. São Paulo: McGraw-Hill, 1976. p. 29-40.

13. CHIAVENATO, I. *Introdução à Teoria Geral da Administração*. *op. cit.*

14. Adaptado de: BROWNE, W. G. *Techniques of Operations Research. In*: NEWSTROM, J. W.; REIFE, W. E.; MONCZKA, R. M. A *Contingency Approach to Management*: readings. New York: McGraw-Hill, 1975. p. 269.

15. THOMPSON, J. D. *op. cit.*

16. CHIAVENATO, I. *Administração nos Novos Tempos*. São Paulo: Atlas, 2020.

17. Extraído de: VASCONCELLOS FILHO, P. de; PAGNONCELLI, D. *Construindo Estratégias para Vencer*: um método prático, objetivo e testado para o sucesso da sua empresa. Rio de Janeiro: Campus, 2001. p. 95-124.

18. VASCONCELLOS FILHO, P. de; PAGNONCELLI, D. *op. cit.*, p. 92.

19. VASCONCELLOS FILHO, P. de; PAGNONCELLI, D. *op. cit.*, p. 225.

20. CHIAVENATO, I. *op. cit.*

21. ETZNIONI, A. *Organizações Modernas*. São Paulo: Pioneira, 1967. p. 13-35.

22. Adaptado de: KOHN, M. *op. cit.*, p. 13-15.

23. WHEELEN, T. L.; HUNGER, D. J. *Strategic Management and Business Policy*. Upper Saddle River: Prentice Hall, 2002. p. 81.

24. BARNEY, J. B. *Gaining and Sustaining Competitive Advantage*: reading. M.A.: Addison-Wesley, 1997. p. 145-164.

25. WHEELEN, T. L.; HUNGER, D. J. *op. cit.*, p. 81.

26. BOLLARD, A.; LARREA, E.; SINGLA, A.; SOOD, R. The Next-generation Operating Model For The Digital World. *McKinsey Digital*. Disponível em: https://www.mckinsey.com/business-functions/mckinsey-digital/our-insights/the-next-generation-operating-model-for-the-digital-world. Acesso em: 3 jun. 2022.

27. BARNEY, J. B. Firm Resources and Sustained Competitive Advantage. *Journal of Management*, v. 17, p. 99-120. 1991.

28. HITT, M. A.; IRELAND, R. D.; HOSKISSON, R. E. *Strategic Management*: competitiveness and globalization. South-Western: College Publ., 2001. p. 101.

3 O ADMINISTRADOR

OBJETIVOS DE APRENDIZAGEM

- Proporcionar um conceito abrangente do papel do administrador.
- Mostrar as habilidades básicas do administrador.
- Delinear as competências necessárias ao trabalho do administrador.
- Delinear as atividades principais do administrador.
- Proporcionar um retrato das potencialidades do administrador em um mundo de negócios em mudança.

O QUE VEREMOS ADIANTE

Segundo o velho e original conceito de administração que predominou durante toda a Era Industrial, o administrador era considerado o tomador de conta de uma unidade organizacional – divisão, departamento, unidade estratégica de negócio ou algo similar – ou de um empreendimento de negócios. Uma espécie de delegado ou intermediário a quem se entrega ou confia o andamento dos processos. Este é ainda o conceito de administração que predomina em muitos empreendimentos, como administração de imóveis, de bens ou de consórcios. Ou então, simplesmente o supervisor do trabalho das pessoas e da aplicação e utilização de recursos organizacionais. Esse conceito ainda predomina no chão das fábricas, mas já faz parte do passado. Foi-se o tempo em que o administrador tinha tarefas tão simples e limitadas. Hoje, em plena Era da Informação, ele é muito mais do que isso.

Aumente seus conhecimentos sobre **O Administrador** na seção *Saiba mais ADM 3.1*

Hoje o administrador é muito mais do que um mero supervisor de atividades do negócio ou de pessoas. Na verdade, ele é o condutor do negócio de toda a organização e o navegador em um oceano de oportunidades e ameaças que vibram e acontecem interminavelmente. Elas constituem o entorno do negócio. É o que veremos a seguir.

3.1 PAPEL DO ADMINISTRADOR

Na verdade, o papel do administrador é extremamente multivariado e contingencial. Se ele é um supervisor de primeira linha situado no nível operacional da empresa, precisa estar mais voltado para processos e atividades de sua equipe de subordinados que executam tarefas ou então lidam com as tecnologias utilizadas pela empresa. Se ele é um gerente situado no nível intermediário ou tático da empresa, precisa estar mais voltado para sua equipe de supervisores, para a elaboração de planos táticos, organização de diferentes atividades, direção de determinados órgãos, departamentos ou unidades da organização e para o controle dos resultados departamentais. Porém, se é um diretor localizado no nível institucional da empresa, então precisa estar voltado para sua equipe de gerentes, para as demandas do ambiente externo e a adequação da empresa como um todo para as oportunidades que ele deve entrever e aproveitar e as ameaças e contingências que ele precisa pressentir nesse ambiente, tendo em vista as forças e limitações de sua empresa.

Assim, dependendo do nível em que se situa o administrador, ele precisa conviver com a certeza do dia a dia do nível operacional ou com o planejamento, organização, direção e controle das atividades de seu departamento ou divisão no nível intermediário, ou ainda com o processo decisório no nível institucional voltado para a incerteza e para as contingências, oportunidades, ameaças e restrições do ambiente externo na qual a empresa desenvolve suas atividades.

Quanto mais o administrador se preocupa em saber ou aprender a fazer (habilidade de executar), mais ele estará se preparando para atuar no nível operacional da empresa. Quanto mais se preocupa em desenvolver conceitos (habilidade de pensar e diagnosticar), mais ele estará se preparando para atuar no nível institucional da empresa. A administração requer reflexão e ação. É preciso saber utilizar mais a cabeça do que as mãos, buscar continuamente a inovação e explorar novas oportunidades e isso requer uma mentalidade empreendedora capaz de aprender novos conhecimentos e novas competências.

3.2 AS COMPETÊNCIAS DO ADMINISTRADOR

Já que administração significa atingir resultados com os recursos e competências disponíveis, para que possa alcançar resultados o administrador precisa reunir e desenvolver certas competências pessoais:

1. **Conhecimento**: é o saber acumulado por meio da aprendizagem. Representa hoje a maior riqueza do mundo moderno. Para tanto, o administrador deve aprender a aprender cada vez mais e mais rapidamente. Além disso, aprender continuamente, fazendo com que toda experiência pessoal seja convertida em conhecimento. Em suas atividades, o administrador deve ampliar cada vez mais o seu conhecimento e, dentro do possível, transmitir e compartilhar com seus subordinados o conhecimento que adquiriu. Contudo, o conhecimento somente tem valor quando

Figura 3.1 As competências essenciais do administrador.[1]

pode ser aplicado por intermédio das habilidades. Este é o aspecto pragmático do conhecimento: ser útil para ter valor.

2. **Habilidades**: é o saber fazer. Em outras palavras, é a capacidade de aplicar o conhecimento adquirido, seja na solução de problemas, na melhoria da situação ou em inovação para fazer algo completamente novo e diferente. Significa colocar em prática o conhecimento, torná-lo rentável e agregar valor por meio dele. As habilidades exigem uma visão ampla, sistêmica e global da situação.

3. **Julgamento**: é o saber analisar cada situação e tomar decisões. Obter dados e informações a respeito e ter espírito crítico suficiente para ponderar com equilíbrio, definir prioridades e as opções a seguir. Com o julgamento o administrador deve definir exatamente o que, como, quando e por que fazer algo.

4. **Atitude**: é o saber fazer acontecer. Envolve uma atitude empreendedora no sentido de sair da zona de conforto, assumir riscos e lutar para atingir um determinado objetivo ou resultado. É o que faz um administrador defender seus pontos de vista, argumentar, fazer a cabeça das pessoas de sua equipe e impor seu estilo pessoal. A atitude envolve uma necessidade de autorrealização. Por meio dela, o administrador torna-se um formador de opinião e um agente de mudança e transformação na organização.

As competências essenciais do administrador são duráveis e se estendem ao longo do tempo, mas elas se fundamentam em habilidades. Em outras palavras, as competências repousam sobre as habilidades que veremos a seguir.

PARA REFLEXÃO

Como incrementar competências?

Reflita e, a seguir, discuta com seus colegas a respeito de como incrementar competências.

3.3 AS HABILIDADES DO ADMINISTRADOR

Falamos das competências do administrador, elas envolvem um conjunto de habilidades. E quais são as habilidades necessárias para o administrador? Basicamente são três:[2]

1. **Habilidades técnicas**: consistem em utilizar conhecimentos, métodos, técnicas e equipamentos necessários para a realização de tarefas específicas com base em seus conhecimentos e experiência profissional. É a habilidade de fazer coisas concretas e práticas, como desenhar um projeto, compor um cronograma ou elaborar um programa de produção. Está muito relacionada com o *hardware* disponível.

2. **Habilidades humanas**: consistem na capacidade e discernimento para trabalhar com pessoas e, por elas, saber comunicar, compreender suas atitudes e motivações e desenvolver uma liderança eficaz. O administrador trabalha com pessoas e com equipes de pessoas. E a habilidade de lidar com pessoas significa educá-las, ensiná-las, orientá-las, liderá-las e motivá-las continuamente. Isso envolve liderança, comunicação, motivação, construção de talentos e de equipes. Sem tais habilidades, o administrador nada conseguirá. No fundo, o administrador consegue resultados com a ajuda de pessoas.

3. **Habilidades conceituais**: consistem na capacidade de lidar com ideias e conceitos abstratos. Essa habilidade permite que o administrador faça abstrações e desenvolva filosofias, valores e princípios de ação. A habilidade conceitual proporciona ideias globais e conceitos, valores e princípios que permitem saber onde chegar, a fim de definir o comportamento e as ações futuras necessárias, além da capacidade de diagnóstico (para resolução de problemas) e de visão futura e antecipatória (para geração de novas ideias e inovação). Com tais habilidades, o administrador define a missão do negócio, a visão de futuro, os valores essenciais de sua empresa, a estratégia organizacional etc. Tais habilidades estão intimamente relacionadas com o conceito de *software*.

A combinação dessas habilidades varia na medida em que o administrador sobe na escala hierárquica desde posições de supervisão a posições de alta direção.[4] Na medida em que sobe para os níveis mais elevados da organização, diminui a necessidade de habilidades técnicas, enquanto aumenta a necessidade de habilidades conceituais. Nos níveis inferiores, os chefes e supervisores precisam apenas de habilidade técnica para lidar cotidianamente com as tarefas concretas. Nos níveis mais altos, os executivos precisam gradativamente de habilidades conceituais para decidir sobre os destinos e estratégias de sua organização. Em sua opinião, quais as habilidades você julga possuir?

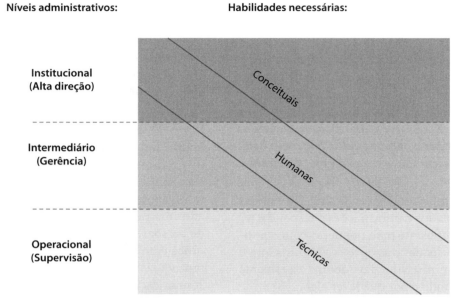

Figura 3.2 As habilidades administrativas.[3]

PARA REFLEXÃO

Em que habilidades você se identifica melhor?

Analise o assunto supra e tente chegar a uma conclusão. Em qual das habilidades você se identifica melhor ou se julga mais forte? Mas não se esqueça de localizar as outras habilidades em que você se julga mais fraco. Faça um programa pessoal para melhorá-las.

Todas as habilidades são importantes para o administrador. Contudo, elas são gradativamente abrangentes. Cada nível organizacional requer um conjunto de habilidades, como na Figura 3.2. Um dirigente – presidente ou diretor – trabalha mais com habilidades conceituais embora tenha que reunir habilidades humanas ao lado de habilidades técnicas em menor grau. Um gerente trabalha mais com habilidades humanas, mas deve reunir habilidades conceituais e técnicas. Um supervisor trabalha basicamente com habilidades técnicas, embora tenha necessidade de habilidades humanas e algo de habilidades conceituais.

SAIBA MAIS — A capacidade de abstração

Conceitos como mercado, crédito, cliente, estratégia, competências, valor são altamente abstratos. Não se vê ou toca o mercado, nem se enxerga a estratégia.

As competências são invisíveis e o seu valor é intangível. O administrador lida com fatos reais e cotidianos, com situações concretas e abstratas e, principalmente, com conceitos altamente abstratos e que envolvem dimensões de tempo e de espaço amplas e abrangentes. No fundo, lida com construções mentais – os chamados construtos – que são invenções abstratas que têm um significado específico na conduta administrativa. Afinal, o que são eficiência, mercado, cliente, competências, serviço, competição, estratégia senão abstrações? Na medida em que o administrador ocupa posições mais elevadas na hierarquia administrativa tanto mais se defronta com abstrações em seu cotidiano.

3.4 AS ATIVIDADES DO ADMINISTRADOR

E por que tantas competências e habilidades são necessárias ao administrador? Por uma razão muito simples: a atividade do administrador é extremamente complexa. Em suma, ele assume um amplo espectro de atividades que envolvem necessariamente os seguintes componentes:

1. **O administrador cuida de uma empresa ou de uma área funcional da empresa**: em geral o administrador é o executivo responsável por determinada área de atividades da empresa, como finanças, marketing, produção/operações ou serviços, recursos humanos etc. Essas áreas podem estar configuradas em departamentos, divisões, unidades de negócios, equipes etc. Elas podem ser desdobradas no nível intermediário e no nível operacional da empresa. Assim, a área de finanças pode ser detalhada em tesouraria, planejamento financeiro, controle orçamentário etc. Marketing pode ser desdobrado em vendas, pesquisa de mercado etc. Nas empresas industriais, produção pode abrir-se em fabricação, manutenção, abastecimento etc. Na medida em que desce na escala hierárquica, aumenta a especialização da atividade do administrador. Na medida em que se sobe nela, aumenta a generalização. Assim, o presidente da empresa é um administrador generalista, enquanto na sua base o supervisor tende para a especialização. Mas sempre o administrador é responsável por determinada área de competências da empresa.

2. **O administrador cuida de sistemas e de processos**: um processo é a sequência de atividades que tem um início, meio e fim. Começa com o fornecedor inicial e termina no cliente final. A ordem sequencial dos processos muda em cada empresa de acordo com sua natureza e objetivos. Em finanças, o processo pode começar com o recebimento de faturas ou pagamento pelos clientes, entra em contas a receber e tesouraria, vai para o banco, entra em contas a pagar e sai como pagamento de despesas. Em marketing, o processo pode iniciar com a pesquisa de mercado, propaganda, promoção, vendas, atendimento e assistência técnica ao cliente, pós-venda e avaliação do grau de satisfação do cliente.

3. **O administrador utiliza tecnologias**: principalmente para desempenhar suas atividades. Quase sempre a tecnologia mais utilizada é a TI, que envolve computadores, terminais, *hardwares* e *softwares* de comunicação. Mas ele precisa também de ferramentas de gestão para planejar, organizar, dirigir ou controlar.

Figura 3.3 As áreas funcionais da administração.

Precisa de ferramentas de gestão de pessoas para construir equipes, escolher os participantes, treiná-los, motivá-los, impulsioná-los e criar equipes de elevado desempenho.

4. **O administrador lida com pessoas**: o administrador não executa tarefas, nem realiza diretamente o trabalho, ele o faz com as pessoas que dirige, comunica, lidera, motiva, orienta e impulsiona. O administrador realiza atividades, alcança objetivos e proporciona resultados por meio de pessoas. Lidar com pessoas é uma atividade básica e fundamental na administração. Os administradores estão sendo preparados para serem os gestores de pessoas dentro das empresas. Liderança, comunicação e motivação constituem aspectos essenciais do trabalho do administrador.

5. **O administrador serve aos clientes**: o cliente é o alvo no qual se concentra toda a atividade do administrador. A empresa lida com interesses e satisfações de clientes, consumidores, usuários e contribuintes de maneira que o administrador não pode deixar de lado esta realidade em momento algum. Apesar do cliente estar fora da organização ele é o determinante do seu sucesso ou fracasso. O foco no cliente – seja ele interno ou externo – constitui hoje a melhor orientação para o administrador.

6. **O administrador está focado em objetivos**: sua atividade não é casual ou fortuita, mas sempre orientada para alvos, metas e objetivos situados a curto, médio ou longo prazo, dependendo da situação. O objetivo constitui a bússola do administrador. Mais do que isso, o alcance de objetivos serve como indicador de como está se desempenhando em seu trabalho.

Administração | CHIAVENATO

7. **O administrador formula estratégias e planos de ação**: para alcançar os objetivos. E as estratégias são desdobradas em planos. Isso significa que a atividade do administrador não se prende ao acaso ou à improvisação. Ela é totalmente planejada no sentido de adequar os meios para chegar aos objetivos com o máximo de racionalidade, eficiência e eficácia.

8. **O administrador entrega resultados**: a atividade do administrador é avaliada pelos resultados que ele oferece. Administração não é intenção, boa vontade ou desejo. Na prática, ela é resultado. E resultado concreto seja na forma de lucro, inovação em produtos e serviços, excelência, qualidade, produtividade, satisfação do cliente ou aumento na participação no mercado.

3.5 A NATUREZA DO TRABALHO DO ADMINISTRADOR

O trabalho do administrador é extremamente contingencial, isto é, depende das situações enfrentadas. Um estudo feito por Mintzberg sobre a natureza do trabalho do administrador salienta os seguintes aspectos:[5]

1. O trabalho administrativo – feito pelo diretor da empresa, pelo gerente do serviço de assistência médica ou pelo contramestre da fábrica – apresenta muitas semelhanças entre si. Embora existam diferenças em função do nível hierárquico, o trabalho administrativo apresenta certas características comuns de planejar, organizar, dirigir e controlar.

2. A função do administrador se compõe de obrigações regulares e programadas além de atividades imprevistas e não programadas, por isso a necessidade de flexibilidade. Planejar, mas sem rigidez para abrigar espaço para contingências e eventualidades.

3. O administrador é tanto especialista como generalista. Trabalha nas duas frentes. Isso significa que o administrador deve ter simultaneamente uma visão holística e sistêmica sem deixar de lado a capacidade de análise das situações envolvidas.

4. O administrador conta com a informação para tomar decisões, principalmente aquelas que recebe verbalmente da cúpula e dos seus pares. A informação é seu principal insumo para a tomada de decisões. Para tanto deve construir um sistema de informações sensível, em tempo real e que lhe proporcione meios para navegar com segurança.

5. As atividades do administrador são caracterizadas por rapidez, variedade e fragmentação. Sua atenção deve ser ao mesmo tempo concentrada em certos aspectos e dispersada em várias frentes.

Quadro 3.1 Os papéis do administrador[6]

Categoria	Papel	Atividades
Interpessoal	Representação	Assume deveres cerimoniais e simbólicos, representa a organização acompanha visitantes, assina documentos legais
	Liderança	Dirige e motiva pessoas, treina, aconselha, orienta e se comunica com subordinados
	Ligação	Mantém redes de comunicação dentro e fora da organização, seus malotes, telefones, reuniões
Informacional	Monitorador	Manda e recebe informações, lê revistas e relatórios, mantém contatos pessoais
	Disseminador	Envia informações para membros de outras organizações, envia memorandos e relatórios, *e-mails*, telefonemas e contatos
	Porta-voz	Transmite informações para pessoas de fora por conversas, *e-mails* e relatórios
	Empreendedor	Inicia projetos, identifica novas ideias, assume riscos, delega responsabilidade para os outros
Decisorial	Solucionador de conflitos	Toma ações corretivas em disputas ou crises, resolve conflitos entre subordinados, adapta a equipe a mudanças e crises
	Alocador de recursos	Decide a quem atribuir recursos. Planeja, programa, orça e estabelece prioridades
	Negociador	Representa os interesses da organização em negociações com sindicatos, em compras, vendas ou financiamentos

Quadro 3.2 Os papéis do administrador

Papéis interpessoais	Papéis Informacionais	Papéis Decisórios
Como o administrador interage	Como o administrador intercambia e processa a informação	Como o administrador utiliza a informação em suas decisões
■ Representações ■ Liderança ■ Ligação	■ Monitoração ■ Disseminação ■ Porta-voz	■ Empreendedor ■ Solução de conflitos ■ Alocação de recursos ■ Negociação

6. O trabalho administrativo é mais arte do que ciência e se baseia muitas vezes em processos intuitivos e não explícitos. Sensibilidade, atenção, visão sistêmica e prontidão são aspectos importantes.

7. O trabalho administrativo é cada vez mais complexo e cheio de paradoxos. Ele precisa ser estrategista sem deixar de cuidar do cotidiano operacional; precisa enfatizar processos sem deixar de ser humano e humanista; precisa focar externamente o cliente e internamente as pessoas com quem trabalha; precisa mirar o longo prazo sem deixar de se preocupar com o curto prazo.

Na verdade, o administrador precisa ao mesmo tempo ser concreto (nos resultados) e abstrato (nos conceitos), pensar no curto prazo (no imediato) e no longo prazo (no horizonte estratégico), deve saber lidar com pessoas (habilidades humanas), com tecnologias (habilidades técnicas) e com a estratégia da sua organização (habilidades conceituais). Precisa ser duro (com aqueles que negligenciam) e suave (com aqueles que colaboram), focar o interior da organização (buscando eficiência nas operações) e viver em contato com o mundo dos clientes, fornecedores, concorrentes (buscando eficácia do negócio). Tais paradoxos mostram a complexidade do trabalho do administrador.

Assim, o administrador desempenha vários papéis em cada organização. Um papel é um conjunto de expectativas de cada organização a respeito do comportamento de uma pessoa. Cada papel representa atividades que as pessoas conduzem para cumprir seu trabalho. Mintzberg identifica dez papéis específicos em três categorias, como no Quadro 3.1.

Os dez papéis acima estão distribuídos em três amplas categorias:[7]

1. **Papéis interpessoais**: representam as relações com outras pessoas e estão relacionados com as habilidades humanas. Mostram como o administrador interage com as pessoas e influencia seus subordinados.

2. **Papéis informacionais**: descrevem as atividades usadas para manter e desenvolver uma rede de informações.

Mostram como o administrador intercambia e processa informação. Um administrador no nível institucional da organização passa em média cerca de 75% do seu tempo comunicando-se com outras pessoas.

3. **Papéis decisórios**: envolvem todos os eventos e situações em que o administrador deve fazer uma escolha ou opção e tomar uma decisão. Mostram como o administrador utiliza a informação como base para avaliar opções e tomar decisões. Esses papéis requerem tanto habilidades humanas como conceituais.

PARA REFLEXÃO

Os papéis do administrador

Analise os papéis do administrador. Em qual deles você acha que se sairia melhor? Você se daria melhor em papéis interpessoais, informacionais ou decisórios? Tente explicar por quê.

3.5.1 Administrador como empreendedor, como gerente ou como líder

Por fim, vale lembrar uma distinção comumente feita entre empreendedores, gerentes e líderes. Cada um deles apresenta um perfil diferente. O administrador pode atuar como um empreendedor, como um gerente ou como um líder. Veja só estes três tipos de executivos:[8]

1. **Empreendedores**: são os criadores de negócios, isto é, são pessoas que quebram barreiras para criar algo inteiramente novo e excitante porque são dotadas de criatividade, engenhosidade, perseverança e firme determinação. Elas quebram regras, assumem riscos e botam a imaginação para trabalhar. Capitaneiam o mercado com garra e confiança. Schumpeter[9] fez um dos primeiros estudos a respeito dos empreendedores no mundo moderno.

O espírito empreendedor (*entrepreneurship*) pode ser definido como um processo pelo qual as pessoas procuram oportunidades, satisfazendo necessidades e desejos por meio da inovação, sem levar em conta os recursos que podem utilizar no momento.[10] Em geral, o empreendedor é visualizado como uma pessoa corajosa, aventureira, audaciosa, sonhadora e inovadora, muitas vezes associada a algum empreendimento ou pequena empresa, embora não se deva confundi-la com a administração de um pequeno negócio.[11] Mas o espírito empreendedor pode existir em grandes empresas. Drucker descreve o gerente empreendedor como uma pessoa confiante em sua capacidade, que aproveita as oportunidades de inovação e que não só espera as surpresas, mas que sabe aproveitá-las e capitalizá-las.[12] As grandes empresas estão incentivando o espírito intraempreendedor (*intrapreneurship*) para incentivar a mudança e a inovação.

2. **Gerentes**: são os organizadores de negócios, isto é, são pessoas impulsionadas por disciplina, estrutura e organização. São administradores focados em alocar recursos, alinhar elementos organizacionais, aproveitar eficiências de escala e de escopo, bem como alcançar previsibilidade de resultados superiores de negócios. São hábeis em criar organizações eficientes e bem-sucedidas. Mais do que os empreendedores, os gerentes ajudam as empresas a crescer até o seu potencial máximo. Em geral, a administração dos negócios de larga escala é conduzida por gerentes de primeira linha. Todavia, os gerentes preferem a previsibilidade e a certeza. Mas isso é coisa do passado. Hoje, é preciso conviver com a incerteza, mudança, volatilidade e ambiguidade do mundo que nos cerca.

> **PARA REFLEXÃO**
>
> **As características do empreendedor, gerente executivo e do líder**
>
> Analise as características do empreendedor, do gerente executivo e do líder e verifique em qual delas você se situa. Explique por quê. Em qual delas você se sentiria melhor? Explique o porquê.

3. **Líderes**: são os agentes de mudança e transformação que buscam incessantemente alcançar resultados impossíveis. São pessoas que veem possibilidades e oportunidades de negócios que outros abandonaram ou não conseguem enxergar. São capazes de impulsionar empresas declinantes e fazer um *turnaround* graças ao seu *modus operandi*. Reinventam, revigoram e reengendram organizações dando-lhes uma nova direção e um novo propósito.

Figura 3.4 Os três tipos de executivos de negócios.[13]

Em resumo, administrar é muito mais do que uma mera função de supervisionar pessoas, alocar recursos ou tocar atividades cotidianas. Quando a organização é conservadora e prima pela rotina e manutenção do *status quo*, a tarefa do administrador é manter as coisas funcionando como sempre e aumentar gradativamente a eficiência e eficácia. Mas quando tudo muda e se transforma não se trata mais de manter a situação atual, mas de inovar e renovar continuamente a organização para ajustá-la continuamente às mutáveis e intermináveis demandas do negócio. O papel do administrador em situação de mudança e de instabilidade se concentra na inovação e não mais na manutenção do *status quo* organizacional. Assim, deve buscar e localizar oportunidades para inovar constantemente, melhorar e renovar. O trabalho do administrador é procurar manter a organização surfando sempre na crista da onda em um mar agitado e cheio de perigos, ameaças, oportunidades, encantos e segredos. Como dizia Giuseppe Tomasi di Lampedusa em seu livro *O Leopardo*:[14] há que se mudar sempre para ficar no mesmo lugar. Em administração, isso significa que a empresa precisa estar sempre em mudança para ficar sempre no mesmo lugar – isto é, no primeiro lugar na cabeça do cliente. Isso significa tentar surfar sempre na crista das ondas que se sucedem intempestivamente, chegando, rolando e se equilibrando quando tudo ao redor balança interminavelmente.

REFERÊNCIAS

1. CHIAVENATO, I. *Introdução à Teoria Geral da Administração.* São Paulo: Atlas, 2020.

2. CHIAVENATO, I. *Introdução à Teoria Geral da Administração.* *op. cit.* p. 3.

3. CHIAVENATO, I. *Introdução à Teoria Geral da Administração.* *op. cit.* p. 3.

4. HERSEY, P.; BLANCHARD, K. H. *Psicologia para Administradores de Empresas*: a utilização de Recursos Humanos, São Paulo: Pedagógica e Universitária, 1976, p. 7.

5. MINTZBERG, H. *The Nature of Managerial Work.* Nova York: Harper & Row, 1973. p. 92- 93.

6. Resumido de: MINTZBERG, H. *The Nature of Managerial Work. op. cit.*, p. 92-93.

7. MINTZBERG, H. *The Nature of Managerial Work. op. cit.*, p. 92-93.

8. MAYO, A. J.; NOHRIA, N. *In Their Time*: the greatest business leaders of the twentieth century. Boston: Harvard Business School Press, 2005.

9. SCHUMPETER, J. A. *The Theory or Economic Development.* Nova York: McGraw-Hill, 1944.

10. CHANDLER JR., A. A. *The Visible Hand.* MIT School Press, 1983.

11. STEVENSON, H. H.; ROBERTS, M. J.; GROUSBECK, H. I. *New Business Ventures and the Entrepreneur.* Homewood: Irwin, 1989.

12. DRUCKER, P. F. *Innovation and Entrepreneurship.* Nova York: Harper & Row, 1985.

13. Baseado em: MAYO, A. J. M.; NOHRIA, N. *In Their Time*: the greatest business leaders of the twentieth century. *op. cit.*, p. 15.

14. LAMPEDUSA, T. di. *O Leopardo.* São Paulo: Companhia das Letras, 2017.

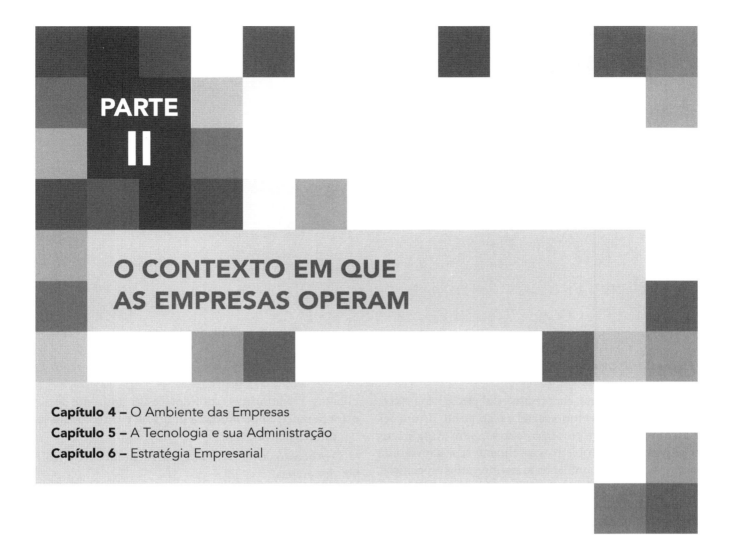

PARTE II

O CONTEXTO EM QUE AS EMPRESAS OPERAM

Capítulo 4 – O Ambiente das Empresas
Capítulo 5 – A Tecnologia e sua Administração
Capítulo 6 – Estratégia Empresarial

Para melhor conhecer uma empresa há que se familiarizar com o contexto em que ela está inserida. As empresas não existem no vácuo e seu funcionamento nada tem de absoluto ou definitivo. Ao contrário, elas vivem dentro de um contexto ambiental caracterizado por uma multiplicidade de variáveis e forças diferentes que provocam constantes mudanças e turbulências. Frente a esse contexto, o funcionamento das empresas tem um caráter relativista e circunstancial, dependendo das variáveis e forças externas que predominam no contexto, ao qual denominaremos ambiente. O ambiente é extremamente dinâmico e varia contínua e constantemente, oferecendo oportunidades, facilidades e vantagens que a empresa precisa aproveitar, impondo dificuldades, ameaças e coações que a empresa precisa evitar ou neutralizar e oferecendo contingências que a empresa não pode prever, mas que deve atender. É do ambiente que a empresa obtém seus insumos e recursos e é no ambiente que a empresa coloca e distribui o resultado de suas operações, como produtos, serviços, entretenimento, energia ou informação. É igualmente do ambiente que a empresa obtém as tecnologias adequadas para poder processar da melhor maneira possível os recursos de que necessita para atingir seus objetivos.

Assim, dois desafios principais – dentre muitos dos desafios existentes – são impostos à empresa: o ambiente (e suas variáveis externas) e a tecnologia e competências (e suas variáveis internas). Lidar externamente com o ambiente e lidar internamente com a tecnologia e competências significa os dois principais desafios da moderna administração. Ambos introduzem a incerteza dentro da empresa. A incerteza é a falta de informação ou de conhecimento adequado a respeito de alguma coisa. A incerteza traz o risco. Para sobreviver em um ambiente complexo e incerto e para lidar com tecnologias que a empresa não consegue

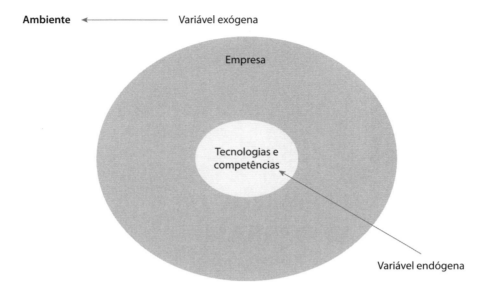

Figura II.1 O contexto em que a empresa opera: externamente, o ambiente; internamente, a tecnologia e competências.

dominar totalmente, ela precisa estabelecer uma estratégia. A estratégia empresarial é o conjunto de opções e escolhas de que a empresa se serve para atingir seus objetivos. Como os objetivos geralmente se situam fora da empresa, isto é, no ambiente ou em mercados específicos, a estratégia deve se basear em uma cuidadosa análise ambiental. Em segundo lugar, a estratégia deve considerar as forças e limitações internas da empresa – sobretudo em relação às suas competências e tecnologias – para melhor aproveitar seus pontos fortes e para fortalecer ou corrigir seus pontos fracos. Assim, a estratégia é o ponto em que a empresa pretende ligar suas competências e tecnologias com o ambiente que a rodeia. A estratégia constitui a maneira pela qual a empresa pretende atingir objetivos, atuando no ambiente por meio de competências e tecnologias que lhe permitam realizar suas operações, produzir bens ou serviços, agregar valor e ser bem-sucedida.

II.1 MUDANÇA ORGANIZACIONAL

Como o ambiente em que a empresa opera é extremamente mutável e dinâmico, ela também precisa adaptar-se continuamente a ele. Em outras palavras, a mudança organizacional passa a ser um imperativo para que a empresa possa ser bem-sucedida. Implementar e liderar um processo de mudança organizacional é tarefa fundamental do administrador, a começar pelo executivo principal da empresa. A mudança pode ser complexa e requerer dezenas ou centenas de gerentes ou líderes, cada qual fazendo a sua parte. A resistência pode ser dura e intransponível, mas a mudança deve ser levada adiante para que a empresa continue servindo seus clientes. E o administrador deve estar na frente desse esforço coletivo de mudar a empresa e transformá-la em um negócio exitoso.

O processo de mudança organizacional deve envolver dez etapas:[1]

1. **Estabeleça um sentido de urgência**: a partir do momento em que a necessidade de mudar foi detectada deve-se criar um senso de urgência para que as pessoas deixem de lado suas razões de resistir. A complacência é o pior inimigo das empresas.

2. **Mobilize compromisso para a mudança por meio de diagnóstico-conjunto dos problemas do negócio**: crie forças-tarefa ou equipes provisórias para diagnosticar os problemas, para que elas criem uma compreensão compartilhada do que deve ser melhorado e estender a mobilização a todas as demais pessoas.

3. **Crie uma coalizão-guia de pessoas influentes**: a escolha certa das pessoas que deverão atuar como uma equipe é crucial. Ela dá suporte político. Seus membros devem possuir *expertise*, credibilidade e habilidades de liderança.

4. **Desenvolva uma visão compartilhada**: o líder deve proporcionar uma direção rumo à qual as pessoas deverão trabalhar. Isso envolve missão, visão e objetivos que dependem de quanto se pretende mudar.

5. **Comunique a visão**: o poder de uma visão é ampliado quando todos os envolvidos na atividade ou na empresa têm uma compreensão comum de seus objetivos e direcionamentos. A visão deve ser intensamente comunicada.

6. **Remova barreiras à mudança**: empodere as pessoas. Toda mudança requer o apoio delas. A melhor maneira de fazê-las apoiar a mudança é por meio do *empowerment*. É necessário envolver as pessoas para ajudar a realizar mudanças, e isso começa com a remoção de barreiras ao *empowerment*, como estruturas formais e rígidas, chefes autocráticos, falta de habilidades e competências das pessoas e sistemas falhos de informação.

7. **Gere vitórias de curto prazo**: a transformação da empresa pode levar tempo. Torna-se necessário implementar pequenas mudanças, recompensando vitórias e mantendo a motivação geral em continuar o processo.

8. **Consolide os ganhos e produza maior mudança**: o líder principal e sua equipe de coalizão devem utilizar sua crescente credibilidade com os pequenos ganhos de curto prazo para ampliar a mudança que envolve todos os sistemas, estruturas e políticas para adequá-los à nova visão. Além disso, admitir, promover e desenvolver novos talentos que implementem a nova visão, identificando as pessoas campeãs em mudanças, reconhecendo e recompensando suas vitórias e abrindo novas oportunidades para novas conquistas.

9. **Ancore as novas maneiras de fazer as coisas na nova cultura da empresa**: poucas mudanças organizacionais podem sobreviver sem uma correspondente mudança nos valores compartilhados pelas pessoas. Deve-se cristalizar os valores que são consistentes com a nova visão a partir de uma nova definição de valores essenciais. O uso de sinais, símbolos e cerimônias reforçam tais valores.

10. **Monitore o progresso e ajuste a visão**: como uma empresa pode responder externamente melhor se ela não consegue responder internamente a possíveis inadequações de seu plano de mudanças? É essencial que se tenha um mecanismo para monitorar a eficácia da mudança e as ações corretivas necessárias.

Nesta Parte II trataremos do ambiente, das competências essenciais, da tecnologia e da estratégia empresarial para dar uma ideia de como as empresas operam e se comportam em um mundo de negócios extremamente mutável, dinâmico e competitivo.

REFERÊNCIA

1. BEER, M.; EISENSTAT, R.; SPECTOR, B. Why Change Programs Don't Produce Change. *Harvard Business Review*, nov./dec. 1990, p. 158-160.

Figura II.2 Plano integrado das partes e capítulos do livro.

4 O AMBIENTE DAS EMPRESAS

OBJETIVOS DE APRENDIZAGEM

- Analisar o meio ambiente no qual as empresas vivem, como elas o percebem e o interpretam.
- Proporcionar uma visão do ambiente geral e do ambiente de tarefa das empresas, bem como da sua dinâmica e comportamento.
- Verificar como as empresas fazem a análise ambiental;
- Discutir o "imperativo ambiental".

O QUE VEREMOS ADIANTE

Para se conhecer uma empresa deve-se compreender também o contexto no qual ela está inserida. O ambiente representa todo o universo que envolve externamente a empresa; é tudo aquilo que está situado fora dela. Ele é a própria sociedade que, por sua vez é constituída de outras empresas e organizações, clientes, fornecedores, concorrentes, agências reguladoras etc. As empresas não vivem no vácuo, não estão isoladas e nem são totalmente autossuficientes, mas funcionam dentro de um contexto do qual dependem para sobreviver e crescer.

É do ambiente que as empresas obtêm recursos e informações necessários para subsistência e funcionamento e é no ambiente que elas colocam os resultados de suas operações. Na medida em que o ambiente muda – e ele está sempre passando por intensas mudanças e transformações – todo o quadro habitual das operações das empresas é tremendamente influenciado, uma vez que as condições ambientais externas às empresas contribuem fortemente para o que sucede dentro delas.

As empresas constituem organizações inventadas pelo homem para se adaptarem continuamente às mutáveis circunstâncias ambientais a fim de alcançar objetivos. Se essa adaptação é conseguida e os objetivos são alcançados, então a empresa será considerada eficaz e terá condições de sobrevivência e crescimento. Para tanto, o resultado proveniente de seus produtos e serviços deve ser maior do que o volume despendido na obtenção e aplicação dos recursos e competências.

TENDÊNCIAS EM ADM

Quais são as características das empresas bem-sucedidas?

As empresas bem-sucedidas costumam apresentar as seguintes características:

- Elas são lucrativas, isto é, geram riqueza.
- Alcançam longevidade, ou seja, duram muito tempo.
- São saudáveis, pois não têm conflitos duradouros.
- São inovadoras, têm imaginação e criatividade;
- São flexíveis, têm elevada flexibilidade e capacidade de ajustamento.
- São admiradas porque inspiram as outras.
- Têm identidade própria, ou seja, uma cultura especial.
- São os melhores lugares para se trabalhar.
- Produzem retornos para todos os *stakeholders*.

4.1 MAPEAMENTO AMBIENTAL

Constitui a maneira como a empresa faz a sondagem ambiental para compreender e interpretar o ambiente no qual está inserida. Como o ambiente é extremamente vasto e complexo, as empresas não podem absorvê-lo, interpretá-lo e conhecê-lo em sua totalidade e complexidade, o que seria inimaginável. O ambiente é um contexto externo que apresenta uma enorme variedade de condições extremamente variáveis, dinâmicas e mutáveis, difíceis de serem abordadas no seu conjunto ou analisadas com clareza e objetividade. Assim, as empresas precisam tatear, explorar e discernir o ambiente ao seu redor para reduzir a incerteza a seu respeito. Em outros termos, a empresa precisa constantemente mapear seu espaço ambiental. O mapeamento ambiental, contudo, esbarra em três dificuldades: seleção ambiental, percepção ambiental e os limites da empresa.[1]

4.1.1 Seleção ambiental

As empresas não são capazes de absorver e compreender todas as condições variáveis e mutáveis do ambiente de uma só vez, principalmente pelo fato de que algumas delas estão sujeitas a múltiplas influências que não podem sequer visualizar, entender, prever ou controlar. Para lidar com toda essa complexidade, elas selecionam seus ambientes e passam a visualizar seu mundo exterior apenas naquelas partes escolhidas desse enorme conjunto. É a chamada seleção ambiental: apenas uma pequena porção de todas as inúmeras variáveis ambientais possíveis participa realmente do conhecimento, compreensão e da experiência da empresa. Esse reducionismo permite compreender uma pequena amostra do ambiente capaz de ser interpretada por ela.

4.1.2 Percepção ambiental

Além disso, as empresas percebem subjetivamente seus ambientes de acordo com suas expectativas, experiências, desafios, convicções e motivações. A maneira pela qual uma empresa percebe e interpreta seu ambiente pode ser completamente diferente da percepção e interpretação que outra empresa tem a respeito do mesmo ambiente. Em outros termos, um mesmo ambiente pode ser percebido e interpretado diferentemente por duas ou mais empresas. É a chamada percepção ambiental. Ela é uma construção, um conjunto de informações selecionadas e estruturadas em função da experiência anterior, das necessidades e intenções da empresa em uma dada situação. Geralmente as informações utilizadas nessa construção perceptiva são selecionadas; algumas são eliminadas e não são sequer percebidas; outras são imaginadas ou inventadas para preencher as lacunas existentes. Em outros termos, a percepção ambiental depende muito daquilo que cada empresa considera relevante no seu ambiente.

SAIBA MAIS — Quem percebe e seleciona?

Obviamente, quando se fala em seleção e percepção ambiental estamos querendo dizer que não são as empresas em si que selecionam e percebem seus ambientes, mas as pessoas que, dentro delas, têm a função de interligar as atividades empresariais com o contexto ambiental. Essas pessoas – administradores, dirigentes ou altos executivos – não atuam à vontade e com total liberdade, mas precisam ajustar-se e balizar-se dentro dos padrões e critérios adotados pela empresa, que variam enormemente de uma para outra.

4.1.3 Consonância e dissonância

Existe uma forte necessidade de consonância e de coerência na vida das empresas. A consonância ocorre quando as presunções da empresa a respeito de seu ambiente são confirmadas na prática e no cotidiano. Essa confirmação serve para reforçar ainda mais as suas presunções. Com isto, a empresa mantém a coerência em seu comportamento, ou seja, seu comportamento está de acordo com suas presunções. Para manter consonância com o ambiente e coerência com seu comportamento, as empresas adotam como informação de referência o resultado da elaboração lógica de outras informações anteriores tomadas como reais e verdadeiras. Cada informação recebida é comparada com essas deduções anteriores. Se a comparação revela algum forte desvio ou incoerência, a empresa tende a restabelecer o equilíbrio desfeito, seja modificando suas crenças anteriores ou desacreditando na nova informação recebida. Esse mecanismo foi descrito em nível individual por Festinger[2] como redução da dissonância cognitiva para definir o ajuste contínuo das ideias e pensamentos do indivíduo em relação ao que ocorre no seu meio ambiente. O processo de redução da dissonância nada mais é do que uma tentativa de restabelecer a consonância entre o que temos em nossas cabeças e o que existe na realidade externa.

Capítulo 4 – O Ambiente das Empresas

SAIBA MAIS — **Empresas e sociedade**

As empresas são partes constituintes do ambiente de outras empresas e unidades da sociedade. Como o ambiente é formado por pessoas, grupos, empresas, organizações e pela sociedade em geral, cada empresa também faz parte do ambiente de outras entidades e, como tal, detém alguma influência ou poder sobre as demais entidades, ao mesmo tempo em que delas recebe considerável influência. Não se pode esquecer que, embora influenciadas pelas circunstâncias ambientais, as empresas normalmente desempenham um papel de influência ativa em seus próprios ambientes e elas têm bastante consciência desse papel.

4.1.4 Limites ou fronteiras

São as linhas imaginárias que definem o que é a empresa e o que é o ambiente. Servem para delimitar ou separar a empresa do contexto ambiental que a envolve. Os limites ou fronteiras entre empresa e ambiente podem ser definidos em termos de espaço (prédios, edifícios, instalações, áreas físicas, terrenos), em termos de tempo (horário de trabalho, turnos de atividade), em termos de valores e atitudes de seus empregados (quando eles se identificam com as regras e regulamentos internos da empresa), em termos legais (o que é propriedade da empresa e o que não é) ou, ainda, em termos fiscais (o que é definido como "território" da empresa e o que não é), como também podem ser definidos por meio de uma infinidade de outras abordagens diferentes.

Uma dificuldade inerente no estudo das relações entre as empresas e seu ambiente reside no fato de que a empresa deve ser diferenciada do seu ambiente, ou seja, deve existir alguma separação entre a empresa e seu ambiente. De fato, ambos não são perfeitamente separáveis e a fronteira da empresa passa a ser uma invenção arbitrária. É o caso de uma empresa com diversas filiais e depósitos situados em diversas cidades: como delimitar as fronteiras dessa empresa? Os limites que separam a empresa do seu ambiente são muitas vezes ambíguos e pouco definidos.

TENDÊNCIAS EM ADM

Derrubando fronteiras organizacionais

Modernamente, algumas empresas estão derrubando suas fronteiras externas para aumentar a integração com suas entradas e saídas e, com isso, ampliar resultados. Elas estão aumentando seus relacionamentos com clientes (saídas) e fornecedores (entradas) e os atraindo cada vez mais para dentro de seus processos decisórios. São os chamados sistemas de gestão baseados na TI, como o *Customer Relationship Management* (CRM) – que aumenta a interação entre a empresa e seus clientes e consumidores – e o *Supply Chain Management* (SCM) – que aumenta a interação entre a empresa e sua cadeia de fornecedores. Estes sistemas de gestão ampliam enormemente a área de influência da empresa como também incorporam clientes e fornecedores no seu processo decisório. Na verdade, fica cada vez mais difícil afirmar onde estão os limites ou fronteiras da atividade empresarial.

4.2 AMBIENTE GERAL

O ambiente é extremamente multivariado e complexo: as empresas vivem em um mundo humano, social, político e econômico em constante mudança. Para melhor compreender o que constitui o ambiente de uma empresa, torna-se necessário decompô-lo em dois segmentos, o ambiente geral (ou macroambiente) que é comum a todas as empresas e as influencia de maneira genérica e o ambiente de tarefa que é o ambiente específico e imediato de cada empresa.

O ambiente geral é constituído de um conjunto amplo e complexo de condições e fatores externos que envolve e influencia difusamente todas as empresas. Não é uma entidade concreta com a qual a empresa possa interagir diretamente, mas um conjunto difuso de condições genéricas e externas às organizações e que contribui de um modo geral para tudo aquilo que ocorre dentro de cada uma delas, para as estratégias adotadas e para as consequências das ações empresariais.

4.2.1 Variáveis do ambiente geral

O ambiente geral é constituído por um conjunto complexo de variáveis que atuam de maneira dinâmica e interativa formando um campo de forças ativo:[3]

1. **Variáveis tecnológicas**: a tecnologia representa um dos aspectos ambientais mais críticos devido à profunda influência e forte impacto que exerce sobre as empresas, sua administração e principalmente sobre suas operações. A tecnologia envolve a soma total dos conhecimentos acumulados a respeito de como fazer as coisas: inclui invenções, técnicas, aplicações, patentes, desenvolvimento etc. Sua influência principal reside nos meios pelos quais as coisas são desenhadas, produzidas, distribuídas e aplicadas. Basicamente, a tecnologia é o conhecimento de como fazer para alcançar objetivos humanos. Ela é um componente do meio ambiente na medida em que as empresas precisam absorver e incorporar as inovações tecnológicas externas em seus sistemas. Além de ser uma variável ambiental e, portanto, externa às empresas, a tecnologia é também parte do sistema interno das empresas na medida em que é pesquisada, desenvolvida ou transferida e aplicada internamente para a obtenção de objetivos empresariais. Desta forma, a tecnologia é, ao mesmo tempo, uma variável ambiental que influencia o comportamento das empresas e uma variável interna por meio da qual a empresa influencia seu meio ambiente e as demais empresas nele inseridas.

2. **Variáveis políticas**: decorrentes das políticas e critérios de decisão adotados pelo governo federal, estadual e municipal, bem como pelos governos estrangeiros quando as decisões destes exercem influência relevante sobre as atividades da empresa. As variáveis políticas incluem o clima político e ideológico geral que o governo pode criar e a estabilidade ou instabilidade política e institucional do país, uma vez que estes fatos repercutirão consideravelmente no comportamento das empresas. As tendências ideológicas dos governos podem definir os rumos da política econômica do país, da política fiscal e tributária, política quanto ao emprego, saúde pública, educação, habitação, saneamento básico etc., que poderão facilitar ou dificultar as operações e atividades da empresa.

3. **Variáveis econômicas**: decorrentes do contexto econômico geral. Em nível nacional, as variáveis econômicas podem ser permanentes ou temporárias.

As variáveis econômicas permanentes são:

a. Nível geral de atividade econômica do país (desenvolvimento, estagnação ou recessão).

b. Nível do desenvolvimento econômico da região ou localidade onde está situada a empresa.

4. Grau de industrialização do país ou da região. Distribuição da riqueza e renda per capita.

Dentre as principais variáveis econômicas temporárias estão:

a. Nível de atividade econômica local.

b. Tendências inflacionárias ou deflacionárias.

c. Balança de pagamento do país e disponibilidade de divisas estrangeiras.

d. Política fiscal em determinados setores da atividade econômica.

O efeito das variáveis econômicas sobre as empresas é enorme e determina o volume de atividade econômica, nível de preços e lucratividade potencial, facilidade ou dificuldade na obtenção de recursos básicos, mecanismos de oferta e procura do mercado em geral etc.

4. **Variáveis legais**: referem-se ao contexto de leis e normas legais que regulam, controlam, incentivam ou restringem determinados tipos de comportamento empresarial em geral. Obviamente, as variáveis legais dependem tanto do contexto político quanto do contexto econômico e ainda do contexto social, mas, qualquer que seja seu fundamento, a legislação vigente – seja ela tributária, trabalhista, civil ou comercial – tem enorme poder de influência sobre o comportamento das empresas. Quase sempre a influência do aparato jurídico é restritiva e impositiva no sentido de determinar muito mais o que não pode ser feito do que aquilo que podem fazer.

5. **Variáveis sociais**: como a empresa é ao mesmo tempo uma organização social e uma unidade econômica, ela está sujeita a pressões sociais e a influências do meio social e cultural na qual está situada. As principais variáveis sociais que repercutem nas atividades das empresas são:

a. Tradições culturais do país em geral e da comunidade onde a empresa está localizada, em particular.

b. Estrutura do orçamento familiar de despesas em relação a bens e serviços.

c. Importância dada à família e à coletividade local e nacional.

d. Atitude das pessoas frente ao trabalho e aos ideais quanto à profissão.

e. Atitude quanto ao dinheiro e à poupança.

f. Homogeneidade ou heterogeneidade das estruturas raciais e linguísticas do país.

Quando as atitudes sociais mudam, a opinião pública sofre alterações e sua influência sobre as atividades empresariais é evidente, seja facilitando ou dificultando a aceitação de determinado produto ou serviço, seja criando uma imagem favorável ou desfavorável às atividades da empresa etc. A própria imagem da empresa é um fator puramente social.

As mudanças sociais trazem um forte impacto sobre as empresas. Este impacto é facilmente observável em empresas que se dedicam à moda e costumes – como as empresas de roupas e confecções, tecelagem, calçados, produtos de uso pessoal e de higiene;

6. **Variáveis demográficas**: referem-se às características da população, raça, religião, distribuição geográfica, distribuição por sexo e idade etc. Dentre os fatores demográficos, a mudança populacional é um dos aspectos mais significativos, pois não é apenas o tamanho das populações que significa a dimensão do mercado consumidor dos produtos ou serviços da empresa. O crescimento populacional e as mudanças na estrutura das populações devem ser considerados pelas empresas em suas estratégias e planos. Uma empresa pode analisar seu mercado atual e prever seu mercado potencial futuro em função de cenários dessas variáveis demográficas. Porém, as variáveis demográficas também produzem uma profunda influência interna dentro das empresas graças às características das pessoas que nelas passam a trabalhar. Assim, as variáveis demográficas, além do seu caráter ambiental, penetram nas empresas pelas pessoas que delas participam e passam a atuar como variáveis internas.

Muito embora as empresas submetam as pessoas a regras e regulamentos no sentido de integrá-las e amoldá-las aos critérios de desempenho que desejam manter, influenciando as personalidades envolvidas, também as pessoas influenciam profundamente as empresas ao trazerem para dentro destas as suas contribuições pessoais em termos de comportamento, habilidades, pensamentos, conhecimentos, competências e, sobretudo, hábitos, costumes, experiências individuais, atitudes, maneiras pessoais de sentir, pensar e agir.

Virtualmente, os fatores demográficos provocam profunda influência sobre todas as demais condições ambientais. É óbvia a influência do ser humano sobre o mundo que o cerca.

7. **Variáveis ecológicas**: referem-se ao quadro físico e natural que rodeia externamente a empresa. Sob um ponto de vista mais restrito, as variáveis ecológicas incluem as condições físicas e geográficas (como o tipo de terreno, condições do clima em geral e vegetação) e sua utilização pelo homem. Todas as empresas funcionam dentro de ecossistemas naturais e físicos que podem ser mais ou menos modificados pelo homem: é a ecologia natural.

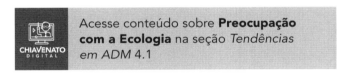
Acesse conteúdo sobre **Preocupação com a Ecologia** na seção *Tendências em ADM 4.1*

O macroambiente ou ambiente geral é comum a todas as empresas, isto é, ele influencia genericamente todas elas sem distinção, afetando-as em graus variados de acordo com seus ramos de atividade.

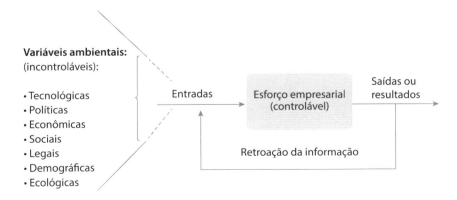

Figura 4.1 A empresa como um sistema adaptativo.

> **PARA REFLEXÃO**
>
> **Como entender o macroambiente?**
>
> Reflita e, a seguir, discuta com seus colegas a respeito do assunto supra e tente chegar a uma conclusão. Como entender o macroambiente e extrair informação relevante?

>
>
> **SAIBA MAIS — Interface**
>
> Interface é uma palavra utilizada para descrever a área de contato entre uma empresa e seu ambiente. É no ponto da interface que as entradas e as saídas passam através dos limites ou fronteiras entre uma organização e o seu ambiente. Como sistemas abertos, as empresas se caracterizam por uma enorme variedade de interfaces com seu contexto ambiental.

4.3 AMBIENTE DE TAREFA

Enquanto o ambiente geral influencia genericamente todas as empresas, o ambiente de tarefa é específico e singular em cada empresa. É o meio ambiente próprio da organização e corresponde ao segmento do ambiente geral mais imediato e próximo da empresa. É constituído de empresas, instituições, grupos e indivíduos com os quais a empresa mantém interface e entra em interação direta para poder operar. É quem lhe fornece as entradas ou insumos de recursos e informações, bem como a colocação e distribuição de suas saídas (produtos ou serviços) ou resultados. O ambiente de tarefa é constituído pelas partes do ambiente que são relevantes para que a empresa possa estabelecer e alcançar seus objetivos.

4.3.1 Setores do ambiente de tarefa

O ambiente de tarefa da empresa é constituído de quatro setores principais:

1. **Consumidores ou usuários** dos produtos ou serviços da empresa (clientes da empresa). Geralmente, este setor é chamado mercado de clientes ou consumidores e se encarrega de absorver as saídas ou resultados da atividade empresarial. Nas empresas também são denominados compradores; nas organizações públicas são denominados contribuintes.

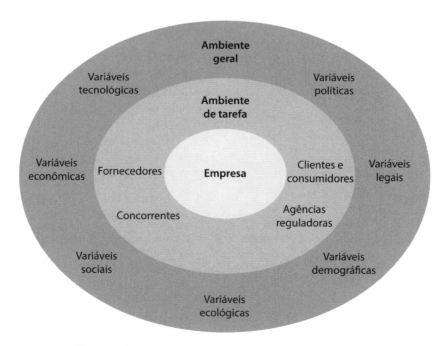

Figura 4.2 A empresa e seu ambiente geral e de tarefa.

2. **Fornecedores de recursos**, isto é, os fornecedores de capital e dinheiro (que é o mercado de capitais tratado pela área financeira), de materiais (que é o mercado de fornecedores tratado pela área de suprimentos e compras), de pessoal (que é o mercado de recursos humanos tratado pela área de RH), de equipamentos ou serviços (composto de empresas prestadoras de serviços, como propaganda, contabilidade e processamento de dados) e de espaço de trabalho (imobiliárias ou alugueis). Este setor é o mercado de suprimento de entradas e insumos necessários às operações da empresa.
3. **Concorrentes**: tanto para mercados (clientes, consumidores ou usuários) como para recursos (materiais, humanos, financeiros, tecnológicos etc.). Este setor é constituído do mercado concorrente, ou seja, de empresas que concorrem entre si tanto para a obtenção dos recursos necessários como para a conquista dos mercados para a colocação de seus produtos ou serviços. Assim, os concorrentes podem disputar tanto as entradas (os mesmos fornecedores de recursos) como as saídas (os mesmos clientes) de uma empresa.
4. **Grupos reguladores**: ou agências reguladoras, incluindo governo, sindicatos, associações entre empresas, associações de classe e ONGs. Este setor é constituído das instituições que, de alguma maneira, impõem controles, limitações ou restrições às atividades da empresa, seja especificando maneiras pelas quais ela deverá se conduzir, cerceando algumas de suas decisões, vigiando, fiscalizando ou controlando suas atividades.

Toda essa conjunção de atores ambientais traz oportunidades, ameaças, restrições e contingências às empresas.

Aumente seus conhecimentos sobre **Mercado** na seção *Saiba mais ADM 4.1*

4.3.2 Domínio

É no ambiente de tarefa que a empresa localiza seu nicho ecológico e desenvolve suas atividades. Em outros termos, é no ambiente de tarefa que a empresa estabelece o seu domínio. O domínio de uma empresa identifica onde ela depende de pontos de entradas do ambiente e de saída, seja direta ou indiretamente ligados entre si. O domínio significa a área de poder e de dependência de uma empresa em relação ao seu ambiente de tarefa. Existe poder quando as decisões da empresa influenciam as decisões a serem tomadas pelos demais componentes do seu ambiente de tarefa (isto é, clientes, fornecedores, concorrentes etc.). Existe dependência quando as decisões da empresa é que são influenciadas pelas decisões tomadas pelos demais componentes do seu ambiente de tarefa. Há um intricado jogo de poder e dependência entre as empresas. A estratégia empresarial busca maximizar o poder e minimizar a dependência em relação ao seu ambiente de tarefa.[4]

Aumente seus conhecimentos sobre **Arena de operações** na seção *Saiba mais ADM 4.2*

Em resumo, as empresas estão contidas em um ambiente geral extremamente amplo e complexo, do qual recebem enorme influência e sobre o qual podem provocar alguma influência relevante. Na realidade, as empresas trabalham apenas com uma parte bastante limitada desse ambiente geral, que é o ambiente de tarefa, situado dentro do horizonte mais imediato da empresa. Dentro do ambiente geral, a organização escolhe o seu domínio para exercer certo tipo de atividade que ela se sente apta a exercer e assim ela define seu ambiente de tarefa dentro do qual irá operar para executar o tipo de atividade escolhido. Embora cada empresa tenha o seu específico ambiente de tarefa, pode acontecer que alguns segmentos dele também pertençam ao ambiente de tarefa de outras empresas. Um mesmo fornecedor ou cliente podem ter transações com diversas empresas, fazendo parte do ambiente de tarefa delas.

SAIBA MAIS — **Inteligência competitiva**

As empresas utilizam a inteligência competitiva para fazer a sondagem ambiental. Ela trata de buscar informações sobre o seu ambiente de tarefa, focalizando principalmente os concorrentes. É uma ferramenta administrativa que localiza informações específicas sobre o setor no qual atuam pelo acesso a bancos de dados e a comunicados dos concorrentes em anúncios, relatórios enviados a agências governamentais, relatórios anuais, ofertas de empregos etc. para saber como os concorrentes estão se comportando.

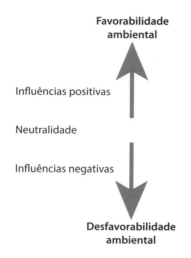

Figura 4.3 A influência das forças ambientais.[5]

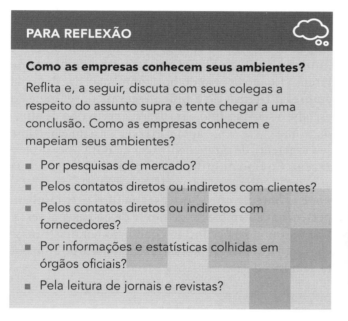

PARA REFLEXÃO

Como as empresas conhecem seus ambientes?

Reflita e, a seguir, discuta com seus colegas a respeito do assunto supra e tente chegar a uma conclusão. Como as empresas conhecem e mapeiam seus ambientes?

- Por pesquisas de mercado?
- Pelos contatos diretos ou indiretos com clientes?
- Pelos contatos diretos ou indiretos com fornecedores?
- Por informações e estatísticas colhidas em órgãos oficiais?
- Pela leitura de jornais e revistas?

4.4 DINÂMICA AMBIENTAL

Cada empresa está sujeita a influências e condições exteriores provindas do ambiente, independentemente das influências e condições interiores provocadas pela sua tarefa e ramo de atividade e pela tecnologia que utiliza para realizar sua tarefa. Porém, o que vimos até agora a respeito do ambiente é que ele pode ser desdobrado, pelo menos teoricamente, em estratos – indo desde o ambiente geral até o ambiente de tarefa – nos quais a empresa exerce seu domínio e realiza suas atividades. Contudo, apenas estes conceitos são insuficientes para retratar a enorme complexidade ambiental. Sobretudo a dinâmica ambiental, isto é, como o ambiente se comporta. O ambiente não é uma massa homogênea e estável, uniforme e bem disciplinada, mas um campo dinâmico no qual atua uma multidão de diferentes forças, de diferentes naturezas e dimensões, em direções e sentidos diferentes, mudando a cada momento, pois cada uma dessas forças interfere, influencia e interage com as demais. Algumas forças provocam influências positivas sobre a empresa facilitando suas operações, enquanto outras impõem influências negativas dificultando as suas atividades.

Aumente seus conhecimentos sobre **Restrições, coações, contingências, problemas, ameaças e oportunidades** na seção *Saiba mais ADM 4.3*

4.4.1 Homogeneidade *versus* heterogeneidade

Como o ambiente de tarefa é dinâmico e complexo, alguns autores procuram caracterizá-lo por meio de um aspecto relevante apenas. Um aspecto importante é o grau de diversidade dos componentes do ambiente de tarefa, que pode variar dentro de dois extremos de um *continuum*: de um lado, homogeneidade e, de outro, heterogeneidade. O ambiente de tarefa apresenta homogeneidade quando os clientes, fornecedores, concorrentes e agentes reguladores apresentam as mesmas características, ou seja, os clientes são homogêneos entre si, os fornecedores são homogêneos entre si, os concorrentes são homogêneos entre si, como o são os agentes reguladores. O ambiente de tarefa homogêneo

Figura 4.4 Variações do *continuum*: estabilidade-instabilidade e homogeneidade-heterogeneidade.[6]

é simples e pouco diferenciado. O ambiente de tarefa apresenta heterogeneidade quando os clientes são altamente diferenciados entre si, o mesmo ocorrendo com os fornecedores, os concorrentes e os grupos reguladores. Quanto maior a heterogeneidade do ambiente de tarefa, tanto maior a sua complexidade e diferenciação.

4.4.2 Estabilidade *versus* instabilidade

Outro aspecto importante é o grau de estabilidade dos componentes do ambiente de tarefa, que pode variar dentro de dois extremos de um *continuum*: de um lado, estabilidade e, de outro, mutabilidade. O ambiente de tarefa apresenta estabilidade quando não há mudanças relevantes no comportamento dos clientes, nem dos fornecedores, dos concorrentes ou agentes reguladores. O ambiente de tarefa estável é conservador, previsível e rotineiro. Já o ambiente de tarefa mutável – também chamado dinâmico – apresenta instabilidade no comportamento dos clientes, dos fornecedores, dos concorrentes e dos grupos reguladores. O ambiente de tarefa mutável é instável, dinâmico, imprevisível e turbulento, provocando incerteza nas empresas que lidam com ele.

4.5 TIPOLOGIAS DE AMBIENTES

A conjunção desses dois aspectos do ambiente de tarefa – homogeneidade × heterogeneidade e estabilidade × mutabilidade – fornece um quadro de dupla entrada que permite a melhor compreensão do fenômeno ambiental:

Esses dois aspectos do ambiente de tarefa influenciam fortemente as empresas e condicionam suas características e comportamento:

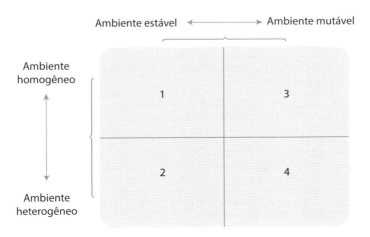

Figura 4.5 Tipologia de ambientes de tarefa segundo Thompson.[7]

1. **Ambiente de tarefa estável e estático**: permite reações padronizadas (estandartizadas) e rotineiras (repetitivas) da empresa, já que seu comportamento é conservador e previsível. A empresa pode utilizar o **modelo burocrático** de organização (também chamado mecanístico), estabelecendo regras e regulamentos de rotinas para as atividades de seus departamentos. É o caso das empresas que têm sempre os mesmos clientes, fornecedores, concorrentes e agências reguladoras e que quase nunca mudam seus hábitos ou reações. Predomina o conservantismo.

2. **Ambiente de tarefa mutável e dinâmico**: impõe reações diferentes, novas e criativas da empresa, já que o seu comportamento é dinâmico, mutável, imprevisível e turbulento. Assim, a empresa precisa utilizar o modelo adhocrático[8] (também chamado orgânico) de organização, capaz de proporcionar reações adequadas às coações ambientais que a empresa precisa enfrentar e às contingências que ela não consegue prever. Como este ambiente provoca novas e constantes complicações, restrições, coações, contingências, problemas e oportunidades, os regulamentos padronizados de rotina que a empresa utiliza para enfrentar os eventos ambientais que surgem intempestivamente tornam-se obsoletos e inadequados. É o caso das empresas que mudam constantemente de clientes, fornecedores e concorrentes ou quando os clientes, fornecedores e concorrentes mudam rapidamente seus hábitos e reações. Predomina a inovação.

3. **Ambiente de tarefa homogêneo**: permite à empresa pequena diferenciação de atividades portanto, uma estrutura organizacional simples, centralizada e com poucos departamentos para lidar com eventos ambientais homogêneos ou uniformes. É o caso de empresas que têm clientes, fornecedores e concorrentes pouco diferentes entre si e que podem ser tratados com certa uniformidade de critérios por parte da empresa.

4. **Ambiente de tarefa heterogêneo**: impõe à empresa a necessidade de unidades ou órgãos diferenciados para corresponderem aos respectivos segmentos diferenciados do **ambiente de tarefa**, cada um deles funcionando em uma base descentralizada para poder planejar e controlar as reações em seu específico segmento do **ambiente de tarefa**. Assim, o **ambiente de tarefa heterogêneo** impõe variedade à empresa e esta se diferencia em uma porção de departamentos, cada qual responsável por um aspecto dessa variedade ambiental. É o caso de empresas que trabalham com diferentes mercados de clientes e diferentes mercados de fornecedores também heterogêneos e diferentes entre si.

A empresa somente consegue sobreviver e crescer na medida em que se adapta às circunstâncias ambientais e, mais que isso, aproveita as oportunidades e amortece as coações e contingências que lhes são impostas pelo ambiente de tarefa.

Com outra abordagem, o Quadro 4.1 de dupla entrada pode proporcionar outras interpretações, como na Figura 4.6.

Quadro 4.1 A adaptação empresarial ao ambiente de tarefa

Tipos de ambiente	Ambiente estável	Ambiente mutável
Ambiente homogêneo	Estrutura organizacional simples em face da simplicidade do ambiente	Estrutura organizacional simples em face da simplicidade do ambiente
	Reações padronizadas ao ambiente por meio de regras e regulamentos de rotina	Reações não padronizadas e focadas no planejamento contingencial e à absorção da incerteza
	Os departamentos são aplicadores de regras e regulamentos	Tomada de decisão departamental descentralizada
Ambiente heterogêneo	Estrutura organizacional complexa com divisões funcionais, cada uma correspondendo a um segmento do ambiente	Estrutura organizacional complexa e diferenciada para lidar com multivariados segmentos ambientais
	Divisões de base geográfica ou semelhante por causa da heterogeneidade ambiental	Descentralização para lidar com a absorção da incerteza e planejamento contingencial descentralizado

Capítulo 4 – O Ambiente das Empresas

		Ambiente estável	**Ambiente mutável**
		Reações empresariais padronizadas e uniformes no tempo	Reações empresariais diferenciadas e uniformes no tempo
Ambiente homogêneo	Estrutura organizacional simples e centralizada no espaço	Coações uniformes do ambiente	Contigências uniformes do ambiente
Ambiente heterogêneo	Estrutura organizacional complexa e centralizada no espaço	Coações diferenciadas do ambiente	Contigências diferenciadas do ambiente

1	3
2	4

Figura 4.6 A influência do ambiente na estrutura e comportamento das empresas.

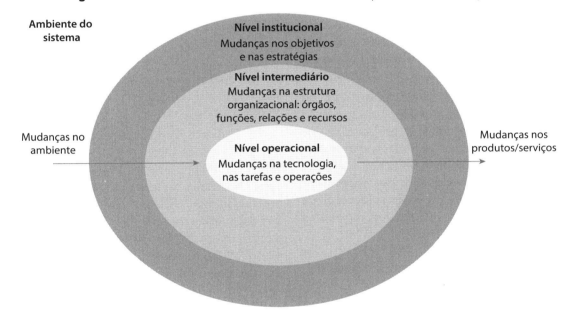

Figura 4.7 O impacto das mudanças ambientais sobre os três níveis da empresa.

 **SAIBA MAIS** — **Mudança**

O que caracteriza o ambiente como um campo dinâmico de forças é a mudança. O ambiente nunca é o mesmo. Heráclito de Éfeso, o filósofo grego, dizia que a única constante do mundo é a mudança. O rio que vemos nunca é o mesmo, pois suas águas não são as mesmas. Assim também é o ambiente. Mudança, complexidade e imprevisibilidade – e, consequentemente, incerteza – são as características do meio ambiente. Olhando sob outro prisma podemos dizer que as empresas estão incluídas em um contexto altamente mutável em que produtos, serviços, tecnologias, competências, necessidades do cliente, conhecimento, aspectos sociais e culturais estão passando por mudanças incríveis. A melhor maneira de se perpetuar em um contexto incansavelmente mutável é tentar mudar de acordo com ele.

Seja reagindo ao ambiente, seja tentando influenciá-lo proativamente, a empresa passa a apresentar estruturas e estratégias distintas e bem delineadas, as quais constituem, na realidade, respostas organizacionais às coações e contingências ambientais.

4.6 ANÁLISE AMBIENTAL

Ao lidar com o ambiente a empresa passa a lidar com a incerteza e a imprevisibilidade. Toda empresa faz parte integrante do seu ambiente. Enquanto os níveis mais baixos da organização (nível operacional) estão relacionados com os aspectos internos, a atividade principal nos níveis mais elevados (nível institucional) é estudar e mapear as oportunidades e ameaças que o ambiente impõe à empresa. Assim, o conhecimento objetivo acerca do ambiente é fundamental para o processo estratégico, no sentido de obter uma adequada compatibilização entre a empresa e as forças externas que afetam, direta ou indiretamente, seus objetivos, estratégias, estrutura, recursos, planos, procedimentos, operações, entradas, saídas etc.

Análise ambiental é o estudo das diversas forças do ambiente, as relações entre elas no tempo e seus efeitos ou potenciais efeitos sobre a organização. Não se trata de uma atividade totalmente nova, pois vários aspectos do ambiente são estudados continuamente por diferentes funções na empresa – áreas de mercado consumidor e concorrência pelo órgão de marketing; mercado de capitais pela área financeira; novas tecnologias pela área de pesquisa e desenvolvimento etc.

4.6.1 Reconhecimento do ambiente de tarefa

O reconhecimento do ambiente de tarefa corresponde ao primeiro passo de uma análise ambiental, ou seja:

1. Quais os **clientes** (reais e potenciais) da empresa?

2. Quais os **fornecedores** (reais e potenciais) de seus recursos?

3. Quais os **concorrentes** para suas entradas e saídas?

4. Quais as **agências regulamentadoras** (reais ou potenciais)?

Cada um desses elementos do ambiente de tarefa pode ser uma organização, um grupo, uma instituição ou mesmo um indivíduo. Se cada um desses elementos relevantes para a empresa é ou pode ser uma oportunidade ou ameaça, depende do papel que desempenha no ambiente de tarefa. Porém, se é relativamente fácil para uma empresa estabelecer seu domínio, não é fácil para ela conhecer o seu ambiente de tarefa, pois o domínio é uma opção dela, enquanto o ambiente de tarefa é uma consequência dessa opção.

4.6.2 Cenários

O mapeamento ambiental permite vislumbrar o que ocorre no contexto ambiental em um dado momento. Tanto o ambiente geral quanto o ambiente de tarefa podem ser devidamente mapeados e caracterizados dentro de uma gestão do conhecimento estratégico da empresa. O mapeamento ambiental constitui os olhos e os sentidos da empresa, sua visão periférica a respeito do ambiente em que ela vive, opera e produz resultados. Acontece que o ambiente está em contínua mudança e transformação. O que ele é hoje não o será amanhã. Todavia, a empresa precisa também conhecer os futuros desdobramentos da situação ambiental quando toma decisões de longo prazo que se estendem por 5 ou 10 anos. A pergunta que se faz é: como será o ambiente no próximo ano ou nos anos seguintes? A preocupação com o futuro – imediato ou mediato – é cada vez maior nas empresas. A resposta é dada pela construção de cenários.[9]

Cenários são estudos para se construir diferentes imagens e visões alternativas favoráveis ou desfavoráveis do ambiente futuro de negócios e suas interligações.[10] Na prática, os cenários são derivados de modelos mentais compartilhados e consensuais a respeito do ambiente e são criados de maneira a serem internamente consistentes ao propor descrições de possíveis futuros.[11] Contudo, o que acontece no ambiente está fora do controle das empresas. Além disso, não se trata de fazer previsões, pois não é possível prever o futuro com razoável grau de certeza.

Mas os cenários não funcionam apenas como uma ferramenta para gerar desdobramentos futuros a respeito do ambiente. Eles ajudam o administrador a aprender a construir imagens alternativas de futuro e não constituem simples extrapolação de tendências atuais. Além disso, existem cenários de primeira e segunda geração:

1. **Cenários de primeira geração**: são exploratórios e utilizados para melhorar o entendimento a respeito do mundo real dos negócios e das variáveis ambientais. São conhecidos como cenários ambientais.

2. **Cenários de segunda geração**: são conhecidos como cenários estratégicos e proporcionam a base de julgamento sobre como o mundo real opera para alicerçar a tomada de decisões estratégicas focadas no futuro.

> **PARA REFLEXÃO**
>
> **Como decidir sobre assuntos projetados para o futuro?**
>
> Imagine que sua empresa pretenda construir uma nova fábrica de grande porte. Discuta com seus colegas a respeito do assunto supra e tente chegar a alguma conclusão.
> - Qual seria o volume de produção para os próximos anos?
> - Qual seria a aceitação do produto nos próximos anos?
> - Qual seria o preço do produto nos próximos anos?
> - Como seria o comportamento dos concorrentes nos próximos anos?
> - Como estariam as regulações e exigências governamentais nos próximos anos?
> - Como ficariam os custos industriais da fábrica nos próximos anos?

4.6.3 A influência ambiental

Alguns autores afirmam enfaticamente que as características organizacionais das empresas dependem fortemente das características ambientais. Em outros termos, as características ambientais constituem variáveis independentes, enquanto as características organizacionais constituem variáveis dependentes. Essa tese de dependência constitui a base da Teoria da Contingência, que surgiu a partir dos resultados de uma pesquisa desenvolvida por Lawrence e Lorsch.[12] Ao adotarem o modelo de sistema aberto para caracterizar as empresas, os autores procuravam verificar quais características elas deveriam ter para enfrentar com eficácia diferentes condições ambientais. Concluíram que existem dois problemas organizacionais básicos, a diferenciação e a integração empresarial.

1. **Diferenciação**: é a divisão da organização em subsistemas ou departamentos, cada qual desempenhando uma tarefa especializada em um contexto ambiental também especializado. Cada subsistema ou departamento se diferencia dos demais e tende a reagir unicamente àquela parte do ambiente que é relevante para a sua própria tarefa especializada. Se houver diferenciação ambiental, aparecerá igualmente diferenciação na estrutura e no comportamento dos subsistemas e departamentos. Na medida em que esses ambientes específicos diferem quanto às demandas que fazem à empresa, ocorrem modificações na estrutura e no comportamento dos subsistemas e departamentos.

2. **Integração**: é o oposto da diferenciação e corresponde ao processo gerado por forças ambientais no sentido de alcançar a unidade de esforços e a coordenação entre os vários subsistemas ou departamentos da empresa.

Ambos os estados – diferenciação e integração – são opostos e antagônicos. Ao se defrontar com as forças ambientais, a empresa vai se segmentando em unidades departamentais, cada qual com a tarefa de lidar com uma parte das condições existentes fora da empresa. Cada um dos departamentos lida especificamente com um recurso ou com um segmento do universo exterior à empresa. Essa divisão do trabalho entre departamentos ou subsistemas conduz à diferenciação. Porém, os diversos subsistemas ou departamentos precisam de um esforço convergente e unificado para atingir os objetivos empresariais. Como consequência, surge o processo de integração. Como o ambiente se caracteriza por uma incessante mudança, a adaptação e a flexibilidade da empresa são vitais para o seu sucesso. Para os autores, diferenciação e integração constituem a maneira pela qual uma empresa deve ser organizada para toda e qualquer situação ambiental.

Figura 4.8 Abordagem de Lawrence e Lorsch.[13]

Os autores se referem à diferenciação e integração "requeridas" para explicar as exigências do ambiente de tarefa da empresa. A empresa que mais se aproxima das características requeridas pelo ambiente está mais sujeita ao sucesso do que aquela que se afasta delas. Daí a Teoria da Contingência: não existe uma única melhor maneira de organizar uma empresa; em vez disso, as empresas precisam ser sistematicamente ajustadas às condições ambientais. Como a empresa é de natureza sistêmica, isto é, é um sistema aberto, as variáveis organizacionais apresentam um complexo inter-relacionamento entre si e com o ambiente.

Em suma, o recado dado pelos autores é de que nada há de absoluto quanto à organização das empresas. Os princípios universais e normativos estabelecidos pela Teoria Clássica sobre a maneira de organizar as empresas devem ser substituídos pelo critério de ajustamento entre a empresa e o seu ambiente, e entre a empresa, a tarefa a ser executada e o pessoal que a realiza. As empresas precisam ser constante e sistematicamente ajustadas às metas coletivas, aos objetivos individuais e ao ambiente que as envolve.[14]

Outra importante pesquisa foi feita por dois sociólogos industriais ingleses, Burns e Stalker,[15] em indústrias inglesas, procurando verificar a relação existente entre os procedimentos e práticas administrativas utilizados internamente e determinados aspectos do ambiente externo dessas indústrias. Concluíram que as indústrias podem ser classificadas em dois tipos: mecanísticas e orgânicas.

As organizações mecanísticas apresentam as seguintes características:

1. Estruturas burocráticas baseadas em minuciosa divisão do trabalho.

2. Cargos ocupados por especialistas, com atribuições perfeitamente definidas e delimitadas.

3. Elevada centralização das decisões, tomadas nos níveis superiores da empresa.

4. Hierarquia de autoridade rígida.

5. Sistemas simples de controle, nos quais a amplitude de controle do supervisor é mais estreita, isto é, cada supervisor tem um número pequeno de subordinados.

6. Sistemas simples de comunicações, em que a informação ascendente flui por uma sucessão de filtros e as decisões descem em uma sucessão de amplificadores.

7. Predomínio da interação vertical entre superior-subordinado.

8. Ênfase nas regras e nos procedimentos formalizados por escrito.

9. Ênfase nos princípios universais da **Teoria Clássica**.

Por outro lado, as organizações orgânicas apresentam as seguintes características:

1. Estruturas organizacionais flexíveis sem uma divisão de trabalho nítida, nem uma fragmentação de funções bem definida e delimitada.

2. Os cargos são continuamente mudados e redefinidos por interação com outros indivíduos que participam da tarefa da empresa como um todo.

Quadro 4.2 Características dos sistemas mecanísticos e orgânicos

Variáveis	Sistemas mecanísticos	Sistemas orgânicos
Estrutura organizacional	Organização burocrática (burocracia)	Organização flexível (adhocracia)
Desenho dos cargos	Estáveis, definidos e ocupados por especialistas	Mutáveis e redefinidos constantemente
Processo decisório	Decisões centralizadas na cúpula da empresa	Decisões descentralizadas ad hoc (baseadas no aqui e agora)
Comunicações	Predominantemente verticais	Predominantemente horizontais
Confiabilidade	Nas regras e nos regulamentos formalizados por escrito e impostos pela empresa	Nas comunicações informais entre as pessoas
Princípios predominantes	Teoria Clássica	Teoria das Relações Humanas
Ambiente de tarefa	Estável	Instável

3. Descentralização relativa das decisões, que são delegadas aos níveis inferiores da empresa.
4. Hierarquia flexível.
5. A amplitude de controle do supervisor é mais ampla, isto é, cada supervisor tem um número maior de subordinados.
6. Maior confiabilidade nas comunicações informais entre as pessoas.
7. Predomínio da interação lateral sobre a vertical.
8. Ênfase nos princípios da Teoria das Relações Humanas.

Burns e Stalker concluíram que parecia haver dois sistemas divergentes de práticas administrativas: um sistema mecanístico apropriado para empresas que operam em condições ambientais estáveis, enquanto o sistema orgânico parecia ser o exigido pelas condições ambientais em mudança e transformação. As características de ambos são as seguintes:[16]

1. **Sistemas mecanísticos**: são rígidos e definitivos. As tarefas são divididas por especialistas. Cada indivíduo executa sua tarefa como se esta fosse distinta das tarefas globais da empresa. A cúpula tem a responsabilidade de cuidar da importância dela. Os métodos e responsabilidades atribuídos a cada função estão precisamente definidos. A interação dentro da organização é puramente vertical, isto é, apenas entre o superior e o subordinado. As operações e o comportamento de trabalho são governados por instruções e decisões emitidas pelos superiores. A hierarquia de comando é rígida e todo o conhecimento relativo à situação da empresa e suas operações somente se encontra no vértice da empresa. A hierarquia conhecida por meio dos organogramas opera como um sistema de controle simples.

2. **Sistemas orgânicos**: são flexíveis e adaptados a condições ambientais instáveis quando os problemas e exigências de ação não podem ser fragmentados e distribuídos entre especialistas em uma hierarquia claramente definida. Os indivíduos realizam suas tarefas especiais à luz do conhecimento que possuem das tarefas da empresa em sua totalidade. Os trabalhos perdem sua definição formal em termos de métodos e responsabilidades pois têm de ser continuamente redefinidos, por interação com outros indivíduos participantes da tarefa. A interação é tanto lateral como vertical. A comunicação entre pessoas de categorias diferentes assemelha-se mais à consulta lateral do que ao comando vertical. Não se atribui onisciência à chefia da empresa.[17]

4.6.4 Imperativo ambiental

Quanto maiores as contingências e coações do ambiente de tarefa tanto maior a necessidade de flexibilidade e mudança organizacional para que a empresa possa adequar-se continuamente às demandas ambientais. Para muitos autores existe um imperativo ambiental: é o ambiente que determina a estrutura e características organizacionais das empresas. As empresas somente serão bem-sucedidas se conseguirem se adaptar às

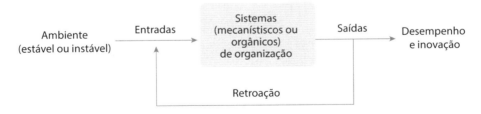

Figura 4.9 Abordagem de Burns e Stalker.[18]

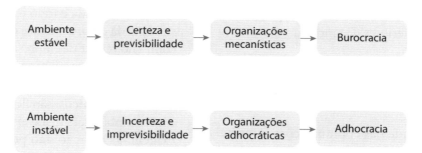

Figura 4.10 O imperativo ambiental.

exigências ambientais. Apesar do exagero na afirmação, não resta dúvida alguma a respeito da profunda influência ambiental no formato e comportamento das organizações contemporâneas. A Figura 4.10 dá uma ideia dessa abordagem.

Para compreender a estrutura e funcionamento da empresa, torna-se necessário conhecer seu ambiente de tarefa e sua tecnologia, já que são as principais fontes de coações e contingências que a empresa precisa sobrepujar ou se sujeitar. É vencer ou capitular. O administrador precisa ter um olho lá fora, enxergar o ambiente, conhecer o mercado, os clientes e consumidores, os concorrentes. Enquanto o ambiente de tarefa constitui a principal fonte externa de coações e contingências, a tecnologia constitui a principal fonte interna. No próximo capítulo nos ocuparemos da tecnologia.

PARA REFLEXÃO

Como transformar uma empresa mecanística em orgânica?

Reflita e, a seguir, discuta com seus colegas a respeito do assunto supra e tente chegar a uma conclusão. Como transformar uma organização mecanística em uma organização orgânica?

REFERÊNCIAS

1. CHIAVENATO, I. *Introdução à Teoria Geral da Administração*. São Paulo: Atlas, 2020.
2. FESTINGER, L. A *Theory of Cognitive Dissonance*. Stanford: Stanford University Press, 1951.
3. CHIAVENATO, I. *Administração nos Novos Tempos*. São Paulo: Atlas, 2021.
4. THOMPSON, J. D. *Dinâmica Organizacional*: fundamentos sociológicos da teoria administrativa. São Paulo: McGraw-Hill, 1976.
5. Adaptado de: VASCONCELLOS FILHO, P. de. Um método para analisar o ambiente da empresa. *Negócios em Exame*, 1978. p. 69.
6. CHIAVENATO, I. *Administração nos Novos Tempos*. op. cit.
7. THOMPSON, J. D. *Dinâmica Organizacional*. op. cit.
8. **Adhocracia** é o oposto de **burocracia** (sistema mecanístico) e corresponde ao sistema orgânico de organização, extremamente flexível e adaptável às mudanças. Do latim, ad e hoc.
9. CHIAVENATO, I.; SAPIRO, A. *Planejamento Estratégico*: da intenção aos resultados. São Paulo: Atlas, 2020.
10. GEORGANTZAS, N. C.; ACAR, W. *Scenario-Driven Planning*: learning to manage strategic uncertainty. Connecticut: Quorum Books, 1995.
11. HEIJDEN, K. V. D. *Scenarios*: the art of strategic conversation. Chichester: John Wiley, 1996.
12. LAWRENCE, P. R.; LORSCH, J. W. *As Empresas e o Ambiente*: diferenciação e integração administrativas. Petrópolis: Vozes, 1972. p. 41-178.
13. CHIAVENATO, I. *Administração nos Novos Tempos*. op. cit.
14. LAWRENCE, P. R.; LORSCH, J. W. *O Desenvolvimento de Organizações*: diagnóstico e ação. São Paulo: Edgard Blücher, 1972. p. 3-5.
15. BURNS, T.; STALKER, G. M. *The Management of Innovation*. London: Tavistock Institute, 1981.
16. BURNS, T.; STALKER, G. M. *The Management of Innovation*. op. cit.
17. BURNS, T.; STALKER, G. M. *The Management of Innovation*. op. cit., p. 5-6.
18. CHIAVENATO, I. *Administração nos Novos Tempos*. op. cit.

A TECNOLOGIA E SUA ADMINISTRAÇÃO

OBJETIVOS DE APRENDIZAGEM

- Proporcionar uma conceituação de tecnologia e sua influência nas empresas.
- Discutir como se administra a enorme variedade de tecnologias.
- Discutir os vários tipos de tecnologia e suas implicações.
- Explicar o chamado determinismo tecnológico.

O QUE VEREMOS ADIANTE

As organizações precisam utilizar várias tecnologias para executar suas operações, realizar suas tarefas e se tornarem bem-sucedidas. A tecnologia pode ser rudimentar (como a limpeza com a vassoura ou o escovão) ou sofisticada (como a inteligência artificial ou a computação quântica). Porém, uma coisa é certa: todas as organizações dependem de algum tipo de tecnologia ou conjunto integrado de tecnologias para poderem funcionar e alcançar seus objetivos.

A tecnologia é algo desenvolvido predominantemente nas organizações por meio de conhecimentos acumulados e atualizados (*know-how*) e pelas suas manifestações físicas decorrentes – como máquinas, equipamentos, instalações – constituindo um complexo de técnicas usadas na transformação dos insumos recebidos pela organização em resultados, isto é, em produtos ou serviços que são colocados no mercado. A tecnologia é uma variável ao mesmo tempo ambiental e empresarial – externa e interna. Ela é um componente do meio ambiente na medida em que a organização adquire, incorpora e absorve em seus sistemas as tecnologias criadas e desenvolvidas pelas outras organizações. Por outro lado, a tecnologia é um componente organizacional na medida em que ela faz parte do sistema interno da organização, já incorporada a ela, passando assim a influenciá-la poderosamente e, com isto, influenciando também o ambiente externo. Assim, a tecnologia é, simultaneamente, uma força externa e ambiental que impõe desafios e problemas à organização e, ao mesmo tempo, uma força interna e organizacional que também lhe impõe desafios e problemas, mas que, quando dominada, permite maior eficiência e eficácia na utilização dos seus recursos e competências disponíveis para o efetivo alcance de seus objetivos.

TENDÊNCIAS EM ADM

O impacto da tecnologia

Dentre a enorme variedade de coações e contingências que o meio ambiente impõe à organização, a tecnologia aparece como a variável crucial, principalmente quando as inovações tecnológicas desenvolvidas em outras organizações impõem modificações nas tecnologias utilizadas pela organização na luta contra seus concorrentes. É comum organizações sofrerem coações por parte das fontes supridoras de matérias-primas (quando fornecedores situados no ambiente de tarefa regateiam preços ou prazos) ou contingências por parte dos concorrentes em seus produtos ou mercados quando se dispõem a lançar novos produtos ou, ainda, coações e contingências em relação à obtenção de máquinas, equipamentos e processos produtivos necessários às suas operações (tecnologias). Atualmente, a tecnologia surge como um dos principais fatores de mudança, transformação e inovação. Ela consegue alçar e impulsionar não somente a produtividade e a velocidade, como também a integração e a inovação.

5.1 NOÇÕES DE TECNOLOGIA

Desde eras imemoriais alguma forma de tecnologia sempre existiu em toda e qualquer organização social. Já na era da Pedra Lascada e da Pedra Polida o ser humano buscou ferramentas e utensílios para melhorar seu desempenho, seja na defesa, no ataque, na alimentação, no abrigo ou na autopreservação. Com essa preocupação ao longo dos tempos, o ritmo da inovação tecnológica vem se tornando cada vez mais rápido e impressionante. Uma verdadeira bola de neve em termos de exponencialidade.

Sob um ponto de vista genérico, a tecnologia é o conjunto ordenado de conhecimentos empregados na produção e comercialização de bens e de serviços. Tais conhecimentos podem ser científicos ou simplesmente empíricos, ou seja, resultado de observações, experiências cotidianas, aptidões específicas, tradição oral ou escrita. Em sentido ainda mais amplo, a tecnologia abrange todos os conhecimentos técnicos, patenteados ou não, fórmulas, manuais, planos, projetos, marcas, bem como métodos de direção e de administração, procedimentos técnicos, métodos e processos de operação, conhecimentos técnicos normalmente requeridos para montar e operar instalações produtivas e o próprio conhecimento para selecionar e escolher tecnologias variadas, estudo de análise econômica, financeira, mercadológica etc.

A tecnologia pode ser física e concreta ou pode ser conceitual e abstrata.

1. **Tecnologia física e concreta**: ela pode envolver aspectos físicos e concretos (*hardware*) como computadores, máquinas, equipamentos, instalações e circuitos.
2. **Tecnologia conceitual e abstrata**: a tecnologia pode envolver aspectos conceituais e abstratos (*software*) como programas, processos, procedimentos, regras e regulamentos, rotinas, planos, programas e métodos de trabalho. Muitas vezes, recebe o nome de *know-how*.

Por outro lado, existem tecnologias de capital intensivo e de mão de obra intensiva.

1. **Tecnologia de capital intensivo**: é baseada na utilização intensiva de máquinas e equipamentos com forte ênfase na mecanização e automação.
2. **Tecnologia de mão de obra intensiva**: é baseada na utilização intensiva de pessoas com habilidades manuais ou físicas e com forte ênfase na manufatura.

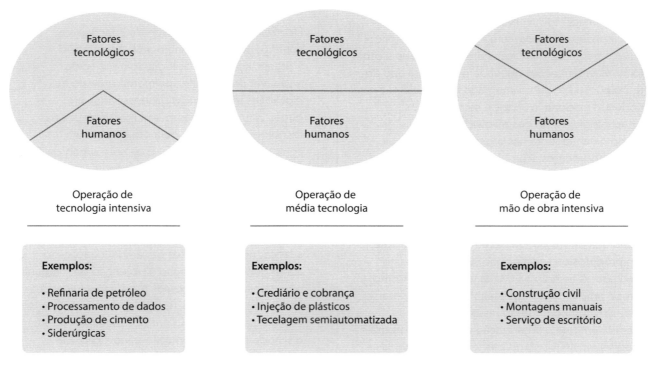

Figura 5.1 Impacto relativo dos fatores humanos e tecnológicos.

SAIBA MAIS — A divisão do mundo

Enquanto as sociedades com tecnologias avançadas fazem uso de técnicas de capital intensivo, as sociedades que ainda adotam tecnologias rudimentares recorrem a técnicas de mão de obra intensiva. A tecnologia avançada enfatiza a mecanização e automação, enquanto a tecnologia rudimentar enfatiza a manufatura e o artesanato. Uma é tecnologia intensiva, a outra é tecnologia de mão de obra intensiva.

A tecnologia pode estar ou não incorporada a benefícios físicos.

1. **Tecnologia incorporada**: está contida em bens de capital (máquinas, instalações, equipamentos), matérias-primas básicas, matérias-primas intermediárias, componentes etc. Assim, por exemplo, uma placa de metal é constituída pelo metal mais a tecnologia que tornou possível sua fabricação e que está incorporada no equipamento industrial. Neste sentido, a tecnologia corresponde ao conceito de *hardware*. Automóveis, telefones celulares e todos os aparelhos eletrônicos contêm substancial quantidade de tecnologia incorporada ou agregada.

TENDÊNCIAS EM ADM

A influência da tecnologia

Na realidade, a tecnologia não somente permeia toda a atividade industrial como também participa em qualquer tipo de atividade humana em todos os campos de atuação. O homem moderno utiliza em seu comportamento cotidiano e quase sem perceber uma avalanche de contribuições da tecnologia: automóvel, relógio, celular, *gadgets*, comunicações etc. Sem toda essa parafernália tecnológica o comportamento do homem moderno seria completamente diferente.

2. **Tecnologia não incorporada**: encontra-se na cabeça das pessoas – como técnicos, peritos, especialistas, engenheiros, pesquisadores – sob forma de conhecimentos intelectuais ou operacionais, competências, habilidades mentais ou manuais para executar operações ou em documentos que a registram e visam assegurar sua conservação e transmissão – como mapas, plantas, desenhos, projetos, patentes e relatórios. Corresponde aqui ao conceito de *software*.

As duas formas de tecnologia – incorporada e não incorporada – frequentemente se entrelaçam e se confundem.

5.2 ADMINISTRAÇÃO DA TECNOLOGIA

No íntimo de cada organização existe a tarefa que ela desempenha e a tecnologia utilizada que estabelece o fluxo de trabalho, métodos e processos operacionais e toda a maquinaria utilizada. A tarefa da organização pode ser muito variada – fazer brinquedos, processar informações e notícias para divulgação por meio de jornais ou televisão, realizar transportes de pessoas ou de cargas, fabricar peças e componentes, operar cirurgicamente os pacientes, ensinar alunos e uma extensa lista de outras atividades ou combinações de atividades. Mas, desde que uma organização desempenha alguma tarefa particular e aplica alguma maneira de executá-la, a tecnologia passa a afetar todos os poros das pessoas e todos os eventos existentes na organização.

Aumente seus conhecimentos sobre **A abordagem sociotécnica** na seção *Saiba mais ADM 5.1*

A tecnologia configura todas as espécies e níveis de cargos existentes dentro da organização e as oportunidades resultantes para as pessoas e sua satisfação no trabalho. Ela predispõe os padrões de comportamento que as equipes irão desenvolver e condiciona as práticas administrativas que deverão ser aplicadas nas situações particulares da organização. Por tudo isto, a compreensão dos efeitos da tecnologia e suas implicações organizacionais constituem um aspecto crítico para a adequação da administração. A tecnologia determina o nível e tipo de formação profissional, as competências e habilidades manuais e intelectuais, capacitações, aptidões e características de personalidade que as pessoas devem possuir para poderem ser recrutadas, selecionadas e admitidas para trabalhar nas organizações. Essas características pessoais não estão distribuídas ao acaso dentro das organizações, mas são previamente determinadas pelas tecnologias utilizadas. Contudo, as pessoas dentro das organizações não são meros recursos passivos e estáticos frente às tecnologias utilizadas. A tecnologia sim é que é um recurso passivo e estático à mercê da criatividade humana. Mas é ela quem determina as características humanas das pessoas que devem ingressar e permanecer nas organizações. E são as pessoas quem modificam e desenvolvem a tecnologia. Existe uma interação íntima entre o que a tecnologia exige em relação às características das pessoas e as modificações feitas pelas pessoas sobre a tecnologia utilizada. Uma variável afeta a outra e esta outra desenvolve e modifica aquela variável que vai afetar suas próprias características futuras. A situação é complexa e extremamente mutável de uma organização para outra.

5.3 TIPOLOGIAS DE TECNOLOGIAS

Do ponto de vista de sua administração, a tecnologia pode ser abordada e analisada sob vários ângulos, tal a sua complexidade. Trataremos respectivamente a tecnologia de acordo com seu arranjo na empresa, com seu produto (ou resultado) e com o tipo de operação.

5.3.1 Tecnologia de acordo com o arranjo físico

De acordo com seu arranjo físico e disposição na organização, a tecnologia pode ser classificada em:[1]

1. **Tecnologia de elos em sequência**: é a tecnologia baseada na interdependência serial das tarefas necessárias para completar um produto ou serviço. A atividade "c" só poderá ser executada depois de se completar com êxito a atividade "b" que, por sua vez, dependerá da execução da atividade "a" e assim por diante, dentro de uma sequência de elos encadeados e interdependentes. É o caso da tradicional linha de montagem, típica da produção em massa.

Tarefas relacionadas serialmente

Figura 5.2 Tecnologia de elos em sequência.

2. **Tecnologia mediadora**: é a tecnologia utilizada por organizações cuja função básica reside na ligação de clientes que são ou desejam ser interdependentes ou inter-relacionados. É o caso dos bancos comerciais (que ligam os depositantes de dinheiro com aqueles que pretendem tomar dinheiro emprestado), das companhias de seguros (que ligam aqueles que desejam associar-se em riscos comuns), das empresas de propaganda (que vendem tempo ou espaço, ligando os veículos de divulgação com as empresas interessadas em divulgar produtos ou serviços), das companhias telefônicas (que ligam aqueles que querem chamar com os que querem ser chamados a conversar), das agências de recrutamento e colocação de pessoal (que medeiam a procura com a oferta de empregos no mercado).

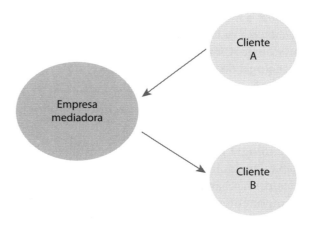

Figura 5.3 Tecnologia mediadora.

3. **Tecnologia intensiva**: é a tecnologia que representa a focalização e convergência de uma ampla variedade de habilidades e especializações da empresa sobre um único cliente. A empresa emprega uma variedade e heterogeneidade de técnicas, para conseguir uma modificação em algum objeto específico, e a seleção, combinação e ordem de aplicação dessas técnicas são determinadas pela retroação (*feedback*) fornecida pelo próprio objeto. O hospital representa um exemplo deste tipo de empresa, assim como a indústria de construção, a indústria de produtos de grande porte (como navios) e a pesquisa e o desenvolvimento.

Figura 5.4 A tecnologia intensiva.

Quadro 5.1 A tipologia de tecnologias segundo o arranjo da empresa[2]

Tecnologia	Principais características
Elos em sequência	■ Interdependência serial entre as diferentes tarefas ■ Ênfase no produto ■ Tecnologia fixa e estável ■ Repetitividade do processo produtivo, que é cíclico ■ Abordagem típica da administração científica
Mediadora	■ Diferentes tarefas padronizadas são distribuídas extensivamente, em diferentes locais ■ Ênfase em clientes separados, mas interdependentes, que são mediados pela empresa ■ Tecnologia fixa e estável, produto abstrato ■ Repetitividade do processo produtivo, que é padronizado e sujeito a normas e procedimentos ■ Abordagem típica da Teoria da Burocracia
Intensiva	■ Diferentes tarefas são focalizadas e convergidas sobre cada cliente tomado individualmente ■ Ênfase no cliente ■ Tecnologia flexível ■ Processo produtivo envolvendo variedade e heterogeneidade de técnicas que são determinadas por meio da retroação fornecida pelo próprio objeto (cliente) ■ Abordagem típica da Teoria da Contingência

Aumente seus conhecimentos sobre **Tecnologia de acordo com o arranjo físico** na seção *Saiba mais ADM 5.2*

5.3.2 Tecnologia de acordo com o produto

De acordo com o produto ou resultado, a tecnologia pode ser classificada de duas maneiras: quanto à sua flexibilidade e quanto ao seu produto ou resultado.[3]

Quanto à sua flexibilidade, a tecnologia pode ser:

1. **Tecnologia flexível**: ocorre na medida em que máquinas e equipamentos, matérias-primas e o conhecimento podem ser usados para produtos ou serviços diferentes. É quando a tecnologia pode adaptar-se às demandas dos produtos ou serviços a serem executados. O exemplo clássico da tecnologia flexível são as oficinas em geral. A flexibilidade da tecnologia permite que ela seja utilizada para a produção de diferentes produtos ou serviços originalmente definidos.

2. **Tecnologia fixa**: é a tecnologia inflexível que não permite utilização em outros produtos ou serviços. É o caso em que a empresa precisa escolher ou adaptar os produtos ou serviços à tecnologia de que dispõe. As montadoras de automóveis dispõem de uma tecnologia fixa, cuja modificação exige elevados investimentos. As siderúrgicas, ferrovias, cimenteiras, refinarias de petróleo e a maioria das indústrias químicas e petroquímicas constituem exemplos de tecnologias fixas.

Quanto ao seu produto ou resultado, a tecnologia pode ser:

1. **Produto concreto**: é o produto ou serviço que pode ser descrito com grande precisão, identificado com alto grau de especificidade, medido e avaliado. É o produto fisicamente palpável e tangível, como o automóvel, artigos de consumo, utilidades domésticas e a grande massa de produtos e serviços fisicamente identificáveis.

2. **Produto abstrato**: é o produto ou serviço que não permite descrição precisa nem identificação e especificação adequada. Não tem correspondente físico ou concreto capaz de permitir uma dimensão descritível ou perfeitamente identificável, como ensino ou educação, serviços de rádio, informação e propaganda falada, boa parte da atividade política e a grande massa de serviços oferecidos de forma conceitual, abstrata ou simbólica.

Assim, de acordo com a sua flexibilidade e com o tipo de produto que ela permite produzir, a tecnologia pode se apresentar em quatro tipos diferentes:

1. **Tecnologia fixa e produto concreto**: típica de empresas nas quais as possibilidades de mudanças são muito pequenas e difíceis. A preocupação reside na possibilidade de que o mercado venha a rejeitar ou dispensar o produto oferecido pela empresa. Sua estratégia global enfatiza a colocação ou distribuição do produto com reforço na área mercadológica. É o caso de empresas do ramo automobilístico, produtoras de cimento, siderúrgicas, empresas do ramo químico e petroquímico etc.

2. **Tecnologia fixa e produto abstrato**: a empresa tem tecnologia fixa, oferece um produto abstrato e é capaz de mudar, mas dentro dos limites impostos pela tecnologia fixa ou inflexível. A estratégia global da empresa enfatiza a obtenção do suporte ambiental necessário para a mudança. As partes do ambiente de tarefa devem ser influenciadas para que aceitem novos produtos que a empresa deseja oferecer. É o caso de instituições educacionais baseadas em conhecimentos especializados e que oferecem cursos variados, mas dentro de um quadro de limitações imposto pelos edifícios, instalações etc.

3. **Tecnologia flexível e produto concreto**: a empresa pode efetuar com relativa facilidade mudanças para um produto novo ou diferente por meio da adaptação de máquinas e equipamentos, novas técnicas e conhecimentos, novos talentos etc. A estratégia global enfatiza a inovação por meio da pesquisa e desenvolvimento, isto é, a criação constante de produtos diferentes ou de características novas para antigos produtos. É o caso de empresas do ramo de plástico ou de equipamentos eletrônicos, sujeitas a mudanças e inovações tecnológicas e fazendo com que as tecnologias adotadas sejam constantemente reavaliadas, modificadas ou adaptadas.

4. **Tecnologia flexível e produto abstrato**: encontrada em empresas com grande adaptabilidade ao meio ambiente. A estratégia global enfatiza a obtenção do consenso externo em relação ao produto ou serviço a ser oferecido ao mercado (consenso de clientes) e aos processos de produção (consenso dos empregados), já que as possibilidades de mudanças são muitas e o problema maior da empresa está na escolha de qual alternativa é a mais adequada entre elas. É o caso de organizações secretas ou mesmo abertas, mas extraoficiais, empresas de propaganda e de relações públicas, empresas de consultoria administrativa, de consultoria legal, de auditoria, partidos políticos etc.

Quadro 5.2 Matriz de tecnologia/produto[4]

		Produto	
		Concreto	**Abstrato**
Tecnologia	**Fixa**	■ Poucas possibilidades de mudanças, pouca flexibilidade ■ Estratégia voltada para a colocação do produto no mercado ■ Ênfase na área mercadológica da empresa ■ Receio de ter o produto rejeitado pelo mercado	■ Algumas possibilidades de mudanças, dentro dos limites impostos pela tecnologia ■ Estratégia voltada para a obtenção da aceitação de novos produtos pelo mercado ■ Ênfase na área de mercadologia (especialmente promoção e propaganda) ■ Receio de não obter o suporte ambiental necessário
	Flexível	■ Mudanças relativamente fáceis nos produtos, por meio da adaptação ou variação tecnológica ■ Estratégia voltada para a inovação e criação constante de novos produtos ou serviços ■ Ênfase na área de pesquisa e desenvolvimento	■ Grande adaptabilidade ao meio ambiente: grande flexibilidade ■ Estratégia voltada para obtenção de consenso externo (quanto aos novos produtos) e consenso interno (quanto aos novos processos de produção) ■ Ênfase nas áreas de pesquisa e desenvolvimento (novos produtos e novos processos), mercadologia (consenso dos clientes) e recursos humanos (consenso dos empregados)

5.3.3 Tecnologia de acordo com o tipo de operação

Segundo Woodward, a tecnologia pode ser classificada em três tipos segundo a maneira de produzir, isto é, de acordo com o processo produtivo.[5]

1. **Produção unitária ou oficina**: a produção é feita por unidades ou pequenas quantidades, cada produto a seu tempo, sendo modificado na medida em que é realizado o trabalho. Os trabalhadores utilizam uma variedade de ferramentas e instrumentos e o processo produtivo é menos padronizado e menos automatizado. É o caso da produção de navios, geradores e motores de grande porte, aviões comerciais, locomotivas, confecções sob medida, construção civil e industrial etc. A oficina comum é o exemplo típico deste tipo de tecnologia.
2. **Produção em massa ou mecanizada**: a produção é feita em grandes lotes e em grande quantidade. Os operários trabalham em linhas de montagem ou operando máquinas que podem desempenhar um ou mais processos sobre o produto. É o caso da produção que requer máquinas operadas pelo homem e linhas de produção ou de montagens padronizadas, como as empresas montadoras de automóveis, fábricas de aparelhos eletrônicos e de eletrodomésticos.

> **PARA REFLEXÃO**
>
> **Para que serve a tecnologia?**
>
> Reflita e, a seguir, discuta com seus colegas a respeito do assunto supra e tente chegar a uma conclusão. Para que serve a tecnologia?
> - Para facilitar as coisas?
> - Para aumentar a eficiência do trabalho?
> - Para melhorar a eficácia do trabalho?
> - Para substituir o trabalho humano?
> - Para servir como ferramenta ou artefato?
> - Para proporcionar maior informação e retroação?
> - Para fazer um trabalho melhor e mais barato.

3. **Produção em processo contínuo ou produção automatizada**: a produção é realizada dentro de um processamento contínuo em que um ou poucos operários especializados monitoram um processo total ou parcialmente automatizado de produção. A participação humana é mínima enquanto a ênfase na tecnologia é fundamental. É o caso do processo de produção de refinarias de petróleo, produção química ou petroquímica, siderúrgicas, papel e celulose, cimento etc.

5.4 INFLUÊNCIA DA TECNOLOGIA

A tecnologia não funciona apenas como mera ferramenta de produção ou de informação. Ela constitui tudo o que nos permite trabalhar de maneira mais eficiente e eficaz. Na verdade, a tecnologia permite reconfigurar os recursos com que a empresa trabalha. Assim, os três tipos de tecnologia – produção unitária, produção em massa e produção por processamento contínuo – envolvem diferentes abordagens na manufatura dos produtos, cada qual com processos de produção diferentes. Woodward verificou que:[6]

1. A tecnologia de produção por processamento contínuo permite elevado grau de previsão de resultados operacionais, enquanto a tecnologia de produção unitária (oficina) impõe um baixo grau de previsão. Por outro lado, existe uma forte correlação entre o número de níveis hierárquicos na estrutura organizacional e o grau de previsibilidade das técnicas de produção: quanto menor o grau de previsibilidade das operações tanto maior deverá ser o número de níveis hierárquicos na estrutura organizacional e, portanto, mais complexo o processo de tomada de decisão da empresa. O número de níveis hierárquicos na estrutura organizacional tende a ser maior em empresas que utilizam tecnologia de produção unitária e menor em empresas baseadas em tecnologia de produção por processo contínuo e automatizado.
2. O sistema de supervisão e sua amplitude de controle também dependem da tecnologia utilizada pela empresa. No sistema de processamento contínuo, a amplitude de controle (número de subordinados para cada supervisor) é menor, enquanto no sistema de produção em massa atinge a maior média, com um supervisor atuando sobre uma faixa de 41 a 50 subordinados. No sistema unitário de produção, a amplitude de controle tende a ser intermediária entre os dois sistemas anteriores. As empresas bem-sucedidas em cada categoria de tecnologia apresentavam uma amplitude de controle próxima à média apresentada pela categoria, enquanto as empresas malsucedidas apresentavam uma amplitude muito alta ou muito baixa em relação à média da categoria, afastando-se significativamente dela.

3. As empresas de produção em massa bem-sucedidas tendem a ser organizadas de acordo com os princípios clássicos da Teoria Administrativa, com deveres e responsabilidades claramente definidos, unidade de comando (um só supervisor para cada subordinado), distinção muito clara das funções de linha (comando) e de *staff* (assessoria) e amplitude de controle muito ampla. Nessas empresas de tecnologia de produção em massa, o modelo burocrático de organização mostrou-se associado com o sucesso empresarial. Nos outros dois tipos de tecnologia, a forma de estrutura organizacional mais viável foge dos moldes clássicos de organização.

4. As empresas com operações estáveis e rotineiras necessitam de estruturas organizacionais diferentes das empresas com tecnologia mutável. Assim, empresas estruturadas e burocratizadas com um sistema mecanístico de administração são mais apropriadas para operações estáveis, enquanto as empresas inovadoras, com um sistema orgânico de administração são mais apropriadas para tecnologias mutáveis.

SAIBA MAIS — **Influência da tecnologia**

A tecnologia também provoca forte impacto sobre os controles administrativos. As empresas bem-sucedidas, utilizando uma tecnologia estável – produção em massa – com pequena incerteza tecnológica, tendem a ser mecanísticas.
O produto padronizado, com uma produção constante no longo prazo, permite regras e regulamentos logicamente estabelecidos pela prática demorada e rigidamente seguidos, o que permite uma amplitude de comando bastante vasta, podendo cada supervisor encarregar-se de muitos subordinados.

A tecnologia adotada influi na importância concedida às diversas funções da empresa. Quando ela produz um produto complexo ou de complicada elaboração e projeto ou sujeito à evolução rápida, o grupo de atividades tecnológicas preparatórias – como estudo, projeto, pesquisa e desenvolvimento e engenharia de produto – assume especial importância dentro da empresa. Ao contrário, um produto simples ou que tenha chegado ao limite do seu desenvolvimento requer pouco pessoal qualificado ou nenhuma atividade tecnológica progressiva em relação ao estudo, projeto, pesquisa e desenvolvimento. O tipo de produto e, em consequência, a tecnologia adotada influenciam a estrutura e o funcionamento da empresa principalmente, a importância das diferentes funções empresariais. Assim, engenharia, produção e marketing ganham diferentes importâncias de acordo com a tecnologia utilizada. O Quadro 5.3 mostra a função predominante na empresa conforme a tecnologia.

Quadro 5.3 A predominância das funções em cada tipo de tecnologia

Tecnologia utilizada	Função predominante na empresa
■ Produção unitária ■ Produção em massa ■ Produção em processo contínuo	■ Engenharia (pesquisa e desenvolvimento) ■ Produção (operações) ■ Mercadologia (vendas)

Na medida em que a tecnologia é mutável, a empresa precisa arranjar-se a cada momento para poder acompanhar as inovações tecnológicas e utilizá-las adequadamente. Estas trazem como consequência a mudança organizacional da empresa.

5.5 IMPERATIVO TECNOLÓGICO

As conclusões de pesquisas indicam que a tecnologia influencia poderosamente a estrutura e o comportamento organizacional, bem como o próprio estilo de administração da empresa. Para muitos autores existe um imperativo tecnológico que impõe condições e características à estrutura e ao comportamento das empresas: a estrutura e comportamento organizacional das empresas são determinados pela tecnologia utilizada pela empresa para com ela realizar suas operações e produzir seus produtos e serviços a fim de alcançar seus objetivos. Apesar do exagero da afirmação, há que se aceitar a forte influência da tecnologia na dinâmica das organizações.

Em sua forma rudimentar, a tecnologia nada mais é do que o conjunto de métodos e processos, ferramentas e equipamentos usados para obter um determinado resultado por meio dos recursos disponíveis. Como todos estes aspectos diferem de uma empresa para outra, as variações são realmente muito grandes, mas é inegável o impacto que a tecnologia impõe sobre as empresas. No mundo moderno, a tecnologia constitui um dos mais importantes aspectos da organização e o administrador precisa saber tirar o maior proveito possível dela. Nunca como hoje a tecnologia fez e está fazendo profundas mudanças nas empresas e na maneira de trabalhar.

Figura 5.5 O imperativo tecnológico.

PARA REFLEXÃO

Como visualizar a influência da tecnologia nas empresas?

Reflita e, a seguir, discuta com seus colegas a respeito do assunto supra e tente chegar a uma conclusão.
Como visualizar a influência da tecnologia nas empresas?

REFERÊNCIAS

1. THOMPSON, J. D. *Dinâmica Organizacional*: fundamentos sociológicos da teoria administrativa. São Paulo: McGraw-Hill, 1976. p. 30-33.
2. CHIAVENATO. *op. cit.*
3. THOMPSON, J. D.; BATES, F. L. Technology, Organization and Administration. *Ithaca, Business and Public Administration School.* Corfnell University, 1969.
4. Adaptado de: THOMPSON, J. D.; BATES, F. L. Technology, Organizations and Administration. *Administrative Science Quarterly*, v. 2, 1957. p. 31-32.
5. WOODWARD, J. Management and Technology. London: Her Majesty's Stationery Office, 1958.
6. WOODWARD, J. (org.). *Industrial Organizations*: behavior and control. Londres: Oxford University Press, 1970. *Vide* também: WOODWARD, J. *Industrial Organizations*: theory and practice. Londres: Oxford University Press, 1970.

6 ESTRATÉGIA EMPRESARIAL

OBJETIVOS DE APRENDIZAGEM

- Proporcionar uma conceituação de estratégia empresarial e de seus principais componentes.
- Mostrar as diferentes abordagens ou escolas de estratégia.
- Discutir os vários tipos de estratégia empresarial.
- Mostrar a composição da estratégia empresarial.
- Proporcionar uma ideia de administração da estratégia empresarial a partir do processo administrativo.

O QUE VEREMOS ADIANTE

Como o contexto ambiental muda dinamicamente a cada instante, as organizações precisam continuamente realocar, reajustar e reconciliar seus recursos e competências disponíveis com seus objetivos e com as oportunidades ou ameaças percebidas no seu ambiente de tarefa. Cada organização procura desenvolver seus negócios e operações de uma maneira coerente e consistente por meio de padrões distintos e personalizados de estratégia. Com a súbita e inesperada aceleração das mudanças no ambiente de tarefa da organização ocorre uma crescente pressão exigindo a necessidade de mudar e de antecipar as mudanças para aproveitar prontamente as novas oportunidades que surgem com uma ação rápida e imediata, bem como a capacidade de reagir e responder com flexibilidade para evitar ou neutralizar as ameaças e pressões ambientais. A estratégia empresarial é o primeiro e o principal passo para a organização atingir esta capacidade de manobra frente a um contexto extremamente mutável e incerto, cujos atores e protagonistas se caracterizam por estratégias igualmente inovadoras e imprevisíveis. Estratégia é movimento integrado, é manobrabilidade, é mudança, é ação, reação e proação – tudo isso reunido e direcionado para alvos a serem atingidos ao longo do tempo. A estratégia se concentra no futuro.

6.1 NOÇÕES DE ESTRATÉGIA

A noção de estratégia surgiu da atividade militar desde os tempos de Sun Tzu há 2.500 anos[1] passando por Clauzewitz[2] e chegando aos tempos atuais. O antigo conceito militar define estratégia como a aplicação de forças em larga escala contra algum inimigo. Em termos empresariais, a estratégia é "a mobilização integrada de todos os recursos da organização em âmbito global em direção aos seus objetivos no longo prazo. A tática, por sua vez, é um esquema específico de emprego de alguns recursos a partir de uma estratégia geral. No plano militar, uma mobilização de tropa é uma tática dentro de uma estratégia mais ampla; no plano gerencial, o orçamento anual ou o plano anual de investimentos é um plano tático dentro de uma estratégia global de longo prazo. Uma guerra requer uma ou mais estratégias: cada estratégia leva à proliferação de táticas. O planejamento para cinco anos na empresa requer uma estratégia, à qual se ligam os planos táticos de cada ano compreendido nesse período".[3] Assim, a estratégia é um conjunto de objetivos e de políticas principais capazes de guiar e orientar o comportamento da empresa a longo prazo.

6.2 ABORDAGENS DA ESTRATÉGIA

A estratégia pode tanto constituir um padrão de comportamento organizacional, uma posição desejada no mercado ou uma perspectiva futura da organização.[4] Isso depende da maneira como ela é entendida e interpretada para ser colocada em ação. No fundo, a estratégia é uma teoria sobre a realidade dos negócios, uma aposta da organização. Ela consiste em selecionar dentre várias alternativas existentes qual a hipótese que se aceita (teoria) sobre aspectos internos e externos da organização e tomar decisões com base nessa hipótese escolhida. A maneira como se escolhe uma hipótese de trabalho varia enormemente de acordo com cada estrategista.

Assim, há várias maneiras de se focar a estratégia. Cada escola de administração tende a visualizar a estratégia sob um prisma diferente.[5] Mintzberg, Ahlstrand e Lampel[6] apresentam uma classificação das escolas sobre estratégia empresarial:

1. **Escola do planejamento**: estratégia como um processo formalizado e documentado em que o planejamento estratégico é desdobrado em planos táticos e cada um destes desdobrado em planos operacionais.

2. **Escola do *design***: estratégia como um processo de concepção no qual o executivo principal assume o papel de liderança estratégica para tentar a compatibilização entre as ameaças e oportunidades ambientais (diagnóstico estratégico externo) e as forças e fragilidades organizacionais (diagnóstico estratégico interno);

3. **Escola do posicionamento**: estratégia como um processo analítico em que o estrategista analisa a situação do ambiente externo para tomar dois tipos de decisão estratégica: a de portfólio de produtos/serviços e a de posicionamento.

4. **Escola do empreendedorismo**: estratégia como um processo visionário. O executivo principal define uma visão de futuro que funciona como inspiração do processo e age como o líder estratégico para lograr seu alcance. Missão e visão são dois conceitos básicos desta abordagem.

5. **Escola cognitiva**: estratégia como um processo mental em que a realidade ambiental dos negócios é interpretada subjetivamente para proporcionar modelos de decisão. Os executivos são processadores de informações vindas do ambiente externo e tomam decisões estratégicas a respeito delas.

6. **Escola do aprendizado**: estratégia como emergente de aprendizagem e de gradativa construção incremental. A empresa aprende coletivamente com o tempo e passa a implementar mudanças que a tornam cada vez mais competitiva mediante o aumento das competências essenciais.

7. **Escola do poder**: estratégia como um processo de negociação política que envolve persuasão, negociação, barganha para buscar equilíbrio interno de poder entre seus principais atores ou para buscar equilíbrio externo com as demais empresas que disputam o mesmo mercado. No fundo, a empresa é uma coalizão de vários indivíduos ou grupos de interesse e a formação da estratégia é modelada pelo poder e pela política.

8. **Escola cultural:** estratégia como um processo coletivo e social que se baseia na cultura e nos valores internos da organização. Mudanças na estratégia devem ser respostas a mudanças na cultura organizacional. As empresas bem-sucedidas são aquelas que se baseiam em uma forte cultura corporativa que define sua estratégia.

9. **Escola ambiental**: estratégia como processo reativo e contingente em função das demandas ambientais. A estratégia representa uma gradativa adequação aos eventos ambientais.

10. **Escola da configuração**: estratégia como um processo de transformação seguida de um período de configuração até que nova transformação seja implementada. Assim, toda empresa passa por estados sucessivos de estabilidade seguidos por outros de crise e transformação para retornar à estabilidade e assim por diante. Estabilidade e crise, revolução, renovação e estabilidade formam esse ciclo vital das empresas. A estratégia significa o ponto de ruptura do *status quo* para lograr um novo patamar nos negócios que, no futuro, terá outro ponto de ruptura para outro patamar.

Cada escola administrativa trata a estratégia segundo uma abordagem própria e que privilegia certos aspectos que considera vitais em detrimento de outros. A razão disso é a complexidade do conceito. Estratégia representa um dos conceitos mais sofisticados na literatura administrativa. Na verdade, cada escola acima mostra uma ponta do *iceberg* e privilegia um aspecto específico e particular da estratégia. Contudo, estratégia é muito mais do que um planejamento global, uma tentativa de compatibilização, uma decisão global sobre posicionamento e portfólio, um processo visionário, empreendedor, cognitivo ou cultural, ou mesmo um processo de aprendizagem ou de disputa pelo poder ou de ciclos de estabilidade, crise e renovação. Ela é muito mais do que todos estes aspectos em seu conjunto.[7] Esta é a dificuldade de se lidar com a estratégia organizacional em função de sua complexidade, conectibilidade, mutabilidade, prontidão, ação-reação, proação e criatividade. O importante é que uma organização sem uma estratégia definida é um barco perdido ao acaso no meio do imenso oceano.

As principais características da estratégia empresarial são:

1. **A estratégia é um comportamento global e sistêmico da empresa**: em outras palavras, a estratégia não é exatamente a soma das partes de um sistema, mas o comportamento global do próprio sistema que condiciona e integra as partes. Por esta razão, a estratégia se inicia com os objetivos globais e com seu desdobramento em objetivos táticos e operacionais. Uma verdadeira cascata ou hierarquia de objetivos a partir dos objetivos estratégicos da organização como uma totalidade.

2. **A estratégia representa o comportamento de uma empresa frente ao seu ambiente externo**: no fundo, a estratégia indica a resposta empresarial face aos estímulos, pressões, contingências, ameaças e oportunidades vislumbradas e interpretadas no ambiente de tarefa. Estratégia significa o comportamento organizacional em seu contexto ambiental para fazer frente ao seu ambiente de tarefa e sob as influências genéricas do macroambiente. A estratégia está mais voltada para fora – no negócio da empresa – do que para dentro dela.

Quadro 6.1 Características das escolas de pensamento estratégico segundo Mintzberg e Lampel[8]

Processo	Mensagem	Mensagem pretendida	Contribuição realizada
Prescritivas e normativas			
Design	Concepção	Ajuste	Olhar para o futuro
Planejamento	Formal	Formaliza	Olhar para o futuro
Planejamento analítico	Analise	Calcule	Olhar para o futuro
Descritivas e explicativas			
Empreendedorismo	Visionário	Vislumbre	Centralize
Cognitiva	Mental	Crie	Preocupe
Aprendizado	Emergente	Aprenda	Jogue
Poder	Negociação	Promova	Entesoure
Cultural	Social	Combine	Perpetue
Ambiental	Reativo	Reaja	Capitule
Configuração	Transformação	Integre	Acumule

3. **A estratégia está focada no futuro**: isto é, no longo prazo. Embora formulada no presente, a estratégia focaliza o futuro da empresa, o que ela pretende ser ou o que ela pretende fazer dentro de um lapso de tempo. Quase sempre o horizonte temporal da empresa está dimensionado para dois ou mais anos pela frente. Esse horizonte pode ser de 20 anos ou mais quando se trata de empresas de tecnologia intensiva, como siderúrgicas, cimenteiras, químicas, petroquímicas ou usinas hidroelétricas. Ou pode ser de meses, quando se trata de empresas relacionadas com moda, costumes ou tecnologia de ponta, como é o caso de telefones celulares. No fundo, a estratégia significa a construção do futuro que a empresa pretende criar.[9]

4. **A estratégia é discutida, formulada, definida e decidida no nível institucional da empresa**: ela é igualmente apresentada, comunicada e cobrada intensivamente a todos os níveis empresariais. Como a estratégia é um comportamento global, todos os níveis e participantes precisam estar de acordo e inteiramente convencidos de sua adequação. Mais do que isso: totalmente engajados e imersos em sua execução e em seu sucesso. O consenso a respeito da estratégia é fundamental para que ela seja bem-sucedida. A estratégia não deve ficar restrita à cabeça dos executivos principais; ela precisa estar nas mãos, nas mentes e nos corações de todas as pessoas da organização.

5. **A execução da estratégia requer o esforço conjugado de todos os níveis e de todos os participantes da organização**: para que ela proporcione um efeito global, sistêmico e holístico. A execução ou implementação da estratégia é tarefa de todos e não apenas de alguns. Isso significa que todos os participantes dela tenham pleno conhecimento a fim de que possam contribuir para seu sucesso. Um dos aspectos mais problemáticos da estratégia é a sua execução. De nada adianta uma estratégia maravilhosamente formulada e integrada se a sua execução não for adequadamente realizada na prática e no cotidiano dos negócios da empresa. Em geral, as estratégias empresariais falham – não por sua formulação – mas principalmente por sua execução e implementação no cotidiano da empresa.

6. **A estratégia significa sempre um movimento de mudança organizacional**: mesmo uma estratégia simplesmente defensiva é utilizada para manter o *status quo* dos negócios da empresa e defender seu domínio dos concorrentes. Ela sempre representa uma mudança e transformação no sentido de criar novos e diferentes mecanismos para ficar na crista da onda. Estratégia significa movimento, mudança, ação conjunta, manobrabilidade, flexibilidade, alcance de resultados globais.

7. **A estratégia deve ser definida em um planejamento estratégico**: a estratégia visa o alcance de objetivos globais e o planejamento estratégico deve ser desdobrado em planos táticos (para o alcance de objetivos departamentais) e cada um destes deve ser igualmente desdobrado em planos operacionais (para o alcance de metas operacionais). A Figura 6.1 mostra o desdobramento dos planos estratégicos em táticos e estes em planos operacionais.

Figura 6.1 Os componentes básicos da estratégia empresarial.[11]

6.3 COMPONENTES DA ESTRATÉGIA EMPRESARIAL

A estratégia representa integração, adequação e compatibilização entre três componentes básicos da estratégia empresarial, que são:[10]

1. **Ambiente**: isto é, as oportunidades visualizadas no ambiente de tarefa, e mais especificamente no mercado, bem como as restrições, limitações, contingências, coações e ameaças nele existentes.

2. **Empresa**: isto é, a organização, sua missão e visão de futuro, os recursos de que ela dispõe ou pode utilizar com vantagem, suas competências e habilidades, bem como seus pontos fortes (que precisam ser utilizados) e fracos (que devem ser corrigidos ou melhorados), compromissos e objetivos.

3. **Adequação entre ambos**: isto é, qual postura a empresa deverá adotar para compatibilizar seus objetivos, recursos, competências, potencialidades e limitações com as condições ambientais no sentido de extrair o máximo das oportunidades externas e expor-se o mínimo às ameaças, coações e contingências ambientais. Esta adequação deve necessariamente produzir alguma vantagem competitiva frente aos concorrentes.

Como se trata de uma atividade integrada, a estratégia deve incluir um arranjo interno, um mapeamento externo do ambiente, uma formulação estratégia, uma execução primorosa e uma constante avaliação e reavaliação de resultados por uma intensa retroação. Isso tudo envolve produtos, serviços, processos, estrutura organizacional, cultura corporativa, valores e, obviamente, conceitos como missão, visão de futuro e princípios básicos de atuação para orientar a ação global e integrada da organização.

PARA REFLEXÃO

Como se tornar um estrategista?

Reflita e, a seguir, discuta com seus colegas a respeito do assunto supra e tente chegar a uma conclusão. Como podemos nos tornar estrategistas?

6.3.1 A busca da vantagem competitiva

A essência da estratégia reside na criação de uma posição única e valiosa, envolvendo a escolha de um arranjo interno de atividades que permita à organização diferenciar-se de seus concorrentes para oferecer algo que eles não conseguem fazer. Para Porter,[12] a estratégia competitiva significa escolher um diferente arranjo de atividades para entregar um composto de valor único, marcando uma posição estratégica competitiva. Assim, o posicionamento estratégico deve ser feito com base em três fontes distintas que não são mutuamente excludentes:

1. **Variedade de produtos e serviços**: a ideia central está em oferecer um leque de produtos e serviços e desenvolver atividades que permitam produzi-los da melhor forma possível.

2. **Atendimento às necessidades de um determinado grupo de consumidores**: é fundamental que as atividades da empresa que permitem tal atendimento específico sejam diferenciadas.

3. **Particularidades de modalidades de acesso**: ou seja, diferenças em termos de acessibilidade ao cliente.

Assim, o posicionamento – que é a escolha de uma posição adequada no ambiente de tarefa ou no mercado – deve buscar uma definição de quais atividades a empresa deve ou não executar.[13] Para tanto, a empresa precisa conceber uma configuração interna que seja singular e particular para realizar tais atividades e como elas deverão se relacionar entre si. O inter-relacionamento entre tais atividades se faz no sentido de alcançar uma compatibilização e, acima de tudo, um reforço recíproco (busca de sinergia) entre elas para aumentar o potencial de vantagem competitiva. Porter alega que essa busca de sinergia precisa ser feita em três níveis de compatibilização:

1. **Consistência entre a estratégia empresarial e cada atividade no âmbito funcional**: para que haja acumulação – e não contradição – das vantagens competitivas dessas atividades. Isso serve para criar uma visão única da estratégia, que facilita sua implementação, sua comunicação para todas as pessoas envolvidas e transmissão para os clientes e acionistas.

2. **Reforço mútuo das atividades**: para produzir efeitos que se reforcem reciprocamente. No fundo, fazer com que cada atividade dê impulso às demais para que o resultado não seja uma simples soma de atividades, mas um resultado alavancado e sinérgico.

3. **Otimização dos esforços**: este terceiro nível de compatibilização envolve fluxo de informações e intensa coordenação para eliminar redundâncias e minimizar desperdícios e outras formas mais sofisticadas de perdas (entropia).

Porter salienta que é o conjunto das atividades – e não cada atividade em si – o mais importante para o estabelecimento e manutenção da vantagem competitiva.[14] Para ele, a busca de eficiência no desempenho de atividades individuais é apenas uma característica da eficiência operacional e não da estratégia em si. A vantagem competitiva – e por consequência, o sucesso da estratégia – decorre da totalidade do sistema de atividades. A eficiência em atividades individuais pode ser facilmente copiada pelos concorrentes, enquanto a integração dessas atividades da empresa dificilmente poderia ser imitada.

Acesse conteúdo sobre **A natureza da moderna estratégia** na seção *Tendências em ADM 6.1*

PARA REFLEXÃO

Para que serve a estratégia?

Reflita e, a seguir, discuta com seus colegas a respeito do assunto supra e tente chegar a uma conclusão. Para que serve a estratégia?

- Para integrar e alinhar empresa e ambiente?
- Para obter convergência de objetivos empresariais?
- Para enfrentar os concorrentes?
- Para conseguir mais clientes satisfeitos?
- Para ampliar mercados?
- Para conseguir melhores resultados financeiros?
- Para aumentar a sustentabilidade da empresa?

6.4 PLANEJAMENTO ESTRATÉGICO

Dening proporciona um conceito clássico de estratégia empresarial como "a determinação da futura postura da empresa, com especial referência à sua postura quanto aos seus produtos/mercados, sua lucratividade, seu tamanho, seu grau de inovação e suas relações com seus executivos, seus empregados e certas instituições externas".[15] Essa postura estratégica deve ser equacionada pelo planejamento estratégico da empresa. Para ele, o planejamento estratégico é elaborado a partir de três atividades básicas:

1. **Análise ambiental**: ou seja, análise das condições e variáveis ambientais, suas perspectivas atuais e futuras, as coações, contingências, desafios e oportunidades percebidas no contexto ambiental.
2. **Análise organizacional**: ou seja, análise de condições atuais e futuras da empresa, recursos disponíveis e recursos necessários (incluindo tecnologia), potencialidades, forças e fraquezas da empresa, sua estrutura organizacional, sua capacidade e competência.
3. **Formulação de estratégias**: isto é, a tomada de decisões globais e abrangentes que produzirão efeitos no futuro da empresa dentro de um determinado horizonte estratégico, isto é, dentro de um determinado horizonte de tempo situado no longo prazo.

O planejamento estratégico representa o modo como a estratégia será construída, formulada, implementada e avaliada, ou seja, a maneira como ela será criada e aplicada. Na verdade, constitui a sequência de atividades dentro da empresa que conduz à gestão estratégica do negócio.

O planejamento estratégico será estudado mais adiante na parte relacionada com o planejamento da ação empresarial. Por enquanto, nos ocuparemos da estratégia empresarial em si.

6.5 ARTICULAÇÃO ESTRATÉGICA

A estratégia está mergulhada em uma multiplicidade de fatores e componentes internos e externos, muitos deles situados fora da compreensão, controle e previsão da empresa. Ao lidar simultaneamente com fatores organizacionais e fatores ambientais – atuando como verdadeira ponte de ligação entre eles – a estratégia empresarial procura o melhor endereçamento dos esforços, recursos e competências essenciais em direção a resultados capazes de assegurar o alcance dos objetivos organizacionais. Assim, uma vez estabelecidos os objetivos organizacionais, a estratégia é o conjunto de decisões das quais dependerão os recursos e competências necessários e a tecnologia requerida, a estrutura organizacional mais adequada e a consequente ação empresarial para o alcance dos resultados. Obviamente, todos estes ingredientes estão sujeitos a influências ambientais em termos de coações, contingências, limitações e restrições, oportunidades e ameaças. Como o ambiente é dinâmico, mutável, ambíguo e incerto e a estratégia é orientada para o futuro – e não apenas para o presente – ela não pode constituir um único caminho rígido, estreito e fixo, mas uma rota flexível e capaz de se adequar a cada momento às imprevisibilidades que acontecem no meio do caminho. Os resultados alcançados

Capítulo 6 – Estratégia Empresarial

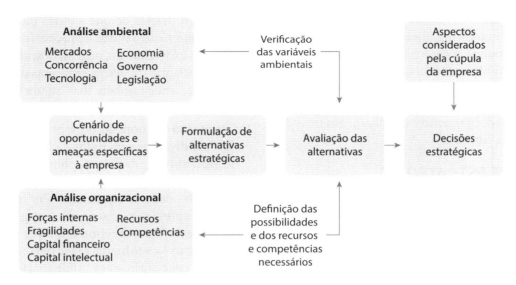

Figura 6.2 Etapas do planejamento estratégico.[16]

permitirão à organização a necessária retroinformação (retroação) de que ela se valerá para manter e confirmar suas decisões estratégicas ou adequá-las rapidamente às ocorrências imprevistas.

A estratégia é geralmente definida no nível institucional da empresa (portanto, no nível mais elevado da organização) em função do comportamento e dos destinos que esta pretende seguir, obedecendo o ambiente de tarefa em que se encontra. O nível institucional define os objetivos da organização e, para atingi-los, escolhe a estratégia ou estratégias mais adequadas em função da análise ambiental, organizacional e das alternativas estratégicas mais indicadas para o contexto.

Definida a estratégia empresarial, esta passa a ser desdobrada em planos táticos específicos, que deverão ser desenvolvidos e executados pelas diversas unidades

Figura 6.3 O desdobramento de planos estratégicos em planos táticos e operacionais.

da organização ou órgãos situados nos diversos níveis da empresa, como marketing, finanças, produção/operações, gestão humana e tecnologia. Esse desdobramento da estratégia em planos táticos é realizado pelo nível intermediário da empresa. E cabe ao nível operacional a execução dos planos operacionais que, por sua vez, constituem o desdobramento e detalhamento final dos planos táticos da empresa.

6.6 TIPOS DE ESTRATÉGIAS EMPRESARIAIS

Os ambientes de tarefa das empresas são pluralistas e multifacetados, compostos de vários subambientes, com os quais a empresa se acha envolvida em uma rede de interdependências, para poder efetuar suas transações. Para administrar a sua interdependência com os demais elementos do ambiente de tarefa, cada empresa utiliza vários tipos de estratégia. Como o ambiente de tarefa é definido pela dependência da empresa, e como a dependência traz coações ou contingência à empresa, o problema fundamental é o de evitar tornar-se subserviente aos elementos do ambiente de tarefa. Para tanto, a empresa pode desenvolver estratégias cooperativas (como ajuste, cooptação e coalizão) ou estratégias competitivas (competição).[17]

1. **Ajuste ou negociação**: é a estratégia pela qual a empresa busca um acordo ou um compromisso com outras empresas quanto à troca de bens ou de serviços. O ajuste supõe uma interação direta com outras organizações do ambiente de tarefa. Como a empresa não pode presumir a constância e continuidade dessas relações de compromisso com as outras, ela precisa efetuar revisões periódicas nas suas relações com fornecedores (por meio de contratos, pedidos de compras, orçamentos etc.), com distribuidores (por convênios e acordos, estabelecimento periódico de cotas de vendas, contratos de qualidade assegurada etc.), com agências reguladoras (por meio de convenções coletivas ou acordos sindicais renovados anualmente, cartas-patentes com órgãos fiscalizadores, planilhas de preços de seus produtos para aprovação governamental etc.). Assim, o ajuste é quase sempre uma negociação quanto a decisões que afetam o comportamento futuro que regerá as relações entre duas ou mais empresas em relação a um determinado objetivo. O ajuste é uma permuta de compromissos, portanto, de redução da incerteza para as partes envolvidas. O ajuste pode ser uma contratação ou um entendimento, mas sempre repousa na fé e confiança de que a outra parte cumprirá o prometido. Com o ajuste, o processo decisório de uma empresa é invadido ou, pelo menos, afetado pelo processo decisório de outras empresas do seu ambiente de tarefa, o que também lhe tira um bom pedaço de sua liberdade de ação ou de escolha.

2. **Cooptação ou coopção**: é um processo para absorver novos indivíduos provindos de fora para a liderança ou a estrutura de decisão da política de uma empresa, como um meio para impedir ameaças ou pressões à sua estabilidade ou existência.[18] Por meio da cooptação, a empresa conquista e absorve grupos inimigos ou ameaçadores, fazendo com que alguns líderes desses grupos venham a fazer parte de seu próprio processo decisório, para inibir a sua ação contrária aos interesses da empresa. O termo cooptação indica uma fusão, uma junção, uma união, isto é, a aceitação no grupo dirigente da empresa de representantes de outras organizações com as quais mantém interdependência (como bancos, instituições financeiras, fornecedores, credores, investidores etc.), para ali participar, a fim de reduzir ameaças ou pressões daquelas organizações ou para assegurar o suporte ou o consenso de domínio. Assim, a cooptação também significa uma invasão externa no processo de decisão de uma empresa e limita a liberdade da empresa em escolher os seus objetivos de maneira arbitrária e unilateral. Por outro lado, a cooptação traz a vantagem de reduzir as possibilidades de ações antiéticas entre duas ou mais empresas e de auxiliar a integração de partes heterogêneas ou antagônicas de uma sociedade complexa de organização.

3. **Coalizão**: refere-se a uma combinação de duas ou mais empresas que se juntam para alcançar um objetivo comum. Por meio da coalizão, elas agem como uma só, com relação a determinados objetivos, quando há necessidade de mais apoio ou de recursos que uma só empresa não teria condições de assegurar isoladamente. A coalizão exige o compromisso de decisão conjunto quanto a atividades futuras, limitando decisões arbitrárias e unilaterais, pois é uma forma extrema de condicionamento ambiental dos objetivos de uma empresa. A maior parte das associações entre empresas visando a políticas conjuntas de preços, dos consórcios de empresas que se associam para um empreendimento comum (construção de hidroelétricas ou de grandes construções) e os chamados empreendimentos conjuntos (*joint-ventures*) são exemplos desse tipo de estratégia.

Figura 6.4 Os desdobramentos estratégicos como consequências dos objetivos empresariais.

4. **Competição**: é uma forma de rivalidade entre duas ou mais empresas e que são mediadas por um terceiro grupo. Se tratar de duas indústrias concorrentes, o terceiro grupo poderá ser o comprador, o fornecedor, o potencial de força de trabalho ou outros. A competição envolve um complexo sistema de relações: inclui a concorrência tanto na busca de recursos (como no mercado de capitais, mercado de máquinas e equipamentos, mercado de matérias-primas, mercado de mão de obra etc.) como na busca de clientes ou compradores (mercado consumidor), ou ainda de participantes potenciais. A competição é uma estratégia pela qual o objetivo escolhido pela empresa é parcialmente controlado pelo ambiente de tarefa, que lhe tira boa parte de sua liberdade de ação ou de escolha.

Para administrar a adequação entre os aspectos do ambiente (variáveis externas) e os aspectos da empresa (variáveis internas), a estratégia empresarial requer a articulação de todos os níveis da empresa, institucional, intermediário e operacional.

6.7 DESDOBRAMENTOS ESTRATÉGICOS

Dentro dessa abordagem, o entendimento da estratégia empresarial exige o conhecimento de três problemas específicos presentes em qualquer organização:[19]

Figura 6.5 Os três tipos de problemas na estratégia empresarial.

1. **O problema empresarial**: relacionado com os produtos/serviços e os mercados que a empresa deseja abordar, ou seja, a escolha do domínio produto/mercado da empresa. O problema empresarial é tratado no nível institucional da empresa.

2. **O problema administrativo**: está centrado na estruturação de atividades internas da empresa e na criação de normas e procedimentos para coordenar essas atividades, mantendo a organização como um conjunto ativo e integrado. O problema administrativo converge para a redução da incerteza no sistema organizacional ou, em outros termos, para a racionalização e estabilização das atividades e é tratado no nível intermediário da empresa.

3. **O problema de adequação tecnológica**: refere-se à execução de operações e produção de produtos/serviços, bem como à escolha das tecnologias mais adequadas para tanto. Envolve a criação de um sistema que transforme em operações a solução dada ao problema empresarial. A criação desse sistema exige que a administração escolha uma tecnologia apropriada (entradas – processamento – saídas) para produzir os produtos e serviços escolhidos. O problema de adequação tecnológica é tratado no nível operacional da empresa.

Existem estratégias cooperativas e estratégias competitivas. É possível distinguir quatro tipos de estratégia competitiva: defensiva, ofensiva, analítica e reativa. As três primeiras são estratégias estáveis, enquanto a reativa é considerada uma estratégia instável.

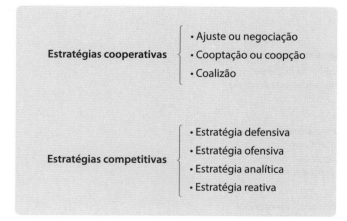

Figura 6.6 Os tipos de estratégia empresarial.

6.8 ESTRATÉGIAS COMPETITIVAS

Toda estratégia envolve mudanças organizacionais como base de sustentação para que ela possa acontecer realmente. As estratégias competitivas são formuladas para aumentar a competitividade da empresa em relação aos concorrentes. Elas tanto podem buscar a manutenção e defesa do mercado, o aumento na participação de mercado ou novos mercados, ou tudo isso conjuntamente.

As quatro estratégias competitivas básicas são:[20]

1. **Estratégia defensiva**: adotada por empresas que possuem domínios definidos de produtos/mercados que pretendem manter ou defender da ação de concorrentes. Nesta estratégia, os dirigentes da cúpula no nível institucional devem ser capacitados e eficientes unicamente na área restrita às atuais operações da empresa e poupam-se de buscar novas oportunidades ou experimentar mudanças. Em vista desta perspectiva estreita e conservadora, essa estratégia raramente implica grandes modificações em tecnologia, estrutura organizacional ou métodos de operação. Pelo contrário, procuram concentrar todas as atenções na manutenção ou aumento da eficiência nas operações atuais (estratégia de não diversificação). Como as operações não sofrem alterações, a experiência que a empresa adquire a respeito delas chega a ser bastante profunda a ponto de garantir excelência operacional, graças ao aumento da qualidade, produtividade e eficiência. Na estratégia defensiva, o papel dos níveis organizacionais é o seguinte:

   a. **Nível institucional**: o problema empresarial reside em como defender e garantir a fatia atual do mercado a fim de criar um conjunto estável de produtos e clientes e preservá-los dos concorrentes. Trata-se de defender o domínio que a empresa conseguiu estabelecer no ambiente de tarefa. A empresa concentra-se exclusivamente no seu mercado atual, ignorando o restante. Mantém-se concentrada nos seus produtos e serviços já existentes, com alguma inovação, utilizando preços competitivos, qualidade, serviço ao consumidor etc. A empresa procura sentir-se segura no seu domínio, para tornar difícil aos concorrentes desalojarem-na de seu nicho. Porém, qualquer mudança ampla e substancial no ambiente (mercado) poderá ameaçar a sobrevivência da empresa.

   b. **Nível intermediário**: o problema administrativo consiste em como manter um controle estrito das operações da empresa no sentido de assegurar ou elevar a eficiência atual. O planejamento é intenso e antecede a toda ação administrativa. As áreas de produção e finanças tornam-se as mais importantes da empresa. A estrutura organizacional tende a ser funcional, com grande divisão do trabalho e acentuada formalização. A atenção é voltada para dentro da organização, com pequena preocupação com o meio ambiente. O controle é centralizado e a informação é veiculada verticalmente por meio das cadeias hierárquicas. O nível intermediário utiliza um sistema administrativo adequado para manter estabilidade e eficiência ao longo do tempo. Porém é inadequado para localizar e responder a novas oportunidades relativas a produtos e mercados.

c. **Nível operacional**: o problema de adequação tecnológica consiste em como produzir e distribuir bens e serviços da maneira mais eficiente possível. Há uma tendência à integração vertical para melhor aproveitar os recursos da empresa. Se não há mudança tecnológica e de processos, a empresa procura, por meio de experiência acumulada, melhorar e racionalizar cada vez mais as suas atividades e operações. A empresa obtém um aumento substancial da eficiência tecnológica, que é essencial ao bom desempenho empresarial (racionalidade técnica). Porém, isto exige elevados investimentos ao longo do tempo, o que requer que os problemas sejam familiares e previsíveis em um prazo relativamente longo, isto é, que o ambiente de tarefa seja estável e previsível. Se ocorrerem mudanças ambientais, qualquer mudança tecnológica será desastrosamente onerosa para a empresa.

Na estratégia defensiva, a empresa busca a previsibilidade no domínio para poder voltar-se introvertidamente para a eficiência de suas operações.

2. **Estratégia ofensiva**: adotada por empresas que, de maneira constante, buscam novas oportunidades de mercado e experimentam regularmente reagir com respostas potencias frente às tendências emergentes do meio ambiente. Em consequência, estas empresas são os elementos criadores de mudanças e incertezas no meio ambiente. A incerteza é a variável que afetará os concorrentes que, desta maneira, veem perturbado o seu universo de operações. Todavia, a preocupação com mudanças e inovações faz com que estas empresas não se esmerem o suficiente para extrair de suas operações atuais o máximo de rendimento possível, o que as torna pouco eficientes. Tal fato explica por que todo e qualquer domínio de produto serviço/mercado é, do ponto de vista de uma estratégia ofensiva, sempre transitório e substituível pela inovação que virá a caminho. A inovação constitui a arma principal da empresa. Na estratégia ofensiva e agressiva, o papel dos níveis organizacionais é o seguinte:

a. **Nível institucional**: o problema empresarial consiste em como localizar e explorar novas oportunidades relativas a produtos/serviços e mercados. A empresa se abre a novas perspectivas ambientais, procurando mudar constantemente seu nicho ambiental, isto é, alargar e desenvolver ou mudar continuamente seu domínio. A postura é proativa, extrovertida e com ênfase no ambiente. A empresa muda seu produto/serviço e seu ramo de atividade para poder alterar os elementos do ambiente de tarefa e modificar suas relações de interdependência. A inovação em empresas voltadas para novos produtos ou mercados protege a empresa das mudanças que ocorrem no meio ambiente. Porém, a empresa corre o risco de baixa lucratividade e diluição de seus recursos devido a sua aplicação superficial e não intensiva ao longo do tempo.

b. **Nível intermediário**: o problema administrativo consiste em como facilitar e coordenar as numerosas e diversas operações da empresa e suas constantes mudanças e inovações. O nível intermediário utiliza um sistema administrativo ideal para manter a flexibilidade e eficácia da empresa. O planejamento é amplo e não intenso, mas orientado para problemas na medida em que vão surgindo pela frente. A empresa tende a uma estrutura organizacional baseada em produtos/serviços, com pouca divisão de trabalho e pouca formalização. As áreas de marketing e Pesquisa e Desenvolvimento (P&D) tornam-se mais importantes. A atenção é extrovertida e voltada para o ambiente (mercado) e para o resultado das operações (produto ou serviço). O controle é descentralizado e as informações são horizontais. O desempenho organizacional é medido pela comparação com os resultados dos concorrentes. Porém, esta estratégia poderá subtilizar os recursos disponíveis ou mesmo fazer uso superficial deles, pois seu principal objetivo é buscar inovação em produtos/serviços e novos mercados.

c. **Nível operacional**: o problema de adequação tecnológica consiste em como evitar comprometimentos excessivos e dependência com relação a algum determinado processo tecnológico, a fim de manter a flexibilidade necessária para modificar continuamente as operações da empresa. Adoção de tecnologias flexíveis (para realizar diferentes tarefas e operações) e tecnologias múltiplas (para produzir diferentes produtos e serviços). Baixo grau de mecanização e rotinização com a tecnologia não incorporada, isto é, tecnologia apoiada sobre pessoas e suas competências, habilidades e conhecimentos. A flexibilidade tecnológica permite uma resposta rápida a um domínio em mudança. Porém, a empresa não pode desenvolver o máximo de sua eficiência em seus sistemas de produção e de distribuição em virtude da multiplicidade de tecnologias e das constantes mudanças.

Na estratégia ofensiva, a empresa está voltada proativa e extrovertidamente para novas oportunidades em termos de produtos/mercados.

3. **Estratégia analítica**: é uma estratégia compartimentada adotada por empresas que operam em dois tipos de domínio produto/serviço e mercado. Um estável e já conquistado e outro mutável e a conquistar. Enquanto a empresa mantém e defende um domínio já garantido de produto/mercado, procura aproveitar ou se antecipar em oportunidades ambientais em novos domínios. Assim, nas áreas mais turbulentas, os executivos de cúpula no nível institucional observam os concorrentes em busca de novas ideias e adotam rapidamente aquelas que lhes parecem mais promissoras. Na estratégia analítica ou dupla, o papel dos níveis organizacionais se torna mais complicado:

   a. **Nível institucional**: o problema empresarial consiste em como localizar e explorar oportunidades de novos produtos e mercados e, simultaneamente, manter e defender o domínio já firme de produtos e consumidores tradicionais. O domínio é híbrido (estável e instável) e a empresa é simultaneamente conservadora (no domínio estável) e inovadora (no domínio instável). Algum investimento em P&D é combinado com imitação de produtos bem-sucedidos no mercado para minimizar o risco, de tal forma que o domínio da empresa seja sempre equilibrado entre a estabilidade (permanência) e flexibilidade (conquista).

   b. **Nível intermediário**: o problema administrativo consiste em como diferenciar a estrutura e processos organizacionais a fim de acomodar e integrar as áreas de operação estável e conservadora com as áreas dinâmicas e instáveis. O planejamento é intenso (para ligar marketing e produção na parte estável do domínio) e abrangente (para ligar marketing, pesquisa e desenvolvimento e produção quanto a novos produtos e mercados). A empresa tende a uma estrutura matricial, combinando departamentos funcionais com departamentos de produtos ou grupos de produtos. As áreas de marketing, pesquisa e desenvolvimento, seguidas de perto pela produção são as áreas mais importantes da empresa. O controle é moderadamente centralizado, com aparatos de retroação (retroalimentação) tanto verticais como horizontais. O nível intermediário adota um sistema administrativo dual para equilibrar estabilidade e flexibilidade. Porém, se esse equilíbrio for perdido, poderá ser muito difícil restabelecê-lo posteriormente.

   c. **Nível operacional**: o problema de adequação tecnológica consiste em como ser eficiente em partes estáveis do domínio e, ao mesmo tempo, flexível e eficaz nas partes cambiantes. A tecnologia dual é adequada para servir a um domínio híbrido (estável e cambiante). Porém, tal dualidade não permite que a empresa atinja nem a eficiência nem a eficácia tecnológica de maneira desejável.

PARA REFLEXÃO

Exemplos de empresas que adotam estratégias defensiva, ofensiva e analítica
Reflita e dê exemplos de empresas que adotam estratégias defensivas, ofensivas e analíticas.

4. **Estratégia reativa**: enquanto as três estratégias anteriores são proativas (isto é, se antecipam às ocorrências do ambiente), esta é uma estratégia reativa (isto é, reage com atraso às ocorrências do ambiente), despreparada e improvisada. A estratégia reativa é instável, ou seja, aplicável a curtos espaços de tempo e sem um envolvimento tão amplo capaz de integrar as atividades dos níveis institucional, intermediário e operacional como um todo. A adoção de qualquer das três estratégias estáveis vistas anteriormente (defensiva, ofensiva ou analítica) pode proporcionar sucesso empresarial por períodos longos de tempo, pois são respostas válidas e adequadas às mudanças ambientais. A estratégia reativa, contudo, é inadequada às demandas ambientais, pois os executivos de cúpula no nível institucional se apercebem com muito atraso da mudança e incerteza que ocorrem no meio ambiente em que sua empresa está inserida, tornando-se incapaz de articular uma resposta empresarial integrada, pronta e eficaz. O resultado é a tendência à adoção de estratégias que já dão mostras

de envelhecimento, bem como adoção de estruturas organizacionais que já se cristalizaram, sobrevivendo aquelas estratégias que deram bons resultados no passado e em outras circunstâncias anteriores. A estratégia empresarial não deve ocorrer na base da inércia em relação às forças externas ou passividade em relação aos recursos e meios disponíveis. A empresa – por força das pressões ambientais que provocam influências e modificações – não pode se deixar levar ao acaso pelos eventos exteriores e imprevistos. Ela precisa construir o seu destino e imprimir nele a sua marca. Por esta razão, a empresa que não é capaz de definir a si mesma de maneira clara e significativa é uma empresa amorfa.

A adoção de qualquer um desses tipos de estratégia depende basicamente da situação da empresa, de seus objetivos, de enfrentamentos com concorrentes, do ramo de atividade, das características do mercado, de seus produtos ou serviços etc. Ao formular a sua estratégia, a empresa parte de uma análise interna e externa para avaliar crítica e profundamente a sua situação no negócio em que está concentrada.

Quadro 6.2 Estratégias empresariais e suas repercussões nos três níveis da empresa[21]

	Nível institucional	Nível intermediário	Nível operacional
Estratégias empresariais	Problema empresarial Escolha do domínio produto/mercado	Problema administrativo Estruturação de atividades e estabelecimento de normas e processos	Problema de adequação tecnológica Escolha e utilização de técnicas de produção
Defensiva Manutenção do atual **domínio** de produtos/ mercados	Garantir, defender e conservar o domínio atual de produtos/ mercados Busca da estabilidade do **domínio**	Planejamento e controle das operações da empresa para assegurar ou aumentar a eficiência atual Ênfase na conservação	Produção de bens ou serviços da maneira mais eficiente, por meio de intensificação da tecnologia atual Ênfase na tecnologia utilizada
Ofensiva Ampliação e busca de novos **domínios** de produtos/mercados	Explorar e localizar novas oportunidades de produtos/ mercado Busca de novos **domínios** mesmo que transitórios	Facilitar e coordenar as frequentes e diversas mudanças nas atividades e operações da empresa Ênfase na mudança organizacional	Manter flexibilidade nas tecnologias para acompanhar as mudanças nos domínios e modificar continuamente as operações Ênfase na flexibilidade tecnológica
Analítica Manutenção de domínios estáveis, busca e conquista de novos **domínios** de produtos/mercados	Garantir um **domínio** atual e ao mesmo tempo buscar, localizar e explorar novas oportunidades de produtos/mercados Busca de estabilidade de um **domínio** e, simultaneamente, busca de novos domínios	Diferenciar a estrutura e os processos organizacionais para acomodar e equilibrar áreas de operação estáveis com áreas dinâmicas e instáveis Ênfase tanto na conservação como na mudança organizacional	Adotar tecnologia dual para servir a um domínio híbrido: estável e mutável Complexidade tecnológica
Reativa Busca improvisada e despreparada de uma saída para fugir de um problema ou pressão ambiental	Resposta empresarial despreparada, improvisada e pouco eficaz, utilizando estratégias inadequadas e envelhecidas	Falta de relacionamento coerente entre estratégia, estrutura e processos organizacionais, provocando dificuldades de integração e coordenação organizacional	Pouca eficiência nas operações

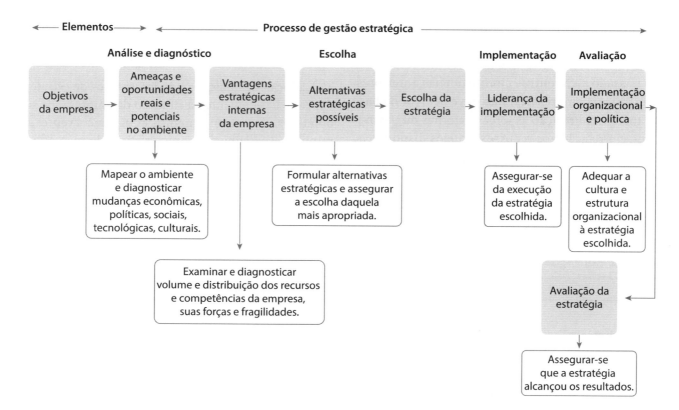

Figura 6.7 Modelo de gestão estratégica de Glueck.[23]

6.9 AVALIAÇÃO DA ESTRATÉGIA EMPRESARIAL

A estratégia não é conduzida às cegas, ela requer uma forte monitoração e acompanhamento. "Avaliação da estratégia é a fase do processo da administração estratégica na qual os administradores de topo verificam se sua escolha estratégica, tal como foi implementada está alcançando os objetivos da empresa".[22] É o processo pelo qual os administradores comparam os resultados da estratégia (os meios) com o nível de realização dos objetivos (os fins). Um aspecto importante da estratégia empresarial é a identificação de um conjunto de critérios capazes de avaliar a estratégia adotada pela empresa.

Existem três critérios para avaliar a estratégia empresarial:

1. **Consistência interna**: a estratégia deve ser consistente com aquilo que a empresa pretende fazer. Ela deve estar identificada com os padrões internos da empresa, revelados por meio de suas políticas e diretrizes, pela sua cultura organizacional e pelos objetivos empresariais.

2. **Consistência com o ambiente**: a estratégia empresarial deve ser consistente com as condições ambientais existentes, sejam atuais ou potenciais. A inadequação da estratégia como o ambiente externo pode custar caro à empresa ou conduzi-la ao fracasso em suas operações.

3. **Adequação aos recursos e competências disponíveis**: a estratégia empresarial deve ser consistente com os recursos e competências que a empresa dispõe ou pode obter. Em empresas que vendem bens de consumo, por exemplo, o principal recurso pode ser o nome ou marca do produto. Dois aspectos básicos devem ser considerados quando uma empresa decide ligar sua estratégia com seus recursos disponíveis.

Muitas vezes a estratégia é compatível com os recursos e competências utilizados pela organização, mas não apresenta consistência externa com os requisitos do ambiente ou vice-versa. A estratégia deve criar condições de compatibilizar satisfatoriamente todas as condições acima.

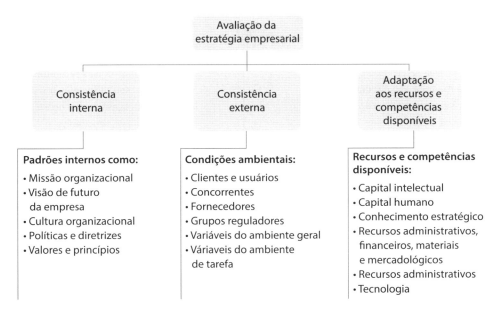

Figura 6.8 Avaliação da estratégia empresarial.[24]

PARA REFLEXÃO

Você é estratégico em suas atividades?

Faça uma reflexão a respeito do assunto supra e tente chegar a uma conclusão. Você é estratégico em suas atividades?

- Em todo trabalho você sabe antecipadamente:
  - O que é operacional?
  - O que é tático?
  - O que é estratégico?
- Em todo trabalho você sabe antecipadamente:
  - Quais as prioridades de curto prazo?
  - O que posso projetar a médio prazo?
  - O que devo pensar a longo prazo?
- Em todo trabalho você sabe antecipadamente:
  - Quais as metas de curto prazo que devo alcançar? (gols a marcar).
  - Quais as metas de médio prazo que devo alcançar? (partidas a ganhar).
  - Quais os objetivos de longo prazo que devo alcançar? (campeonatos a conquistar).

6.10 ADMINISTRAÇÃO DA ESTRATÉGIA

A estratégia representa "o que" a empresa deseja fazer, qual negócio ela pretende realizar, qual o rumo a seguir. O núcleo central da administração estratégica é a preparação para o amanhã: ela visa orientar a empresa em relação ao futuro, não no sentido de que cada condição deva ser antecipada, mas no sentido de que a empresa possa dirigir-se consciente e sistematicamente para seus objetivos, baseando-se em análises realistas e metódicas de suas próprias condições e possibilidades e do contexto ambiental no qual ela opera. Em outros termos, o futuro da empresa não pode ser previsto; ele deve ser criado. Quem sabe faz a hora e não espera acontecer.

A administração da estratégia pode ser definida como a função da administração de topo – pois é tratada no nível institucional da empresa – que analisa, desenvolve e modifica os processos internos e externos da empresa para torná-la eficiente e eficaz sob condições constantemente mutáveis. A administração estratégica formula e implementa a estratégia empresarial como um conjunto de decisões unificado, compreensivo e integrado que visa assegurar o alcance dos objetivos da empresa.

Quadro 6.3 Diferenças entre eficiência e eficácia[25]

Eficiência	Eficácia
■ Como as coisas são feitas: • De que maneira são executadas • Quais os passos para executá-las • Ênfase nos meios • Fazer as coisas de maneira correta ■ Resolver problemas ■ Salvaguardar os recursos ■ Cumprir tarefas e obrigações ■ Treinar os subordinados ■ Manter as máquinas ■ Presença dos templos ■ Rezar	■ Para que as coisas são feitas: • Quais resultados elas trazem • Quais objetivos alcançam • Ênfase nos resultados ■ Fazer as coisas corretas ■ Atingir objetivos ■ Otimizar a utilização de recursos ■ Obter resultados ■ Proporcionar eficácia aos subordinados ■ Máquinas disponíveis ■ Prática dos valores religiosos ■ Ganhar o céu

6.11 EFICIÊNCIA E EFICÁCIA

Não basta ser eficiente ou apenas eficaz. Cada empresa deve ser considerada sob o ponto de vista de eficácia e de eficiência, simultaneamente. Eficácia é uma medida normativa do alcance de resultados, enquanto eficiência é uma medida normativa da utilização dos recursos nesse processo. Em termos econômicos, a eficácia de uma empresa se refere a sua capacidade de satisfazer uma necessidade da sociedade por meio do suprimento de seus produtos (bens ou serviços), enquanto a eficiência é uma relação técnica entre entradas e saídas. Nestes termos, a eficiência é uma relação entre custos e benefícios.

Quando estudamos a racionalidade empresarial, abordamos o conceito de eficiência e verificamos que representa a relação entre os recursos aplicados e o produto final obtido: é a razão entre o esforço e o resultado, a despesa e a receita, o custo e benefício resultante.

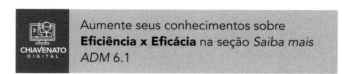

Aumente seus conhecimentos sobre **Eficiência x Eficácia** na seção *Saiba mais* ADM 6.1

Na medida em que o administrador se preocupa em fazer corretamente as coisas, ele está se voltando para a eficiência (melhor utilização dos recursos disponíveis). Porém, quando ele utiliza estes instrumentos fornecidos por aqueles que executam para avaliar o alcance dos resultados, isto é, para verificar se as coisas bem feitas são as que realmente deveriam ser feitas, então ele está se voltando para a eficácia (alcance dos objetivos por meio dos recursos disponíveis).

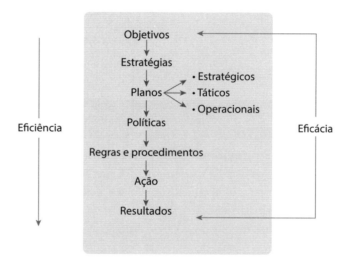

Figura 6.9 As relações entre eficiência e eficácia.

Contudo, nem sempre a eficácia e a eficiência andam de mãos dadas. Uma empresa pode ser eficiente em suas operações e pode não ser eficaz, ou vice-versa. Pode ser ineficiente em suas operações e, apesar disso, ser eficaz, muito embora a eficácia fosse bem melhor quando acompanhada da eficiência. Pode também não ser nem eficiente nem eficaz. O ideal seria uma empresa igualmente eficiente e eficaz. A eficiência se preocupa em fazer corretamente as coisas e da melhor maneira possível. Daí a ênfase nos métodos e procedimentos internos. A eficácia se preocupa em fazer as coisas corretas para atender às necessidades da empresa e do ambiente que a circunda. Enquanto a eficiência se concentra nas operações e tem a atenção voltada para os aspectos internos da organização, a eficácia se concentra no sucesso quanto ao alcance dos objetivos e tem a atenção voltada para os aspectos externos da organização.

Quadro 6.4 Relações entre eficácia e eficiência[26]

| | | Eficiência (Otimização na utilização dos recursos disponíveis) ||
		Baixa	Alta
Eficácia (Alcance dos objetivos organizacionais)	Alta	A atividade operacional é deficiente e os recursos são precariamente utilizados. Os métodos e procedimentos conduzem a um desempenho inadequado e insatisfatório. Apesar disso, os objetivos empresariais são alcançados, embora o desempenho e os resultados pudessem ser melhores. A empresa obtém vantagens no seu ambiente (por meio da manutenção ou ampliação de mercado, volume de vendas pretendido, satisfação do consumidor ou lucratividade pretendida)	A atividade é bem executada e o desempenho individual e departamental é bom pois os métodos e procedimentos são racionais. As coisas são bem-feitas, executadas da melhor maneia, com os menores custos e esforço em menor tempo. A atividade produz resultados vantajosos para a empresa, pois ela é estratégica ou tática para a obtenção dos objetivos que a empresa se propõe a alcançar. Tudo é feito para alcançar resultados visados pela empresa e lhe asseguram sobrevivência, estabilidade e crescimento
	Baixa	Baixo retorno do investimento, pois os recursos são precariamente utilizados (desperdício de materiais, equipamentos, mão de obra e tempo, com elevados custos operacionais. Dificuldade no alcance dos objetivos empresariais, redundando em perda de mercado, baixo volume de vendas, reclamações de consumidores, prejuízos elevados	Elevado retorno do investimento, pois os recursos são utilizados intensiva e racionalmente, sem o menor desperdício, graças a métodos e procedimentos bem planejados e organizados, redundando em baixos custos operacionais. Apesar disso, há dificuldades no alcance dos objetivos empresariais. Apesar de tudo ser bem feito dentro da organização, o sucesso empresarial é precário

Parece contraditório e paradoxal, mas o administrador precisa sempre ter um olho para a tarefa – a fim de alcançar eficiência – e outro olho no objetivo e no resultado a alcançar – a fim de alcançar eficácia. Aliás, o trabalho do administrador – como já vimos antes – é carregado de paradoxos e aparentes contradições. Faz parte do talento administrativo saber lidar com tudo isso ao mesmo tempo.

Contudo, em um mundo caótico, mutável, ambíguo, incerto e volátil surge uma indagação crítica: o que vale mais, ser eficiente e eficaz mas responder o mais rapidamente possível às ameaças e oportunidades que surgem inesperadamente?

A reação mais urgente é responder o mais rapidamente possível. A agilidade, neste caso, pode até mesmo sacrificar a eficiência e eficácia, quando o perigo impõe uma resposta super rápida. Pense nisso. Em tempos de estabilidade e previsibilidade a eficiência e a eficácia podem se tornar prevalentes, mas tempos caóticos, ambíguos e voláteis exigem flexibilidade e agilidade acima de tudo.

> **PARA REFLEXÃO**
>
> **Você é eficiente, eficaz ou ambos?**
>
> Faça uma reflexão a respeito do assunto supra e tente chegar a uma conclusão. Você tende a ser eficiente, eficaz ou ambos? Procure explicar.

6.12 PROCESSO ADMINISTRATIVO

A estratégia é levada a cabo por meio da ação empresarial que, para ser eficaz, precisa ser planejada, organizada e controlada. O planejamento, a organização, a direção e o controle constituem o chamado processo administrativo. Quando considerados separadamente, planejamento, organização, direção e controle constituem funções administrativas; quando tomados em conjunto na sua abordagem global, para o alcance de objetivos, formam o processo administrativo. Processo significa qualquer fenômeno que apresente mudança contínua no tempo ou qualquer

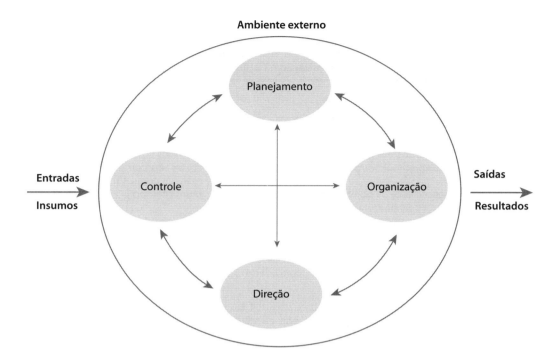

Figura 6.10 O processo administrativo como um sistema aberto.

operação que tenha certa continuidade ou sequência. O conceito de processo implica que os acontecimentos e as relações entre eles sejam dinâmicos, em evolução, sempre em mudança. O processo não é coisa imóvel, parada, estática, mas móvel, contínua, não tendo começo, fim ou uma sequência fixa de eventos. Os elementos do processo agem uns sobre os outros, isto é, cada um afeta todos os demais. Assim, as funções administrativas de planejamento, organização, direção e controle não constituem entidades separadas, estanques, mas, ao contrário, são elementos interdependentes e interativos com influências recíprocas acentuadas.

O processo administrativo é mais do que uma simples sequência ou ciclo repetitivo de funções – planejamento, organização, direção e controle – na realidade ele compõe um sistema, em que o todo é maior do que a soma das partes em face do seu efeito em sinergia.

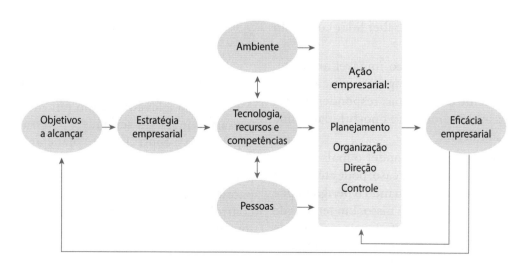

Figura 6.11 O processo administrativo como meio de execução da estratégia empresarial.

Quadro 6.5 O processo administrativo nos diversos níveis da empresa[27]

Níveis de atuação	Planejamento	Organização	Direção	Controle
Institucional	Determinação de objetivos e planejamento estratégico	Desenho da estrutura organizacional	Políticas e diretrizes de direção e condução do pessoal	Controles globais e avaliação do desempenho empresarial
Intermediário	Planejamento tático e colocação de recursos	Estrutura dos órgãos e de cargos, rotinas e procedimentos	Gerência e aplicação de recursos visando à ação empresarial e liderança	Controles departamentais e avaliação do desempenho departamental
Operacional	Planos operacionais	Métodos e processos de trabalho e de operação	Chefia, supervisão e motivação do pessoal	Controles individuais e avaliação do desempenho individual

O processo administrativo é um meio de integrar diferentes atividades para a execução da estratégia empresarial. Para tanto, a empresa deve definir os objetivos empresariais a alcançar e formular a estratégia com que pretende alcançá-los, analisando o ambiente que envolve a empresa, a tarefa a desempenhar e a tecnologia a utilizar, bem como as competências e pessoas envolvidas. Tudo isso para administrar a ação empresarial que levará a cabo a estratégia escolhida. Para administrar a ação empresarial entra em jogo o processo administrativo de planejar, organizar, dirigir e controlar as atividades da empresa em todos os seus níveis de atuação.

PARA REFLEXÃO

Em que parte do processo administrativo você se enquadra melhor?

Faça uma reflexão a respeito do assunto supra e tente chegar a uma conclusão. Em que aspecto do processo administrativo você se enquadra melhor? Ou, em outros termos: você é um planejador, um organizador, um dirigente, um líder ou um controlador? Ao longo dos demais capítulos pense nisto e procure se engajar naquele que mais o atrair. Se você se engajar em todos, pense em ser estrategista.

A partir da formulação estratégica, cada nível organizacional é incumbido de um determinado papel na ação empresarial destinada à execução da estratégia. Em outros termos: o nível institucional, intermediário e o operacional assumem seus respectivos e diferentes papéis em relação à estratégia empresarial e em relação ao processo administrativo para torná-la uma realidade.

As partes e os capítulos seguintes serão dedicados ao papel de cada um dos três níveis empresariais no processo administrativo de executar a estratégia empresarial para o alcance dos objetivos previamente determinados pela empresa. Assim, teremos pela frente uma parte dedicada ao planejamento, à organização, à direção/liderança e ao controle, cada qual delas desdobrada em seus três níveis: institucional, intermediário e operacional.

REFERÊNCIAS

1. KRAUSE, D. G. *Sun Tzu*: a arte da guerra para os executivos, São Paulo: Makron Books, 1997. Vide também: SUN TZU. A arte da guerra: os treze capítulos originais. São Paulo: Sapienza, 2005.
2. LODI, J. B. *Administração por Objetivos*. São Paulo: Pioneira, 1970. p. 112.
3. CLAUSEWITZ, K. V. *Da Guerra*. São Paulo: WMF Martins Fontes, 2010.
4. CHIAVENATO, I. *Introdução à Teoria Geral da Administração*. São Paulo: Atlas, 2020.
5. CHIAVENATO, I. *op. cit.*
6. MINTZBERG, H.; AHLSTRAND, B.; LAMPEL, J. *Safári de Estratégia*: um roteiro pela selva do planejamento estratégico. Porto Alegre: Bookman, 2000. p. 209-220.
7. CHIAVENATO, I.; SAPIRO, A. *Planejamento Estratégico*: da intenção aos resultados. São Paulo: Atlas, 2020
8. MINTZBERG, H.; LAMPEL, J. Reflecting on the Strategy Process. *Sloan Management Review*, 1999. p. 83-94.

9. BURGELMAN, R. A. *Strategy is Destiny*: how strategy-making shapes a company's future. Nova York: Simon & Schuster Inc/ Free Press, 2002.

10. CHIAVENATO, I.; SAPIRO, A. *Planejamento Estratégico*: da intenção aos resultados. São Paulo: Atlas, 2020.

11. CHIAVENATO, I. *Comportamento Organizacional*. São Paulo: Atlas, 2021.

12. PORTER, M. E. *Estratégia Competitiva*: técnicas para análise de indústrias e da concorrência. Rio de Janeiro: Campus, 1986. p. 3.

13. PORTER, M. E. How Competitive Forces Shape Strategy. *Harvard Business Review*, nov./dec., 1979, p. 137-145.

14. PORTER, M. E. What is Strategy?. *Harvard Business Review*, nov./dec. 1996, p. 61-78.

15. DENNING, B. W. (org.). *Corporate Planning*: selected readings. Londres: McGraw-Hill, 1971. p. 4.

16. Adaptado de: DENNING, B. W. *Introduction. In*: DENNING, B. W. (org.). *Corporate Planning*: selected concepts, *op. cit.*, p. 8.

17. THOMPSON, J. D. *Dinâmica organizacional*: fundamentos sociológicos da teoria administrativa. São Paulo: McGraw-Hill, 1976. p. 48-53.

18. SELZNICK, P. *Cooptation. In*: BRINKERHOFF, M. B.; KUNZ, P. R. (orgs.). *Complex Organizations and Their Environments*. Dubuque: C. Brown, 1958. p. 141-151.

19. MILLES, R. E.; SNOW, C. C. *Organizational Strategy, Structure and Process*. New York: McGraw-Hill, 1985.

20. MILLES, R. E.; SNOW, C. C. *Organizational Strategy, Structure and Process. op. cit.*

21. Adaptado de: MILLES, R. E.; SNOW, C. C. *Organizational Strategy, Structure and Process. op. cit.*

22. GLUECK, W. F. *Business Policy and Strategic Management*. Nova York: McGraw-Hill, 1980. p. 348.

23. GLUECK, W. F. *Business Policy and Strategic Management. op. cit.*, p. 349.

24. CHIAVENATO, I. *Administração nos Novos Tempos*. São Paulo: Atlas, 2020.

25. CHIAVENATO, I. *Administração nos Novos Tempos. op. cit.*

26. CHIAVENATO, I. *Administração nos Novos Tempos. op. cit.*

27. CHIAVENATO, I. *Administração nos Novos Tempos. op. cit.*

PARTE III

PLANEJAMENTO DA AÇÃO EMPRESARIAL

Capítulo 7 – Planejamento Estratégico
Capítulo 8 – Planejamento Tático
Capítulo 9 – Planejamento Operacional

As organizações não funcionam na base da pura improvisação. E nem querem depender da sorte ou do acaso. Tudo nelas é cuidadosamente planejado para que todos os processos possam ser feitos da melhor maneira possível, de primeira vez e sem erro. O planejamento representa a primeira função administrativa por ser exatamente aquela que serve de base para as demais funções como organização, direção/liderança e controle. Na verdade, o planejamento é a função administrativa que determina antecipadamente quais são os objetivos que devem ser atingidos e como se deve fazer para alcançá-los da melhor maneira possível. Trata-se, pois, de um modelo teórico orientado para a ação futura.

No fundo, o planejamento lida com o futuro. Começa com a determinação dos objetivos e detalha os planos necessários para atingi-los com eficiência e eficácia. Assim, planejar significa definir os objetivos e escolher antecipadamente o melhor curso de ação para alcançá-los com o mínimo de esforço e custo. O planejamento define onde se pretende chegar, o que deve ser feito para tanto, quando, como e em que sequência.

Mas o fato de lidar com o futuro não faz do planejamento um exercício de futurologia. Não se trata de adivinhação, mas de reconhecer que, como as ações presentes refletem necessariamente antecipações e presunções sobre o futuro, elas devem ser feitas explicitamente e não subjetivamente para afastar qualquer sombra de dúvida.[1] Trata-se de combater a mentalidade simplista de solução de problemas na medida em que surgem a cada momento nas organizações, o que as torna mais reativas às ocorrências do que proativas em relação aos eventos que ocorrem em um mundo repleto de mudanças cada vez mais rápidas e intempestivas. O papel do planejamento é substituir a ação reativa diante dos eventos passados por uma ação proativa e antecipatória em relação aos eventos futuros. Uma total inversão daquilo que era feito antigamente nas empresas.

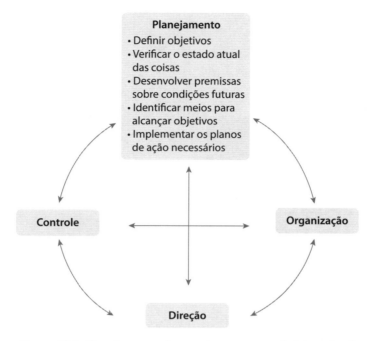

Figura III.1 Planejamento dentro do processo administrativo.[2]

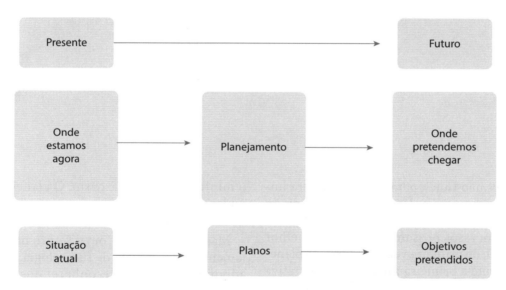

Figura III.2 As premissas básicas do planejamento.[3]

O planejamento é uma técnica para absorver a incerteza sobre o futuro e permitir maior consistência no desempenho das organizações. Aliás, o planejamento envolve várias maneiras de lidar com a mudança e com a incerteza que ela traz consigo. Em um extremo, o planejamento pode levar a um ponto em que as decisões importantes são adiadas ou simplesmente não tomadas por algum estupor à situação – atitude denominada "paralisia pela análise". No outro extremo, os administradores podem ser levados à preocupação quase exclusiva com problemas imediatos, tomando decisões inadequadas ao futuro da organização – atitude denominada "extinção pelo instinto".[4]

Os dois extremos devem ser evitados. O administrador precisa ponderar continuamente os custos e benefícios associados aos diferentes graus de planejamento enquanto estiver lidando com a mudança ou a criando. Como vivemos em uma época de mudança e descontinuidade, as organizações devem ajustar-se continuamente, e se possível, antecipar-se e/ou preparar-se para elas. "Todo negócio e toda organização devem ser capazes de efetuar mudanças a fim de sobreviver. Se o administrador mudar adequadamente, ele poderá também progredir e crescer. Isso requer flexibilidade e adaptabilidade. Como o grau de mudança ambiental – seja técnico, econômico ou sociológico – está constantemente mudando, devemos procurar melhores e novos caminhos para compreender, antecipar, explorar a mudança e cooperar com ela. Planejar para o futuro é a chave para lidar com a mudança de uma maneira positiva e proposital".[5]

III.1 ABRANGÊNCIA DO PLANEJAMENTO

O planejamento é elaborado de maneiras diferentes nos vários níveis organizacionais. Em razão disso existe uma hierarquia de planos. Há três níveis distintos de planejamento:[6]

1. **Planejamento estratégico**: é o mais amplo e envolvente e abrange toda a organização como um sistema único e aberto. Suas principais características são:

   a. **É projetado para o longo prazo** tendo seus efeitos e consequências estendidos por vários anos à frente.

   b. **Envolve a empresa como uma totalidade** abrangendo todos os seus recursos e áreas de atividade. Preocupa-se em atingir objetivos globais da organização.

   c. **É definido pela cúpula da organização** situada no nível institucional; corresponde ao plano maior a que todos os demais planos estão subordinados.

   d. **É voltado para a eficácia da organização** no alcance de seus objetivos globais. Apresentar resultados é o sentido da excelência organizacional.

2. **Planejamento tático**: é o planejamento elaborado em cada departamento no nível intermediário da organização. Cada unidade organizacional deve elaborar seu planejamento tático subordinado ao planejamento estratégico. Suas principais características são:

   a. **É projetado para o médio prazo**: geralmente correspondendo ao exercício anual ou fiscal da empresa, isto é, doze meses.

   b. **Envolve cada departamento ou unidade da organização** abrangendo seus recursos específicos e preocupa-se em atingir objetivos departamentais.

   c. **É definido no nível intermediário da organização** para cada departamento ou unidade da empresa.

   d. **É voltado para a coordenação e integração** das atividades internas da organização.

3. **Planejamento operacional**: é o planejamento que se refere a cada tarefa ou atividade especificamente. Suas principais características são:

   a. **É projetado para o curto prazo**, para o imediato, e geralmente lida com a rotina diária, semanal ou mensal.

   b. **Envolve cada tarefa ou atividade isoladamente** e preocupa-se com o alcance de metas específicas.

   c. **É voltado para a eficiência** na execução das tarefas ou atividades. Fazer bem feito e corretamente. Isso compõe a chamada excelência operacional.

O Quadro III.1 dá uma ideia dos três níveis de planejamento.

Trataremos, nesta terceira parte do livro, respectivamente do planejamento no nível institucional (planejamento estratégico), no nível intermediário (planejamento tático) e no nível operacional (planejamento operacional).

Quadro III.1 O planejamento nos três níveis da empresa[7]

Níveis da empresa	Planejamento	Conteúdo	Extensão de tempo	Amplitude
Institucional	Estratégico	Genérico e sintético	Longo prazo	Macro orientado Aborda a empresa como uma totalidade
Intermediário	Tático	Menos genérico e mais detalhado	Médio prazo	Aborda cada unidade da empresa ou cada conjunto de recursos separadamente
Operacional	Operacional	Detalhado e analítico	Curto prazo	Micro orientado Aborda cada tarefa ou operação isoladamente

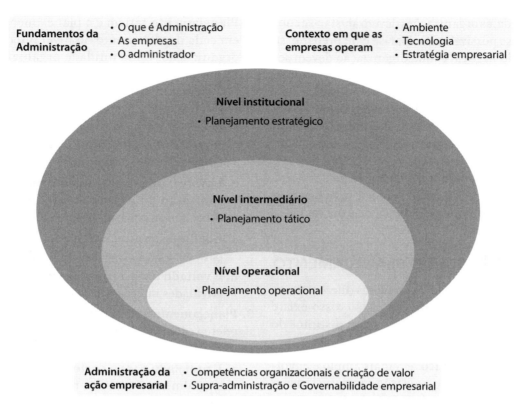

Figura III.3 Plano integrado das partes e capítulos do livro.

REFERÊNCIAS

1. McCLELAND, D. I.; KING, W. R. *Systems Analysis and Project Management*. Nova York: McGraw-Hill, 1975. p. 28.
2. CHIAVENATO, I. *Introdução à Teoria Geral da Administração*. São Paulo: Atlas, 2020. p. 222.
3. CHIAVENATO, I. *Introdução à Teoria Geral da Administração. op. cit.*
4. HELLRIEGEL, D.; SLOCUM JR., J. W. *Management*: a contingency approach, reading. Massachusetts: Addison-Wesley Publishing, 1974. p. 211.
5. KAMI, M. I. Business Planning as Business Opportunity *In*: DRUCKEER, P. F. (org.). *Preparing Tomorrrow's Business Leaders Today*. Englewood Cliffs: Prentice-Hall, 1969. p. 103.
6. CHIAVENATO, I. *Introdução à Teoria Geral da Administração. op. cit.*, p. 223.
7. CHIAVENATO, I. *Introdução à Teoria Geral da Administração. op. cit.*, p. 225.

PLANEJAMENTO ESTRATÉGICO

OBJETIVOS DE APRENDIZAGEM

- Ilustrar como as empresas determinam seus objetivos principais.
- Explicar como as empresas elaboram análises ambientais e análises organizacionais para melhor conhecer suas potencialidades e suas vulnerabilidades.
- Explicar como as empresas formulam suas alternativas estratégicas e como elas são implementadas por meio de planos táticos e operacionais.

O QUE VEREMOS ADIANTE

O planejamento realizado no nível institucional da organização recebe o nome de planejamento estratégico. Os dirigentes, no nível institucional da empresa, estão totalmente voltados para a tarefa primária da organização de se relacionar com o mercado e, com isso, defrontar com a incerteza gerada pelos elementos incontroláveis e imprevisíveis do ambiente de tarefa da empresa e do ambiente geral. Ao rastrearem as ameaças ambientais e as oportunidades disponíveis para a empresa e ao desenvolverem estratégias para enfrentar estes elementos ambientais, os dirigentes no nível institucional precisam de um horizonte de tempo projetado no longo prazo, de uma abordagem global envolvendo a empresa como um todo integrado de recursos, capacidades e potencialidades e, sobretudo, precisam utilizar decisões cada vez mais baseadas em julgamento em vez de decisões baseadas em dados. Quando se trata de lidar com um ambiente complexo, dinâmico, mutável e imprevisível nem sempre se tem tempo suficiente para coletar todos os dados e informações possíveis. A empresa não tem condições de processar e interpretar todos. Além disso, como o planejamento estratégico está orientado para o futuro em um horizonte temporal de longo prazo – e como não se tem informações suficientes sobre o futuro – torna-se necessária uma boa dose de intuição, discernimento e julgamento. Daí as duas dificuldades em se lidar com o plano estratégico: a dinâmica complexidade ambiental e a projeção de ações para o futuro.[1] Se é complicado varrer e conhecer o ambiente, mais complicado ainda é saber como ele se comportará no futuro. É preciso ter uma noção relativamente firme para lidar com essa complexidade e seus futuros desdobramentos.

7.1 CARACTERÍSTICAS DO PLANEJAMENTO ESTRATÉGICO

O planejamento estratégico apresenta as seguintes características fundamentais:[2]

1. **É projetado no longo prazo**: pelo menos em termos de seus efeitos e consequências. Quase sempre o seu limiar cobre algo como 2 a 5 anos para frente. Em alguns casos, chega a cobrir 10, 15 ou 20 anos, dependendo dos investimentos de longíssimo prazo de empresas de capital intensivo.

2. **Está voltado para as relações entre a empresa e seu ambiente de tarefa**: portanto, sujeito à incerteza e imprevisibilidade a respeito dos eventos ambientais. Por se defrontar com a incerteza, o planejamento estratégico tem suas decisões baseadas em julgamento e discernimento e não em dados ou informações referenciais. Isso significa que existe um alto grau de subjetividade no planejamento estratégico. Em muitos casos, as empresas "apostam" no futuro com ele.

3. **Envolve a empresa como um todo**: abarcando todos os seus recursos, no sentido de obter efeito de sinergia entre todas as capacidades, competências e potencialidades da empresa. A resposta estratégica da organização deve envolver sempre um comportamento global e sistêmico. Isso significa que o planejamento estratégico não é a soma dos planos táticos e operacionais. Pelo contrário, eles constituem desdobramentos do planejamento estratégico. A razão? Simplesmente não se trata apenas de somar, mas de aglutinar e integrar de tal maneira que tudo possa contribuir para o sucesso do plano estratégico da empresa com os resultados amplificados pela multiplicação de esforços.

O planejamento estratégico é um conjunto de tomada deliberada e sistemática de decisões envolvendo ações que afetam ou deveriam afetar toda a empresa por longos períodos de tempo. É o planejamento que envolve prazos mais longos de tempo, é mais abrangente e é discutido e formulado nos níveis hierárquicos mais elevados da empresa, isto é, no nível institucional e incluindo o conselho de administração. É um processo contínuo de tomada de decisões estratégicas e não mais um plano feito e refeito apenas a cada ano que passa. Não se preocupa em antecipar decisões a serem tomadas no futuro, mas sim de considerar as implicações futuras das decisões que devem ser tomadas no presente.

> **SAIBA MAIS — O que significa efeito holístico e de sinergia[3]**
>
> O efeito holístico envolve a empresa como uma totalidade. O holismo afirma que o todo é maior do que a soma de suas partes. O todo é diferente de suas partes, tal como a água é diferente do hidrogênio e oxigênio que a compõem. Efeito de sinergia porque as partes do todo interagem e cooperam entre si no sentido de proporcionar um resultado final que é maior do que a soma das partes. Holismo é causa, sinergia é consequência.

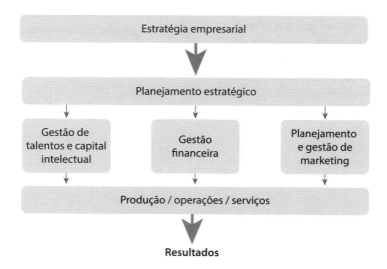

Figura 7.1 A convergência da estratégia organizacional no planejamento estratégico.

Enquanto a estratégia empresarial está voltada para o que a empresa deve fazer para alcançar os objetivos empresariais, o planejamento estratégico procura especificar como fazer para alcançar aqueles objetivos. Trata-se de estabelecer o que a empresa deve fazer antes da necessária ação empresarial. Isto significa que toda a organização deve ser envolvida no planejamento estratégico: todos os seus níveis, recursos, potencialidades e habilidades, para obter o efeito holístico e de sinergia na interação de todos estes aspectos.

Como o planejamento estratégico é genérico e abrangente, ele precisa ser desdobrado em planos táticos desenvolvidos no nível intermediário da empresa, cada qual voltado para o seu departamento. Além disso, cada plano tático precisa ser desdobrado em vários planos operacionais desenvolvidos no nível operacional da empresa, detalhando minuciosamente cada tarefa ou atividade a ser executada.

7.2 ETAPAS DO PLANEJAMENTO ESTRATÉGICO

O planejamento estratégico exige sete etapas:[4]

1. Determinação dos objetivos empresariais.
2. Análise ambiental externa.
3. Análise organizacional interna.
4. Formulação das alternativas estratégicas e escolha da estratégia empresarial.
5. Elaboração do planejamento estratégico.
6. Implementação por meio de planos táticos e planos operacionais.
7. Acompanhamento e avaliação dos resultados.

Vejamos, na Figura 7.2, cada uma dessas sete etapas do planejamento estratégico.

A seguir, discutiremos sobre cada uma das etapas do planejamento estratégico.

7.3 DEFINIÇÃO DOS OBJETIVOS ORGANIZACIONAIS

Em função da missão e da visão organizacional são estabelecidos os objetivos empresariais. Objetivos são as pretensões ou os propósitos da empresa, os quais, tomados em conjunto, definem sua própria razão de ser ou de existir. Podem ser formulados inicialmente em termos amplos e abstratos, como aumentar a fatia de participação no mercado consumidor, aumentar a produção com os mesmos recursos disponíveis, diminuir custos operacionais, manter os custos financeiros e elevar o índice de liquidez da empresa. Todavia, os objetivos estão quase sempre distanciados da realidade do cotidiano da empresa, para permitirem a formulação de programas a serem operacionalizados. Os objetivos empresariais precisam ser desdobrados em objetivos departamentais para poderem ser detalhados em termos operacionais.

Os objetivos empresariais podem ser agrupados em quatro categorias:[6]

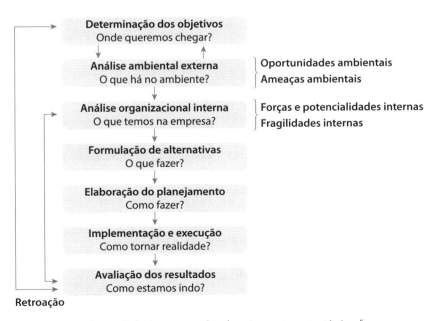

Figura 7.2 As etapas do planejamento estratégico.[5]

1. **Lucro**: considerado dentro de sua dupla ótica, de retorno dos proprietários e da economia da empresa.
2. **Expansão da empresa**: seja em relação a ela mesma, seja em relação ao mercado do qual participa.
3. **Segurança**: corresponde ao desejo da empresa de assegurar o seu futuro e continuidade.
4. **Autonomia ou independência**: objetivo pelo qual a empresa pretende livremente decidir o seu destino.

Assim, lucro, expansão, segurança e autonomia são os objetivos genéricos principais que as empresas procuram alcançar. Até certo ponto, o lucro assegura os três outros objetivos. Lucro, segurança e autonomia são basicamente objetivos de sobrevivência da empresa, enquanto a expansão é um objetivo de crescimento empresarial.

SAIBA MAIS — Função do lucro

Para Drucker "o lucro não é uma causa e sim uma consequência – resultado do desempenho da empresa em marketing, inovação e produtividade. É um resultado necessário, a serviço de funções econômicas essenciais. O lucro é primeiramente o teste do desempenho – o único teste eficaz. De fato, o lucro é um belo exemplo do que os técnicos querem dizer quando falam sobre a retroação que está por detrás de todos os sistemas de produção automatizada: a autorregulagem de um processo por seus próprios resultados". Além disso, "o lucro tem uma segunda função, igualmente importante. É o prêmio pelo risco da incerteza. A atividade econômica, porque é uma atividade, se volta para o futuro; e a única coisa certa sobre o futuro é a sua incerteza, os seus riscos".[7]

A obrigação fundamental da empresa em um sistema de livre iniciativa é gerar riqueza – portanto lucros – para cumprir suas obrigações com seus acionistas e proporcionar um fluxo de caixa adequado para saldar seus compromissos financeiros. Uma empresa que não produz lucros está fadada a desaparecer, pois a rapidez de sua morte dependerá da paciência dos credores, do tamanho dos seus recursos líquidos e das demandas de seus acionistas. O lucro apresenta duas dimensões: qualidade e eficiência. Pode ser quantificado em dinheiro e também pode ser avaliado em termos de eficiência em relação ao investimento empresarial (como é o caso do retorno sobre o capital investido).

7.3.1 *Shareholders* e *stakeholders*

Quando se trata de objetivos organizacionais e globais surge sempre uma pergunta: a quem a empresa deve prestar contas? Quem deve receber os retornos do valor ou riqueza criada? Ou então, quem deve usufruir do sucesso e dos resultados da empresa? Existem dois modelos a respeito do assunto: *shareholders* e *stakeholders*.

1. *Modelo shareholders*: segundo este modelo que predominou durante toda a Era Industrial, a empresa é considerada uma entidade econômica e que deve trazer retornos aos seus donos, proprietários ou acionistas – os chamados *shareholders*. Esse modelo de responsabilidade econômica ou financeira fez com que os documentos mais importantes a respeito da situação da empresa fossem o balanço contábil e as demonstrações financeiras. O lucro é o indicador supremo do sucesso empresarial.

2. *Modelo stakeholders*: segundo este modelo que está emergindo nas últimas décadas, a empresa é considerada uma entidade social e que deve trazer retornos para todos os parceiros do negócio ou grupos de interesses – *stakeholders* – que direta ou indiretamente contribuíram para o seu sucesso. Esse modelo de responsabilidade social faz com que o documento mais importante a respeito da situação da empresa seja o balanço social. A distribuição da riqueza gerada pela empresa deve ser feita proporcionalmente entre os parceiros do negócio de acordo com sua contribuição ao êxito do empreendimento. Assim, os proprietários ou acionistas (*shareholders*), clientes ou consumidores, fornecedores (de capital ou investidores, de matérias-primas, máquinas, tecnologias etc.), executivos e funcionários, comunidade, sociedade devem participar proporcionalmente dessa distribuição.

PARA REFLEXÃO

Para que serve a empresa?

Reflita e, a seguir, discuta com seus colegas a respeito do assunto supra e tente chegar a uma conclusão. Para que serve a empresa?

- Para atender às expectativas dos acionistas (*shareholders*)?
- Para atender às expectativas de todos os grupos de interesses (*stakeholders*)?

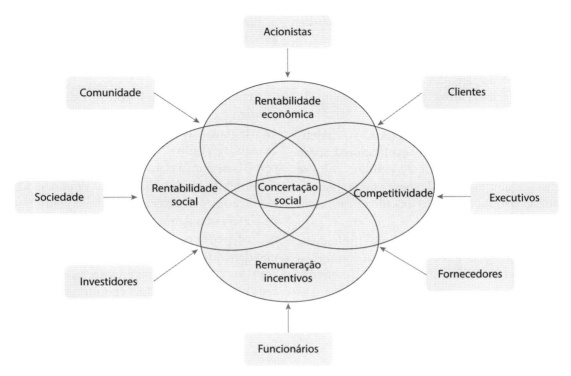

Figura 7.3 O modelo *stakeholder*.[8]

Na verdade, o conceito moderno de empresa reflete uma responsabilidade simultaneamente financeira e social, lucrativa e retributiva. Daí decorre o conceito de responsabilidade social ou responsabilidade corporativa. Mais adiante trataremos do tema sustentabilidade que está intimamente relacionado com este assunto.

7.4 HIERARQUIA DE OBJETIVOS

Existe uma hierarquia de objetivos em cada empresa: cada objetivo é fixado levando em conta uma orientação mais ampla ou tomando por referência os objetivos mais abrangentes da organização a fim de que não ocorra dispersão de esforços ou perda da integridade e unidade organizacional da empresa.

 **Convergência e não divergência**

Cada departamento da empresa apresenta uma tendência muito forte para maximizar seus objetivos e resultados, de modo que o seu esforço pode anular ou comprometer o de outros departamentos mediante um esforço de subobjetivação. Assim, cada subobjetivo maximizado leva a empresa a se transformar em sistema centrífugo de esforços, no qual os esforços mais se separam do que se conjugam, tendendo a sair do sistema e levando-o à entropia. O ideal seria o efeito não de soma dos esforços, mas sua multiplicação, ou seja, a sinergia. Ela significa o efeito multiplicador da combinação dos recursos que, quando utilizados conjugadamente, produzem um efeito resultante maior do que apenas a sua adição. Daí decorre a necessidade de um sistema de objetivos e de resultados globais definidos e desdobrados por meio dos planos táticos por departamentos convergindo os objetivos em uma direção única. Se os objetivos colidem entre si (o lucro colide com a produtividade, a inovação colide com as operações repetitivas), nenhum objetivo trabalha junto com o outro. O trabalho da administração, pois, é o de compatibilizar objetivos conflitantes. Toda empresa, no fundo, é um conjunto de conflitos que vão existindo num equilíbrio delicado.

Os objetivos gerais da empresa em geral são desdobrados em:[9]

1. **Objetivos estratégicos ou globais**: são os objetivos mais amplos do negócio, como lucratividade, participação no mercado, imagem e retorno do investimento.
2. **Objetivos táticos ou departamentais**: são os objetivos específicos de cada unidade organizacional, como volume de produção, volume de vendas, volume de compras, orçamento de despesas departamentais, custo de produção, custo de cobrança e ciclo financeiro.
3. **Objetivos operacionais**: são os objetivos limitados a cada cargo ou tarefa, como atendimento primoroso ao cliente, quantidade de cobranças, tempo médio de atendimento, tempo médio de entrega e custo unitário de produto.

Em geral, os objetivos estratégicos (objetivos empresariais) servem de base para o desdobramento em objetivos táticos (ou departamentais), como apresentado na Figura 7.5.

Em alguns casos, a hierarquia de objetivos é extremamente detalhada para permitir maior conjugação e convergência dos esforços de todos os níveis organizacionais. Em outros, a hierarquia de objetivos funciona como base para a remuneração variável dos executivos. O ganho do executivo superior depende dos objetivos alcançados pelo executivo subordinado que depende da supervisão daquele. O ganho do executivo subordinado depende dos objetivos alcançados pela sua equipe que depende de sua supervisão. Essa dependência faz com que cada executivo procure não somente alcançar seus objetivos individuais como também os objetivos daqueles que estão sob sua supervisão.

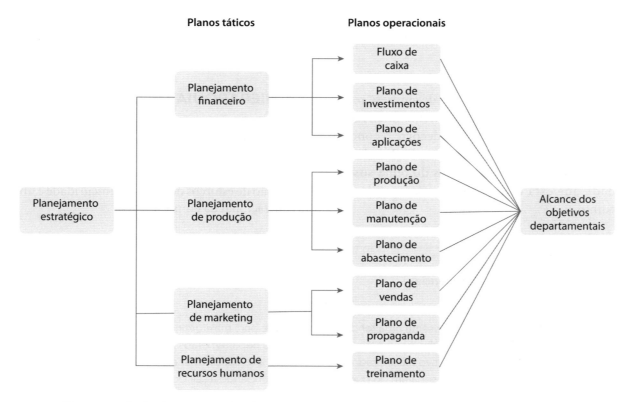

Figura 7.4 O desdobramento do planejamento estratégico em planos táticos e operacionais.[10]

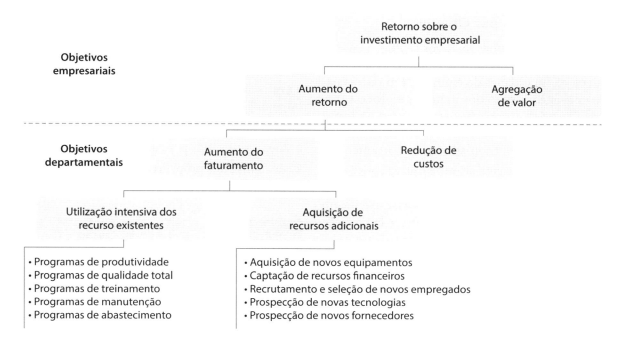

Figura 7.5 Hierarquia de objetivos a partir de um determinado objetivo empresarial.

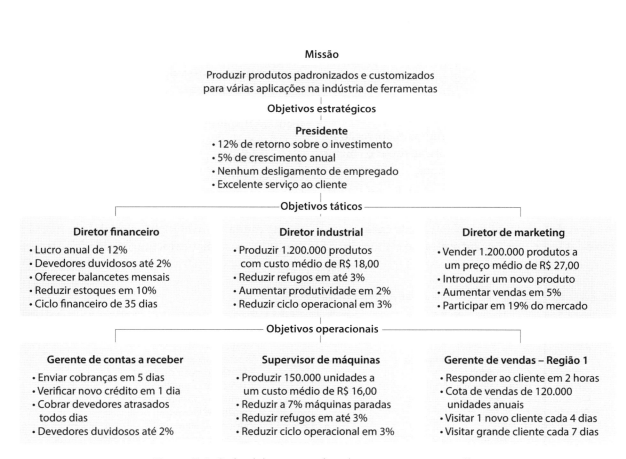

Figura 7.6 O desdobramento dos objetivos empresariais.[11]

7.4.1 Administração por Objetivos

Com a Administração por Objetivos (APO), a ênfase, antes colocada nas atividades-meio, foi deslocada para os objetivos ou finalidades da empresa. Em outras palavras, o enfoque baseado nos métodos e processos e, acima de tudo, na eficiência, passou a ser substituído por um enfoque baseado nos resultados e objetivos a serem alcançados. A eficácia tornou-se mais importante.

A APO é uma ferramenta administrativa com a qual os gerentes superiores e subordinados de uma empresa definem em conjunto suas metas comuns, especificam as áreas de responsabilidade de cada posição em relação aos resultados esperados de cada um e utilizam essas medidas como guias para a melhor operação e verificação da contribuição de seus membros. O fundamental é definir objetivos e traçar os meios para alcançá-los da melhor maneira possível, aproveitando o espírito empreendedor das pessoas.

Existem vários sistemas de APO. Os elementos comuns encontrados neles são os seguintes:[12]

1. Estabelecimento conjunto de objetivos entre o executivo e seu superior.
2. Estabelecimento de objetivos para cada departamento ou unidade.
3. Interligação entre os vários objetivos para alcançar efeitos de sinergia.
4. Revisão periódica do desempenho para correção de possíveis desvios e reciclagem para adequar os meios e assegurar o alcance dos resultados.
5. Ênfase na mensuração (quantificação de resultados) e no controle dos resultados.

Após o estabelecimento dos objetivos de cada departamento e das inter-relações entre eles são elaborados os planos adicionais (planos táticos e planos operacionais) nos níveis mais baixos da organização quanto aos meios e tarefas para o alcance daqueles objetivos. Os planos táticos e operacionais constituem a base para a medida e avaliação da eficácia dos executivos e de seus departamentos. Dessa avaliação decorrem duas alternativas:

1. Ações corretivas no sentido de rever ou modificar os meios utilizados para alcançar os objetivos.
2. Reanálise dos próprios objetivos que podem ser modificados, aumentados, reduzidos ou alterados.

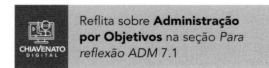
Reflita sobre **Administração por Objetivos** na seção *Para reflexão ADM 7.1*

7.5 ANÁLISE DAS CONDIÇÕES AMBIENTAIS

É preciso olhar para fora. Esta é a segunda etapa do planejamento estratégico. A análise ambiental é a maneira pela qual a empresa procura conhecer seu ambiente externo e diagnosticar o que nele ocorre. Para que a empresa possa operar com eficiência e eficácia, torna-se fundamental que ela conheça o ambiente externo que a envolve: suas necessidades, oportunidades, recursos disponíveis, dificuldades e restrições, ameaças, coações e contingências a que ela não pode escapar. Em um extrato ambiental mais próximo, a empresa precisa conhecer profundamente seu ambiente de tarefa: clientes, fornecedores, concorrentes e agências reguladoras que estão ao seu redor. Como o ambiente continuamente muda, o nível institucional da empresa precisa contínua e sistematicamente obter dados e informações

Quadro 7.1 Transição dos estilos administrativos a partir da APO[13]

Pré-APO	Pós-APO
Administração do dia a dia	Focalização no futuro
Visualização para dentro da empresa	Visualização para fora da empresa
Orientação para produtos	Orientação para pessoas
Orientação para a organização	Orientação para clientes
Orientação para atividades	Orientação para resultados
Administração da rotina	Criação de inovações
Ênfase no "como"	Ênfase no "para quê"
Ênfase no dinheiro, máquinas e materiais	Ênfase em pessoas, mentalidades e tempo
Controle centralizado, tecnocrático, funcional	Iniciativa descentralizada dos subordinados
Estilo autoritário	Estilo participativo
Diretrizes e supervisão	Delegação e responsabilidade
Individualismo	Trabalho em equipe

que permitam analisar e diagnosticar as condições ambientais que cercam a organização. Trata-se de criar condições para a gestão do conhecimento estratégico da empresa, vital para o sucesso do negócio.

A análise ambiental deve abranger o ambiente geral (macroambiente) e o ambiente de tarefa que tratamos no Capítulo 4 dedicado ao ambiente das empresas. A análise ambiental envolve os aspectos que trataremos a seguir.

7.5.1 Análise do ambiente geral

Como já vimos, o ambiente geral envolve fatores que influenciam todas as organizações sem qualquer distinção, embora com diferentes impactos:[14]

1. **Fatores tecnológicos**: envolvendo custos e disponibilidades de todos os fatores produtivos utilizados nas empresas e as mudanças tecnológicas que afetam esses fatores de produção, bem como novos produtos ou serviços que poderão substituir os já oferecidos.

2. **Fatores políticos**: envolvendo decisões governamentais no nível federal, estadual e municipal capazes de afetar as atividades e operações da empresa. Os governos podem ser grandes compradores de bens e de serviços, subsidiar empresas e indústrias que os ajudam a sobreviver e prosperar, proteger as empresas locais da concorrência estrangeira e, sobretudo, ver nas empresas as oportunidades de emprego indispensáveis para a sobrevivência e o bem-estar dos cidadãos.

3. **Fatores econômicos**: como o estágio da economia (em depressão, recessão, recuperação ou prosperidade), e tendência nos preços de bens e serviços (inflação ou deflação), políticas monetárias, políticas fiscais e balança de pagamentos. Cada uma dessas facetas pode facilitar ou dificultar o alcance dos objetivos da empresa e o sucesso ou fracasso de sua **estratégia**.

4. **Fatores legais**: a legislação no âmbito federal, estadual e municipal vem afetando cada vez mais as operações e atividades das empresas. A legislação sobre assuntos como salários e controles de preços, higiene e segurança do trabalho, concessão de crédito direto ao consumidor, construção de edifícios, condições de trabalho, faturamento, estocagem e depósito de matérias-primas e de produtos acabados, além de impostos e uma infinidade de outros aspectos tornam a atividade empresarial sujeita a limitações e restrições legais. Muitas vezes, a estratégia empresarial esbarra em certos impedimentos legais.

5. **Fatores sociais**: os valores sociais e as atitudes das pessoas – como clientes ou empregados – podem afetar a

estratégia empresarial. A qualidade desejada de vida, os padrões de conforto, as preferências de lazer, os costumes referentes a vestuário, passeios, interesses etc. influenciam os produtos e serviços desejados pela sociedade em geral, bem como sua qualidade, preço, importância etc.

6. **Fatores demográficos**: como a densidade populacional e distribuição geográfica da população, distribuição por idade, sexo e raça definem a maneira pela qual os clientes estão distribuídos no mercado.

7. **Fatores ecológicos**: envolvendo aspectos do ambiente físico e natural, bem como políticas governamentais a respeito.

Todos esses fatores (tecnológicos, políticos, econômicos, legais, sociais e demográficos) constituem importantes aspectos do ambiente geral (ou macroambiente) que devem ser levados em conta no planejamento estratégico.

7.5.2 Análise do ambiente de tarefa

Vimos no Capítulo 4 que o ambiente de tarefa representa o nicho ambiental mais próximo e imediato de cada empresa. Na verdade, cada empresa tem ao seu redor o seu próprio ambiente de tarefa. Para ter uma visão periférica do seu negócio, a empresa precisa conhecer profundamente seu ambiente. A análise ambiental deve focalizar o ambiente de tarefa da empresa:[15]

1. **Consumidores ou usuários** dos produtos ou serviços da empresa, isto é, os clientes da empresa. É o chamado mercado (de consumidores, usuários ou clientes) e que pode absorver todos os resultados ou saídas da atividade empresarial. Tanto o mercado atual como potencial precisam ser abordados para verificação de oportunidades e ameaças no curto, médio ou longo prazo. As necessidades e preferências dos consumidores são aspectos que não podem ser ignorados pela empresa. A pergunta básica é: quais são os consumidores atuais e potenciais dos produtos ou serviços da empresa? Quais são suas necessidades, preferências e expectativas? Quais as alternativas para atendê-los cada vez melhor?

2. **Fornecedores de recursos**, isto é, as empresas que proporcionam as entradas e os recursos necessários para as operações e atividades da empresa. Em outros termos, as demais empresas com as quais a empresa mantém **relações de dependência**. Existem fornecedores de capital e de dinheiro (mercado de capitais envolvendo acionistas, investidores e

particulares, bancos, entidades financeiras etc.), de materiais e matérias-primas (mercado de fornecedores que proporcionam os insumos materiais básicos para a empresa), de equipamentos, de tecnologia, de mão de obra, de espaço a ser alugado, comprado ou arrendado, de serviços (como propaganda, assistência médico-hospitalar, recrutamento e seleção, limpeza e faxina, segurança e vigilância bancária e industrial).

3. **Concorrentes** quanto às saídas ou entradas da empresa. Podem disputar clientes, consumidores ou usuários, como é o caso de empresas que produzem os mesmos produtos ou serviços que são colocados no mesmo mercado consumidor. Podem disputar também os recursos necessários, como nas empresas que precisam das mesmas entradas de dinheiro, materiais e matérias-primas, máquinas e equipamentos, tecnologia, recursos humanos, serviços. A concorrência quanto a saídas ou entradas provoca alterações no mecanismo de oferta e procura do mercado, interferindo nas disponibilidades, preços, na qualidade e na relativa facilidade ou dificuldade em obter recursos indispensáveis às operações da empresa. A concorrência afeta a dinâmica do ambiente, provocando reatividade ambiental e turbulência.

4. **Agências regulamentadoras** como entidades governamentais, sindicatos, associações de classe e opinião pública que interferem nas atividades e operações da empresa, quase sempre para vigiá-las e provocar restrições e limitações, reduzindo o grau de liberdade no processo de tomada de decisões da empresa. Em casos de hostilidade neste setor do ambiente de tarefa, a empresa precisa adotar estratégias bem planejadas e executadas para reduzir ou neutralizar as coações e ameaças externas.

SAIBA MAIS — **Absorver ou transferir**

Muitas empresas procuram a integração vertical fabricando todos os subprodutos e componentes necessários para a produção de seus produtos ou serviços, a fim de diminuir sua dependência externa em relação a fornecedores, reduzir custos e melhor aproveitar recursos disponíveis, enquanto outras procuram delegar a outras empresas fornecedoras uma parcela de suas atividades (terceirização), a fim de se concentrar e especializar nas operações essenciais para aumentar sua eficiência. São duas estratégias opostas: a primeira reduz a dependência externa, mas provoca problemas de complexidade dentro da empresa que passa a lidar internamente com uma variedade de assuntos heterogêneos, enquanto a segunda aumenta a dependência externa em relação às demais empresas fornecedoras, mas alivia internamente a empresa de uma enorme variedade de problemas, permitindo-lhe concentrar-se em problemas que ela não pode delegar nem abrir mão para terceiros. No primeiro caso há uma resposta empresarial a ameaças externas e, no segundo, a oportunidades externas.

Figura 7.7 Forças externas que configuram e reconfiguram a organização.

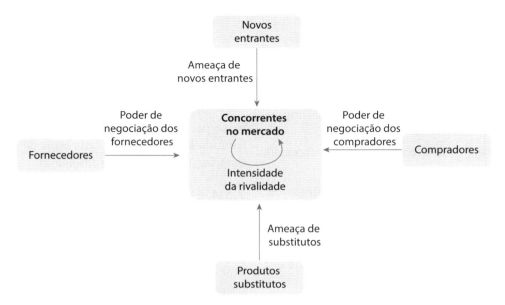

Figura 7.8 As cinco forças competitivas segundo Porter.[16]

Qualquer mudança em relação aos produtos ou serviços oferecidos pela empresa altera de alguma forma o seu ambiente de tarefa e as suas relações de interdependência, ou seja, influencia o intrincado jogo de poder e dependência definidos em função do domínio.

A análise ambiental pode ser feita por meio de informação verbal ou escrita, pesquisa e análise, espionagem, estudos de previsão e sistemas de informação gerencial que variam de acordo com a empresa.

7.5.3 A análise ambiental de Porter

Porter propõe um modelo de cinco forças competitivas para analisar a rivalidade entre concorrentes e a ameaça representada por novos entrantes, pela possível emergência de produtos substitutos e pelo poder de barganha ou negociação de fornecedores ou de compradores. A Figura 7.8 nos mostra uma ideia dessas cinco forças competitivas que atuam em cada indústria, isto é, em cada setor do mercado.

As cinco forças podem ser assim explicadas:[17]

1. **Ameaça de novos entrantes** – outras empresas podem ingressar no setor de negócios – os novos entrantes – e trazer ameaças às empresas já nele radicadas por inserir capacidade de produção adicional forçando as demais a serem mais eficazes e aprenderem a concorrer em novas dimensões. Para barrar o ingresso de novos entrantes, as empresas utilizam barreiras de entradas como:

   a. **Economias de escala**: as economias de escala aumentam na medida em que aumenta a quantidade de um produto fabricado enquanto os custos de fabricação de cada unidade diminuem. Assim, o novo entrante enfrenta o desafio imposto pelas economias de escala dos concorrentes existentes.

   b. **Diferenciação de produto**: as empresas existentes diferenciam o produto para torná-lo único e exclusivo e para que o cliente o valorize mais. O novo entrante precisa alocar muitos recursos para superar a fidelidade do cliente.

   c. **Requisitos de capital**: o novo entrante precisa dispor de capital e recursos para entrar no setor.

   d. **Custos de mudança**: para ingressar, o novo entrante enfrenta custos adicionais de aquisição de equipamentos auxiliares, retreinamento de pessoal etc. Quando tais custos de mudança são elevados, o novo entrante enfrenta desafios.

   e. **Acesso aos canais de distribuição**: os novos entrantes enfrentam desafios para distribuição de seus produtos, pois as empresas já firmes no mercado dispõem de um forte relacionamento com distribuidores com a finalidade de gerar custos de mudanças para aqueles.

2. **Poder de barganha dos fornecedores** – um grupo de fornecedores tem poder no contexto da indústria quando:

a. A indústria é um setor específico constituído por poucas e grandes empresas fornecedoras fortemente concentradas.

b. Não há produtos substitutos satisfatórios para a indústria.

c. Não considera as empresas como clientes importantes para seu negócio.

d. Os insumos que o fornecedor oferece são essenciais ao sucesso do comprador no mercado.

e. O fornecedor constitui uma ameaça de integrar-se para a frente no setor de compradores optando por concorrer com eles. Um produtor de roupas pode optar por operar seus próprios canais de varejo.

3. **Poder de barganha dos compradores**: o cliente (ou grupo de compradores) tem poder quando:

a. O cliente está adquirindo grande parte do total da produção do setor.

b. O produto adquirido pelo cliente responde por uma parcela significativa dos custos do comprador.

c. Os produtos da indústria não são diferenciados ou padronizados.

d. O comprador pode apresentar uma ameaça concreta de integração para trás e concorrer com o vendedor. A indústria automobilística está oferecendo um serviço de vendas nacionais *on-line* para oferecer serviços adicionais ao cliente.

4. **Ameaça de produtos substitutos** que vêm de fora do setor e que desempenham as mesmas funções de um produto fabricado no setor. Os recipientes plásticos no lugar de potes de vidro e sacos de papel em vez de sacos plásticos são exemplos.

5. **Intensidade da rivalidade entre os concorrentes** – em todo setor há empresas que concorrem agressivamente para atingir competitividade estratégica. Os fatores que influenciam a intensidade da rivalidade entre as empresas são:

a. Concorrentes numerosos ou equilibrados entre si;

b. Crescimento lento do setor;

c. Custos fixos elevados;

d. Capacidade de produção aumentada;

e. Concorrentes divergentes em termos de metas e estratégias;

f. Apostas estratégicas elevadas;

g. Barreiras de saída elevadas tais como ativos especializados (ligados a um negócio específico), custos fixos de saída (como custos trabalhistas),

inter-relacionamentos estratégicos (relações de dependência recíproca, como operações compartilhadas), barreiras emocionais (como lealdade aos funcionários) e limitações sociais e governamentais (preocupação com demissões).

O modelo proposto por Porter permite melhorar a visão periférica do negócio e analisar com mais profundidade a situação de cada setor de mercado (ou indústria, segundo sua terminologia).

7.5.4 Elaboração de cenários

Fazer uma análise perfunctória do ambiente geral e do ambiente de tarefa é fundamental para o planejamento estratégico. Trata-se de mapear a situação atual. Mas surge uma questão importante: se o planejamento estratégico é dimensionado para o longo prazo – ao exercício de alguns anos pela frente – ele somente poderia ser bem-sucedido se todos os fatores ambientais permanecessem fixos e estáticos ao longo do tempo. Acontece que o mundo gira e o ambiente muda de maneira incessante e cada vez mais veloz. Corre-se o risco de, chegando no futuro estratégico, o ambiente já não ser o mesmo daquilo que é hoje. E certamente ele será bem diferente.[18] A solução? Elaborar cenários para descortinar como seria o ambiente geral e o ambiente de tarefa no futuro estratégico a partir do que é hoje. Projetar a situação atual no futuro estratégico.

O cenário é uma construção mental de alternativas futuras das condições ambientais. Trata-se de uma visão consistente sobre qual será o provável futuro. Em vez de enfrentá-lo às cegas e improvisar soluções em cima da hora, o melhor é dispor de várias alternativas na mente para poder responder melhor e mais rapidamente às oportunidades e ameaças que surgem intempestivamente.[19] Da mesma forma como se utiliza um plano A e um plano B, a ideia é formular cenários alternativos: um cenário otimista, um cenário conservador e um cenário pessimista para flexibilizar e definir opções alternativas futuras. Em geral, as empresas utilizam três cenários: um otimista, um pessimista e um intermediário para se prepararem para o futuro.

A análise ambiental fornece a base para previsões que fundamentam os cenários. As previsões são regras matemáticas aplicadas a uma série de dados passados a fim de prever resultados futuros.[20] As previsões podem ser quantitativas ou qualitativas e podem estar relacionadas com as receitas futuras da empresa, com as mudanças tecnológicas, com as mudanças nos hábitos dos consumidores e assim por diante. Os principais tipos de previsão se baseiam em modelos de regressão, modelos econométricos, análise de séries temporais ou em indicadores econômicos.

7.6 ANÁLISE ORGANIZACIONAL

Esta é a terceira etapa do planejamento estratégico e refere-se à análise das condições internas da empresa e seu correspondente diagnóstico. É o processo pelo qual se examinam os recursos disponíveis, sejam financeiros, mercadológicos, produtivos e humanos da empresa como fatores conjuntos para verificar quais suas forças e fraquezas e como ela pode explorar as oportunidades e defrontar-se com as ameaças e coações que o ambiente lhe apresenta. Trata-se de criar condições para a gestão do conhecimento estratégico da empresa em relação às suas próprias características e condições. Não basta conhecer profundamente o ambiente externo; é preciso também conhecer profundamente as próprias condições internas da empresa, suas competências e suas potencialidades e vulnerabilidades.

A análise organizacional deve levar em consideração os seguintes aspectos internos da empresa:[21]

1. **Missão e visão organizacional:** bem como os objetivos empresariais e sua hierarquia de importância. A missão define o papel que a empresa assume na sociedade, enquanto a visão define o que ela pretende ser no futuro e os objetivos que deseja alcançar. Missão e visão funcionam como balizadores de toda atividade humana na empresa e indicam como as pessoas podem contribuir para o sucesso do negócio.
2. **Recursos empresariais disponíveis:** como recursos financeiros, físicos ou materiais, humanos, mercadológicos e administrativos. Em geral, os recursos determinam até que ponto a empresa pode operar, crescer e se expandir.
3. **Competências atuais e potenciais:** quais os conhecimentos, habilidades, capacidades e atitudes individuais que a empresa reúne ou pode reunir.
4. **Estrutura organizacional:** a maneira pela qual a empresa está organizada e suas características, envolvendo os sistemas internos, valores e princípios. A estrutura representa a maneira pela qual a empresa se organiza para cumprir sua estratégia.
5. **Tecnologia:** a matriz de tecnologias utilizada pela empresa seja para a produção de seus produtos e serviços ou para o seu próprio funcionamento interno representa a infraestrutura que impulsiona ou amarra o seu desenvolvimento.
6. **Pessoas:** suas habilidades, talentos, capacidades e competências. A empresa precisa contar com talentos para que possa crescer e ser bem-sucedida.
7. **Cultura organizacional:** envolvendo o estilo de administração, clima organizacional, estilo de liderança e os aspectos motivacionais internos.

7.6.1 Recursos

Nenhuma empresa é igualmente forte em todas as suas áreas de atuação. Cada área da empresa apresenta suas forças e fraquezas e cada empresa como um todo também apresenta suas vantagens e desvantagens estratégicas atuais e potenciais. O desafio está em juntar

Quadro 7.2 Perfil de análise organizacional[22]

Recursos	Produção	Marketing	Finanças	Administração
Financeiros	R$ por fábrica, por equipamento, por produto	R$ por vendas, por promoção, por serviço, por pesquisa de mercado	R$ por investimento a longo prazo, por aplicação de recursos	R$ por sistema de planejamento e de controle, por desenvolvimento gerencial
Físicos	Número, localização das fábricas. Grau de automação e de integração	Número, localização dos escritórios de vendas, das lojas e serviços ao cliente	Número de acionistas ou crediaristas principais	Localização dos escritórios centrais
Humanos	Características do pessoal técnico e de supervisão	Características do pessoal de vendas	Características do pessoal de finanças e contabilidade	Características dos gerentes e pessoal de *staff*
Sistemas organizacionais	Sistemas de programação da produção, de compras e controle de qualidade	Sistemas de distribuição, de serviços, de crédito, de propaganda	Sistemas de fluxo de caixa, de planejamento e controle orçamentários de contabilidade	Sistemas de valores sociais, de planejamento e controle, de recompensas, de autoridade

e integrar todos os recursos da empresa de tal maneira que possam produzir resultados além das expectativas.

A análise organizacional verifica as potencialidades e vulnerabilidades da empresa mostrando as suas possibilidades atuais em termos mercadológicos, financeiros, tecnológicos, humanos e organizacionais.

>
>
> **Competências**
>
> Na prática, as empresas começam com uma carteira de negócios e não com uma carteira de competências. De imediato, a competitividade decorre apenas de seus atributos de preço e desempenho dos produtos. Acontece que os concorrentes imitam e rapidamente convergem para padrões similares e formidáveis de custos de produto e de qualidade — que são barreiras mínimas para a competição contínua, mas que funcionam cada vez menos como fontes de vantagem diferenciada. Assim, a competição baseada nestes termos é passageira e fugaz.[23] O administrador precisa saber criar e desenvolver competências na empresa.

7.6.2 Competências essenciais

Não basta ter ou conjugar recursos organizacionais e tecnologia, pois são estáticos e inertes. Não têm vida própria e nem inteligência. Além disso, eles podem ser facilmente comprados no mercado. Qualquer empresa pode adquiri-los com relativa facilidade. E para operá-los e ativá-los são necessárias pessoas. Mais do que pessoas, as empresas precisam saber cultivar talentos. Talentos são pessoas especiais, pessoas preciosas que possuem competências distintas e relevantes para o negócio da empresa. A diferença entre pessoas e talentos está exatamente na posse de certas competências pessoais. Voltaremos a falar em competências essenciais no capítulo final.

7.6.3 Análise SWOT

O termo SWOT (do inglês *strenghts*, *weakness*, *opportunities* e *threats*) poderia ser denominado FFOA (forças, fraquezas, oportunidades e ameaças). Na verdade, trata-se de uma tabela de dupla entrada em que, nas linhas, estão as forças e fraquezas organizacionais e, nas colunas, as oportunidades e ameaças ambientais. A Figura 7.9 nos mostra como juntar a análise ambiental com a análise organizacional para aclarar a situação da empresa em um dado momento.

> **PARA REFLEXÃO**
>
> **Como elaborar uma análise SWOT?**
>
> Reflita e, a seguir, discuta com seus colegas a respeito do assunto supra e tente chegar a uma conclusão. Como elaborar uma análise SWOT para uma empresa?

| | | Análise ambiental ||
		Ameaças	Oportunidades
Análise Organizacional	Pontos fracos	Desativação – Área de risco acentuado A empresa possui fraquezas e o ambiente impõe ameaças.	Melhoria – Área de aproveitamento potencial A empresa possui fraquezas e o ambiente oferece oportunidades.
	Pontos fortes	Enfrentamento – Área de risco enfrentável A empresa possui forças e o ambiente impõe ameaças.	Aproveitamento – Área de domínio da empresa A empresa possui forças e o ambiente impõe ameaças.

Figura 7.9 A análise SWOT.[24]

Análise ambiental

		Ameaças	Oportunidades
Análise Organizacional	Pontos fracos	• Concorrência pesada • Concorrência desleal • Entrada de novos produtos • Produtos sem sucesso • Tecnologia obsoleta • Administração ineficiente • Métodos e processos antigos • Moral baixo • Falta de motivação	• Mercado sem concorrência • Ausência de novos produtos • Concorrentes sem estratégias • Produtos sem sucesso • Tecnologia obsoleta • Administração ineficiente • Métodos e processos antigos • Moral baixo • Falta de motivação
		1 2	
		3 4	
	Pontos fortes	• Concorrência pesada • Concorrência desleal • Entrada de novos produtos • Forte apoio da direção • Motivação elevada • Produtos em desenvolvimento • Tecnologia em aquisição • Administração eficaz • Objetivos claros	• Mercado sem concorrência • Ausência de novos produtos • Concorrentes sem estratégias • Forte apoio da direção • Motivação elevada • Produtos em desenvolvimento • Tecnologia em aquisição • Administração eficaz • Objetivos claros

Figura 7.10 Exemplo de análise SWOT.[25]

Quase sempre a análise SWOT é feita periodicamente pelas empresas junto aos seus executivos e funcionários para mapear sua situação frente ao ambiente geral e ambiente de tarefa, particularmente em relação aos concorrentes e às mudanças que surgem a cada momento.

7.7 FORMULAÇÃO DE ALTERNATIVAS ESTRATÉGICAS

A partir dos objetivos empresariais, analisando-se as oportunidades e ameaças ambientais de um lado e as potencialidades e vulnerabilidades internas de outro, a administração tem nas mãos um balizamento que a ajudará a definir ou redefinir as alternativas estratégicas quanto à ação futura da empresa.

De um modo mais abrangente, a missão e visão organizacional balizam todo o processo de formulação estratégica. Na medida em que a estratégia é formulada, ela precisa se assentar em uma estrutura organizacional que lhe seja adequada e receber o influxo de uma cultura organizacional que lhe sirva de amparo. Em outros termos, tanto a estrutura organizacional como a cultura corporativa devem se ajustar às demandas da estratégia organizacional. A partir daí, definem-se os processos e os objetivos a serem alcançados com eles. A estratégia passa a ser o melhor caminho para alcançar os objetivos organizacionais propostos, como apresentado na Figura 7.12.

A formulação das alternativas estratégicas pode ser feita dentro de padrões rotineiros ou altamente criativos. Dependendo da situação externa e interna, pode ser dada preferência a estratégias ativas ou passivas. Geralmente, as grandes empresas de caráter dominante desenvolvem estratégias ofensivas em seus principais segmentos de mercados, enquanto as pequenas firmas preferem sobreviver por meio de estratégias defensivas quando atuam em mercados abrangidos pelas grandes empresas ou por meio de estratégias ofensivas em segmentos de mercado ignorados pelas empresas dominantes. As empresas podem desenvolver estratégias ofensivas (ativas) com relação a alguma parte do seu ambiente de tarefa e estratégias defensivas (passivas) em relação a outras partes. A postura estratégica dentro da dimensão ativa/passiva pode assumir quatro tipos, conforme já vimos no capítulo sobre estratégia empresarial.

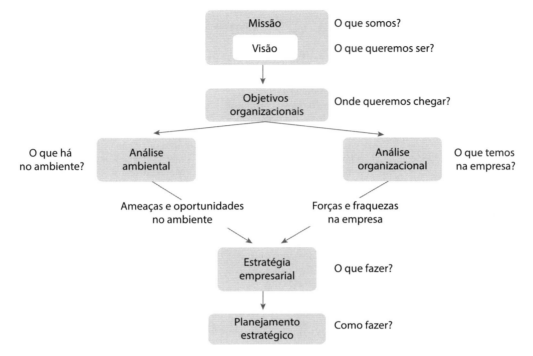

Figura 7.11 O processo de formulação estratégica.[26]

Figura 7.12 O carteado da estratégia empresarial.[27]

Figura 7.13 As alternativas estratégicas.

7.8 ELABORAÇÃO DO PLANEJAMENTO ESTRATÉGICO

O planejamento estratégico representa a maneira como a estratégia empresarial deverá ser colocada em ação, isto é, operacionalizada. Enquanto a estratégia empresarial se preocupa com "o que fazer" para atingir os objetivos empresariais propostos, o planejamento estratégico volta-se para "como fazer", tendo em vista o diagnóstico sobre "o que há no ambiente" e "o que temos na empresa".

O horizonte temporal do planejamento estratégico deve ser orientado para o longo prazo. Em um ambiente estável o longo prazo pode configurar cinco ou mais anos. Enquanto em um ambiente instável e turbulento, o longo prazo pode significar no máximo doze meses e, mesmo assim, sujeito a atualizações constantes. O aumento do nível de incerteza faz com que o planejamento estratégico se torne mais importante. Se tudo fosse previsto, não haveria necessidade de planejamento. Ele existe para dar um pouco de coerência e consistência às coisas incertas.

O diagnóstico da situação atual da empresa face ao ambiente externo e a identificação das ameaças e oportunidades constituem o ponto de partida para o estabelecimento dos objetivos empresariais – mesmo os de curto prazo – e, consequentemente, para a formulação das alternativas estratégicas. O estreitamento da margem de manobra das empresas em um ambiente incerto faz com que qualquer receituário seja flexível. As seis etapas do planejamento estratégico poderão ser cambiadas entre si e a sua ordem sequencial poderá ser alterada. A ordem dos fatores não altera o resultado já que existe uma íntima relação de interdependência entre as etapas do processo.

O processo de elaboração do planejamento estratégico deve se caracterizar por canais de comunicação abertos em todos os níveis da empresa. Embora a estratégia empresarial seja uma responsabilidade do nível institucional, isto não significa que o planejamento estratégico seja centralizado na cúpula da organização. Pelo contrário, ele dever ser descentralizado, pois o melhor planejador é o próprio gerente de linha que conhece profundamente sua área de atuação. As metas não podem ficar vivas apenas na mente do presidente, mas na cabeça de todos os participantes. O processo de elaboração do planejamento deve contar com a ampla e irrestrita participação de todos os níveis da organização. A empresa deve responder às ameaças e oportunidades ambientais de maneira solidária e uníssona, com forte apelo de sinergia. A busca e a manutenção do consenso entre os níveis e as diferentes áreas da empresa devem ser constantes e intensivas, já que não haverá tolerância ambiental para os desperdícios e perdas inúteis resultantes dos conflitos inter ou intraorganizacionais que caracterizam a empresa sem rumo definido.

O processo de elaboração de planejamento deve ser iniciado e desenvolvido de maneira informal e espontânea: o planejamento deve ser sempre resultante – e nunca um fator desencadeante – do trabalho em equipe da organização.

O planejamento estratégico deve considerar todos os fatores que integradamente deverão constituir o comportamento da empresa. Esse conjunto de fatores é conhecido como os sete "S":[28]

1. ***Staff***: a equipe, as pessoas que formam a organização e sua administração, o trabalho em conjunto.

2. ***Style***: o estilo, isto é, o comportamento dos administradores e funcionários e sua ética de trabalho.

3. ***Skills***: as habilidades e qualificações, aquilo que a empresa sabe, a maneira como faz e os conhecimentos das pessoas.

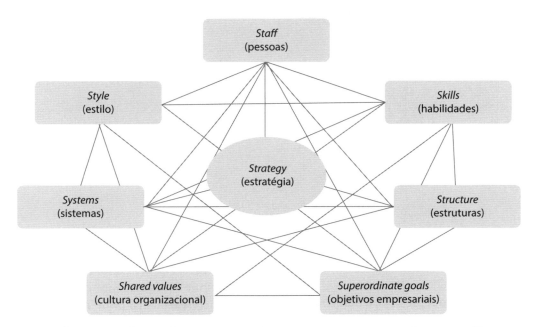

Figura 7.14 Os sete fatores que condicionam o comportamento da empresa.[29]

Quadro 7.3 Exemplos de estratégias empresariais[30]

Recursos	Estratégia desenvolvida para eficiência e regularidade	Estratégia desenvolvida para inovação e flexibilidade
Humanos	Ênfase na conformidade e compromisso	Ênfase na originalidade e compromisso
Financeiros	Crescimento financeiro dos negócios atuais	Crescimento requer capacidade financeira
Tecnológicos	Melhoria do produto e dos processos	Criação de novos produtos e novas tecnologias
Organização Estrutura	Orientação centralizada e funcional Cadeia vertical para decisões e comunicação Vendas e operações são funções dominantes	Orientação descentralizada para produtos Rede de influência e comunicação Uso de projetos e forças-tarefa Marketing e P&D são funções dominantes
Controle	Orçamentos e planos detalhados e estreitos revistos em pequenos intervalos	Planejamento amplo sobre objetivos
Padrões	Metas individuais ou grupais Baseados em comparações internas Objetivos de produção e de vendas	Metas genéricas baseadas em comparações externas
Recompensas	Recompensas por desempenho individual/ grupal Promoções devidas a planos executados	Recompensas para desempenho total dos negócios Promoção por resultados inovadores Recompensas para tomadores de risco
Políticas e processos	Processo de tomada de decisão do topo Estabelecem pistas claras de carreira	Processos decisórios e ascendentes e descendentes Uso de políticas claras
Ambiente de trabalho	Orgulho quanto à precisão Ênfase em custos, entrega e qualidade Horas regulares de trabalho e descanso	Orgulho em ser o primeiro com ideias brilhantes Trabalho e descanso por preferências individuais

4. **Systems**: os sistemas, padrões de comunicação da organização e entre a organização e seu ambiente para a busca de integração e sinergia. Todas as políticas e procedimentos são alinhados para apoiar a estratégia escolhida.

5. **Structure**: a estrutura organizacional, o plano organizacional da empresa, a maneira como a empresa se organiza para operacionalizar sua estratégia. A estratégia determina a estrutura que passa a ser um meio para ajudar a empresa a alcançar seus objetivos.

6. **Shared values**: os valores comuns e compartilhados pelas pessoas, a cultura organizacional, o modo de pensar e agir da equipe que forma a empresa.

7. **Superordinate goal**: a hierarquia de objetivos, a missão, visão, filosofia da empresa, sua vocação e finalidade.

Daí a estratégia empresarial (*strategy*), isto é, a maneira como a empresa aglutina os sete fatores para se comportar em seu meio ambiente.

A integração desses fatores entre si e com o ambiente específico da empresa determina de que forma ela irá se comportar, frente às oportunidades ou desafios. Esse comportamento se torna incrementalmente eficaz na medida em que a empresa aprende a melhorá-lo cada vez que o repete. A aprendizagem organizacional permite a contínua melhoria do desempenho e a correção dos erros ou falhas. Daí a denominação de abordagem incrementalista para a organização que aprende.

Todos os sete fatores são interdependentes e, no conjunto, proporcionam um efeito de sinergia que representa a vantagem competitiva da empresa no cenário de suas operações. O planejamento estratégico deve levar em conta todos esses fatores, sua interação e sua sinergia.

Os estrategistas selecionam alternativas estratégicas dentro de uma abordagem contingencial no planejamento de primeira geração (no nível institucional) e multiplicam os conjuntos de alternativas no planejamento de segunda geração dentro de abordagens gradativamente mecanísticas. Isto significa que, enquanto o planejamento estratégico (realizado no nível institucional) é orgânico e contingencial, o planejamento tático (realizado no nível intermediário) e o planejamento operacional (realizado no nível operacional) tendem a ser crescentemente mecanísticos e rígidos.

7.8.1 Filosofias de planejamento

Todo planejamento constitui um conceito a respeito do futuro que se pretende. Assim, todo planejamento

estratégico deve subordinar-se a uma filosofia de ação. Neste sentido, existem três tipos de filosofia do planejamento:[31]

1. **Planejamento conservador**: sua filosofia está refletida nas decisões no sentido de obter resultados bons, mas não necessariamente os melhores possíveis, pois não faz mudanças radicais na empresa e deve conservar as práticas atualmente vigentes com a redução de imperfeições. Está mais preocupado em identificar deficiências e problemas internos do que em explorar oportunidades ambientais futuras.

2. **Planejamento otimizante**: sua filosofia está refletida nas decisões focadas na obtenção de melhores resultados possíveis para a empresa, seja minimizando custos e reduzindo recursos para alcançar um determinado desempenho ou objetivo, seja maximizando o desempenho para melhor utilizar os recursos disponíveis. O planejamento otimizante está baseado na preocupação de melhorar as práticas atualmente vigentes na empresa.

3. **Planejamento adaptativo**: sua filosofia está refletida em compatibilizar os diferentes interesses envolvidos, elaborando uma composição capaz de levar a resultados para o desenvolvimento natural da empresa. Procura reduzir ou eliminar deficiências localizadas no passado da empresa e buscar a adaptação ambiental.

Essas filosofias podem ser utilizadas conjuntamente. O planejamento estratégico consiste na tomada antecipada de decisões, em decidir agora o que fazer antes da ocorrência da ação necessária. Não se trata simplesmente da previsão das decisões que serão tomadas no futuro, mas da tomada de decisões que produzirão efeitos e consequências futuras.

7.9 IMPLEMENTAÇÃO DO PLANEJAMENTO ESTRATÉGICO

Implementação significa a colocação dos planos em ação pelas pessoas. É a fase da execução e do fazer acontecer na administração. A implementação envolve as etapas que o administrador leva adiante para conseguir que as pessoas realizem os planos estabelecidos por meio do seu trabalho cotidiano. A implementação significa a ponte entre as decisões administrativas e a execução real por meio das pessoas nos vários níveis da empresa.

Se a formulação estratégica é difícil e complexa, a sua execução é muito mais complicada. Sem uma execução adequada a estratégia simplesmente não acontece.

A execução requer organização adequada, intensa coordenação, incentivos às pessoas, controles, acompanhamento intenso e, sobretudo, liderança estratégica por parte do executivo principal e liderança tática e operacional por parte dos gerentes e supervisores. Sem a participação e compromisso de todas as pessoas a estratégia fica no papel.[32]

Para executar o planejamento estratégico e transformá-lo em realidade concreta a empresa segue os seguintes passos:

1. **Participação das pessoas**: no sentido de que elas sejam atores e protagonistas da ação estratégica e não simplesmente expectadores ou observadores. A execução estratégica deve fazer com que a estratégia passe a ser a atividade cotidiana das pessoas. Transformar a estratégia em ação diária é fundamental para o seu sucesso.
2. **Comunicação intensiva**: no sentido de explicar, esclarecer, orientar as pessoas naquilo que devem fazer para contribuir com resultados para a estratégia empresarial. A comunicação deve se fazer em todos os sentidos: entre os vários níveis e entre todas as pessoas participantes.
3. **Preparação prévia do pessoal**: incluindo treinamento e desenvolvimento, educação corporativa, reuniões sistemáticas de apresentação e acompanhamento dos resultados.
4. **Reforço contínuo**: no sentido de constantemente se falar na estratégia, bater firme nos objetivos e festejar resultados. A estratégia deve ser o assunto principal de todas as reuniões e contatos com as pessoas.
5. **Avaliação sistemática**: medição por meio de indicadores de desempenho e de resultados é fundamental. Diariamente ou semanalmente as pessoas devem se reunir para avaliar o andamento das ações estratégicas, da coordenação e integração de todos os esforços. *Feedback* em tempo real. A avaliação sistemática deve funcionar como um reforço contínuo e positivo para a ação estratégica.
6. **Recompensas por resultados**: a estratégia repousa na ação das pessoas e estas devem ser incentivadas e estimuladas constantemente para que não haja paradas ou atrasos. Na medida em que os resultados são alcançados, as pessoas precisam ser recompensadas ou premiadas. As recompensas devem também funcionar como um reforço contínuo e positivo para a ação estratégica.

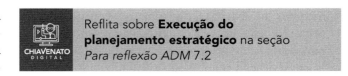

O planejamento estratégico trata das decisões e ações globais, genéricas e amplas. Para que possa ser executado com maestria em todos os níveis da empresa precisa ser adequadamente detalhado e desdobrado. Assim, no nível intermediário ele é desdobrado em planos táticos para cada departamento da empresa e no nível operacional cada plano tático é desdobrado e detalhado em planos operacionais relacionados com tarefas e operações a serem realizadas. Os dois próximos capítulos tratam dos planos táticos e planos operacionais respectivamente.

7.10 ACOMPANHAMENTO E AVALIAÇÃO DOS RESULTADOS

Por se tratar de uma ação empresarial sistêmica e integrada, o planejamento estratégico requer um intenso acompanhamento e avaliação do progresso e dos resultados alcançados de maneira contínua e ininterrupta. O objetivo é buscar meios de retroação para que todas as ações corretivas possam ser tomadas imediatamente de tal maneira que a empresa navegue com confiança no seu imenso oceano de atividades. Lembram-se do Titanic?

7.11 *BALANCED SCORECARD*

Toda empresa procura fazer uma avaliação competitiva levando em conta seus recursos organizacionais, o arsenal de competências essenciais, a arquitetura organizacional adotada, bem como a cultura e os sistemas de valores. O importante é saber como utilizar todos esses componentes de maneira coesa e integrada com a finalidade de obter um efeito de sinergia e sistêmico. E isso somente pode ser feito com um diagnóstico abrangente e detalhado de todos esses componentes.

O *Balanced Scorecard* (BSC) foi inicialmente criado como um sistema de avaliação do desempenho organizacional. Seus autores – Kaplan e Norton – verificaram que os sistemas de avaliação então adotados consideravam apenas indicadores financeiros que, por si só, não refletiam perfeitamente a eficácia da empresa, uma vez que mediam apenas os resultados dos investimentos e das atividades em termos monetários e não refletiam os chamados impulsionadores de rentabilidade de longo prazo.[33]

Em seguida, o BSC avançou para uma representação equilibrada e organizada de indicadores financeiros e operacionais com base em uma tabela (*scorecard*) com quatro perspectivas:[34]

1. **Perspectiva financeira**: envolve indicadores financeiros que informam se a estratégia empresarial e sua implementação e execução estão contribuindo para a melhoria do resultado financeiro.
2. **Perspectiva do cliente**: envolve indicadores sobre mercados e segmentos nos quais a empresa está competindo. O atendimento ao cliente é traduzido em medidas específicas sob critérios de qualidade, custo, atendimento e garantias, bem como satisfação do cliente, sua captação e fidelização.
3. **Perspectiva dos processos internos**: envolve indicadores para mensurar o desempenho dos processos nos quais a empresa deve alcançar excelência para proporcionar os melhores resultados financeiros e encantar os clientes.
4. **Perspectiva do aprendizado e do crescimento**: está relacionada com o capital humano e por isso envolve indicadores que permitem o alcance dos objetivos pretendidos nas outras três perspectivas anteriores. Enfatizam a necessidade de investir nas pessoas, no aprendizado e no seu crescimento para que elas possam produzir melhor (perspectiva dos processos internos), atender melhor o cliente (perspectiva do cliente) e assegurar objetivos financeiros de longo prazo (perspectiva financeira).

De um modo geral, o fluxo do processo estratégico está se tornando mais importante do que o próprio conteúdo estratégico. É mais importante a maneira como as pessoas lidam com os assuntos estratégicos do que propriamente a formulação estratégica. Antigamente, passava-se a maior parte do tempo na análise e na montagem rígida e detalhada do planejamento, dando pouca importância à sua execução. Agora, o foco está na execução vinculando pessoas, unidades ou tarefas para que a estratégia realmente possa acontecer, apesar de que não se pode determinar quais os resultados exatos serão alcançados. Mais vale a união, integração, compromisso e compartilhamento das pessoas do que propriamente a natureza dos assuntos tratados, embora estes sejam relevantes e importantes para o sucesso da empresa. A qualidade de um plano estratégico não está somente na sua maravilhosa concepção, mas principalmente em sua execução na prática e no cotidiano.

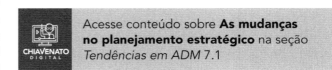
Acesse conteúdo sobre **As mudanças no planejamento estratégico** na seção *Tendências em ADM 7.1*

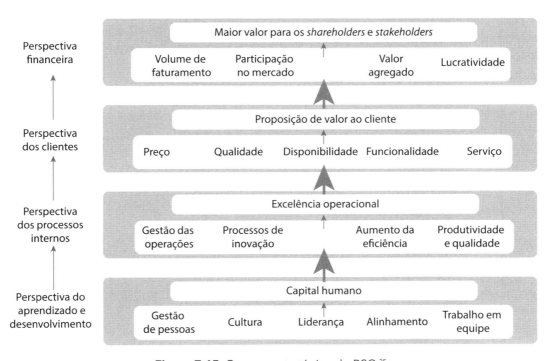

Figura 7.15 O mapa estratégico do BSC.[35]

REFERÊNCIAS

1. PRAHALAD, C. K.; RAMASWAMY, V. *The Future of Competition*: co-creating unique values with customers. Boston: Harvard Business School Press, 2003.

2. CHIAVENATO, I. *Introdução à Teoria Geral da Administração*. São Paulo: Atlas, 2020.

3. CHIAVENATO, I. *Introdução à Teoria Geral da Administração*. *op. cit.*

4. CHIAVENATO, I.; SAPIRO, A. *Planejamento Estratégico*: da intenção aos resultados. São Paulo: Atlas, 2020.

5. CHIAVENATO, I. *Introdução à Teoria Geral da Administração*. *op. cit.*

6. MEYER, J. *Objectifs et Stratégies de L'Enterprise*: approche théorique et méthodologique. Paris: Dunod, 2010. p. 43.

7. DRUCKER, P. F. *Administração*: tarefas, responsabilidades e práticas. São Paulo: Pioneira, 1975. p. 77.

8. CHIAVENATO, I.; SAPIRO, A. *Planejamento Estratégico*: da intenção aos resultados. *op. cit.*

9. CHIAVENATO, I. *Introdução à Teoria Geral da Administração*. *op.cit.*

10. CHIAVENATO, I. *Introdução à Teoria Geral da Administração*. *op.cit.*

11. CHIAVENATO, I.; SAPIRO, A. *Planejamento Estratégico*: da intenção aos resultados. *op. cit.*

12. CHIAVENATO, I. *Introdução à Teoria Geral da Administração*. *op.cit.*

13. BARRETT, F. D. The MBO Time Trip. *The Business Quarterly*, 1972, p. 44-45.

14. CHIAVENATO, I. *Administração nos Novos Tempos*. São Paulo: Atlas, 2020.

15. CHIAVENATO, I. *Administração nos Novos Tempos*. *op. cit.*

16. PORTER, M. E. *Estratégia Competitiva*: técnicas para análise de indústrias e da concorrência. Rio de Janeiro: Campus, 1986. p. 23.

17. PORTER, M. E. *Estratégia Competitiva*: técnicas para análise de indústrias e da concorrência. *op. cit.*

18. AMARA, R.; LIPINSKI, A. F. *Business Planning for an Uncertain Future*: scenarios and strategies. Nova York: Pergamon Press, 1983.

19. CHIAVENATO, I.; SAPIRO, A. *Planejamento Estratégico*: da intenção aos resultados. *op. cit.*

20. ROBBINS, S. P. *Administração*: mudanças e perspectivas. São Paulo: Saraiva, 2008. p. 94.

21. CHIAVENATO, I. *Administração nos Novos Tempos*. *op. cit.*

22. GLUECK, W. F. *Business Policy and Strategic Management*. Nova York: McGraw-Hill, 1980. p. 174-175.

23. CHIAVENATO, I.; SAPIRO, A. *Planejamento Estratégico*: da intenção aos resultados. *op. cit.*

24. CHIAVENATO, I.; SAPIRO, A. *Planejamento Estratégico*: da intenção aos resultados. *op. cit.*

25. CHIAVENATO, I.; SAPIRO, A. *Planejamento Estratégico*: da intenção aos resultados. *op. cit.*

26. CHIAVENATO, I. *Administração nos Novos Tempos*. São Paulo: Atlas, 2020.

27. CHIAVENATO, I. *Comportamento Organizacional*: entendendo como as organizações são bem-sucedidas. São Paulo: Atlas, 2021.

28. WATERMAN JR., H.; PETERS, T. J.; PHILLIPS, J. R. Structure is Not Organization. *Business Horizons*. Indiana: Foundation for the School of Business at Indiana University, jun., 1980.

29. WATERMAN JR., H.; PETERS, T. J.; PHILLIPS, J. R. Structure is Not Organization. *op. cit.*

30. CHIAVENATO, I.; SAPIRO, A. *Planejamento Estratégico*: da intenção aos resultados. *op. cit.*

31. ACKOFF, R. L. *Planejamento Empresarial*. Rio de Janeiro: LTC, 1976. p. 4-14.

32. HREBINIAK, L. G. *Making Strategy Work*: leading effective execution and change, Upper Saddle River: Wharton School Publishing/Pearson Education, 2005.

33. KAPLAN, R. S.; NORTON, D. P. *Using the Balanced Scorecard as Strategic Management System*. Boston: Harvard Business School Press, 1996.

34. KAPLAN, R. S.; NORTON, D. P. *Balanced Scorecard*. Rio de Janeiro: Elsevier/Campus, 2002.

35. KAPLAN, R. S.; NORTON, D. P. *Strategy Maps*: converting intangible assets into tangible outcomes. Boston: Harvard Business School Press, 2004.

PLANEJAMENTO TÁTICO

OBJETIVOS DE APRENDIZAGEM

- Ilustrar como as empresas planejam no seu nível intermediário.
- Conceituar planejamento tático.
- Explicar o processo decisório.
- Ilustrar como os planos táticos são implementados.

O QUE VEREMOS ADIANTE

O planejamento constitui a primeira função dentro do processo administrativo de planejar, organizar, dirigir/liderar e controlar. Antes que qualquer função administrativa seja executada, a administração precisa determinar os objetivos e os meios necessários para alcançá-los.
A ação empresarial parte de um planejamento estratégico que abrange a empresa como uma totalidade, afetando-a no longo prazo pelas suas consequências e que é decidido no nível hierárquico mais elevado da organização: o nível institucional. Para que o planejamento estratégico possa ser levado adiante, ele precisa ser executado nos níveis hierárquicos mais baixos da empresa, onde as tarefas são executadas. Porém, entre o nível institucional e o nível operacional existe uma enorme diferença de linguagem e de postura.
O nível estratégico opera com incerteza em face da exposição às forças e variáveis ambientais, enquanto o nível operacional precisa operar baseado na certeza e na programação de suas atividades. A absorção da incerteza provocada pelas pressões e influências ambientais precisa ser feita no nível intermediário. Em outros termos, o planejamento estratégico precisa ser desdobrado em planejamentos táticos, em nível intermediário, para que as decisões estratégicas ali contidas sejam moldadas e traduzidas em planos capazes de serem entendidos e, por sua vez, desdobrados e detalhados em planos operacionais, para serem executados pelo nível operacional da empresa.

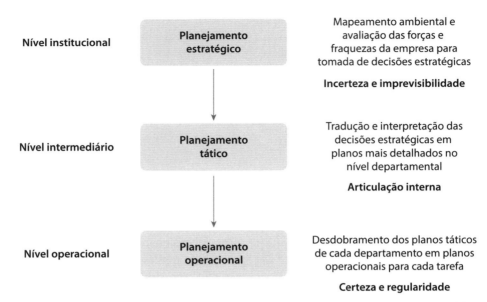

Figura 8.1 A interligação entre planejamento estratégico, tático e operacional.[1]

8.1 CONCEITUAÇÃO DE PLANEJAMENTO TÁTICO

O planejamento é a função administrativa que determina antecipadamente o que se deve fazer e quais objetivos devem ser alcançados, e visa dar condições racionais para organizar e dirigir a empresa, seus departamentos ou divisões a partir de certas hipóteses a respeito da realidade atual e futura. O planejamento parte do reconhecimento de que "desde que as ações presentes refletem necessariamente antecipações implícitas e presunções sobre o futuro, estas antecipações e presunções devem ser feitas de forma explícita e não subjetivamente sob qualquer tipo de análise comumente efetuada para tornar menos nebulosos certos assuntos imediatos e consequentemente menos importantes".[2] Se o futuro vai chegar – e ele sempre chega a qualquer momento – por que deixar que ele apareça sem que se esteja devidamente preparado para enfrentá-lo a ponto de se improvisarem soluções repentinas que nem sempre serão as melhores? Daí a mentalidade simplista de solução de problemas à medida que surgem, o que as torna mais reativas às ocorrências do que proativas em relação aos eventos que ocorrem em um mundo repleto de mudanças. No fundo, o planejamento é uma técnica para absorver a incerteza e permitir mais consistência no desempenho das empresas.[3]

Quadro 8.1 Tipos de níveis de planejamento empresarial[4]

Níveis	Planejamento	Tipos de planejamento			
Institucional	Estratégico	Planejamento estratégico			
Intermediário	Tático	Mercadológico	Financeiro	Produção/Operações	Recursos Humanos
Operacional	Operacional	<ul><li>Plano de vendas</li><li>Plano de promoção</li><li>Plano de propaganda</li><li>Plano de pesquisa de mercado</li><li>Plano de relações públicas</li></ul>	<ul><li>Plano de lucros</li><li>Plano de investimentos</li><li>Plano de fluxo de caixa</li><li>Plano orçamentário de despesas</li><li>Plano de receitas</li></ul>	<ul><li>Plano de produção</li><li>Plano de manutenção</li><li>Plano de suprimentos</li><li>Plano de aquisições de novos equipamentos</li><li>Plano de racionalização</li></ul>	<ul><li>Plano de carreiras</li><li>Plano de treinamento</li><li>Plano de remuneração</li><li>Plano de recrutamento e seleção</li><li>Plano de benefícios sociais</li></ul>

O planejamento tático se refere ao nível intermediário da organização, ou seja, ao nível dos departamentos ou unidades de negócio da empresa. Como tal, ele é elaborado pelos gerentes ou executivos em relação ao programa de atividades de seu órgão tendo por base o planejamento estratégico da empresa e no sentido de contribuir para que este tenha sucesso.

8.2 CARACTERÍSTICAS DO PLANEJAMENTO TÁTICO

O planejamento tático apresenta as seguintes características:[5]

1. **O planejamento é um processo permanente e contínuo**, pois é realizado continuamente dentro da empresa e não se esgota na simples montagem de um plano de ação. Ele está sendo sempre e constantemente replanejado pois o futuro guarda sempre mudanças e transformações rápidas e inesperadas pela frente. E ele precisa ter a necessária flexibilidade para ajustar e adaptar rapidamente.

2. **O planejamento é sempre voltado para o futuro** e está intimamente ligado com a previsão, embora não se confunda com ela. O conceito de planejamento inclui o aspecto de temporalidade e de futuro: o planejamento é uma relação entre processos a fazer e o tempo disponível para fazê-los. Como o passado já se foi e o presente vai andando, é com o futuro que o planejamento se preocupa. E o futuro é incerto e ambíguo, de previsibilidade extremamente sujeita a chuvas e trovoadas.

3. **O planejamento se preocupa com a racionalidade na tomada de decisões** pois, ao estabelecer esquemas para o futuro, o planejamento funciona como meio de orientar o processo decisório, dando-lhe maior racionalidade e tentando subtrair a incerteza subjacente em qualquer decisão futura. Todavia, não dá mais para evitar a incerteza, é preciso conviver com ela.

4. **O planejamento seleciona entre as várias alternativas disponíveis** um determinado curso de ação em função de suas consequências futuras e das possibilidades de sua realização.

5. **O planejamento é sistêmico**, pois considera a empresa ou o órgão (seja departamento, divisão etc.) como uma totalidade, tanto o sistema como os subsistemas que o compõe, bem como as relações internas e externas.

6. **O planejamento é iterativo**. Como ele se projeta para o futuro, deve ser flexível para aceitar ajustamentos e correções. O planejamento deve ser interativo pois pressupõe avanços e recuos, alterações e modificações em função de eventos novos ou diferentes que ocorram tanto na empresa como no ambiente.

7. **O planejamento é uma técnica de alocação de recursos** de forma antecipadamente estudada e decidida. Ele deve refletir a otimização na alocação e dimensionamento dos recursos com os quais a empresa ou o órgão dela poderá contar no futuro para as suas operações.

8. **O planejamento é uma técnica cíclica**. Na medida em que ele é executado, permite condições de avaliação e mensuração para novos ciclos de planejamento que vêm a seguir, com informações e perspectivas mais seguras e corretas.

9. **O planejamento é uma função administrativa que interage dinamicamente com as demais**. Ele está relacionado com as outras funções administrativas, como a organização, a direção e o controle, influenciando e sendo continuamente influenciado por todas elas e em todos os níveis da empresa.

Quadro 8.2 Os níveis de planejamento em termos de divisão do trabalho empresarial[6]

Nível empresarial	Nível de planejamento	Abrangência	Extensão	Grau de incerteza
Institucional	Estratégico	A empresa como uma totalidade	Longo prazo	Elevado em face das coações e contingências que não pode prever
Intermediário	Tático	Uma área específica da empresa (como um departamento ou divisão)	Médio prazo	Limitação das variáveis envolvidas para reduzir a incerteza e permitir a programação
Operacional	Operacional	Uma tarefa ou operação específica	Curto prazo	Reduzido, graças à programação e à racionalização de todas as atividades

10. **O planejamento é uma técnica de coordenação.** Ele permite a coordenação de várias atividades no sentido da realização dos objetivos desejados de maneira eficaz. Como a eficácia é a obtenção dos objetivos desejados, torna-se necessário que as atividades dos diferentes órgãos ou níveis da empresa sejam integradas e sincronizadas para a consecução dos objetivos finais. O planejamento permite essa integração e sincronização.

11. **O planejamento é uma técnica de mudança e de inovação.** Ele é uma das melhores maneiras de se introduzir deliberadamente a mudança e a inovação dentro da empresa, sob uma forma previamente definida e programada.

O planejamento tático é o conjunto de tomada deliberada e sistemática de decisões envolvendo empreendimentos mais limitados, prazos mais curtos, áreas menos amplas e níveis mais baixos da hierarquia da organização. O planejamento tático está contido no planejamento estratégico e não representa um conceito absoluto, mas relativo: o planejamento tático de um departamento da empresa em relação ao planejamento estratégico geral da organização é estratégico em relação a cada uma das seções que compõem aquele departamento. A distinção entre planejamento estratégico e tático deve ser sempre feita em termos relativos porque, em termos absolutos, ambos ocupam os dois extremos de um espectro contínuo de possibilidades.

SAIBA MAIS — **Planos**

O planejamento produz um resultado imediato, o plano. Todos os planos têm um propósito comum: a previsão, a programação e a coordenação de uma sequência lógica de eventos, os quais deverão conduzir ao cumprimento do objetivo que os comanda. Um plano é um curso predeterminado de ação sobre um período especificado de tempo e que representa uma resposta projetada a um ambiente antecipado, no sentido de alcançar um conjunto específico de objetivos adaptativos. Como um plano descreve um curso de ação, ele precisa proporcionar respostas às questões o quê, quando, como, onde e por quem.

As diferenças mais importantes no planejamento tático são:[7]

1. **Nível de decisões**: o planejamento tático é decidido e desenvolvido nos escalões médios da empresa, isto é, no nível intermediário ou gerencial.
2. **Dimensão temporal**: o planejamento tático é dimensionado no médio prazo, quase sempre anual.
3. **Amplitude de efeitos**: as decisões envolvidas no planejamento tático abrangem partes da empresa, isto é, a sua amplitude é departamental.

Vimos que o planejamento consiste na tomada antecipada de decisões sobre o que fazer antes de a ação ser necessária. Sob o aspecto formal, planejar consiste em simular o futuro desejado e estabelecer previamente os cursos de ação necessários e os meios adequados para atingi-los. Para melhor se compreender o planejamento, torna-se necessário estudar o processo decisório.

8.3 PROCESSO DECISÓRIO

Para planejar deve-se tomar decisões sobre o futuro. A tomada de decisões constitui o núcleo da responsabilidade administrativa. Sob um ponto de vista mais restrito, administrar significa tomar decisões, escolher opções, definir dentre várias alternativas o melhor curso de ação. A cada instante o administrador se defronta com situações alternativas que exigem tomar alguma decisão a respeito de qual deve ser escolhida. O administrador precisa constantemente decidir o que fazer, quem deve fazer, quando, onde e, muitas vezes, como fazer. Seja ao estabelecer objetivos, alocar recursos ou resolver problemas que surgem pelo caminho, o administrador deve ponderar o efeito da decisão de hoje sobre as oportunidades de amanhã. Decidir é optar ou selecionar dentre várias alternativas de cursos de ação aquela que pareça – dentro da racionalidade adotada – a mais adequada para o alcance de determinados fins ou objetivos.

Alguns autores enfatizam mais a decisão do que a ação.[8] Como cada ação é consequência de uma decisão que a antecede, o mais importante é tomar boas decisões. No fundo, a ação corresponde à execução de uma decisão. Assim, a empresa pode ser descrita como um sistema de decisões: a todo momento todo mundo está tomando decisões a respeito de suas ações. Presidentes, diretores, gerentes, supervisores, funcionários estão sempre às voltas com decisões sobre o caminho a tomar. Ainda mais em organizações que estão descentralizando totalmente o processo decisório e engajando e empoderando as pessoas no sentido de dar-lhes autonomia e liberdade para decidir sobre aquilo que fazem.

8.3.1 Elementos do processo decisório

Toda decisão envolve no mínimo seis elementos:[9]

1. **Tomador da decisão**: é o indivíduo ou grupo de indivíduos que faz uma escolha dentre vários cursos de ação disponíveis.
2. **Objetivos**: são os objetivos que o tomador de decisão pretende alcançar por meio de suas ações.
3. **Sistema de valores**: são os critérios de preferência que o tomador de decisão usa para fazer sua escolha.
4. **Cursos de ação**: são as diferentes sequências e consequências de ação que o tomador de decisão pode escolher.
5. **Estados da natureza**: são aspectos do ambiente ou situação que envolve o tomador de decisão e que afetam sua escolha de cursos de ação. São fatores ambientais fora do controle do tomador de decisões, como as condições de certeza, risco ou incerteza, que veremos adiante.
6. **Consequências**: representam os efeitos resultantes de um determinado curso de ação e de um determinado estado da natureza.

8.3.2 Níveis de decisão

Como as pessoas estão constantemente tomando decisões, é importante notar que existem três diferentes tipos ou áreas de decisão na empresa:[10]

1. **Decisões estratégicas**: relacionadas com as relações entre a empresa e o ambiente. São amplas, genéricas e guiam e dirigem o comportamento da empresa como um todo. São decisões tomadas no nível institucional e se referem a aspectos estratégicos da empresa, como produtos, serviços, mercados e competição.
2. **Decisões táticas**: relacionadas com aspectos internos da empresa envolvendo departamentos ou unidades organizacionais, alocação e distribuição de recursos. São tomadas no nível intermediário.
3. **Decisões operacionais**: relacionadas com as tarefas, cargos e aspectos cotidianos das operações da empresa. São tomadas no nível operacional encarregado de realizar as tarefas do dia a dia.

É necessário analisar cada nível de decisão, sem perder de vista o seu inter-relacionamento e sua interdependência.

Quadro 8.3 Os três níveis de decisões nas empresas[11]

Decisões	Problema	Natureza do problema	Decisões chave	Características principais
Estratégicas	Seleção do mix produto/mercado capaz de melhorar o potencial de retorno do investimento da empresa	Alocação dos recursos totais da empresa entre as oportunidades de produtos/mercados	Objetivos e metas Estratégia de diversificação, expansão, administrativa e financeira Métodos de crescimento Planos de crescimento	Decisões centralizadas, não repetitivas e não programadas
Administrativas	Estruturação dos recursos da empresa para proporcionar melhor desempenho	Organização, aquisição e desenvolvimento de recursos	Organização: estrutura do fluxo de informações, autoridade e responsabilidade Estrutura de conversão de recursos Aquisição e desenvolvimento de recursos financeiros, humanos e materiais	Conflito entre estratégia e operações e entre objetivos individuais e organizacionais
Operacionais	Melhoria da realização do potencial de retorno sobre o investimento pelo desempenho das tarefas	Distribuição dos recursos entre as áreas funcionais Programação da aplicação e conversão dos recursos	Objetivos e metas operacionais Níveis de preços e saídas Programação de produção Níveis de estoque Políticas e estratégias de marketing e de pesquisa e desenvolvimento Controles	Decisões descentralizadas, repetitivas e programadas

8.3.3 Etapas do processo decisório

As decisões são tomadas em resposta a algum problema a ser resolvido, a alguma necessidade a ser satisfeita ou a algum objetivo a ser alcançado. A decisão envolve um processo, isto é, uma sequência de passos ou etapas que se sucedem. Daí o nome processo decisório para se descrever essa sequência de fases. Na realidade, o processo decisório pode ser descrito em quatro fases essenciais:[12]

1. **Definição e diagnóstico do problema** ou da situação enfrentada. Esta fase envolve a obtenção de dados e fatos a respeito do problema ou situação, suas relações com o contexto mais amplo, suas causas, definições e seu diagnóstico.

2. **Procura de soluções alternativas**: nesta fase vem a busca de cursos alternativos de ação possíveis e que se mostrem mais promissores para a solução do problema ou situação, satisfação da necessidade ou alcance do objetivo.

3. **Análise e comparação das alternativas de solução**: é a fase na qual as várias alternativas de cursos de ação são analisadas, ponderadas e comparadas, no sentido de verificar os custos (de tempo, de esforços, de recursos etc.) e os benefícios que possam trazer, bem como consequências futuras e prováveis quanto à sua adoção.

4. **Seleção e escolha da melhor alternativa como um plano de ação**: a escolha de uma alternativa de curso de ação implica o abandono dos demais cursos alternativos. Há sempre um processo de seleção e de escolhas dentre várias alternativas apresentadas. A racionalidade está implícita nesta atividade de escolha.

8.3.4 Racionalidade do processo decisório

O tomador de decisão deve escolher uma alternativa dentre várias outras que se apresentam. Se ele escolhe os meios apropriados para alcançar um determinado objetivo, a decisão é considerada racional. As empresas procuram proporcionar às pessoas que nelas tomam decisões todas as informações de que necessitam e no tempo hábil, para que sejam bem-sucedidas nas escolhas;

- **Foco em objetivos**: mais do que isto, as empresas procuram gerar um ambiente psicológico capaz de condicionar as decisões dos indivíduos aos objetivos organizacionais. Assim, existe uma racionalidade no comportamento administrativo, pois o comportamento dos indivíduos nas empresas é planejado e orientado no sentido de metas e objetivos. É essa intencionalidade que propicia a integração dos sistemas de comportamentos, cuja ausência tornaria a administração sem sentido algum.

- **Eficiência das decisões**: não existem decisões perfeitas pois o tomador de decisões precisaria – para proceder de maneira racional – escolher dentre diferentes alternativas que se diferenciam entre si pelas suas consequências futuras, comparar caminhos distintos, por meio da avaliação prévia das consequências decorrentes de cada uma delas e confrontar tais consequências com os objetivos que se pretende atingir. A eficiência na decisão é a obtenção de resultados máximos com os meios e recursos limitados.

- **Relatividade das decisões**: há sempre uma relatividade nas decisões, pois toda decisão é, até certo ponto, resultado de uma acomodação. A alternativa escolhida dificilmente permite a realização completa ou perfeita dos objetivos visados, representando apenas a melhor solução encontrada naquelas circunstâncias.

- **Racionalidade limitada**: por esses motivos, o processo decisório repousa em uma racionalidade limitada, na qual o tomador de decisões não tem condições de analisar todas as alternativas possíveis e receber todas as informações necessárias. O administrador toma decisões sem poder procurar e analisar todas as alternativas possíveis pois, se assim fosse, o tempo despendido nesse processo retardaria enormemente a definição dos cursos de ação a serem seguidos na atividade empresarial.

- **Comportamento satisfaciente e não otimizante**: por outro lado, o comportamento administrativo é basicamente satisfaciente (*satisficer*) e não otimizante, pois o tomador de decisões procura sempre alternativas satisfatórias e não as alternativas ótimas dentro das possibilidades da situação envolvida. Todo processo decisório, humano, seja de um indivíduo, seja da organização, ocupa-se da descoberta e seleção de alternativas satisfatórias; somente em casos excepcionais preocupa-se com a descoberta e seleção de alternativas ótimas.[13] O comportamento de busca será detido quando a empresa encontra um padrão considerado aceitável ou razoavelmente bom, isto é, satisfaciente. Quando a realização da empresa cair abaixo desse nível, nova busca de soluções será tentada.

Assim, o processo decisório na empresa se caracteriza pelos seguintes aspectos:[14]

1. O tomador de decisão evita a incerteza e segue as regras padronizadas para tomar as decisões.
2. O tomador de decisão procura manter as regras estabelecidas pela empresa e somente as redefine quando sofre pressões.
3. Quando o ambiente muda e novas estatísticas afloram ao processo decisório, a empresa se mostra lenta no ajustamento e tenta utilizar o seu modelo decisório atual a respeito do mundo para lidar com as condições modificadas.

> **PARA REFLEXÃO**
>
> **Como melhorar o processo decisório?**
>
> Reflita e, a seguir, discuta com seus colegas a respeito do assunto supra e tente chegar a uma conclusão. Como melhorar o processo decisório do administrador?

8.3.5 Decisões programáveis e não-programáveis

Quanto à sua forma, podemos distinguir dois tipos de decisão: decisões programáveis e decisões não programáveis.[15]

1. **Decisões programáveis**: são aquelas tomadas de acordo com regras e procedimentos já estabelecidos para enfrentar assuntos rotineiros perfeitamente conhecidos. Quase sempre são transferidas para máquinas inteligentes ou programadas;
2. **Decisões não programáveis**: são aquelas tomadas frente a situações novas e não bem conhecidas. Constituem novidades e tendem a ser tomadas dentro de julgamentos improvisados e exigindo esforços para definir e diagnosticar o problema ou situação pela obtenção dos fatos e dos dados, procura de soluções alternativas, análise e comparação dessas alternativas e seleção e escolha da melhor alternativa como um plano de ação.

Geralmente as decisões não programadas são tomadas no nível institucional quando estratégicas ou no intermediário das empresas quando táticas, enquanto as decisões programadas são tomadas no nível operacional a partir de políticas e procedimentos previamente traçados e sujeitos a possíveis confirmações ou aprovações.

8.3.6 Condições de decisão

As decisões podem ser tomadas dentro de três condições:[17]

1. **Incerteza**: nas situações de decisão sob incerteza, o tomador de decisão tem pouco ou nenhum conhecimento ou informação para utilizar como base para atribuir probabilidade a cada estado da natureza ou a cada evento futuro. Em casos extremos de incerteza não é possível estimar o grau de probabilidade de que o evento venha a ocorrer. É a situação típica com que se defronta o nível institucional das empresas, exigindo um planejamento contingencial que permita alternativas variadas e flexíveis;
2. **Risco**: nas situações de **decisão sob risco**, o tomador de decisão tem informação suficiente para predizer os diferentes estados da natureza. Porém, a qualidade dessa informação e a sua interpretação pelos diversos administradores podem variar amplamente e cada administrador pode atribuir diferentes probabilidades conforme sua crença ou intuição, experiência anterior, opinião etc;

Quadro 8.4 Características das decisões programadas e não programadas[16]

Decisões programadas	Decisões não-programadas
■ São computacionais e rotineiras	■ Baseadas em julgamento
■ Dados adequados	■ Dados inadequados
■ Dados repetitivos	■ Dados novos
■ Condições estáticas	■ Condições dinâmicas
■ Certeza	■ Incerteza
■ Baseadas em regras e métodos já estabelecidos	■ Baseadas em julgamento pessoal

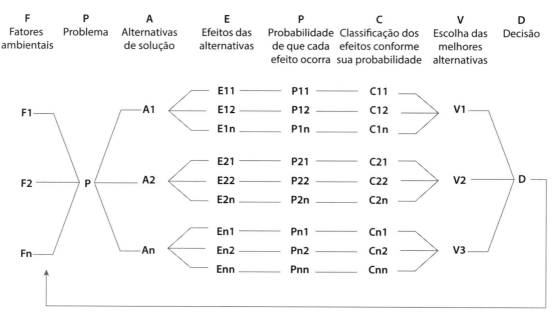

Figura 8.3 Fluxograma do processo decisório.[18]

3. Certeza: nas situações sob **certeza**, o administrador tem completo conhecimento das consequências ou dos resultados das várias alternativas de cursos de ação para resolver o problema. É a decisão mais fácil de se tomar pois cada alternativa pode ser associada com os resultados que pode produzir. Mesmo que o administrador não tenha condições de investigar todas as alternativas disponíveis, ele pode escolher a melhor dentre as alternativas consideradas. Esta é uma situação excepcional e não a regra.

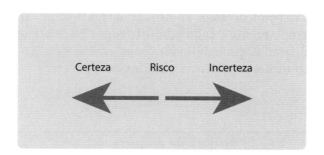

Figura 8.2 O *continuum* certeza-incerteza.

O planejamento consiste na tomada antecipada de decisões sobre o que fazer antes que a ação seja necessária e, por isso, constitui um sistema aberto e dinâmico de decisões. No fundo, as empresas constituem sistemas programados de decisão em níveis intermediários.

8.3.7 Estilos de decisão

Os administradores – e obviamente também as pessoas – diferem quanto ao estilo de tomada de decisão que costumam tomar em dois aspectos:[19]

1. **Quanto ao modo de pensar:** podem ser lógicos e racionais quando processam as informações de maneira sequencial ou podem ser intuitivos e criativos quando percebem as coisas como um todo.

2. **Quanto à tolerância à ambiguidade:** podem sentir necessidade de estruturar as informações de maneira a minimizar a ambiguidade ou conseguem processar muitas informações simultaneamente.

Quando se integram essas duas dimensões em um diagrama pode-se definir quatro estilos de tomada de decisão, como na Figura 8.4.

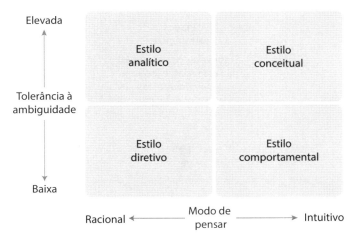

Figura 8.4 Os estilos de decisão.[20]

Dentro desse quadro podemos sinalizar quatro estilos de decisão:[21]

1. **Estilo diretivo**: tem baixa tolerância à ambiguidade e busca racionalidade. É um estilo que visa eficiência e lógica e se caracteriza por decisões rápidas e concentradas no curto prazo. Utiliza poucas informações e avalia poucas alternativas em função da busca da eficiência.
2. **Estilo analítico**: tem tolerância maior à ambiguidade e busca maior número de informações e alternativas. É típico de tomador cauteloso de decisão e com alta capacidade de se adaptar ou lidar com situações novas.
3. **Estilo conceitual**: tem uma perspectiva mais ampla e tende a considerar muitas alternativas. Focaliza o longo prazo e busca soluções criativas para os problemas.
4. **Estilo comportamental**: tem elevada receptividade a sugestões, busca aceitação e evita conflitos. Típico de tomador de decisão que trabalha em equipe e se preocupa com as realizações de seus pares e subordinados.

Na verdade, o administrador utiliza quase sempre mais de um estilo de decisão, mas sempre recaindo em um dominante. O administrador mais flexível pode alterná-los conforme a situação enfrentada.

8.4 TIPOS DE PLANOS TÁTICOS

Os planos táticos geralmente se referem a:[22]

1. **Planos de produção**: envolvendo métodos e tecnologias necessárias para as pessoas em seu trabalho, arranjo físico do trabalho e equipamentos como suportes para as atividades e tarefas.
2. **Planos financeiros**: envolvendo captação e aplicação do dinheiro necessário para suportar as várias operações da organização.
3. **Planos de marketing**: envolvendo os requisitos de vender e distribuir bens e serviços no mercado e atender ao cliente.
4. **Planos de gestão humana**: envolvendo recrutamento, seleção e treinamento das pessoas nas várias atividades dentro da organização.

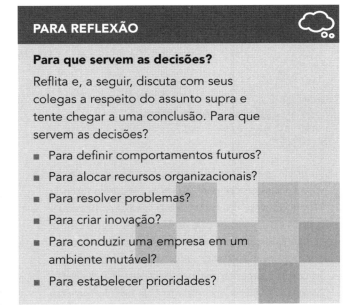

PARA REFLEXÃO

Para que servem as decisões?

Reflita e, a seguir, discuta com seus colegas a respeito do assunto supra e tente chegar a uma conclusão. Para que servem as decisões?

- Para definir comportamentos futuros?
- Para alocar recursos organizacionais?
- Para resolver problemas?
- Para criar inovação?
- Para conduzir uma empresa em um ambiente mutável?
- Para estabelecer prioridades?

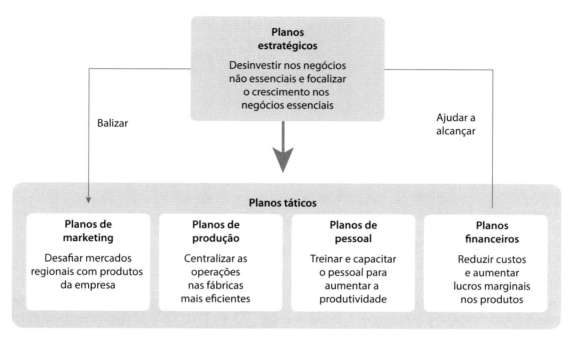

Figura 8.5 Como os planos estratégicos e táticos se ajudam mutuamente.

 **SAIBA MAIS** — **As políticas**

As políticas podem ser escritas ou apenas implícitas e vagas, mas sempre constituem guias para a tomada de decisões dentro da empresa. São princípios ou grupos de princípios que embasam as regras para a ação e que contribuem para o alcance bem-sucedido dos objetivos. As políticas constituem balizamentos ao comportamento dos participantes da empresa. Assim, as políticas fazem parte – de uma forma mais específica – da estratégia geral da empresa. Um aspecto interessante das políticas é que elas mais guiam e orientam do que controlam a tomada de decisões, pois conduzem o tomador de decisão aos cursos de ação preferidos ou consequências desejadas pela empresa e presumem, implicitamente, que poderão ocorrer certos desvios desde que as condições o permitam. Devido a isto, as políticas assumem um ar de generalidade e de abrangência. Quando elas se tornam mais específicas e restritivas, limitam as alternativas do tomador de decisão. Se os guias para a tomada de decisão se tornam muito formais, específicos e restritivos, eles deixam de ser políticas para se transformarem em procedimentos ou em regras e regulamentos.

8.5 IMPLEMENTAÇÃO DOS PLANOS TÁTICOS

Os planos táticos representam uma tentativa da empresa de integrar o processo decisório e alinhá-lo à estratégia adotada para orientar e enquadrar o nível operacional em suas tarefas e atividades a fim de atingir os objetivos empresariais propostos. Para alcançar essa integração de esforços e plena identificação com a estratégia empresarial os planos táticos precisam ser complementados por políticas.

8.5.1 Políticas

Uma política é um guia genérico para a ação. Ela delimita a ação, mas não especifica o tempo. É uma definição de propósitos comuns de uma empresa e estabelece linhas de orientação e limites para a ação dos indivíduos responsáveis pela implementação dos planos. As políticas constituem planos que lidam com problemas recorrentes e para os quais não existe solução rotineira e levam a organização a reconhecer objetivos específicos e a trabalhar em conjunto para seu alcance dentro de uma maneira amplamente definida. Uma política simplesmente estabelece linhas-mestras ou fronteiras dentro das quais as decisões subsequentes deverão ser tomadas. Ela toma a forma de afirmações genéricas. Seu propósito não é o de obter absoluta uniformidade de ação, mas de guiar as pessoas que devem desenvolver outros tipos de planos, a fim de que elas possam conhecer quando fazer exceções às práticas usuais e quando não o fazer. Geralmente, uma política apresenta maior flexibilidade do que os outros tipos de planos. À medida que se caminha das políticas aos procedimentos e às regras, os limites tornam-se gradativamente mais estreitos e menos sujeitos à interpretação pessoal.

8.5.2 Tipos de políticas

Quanto ao nível em que funcionam, as políticas podem ser:[23]

1. **Políticas globais da empresa**: são desenvolvidas no nível institucional e estão relacionadas com aspectos globais da empresa. Todas as demais políticas devem se adequar a ela. As políticas com relação a acionistas, clientes, fornecedores, concorrentes, funcionários, governo e ecologia estão entre elas.

2. **Políticas administrativas**: são desenvolvidas no nível intermediário e estão relacionadas predominantemente com aspectos internos da empresa. As políticas de pessoal, produção, mercadológica, financeira e de abastecimento são exemplos típicos.

3. **Políticas operacionais**: são desenvolvidas para serem seguidas pelo nível operacional da empresa e estão relacionadas com aspectos específicos da atividade empresarial. As políticas de redução de custos, de compras, de salários, de admissão de funcionários, controle de qualidade, manutenção e segurança no trabalho são exemplos. Em alguns casos, as políticas operacionais podem ser elevadas a políticas administrativas ou até globais, quando se tornam importantes e relevantes para os negócios da empresa. É o caso do controle de qualidade em empresas que comercializam seus produtos vinculando-os à qualidade garantida ou de segurança para empresas que produzem produtos que envolvem periculosidade.

Como o administrador alcança objetivos e atinge resultados com sua equipe de subordinados, a definição e clareza das políticas é imprescindível para que ele seja bem-sucedido nessa tarefa crucial. Afinal, todas as pessoas de sua equipe precisam compreender claramente aquilo que delas se espera e essas expectativas devem ficar muito claras nas políticas. Assim, a maneira como são escritas e explicadas é fundamental para que todos possam entendê-las e transformá-las em guias para suas atividades cotidianas.

Figura 8.6 Os tipos de políticas.

REFERÊNCIAS

1. CHIAVENATO, I. *Introdução à Teoria Geral da Administração*. São Paulo: Atlas, 2020.

2. CLELLAND, D. I.; KING, W. R. *Systems Analysis and Project Management*. Nova York: McGraw-Hill, 1972. p. 28.

3. CHIAVENATO, I. *Introdução à Teoria Geral da Administração*. op. cit., p. 230-231.

4. Adaptado de: VASCONCELLOS FILHO, P. de. Afinal, o que é planejamento estratégico?. *Revista de Administração de Empresas*. FGV, abr./jun. 1978, v. 18, n. 2, p. 11.

5. CHIAVENATO, I. *Introdução à Teoria Geral da Administração*. op. cit., p. 232-234.

6. CHIAVENATO, I. *Introdução à Teoria Geral da Administração*. op. cit.

7. CHIAVENATO, I. *Introdução à Teoria Geral da Administração*. op. cit.

8. SIMON, H. A. *Comportamento Administrativo*. Rio de Janeiro: Fundação Getulio Vargas, 1965. *Vide* também: SIMON, H. A. *The New Science of Management Decision*. Nova York: Harper & Row, 1960.

9. TERSINE, R. J. Organization Decision Theory: a synthesis. In: TERRY, G. R. (org.). *Management Selected Readings*. Homewood: Richard D. Irwin, 1973. p. 139.

10. CHIAVENATO, I. *Introdução à Teoria Geral da Administração*. op. cit.

11. Adaptado de: ANSOFF, H. I. Toward a Strategic Theory of the Firm. *In*: ANSOFF, H. I. (org.). *Business Strategy*: selected readings. Middlesex: Penguin Education, 1973. p. 16.

12. NEWMANN, W. H.; WARREN, E. K. *Administração Avançada*: conceitos, comportamentos e práticas no processo administrativo. São Paulo: Atlas, 1967. p. 243.

13. MARCH, J. G.; SIMON, H. A. *Teoria Das Organizações*. Rio de Janeiro: Fundação Getulio Vargas, 1967. p. 174-175.

14. CYERT, R. M.; MARCH, J. G. *A Behavioral Theory of the Firm*. Englewood Cliffs: Prentice-Hall, 1963.

15. SIMON, H. A. *The New Science of Management Decision*. Nova York: Harper & Row, 1960. p. 8.

16. SIMON, H. A. *The New Science of Management Decision. op. cit.*, p. 8.

17. CHIAVENATO, I. *Administração nos Novos* Tempos. São Paulo: Atlas, 2020.

18. CHIAVENATO, I. *Administração nos Novos Tempos.* op. cit.

19. ROWE, A. J.; GOULGARIDES, J. D.; McGRATH, M. R. *Managerial Decision Making*: modules in management series. Chicago: Science Research Associates, 1984. p. 18.

20. ROWE, A. J.; GOULGARIDES, J. D.; McGRATH, M. R. *Managerial Decision Making*: modules in management series. *op. cit.*, p. 18.

21. ROWE, A. J.; GOULGARIDES, J. D.; McGRATH, M. R. *Managerial Decision Making*: modules in management series. *op. cit.*, p. 18.

22. CHIAVENATO, I. *Administração nos Novos Tempos.* São Paulo: Atlas, 2020.

23. CHIAVENATO, I. *Administração nos Novos Tempos. op. cit.*

PLANEJAMENTO OPERACIONAL

OBJETIVOS DE APRENDIZAGEM

- Conceituar planejamento operacional.
- Explicar como as empresas planejam no seu nível operacional.
- Explicar os vários tipos de planos operacionais.

O QUE VEREMOS ADIANTE

Enquanto o nível institucional opera com a incerteza trazida do ambiente que circunda a empresa, o nível intermediário procura amortecê-la, neutralizá-la e contemporizá-la para encaminhar ao nível operacional os esquemas de tarefas e operações racionalizados e submetidos a um processo reducionista típico de abordagem de sistema fechado. Assim, o nível operacional quase sempre trabalha dentro da lógica de sistema fechado para que alcance regularidade e certeza no seu cotidiano e funcione com a máxima eficiência possível. Apesar de todas as pressões e contingências do ambiente externo, o nível operacional precisa funcionar como um mecanismo de relojoaria: tecnologia e máquinas em operação, ritmo e cadência para alcançar produtividade, cuidados para evitar possíveis paralisações ou esperas e uma constante regularidade. Para tanto, o nível operacional precisa de um tipo de planejamento o mais próximo possível de um sistema fechado às intempéries ambientais, a menos que estas sejam de tal porte e intensidade que provoquem um profundo choque no funcionamento da empresa.

9.1 CONCEITUAÇÃO DE PLANEJAMENTO OPERACIONAL

O planejamento operacional se preocupa basicamente com "o que fazer" e com "como fazer" no nível em que as tarefas são executadas. Refere-se especificamente às tarefas e operações realizadas no dia a dia no nível operacional. Como está inserido na lógica de sistema fechado, o planejamento operacional focaliza a otimização e maximização de resultados, enquanto o planejamento tático está voltado para resultados apenas satisfatórios ou satisfacientes. Por meio do planejamento operacional os administradores visualizam e determinam ações futuras dentro do nível operacional que melhor conduzam ao alcance dos objetivos da empresa. Como o grau de liberdade na execução das tarefas e operações no nível operacional é muito estreito e pequeno, o planejamento operacional se caracteriza pelo detalhamento com que estabelece as tarefas e operações, pelo caráter imediatista focalizando apenas o curto prazo e pela abrangência focal abordando apenas uma tarefa ou operação.

O planejamento operacional pode ser visualizado como um sistema: começa com os objetivos estabelecidos pelo planejamento tático para desenvolver planos e procedimentos detalhados e proporciona informação de retroação no sentido de propiciar meios e condições para otimizar e maximizar os resultados. O planejamento operacional é constituído de uma infinidade de planos operacionais que proliferam nas diversas áreas e funções dentro da empresa: produção ou operações, finanças, mercadologia, recursos humanos etc.

No fundo, os planos operacionais cuidam da administração pela rotina para assegurar que todos executem as tarefas e operações de acordo com os procedimentos estabelecidos pela empresa, a fim de que esta possa alcançar os seus objetivos. Os planos operacionais estão voltados basicamente para a eficiência (ênfase nos meios), pois a eficácia (ênfase nos fins) é problema remetido para os níveis institucional e intermediário da empresa.

9.2 TIPOS DE PLANOS OPERACIONAIS

Embora os planos operacionais sejam heterogêneos e diversificados, eles podem ser classificados em quatro tipos:[2]

1. **planos relacionados com métodos**, denominados **procedimentos**;
2. **planos relacionados com dinheiro**, denominados **orçamentos**;
3. **planos relacionados com tempo**, denominados **programas** ou **programações**; e
4. **planos relacionados com comportamentos**, denominados **regulamentos**.

O importante é notar que cada plano pode consistir em muitos subplanos com diferentes graus de detalhamento. Vejamos mais de perto cada um desses tipos de planos operacionais.

> **PARA REFLEXÃO**
>
> **Para que servem os planos?**
>
> Reflita e, a seguir, discuta com seus colegas a respeito do assunto supra e tente chegar a uma conclusão. Para que servem os planos?
> - Para melhorar o desempenho das pessoas?
> - Para melhor utilizar máquinas e equipamentos?
> - Para evitar possíveis paralisações ou esperas desnecessárias?
> - Para melhor alcançar metas e objetivos?
> - Para aumentar a eficiência e eficácia?

9.3 PROCEDIMENTOS

Constituem a sequência de passos ou de etapas que devem ser rigorosamente seguidos para a execução dos planos. Reúnem passos detalhados indicando como cumprir uma tarefa ou alcançar um objetivo

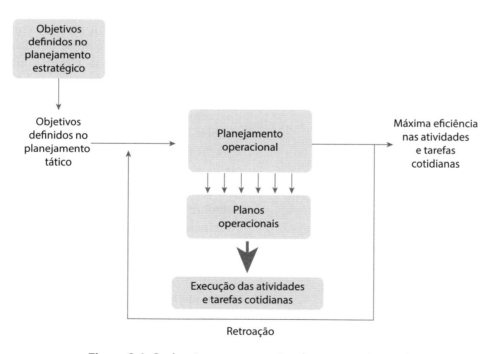

Figura 9.1 O planejamento operacional como um sistema.[1]

preestabelecido. Assim, os procedimentos são subplanos de planos maiores. Devido à sua natureza detalhada, são geralmente escritos e colocados à disposição daqueles que devem usá-los.

Os procedimentos constituem guias para a ação e são mais específicos que as políticas. Em conjunto com outras formas de planejamento, procuram evitar a confusão por meio da direção, coordenação e articulação das operações de uma empresa. Ajudam a dirigir todas as atividades da empresa para objetivos comuns, a impor consistência ao longo da organização e ao longo do tempo e buscam economias ao capacitarem a administração a evitar todos os custos de verificações recorrentes e a delegar autoridade a subordinados para tomar decisões dentro de limites impostos pela administração. Enquanto as políticas constituem guias para pensar e decidir, um procedimento é um guia para fazer. O termo procedimento refere-se aos métodos para executar as atividades. Um método descreve o processo de executar um passo ou uma etapa do procedimento e pode ser considerado um plano de ação, mas é geralmente um subplano de um procedimento.

SAIBA MAIS — **Procedimento**

O procedimento – também denominado procedimento operacional padronizado – é um sistema de passos ou técnicas sequenciais que descreve como uma determinada tarefa ou atividade deve ser feita. Serve para detalhar várias atividades que devem ser executadas no sentido de completar um programa.

Os procedimentos geralmente são transformados em rotinas e expressos na forma de fluxogramas. Fluxogramas são gráficos que representam o fluxo ou a sequência de procedimentos ou de rotinas. Estas nada mais são do que procedimentos devidamente padronizados e formalizados. Os fluxogramas podem ser de vários tipos.

Símbolos	Significado
O	O círculo significa uma operação (uma etapa ou subdivisão do processo). Uma operação é realizada quando algo é criado, alterado, acrescentado ou subtraído. Ex.: emissão de um documento, grampeamento de vias de um formulário, anotação de um registro, aposição de uma assinatura.
⇒ ou O	A seta ou o pequeno círculo correspondem a um transporte ou tarefa de levar algo de um local para outro. Ocorre quando um objeto, uma mensagem ou um documento é movimentado de um lugar para outro.
□	O quadrado significa uma inspeção, verificação ou controle, seja de quantidade ou de qualidade. É a verificação ou fiscalização sem que haja realização de operações. Ex.: conferência de um documento, verificação de alguma assinatura.
D	A letra **D** representa uma demora ou um atraso, seja por congestionamento, por distância ou por espera de alguma providência qualquer por parte de outra pessoa. Significa uma espera ou um aprazamento por agenda ou a chegada de alguma coisa de quem se dependa para prosseguir o processo.
△	O triângulo com o vértice para baixo ou para cima representa uma parada quase definitiva ou muito prolongada. Pode ser um armazenamento (quando se tratar de materiais) ou um arquivamento (quando se tratar de documentos).

Figura 9.2 Símbolos do fluxograma vertical (convenção universal).

9.3.1 Fluxograma vertical

O fluxograma vertical retrata a sequência de uma rotina por meio de linhas – que traduzem as diversas tarefas ou atividades necessárias para a execução da rotina – e de colunas – representando, respectivamente, os símbolos das tarefas ou operações, os funcionários envolvidos na rotina, as tarefas ou operações executadas, o espaço percorrido para a execução ou operação e o tempo despendido. O fluxograma vertical, também denominado gráfico de análise de processo, é utilizado para descrever simbolicamente um procedimento executado por vários funcionários, cada qual desempenhando uma tarefa diferente, ou para descrever uma rotina executada por uma única pessoa.

O fluxograma vertical coloca a ênfase na sequência da rotina ou do processo. A utilidade do fluxograma vertical é enorme, principalmente na área de planejamento de métodos e procedimentos de trabalho, para se montar um procedimento ou rotina, para ajudar no treinamento do pessoal, para fixar a sequência das operações, para racionalizar uma tarefa etc.

SAIBA MAIS — **Rotina em sequência vertical**

No fluxograma vertical da Figura 9.3, a rotina representada é constituída de dez fases, envolvendo três funcionários, demandando um tempo médio de 164 minutos e levando a uma movimentação de 207 metros. Os dez passos ou fases são constituídos de uma operação, cinco

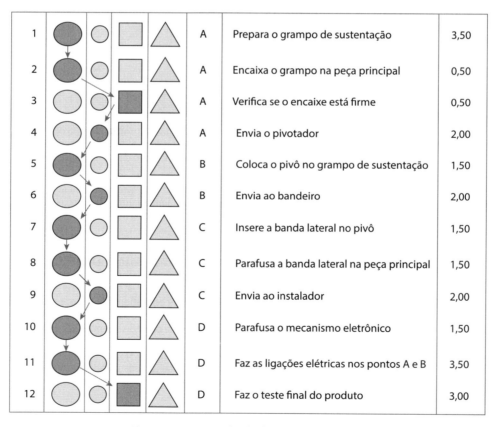

Figura 9.3 Exemplo de fluxograma vertical.

transportes, duas paradas e duas verificações ou conferências. A linha que liga os diversos símbolos das operações traduz a sequência vertical do fluxograma.

9.3.2 Fluxograma horizontal

O fluxograma horizontal utiliza geralmente os mesmos símbolos do fluxograma vertical e enfatiza os órgãos ou as pessoas envolvidass em um determinado procedimento ou rotina. Em procedimentos ou rotinas que envolvam

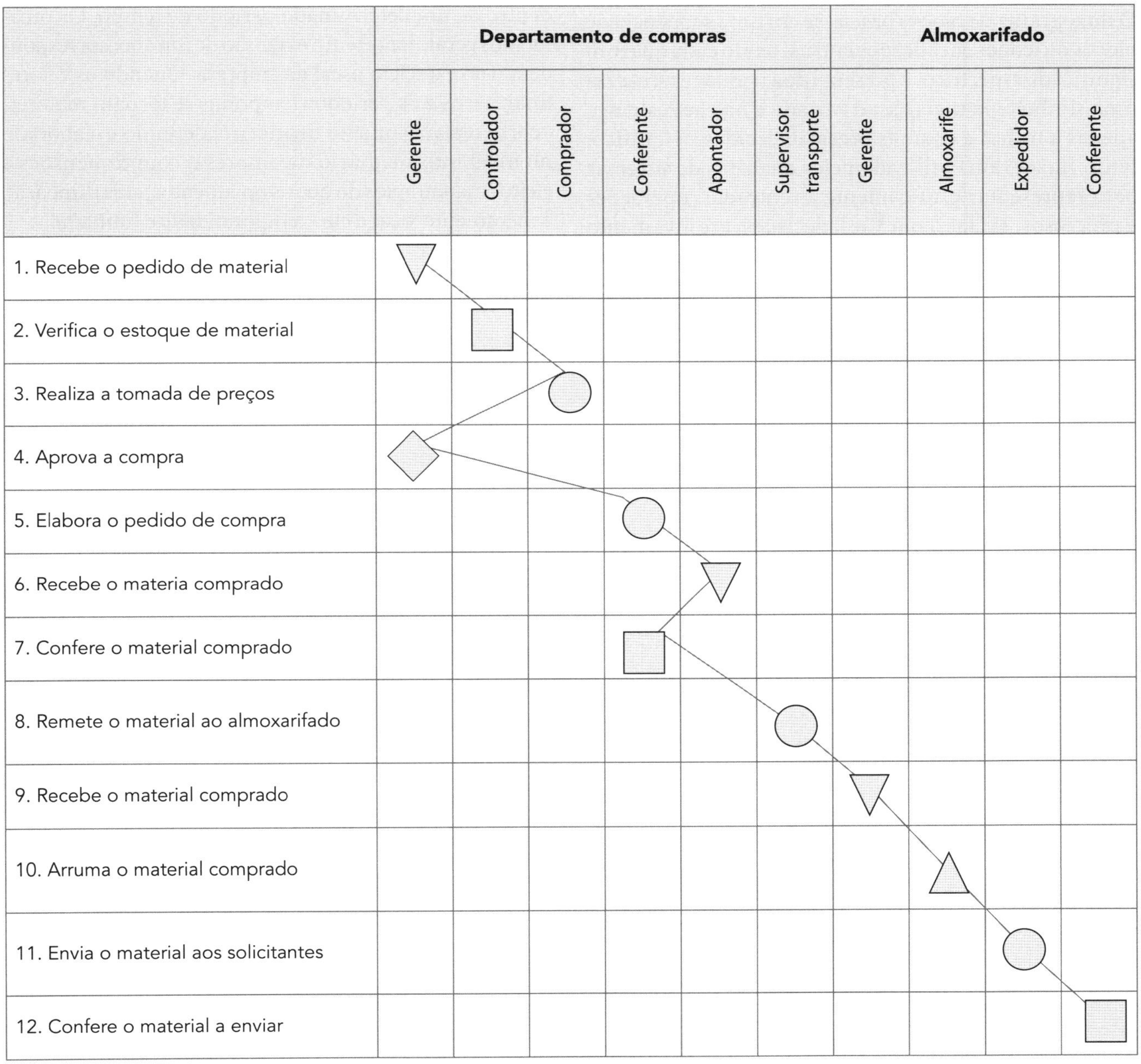

	Departamento de compras						Almoxarifado			
	Gerente	Controlador	Comprador	Conferente	Apontador	Supervisor transporte	Gerente	Almoxarife	Expedidor	Conferente
1. Recebe o pedido de material	▽									
2. Verifica o estoque de material		□								
3. Realiza a tomada de preços			○							
4. Aprova a compra	◇									
5. Elabora o pedido de compra			○							
6. Recebe o materia comprado				▽						
7. Confere o material comprado			□							
8. Remete o material ao almoxarifado					○					
9. Recebe o material comprado						▽				
10. Arruma o material comprado								△		
11. Envia o material aos solicitantes									○	
12. Confere o material a enviar										□

Figura 9.4 Fluxograma horizontal de uma rotina de compra e recebimento de material.

muitos órgãos ou pessoas, o fluxograma horizontal permite visualizar a parte que cabe a cada um e comparar a distribuição das tarefas entre todos os envolvidos para uma possível racionalização ou redistribuição, ou para dar uma ideia da participação existente, a fim de facilitar os trabalhos de coordenação e de integração.

9.3.3 Fluxograma de blocos

O fluxograma de blocos baseia-se em uma sequência de blocos ou ícones encadeados entre si tendo cada qual um significado específico. Apresenta duas vantagens: utiliza uma simbologia mais rica e variada e não se restringe apenas a linhas e colunas preestabelecidas no gráfico. É um fluxograma utilizado pelos analistas de sistemas para representar graficamente as entradas, operações e processos, saídas, conexões, decisões, arquivamento etc., que constituem o fluxo ou sequência das atividades de um sistema qualquer (Figura 9.5).

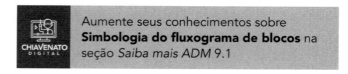

Aumente seus conhecimentos sobre **Simbologia do fluxograma de blocos** na seção *Saiba mais ADM 9.1*

9.4 ORÇAMENTOS

São os planos operacionais relacionados com dinheiro dentro de um determinado período de tempo. Os orçamentos geralmente têm a extensão de um ano, correspondendo ao exercício fiscal da empresa. Quando os valores financeiros e os períodos temporais se tornam maiores, ocorre o planejamento financeiro, definido e elaborado no nível intermediário da empresa, com dimensões e efeitos mais amplos do que os orçamentos, cuja dimensão é meramente local e cuja temporalidade é limitada.

O fluxo de caixa, os orçamentos departamentais de despesas, de encargos sociais referentes aos empregados,

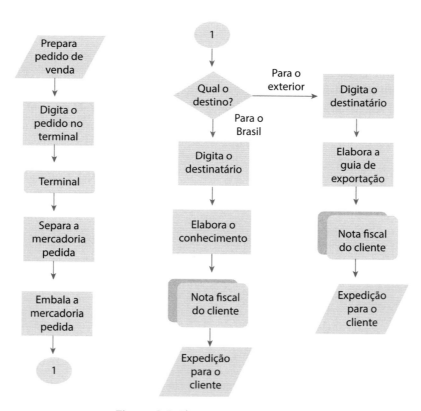

Figura 9.5 Fluxograma de blocos.[3]

Figura 9.6 Alguns componentes do orçamento global da empresa.

Quadro 9.1 Exemplo de um orçamento de despesas de um departamento

Itens de despesas	Jan.	Fev.	Mar.	Abr.	Maio	Jun.	Jul.	Ago.
1. Salários indiretos	890	890	890	890	960	960	960	960
2. Horas extras	20	20	20	20	25	25	25	25
3. 13º Salário	75	75	75	75	80	80	80	80
4. Gratificações	75	75	75	75	80	80	80	80
5. Encargos sociais	455	455	455	455	492	492	492	492
6. Subtotal salários	1.515	1.515	1.515	1.515	1.637	1.637	1.637	1.637
7. Aluguéis	420	420	420	420	420	420	420	420
8. Energia elétrica	80	80	80	80	80	80	80	80
9. Material de escritório	300	500	800	300	500	800	900	900
10. Subtotal despesas	800	1.000	1.300	800	1.000	1.300	1.400	1.400
11. Total geral	2.315	2.515	2.815	2.315	2.637	2.937	3.037	3.037

de reparos e manutenção de máquinas e equipamentos, de custos diretos de produção, de despesas de promoção e propaganda etc. constituem exemplos de orçamentos no nível operacional.

9.4.1 Listas de verificação

As listas de verificação (*checklists*) constituem um tipo de procedimento de rotina que contém todas as ações necessárias para a execução de uma determinada tarefa. No fundo, trata-se de uma espécie de lembrete para que o executor não se esqueça de nenhum detalhe. Em geral referem-se a atividades do nível operacional. Em companhias aéreas os comandantes seguem listas de verificação para decolar ou aterrissar aviões e os tripulantes seguem listas de verificação no caso de situações perigosas ou acidentes. Na Figura 9.7 há uma lista de verificação sobre os tipos de informação que devem ser obtidos de candidatos aos cargos em uma empresa.

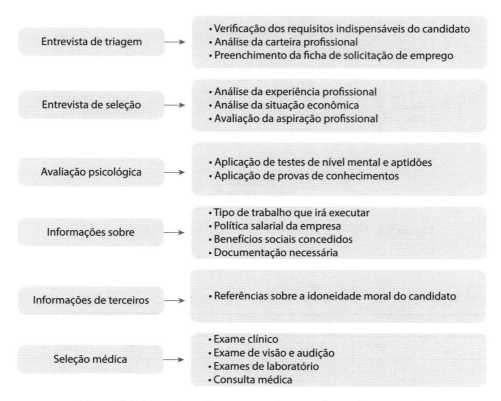

Figura 9.7 Lista de verificação na admissão de um funcionário.[4]

9.5 PROGRAMAS OU PROGRAMAÇÕES

Constituem planos operacionais relacionados com o tempo e podem receber o nome de programações. Consistem basicamente em planos que correlacionam duas variáveis: tempo e atividades que devem ser executadas. Os métodos de programação podem variar desde programas simples (nos quais se pode utilizar um calendário para programar atividades) até programas complexos (que exigem técnicas matemáticas avançadas ou processamento de dados no computador, para analisar e definir intricadas interdependências entre variáveis que se comportam de maneiras diferentes). A programação – seja simples ou complexa – constitui uma ferramenta importante de planejamento no nível operacional das empresas.

Quadro 9.2 Exemplo de uma programação de produção

Atividade	Jan.	Fev.	Mar.	Abr.	Maio	Jun.	Jul.	Ago.	Set.	Out.	Nov.	Dez.
Produto A	500	500	600	600	600	700	700	700	800	800	800	50
Produto B	200	200	200	300	300	300	300	300	300	300	400	400
Produto C	100	100	200	200	100	100	100	100	100	100	100	100
Produto D	100	100	100	100	100	100	100	100	100	100	100	100
TOTAL	900	900	1.100	1.200	1.100	1.200	1.200	1.200	1.300	1.300	1.400	650

9.5.1 Cronograma

O programa mais simples é o cronograma: um gráfico de dupla entrada em que as linhas configuram as tarefas ou atividades e as colunas definem os períodos de tempo, geralmente dias ou meses. Os traços horizontais significam a duração das tarefas ou atividades, com início e término bem definidos, conforme sua localização nas colunas.

Os traços horizontais sólidos do cronograma indicam a duração das atividades de acordo com o que foi planejado e os traços cortados para o que foi realmente executado. Isso permite uma fácil comparação visual entre o planejamento e a sua execução, conforme a Figura 9.8.

Quadro 9.3 Exemplo de cronograma de programação de manutenção de máquinas

Atividade	Jan.	Fev.	Mar.	Abr.	Maio	Jun.	Jul.	Ago.	Set.	Out.	Nov.	Dez.
Máquina A	05	04	03	02	02	01	01	01	01	01	01	01
Máquina B	10	08	07	05	05	05	05	05	05	05	05	05
Máquina C	15	12	11	10	10	10	10	10	10	10	10	10
Máquina D	20	18	17	16	16	16	16	16	16	16	16	16
Máquina E	30	28	27	26	26	26	26	26	26	26	26	26

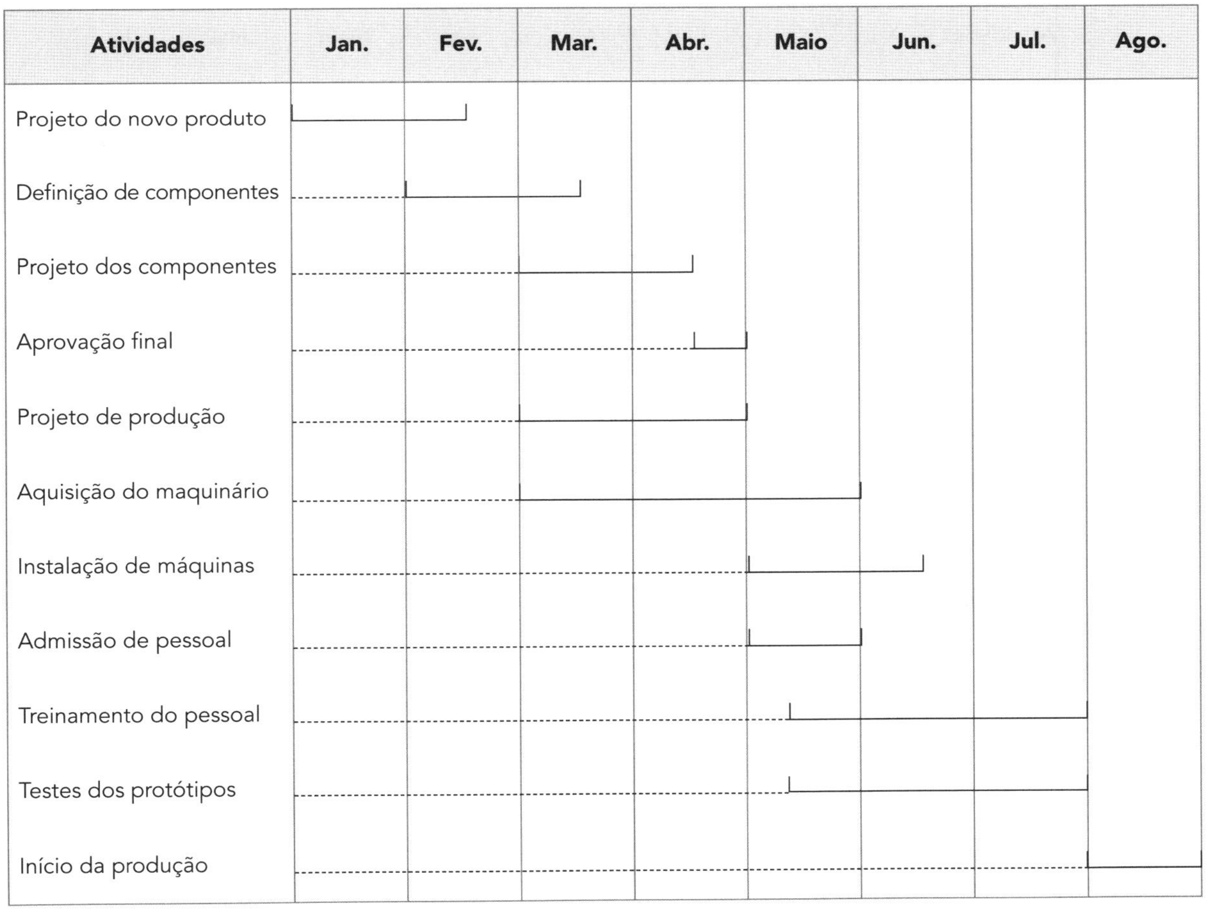

Figura 9.8 Cronograma de lançamento de um novo produto.

9.5.2 Gráfico de Gantt

Um tipo de cronograma bastante simples é o chamado Gráfico de Gantt cujas colunas marcam o tempo em semanas ou meses, como na Figura 9.9.

9.5.3 *Program Evaluation Review Technique*

O *Program Evaluation Review Technique* (PERT) ou Técnica de Avaliação e Revisão de Programas é outro modelo de planejamento operacional utilizado em atividades de produção e projetos de pesquisa e desenvolvimento. O modelo básico do PERT é um sistema lógico baseado em cinco elementos principais:

1. A rede básica.
2. Alocação de recursos.
3. Considerações de tempo e de custo.
4. A rede de caminhos.
5. O caminho crítico.

A rede básica é um diagrama de passos sequenciais que devem ser executados a fim de realizar um projeto ou tarefa. A rede consiste em três componentes: eventos, atividades e relações. Eventos representam pontos de decisão ou cumprimento de alguma tarefa (são os círculos do PERT). As atividades ocorrem entre os eventos, representam os esforços físicos ou mentais requeridos para completar um evento e são representadas por setas. As atividades são geralmente pontilhadas quando diferentes indivíduos ou unidades são responsáveis por elas. As relações entre as tarefas básicas são indicadas pela sequência desejada de eventos e de atividades na rede. Um determinado evento 3 não pode ocorrer enquanto os eventos 1 e 2 não forem cumpridos.

O PERT é um modelo de plano operacional que permite um esquema de controle e avaliação de programas e projetos. Com ele pode-se avaliar o progresso feito em comparação com padrões de tempo predeterminados. Se houver algum desvio na execução permite localizar

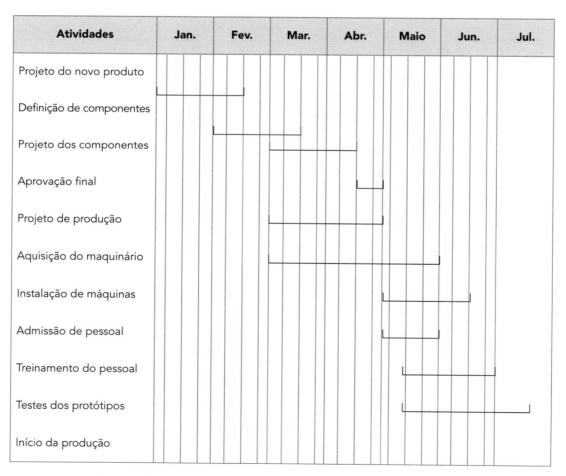

Figura 9.9 Gráfico de Gantt para o lançamento de um produto novo.

quando e onde deve ser aplicada alguma ação corretiva. Embora o PERT não possa impedir erros, atrasos, mudanças ou eventos imprevistos, ele proporciona indicações quanto a ações corretivas imediatas.

O Quadro 9.4 mostra um projeto de introdução de uma nova linha de produtos com 11 eventos principais e cujo caminho crítico tem a duração de 79 dias. O primeiro passo é montar um quadro preparatório.

O Quadro 9.4 permite desenhar o gráfico de PERT, como na Figura 9.10.

9.6 REGRAS E REGULAMENTOS

Constituem planos operacionais relacionados com o comportamento solicitado às pessoas. Especificam como elas devem se comportar em determinadas situações. Geralmente salientam o que as pessoas devem ou não fazer. São diferentes das políticas pelo fato de serem bastante específicos. Visam substituir o processo decisório individual, restringindo o grau de liberdade das pessoas em determinadas situações previstas de antemão.

Quadro 9.4 Quadro preparatório para elaboração do PERT de lançamento de um novo produto

Evento	Descrição	Tempo dias	Evento pré-requisito	Tempo otimista início	Tempo otimista fim	Tempo pessimista início	Tempo pessimista fim	Folga
1	Projeto do novo produto	5	–	1	5	1	5	0
2	Definição de componentes	20	1	6	25	6	25	0
3	Projeto dos componentes	25	2	26	50	26	50	0
4	Aprovação final	13	3	51	63	51	63	0
5	Projeto de produção	4	3	2	29	42	45	16
6	Aquisição do maquinário	20	5	3	49	46	65	16
7	Instalação das máquinas	10	2	2	35	54	63	28
8	Admissão de pessoal	20	4 e 7	64	65	64	65	0
9	Treinamento de pessoal	30	6 e 8	66	66	66	66	0
10	Testes dos protótipos	5	9	67	71	67	71	0
11	Início da produção	8	10	72	70	72	79	0

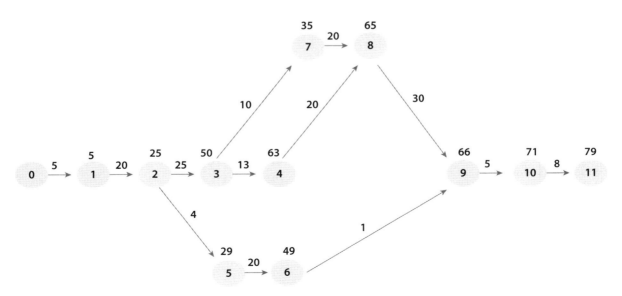

Figura 9.10 Diagrama de PERT: introdução de nova linha de produtos.[5]

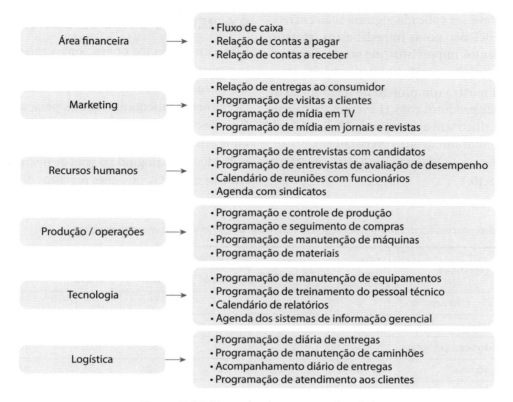

Figura 9.11 Tipos de planos operacionais.[6]

9.7 DIVERSIDADE DE PLANOS OPERACIONAIS

Existe uma infinidade de planos operacionais relacionados com métodos (procedimentos), dinheiro (orçamento), tempo (programas) e com comportamentos (regras e regulamentos), bem como múltiplas aplicações desses planos no nível operacional das empresas. Os exemplos citados dão apenas uma pálida amostra da variedade de planos operacionais existentes.

Em síntese, o nível operacional deve trabalhar como um mecanismo de relojoaria em uma regularidade altamente eficiente no sentido de aumentar a produtividade e a qualidade. Enquanto isso, lá fora, o mundo vai girando. Todas essas ferramentas buscam exatamente isso: garantir a certeza e a regularidade do nível operacional, apesar de todas as mudanças que ocorrem no ambiente externo da empresa. Esse é o segredo, manter a regularidade interna em um mundo caracterizado por oscilações e mudanças para garantir a eficiência operacional dos processos internos.

PARA REFLEXÃO

Como utilizar os planos táticos na empresa?

Reflita e, a seguir, discuta com seus colegas a respeito do assunto supra e tente chegar a uma conclusão. Como utilizar os planos táticos na empresa?

REFERÊNCIAS

1. CHIAVENATO, I. *Administração nos Novos Tempos*. São Paulo: Atlas, 2020.
2. CHIAVENATO, I. *Administração nos Novos Tempos*. op. cit.
3. CHIAVENATO, I. *Administração nos Novos Tempos*. op. cit.
4. CHIAVENATO, I. *Administração nos Novos Tempos*. op. cit.
5. CHIAVENATO, I. *Administração nos Novos Tempos*. op. cit.
6. CHIAVENATO, I. *Administração nos Novos Tempos*. op. cit.

PARTE IV

ORGANIZAÇÃO DA AÇÃO EMPRESARIAL

Capítulo 10 – Desenho Organizacional
Capítulo 11 – Desenho Departamental
Capítulo 12 – Modelagem do Trabalho

A partir do planejamento segue-se a organização da ação empresarial. Uma vez planejada torna-se necessário dar estrutura e configuração à ação empresarial como um todo. Isso significa que desde que se planejou deve-se cuidar para que o planejamento possa ser transformado em ação. Para tanto é necessário reunir, aglutinar e disponibilizar todos os recursos e competências para que o que foi planejado tenha todas as condições de ser executado e transformado em resultados concretos. Organizar é compor todos os meios para que a ação empresarial seja viável e possa ser realizada com sucesso.

A palavra organização pode ser usada com dois significados diferentes:[1]

1. **Organização como uma entidade social ou uma unidade dela**: toda organização é uma entidade social, pois é constituída por pessoas que interagem entre si para alcançar objetivos específicos. Neste sentido, a palavra organização denota todo empreendimento humano moldado intencionalmente para atingir determinados objetivos. As organizações são dirigidas para objetivos, pois são desenhadas para alcançar resultados, como gerar lucros (como nas empresas em geral), proporcionar satisfação social (como nos clubes esportivos), atender a necessidades dos cidadãos (como assistência médico-hospitalar, segurança, educação) etc. Toda organização é deliberadamente estruturada, pois o trabalho é dividido e seu desempenho é atribuído aos seus membros. Neste sentido, a palavra organização significa qualquer empreendimento humano moldado intencionalmente para atingir determinados objetivos. Esta definição é aplicável a todos os tipos de organizações sejam elas lucrativas ou não, como empresas, bancos, financeiras, hospitais, clubes e igrejas. Dentro deste ponto de vista, a organização pode ser visualizada sob dois aspectos:

a. **Organização formal**: é a organização baseada em uma divisão do trabalho racional, na diferenciação e integração dos participantes de acordo com algum critério estabelecido por aqueles que detêm o processo decisório. É a organização planejada, que está no papel. Geralmente é aprovada pela direção e comunicada a todos os participantes por meio de manuais de organização, descrições de cargos, organogramas, regras e regulamentos etc. Em outros termos, é a organização formalizada oficialmente.

b. **Organização informal**: é a organização que emerge espontânea e naturalmente entre as pessoas que ocupam posições na organização formal e a partir dos relacionamentos como ocupantes de cargos. Forma-se com base nas relações de amizade (ou de antagonismos) e do surgimento de grupos informais que não aparecem no organograma ou em qualquer outro documento formal. Assim, a organização informal é constituída de interações e relacionamentos sociais entre as pessoas em função de suas atividades na organização formal. A organização informal surge a partir das relações e interações impostas pela organização formal para o desempenho das atividades. Todavia, a organização informal transcende e ultrapassa a formal em vários aspectos, como:

- **Duração**: enquanto a organização formal está confinada ao horário de trabalho, a organização informal pode prolongar-se para os períodos de lazer ou tempos livres das pessoas.
- **Localização**: enquanto a organização formal está circunscrita a um local físico determinado, a organização informal pode ocorrer em qualquer local, dentro ou fora da empresa.
- **Assuntos**: a organização formal limita-se aos interesses da empresa, enquanto a informal abrange todos os interesses comuns das pessoas envolvidas.

2. **Organização como função administrativa**: aqui a organização faz parte do processo administrativo. Neste sentido, organização significa o ato de organizar, estruturar e integrar os recursos e órgãos incumbidos de sua administração e estabelecer relações entre eles e atribuições de cada um deles. Como função administrativa, a organização faz parte integrante do processo administrativo de planejar, organizar, dirigir e controlar.

Existe de um lado a entidade social ou empresa chamada organização e a função administrativa de organizá-la de outro lado. Trataremos da organização sob o segundo ponto de vista, isto é, a organização como

Figura IV.1 Organização dentro do processo administrativo.[2]

a segunda função administrativa, a qual depende do planejamento, da direção e do controle para formar em conjunto o processo administrativo.

Como tal, a organização é uma atividade básica de administração: serve para agrupar pessoas e estruturar todos os recursos organizacionais para atingir os objetivos predeterminados. Como função administrativa, a organização depende do planejamento, da direção e do controle para formar o chamado processo administrativo, que é o encadeamento e interligação entre todas as funções administrativas. Estas, por sua vez, interagem dinamicamente entre si e se caracterizam por uma estreita interdependência para compor o processo administrativo. Assim, a organização está intimamente relacionada com o que já vimos a respeito do planejamento e com o que veremos adiante a respeito da direção e do controle. Por meio da organização a empresa reúne e integra os seus recursos e competências, define a estrutura de órgãos que deverão administrá-los, estabelece a divisão de trabalho por meio da diferenciação, proporciona os meios de coordenar as diferentes atividades pela integração, define os níveis de autoridade e de responsabilidade e assim por diante. A organização representa todos os meios que a empresa utiliza para pôr em prática o planejamento, a direção e o controle da ação empresarial a fim de atingir os seus objetivos.

Em função dos seus objetivos, as empresas definem os seus domínios, isto é, o nicho ambiental em que pretendem aninhar-se e estabelecer o seu ambiente de tarefa. A seguir, as empresas estabelecem os meios necessários para operar e alcançar aqueles objetivos e assegurar sua sobrevivência e seu crescimento. Ou seja, estabelecem estratégias para o melhor aproveitamento e aplicação de seus recursos. Para implementar as estratégias, as empresas precisam planejar suas atividades e operações antes que elas sejam realizadas. E, para realizá-las, precisam agrupar, estruturar, organizar e sincronizar todos os seus recursos e habilidades para uma operação global: é o que chamaremos de organização da ação empresarial. Cada empresa tem o seu modo próprio de organizar sua estrutura interna, agrupar recursos, estabelecer hierarquia de autoridade, dividir e decompor a tarefa global em subtarefas que serão realizadas por indivíduos ou por equipes, bem como de reintegrar e coordenar as subtarefas na consecução da tarefa global. O problema fundamental para a organização da ação empresarial é alcançar coerência entre todas estas áreas de decisão.

IV.1 FUNÇÃO DE ORGANIZAR

A função de organizar envolve necessariamente quatro componentes:[3]

1. **Tarefas**: o trabalho realizado em uma empresa é geralmente fragmentado por um processo de divisão de trabalho que provoca a especialização de atividades e de funções. As funções organizacionais são subdivididas em tarefas.

2. **Pessoas**: cada pessoa é designada para ocupar um cargo, que é uma parte específica do trabalho global. Essa designação deve considerar habilidades, aptidões, interesses, experiência e comportamento de cada pessoa. Cada pessoa é ocupante de um cargo na organização formal.

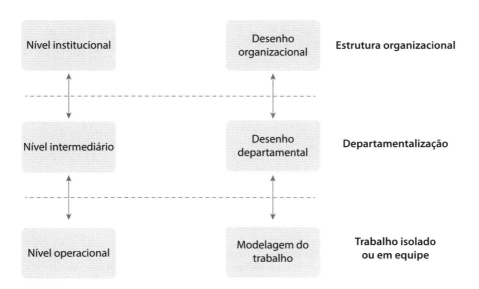

Figura IV.2 A interligação entre desenho organizacional, desenho departamental e modelagem do trabalho.

Quadro IV.1 A organização da ação empresarial nos três níveis da empresa

Níveis	Organização	Conteúdo
Institucional	Desenho organizacional	Superestrutura da empresa. Formato organizacional e processos de comportamento
Intermediário	Desenho departamental	Agrupamento de unidades em subsistemas, como departamentos ou divisões
Operacional	Modelagem do trabalho	Estrutura das posições e das atividades em cargos

3. **Órgãos**: as tarefas e as pessoas são agrupadas em órgãos como divisões, departamentos ou unidades da organização. Na medida em que envolvam características ou objetivos similares, os órgãos passam a ser dispostos em níveis hierárquicos e em áreas de atividades. Em função da ligação direta ou indireta com os objetivos da empresa, passam a existir os órgãos de linha e de *staff*.

4. **Relações**: os relacionamentos constituem o conceito talvez mais importante dentro da organização. A preocupação inicial focalizou as relações entre os órgãos componentes da empresa e entre as pessoas com relação ao seu trabalho. Posteriormente essa preocupação estendeu-se para outros aspectos fora da organização, como relacionamentos com clientes (a partir de sistemas de gestão como o *Customer Relationship Management* – CRM) ou com fornecedores (a partir de sistemas de gestão como o *Supply Chain Management* – SCM).

IV.2 ABRANGÊNCIA DA ORGANIZAÇÃO

A organização – como função administrativa – se desdobra nos três níveis organizacionais:[4]

1. **Organização ao nível global**: abrange a empresa como uma totalidade. Consiste no desenho ou estrutura

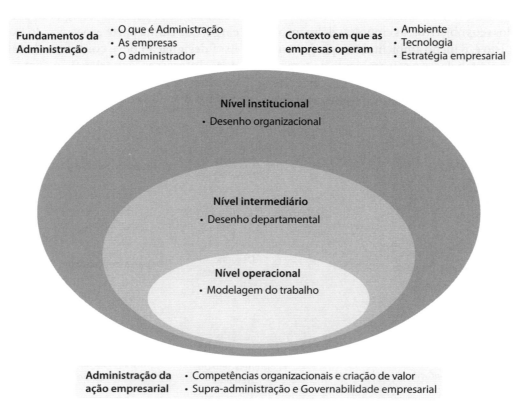

Figura IV.3 Plano integrado das partes e capítulos do livro.

organizacional da empresa. Os tipos de organização serão estudados mais adiante.

2. **Organização ao nível departamental**: é a organização que abrange cada área ou departamento. Consiste no desenho departamental ou departamentalização. Os tipos de departamentalização serão estudados mais adiante.

3. **Organização ao nível das tarefas e operações**: é a organização do trabalho que focaliza cada tarefa, atividade ou operação. Consiste no desenho de cargos ou tarefas que é feito por meio da descrição e da análise de cargos.

Enquanto o nível institucional se preocupa com o desenho organizacional no âmbito da empresa como um todo, o nível intermediário se incumbe de detalhar o desenho dos departamentos que serão responsáveis pela administração de um ou mais recursos relevantes para o alcance dos objetivos empresariais. O nível operacional fica com a responsabilidade de definir o desenho dos cargos e das tarefas, que no seu conjunto operarão as tecnologias e produzirão os produtos ou serviços que constituem a tarefa básica da empresa.

Assim, esta parte trata da organização da ação empresarial e será desdobrada em três capítulos: desenho organizacional, desenho departamental e desenho de cargos e tarefas, para explicar as diferentes perspectivas de organização do nível institucional, intermediário e operacional da empresa.

REFERÊNCIAS

1. CHIAVENATO, I. *Introdução à Teoria Geral da Administração*. São Paulo: Atlas, 2020.
2. CHIAVENATO, I. *Introdução à Teoria Geral da Administração*. *op. cit.*, p. 246.
3. TERRY, G. R. *Princípios de Administração*. São Paulo: Brasiliense, 1976. p. 55.
4. CHIAVENATO, I. *Teoria Geral da Administração – volume 1*. São Paulo: Atlas, 2021. p. 193.

10 DESENHO ORGANIZACIONAL

OBJETIVOS DE APRENDIZAGEM

- Definir desenho organizacional e suas principais características.
- Distinguir a diferenciação, a formalização, a centralização e a integração como as características principais do desenho organizacional.
- Definir organização linear e organização linha-*staff* e suas características.
- Identificar a influência do tamanho organizacional e da amplitude de controle.

O QUE VEREMOS ADIANTE

A função de organização no nível institucional trata a empresa como um todo, isto é, como um sistema aberto e integrado. E recebe o nome de desenho organizacional. A palavra desenho denota uma forma, padrão, estrutura ou algo parecido e que é utilizado pela empresa para alcançar um ou mais objetivos. O desenho organizacional trata da configuração da estrutura organizacional da empresa e dos processos utilizados para fazê-la funcionar e alcançar resultados. De um lado, a estrutura organizacional representa os órgãos e unidades que compõem a empresa bem como suas relações de interdependência e, de outro, o seu funcionamento envolve as funções e atividades necessárias para levar ao alcance dos objetivos da empresa. O desenho organizacional envolve a definição da estrutura básica da empresa e como a tarefa empresarial é dividida e atribuída entre departamentos, divisões, unidades, equipes e cargos. Estes aspectos são divulgados nos organogramas, manuais de organização e descrições de cargos. Quando o desenho organizacional não está adequado às necessidades da empresa e do contexto em que ela está inserida são constantes as reorganizações e reestruturações no sentido de adequá-lo às mudanças e renovações indispensáveis ao sucesso organizacional. As empresas jovens e em desenvolvimento são particularmente hábeis em se reestruturarem com frequência, o que é mais difícil e complicado para as grandes empresas dotadas de muitos níveis hierárquicos e vários departamentos e divisões. Em suma, o desenho organizacional – o retrato da estrutura da organização – define os órgãos, níveis, atribuições, responsabilidades, recursos e competências necessários à dinâmica organizacional.

10.1 OS REQUISITOS DO DESENHO ORGANIZACIONAL

O desenho organizacional constitui uma das prioridades da administração, pois define como ela irá funcionar e como seus recursos serão distribuídos e aplicados. O desenho organizacional contribui de quatro maneiras diferentes para a organização. Em outras palavras, procura atender a quatro requisitos fundamentais:

1. **Como estrutura básica**: por meio da divisão do trabalho organizacional e alocação dos recursos empresariais para que o sistema funcione de maneira integrada e satisfatória. A estrutura básica define como será dividida a tarefa da empresa (pela especialização vertical – também chamada hierarquia – e pela especialização horizontal – também chamada departamentalização), bem como o formato organizacional mais adequado ao negócio da empresa. Assim, a estrutura básica refere-se aos aspectos estáticos da organização e corresponde a uma radiografia do corpo organizacional em que estão representados os órgãos e unidades que compõem a organização.

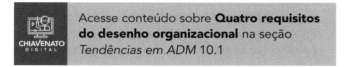

Acesse conteúdo sobre **Quatro requisitos do desenho organizacional** na seção *Tendências em ADM 10.1*

2. **Como mecanismo de operação**: para indicar aos participantes da empresa o que devem e o que não devem fazer, por meio das descrições de cargos, procedimentos e rotinas de trabalho, normas e regulamentos internos, padrões de desempenho, sistemas de avaliação de desempenho etc. Desta maneira, o mecanismo de operação se baseia na existência de normas, regras e regulamentos, define os aspectos dinâmicos da organização e é retratado por manuais de organização ou rotinas e procedimentos.

3. **Como mecanismo de decisão**: estabelece o processo de tomada de decisão para encontrar consonância entre os objetivos globais da organização e os objetivos específicos de cada um dos órgãos e unidades que a compõem. O mecanismo da decisão define o poder de tomar decisões dentro da organização e a autoridade dele decorrente. Corresponde à distribuição do poder e à hierarquia da autoridade para tomar decisões dentro da organização.

4. **Como mecanismo de coordenação entre as partes**: definindo como a organização deve harmonizar e integrar suas diferentes partes em função da divisão do trabalho organizacional. Enquanto a estrutura básica divide o trabalho e diferencia as partes, o mecanismo de coordenação integra e dá consistência ao todo. É a busca da integração para compensar a diferenciação da tarefa organizacional. O mecanismo de coordenação é um meio de aglutinar e juntar as diversas partes da organização para obter integração e sinergia como um todo.

Os quatro requisitos precisam ser simultaneamente atendidos. O importante é notar que as novas tendências estão mudando radicalmente o formato e conteúdo do desenho organizacional. Mais do que isto, o desenho organizacional está deixando de constituir o esquema impositivo de amarração das pessoas e de padronização

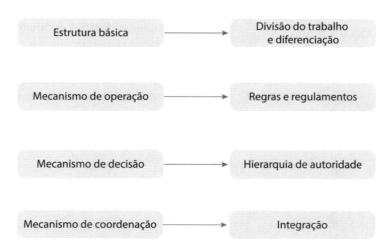

Figura 10.1 Os requisitos fundamentais do desenho organizacional.

do seu comportamento para se tornar um esquema amigável de suporte e apoio para que as pessoas possam se relacionar melhor, processar a informação, tomar decisões a respeito de seu trabalho, desenvolver intelectualmente suas atividades, compartilhar com sua equipe, melhorar o processo de trabalho, focalizar o cliente interno ou externo, alcançar metas e resultados fixados consensualmente em conjunto com seus superiores e participar nos resultados e metas alcançados ou ultrapassados. Com estas tendências, o desenho organizacional deixou de ser uma finalidade em si para se transformar em um meio adequado de integrar pessoas e uma ferramenta para ajudá-las a desenvolver as suas atividades. Mais do que isso, o desenho organizacional passou a ser uma plataforma que ajuda a organização a alcançar seus objetivos da melhor maneira possível.

SAIBA MAIS

O racionalismo da organização formal

A organização formal se caracteriza pela racionalidade. A racionalidade significa a adequação dos meios aos fins que se deseja alcançar. Uma **organização** é um conjunto de cargos funcionais e hierárquicos a cujas prescrições e normas de comportamento todos os seus membros devem se sujeitar. O princípio básico desta forma de conceber a **organização** é que, dentro de limites toleráveis, os seus membros se comportarão racionalmente, isto é, de acordo com as normas lógicas de comportamento prescritas para cada um deles. A organização não é um fim, mas um meio de permitir à empresa atingir determinados objetivos. Cada empresa tem a sua própria organização em função dos seus objetivos, tamanho, conjuntura que atravessa e da natureza dos produtos que fabrica ou dos serviços que presta. Neste sentido não há duas empresas idênticas, embora existam certas características que permitem compará-las no estudo da organização empresarial.

10.2 AS CARACTERÍSTICAS PRINCIPAIS DO DESENHO ORGANIZACIONAL

Na realidade, o desenho organizacional deve reunir e compatibilizar quatro características principais: diferenciação, formalização, centralização e integração. Em cada empresa, cada uma dessas características varia enormemente provocando uma imensa heterogeneidade de desenhos organizacionais, razão pela qual não existem duas empresas com desenhos iguais. Essa individualidade é marcante. Cada empresa é única e especial com suas características próprias em termos de desenho organizacional. Vejamos cada uma dessas características do desenho organizacional, sempre lembrando que elas interagem entre si e que são interdependentes.

10.2.1 Diferenciação

Refere-se à divisão do trabalho organizacional em departamentos ou subsistemas e em camadas de níveis hierárquicos. A diferenciação pode ser feita em dois sentidos:

1. **Horizontal**: desdobramento em departamentos ou divisões pela departamentalização.
2. **Vertical**: desdobramento em níveis hierárquicos pela criação de vários escalões de autoridade.

TENDÊNCIAS S EM ADM

Abordagem sistêmica

Mudanças estão ocorrendo no desenho organizacional das empresas. A tendência moderna está mais para a generalização do que para a especialização. Mais para a integração do que para a divisão do trabalho. Mais em juntar do que em separar. Além disso, caminha para a flexibilização. Mais para equipes integradas e transitórias de trabalho do que para órgãos definitivos e separados. Mais para adaptabilidade e mudança do que para rigidez e mecanicismo. A abordagem sistêmica está por trás dessa forte tendência de aglutinação e flexibilização nas organizações.

Quanto maior a complexidade das atividades requeridas pelo ambiente externo e quanto maior a diversidade das tarefas executadas internamente, tanto maior deverá ser a diferenciação dentro da organização. Isto significa que quanto maior a variedade de clientes/consumidores – localizados no contexto – e quanto maior a variedade de produtos/serviços produzidos no interior da organização, tanto maior será a diferenciação existente dentro da organização. E quanto maior a diferenciação, tanto

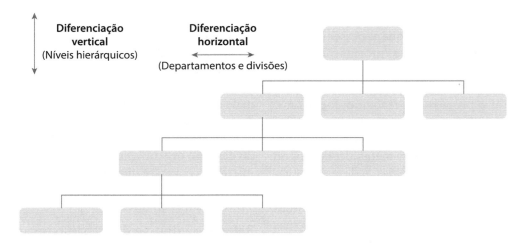

Figura 10.2 Organograma indicando a diferenciação horizontal e vertical.

maior será a heterogeneidade dentro da organização pelo fato de acarretar maior número de departamentos e de níveis hierárquicos. A diferenciação é responsável pela complexidade organizacional pois quando há muitos níveis hierárquicos e muitos departamentos diferentes tornam-se necessários vários esquemas de integração e entrosamento para coordenar o funcionamento e obter harmonia na totalidade. Isto impõe esquemas adicionais que trazem custos para a organização. O problema se situa em até quanto se deve diferenciar internamente uma organização para que ela funcione melhor.

10.2.2 Formalização

Refere-se à existência de regras e regulamentos para prescrever como, quando e por quem as tarefas serão executadas. A formalização é o grau em que as regras e regulamentos são explicitamente definidos para governar o comportamento dos participantes da empresa. O caráter formal impõe um certo ritual dentro da organização. Quanto maior a formalização tanto maior a presença de normas de conduta, rotinas e procedimentos, formulários e documentos para comprovar as atividades, métodos e processos rígidos para atender à legislação vigente, de arquivos para guardar informações, documentos, atestados, assinaturas e firmas reconhecidas, aprovações e outros processos. O objetivo é documentar, registrar, comprovar com papéis que possam ser arquivados e guardados durante anos a fio. A necessidade de controle está por trás disso tudo. A formalização é, no fundo, uma forma de controle. Quanto maior a formalização tanto mais a empresa se torna burocrática, mecanística, fechada, rotineira, bem definida e programada.

A formalização pode ser feita por meio de:

1. **Cargo**: o cargo é uma formalidade que define as especificações relacionadas com a tarefa a executar.[1] A descrição do cargo formaliza o comportamento das pessoas que o ocupam.
2. **Fluxo de trabalho**: feito por instruções e procedimentos detalhados sobre como executar as tarefas, como o projeto de construção de um produto.
3. **Regras e regulamentos**: feito pela formalização de regras e procedimentos para todas as situações possíveis, especificando quem pode ou não fazer certas coisas, quando, onde, para quem e com que permissão.

 **SAIBA MAIS** — **Formalização**

A formalização serviu para reduzir a influência da variabilidade humana. Ela impõe rigidez e obediência e elimina a liberdade pessoal a fim de assegurar que tudo seja feito exatamente de acordo com o previsto. Todavia, a tendência moderna está mais para a confiabilidade nas pessoas do que na ênfase em regras e regulamentos da organização. Está mais para a desburocratização, para a desregulamentação e para a liberdade e participação das pessoas do que na imposição de regras e regulamentos rígidos e fixos. A formalização é uma decorrência do modelo burocrático e está sendo revisada nos dias de hoje. Comunicação, conectividade e interação estão substituindo cada vez mais a velha e tradicional formalidade burocrática nas relações entre as pessoas.

10.2.3 Centralização

Refere-se à localização e distribuição da autoridade para tomar decisões. A centralização implica em concentração das decisões no topo da organização, isto é, no nível institucional, com pouca ou nenhuma delegação para o nível intermediário. Na situação de centralização, todas as decisões devem ser levadas hierarquia acima para a cúpula aprovar ou decidir. O dirigente deve assumir todas as decisões dentro da organização, mesmo que em seus numerosos detalhes.

A Figura 10.3 mostra que quanto maior a centralização tanto mais a autoridade é concentrada no nível mais elevado da hierarquia. Há total dependência e submissão dos demais níveis: o nível intermediário e o operacional tornam-se meros repetidores das decisões tomadas no topo. Pelo contrário, quanto maior a descentralização tanto mais autoridade é delegada e distribuída aos níveis mais baixos da hierarquia a fim de que a execução das tarefas seja mais apropriada às características locais e às necessidades do cliente da organização.

A centralização traz vantagens e desvantagens, como mostra o Quadro 10.1.

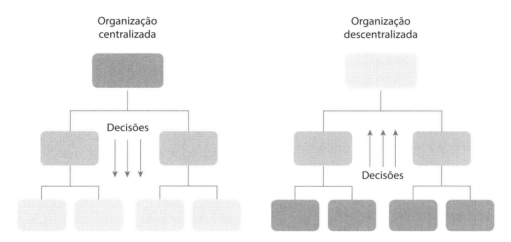

Figura 10.3 A centralização e descentralização da organização.

Quadro 10.1 As vantagens e desvantagens da centralização[2]

Vantagens da centralização	Desvantagens da centralização
1. As decisões são tomadas por administradores que têm uma visão global da empresa	1. As decisões são tomadas por administradores que estão mais próximos dos fatos
2. Tomadores de decisão situados no topo e geralmente melhor treinados e preparados do que os que estão nos níveis mais baixos	2. Tomadores de decisão situados no topo raramente têm contato com os trabalhadores e com as situações envolvidas
3. Eliminação dos esforços duplicados reduz os custos operacionais	3. As linhas de comunicação mais distanciadas provocam demoras prolongadas
4. Certas funções – como compras –, quando centralizadas, provocam maior especialização e aumento de habilidades	4. Administradores nos níveis mais baixos são frustrados porque estão fora do processo decisório
5. Decisões são mais consistentes com os objetivos empresariais	5. Pelo envolvimento de muitas pessoas nas comunicações, há mais possibilidades de erro e de distorções pessoais

Por outro lado, também a descentralização traz vantagens e desvantagens, conforme o Quadro 10.2.

 **Conceito de centro de lucro**

Uma técnica de descentralização é o conceito de centro de lucro. Uma subunidade desempenha as principais atividades em um produto ou linha de produtos. O seu administrador se parece com um diretor-geral de uma pequena empresa, pois é o responsável, junto à direção, pelo lucro gerado pela sua unidade. Dentro destas condições, cada subunidade é criada como um centro de lucro relativamente autônomo e autossuficiente. O administrador é totalmente responsável pelos resultados e possui autoridade suficiente para cumprir tal responsabilidade. As divisões Chevrolet, Pontiac, Oldsmobile e Cadillac da General Motors americana constituem um exemplo clássico. Cada uma dessas divisões automotivas não somente é autônoma, mas concorre com as outras no mesmo mercado automobilístico. Embora a autoridade não seja totalmente descentralizada, pois todas as divisões devem balizar suas decisões em função das políticas e diretrizes emanadas da presidência, elas funcionam como centros de lucro.

A descentralização exige três pontos fundamentais:

1. O primeiro é que todas as pessoas envolvidas devem ter um conhecimento claro e uniforme da missão da organização e das estratégias globais para realizá-la.

2. O segundo é a capacitação profissional das pessoas para que aprendam a diagnosticar as situações, tomar corretamente as decisões certas e ajustá-las aos objetivos da organização.

3. E o terceiro é a motivação pessoal para envolver-se conscientemente nos objetivos organizacionais e esforçar-se intimamente para alcançá-los da melhor maneira possível.

 O desperdício de capital intelectual

O maior desperdício cometido deliberadamente em nossas organizações não é o de perdas financeiras, danos materiais, atrasos na produção, baixa produtividade, custos elevados, qualidade precária ou outras iniquidades. Estes são problemas importantes, não resta a menor dúvida, mas decorrentes de um problema muito maior: o enorme e continuado desperdício do talento, da capacidade profissional e da motivação das pessoas. Principalmente, o desperdício do recurso humano mais elevado e sofisticado que é a inteligência: a massa encefálica que produz criatividade e inovação na solução de problemas é quase sempre rejeitada em prol da atividade mecânica e rotineira de manter o *status quo*. E, com isto, o capital intelectual é jogado pelos ralos da fábrica ou do escritório. Por essas razões, a descentralização é um dos caminhos indicados para a moderna gestão das empresas.

Quadro 10.2 As vantagens e desvantagens da descentralização[3]

Vantagens de descentralização	Desvantagens da descentralização
1. Decisões são tomadas mais rapidamente pelos próprios executores	1. Pode ocorrer falta de informação e coordenação entre departamentos
2. Tomadores de decisão são os que têm mais informação sobre a situação	2. Maior custo por administrador devido ao melhor treinamento, melhor salário dos administradores nos níveis mais baixos
3. Maior envolvimento na tomada de decisões cria maior moral e motivação entre os administradores médios	3. Administradores tendem a uma visão mais estreita e podem defender mais o sucesso de seus departamentos em detrimento da empresa como um todo
4. Proporciona bom treinamento para os administradores médios	4. Políticas e procedimentos podem variar enormemente nos diversos departamentos

A vantagem da descentralização – quando ela é acompanhada desses pontos – é que a organização passa a utilizar todos os cérebros envolvidos e não apenas um ou alguns deles: o do dirigente e dos mais próximos a ele. É por esta razão que muitas empresas estão migrando fortemente para a descentralização[4].

10.2.4 Integração

Refere-se aos meios de coordenação e entrosamento entre as unidades da organização a fim de manter convergência e integração de esforços. A divisão do trabalho conduz à diferenciação. Quanto maior a diferenciação tanto mais heterogênea é a estrutura da empresa e tanto maior a necessidade de coordenar as diferentes partes da organização para obter um funcionamento coeso, harmônico e em sinergia. A divisão do trabalho provocada pela diferenciação fragmenta as grandes tarefas em partes menores. Para evitar sua dispersão deve haver algum inter-relacionamento e interligação. A integração é o processo de facilitar o encadeamento e é feita pelos meios de coordenação intraorganizacional. Enquanto a diferenciação atua no sentido de decompor a organização, a integração atua no sentido de recompor. Uma funciona no sentido de desdobrar enquanto a outra no sentido de incluir.

Os esquemas de integração mais utilizados são:[5]

1. **Hierarquia administrativa**: constituiu a solução mais comum para os problemas de integração entre duas ou mais unidades de uma empresa que devam reportar-se ao mesmo superior ou que devam ter suas atividades integradas para facilitar comunicações, resolver conflitos, obter sinergia de esforços etc. A cadeia de comando – um conjunto de posições administrativas que ligam as unidades principais com as unidades menores – funciona como um mecanismo intrínseco de integração para resolver os conflitos e coordenar as atividades ao longo da organização.

2. **Departamentalização**: é um processo de diferenciação organizacional em que a divisão do trabalho se faz no sentido horizontal provocando a especialização em departamentos. Este assunto será tratado no Capítulo 11, mas abordaremos aqui a departamentalização como mecanismo de integração. Ela é uma alternativa estrutural capaz de resolver problemas de integração pois permite incluir as interdependências dentro das novas fronteiras das unidades que possam ser facilmente administradas.

3. **Assessoria (*staff*)**: o problema da sobrecarga da hierarquia pode ser aliviado pelo uso da assessoria, o que pode ser feito por meio de assistentes do executivo de linha ou de especialistas funcionais. A assessoria permite aumentar a quantidade de informação que aquela posição na hierarquia pode processar, incluir mais decisões que ela pode tomar e o volume de conflitos que ela pode resolver. Todavia, existem duas restrições à utilização do *staff* como esquema integrativo. A primeira é o seu custo, principalmente nas pequenas empresas, em que a assessoria quase sempre precisa ter um tamanho diminuto. A segunda é que o *staff* pode resolver problemas de integração, mas ele próprio costuma criar outros problemas particulares de integração, como é o caso do costumeiro conflito entre órgãos de *staff* e de linha nas unidades.

4. **Comissões e forças-tarefa**: as comissões e forças-tarefa podem ser utilizadas para facilitar a integração de unidades da empresa. Para facilitar a coordenação entre vendas e produção os executivos das duas unidades podem reunir-se em conjunto com seus auxiliares principais para discutir e solucionar os problemas. As reuniões, comissões e forças-tarefa são mecanismos integrativos que permitem resolver problemas de integração que outros mecanismos não conseguem por apresentarem efeitos limitados. A hierarquia administrativa pode processar apenas certa quantidade de informação e tomar decisões em um período de tempo. As regras, procedimentos, objetivos e planos podem lidar apenas com situações rotineiras. As comissões e forças-tarefa, por seu lado, não têm estas limitações. Sua única desvantagem está no custo, pois exige a dedicação de muitas pessoas durante certo período de tempo, bem como habilidades de tomada de decisão em grupo dos seus participantes.

5. **Regras e procedimentos**: constituem outro mecanismo para livrar a hierarquia da sobrecarga. Quando as situações de decisão são simples, rotineiras e envolvem unidades da organização é possível estabelecer regras e procedimentos sobre a maneira pela qual as decisões deverão ser tomadas. As regras e procedimentos constituem em si decisões rotineiras já tomadas pela empresa e que as unidades envolvidas devem seguir toda vez que se defrontem com determinada situação. A maior vantagem deste mecanismo é o seu baixo custo na obtenção de integração. Porém, ele somente deve ser utilizado quando se pode estabelecer regras claras e inteligentes e quando a situação envolvida é suficientemente estável para compensar o desenho de regras e procedimentos

capazes de serem utilizados durante longo tempo. Contudo, na medida em que há mudança e transformação interna e externa, as regras e procedimento amarram a organização, impedem que as pessoas saiam da rotina e possam, então, a imaginar e a inovar.

6. **Objetivos e planos**: têm uma função similar às regras e aos procedimentos, mas em um espaço limitado de tempo. É um mecanismo de integração utilizado para compor as unidades da organização que operam com relativa independência entre si, mas que precisam ter seus resultados integrados. É o caso das áreas de engenharia de produto, produção e marketing de uma empresa que trabalha independentemente em suas atividades específicas, mas que devem ser coordenadas para definir modificações de produtos, de seus programas de produção e nas datas de suas atividades. Os objetivos e planos constituem meios facilitadores de integração desde que as circunstâncias que os cercam não sejam imprevisíveis ou altamente mutáveis. A maior restrição neste esquema de integração é o seu custo pois ele toma tempo e energia para a criação e busca de consenso quanto a objetivos e planos inteligentes e realistas. Em algumas circunstâncias quando as situações são simples, ele se revela um dos mais baratos mecanismos de integração.

7. **Arranjo físico ou arquitetura**: é outro elemento do desenho organizacional utilizado para facilitar a **integração** entre unidades ou pessoas, por meio da disposição física (*layout*) ou territorial das coisas, equipamentos e pessoas. A arquitetura define o arranjo físico das instalações que permite proximidade física entre pessoas e equipamentos para tornar a comunicação mais fácil, arranjos de escritórios e espaços abertos capazes de facilitar contatos entre pessoas e aproxima-las entre si. A derrubada de barreiras – como paredes e fronteiras físicas, eliminação de salas pessoais, locais reservados em refeitórios e estacionamentos – mostra que o arranjo físico moderno está aí para aproximar – e não mais para distanciar – as pessoas.

Organizações muito diferenciadas, com muitos departamentos e variados níveis de autoridade exigem uma multiplicidade de mecanismos integradores para garantir a coordenação necessária ao funcionamento de todo o sistema. Isto onera os custos administrativos e operacionais e gera outros tipos adicionais de problemas de integração. A solução está na simplicidade organizacional e utilização de equipes multifuncionais e autônomas de trabalho, que veremos adiante.

Quadro 10.3 Custos e benefícios dos métodos de integração

Métodos de integração	Vantagens	Limitações
Hierarquia administrativa	Proporciona uma rede capaz de interligar todas as unidades funcionais de uma organização em seu conjunto	Pode tornar-se sobrecarregada e não funcionar Uma amplitude de controle muito estreita é onerosa e estanque
Departamentalização	Facilita a integração de unidades e busca de convergência de objetivos Facilita a integração intradepartamental	Não facilita a integração entre os diferentes departamentos ou funções Dificulta a integração Interdepartamental
Assessoria (*staff*)	Pode suplementar a hierarquia administrativa e auxiliar no desempenho de uma função amplamente integradora	Custo alto. Pode também criar seus próprios problemas de integração (como conflitos entre linha e *staff*)
Comissões e forças-tarefa	Podem lidar com um grande número de problemas e de decisões imprevisíveis	Custo alto. As pessoas envolvidas precisam possuir habilidades necessárias à tomada de decisão em grupo
Regras e procedimentos	Constitui um meio econômico para obter integração entre assuntos rotineiros	Limitada a assuntos rotineiros Uso exagerado pode trazer consequências disfuncionais
Planos e objetivos	Pode integrar muitos assuntos não rotineiros que as regras e os procedimentos não conseguem	Custo alto, principalmente em termos de tempo e de esforços
Arranjo físico ou arquitetura	Sob certas circunstâncias pode ser uma solução barata para a integração	Pode ser oneroso quando as condições são estáveis Pode corroer a competência especializada

PARA REFLEXÃO

Integração é necessária?

Lógico que sim, principalmente quando diferentes pessoas se esforçam em diferentes campos de atividade. Sem integração, a subobjetivação pode esvair tais esforços e levar a lugar nenhum, pois as direções focadas são esparsas. Mas a integração exagerada pode reduzir a iniciativa pessoal pelo simples fato de que as pessoas perdem sua liberdade e autonomia em função dos objetivos mais globais. Elas precisam sacrificar algo de si para o bem comum. Tudo tem seu benefício e seu custo. O importante é dosar e equilibrar a integração na medida certa para alcançar o máximo de resultados conjuntos com o mínimo de perdas individuais. Um desafio para o julgamento e perícia do administrador.

10.2.5 Conclusões sobre as características do desenho organizacional

Todas as quatro características do desenho organizacional – diferenciação, formalização, centralização e integração – precisam ser adequadamente sintonizadas e dimensionadas para que o sistema seja coerente e integrado. O segredo não está no manejo de cada uma dessas características em si, mas na maneira como todas elas são arranjadas e utilizadas no conjunto. Cada empresa faz a mistura e composição mais adequada dessas características aos objetivos que pretende alcançar em um contexto específico e particular. Daí o encanto do assunto: cada organização escolhe e modifica ao longo do tempo a maneira pela qual consegue lidar com o conjunto de todas estas características.

Além dessas quatro características básicas do desenho organizacional, duas secundárias são também importantes na sua definição: tamanho organizacional e amplitude de controle.

PARA REFLEXÃO

Para que serve o desenho organizacional?

Reflita e, a seguir, discuta com seus colegas a respeito do assunto supra e tente chegar a uma conclusão. Para que serve o desenho organizacional?

- Para definir autoridade e responsabilidade?
- Para aglutinar recursos organizacionais?
- Para convergir competências organizacionais?
- Para tratar da organização como um todo sistêmico?
- Para aumentar a eficiência e eficácia das operações?
- Para dar um sentido de missão organizacional?

Quadro 10.4 As quatro principais características do desenho organizacional[6]

Baixo grau		Alto grau
Pouca divisão do trabalho Poucos órgãos e departamentos Poucos níveis hierárquicos Homogeneidade	**Diferenciação**	Muita divisão do trabalho Muitos órgãos e departamentos Muitos níveis hierárquicos Heterogeneidade
Pouca burocratização Poucas regras e regulamentos Liberdade	**Formalização**	Exagerada burocratização Excesso de regras e regulamentos Coações e restrições
Muita delegação de autoridade Descentralização das decisões para os níveis inferiores Autonomia	**Centralização**	Nenhuma delegação de autoridade Centralização das decisões na cúpula Dependência
Pouca coordenação entre níveis e departamentos Frouxidão	**Integração**	Muita coordenação entre níveis e departamentos Coesão

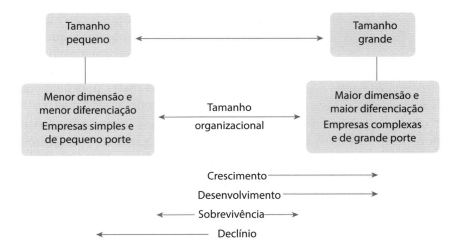

Figura 10.4 O tamanho organizacional e suas características.

10.3 TAMANHO ORGANIZACIONAL

O tamanho organizacional se refere às dimensões da organização em um determinado momento. Ele define o volume de recursos de que dispõe uma empresa. Em função do seu tamanho, ela pode ser dimensionada como pequena, média ou grande. No rol das pequenas empresas existem as empresas individuais, as miniempresas e as microempresas. No rol das empresas grandes existem as empresas multinacionais e as globais.

Toda empresa pode defrontar-se com quatro tipos de situação quanto ao seu tamanho organizacional:

1. **Crescimento (sentido absoluto)**: caracterizada por um aumento de tamanho, seja em recursos, seja em cobertura de mercado etc.
2. **Desenvolvimento (sentido relativo)**: caracterizada por alguma melhoria, seja em recursos, abrangência de mercado, níveis de qualidade e produtividade, rentabilidade etc.
3. **Sobrevivência**: caracterizada pela manutenção da situação que a empresa conseguiu alcançar. Ela pode sobreviver mantendo-se em uma situação inalterada ao longo do tempo, sem crescer e sem declinar.
4. **Declínio**: caracterizada por uma redução de suas atividades, perda de recursos ou diminuição de sua abrangência mercadológica.

O crescimento provoca mudanças e alterações tanto no tamanho como na forma de organização (desenho organizacional da estrutura) da empresa. O tamanho é uma consequência do crescimento e pode ser facilmente observado e medido, pois varia conforme o tempo e o espaço. O crescimento da empresa depende de condições externas e internas:

1. As condições externas do crescimento empresarial são:
   a. Demanda pelos produtos ou serviços oferecidos pela empresa.
   b. Oportunidades especiais, como monopólio, patentes, concessões governamentais e incentivos ficais oferecidos pelo governo.
   c. Alto custo de entrada de outras empresas no ramo de atividade, o que pode dificultar ou impedir a concorrência.
   d. Condições para obter os insumos necessários.

2. As condições internas do crescimento empresarial são:
   a. **Vantagens da produção em escala**: quando a tecnologia empregada permite economias ou vantagens proporcionando uma escala maior de operações. Escala significa elevado volume de operações. A eficiência financeira é uma decorrência das operações de maior escala.
   b. **Plena utilização dos recursos disponíveis**: quando a empresa reduz totalmente desperdícios ou subutilização de recursos e alcança elevado grau de eficiência operacional com programas de melhoria da qualidade, da produtividade, de processos, busca de novas e diferentes atividades para incrementar e intensificar a utilização de seus recursos.
   c. **Recursos e competências para criar novos negócios e gerar novas oportunidades**: as empresas

podem desenvolver recursos e competências capazes de gerar novas oportunidades de negócios com novos produtos ou serviços ou mesmo criando novos mercados. Isso promove o crescimento empresarial.

O tamanho organizacional de uma empresa constitui um aspecto importante na compreensão de sua estrutura e comportamento. Ele é a dimensão que envolve o número de empregados e o volume dos recursos e instalações de uma empresa. As grandes organizações são, por definição, mais complexas, formalizadas e, geralmente, mais burocratizadas do que as menores. O tamanho de uma empresa provoca impactos sobre seus empregados, sobre a sociedade na qual está inserida e sobre a própria organização empresarial: existe maior tensão e o processo de despersonalização pode conduzir ao descontentamento das pessoas que nela trabalham.

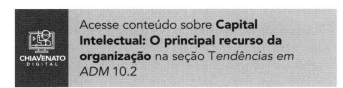

Acesse conteúdo sobre **Capital Intelectual: O principal recurso da organização** na seção Tendências em ADM 10.2

10.4 AMPLITUDE DE CONTROLE

A amplitude de controle (ou amplitude administrativa) refere-se ao número de subordinados que cada órgão ou cargo pode assumir a fim de que possa supervisioná-los adequadamente. Quanto maior a amplitude tanto maior o número de subordinados e, consequentemente, menor o grau de atenção e controle que o superior pode atribuir a eles. A amplitude de controle influencia a estrutura organizacional dando-lhe um formato ou configuração peculiar. Nas empresas em que ocorre pequena amplitude de controle a configuração global da organização costuma ser tipicamente alta e alongada: tem uma longa cadeia de autoridade (muitos níveis hierárquicos) com poucos grupos de trabalho em cada um deles. Nas empresas com grande amplitude de controle a configuração global da organização costuma ser tipicamente baixa e achatada: a estrutura achatada tem poucos níveis hierárquicos com grandes grupos de trabalho em cada nível.

Em função da amplitude de controle as organizações podem ser caracterizadas como organizações altas, com longas cadeias de comando devido ao grande número de níveis hierárquicos e pelas estreitas amplitudes de controle. Nelas, as comunicações verticais se tornam congestionadas e morosas e são filtradas ou distorcidas por diferentes interpretações, complicações ou generalizações ao longo do seu caminho. As decisões que descem do nível institucional em direção ao nível operacional caminham vagarosamente pelos meios intermediários e os canais de comunicação passam a conduzir informação inexata ou inadequada nos níveis seguintes devido a distorções ao longo do caminho.

A amplitude de controle está diretamente ligada ao princípio da unidade de comando: cada subordinado recebe ordens de apenas um superior, ou seja, cada subordinado se reporta a apenas um chefe. O princípio da unidade de comando forma a base da hierarquia de autoridade que se estende do topo até a base da organização. Esta cadeia foi denominada, por Fayol, de princípio escalar ou cadeia escalar.[8]

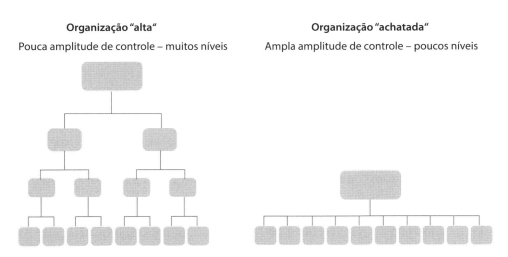

Figura 10.5 Amplitude de controle: organização alta e organização achatada.[7]

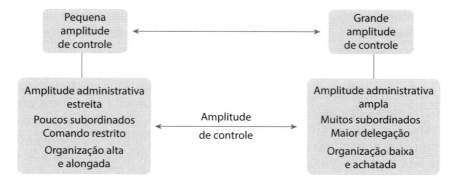

Figura 10.6 A amplitude de controle e suas características.

A amplitude de controle define qual é o número de subordinados que cada administrador poderá supervisionar e conduzir. Neste sentido, ela provoca forte impacto sobre o tempo que cada administrador pode dispor para preparar, influenciar e supervisionar cada um de seus subordinados.

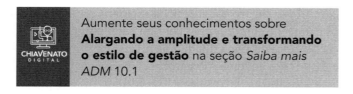

A amplitude de controle é influenciada por vários fatores:[9]

1. **Tecnologia utilizada**: quanto mais complexa a tecnologia tanto menor a amplitude de controle em face da atenção requerida pelos subordinados.
2. **Interdependência dos subordinados**: se o fluxo de trabalho interliga vários subordinados o superior passa a ter mais problemas de coordenação, o que determina menor amplitude de controle. Se os subordinados não estão interligados entre si ocorre menor necessidade de coordenação, o que permite maior amplitude de controle.
3. **Similaridade de funções supervisionadas**: a supervisão torna-se mais simples quando os subordinados fazem as mesmas tarefas e atividades, o que permite agregar um grande número de pessoas.
4. **Qualificação dos subordinados**: quanto mais experientes e treinados os subordinados, tanto menor a supervisão necessária, o que proporciona uma amplitude maior de controle. O treinamento e desenvolvimento de pessoas permite aumentar a amplitude de controle por possibilitar às pessoas maiores habilidades e competências no trabalho. Por outro lado, o treinamento e desenvolvimento de gerentes e supervisores também produz o mesmo resultado ao proporcionar melhores condições de liderança e eficácia nas suas atividades. Tudo parece ser uma questão de educação e qualificação das pessoas.
5. **Utilização de assistentes pessoais**: administradores que têm assistentes diretos capazes de ações de assessoria – como coletar dados e preparar relatórios – têm mais tempo para supervisão e podem ter uma amplitude de **controle**.
6. **Supervisão por outros**: na medida em que as empresas se tornam mais complexas, as pessoas passam a ter vários pontos de apoio. Assessorias e serviços de *staff* proporcionam orientação, serviços especializados e apoio que permitem ao administrador ampliar sua amplitude de controle e ajudar as pessoas a conquistarem maior iniciativa em suas atividades.
7. **Estabilidade do ambiente**: contextos estáveis e previsíveis favorecem amplitudes largas de controle. Quando o ambiente é instável e impõe variações sobre as atividades da empresa que criam necessidade de maior coordenação geralmente ocorre redução na amplitude de controle.

Dentro da esfera de todas essas influências, o administrador pode escolher a amplitude de controle adequada para proporcionar apoio ou autonomia que pretende conceder aos seus subordinados.

Lidar com poucas pessoas permite dar atenção constante a elas e, quase sempre, supervisionar de perto o seu trabalho e reduzir sua liberdade de ação. Lógico, a supervisão mais intensa e próxima costuma ser cerrada e forte, o que impede o subordinado de ter autonomia para realizar seu trabalho. Além disso, provoca um custo maior de supervisão: para cada número de subordinados existe proporcionalmente um volume maior de supervisores ou chefes. Isso aumenta os custos fixos da empresa e nem sempre traz os resultados desejados.

Por outro lado, lidar com muitas pessoas não permite dar atenção constante a todas elas e nem supervisionar de perto o seu trabalho. Mas isso traz a vantagem de deixa-las mais à vontade na realização do trabalho e dar-lhes maior autonomia e liberdade de executarem suas tarefas. Outra vantagem é que isso significa um custo menor de supervisão: para cada número de subordinados existe proporcionalmente um volume menor de supervisores ou chefes.

10.5 TIPOS TRADICIONAIS DE ORGANIZAÇÃO

A partir de todas as características que estudamos, as empresas podem adotar um formato organizacional apropriado para acomodar suas estratégias, atividades, produtos, ambiente de tarefa, tecnologia etc. O desenho organizacional – estrutura organizacional ou formato organizacional – precisa compatibilizar e interligar todos estes diferentes aspectos para favorecer sua inclusão e viabilizar o alcance dos objetivos organizacionais.

Existem três tipos tradicionais básicos de estrutura organizacional: a organização linear, a organização funcional e a organização linha-*staff*. Cada uma delas será estudada com detalhes, embora nem sempre ocorram de maneira pura na realidade das empresas.

10.6 ORGANIZAÇÃO LINEAR

É a estrutura organizacional mais simples e antiga, baseada na autoridade linear. A autoridade linear é uma decorrência do princípio da unidade de comando: significa que cada superior tem autoridade única e absoluta sobre seus subordinados e que não a reparte com ninguém. A autoridade única – aqui chamada autoridade linear – constitui a base deste tipo de organização.

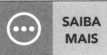

SAIBA MAIS — A organização linear

Fayol foi um dos maiores defensores da organização linear. Esta se aproxima da típica organização militar, em que predomina a autoridade linear e de comando. O chefe manda e o subordinado obedece. O chefe sabe tudo e o subordinado precisa dele para executar seu trabalho. Há uma dependência total do subordinado em relação ao chefe. A organização linear reflete a administração tradicional do início do século passado. Mas ainda tem um papel importante nas empresas de hoje.

A organização linear ou estrutura linear tem suas origens na organização dos antigos exércitos e na organização eclesiástica dos tempos medievais. Entre o superior e os subordinados existem linhas diretas e únicas de

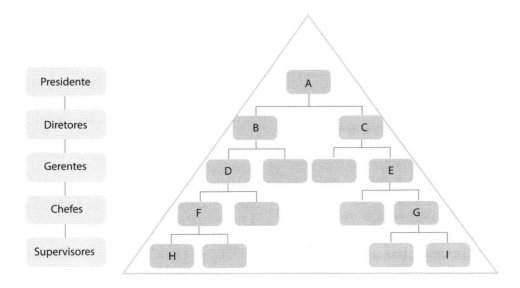

Figura 10.7 Cadeia escalar como fundamento da organização linear.

autoridade (que significa o direito organizacional de exigir o cumprimento de ordens e execução de tarefas) e de responsabilidade (que significa o dever ou incumbência de seguir ordens e executar tarefas). Devido a estas linhas de autoridade e responsabilidade na organização linear ocorre a chamada cadeia escalar. Esta define a cadeia de autoridade e responsabilidade que predomina na organização. O aspecto piramidal é sua característica principal.

10.6.1 Características da organização linear

A organização linear apresenta características próprias, específicas e bastante definidas. As principais características da organização linear são:[10]

1. **Autoridade linear ou única**: decorrente da aplicação do princípio da unidade de comando, pelo qual o superior tem autoridade única e exclusiva sobre seus subordinados. A autoridade linear é uma autoridade de decisão e comando que pertence a cada chefe na hierarquia da organização. O nome da organização linear deriva deste tipo de autoridade;

2. **Linhas formais de comunicação**: as comunicações entre as pessoas ou unidades são feitas unicamente por meio das linhas existentes no organograma, denominadas canais de comunicação. Toda unidade ou posição descrita no organograma (com exceção daquelas situadas no topo ou na base) possui dois terminais de comunicação, um orientado para cima e que interliga à posição superior, representando sua responsabilidade perante o escalão mais elevado da hierarquia, e outro orientado para baixo e que interliga às posições diretamente subordinadas, representando sua autoridade perante o escalão mais baixo. Cada superior centraliza as comunicações em linha ascendente, de modo que elas são lineares, formais e limitadas exclusivamente às relações descritas no organograma e nas descrições de cargos;

3. **Centralização das decisões**: como o terminal da comunicação liga a posição subordinada ao seu superior e, na sequência acima, sucede que a autoridade linear que comanda toda a empresa centraliza-se no topo do organograma. Os canais de responsabilidade são desdobrados por meio dos níveis hierárquicos de forma a espraiar-se até a base da organização;

4. **Formato piramidal**: em decorrência da centralização da autoridade no topo da organização, da cadeia escalar e da unidade de comando, a organização linear apresenta uma conformação tipicamente piramidal. Na medida em que se sobe na escala hierárquica, diminui o número de unidades ou posições em cada nível e, ao contrário, na medida em que se desce na escala hierárquica há um aumento substancial no número de unidades ou posições. A base é extensa enquanto a cúpula é única, lembrando uma verdadeira pirâmide.

10.6.2 Vantagens da organização linear

A estrutura linear apresenta vantagens importantes.[11]

1. **Estrutura simples, de fácil e clara compreensão**: devido ao pequeno número de órgãos ou cargos, a cúpula apresenta apenas um órgão ou cargo centralizador e o subordinado somente se relaciona formalmente com o seu superior imediato. As opções de comunicação e de relações formais são mínimas portanto, restritas, simples e elementares;

2. **Clara definição das responsabilidades**: os órgãos e cargos têm uma notável precisão e delimitação de jurisdição. Nenhum órgão ou cargo intervém em área alheia;

3. **Facilidade de implantação**: a organização linear oferece facilidade no seu funcionamento, controle e na disciplina. O pequeno número de relações formais, a estrutura simples e a clara delimitação das responsabilidades permitem eliminar qualquer dificuldade no seu funcionamento;

4. **Estabilidade**: graças à centralização das decisões e do controle, de um lado, e a rígida disciplina garantida pela unidade de comando, de outro, a organização linear garante um funcionamento estável e sem grandes sustos;

5. **Ideal para pequenas empresas**: tanto pela fácil operacionalização como pela economia que sua estrutura simples pode proporcionar;

6. **Ideal para situações de permanência e estabilidade**: quando o ambiente de tarefa é estável e previsível ou quando a tecnologia for definitiva, a organização linear parece ser a mais indicada. O tipo adequado de organização é onde predominar a rotina e o conservantismo.

10.6.3 Desvantagens da organização linear

As restrições e desvantagens da estrutura linear são numerosas e graves.[12]

1. **Estabilidade e constância das relações formais** podem levar à rigidez e inflexibilidade da organização, dificultando a inovação e adaptabilidade da empresa

frente a novas situações ou condições ambientais. Como as relações formais não mudam com o tempo, a tendência para a manutenção do *status quo* e para o continuísmo é inevitável. A organização linear não responde às mudanças rápidas e constantes da sociedade moderna. Ela tende ao conservadorismo e à rotina.

2. **Autoridade linear baseada no comando único e direto** pode tornar-se autocrática uma vez que enfatiza a função de chefia e comando em detrimento da liderança e orientação. A autocracia provoca rigidez na disciplina, bitola e dificulta a cooperação e iniciativa das pessoas.

3. **Exagera a função de chefia e de comando** pois pressupõe a existência de chefes capazes de fazer tudo e saber tudo. Os chefes tornam-se generalistas, portadores de todas as decisões e ordens que venham do topo da organização e transmissores de todas as informações que venham da base da organização. No fundo, cada chefe é uma espécie de gargalo de entrada e de saída das comunicações em sua área de atuação por possuir o monopólio das comunicações.

4. **A unidade de comando torna o chefe um generalista** que não pode se especializar em coisa nenhuma. Além da excessiva ênfase na chefia, a organização linear impede a especialização, pois acumula os chefes com todos os assuntos possíveis dentro da empresa. Pelo chefe transitam todos os assuntos, informações, relatórios etc. que deverão ser processados em sua área de atuação. De tudo o chefe tem de tomar conhecimento.

5. **Na medida em que a empresa cresce, a estrutura linear conduz inexoravelmente ao congestionamento das linhas formais de comunicação** principalmente no topo da organização, devido à centralização das decisões e da autoridade, já que não utilizam assessoria (*staff*) auxiliar.

6. **Comunicações indiretas** por obedecer a escala linear de hierarquia, as comunicações são indiretas, demoradas e sujeitas a intermediações que acrescentam demora, interpretações diferentes e consequentes distorções. Quando o ambiente muda a organização linear entra em colapso pois não tem condições de acompanhar a mudança externa ou se adaptar a ela.

 Acesse conteúdo sobre **Abraçando a incerteza** na seção *Tendências em ADM 10.3*

10.7 ORGANIZAÇÃO FUNCIONAL

A organização funcional é pouco frequente nas empresas. Ao contrário da organização linear, a organização funcional é a estrutura organizacional que aplica o princípio funcional ou princípio da especialização das funções. O *staff* ou assessoria funcional decorre desse princípio, que separa, distingue e especializa.

 SAIBA MAIS — **As origens do *staff***

Na antiguidade o *staff* era constituído de chefes homéricos que aconselhavam os reis da antiga Grécia e do conselho dos sábios que assessorava os reis anglo-saxões. Os conselheiros não tomavam decisões, mas ajudavam os reis com ideias, pareceres, consultas e orientação. Na verdade, o *staff* é tão velho quanto o poder político. Contudo, somente ingressou nas organizações no final do século 19.

Na medida em que as empresas crescem e seu ambiente se torna mutável e competitivo aumenta consideravelmente a necessidade de órgãos especializados capazes de proporcionar conselhos e inovações rápidas e substanciais. Essa flexibilidade indispensável à organização competitiva e inovadora é um dos principais motivos de fracassos da estrutura linear. Esta somente funciona em um ambiente estável e rotineiro quando quase nada muda.

10.7.1 Características da organização funcional

As características da organização funcional são as seguintes:[13]

1. **Autoridade funcional ou dividida**: a organização funcional baseia-se na autoridade funcional (especialização e conhecimento) e não na autoridade linear (hierarquia e comando). Nela, cada subordinado se reporta simultaneamente a vários superiores especializados, porém reporta-se a cada um deles no assunto da especialidade de cada um. Na organização funcional nenhum superior tem autoridade total (autoridade linear) sobre os subordinados, mas autoridade funcional, que é parcial, relativa

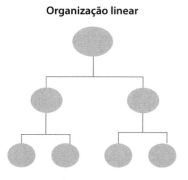
Organização linear
- Princípio da autoridade linear
- Autoridade única ou unidade de comando
- Generalização do comando

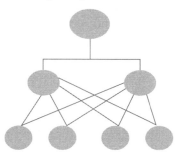
Organização funcional
- Princípio funcional
- Autoridade funcional ou variedade de comando
- Especialização do comando

Figura 10.8 Diferenças entre organização linear e organização funcional.[14]

e decorrente de sua especialidade. Isto representa total negação do princípio da unidade de comando ou supervisão única tão importante para Fayol. Na organização funcional predomina a subordinação múltipla.

2. **Linhas diretas de comunicação:** as comunicações entre os órgãos ou cargos existentes na organização são efetuadas diretamente sem necessidade de intermediação hierárquica, pois elas não seguem a cadeia de comando. A cadeia escalar é simplesmente ignorada. A organização funcional busca o contato direto e a maior rapidez possível nas comunicações entre os níveis e áreas da organização.

3. **Descentralização das decisões:** as decisões são delegadas aos órgãos ou cargos especializados que possuam o conhecimento necessário para melhor executá-las. O processo decisório não depende da hierarquia de autoridade, mas da especialidade do conhecimento. Daí a descentralização das decisões, uma característica típica da organização funcional.

4. **Ênfase na especialização:** a organização funcional baseia-se no primado da especialização de todos os órgãos ou cargos em todos os níveis da organização. Cada órgão ou cargo contribui com sua especialidade para a empresa. O importante não é a hierarquia de autoridade, mas a convergência das especialidades e do conhecimento.

10.7.2 Vantagens da organização funcional

A organização funcional traz algumas vantagens interessantes.[15]

a) **Proporciona o máximo de especialização** nos diversos órgãos ou cargos da organização. Isto permite que cada um concentre-se total e unicamente sobre o seu trabalho e sua função, livremente de todas as demais tarefas acessórias ou subsidiárias. Ao contrário do generalismo da organização linear, a estrutura funcional permite incrementar a especialização.

b) **Permite a melhor supervisão técnica possível**, com a especialização em todos os níveis, pois cada órgão ou cargo reporta-se a especialistas em seus respectivos campos de especialização. Proporciona melhor supervisão técnica, pois aplica o conhecimento sem a intervenção da hierarquia.

c) **Desenvolve comunicações diretas e sem intermediação**, mais rápidas e menos sujeitas a distorções ou demoras de transmissão. A organização funcional permite contatos diretos entre os órgãos ou cargos interessados, sem necessidade de seguir os canais formais e indiretos de comunicação, reduzindo possíveis distorções.

d) **Separa as funções de planejamento e de controle das funções de execução.** Há uma especialização do planejamento e do controle, bem como da execução, permitindo plena concentração em cada atividade. Cada órgão realiza especificamente a sua atividade, sem ter de acompanhar os demais.

10.7.3 Desvantagens da organização funcional

Todavia, a organização funcional apresenta sérias desvantagens:[16]

a) **Diluição e consequente perda de autoridade de comando**: a substituição da autoridade linear pela autoridade funcional – relativa e dividida – traz como consequência uma enorme dificuldade dos órgãos, os cargos superiores, em controlar o funcionamento dos órgãos ou cargos inferiores. A exigência de obediência e a imposição de disciplina, aspectos típicos da **organização linear**, não constituem o ponto forte da **organização funcional**. Quando recebe orientação diversa de dois órgãos especializados diferentes, a pessoa nem sempre faz aquilo que lhe é solicitado, ainda mais quando a orientação especializada se mostra contraditória ou incompatível.

b) **Subordinação múltipla** a **organização funcional** traz problemas quanto à delimitação das responsabilidades. Como cada subordinado se reporta funcionalmente a muitos superiores – cada qual especialista em uma determinada função – e como existem funções que se sobrepõem, há sempre o perigo do subordinado procurar a orientação do especialista menos indicado para o problema. Nem sempre as pessoas sabem exatamente a quem recorrer e isto leva à perda de tempo e a confusões imprevisíveis.

c) **Tendência à concorrência entre os especialistas**: como os diversos órgãos ou cargos são especializados em determinadas atividades, sua tendência é impor à organização o seu ponto de vista e a sua abordagem. Isto leva a uma perda da visão de conjunto da organização e a uma tendência de defender o seu ponto de vista em detrimento dos pontos de vista dos outros especialistas. Não é de se estranhar que exista forte tendência para a competição e concorrência entre os especialistas, trazendo distorções danosas à organização.

d) **Tendência à tensão e conflitos dentro da organização**: a competição e a concorrência, aliadas à perda da visão de conjunto da organização, levam à divergência e à multiplicidade de objetivos, que podem se antagonizar, criando tensões e conflitos entre os especialistas. Pode existir forte tendência à concorrência entre especialistas e um enorme potencial para conflitos dentro da organização gerando animosidade, ressentimentos, oposição e resistência à cooperação. Apesar de trabalharem juntos, eles podem se sentir adversários, defendendo posições antagônicas e contrárias, tornando-se presas de ressentimentos e de frustrações. Com isto, surge a animosidade, sentimentos de oposição e resistência à cooperação.

e) **Confusão quanto aos objetivos**: como a organização funcional exige a subordinação múltipla, nem sempre o subordinado sabe a quem reportar um problema ou qual objetivo deve ser privilegiado. Pode haver confusão quanto aos objetivos mais prioritários e importantes a serem alcançados. Além disso, este aspecto pode levar à quebra da unidade e da disciplina.

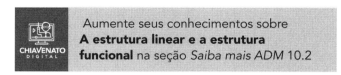

Aumente seus conhecimentos sobre **A estrutura linear e a estrutura funcional** na seção *Saiba mais ADM* 10.2

10.8 ORGANIZAÇÃO LINHA-*STAFF*

Com o crescimento e complexidade das atividades das empresas, a estrutura linear mostrou-se insuficiente para proporcionar eficiência e eficácia. As unidades e posições de linha (que têm autoridade linear) passaram a se concentrar no alcance dos objetivos principais da empresa e a delegar autoridade sobre serviços especializados e atribuições marginais a outras unidades e posições da empresa. Assim, ao longo do tempo, as unidades e posições de linha se livraram de uma série de atividades e tarefas não essenciais para poderem se dedicar exclusivamente aos objetivos básicos da empresa, como produzir e vender. As demais unidades e posições da empresa que receberam aqueles encargos marginais e não essenciais passaram a denominar-se assessoria (*staff*), cabendo-lhes a prestação de serviços especializados e consultoria técnica, influenciando indiretamente o trabalho dos órgãos de linha por meio de sugestões, recomendações, consultoria, prestação de serviços como planejamento, controle, levantamentos, pesquisas e relatórios.

Assim surgiu a organização linha-*staff* em que os órgãos linha são assessorados por órgãos de *staff* graças a sua especialização técnica. Enquanto os administradores de linha tornam-se os detentores da hierarquia da organização, os especialistas de *staff* se aprofundam em um determinado campo de atividades. Aqueles são generalistas e tomadores de decisão, enquanto estes são especialistas, assessores e consultores internos.

O tipo de organização linha-*staff* é o resultado da combinação dos tipos de organização linear e funcional, buscando incrementar as vantagens desses dois tipos de organização e reduzir as suas desvantagens. Alguns autores o denominam organização do tipo hierárquico-consultivo[17] devido a essa feliz combinação. Na organização linha-*staff* as características do tipo linear e do tipo funcional são reunidas para proporcionar um tipo organizacional mais completo e complexo. É ainda o tipo de organização mais utilizado nas empresas.

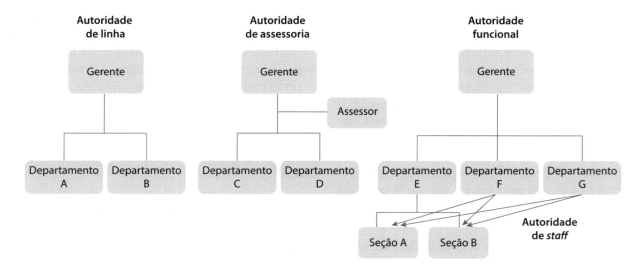

Figura 10.9 As diferenças entre autoridade de linha, de assessoria e autoridade funcional.

Na organização linha-*staff* há uma coexistência entre órgãos de linha (órgãos de comando e execução) e de assessoria (órgãos de apoio, suporte e consultoria) mantendo relações entre si. Os órgãos de linha caracterizam-se pela autoridade linear e pelo princípio escalar, enquanto os órgãos de *staff* prestam assessoria e serviços especializados.

10.8.1 Critérios de distinção entre linha e *staff*

A distinção entre órgãos de linha e órgãos de *staff* pode ser feita por dois critérios:[18]

1. **Relacionamento com os objetivos da organização**: segundo este critério, as atividades de linha estão direta e intimamente ligadas aos objetivos básicos da organização ou do órgão do qual fazem parte, enquanto as atividades de *staff* estão ligadas a eles indiretamente. Se o objetivo principal da organização é produzir, somente a área de produção é considerada de linha e todas as demais de *staff*. Mas se o objetivo passa a ser também vender, então a área de vendas passa a ser considerada de linha, juntamente com a de produção. As demais áreas serão *staff*. Os órgãos de produção e de vendas representam, no caso, as atividades básicas e fundamentais da organização: as atividades-fim. Os demais órgãos serão complementares e subsidiários e representam atividades-meio. Se houver mudança nos objetivos da organização a estrutura linha-*staff* também sofrerá alterações.

Em geral, nas empresas industriais, os órgãos de produção e vendas são os órgãos de linha, pois traduzem os objetivos básicos para os quais a organização está orientada. Quase sempre os órgãos de linha estão voltados para fora da organização, onde se situam os seus objetivos, enquanto os órgãos de *staff* são intraorientados, ou seja, estão voltados para dentro da organização, assessorando os demais órgãos internos, sejam eles linha ou de *staff*.

Um órgão de linha ou de *staff* pode ter órgãos subordinados de linha ou de *staff* dependendo do fato de estarem ou não vinculados diretamente aos objetivos do órgão superior. Nesse sentido, podemos encontrar órgãos linha de linha, linha de *staff*, *staff* de linha ou ainda *staff* de *staff*.

2. **Tipo de autoridade**: os órgãos de linha têm autoridade para decidir e executar as atividades principais ou vinculadas diretamente aos objetivos da organização (autoridade linear). Os órgãos de *staff*, por seu lado, têm autoridade de assessoria, de planejamento e controle, de consultoria e recomendação (autoridade funcional).

Na organização linha-*staff* convivem órgãos de linha e de *staff*. Os de linha são os órgãos responsáveis pelo alcance dos objetivos básicos da empresa, que produzem resultados para a organização. Os órgãos de *staff* são os de apoio e suporte que assessoram os órgãos de linha. As principais funções do *staff* são:[19]

1. **Serviços**: isto é, atividades especializadas realizadas e executadas pelo *staff*, como contabilidade, compras e abastecimento, pessoal, pesquisa e desenvolvimento, processamento de dados, propaganda, aspectos legais e fiscais e negociações sindicais. Nem sempre a linha tem condições de executar tais serviços com a precisão que somente o *staff* especializado consegue alcançar.

2. **Consultoria e assessoria**: como assistência jurídica, métodos e processos, consultoria trabalhista,

Quadro 10.5 Características da linha e do *staff*.

Aspectos	Linha	*Staff*
Papel principal	É quem decide	É quem assessora
Atuação	É quem cuida da execução	É quem dá consultoria
Tipo de atividade	■ Comando ■ Ação ■ Trabalho de campo	■ Recomendação ■ Alternativas e opções ■ Trabalho de gabinete
Responsabilidade	■ Pela operação ■ Pelos resultados	■ Pelo planejamento ■ Pelas sugestões
Exemplo	Gerentes de departamento	Gerentes de *staff*

elaboração de contratos e negociações comerciais. O *staff* pode fornecer consultoria e assessoria com orientação e recomendação especializada que a linha não tem condições de fazer.

3. **Monitorização**: monitorizar significa acompanhar, avaliar e controlar uma determinada atividade ou processo sem nele intervir ou influenciar. O *staff* geralmente se incumbe de levantamento de dados, elaboração de relatórios e pesquisas, acompanhamento de processos, agendamentos etc.

4. **Planejamento e controle**: quase sempre as atividades de planejamento e controle estão delegadas aos órgãos de *staff*. Planejamento e controle financeiro, orçamentário de despesas, da produção, de manutenção de máquinas e equipamentos, controle de qualidade etc. são atividades tipicamente desenvolvidas pelo *staff*.

As funções de *staff* podem existir em qualquer nível de uma organização. Na medida em que se sobe na escala hierárquica, aumenta a proporção das funções de consultoria, assessoramento, aconselhamento e recomendação e diminui a proporção das funções de prestação de serviços especializados.

Figura 10.10 Funções típicas do órgão de *staff*.

Staff significa assessoria, serviços, pessoal especializado, consultoria, recomendação e orientação técnica. É a atividade especializada e que proporciona profundidade, perícia e expertise à empresa. Enquanto a linha está ocupada com a execução das tarefas e operações cotidianas e com as pressões para alcançar eficiência, qualidade e produtividade, o *staff* representa o pessoal especializado que estuda em profundidade as questões mais sofisticadas e complexas da tarefa organizacional. Assim, o *staff* é imprescindível ao sucesso organizacional, pois ele lhe dá o conteúdo, a base conceitual e o aconselhamento técnico necessário para que se torne realidade.

10.8.2 Características da organização linha-*staff*

A organização linha-*staff* é um tipo misto e híbrido de organização: os órgãos de linha (unidade de linha) estão diretamente relacionados com os objetivos vitais da empresa (como produzir e vender, por exemplo) e têm autoridade linear sobre a execução das tarefas voltadas a esses objetivos, enquanto os órgãos de *staff* (unidades de *staff* ou de assessoria) estão indiretamente relacionados aos objetivos vitais da empresa (porque não executam tarefas de produzir e vender, por exemplo) e não têm autoridade linear – mas autoridade funcional de assessoria – sobre a execução das tarefas voltadas a esses objetivos.

Assim, a **organização linha-*staff*** apresenta características mais complexas:[20]

a) **Fusão da estrutura linear com a estrutura funcional**, com predomínio da primeira. Na organização linha-*staff* as características lineares e funcionais coexistem simultaneamente. Cada órgão se reporta a um e apenas um órgão superior: é o princípio da autoridade única ou unidade de comando típica da organização linear. Porém, cada órgão recebe também assessoria e serviços especializados de diversos órgãos de *staff*.

b) Coexistência entre as linhas formais de comunicação com as linhas diretas de comunicação. Na organização linha-*staff* as linhas formais de comunicação entre superiores e subordinados representam as relações de hierarquia. Existem também linhas diretas de comunicação que ligam os órgãos e o *staff* e que representam a oferta de assessoria e serviços especializados. A rede de comunicações da organização linha-*staff* é formada de linhas formais de autoridade e responsabilidade lineares e de linhas diretas de assessoria e prestação de serviços de *staff*. **Separação entre órgãos operacionais (executivos) e órgãos de apoio e suporte (assessores).** Na organização linha-*staff* há uma separação entre órgãos operacionais (linha), que são os órgãos executivos das operações básicas da organização, e os órgãos de apoio (*staff*), que são os órgãos assessores e consultores que prestam serviços internos.

Os membros do *staff* dedicam-se a atividades que requerem estudo e pesquisa e concentram sua atenção sobre assuntos de planejamento e solução de problemas do negócio ou da organização. Com isso, os chefes de linha ficam livres para concentrar sua atenção na execução do trabalho e nos regulamentos formulados pelo *staff*. A autoridade e a responsabilidade dos membros do *staff* são de natureza aconselhadora e não diminuem a autoridade e responsabilidade dos chefes de linha.[21] No entanto, são os chefes de linha que retêm a autoridade e responsabilidade pela execução dos planos;

c) Hierarquia *versus* especialização. Apesar do convívio entre características lineares e funcionais, há forte predominância dos aspectos lineares na organização linha-*staff*. Ela mantém o princípio da hierarquia (cadeia escalar), ou seja, a nivelação dos graus de autoridade linear, sem abrir mão da especialização. A hierarquia (linha) assegura o comando e a disciplina, enquanto a especialização (*staff*) fornece os serviços de consultoria e de assessoria. Reúne em um só tipo de organização a autoridade hierárquica e a autoridade do conhecimento.[22]

Quase sempre a autoridade de *staff* é uma autoridade de gabinete, enquanto a autoridade linear é uma autoridade de campo, de operações e de execução.

PARA REFLEXÃO

Você é mais linha ou mais *staff*?

Reflita a respeito do assunto supra e tente chegar a uma conclusão. Você tem mais características de ser executivo de linha ou de staff? Explique o porquê.

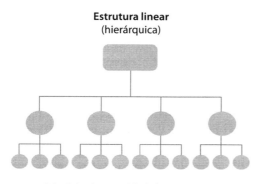

Estrutura linear (hierárquica)
- Princípio da autoridade linear
- Autoridade única ou autoridade linear
- Generalização das chefias
- Hierarquia

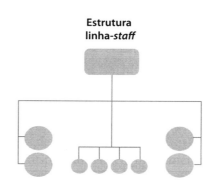

Estrutura linha-*staff*
- Princípio linear e funcional simultaneamente
- Autoridade linear e autoridade de *staff*
- Linha (generalização) e *staff* (especialização)
- Comando e assessoria

Figura 10.11 Estrutura linear e estrutura linha-*staff*.[23]

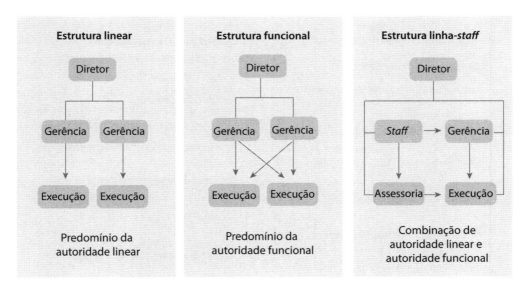

Figura 10.12 Diferenças entre estrutura linear, funcional e linha-*staff*.[25]

10.8.3 Vantagens da organização linha-*staff*

A estrutura linha-*staff* apresenta uma série de vantagens:[24]

1. Assegura assessoria especializada e inovadora por meio das unidades de **staff**, mantendo o princípio de unidade de comando das unidades de linha. A organização linha-*staff* tem a vantagem de oferecer uma área de assessoria e prestação de serviços (como órgãos voltados para consultoria legal, pesquisa e desenvolvimento, pessoal, relações públicas e propaganda), com predomínio da estrutura linear e conservando o princípio de unidade de comando sobre os subordinados diretos. Os órgãos de *staff* proporcionam serviços especializados, fator importante em uma era de especialização e competição. Como os especialistas de *staff* não podem interferir na autoridade dos órgãos aos quais prestam serviços e assessoram, a estrutura linha-*staff* tem a vantagem de oferecer uma área de assessoria e prestação de serviços, com predomínio da estrutura linear e conservando o princípio da autoridade única. Em resumo, os especialistas prestam serviços, mas os serviços que oferecem não precisam ser aceitos como estão recomendados. A linha os adotará à sua maneira. Assim, o *staff* alivia a linha das tarefas acessórias e especializadas, permitindo-lhe concentrar-se sobre as principais atividades e responsabilidades;

2. Atividade conjunta e coordenada de órgãos de linha e de *staff*. A estrutura linha-*staff* é mista e híbrida: enquanto os órgãos de linha se responsabilizam pela execução das atividades básicas e fundamentais da empresa (como produzir e vender), os órgãos de *staff* responsabilizam-se pela execução de serviços especializados (como financiar, comprar, gerir recursos humanos, planejar e controlar). Essa estrutura dual permite a realização da tarefa organizacional com mais eficiência e eficácia do que as estruturas linear ou funcional.

Por estas razões, a estrutura linha-*staff* representa a configuração organizacional mais encontrada nas empresas de médio e grande porte. Na verdade, constitui ainda o tipo de desenho organizacional mais encontrado no mundo empresarial.

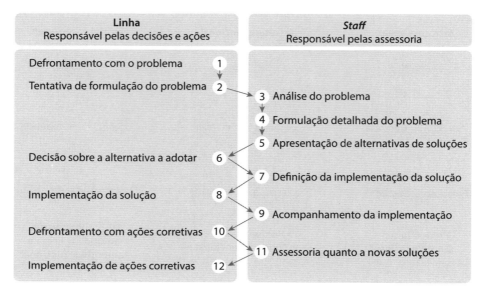

Figura 10.13 Papel da linha e assessoria no processo decisório.[26]

10.8.4 Desvantagens da organização linha-*staff*

Contudo, a estrutura linha-*staff* apresenta algumas restrições e coloca certos problemas devido as suas complexidades. As principais desvantagens deste tipo de organização são:[27]

1. **Possibilidade de conflitos entre órgãos de linha e de *staff*:** como o assessor de *staff* não tem autoridade linear sobre os executores e como o gerente de linha não tem tempo e nem preparo profissional para se especializar, os conflitos entre linha e *staff* se caracterizam devido aos seguintes motivos:[28]

   a. O assessor de *staff* é geralmente um técnico com preparo profissional, enquanto o homem de linha é um homem de prática, promovido pela experiência e pelos conhecimentos adquiridos no trabalho. Um, lida com o conhecimento; o outro, com a experiência imediata do trabalho.

   b. O assessor geralmente menor é mais jovem, com melhor formação escolar, mas com menor experiência. O homem de linha subiu na hierarquia com a experiência adquirida ao longo dos anos. As diferenças de formação e de idade predispõem a uma rejeição das ideias do *staff* pelo pessoal de linha.

   c. O pessoal de linha pode desenvolver sentimentos de que os assessores pretendem roubar-lhes parcelas de autoridade a fim de aumentar seu prestígio e posição na empresa.

   d. Ao planejar e recomendar, o assessor não assume responsabilidade imediata pelos resultados dos planos que apresenta. A situação é propícia ao conflito, porque a qualquer dificuldade o assessor pode assegurar que seu plano falhou por inépcia do pessoal de linha na sua execução, enquanto o pessoal de linha pode argumentar que o plano era impraticável e teórico.

   e. A assessoria representa custos fixos da empresa na forma de despesas operacionais e salários dos especialistas. Surge a preocupação do pessoal de linha quanto aos resultados financeiros da contribuição do *staff* para as operações da empresa. Isto leva os assessores a apresentarem o trabalho na forma de planos e ideias em maior quantidade a fim de justificar seu custo.

2. **Dificuldade na obtenção e manutenção do equilíbrio entre linha e *staff*:** o tipo de organização linha-*staff* pode levar a inevitáveis desequilíbrios e distorções. Os especialistas de *staff* tendem a forçar suas sugestões e tentar impor suas ideias em detrimento do ponto de vista dos órgãos assessorados. Isto pode provocar um enfraquecimento da linha ou a linha dividida de autoridade tão peculiar à organização do tipo funcional e que pode ser evitada se os especialistas tiverem o seu campo de ação bem definido e delimitado. Todavia, se essa delimitação for rígida e exagerada, a organização linha-*staff* poderá apresentar baixo rendimento em situações de emergência, enfraquecendo e restringindo a ação do *staff*,

levando-o, muitas vezes, à passividade e acomodação. No primeiro caso, o *staff* se fortalece em detrimento da linha e, no segundo, o *staff* se enfraquece a favor do fortalecimento da linha. Em suma, uma situação de equilíbrio dinâmico e perfeita sincronização entre a linha e o *staff*, de modo que ambos tenham um comportamento cooperativo e integrativo, é difícil de alcançar e de manter.[29]

Na verdade, não é fácil a obtenção de um equilíbrio dinâmico entre linha e *staff* de tal maneira que ambos possam ter um comportamento cooperativo e integrativo. Isso depende, não apenas de mecanismos integradores como acabamos de ver, mas principalmente da atuação das lideranças empresariais. Administrar não é somente cuidar de pessoas e recursos para alcançar objetivos com a maior eficiência e eficácia. É também e, principalmente, saber coordenar, integrar, incluir, engajar, liderar pessoas e unidades organizacionais. Sobretudo, fazer com que haja convergência e unidade de objetivos finais.

Figura 10.14 Organização linha-*staff* em uma empresa industrial.

A naturalidade dos conflitos

Não existem empresas imunes a conflitos internos. As empresas excelentes também apresentam conflitos entre linha e *staff*. São inúmeros e constantes. Mas são conflitos resolvidos com rapidez, coerência e consenso graças a mecanismos de integração e a uma gestão inteligente. Pior são aquelas empresas cujos conflitos se arrastam indefinidamente pelo tempo e que não são resolvidos adequadamente, provocando polêmicas e discussões desnecessárias, acusações recíprocas, brigas internas, perda de energia que fica concentrada nos conflitos e não nas atividades essenciais. Em vez de esconder e ocultar os conflitos, a empresa deve cuidar para que sejam resolvidos rapidamente. A organização perde, as pessoas perdem e suas unidades de linha e de *staff*, em vez de se ajudarem mutuamente, são adversárias que lutam ferrenhamente entre si. O concorrente é o melhor beneficiário dessa confusão toda. Quando há sinergia entre linha e *staff* o cliente é o maior beneficiário final. A diversidade faz com que as pessoas pensem de maneiras diferentes entre si. Isso naturalmente favorece o surgimento de conflitos e antagonismos. Quando bem administrados, os conflitos provocam mudanças e proporcionam inovação para a empresa. Os resultados do conflito deixam de ser negativos para serem altamente positivos para o negócio.

10.9 ESTRUTURA MATRICIAL

A organização matricial constitui uma das formas de organização cuja utilização tem sido bem-sucedida em situações em que a complexidade é o maior desafio. É também denominada matriz ou organização em grade. A essência da estrutura matricial é a combinação das formas de departamentalização funcional e de produto ou de projeto na mesma estrutura organizacional. Trata-se de uma estrutura mista em forma de dupla entrada: a organização funcional é verticalizada enquanto a organização por produto ou projeto é horizontalizada e ambas se superpõem na estrutura matricial.

10.9.1 Características da estrutura matricial

Ao usar a estrutura matricial, a empresa evita escolher uma base de agrupamento sobre a outra, privilegiando uma em detrimento da outra. Em vez disso, ela pode escolher ambas: passa a ter uma estrutura dual de autoridade. Com isto, a matriz sacrifica o princípio da unidade de comando e cria uma delicada balança de poder que distingue a estrutura matricial das demais maneiras de lidar com as interdependências.

Na estrutura matricial o gerente de projeto ou de produto coordena os esforços do pessoal cedido pelas diversas áreas da empresa com pouca autoridade formal.

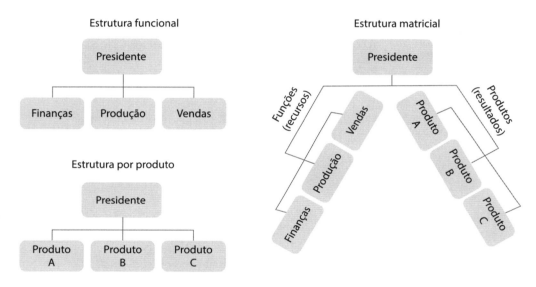

Figura 10.15 Estrutura matricial comparada com estrutura funcional e por produto.[30]

 **SAIBA MAIS** — **Como resolver as interdependências?**

Nenhuma das formas de departamentalização que vimos até agora pode individualmente conter todas as interdependências necessárias: a organização funcional afeta o fluxo de trabalho enquanto a organização por projeto impede os contatos entre os especialistas situados nos diversos departamentos. Uma das maneiras de envolver todas as interdependências entre os departamentos é contê-las no nível mais alto da hierarquia por meio da centralização exagerada, o que provoca inúmeros problemas já analisados. Outra maneira é estabelecer uma estrutura dual linha-*staff*: os departamentos de linha com autoridade formal para decidir contêm as interdependências principais, enquanto os departamentos de *staff*, com autoridade apenas para aconselhar, contêm as interdependências residuais. Uma terceira maneira é utilizar esquemas de ligação: a organização preserva a estrutura tradicional de autoridade, mas superpõe uma sobrecarga de papéis de ligação, como comissões, gerentes coordenadores, forças-tarefa para lidar com as interdependências residuais, isto é, as interdependências não principais. Cada uma dessas três maneiras favorece uma base de agrupamento sobre a outra. Muitas vezes, a empresa precisa ter duas bases para agrupar com equilíbrio.

Quadro 10.6 Exemplo de organização matricial: funções e produtos

		Gerentes funcionais			
		Gerente de produção	Gerente de vendas	Gerente financeiro	Gerente de RH
Gerentes de produtos	Gerentes de produtos A	Produção Produto A	Vendas Produto A	Finanças Produto A	Recursos Humanos Produto A
	Gerentes de produtos B	Produção Produto B	Vendas Produto B	Finanças Produto B	Recursos Humanos Produto B
	Gerentes de produtos C	Produção Produto C	Vendas Produto C	Finanças Produto C	Recursos Humanos Produto C

Seu papel dentro da organização em matriz é de integração e coordenação das tarefas e deve assegurar os serviços e recursos fornecidos pelo pessoal de suporte, sobre os quais tem pouca ou nenhuma autoridade formal. O pessoal de suporte lotado nos departamentos funcionais presta consultoria, informações ou fornece recursos.

10.9.2 Vantagens da estrutura matricial

A estrutura matricial tem as suas vantagens:[31]

1. **Aglutina vantagens e neutraliza desvantagens**: tanto a estrutura funcional como a estrutura por produto apresentam problemas bastante conhecidos, a estrutura funcional peca por não enfatizar os resultados do negócio e nem coordenação; a estrutura por produto, por não permitir concentrar competência técnica. A vantagem principal do desenho matricial está no ganho das vantagens de ambas as estruturas (funcional e por produto) enquanto neutraliza as fraquezas e desvantagens de ambas. A estrutura matricial representa uma conjunção entre a departamentalização funcional e por produto.

2. **Dualidade funcional e produto/projeto**: em termos genéricos, cada unidade ou membro individual do *staff* da estrutura matricial tem um chefe funcional e um chefe de projeto. Isto viola o princípio universal da unidade de comando mas, embora tal violação possa levar a problemas de conflito disfuncional, em muitos casos pode apresentar ótimos resultados quanto ao desempenho.

3. **Especialização e coordenação**: a estrutura matricial pretende combinar esforços de especialização com esforços de coordenação. A unidade funcional garante a especialização e a unidade de produto ou de projeto garante a coordenação e foco tanto no produto como no projeto. Enfatiza a interdependência entre departamentos em vez de situar as fronteiras entre eles e proporciona oportunidade de delegação, maior contribuição das pessoas e participação na tomada de decisões nos níveis mais baixos da hierarquia.

4. **Foco no lucro e nos recursos**: quando a empresa é multiprodutos ou multisserviços, a tecnologia e a economia podem não recomendar a separação das instalações de produtos ou da força de vendas para cada produto. A única maneira de assegurar elevado grau de responsabilidade pelo lucro é sobrepor um gerente de produto com responsabilidade pelo lucro de um produto ou linha de produtos com os gerentes funcionais que administram os recursos da empresa por meio de seus departamentos.

5. **Resposta à complexidade dos negócios**: a necessidade de lidar com a crescente complexidade é uma das razões para a proliferação da organização matricial. A matriz é a utilização de equipes cruzadas (funcionais e por produto/projeto) como uma resposta à crescente complexidade interna associada com o aumento do tamanho das empresas. É também relacionada com a crescente competição no ambiente e as novas tecnologias disponíveis para lidar com a complexidade.

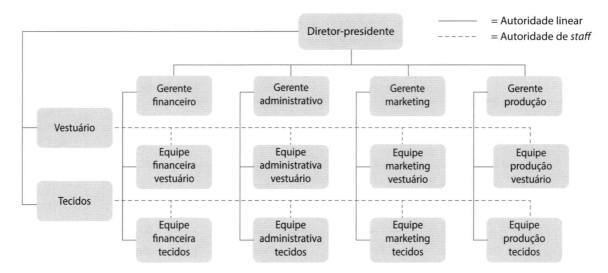

Figura 10.16 Exemplo de organização matricial: funções e produtos.

6. **Resposta à turbulência ambiental**: a matriz é uma resposta organizacional ao ambiente turbulento cujas relações são extremamente complexas e mutáveis. Assim, a organização matricial é mais compatível com a abordagem contingencial; é um desenho departamental que apresenta a vantagem de unir o novo e o velho pela superposição de uma estrutura de projeto com uma estrutura funcional.
7. **Vantagens das organizações orgânicas**: a organização matricial apresenta as vantagens das organizações orgânicas. A matriz constitui uma das maneiras mais participativas e flexíveis e, pela sua própria natureza, depende profundamente da colaboração entre muitas pessoas de diferentes especialidades e campos de atuação. Neste aspecto, a convergência é um dos seus fortes.

10.9.3 Limitações da estrutura matricial

Mas a estrutura matricial também tem seus pecados.[32]

1. **Viola a unidade de comando**: o desenho matricial permite satisfazer duas necessidades das empresas, especialização e coordenação. Todavia, a matriz não é uma panaceia, pois rompe com a unidade de comando e introduz conflitos inevitáveis de duplicidade de supervisão.
2. **Altera a cadeia de comando e enfraquece a coordenação vertical** enquanto melhora a coordenação lateral. Esse é o preço pago para garantir coordenação entre os órgãos ou unidades envolvidos em um produto ou projeto.
3. **Depende da colaboração dos participantes**: para funcionar bem. Mais do que isso, ela requer pessoas com alto nível de qualificação e de responsabilidade por resultados conjuntos. Por esta razão, a estrutura matricial não é apropriada para empresas em que as pessoas não têm a devida capacitação e educação para trabalhar em conjunto. Ela depende também de uma cultura organizacional adequada e que privilegie a responsabilidade individual.

10.9.4 Aplicações da estrutura matricial

A organização matricial é indicada para empresas cuja complexidade de negócios e mercados exige respostas rápidas e integradas e em que a convergência de múltiplos esforços e especialidades requer trabalho conjunto e focado simultaneamente em funções e em resultados por produtos ou projetos. Boa parte das empresas globalizadas tem estruturas matriciais concentradas em pesquisa e desenvolvimento de novos produtos, ingresso em novos mercados, atuação conjunta em tecnologia etc.

10.10 ORGANIZAÇÕES TEMPORÁRIAS OU ADHOCRÁTICAS

Nos últimos anos foram desenvolvidas soluções do tipo *ad hoc* (aqui e agora) para administrar a mudança e a incerteza dela decorrente. A busca do modelo universal de administração – para cada atividade uma solução única e melhor – cedeu lugar para a busca de modelos cada vez mais flexíveis e adaptáveis a um mundo em contínua mudança. Os novos desafios para a organização estão sendo respondidos por novas formas de administração.

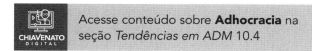
Acesse conteúdo sobre **Adhocracia** na seção *Tendências em ADM* 10.4

10.10.1 Características da adhocracia

A adhocracia apresenta características inovadoras:

1. **Equipes e grupos cooperativos**: a característica central da adhocracia é sua formação em equipes e em grupos cooperativos que resolvem problemas e desempenham atividades mutáveis de acordo com a situação enfrentada. Os órgãos tradicionais, estáveis e definitivos (como departamentos ou divisões) são substituídos por equipes provisórias. Em geral, as equipes são multifuncionais, isto é, dotadas de todas as competências e recursos necessários para que possam trabalhar com plena autonomia e total autossuficiência.

2. **Tarefas efêmeras**: as posições e as tarefas não são permanentes e nem especializadas a fim de que todos possam juntos aprender continuamente com novas e diferentes atividades. O trabalho é baseado – não em cargos ou funções – mas no conhecimento e na competência de cada um. As atribuições e responsabilidades são mutáveis e fluidas para enfrentar um futuro mutável.

3. **Formas organizacionais flexíveis e livres**: a hierarquia é substituída pela forte descentralização, as regras e regulamentos são genéricos e reduzidos. A interação é fortemente impulsionada com comunicações informais e intensivas entre os participantes.

4. **Ênfase na missão a cumprir**: missões e problemas constituem o foco da adhocracia. Ela existe para cumprir objetivos e resolver problemas na medida em que surgem. Cumpridas as missões ou resolvidos os problemas, a adhocracia ou se dissolve ou migra para outras missões ou problemas.

5. **Comunidades de interesses**: a adhocracia representa a junção de comunidades informais – ou mesmo formais – que se aglutinam em função de interesses comuns. Neste sentido, a tecnologia da informação e, principalmente a *internet*, proporcionam os meios necessários para que a adhocracia possa funcionar livremente em qualquer tempo e em qualquer lugar.

No final do século passado, o conceito de adhocracia revelou-se interessante para muitas organizações em termos de preparação para um futuro carregado de mudanças. Serviu como um forte aviso para o mundo organizacional.

10.11 ESTRUTURA EM REDES

Com o início da Era da Informação e o incremento da revolução do computador, as organizações bem-sucedidas em plena globalização e tempos de conectibilidade começaram a substituir seus tradicionais departamentos funcionais pela estrutura em redes (*networks*). As redes ou teias podem conter unidades organizacionais ou equipes multifuncionais e interdisciplinares. E podem ser definitivas ou transitórias, concretas ou virtuais. Enquanto os departamentos tradicionais são definitivos, permanentes, estáveis e imutáveis, as redes são flexíveis, mutáveis e ágeis, podendo redefinir seu encadeamento e suas atividades continuamente.

Figura 10.17 Estrutura em rede de negócios.

A estrutura em redes pode ser utilizada para unidades organizacionais ou para equipes integradas:[33]

1. **Rede de unidades**: a rede é uma teia composta de várias áreas de negócios relacionadas com a empresa-mãe, que funciona como o núcleo principal. Neste caso, a rede é constituída de um núcleo principal rodeado por empresas ou unidades de negócios cada qual funcionando como um centro de lucro separado dos demais.
2. **Rede de equipes**: a rede é composta de várias equipes permanentes ou transitórias, dependendo das circunstâncias. No centro, fica o coordenador geral das equipes rodeado por equipes interfuncionais ou multifuncionais.
    a. **Equipes interfuncionais**: são compostas de especialistas que completam determinada função ou atividade, mas que dependem de outras equipes nas suas específicas funções. Têm autonomia, mas não possuem autossuficiência para completar uma determinada atividade ou missão, pois devem funcionar em conjunto. Cada equipe depende de outras equipes para preencher uma atividade ou missão.
    b. **Equipes multifuncionais**: são compostas de vários especialistas oferecendo múltiplas competências dentro da equipe, de tal maneira que ela se torne uma célula completa e totalmente integrada para cumprir integralmente determinada atividade ou missão. Têm total autonomia e autossuficiência, não dependendo de outras equipes.

A estrutura em redes de equipes se baseia no empoderamento, ou seja, na delegação de autoridade e responsabilidade às unidades e equipes, que se veem autônomas e autossuficientes para decidir sobre seu trabalho, condições de trabalho, programação de atividades, qualidade, metas e resultados a alcançar etc. Essa estrutura flexível torna as configurações mais competitivas e ágeis no ambiente global e competitivo de hoje.

10.11.1 Características da estrutura em redes

A estrutura em redes apresenta características incomuns:[34]

1. **Elevada flexibilidade**: é provavelmente a estrutura mais maleável e adaptável para as empresas que atuam em ambientes turbulentos e com tecnologias de ponta.
2. **Mobilidade**: sua elevada flexibilidade é acompanhada de alta mobilidade. A rede permite atuar em termos de tempo e de espaço. Ela pode funcionar a qualquer momento ou hora e em qualquer lugar do mundo. Empresas virtuais geralmente utilizam a estrutura em rede.
3. **Horizontalidade**: a rede apresenta uma organização predominantemente horizontal e focaliza a dinâmica de processos e não funções especializadas ou hierarquias.
4. **Conectibilidade**: a rede é o elemento integrador de várias unidades ou equipes interligadas entre si. Ela permite um funcionamento coeso com um mínimo de recursos físicos. Em geral, a rede é virtual pois utiliza intensamente a tecnologia da informação e a *internet*.
5. **Coordenação própria**: cada unidade ou equipe da rede funciona como um subsistema perfeitamente integrado.

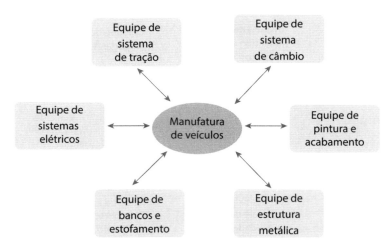

Figura 10.18 Estrutura em redes de equipes.

6. **Autonomia**: cada unidade ou equipe da rede deve possuir total autonomia para cumprir objetivos ou missões.
7. **Autossuficiência de recursos e competências**: a rede permite que suas unidades e equipes integrem recursos e competências que lhes permitam alcançar suas missões e objetivos com completa autonomia e autossuficiência. Cada unidade pode funcionar como um centro de custo ou centro de resultados. O primeiro focaliza a integração necessária para reduzir custos. O segundo focaliza objetivos ou missões para incrementar resultados pela convergência de recursos e competências.

10.11.2 Vantagens da estrutura em redes

A estrutura em redes proporciona inúmeras vantagens:[35]

1. **Permite a virtualização do negócio**: a rede permite o aparecimento de empresas virtuais que não necessitam de tempo ou espaço para funcionar. Ela é o elemento de ligação e conexão dos negócios envolvidos. Mesmo que eles sejam feitos por empresas físicas e concretas, a rede em si costuma ser virtual, isto é, conectada eletronicamente.
2. **Permite a proliferação de unidades de negócios**: a rede permite integrar uma infinidade de diferentes unidades de negócios, desde que o seu núcleo tenha condições de acompanhar todas as suas facetas, características e desafios. Cada unidade de negócios pode mudar ou migrar para outra atividade fazendo com que a composição da rede também mude. Daí sua flexibilidade.
3. **Baixíssimo custo operacional**: a rede proporciona custos baixos de integração e de operação, pois focaliza direta e exclusivamente o trabalho a ser feito. O custo operacional depende apenas de vinculações virtuais entre os negócios da rede que são extremamente baratas e não requerem grandes investimentos em máquinas e instalações físicas.

10.12 ORGANIZAÇÃO VIRTUAL

Por que ter uma organização carregada de recursos e de investimentos físicos quando se pode ter uma organização virtual que custa o mínimo? Por que ser proprietário ou dono quando se pode alugar e trabalhar com investimentos de terceiros? A organização virtual – também denominada organização modular ou em rede virtual – é uma estrutura com um núcleo centralizado e que terceiriza as funções empresariais menores.[36]

Ela é altamente centralizada e com pouca ou nenhuma departamentalização. Quase sempre, ela também é uma estrutura em redes ao redor de um núcleo central que funciona como o elemento integrador, mas essencialmente virtual. Isso oferece flexibilidade e maleabilidade a um custo mínimo.

As organizações virtuais criam redes de relações provisórias que permitem terceirizar áreas importantes, como produção, marketing, logística, recursos humanos ou funções que outros podem fazer melhor e mais barato para se concentrar nas suas competências de núcleo, quase sempre ao redor do marketing. Sua principal vantagem é a flexibilidade e sua principal desvantagem está no menor controle sobre os componentes-chave do negóci.[38]

TENDÊNCIAS EM ADM

Exemplos de organização virtual[37]

A indústria cinematográfica, a televisão e o *show business* adotam intensamente a organização virtual. Antigamente, a MGM, Warner Brothers e 20th Century Fox eram empresas enormes e verticalmente integradas, dotadas de grandes áreas de filmagem e empregando milhares de especialistas em tempo integral – como diretores, produtores, atores, equipes de cinegrafistas, editores, roteiristas, pessoal de iluminação e modelagem. Hoje, essas empresas produzem filmes, novelas e shows por meio de equipes temporárias de pessoas e especialistas que se reúnem em projetos. Cada projeto dispõe de pessoas com o talento e competências adequados em vez de escolher apenas entre os funcionários do estúdio. Isso minimiza despesas pois dispensa a organização permanente e reduz custos e riscos. Cada equipe é montada para um determinado projeto e depois desmontada no seu final. É a terceirização temporária para atender aos diversos projetos de um núcleo permanente, mas virtual.

10.13 DESENHO ORGANIZACIONAL

O desenho organizacional constitui a escolha pela qual a empresa pretende estruturar-se e comportar-se para atingir seus objetivos. Assim, as características principais do desenho organizacional são a diferenciação, a formalização, a centralização e a integração. Essas características constituem a modelagem de uma enorme variedade de fatores externos e internos, como objetivos empresariais, tecnologia utilizada, ambiente de tarefa e a estratégia empresarial adotada. A maneira pela qual esses fatores são envolvidos no conjunto depende, de certa maneira, do tamanho organizacional da empresa, amplitude de controle mais adequada para as suas operações e agrega áreas diretamente relacionadas com os objetivos empresariais (unidades de linha) e áreas de apoio e suporte técnico (unidades de *staff*).

De um modo geral, a organização sempre constituiu a plataforma em que se sustenta a instituição. Em um ambiente estável e previsível, a estrutura tradicional pode continuar ainda prestando bons serviços. Mas o ambiente estável está se constituindo em uma exceção. Em um ambiente instável a organização que tem mais chances de sobrevivência deve ser também instável. E quanto mais instável ela é tanto mais ela pode influenciar o ambiente que a rodeia. É neste sentido que tanto ambiente como a organização podem coevoluir paralelamente.

Para tanto, a nova organização deverá levar em conta o seguinte:[39]

1. **Desmistificar a ideia de controle central a partir do topo**: a velha tradição de que deve haver uma cúpula centralizadora de todas as atividades organizacionais pertence ao passado. Morin[40] afirma que qualquer organização biológica ou social é simultaneamente cêntrica (por dispor de um centro decisório), policêntrica (por dispor de outros centros de controle) e acêntrica (por funcionar de maneira anárquica a partir das interações espontâneas entre seus membros). Toda organização é simultaneamente ordem e desordem. Ela necessita ao mesmo tempo de continuidade e de mudança, de normas e de liberdade, de controle e de autonomia, de tradição e inovação, de ser e de devir. Ordem e desordem são mais parceiras do que adversárias na consecução da auto-organização da empresa.

2. **O papel da hierarquia deve ser redefinido:** o modelo tradicional e mecanicista está sendo substituído por formas de auto-organização (como a organização em rede). Os mecanismos de integração – que sempre foram assegurados pelo controle hierárquico – também precisam ser redefinidos. A liberdade concedida aos membros organizacionais – como no *empowerment* – deverá acabar por levá-los a alcançar por si mesmos uma nova forma de integração. Mas para que isso possa vir a ocorrer será necessário que se promova uma estratégia organizacional global adequada que estimule a iniciativa, cooperação, criatividade e sinergia.

10.13.1 Organização sem fronteiras

A escolha do desenho organizacional deve ser cuidadosamente feita em função da estratégica adotada pela empresa no sentido de apoiá-la e impulsioná-la. Por esta razão, muitas empresas estão adotando o conceito de organização sem fronteiras, aquilo que Jack Welch queria fazer com a General Electric: transformá-la em "uma mercearia familiar de 60 bilhões de dólares".[41] Apesar do tamanho, ele queria eliminar os limites verticais e horizontais no interior da empresa, demolir as barreiras externas entre ela e seus clientes e fornecedores e substituir departamentos por equipes. Não o conseguiu totalmente, mas avançou e muito.

A organização sem fronteiras se baseia nos seguintes conceitos:[42]

1. **Novos fatores de sucesso da empresa**: incluem rapidez, flexibilidade, integração e inovação, ao contrário dos tradicionais fatores de sucesso como tamanho, definição do papel, especialização e controle. O administrador precisa criar organizações com suficiente massa crítica que possa ajustá-las pronta e continuamente ao mutável mundo dos negócios.

2. **Para alcançar os quatro fatores de sucesso**: a empresa necessita reconfigurar quatro tipos de fronteiras:

    a. **Fronteiras verticais**: os pisos e tetos da organização que separam as pessoas em níveis hierárquicos, títulos, *status* e graduações. É a velha cadeia de comando.

    b. **Fronteiras horizontais**: as paredes internas que separam as pessoas em organizações por funções, unidades de negócios, grupos de produto ou divisões.

    c. **Fronteiras externas**: as paredes externas que dividem a empresa dos seus clientes e consumidores, fornecedores, comunidades e demais *stakeholders*.

    d. **Fronteiras geográficas**: as paredes culturais que incluem aspectos das outras três fronteiras, mas aplicados sobre o tempo e o espaço e muitas vezes sobre diferentes culturas.

3. **Cada uma dessas fronteiras requer adequada permeabilidade e flexibilidade** para que ideias, informação e recursos possam fluir livremente acima e abaixo, dentro e fora e ao longo da organização.

O administrador tem um belo caminho pela frente e um propósito bem definido: transformar as empresas em organizações flexíveis, integradas, inovadoras, excelentes e capazes de criar valor e proporcionar retornos a todos que estão nela envolvidos, direta ou indiretamente, interna ou externamente. É por aí que devemos ir.

REFERÊNCIAS

1. HICKSON, D. J. A Convergence in *Organization Theory*. *Administrative Science Quarterly*, v. 11, n. 67, 1966, p. 224-237.

2. CHIAVENATO, I. *Introdução à Teoria Geral da Administração*. São Paulo: Atlas, 2020.

3. CHIAVENATO, I. *Introdução à Teoria Geral da Administração*. *op. cit.*

4. MINTZBERG, H. *The Structuring of Organizations*: a synthesis of the research. Englewood Cliffs: Prentice-Hall, 1980. p. 81-82.

5. CHIAVENATO, I. *Introdução à Teoria Geral da Administração*. *op. cit.*

6. CHIAVENATO, I. *Introdução à Teoria Geral da Administração*. *op. cit.*

7. CHIAVENATO, I. *Introdução à Teoria Geral da Administração*. *op. cit.*

8. FAYOL, H. *Administração Industrial e Geral*. São Paulo: Atlas, 1972.

9. CHIAVENATO, I. *Introdução à Teoria Geral da Administração*. *op. cit.*

10. CHIAVENATO, I. *Teoria Geral da Administração – volume 1*. São Paulo: Atlas, 2021. p. 88-89.

11. CHIAVENATO, I. *Teoria Geral da Administração – volume 1*. *op. cit.*

12. CHIAVENATO, I. *Teoria Geral da Administração – volume 1*. *op. cit.*

13. CHIAVENATO, I. *Teoria Geral da Administração – volume 1*. *op. cit.*

14. CHIAVENATO, I. *Introdução à Teoria Geral da Administração*, *op. cit.*

15. CHIAVENATO, I. *Introdução à Teoria Geral da Administração*, *op. cit.*

16. CHIAVENATO, I. *Introdução à Teoria Geral da Administração*, *op. cit.*

17. JUCIUS, M. J.; SCHLENDER, W. E. *Introdução à Administração*: elementos da ação administrativa. São Paulo: Atlas, 1972. p. 223.

18. CHIAVENATO, I. *Introdução à Teoria Geral da Administração*, *op. cit.*

19. HAMPTON, D. R. *Administração Contemporânea*. São Paulo: McGraw-Hill, 1980. p. 238-239.

20. CHIAVENATO, I. *Introdução à Teoria Geral da Administração*, *op. cit.*

21. HURLEY, M. *Elements of Business Administration*. Nova York: Prentice-Hall, 1953. p. 346-347.

22. DAVIS, R. C. *The Fundamentals of Top Management*. Nova York: Harper & Bros, 1951. p. 786-794.

23. CHIAVENATO, I. *Introdução à Teoria Geral da Administração*, *op. cit.*

24. CHIAVENATO, I. *Introdução à Teoria Geral da Administração*, *op. cit.*

25. CHIAVENATO, I. *Introdução à Teoria Geral da Administração*, *op. cit.*

26. Adaptado de: TEIXEIRA, G. J. W. O papel da assessoria no processo decisório. *Revista de Administração*. FEA/USP, v. 12, n. 2, p. 91, set./dez, 1977.

27. CHIAVENATO, I. *Introdução à Teoria Geral da Administração*, *op. cit.*

28. DALTON, M. *Men Who Manage*. Nova York: John Wiley & Sons, 1959.

29. BROWNE, P. J.; GOLEMBIEWSKI, R. T. The Line-Staff Concept Revisited: an empirical study of organizational images. *Academy of Management Journal*. set. 1974, p. 406-417.

30. CHIAVENATO, I. *Introdução à Teoria Geral da Administração*, *op. cit.*

31. CHIAVENATO, I. *Introdução à Teoria Geral da Administração*, *op. cit.*

32. CHIAVENATO, I. *Introdução à Teoria Geral da Administração*, *op. cit.*

33. CHIAVENATO, I. *Introdução à Teoria Geral da Administração*, *op. cit.*

34. CHIAVENATO, I. *Introdução à Teoria Geral da Administração*, *op. cit.*

35. CHIAVENATO, I. *Introdução à Teoria Geral da Administração*, *op. cit.*

36. TULLY, S. The Modular Corporation. *Fortune*. feb. 8, 1993, p. 106-116.

37. ROBBINS, S. P. *Administração*: mudanças e perspectivas. São Paulo: Saraiva, 2008. p. 189.

38. ROBBINS, S. P. *Administração*: mudanças e perspectivas. op. cit, p. 190-191.

39. CHIAVENATO, I. *Introdução à Teoria Geral da Administração*, *op. cit.*

40. MORIN, P. *Le Dévelopment des Organizations*. Paris: Bordas, Dunod, Gauthier-Villars, 1976.

41. ROBBINS, S. P. *Administração*: mudanças e perspectivas. op. cit, p. 191.

42. ASHKENAS, R.; ULRICH, D.; JICK, T.; KERR, S. *The Boundaryless Organization*: breaking the chains of organizational structure. San Francisco: Jossey-Bass, 2002. p. xviii-xix.

11 DESENHO DEPARTAMENTAL

OBJETIVOS DE APRENDIZAGEM

- Explicar a configuração departamental, isto é, a departamentalização.
- Definir e caracterizar os diversos tipos de departamentalização (funcional, por produtos ou serviços, por base territorial, por clientela, por processo, por projeto e estrutura matricial.
- Apresentar as opções departamentais e suas implicações para a empresa.
- Explicar como se avalia o desenho departamental nas empresas.

O QUE VEREMOS ADIANTE

Para operar e trabalhar a empresa precisa de departamentos, cada qual especializado em determinada atividade. O desenho departamental refere-se à estrutura organizacional dos departamentos ou divisões da empresa. É o esquema de diferenciação e de integração existente no nível intermediário da empresa. Vimos que a diferenciação pode dar-se de duas maneiras: vertical e horizontal. A diferenciação vertical ocorre pelo arranjo hierárquico das unidades e posições na empresa (cadeia escalar), enquanto a diferenciação horizontal ocorre pelo desdobramento de diversos departamentos ou divisões especializados dentro do mesmo nível hierárquico da empresa. A diferenciação vertical já foi tratada no capítulo anterior referente ao desenho organizacional. A diferenciação horizontal será o tema deste capítulo.

O desenho organizacional é tratado no nível institucional da empresa e tem uma abordagem macro, enquanto o desenho departamental se refere ao nível intermediário e tem uma abordagem limitada às relações entre os objetivos e decisões estratégicas da empresa (nível institucional) e a realização das tarefas por meio da aplicação dos recursos disponíveis (nível operacional)[1]. Por esta razão trataremos o desenho departamental como algo que ocorre no nível intermediário de cada empresa.

Aumente seus conhecimentos sobre **Diferenciação horizontal** na seção *Saiba mais ADM* 11.1

11.1 DEPARTAMENTALIZAÇÃO

Quando a empresa é muito pequena e constituída de poucos órgãos ou pessoas, o arranjo formal para definir e agrupar suas atividades torna-se pouco necessário ou irrelevante. As pequenas empresas não requerem diferenciação ou especialização para distinguir o trabalho de uma pessoa ou unidade dos demais. Mas, na medida em que as empresas se tornam maiores e envolvem atividades mais variadas e diversificadas elas são forçadas a dividir as principais tarefas empresariais e transformá-las em responsabilidades departamentais ou divisionais. Aí ocorre a divisão do trabalho organizacional no sentido horizontal.

O desenho departamental decorre da diferenciação de atividades dentro da empresa. Na medida em que ocorre a especialização com o trabalho e o aparecimento de funções especializadas, a empresa passa a necessitar de coordenação dessas diferentes atividades e, para tanto, agrupa-as em unidades maiores. Daí o princípio da homogeneidade: as funções devem ser atribuídas a unidades organizacionais na base da homogeneidade de conteúdo no sentido de alcançar operações mais eficientes e econômicas. As funções são homogêneas na medida em que o seu conteúdo apresente semelhanças entre si.

Na medida em que ocorre a especialização do trabalho, a organização passa a agrupar as diferentes atividades em unidades maiores para garantir uma adequada coordenação e integração. Surge então o princípio da homogeneidade: as funções devem ser designadas a unidades organizacionais na base da homogeneidade de conteúdo, com o objetivo de alcançar operações mais eficientes e econômicas. As funções são homogêneas na medida em que seu conteúdo apresenta certas semelhanças entre si. Assim, o princípio que deve reger a departamentalização ou agrupamento de atividades é o princípio da homogeneidade.

O desenho departamental é mais conhecido como departamentalização ou divisionalização. A departamentalização é uma característica típica das grandes empresas. Ela está relacionada com o tamanho da empresa e com a natureza de suas operações. Quando a empresa cresce, suas atividades não podem ser supervisionadas diretamente pelo proprietário ou pelo diretor. Essa tarefa pode ser facilitada atribuindo-se a diferentes departamentos a responsabilidade pelas diferentes fases ou aspectos dessa atividade.[2]

O desenho departamental ou departamentalização apresenta uma variedade de tipos. Os principais são:

1. Funcional.
2. Por produtos e serviços.
3. Por base territorial.
4. Por clientela.
5. Por processo.
6. Por projeto.
7. Matricial.

Vejamos cada um desses tipos de departamentalização.

11.2 DEPARTAMENTALIZAÇÃO FUNCIONAL

Recebe o nome de agrupamento por função, departamentalização por funções ou ainda estrutura funcional. É a organização feita na base das funções que requerem atividades similares e que são agrupadas juntas e identificadas de acordo com alguma classificação funcional, como finanças, recursos humanos, mercadologia ou produção. O agrupamento por função – pelo conhecimento, habilidades, competências, processos

PARA REFLEXÃO

Para que servem os departamentos?

Reflita e, a seguir, discuta com seus colegas a respeito do assunto supra e tente chegar a uma conclusão.

Para que servem os departamentos?

- Para assumirem partes da divisão do trabalho organizacional?
- Para atender à necessidade de diferenciação na organização?
- Para tratar de assuntos correlatos?

de trabalho ou função de trabalho – reflete a ênfase nas interdependências de processos e de escala ou nas interdependências sociais em detrimento das interdependências do fluxo de trabalho.

Ao departamentalizar na base funcional, a empresa encoraja a especialização das funções estabelecendo carreiras para os especialistas dentro de sua área de especialização para supervisioná-los por meio de pessoas de sua própria especialidade e encorajando sua interação social. Isso fortalece e reforça a especialização funcional das pessoas. Elas passam a trabalhar no mesmo ambiente funcional.

 Aumente seus conhecimentos sobre **Os principais tipos de departamentalização** na seção *Saiba mais ADM 11.2*

11.2.1 Vantagens da departamentalização funcional

A departamentalização funcional apresenta inúmeras vantagens:

1. Permite agrupar os especialistas sob uma única chefia comum, quando há uma tarefa especializada.[3] A principal vantagem é refletir uma diferenciação lógica pelas funções seguindo o princípio da especialização ocupacional dos especialistas (pessoal especializado em finanças, produção, vendas etc.).

2. Garante o máximo de utilização das habilidades técnicas das pessoas.[4] Isto porque se baseia no princípio da especialização ocupacional. Além disso, favorece

Figura 11.1 O agrupamento por funções na departamentalização funcional.

a convergência e ação conjunta dos especialistas em uma determinada atividade. Convergência de ação ou ação conjunta é uma de suas vantagens.
3. Permite forte economia de escala pela utilização integrada de pessoas, conhecimentos, habilidades e competências.
4. Orienta e aglutina as pessoas para uma específica atividade ou especialidade, concentrando sua competência de maneira eficaz.[5] Com isso, simplifica o treinamento e desenvolvimento do pessoal.
5. Permite distinguir e manter o prestígio das funções principais da empresa, bem como realçar os objetivos primários e fundamentais da organização.
6. Reflete um dos mais altos níveis de auto orientação de uma organização e de introversão administrativa. A empresa se compõe de acordo com suas funções principais para se auto concentrar naquilo que é capaz de fazer.[6] Com isto, ignora o que ocorre no seu ambiente externo e deixa relativamente de lado os seus produtos e serviços.

11.2.2 Limitações e desvantagens da departamentalização funcional

As limitações da estrutura funcional são inúmeras:

1. **Enfoque introvertido**: a departamentalização funcional representa o tipo de enfoque mais introvertido de agrupamento estrutural. A empresa agrupa seus recursos de acordo com suas funções internas. Em vez de mirar seu contexto ambiental, a empresa prefere olhar para seu próprio umbigo, pois está preocupada com seu arranjo organizacional interno.
2. **Subobjetivação**: com esta abordagem introvertida, cada área funcional passa a focalizar exclusivamente seus objetivos funcionais, deixando de lado os objetivos organizacionais mais amplos. Isso faz com que cada executivo fique preocupado com os objetivos de seu departamento e não se preocupe com os resultados que a empresa como uma totalidade deve alcançar.
3. **Pressão sobre a cúpula**: com isso, a cúpula precisa tentar coordenar e integrar as ações departamentais para que elas possam convergir para os objetivos globais da empresa. Quase sempre a responsabilidade pelos lucros da organização tende a ser deslocada para o nível institucional da empresa, pois cada área está preocupada mais com sua própria função do que com os objetivos organizacionais. Isso provoca um aumento de pressão sobre a cúpula da organização.
4. **Bitolamento das pessoas**: a superespecialização das áreas funcionais conduz inexoravelmente ao bitolamento das pessoas. Estas passam a ter um comportamento paroquial e restrito à sua especialização (focado em interesses locais) em detrimento de um comportamento em sinergia e holístico (interesses globais). Os executivos começam a dar atenção somente em função de interesses departamentais específicos e não de interesses empresariais globais. Com isto, surgem verdadeiros feudos fechados e herméticos dentro da organização, cada qual com fronteiras internas e linguagem própria.
5. **Terra de especialistas**: a superespecialização também impede o desenvolvimento de generalistas e uma abordagem mais ampla e sistêmica da organização. Quase sempre o executivo de uma área ignora totalmente o que está acontecendo em outros departamentos. O resultado da empresa passa a ser uma soma dos resultados departamentais, quando deveria ser a combinação ou multiplicação desses resultados;

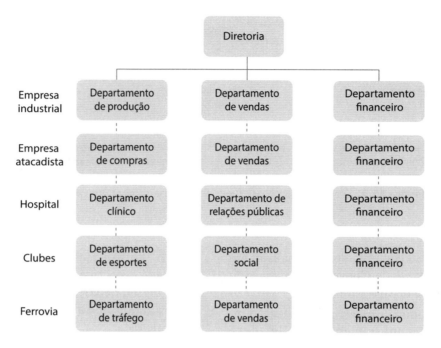

Figura 11.2 Diferentes denominações para as principais funções da empresa.

6. **Conflitos de interesses e de objetivos**: os executivos de cada área funcional focalizam cada vez mais os objetivos departamentais e cada vez menos os objetivos organizacionais mais amplos. Isso pode provocar conflitos de interesses. A coordenação vai para o espaço.

7. **Redução da coordenação interdepartamental**: a estrutura funcional reduz a coordenação entre as funções da empresa, pois a ênfase sobre especialidades estreitas distrai a atenção sobre o resultado global da empresa; os executivos focalizam seus esforços sobre seus próprios departamentos e não sobre os objetivos globais da organização. Uma das principais limitações da estrutura funcional é que ela carece de mecanismos próprios de coordenação e integração do fluxo de trabalho. A tendência natural é levar os problemas de coordenação e integração para os níveis mais elevados da empresa, que se tornam congestionados.

8. **Maior formalização**: a estrutura funcional tende a ser muito burocratizada. A atividade se torna mais formalizada, o que requer uma estrutura administrativa mais elaborada (mais pessoas para formalizar o trabalho) e uma hierarquia de autoridade com maior número de níveis e mais executivos. As comunicações interdepartamentais estão sujeitas a fronteiras internas e a demoras impressionantes.

9. **Inadequação a mudanças**: quando a tecnologia e as condições ambientais externas são mutáveis ou imprevisíveis, isto é, quando há necessidade de rápida adaptação e flexibilidade às mudanças externas, a abordagem introvertida da estrutura funcional é inadequada por não perceber e não visualizar o que ocorre fora da empresa. A departamentalização funcional é introvertida e alheia ao que ocorre no contexto ambiental.

11.2.3 Aplicações da departamentalização funcional

Apesar de todas as suas limitações, a departamentalização funcional é a mais frequentemente encontrada nas empresas. Na verdade, a estrutura funcional tem muitas aplicações, como:

1. Ela é indicada para ambientes estáveis, de pouca mudança e que requeiram desempenho constante e repetitivo de tarefas rotineiras.

2. É aconselhada para empresas que tenham poucas linhas de produtos ou serviços e que permaneçam inalteradas por longo tempo.[7]

3. Ela reflete um dos mais altos níveis de auto-orientação e de introversão administrativa, demonstrando a preocupação da empresa com a sua própria estrutura interna e com a eficiência nas suas atividades internas.

11.3 DEPARTAMENTALIZAÇÃO POR PRODUTOS OU SERVIÇOS

A organização na base dos produtos ou serviços envolve a diferenciação e o agrupamento das atividades de acordo com as saídas ou resultados (*output*) da empresa. Todos os principais deveres e tarefas relacionados com um produto ou serviço são reunidos e atribuídos a um específico departamento no sentido de coordenar as atividades requeridas para cada tipo de saída ou resultado.

Envolve diferenciação e agrupamento de atividades de acordo com o resultado da organização, isto é, de acordo com o produto ou serviço realizado. Todas as atividades requeridas para suprir um produto ou serviço – mesmo que sejam dissimilares – deverão ser agrupadas no mesmo departamento.

Um dos resultados deste tipo de departamentalização é proporcionar unidades semiautônomas para operar dentro de grandes empresas. A estrutura por produtos/serviços é muito encontrada em empresas de larga escala e com multilinhas de produtos/serviços.[8]

Na estrutura por produtos/serviços, a empresa se diferencia em função dos resultados (*outputs*), o que facilita o emprego da tecnologia, das máquinas e dos equipamentos, do conhecimento etc., permitindo uma intensificação de esforços e de coordenação.

Nas empresas não industriais, denomina-se departamentalização por serviços. A única diferença é que o agrupamento das atividades se fundamenta nos serviços prestados em vez de produtos. Os hospitais costumam departamentalizar suas atividades por serviços tais como cirurgia, radiologia ou pediatria enquanto as associações de caridade podem ter departamentos de alimentação, vestuário, alojamento e assistência médica. Um banco poderá departamentalizar suas operações em contas correntes, câmbio, cobrança, empréstimo etc. Uma instituição de ensino pode departamentalizar suas atividades em cursos para ensino fundamental, curso para ensino médio, cursos técnicos, superiores etc.

A departamentalização por produtos divide a estrutura organizacional em unidades na base de produtos, projetos ou programas desenvolvidos pela organização que apresentam um ciclo de vida longo, como no caso das indústrias automobilísticas. Quando envolve ciclos de vida mais rápidos, surge a departamentalização por projeto, que veremos logo adiante.

11.3.1 Vantagens da departamentalização por produtos/serviços

A departamentalização por produtos/serviços proporciona uma série de vantagens:[9]

1. **Fixa a responsabilidade dos departamentos para um produto ou linha de produto ou serviço**: o departamento é avaliado pelo sucesso do produto ou serviço. O executivo maior de cada departamento é orientado para todos os aspectos básicos do seu produto como produção, comercialização, desenvolvimento do produto, custo, lucratividade, desempenho e programações. Todo o esforço tático é concentrado no produto ou serviço. Este tipo de departamentalização desloca toda responsabilidade pelo lucro do produto/serviço no nível intermediário.

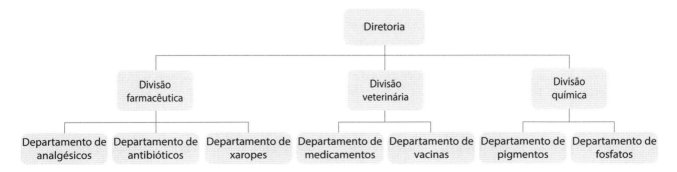

Figura 11.3 Departamentalização por linhas de produtos.

2. Facilita a coordenação interdepartamental: uma vez que a preocupação básica é o produto. As diversas atividades funcionais tornam-se secundárias e precisam sujeitar-se ao objetivo principal que é o produto.

3. Facilita a inovação pois requer cooperação e comunicação de vários grupos que contribuem para a criação, produção e comercialização do produto. Isso melhora a inovação, o crescimento e a diversificação de produtos/serviços.

4. Indicada para circunstâncias externas e mutáveis pois induz à cooperação entre especialistas e à coordenação de seus esforços para um melhor desempenho do produto.[10]

5. Permite flexibilidade pois as unidades departamentais podem ser maiores ou menores, conforme as condições mudem, sem interferir na estrutura organizacional como um todo. O enfoque da estrutura organizacional focaliza os produtos e não suas funções internas.

11.3.2 Limitações da departamentalização por produtos/serviços

A departamentalização por produtos/serviços apresenta desvantagens:

1. Duplicação de recursos e de esforços: enquanto a **departamentalização funcional** concentra especialistas em um grupo sob uma só chefia, a **departamentalização por produtos** dispersa-os em diferentes subgrupos orientados para diferentes produtos. Isto provoca duplicação de recursos e de órgãos, com evidente aumento de custos operacionais. Cada produto/serviço deve ter total autossuficiência para ser um centro de lucro isolado dos demais.

2. Risco de obsolescência técnica: como a competência técnica do especialista depende da interação com outros especialistas da mesma área, pode ocorrer enfraquecimento ou obsolescência na excelência técnica dos especialistas orientados para cada produto. Esse isolamento dos especialistas – fragmentados por diferentes produtos – faz com que tenham poucos contatos profissionais e percam a interação com colegas especialistas, que seria proporcionada pela departamentalização funcional.

3. É contraindicada para circunstâncias externas estáveis (estabilidade ambiental): nestas situações, o melhor seria optar pela departamentalização funcional que apresenta maior aproximação com a rotina e continuidade. Na verdade, a departamentalização por produtos/serviços é ideal para ambientes mutáveis e instáveis e que requerem mudanças constantes nas características dos produtos e serviços.

4. Também é contraindicada para empresas com poucos produtos ou com linhas reduzidas de **produtos** por trazer elevado custo operacional nestas situações. Quando a empresa é multiprodutos, este tipo de departamentalização vale a pena em termos de custos e de resultados.

5. Enfatiza fortemente a coordenação em detrimento da especialização: se de um lado melhora a coordenação, por outro prejudica a especialização.

6. As pessoas tendem a ficar mais inseguras com relação à possibilidade de perder o emprego quando determinados produtos encerram seu ciclo de vida e saem de produção. O futuro do profissional depende do futuro do produto.

7. As pessoas têm sua carreira profissional profundamente ligada às condições do produto/serviço; se ele é excelente e está na crista da onda, tudo bem. Mas quando o produto/serviço deriva e fica à mercê do mercado, a carreira profissional começa a balançar. Isso pode trazer incerteza e angústia às pessoas.

11.3.3 Aplicações da departamentalização por produtos/serviços

A estrutura por produtos/serviços é indicada nos seguintes casos:

1. Em ambientes instáveis e mutáveis: a estrutura por produtos/serviços é indicada para circunstâncias ambientais instáveis e mutáveis pois induz à cooperação entre especialistas e coordenação de seus esforços para melhor desempenho do produto/serviço.

2. Quando a autonomia e autossuficiência são fundamentais: cada departamento passa a ter autonomia e autossuficiência com suas próprias unidades de produção, vendas, pesquisa e desenvolvimento etc.

3. Quando a tecnologia é adaptativa ou mutável: a departamentalização por produto/serviço juntamente com uma forte área de *staff* é a mais apropriada. Se a tecnologia é estável, permanente ou inflexível então a departamentalização funcional e uma organização do tipo linear são mais apropriadas.

PARA REFLEXÃO

Comparando a departamentalização funcional com a de produtos

Reflita e, a seguir, discuta com seus colegas a respeito do assunto supra e tente chegar a uma conclusão. Compare a departamentalização funcional com a de produtos.

11.4 DEPARTAMENTALIZAÇÃO POR BASE TERRITORIAL

A organização na base da localização geográfica ou territorial requer diferenciação e agrupamento das atividades de acordo com a localização em que o trabalho será desempenhado ou uma área de mercado a ser servida pela empresa. A presunção implícita nesta estrutura é que, onde os mercados estão dispersos, a eficiência será melhorada se todas as atividades relacionadas com a tarefa forem agrupadas em uma área geográfica específica. Assim, as funções e os produtos/serviços – sejam similares ou dissimilares – deverão ser agrupados na base dos interesses geográficos.

A departamentalização por base territorial é utilizada por empresas que cobrem grandes áreas geográficas e cujos mercados são extensos. É especialmente atrativa para empresas de larga escala e cujas atividades são física e geograficamente dispersas.

11.4.1 Características da departamentalização geográfica

O agrupamento territorial apresenta características interessantes, tais como:[11]

1. **Cada departamento ou divisão opera em um território**: como se fosse uma empresa independente; cada gerente divisional pode tomar decisões adaptadas às circunstâncias locais, tendo por fundamento a proximidade e o conhecimento dos problemas locais.

2. **A organização territorial está predominantemente voltada para o seu ambiente territorial**: ela focaliza o mercado em termos físicos mais do que os aspectos internos da empresa (como na estrutura funcional) ou seus produtos/serviços (como na estrutura por produtos/serviços). Seu foco é o domínio ou manutenção do mercado.

11.4.2 Vantagens da departamentalização geográfica

A departamentalização geográfica apresenta as seguintes vantagens:

1. Quando as circunstâncias externas indicam que o sucesso da organização depende particularmente do seu ajustamento às condições e necessidades locais ou regionais, a departamentalização territorial torna-se imprescindível. É o tipo de departamentalização mais indicado quando existem setores geográficos de mercado com diferentes características no ambiente de tarefa da empresa.

2. Encoraja os executivos a pensar em termos de sucesso do território, mais do que em termos de sucesso de um departamento especializado em uma departamentalização funcional ou de um produto em uma departamentalização por produtos.

3. A organização territorial permite fixar a responsabilidade de lucro e desempenho da mesma forma que a organização por produto, sendo que a ênfase é colocada no comportamento regional ou local.

Figura 11.4 Agrupamento por localização geográfica nos níveis 2 e 3 da empresa.

Cada departamento tem total responsabilidade pelo desempenho e pela lucratividade, como se fosse um centro de custo separado.

4. O desenho organizacional na base de **departamentalização territorial** pode acompanhar as variações regionais e locais sem grandes problemas. Como cada divisão opera em um território como se fosse uma companhia independente, cada gerente divisional pode tomar decisões adequadas e adaptadas às diferenças territoriais. A organização está mais voltada para seu ambiente territorial e o seu mercado do que para seus aspectos internos.

11.4.3 Limitações da departamentalização geográfica

As restrições ao agrupamento territorial são numerosas:

1. O enfoque territorial deixa para segundo plano a coordenação entre os departamentos, prejudicando de certa forma o comportamento global da empresa, em face do grau de autonomia e liberdade oferecido às regiões ou filiais.

2. Isto pode levar a um desequilíbrio de poder dentro da organização, pois as áreas da empresa que forem geograficamente mais amplas (mercadologia ou produção) poderão ter a seu favor um potencial enorme para discutir certas decisões importantes.

3. Por outro lado, o enfoque territorial significa maiores investimentos e duplicação em certos tipos de recursos (como pessoal, instalações e equipamento) para serem distribuídos entre as diversas regiões cobertas pela empresa.

4. O agrupamento territorial aumenta o problema do controle no nível institucional da empresa.

11.4.4 Aplicações da departamentalização geográfica

A divisionalização territorial é muito utilizada nos seguintes casos:

1. É um tipo de diferenciação indicado para empresas voltadas ao consumidor – como varejo, por exemplo, desde que certas funções (como compras, finanças, recursos humanos) possam permanecer centralizadas na matriz.

2. Ela é interessante quando as circunstâncias externas indicam que o sucesso da empresa depende do seu ajustamento às condições e necessidades locais ou regionais do mercado.

3. É indicada para firmas de varejo, desde que certas funções (como compras ou finanças) sejam centralizadas.

4. A departamentalização territorial ocorre principalmente nas áreas de marketing e de produção/operações. A preocupação estritamente territorial é uma característica tanto da área mercadológica (filiais e agências distribuídas territorialmente) como da área de produção ou operações (fábricas e instalações distribuídas territorialmente para melhor utilização dos recursos locais). As demais áreas da empresa – como finanças e recursos humanos, pesquisa e desenvolvimento – tornam-se secundárias, e dificilmente poderiam ser aplicadas no nível local das operações.

5. A estrutura geográfica é aplicável quando a empresa pretende dar efetiva cobertura a um mercado de consumidores ou usuários (por meio da área mercadológica descentralizada) ou a um mercado de fornecedores de recursos de produção (por meio da área de produção descentralizada).

6. As empresas multinacionais utilizam essa estratégia para as suas operações fora do país onde estão sediadas.

7. É mais indicada para a área de produção (operações) e de vendas, sendo pouco utilizada pela área financeira que nem sempre permite descentralização.

11.5 DEPARTAMENTALIZAÇÃO POR CLIENTELA

A organização na base da clientela (consumidores, usuários ou clientes) envolve a diferenciação e o agrupamento das atividades de acordo com o tipo de pessoa ou agência para quem o trabalho é feito. As características dos clientes – como idade, nível socioeconômico e hábitos de compras – constituem a base para esta estratégia que é totalmente centrada no cliente.

11.5.1 Características da departamentalização por clientela

As principais características deste tipo de departamentalização são:[12]

1. **Ênfase no cliente**: trata-se de uma estratégia que reflete a ênfase no consumidor do produto/serviço oferecido pela empresa. É um critério importante quando a empresa lida com diferentes

Figura 11.5 Agrupamento por clientela em uma loja.

classes de clientes, com diferentes características e necessidades.

2. **Divisão do trabalho em função do cliente**: a departamentalização por clientela divide as unidades organizacionais para que cada uma delas possa servir a um diferente tipo de cliente, quando diferentes clientes requerem diferentes métodos e características de vendas, diferentes serviços organizacionais etc. Cada tipo de cliente é o ativo mais importante da empresa.

3. **Extroversão administrativa**: a departamentalização por clientela representa – juntamente com a departamentalização geográfica – o tipo de estrutura mais extrovertido, já que se ajusta às demandas externas sobre a organização. Trata-se de ajustar a estrutura para satisfazer às necessidades específicas de cada tipo de clientela.

11.5.2 Vantagens da departamentalização por clientela

A departamentalização por clientes apresenta as seguintes vantagens:

1. **Foco no cliente**: quando a satisfação do cliente é o aspecto mais crítico da organização. A departamentalização por cliente é a abordagem mais extrovertida da empresa, mais preocupada com o cliente do que consigo mesma.

2. **Adequação aos tipos de clientes**: quando o negócio depende de diferentes tamanhos ou características de produtos ou serviços que variam conforme o tipo ou tamanho do cliente.

3. **O cliente é mais importante** do que os produtos ou serviços que devem ser adaptados a ele, principalmente quando o cliente pode ser um indivíduo, uma organização ou o próprio governo.

4. **Cultura de atendimento ao cliente**: predispõe os executivos e todos os participantes da organização para a tarefa de satisfazer às necessidades e aos requisitos dos clientes.

5. **Conhecimento do cliente**: permite à organização concentrar seus conhecimentos sobre as distintas necessidades e exigências dos diferentes canais mercadológicos.

11.5.3 Limitações da departamentalização por clientela

A departamentalização por clientela traz certas desvantagens:

1. Quando as demais atividades da empresa se tornam secundárias ou acessórias em face da preocupação compulsiva pelo cliente.

2. Quando os demais objetivos da empresa – como lucratividade, eficiência e produtividade – são sacrificados em função da satisfação do cliente.

3. Todo o processo decisório da empresa fica dependente das decisões do cliente e fica difícil reduzir a incerteza provinda de fora, o que prejudica o planejamento do negócio ou a visão de futuro da empresa.

4. Pelas razões acima, frequentemente é utilizada apenas no nível operacional da empresa.

11.5.4 Aplicações da departamentalização por clientela

1. O agrupamento por clientela é intensamente utilizado pelo comércio em geral, seja no atacado ou no varejo.

2. Sua aplicação maior geralmente ocorre na área mercadológica, envolvendo vendas e crediário.

3. Quase sempre se restringe ao nível operacional do negócio.

11.6 DEPARTAMENTALIZAÇÃO POR PROCESSO

É a departamentalização focada no processo. É também denominada agrupamento por processo ou departamentalização por fases do processo, por processamento ou ainda por equipamento. É quase sempre restrita a aplicações no nível operacional de empresas industriais e de serviços, principalmente nas áreas produtivas ou de operações.

11.6.1 Características da departamentalização por processo

A departamentalização por processo apresenta as seguintes características:[13]

1. **Foco na sequência do processo**: a diferenciação e o agrupamento se fazem pela sequência do processo produtivo ou operacional ou pelo arranjo físico e disposição racional do equipamento utilizado.
2. **Depende do arranjo físico dos equipamentos**: é o processo de produção dos bens ou serviços que determina a estratégia de diferenciação e agrupamento. O arranjo físico das máquinas e equipamentos define o agrupamento de pessoas e de materiais para processar as operações.
3. **Foco na tecnologia utilizada**: esta forma de departamentalização representa a influência pura da tecnologia na estrutura organizacional da empresa.
4. **O processo é o mais importante**: é uma sequência de atividades estruturadas no sentido de resultar em um produto ou serviço específico para determinado cliente, seja ele interno ou externo. É, portanto, uma ordenação de ponta a ponta das atividades de trabalho no tempo e no espaço, com um começo, um fim, entradas e saídas claramente identificadas.[14]
5. **Ênfase na ação integrada**: a estrutura do processo é orientada para a ação e não é hierárquica e nem vertical tal como ocorre com a estrutura organizacional. O processo é uma sequência horizontal de atividades e ações que se repetem reiteradamente. Ao contrário do que ocorre com as funções, ele não tem dono ou responsável por sua totalidade, pois cada área participa apenas de uma parte de sua execução. A departamentalização por processo permite dar cobertura em toda a sua extensão, desde os insumos até os resultados finais.[15]

11.6.2 Vantagens da departamentalização por processos

As vantagens principais são:

1. **Rendimento da tecnologia**: extrair vantagens econômicas oferecidas pela própria natureza do equipamento ou da tecnologia. A ideia básica, e uma das maiores preocupações das empresas, é obter o maior rendimento possível do equipamento ou da tecnologia utilizada.
2. **Ênfase na tecnologia**: a tecnologia torna-se o foco e o ponto de referência para o agrupamento de unidades e posições. Demonstra sua influência na estrutura organizacional das empresas que utilizam tecnologia de porte ou permanente e inflexível.
3. **Foco na tecnologia**: a departamentalização por processo procura extrair vantagens econômicas oferecidas pela própria natureza do equipamento ou da tecnologia. Ela passa a ser o foco e o ponto de referência para o agrupamento de unidades e posições. Com a ênfase nos processos surgiu a reengenharia, que pro-

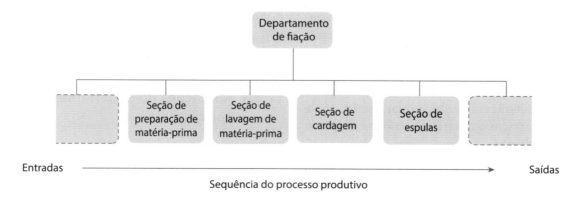

Figura 11.6 Agrupamento por processo.

cura reinventar as organizações com o total redesenho dos processos empresariais.

11.6.3 Limitações da departamentalização por processo

Apresenta desvantagens quando:

1. **Ideal para tecnologia permanente e fixa**: quando a tecnologia utilizada sofre grandes mudanças a ponto de alterar profundamente o processo, pois este tipo de departamentalização peca pela absoluta falta de flexibilidade e adaptação ou pelo alto custo da mudança tecnológica.
2. **Ideal para produtos estáveis e permanentes**: quando a empresa necessita mudar produtos ou serviços que dependam da tecnologia utilizada.

11.6.4 Aplicações da departamentalização por processo

A departamentalização por processo é aplicável nas seguintes situações:

1. **Tecnologia intensiva**: é amplamente utilizada em empresas nas quais as instalações e tecnologias utilizadas são demasiado onerosas e complexas. É o caso de empresas de tecnologia intensiva, como siderúrgicas, indústrias químicas e petroquímicas, cimenteiras, indústrias de papel e celulose.
2. **Arranjo físico permanente**: quando o arranjo físico das máquinas e dos equipamentos define o agrupamento de pessoas e de materiais para processar as operações.

11.6.5 Reengenharia de processos

A reengenharia representa o reprojeto dos processos empresariais e a sua redefinição radical. A reengenharia significa a reestruturação radical dos processos empresariais para alcançar drásticas melhorias no desempenho, qualidade, custos, velocidade e atendimento. Não é apenas uma melhoria dos processos, mas sua reestruturação radical, drástica e fundamental.[16] A reengenharia visa a substituir a departamentalização funcional ou por produtos pela departamentalização por processos, ou seja, a orientação verticalizada e hierarquizada pela orientação horizontal, de departamentos funcionais para equipes de processos.[17]

PARA REFLEXÃO

Como adotar a reengenharia na empresa?

Reflita e, a seguir, discuta com seus colegas a respeito do assunto supra e tente chegar a uma conclusão. Como adotar a reengenharia na empresa?

11.7 DEPARTAMENTALIZAÇÃO POR PROJETO

A organização na base de projetos envolve a diferenciação e agrupamento das atividades de acordo com as saídas e os resultados (*outputs*) relativos a um ou vários projetos da empresa. É uma estratégia utilizada em empresas que produzem produtos que envolvam grande concentração de recursos e prolongado tempo para seu projeto e produção.

Projeto é um conjunto de atividades que ocorrem apenas uma vez, com ponto de partida e ponto de chegada definidos no tempo.[18] Tem um início, meio e fim previamente determinados. Pode variar de tamanho, duração e objetivo, desde o lançamento do ônibus espacial da NASA até a produção de um filme ou novela de TV. A administração de projetos é a atividade de fazer com que as operações sejam realizadas no prazo, dentro do orçamento e de acordo com as especificações.[19]

A organização por projetos possui as seguintes características:[20]

1. Definição dos objetivos do projeto, o que se pretende com ele.
2. Identificação das atividades e recursos necessários para realizá-lo.
3. Definição das relações sequenciais dessas atividades.
4. Cálculo das estimativas de tempos para as atividades.
5. Definição do prazo de conclusão do projeto.
6. Comparação dos objetivos programados do projeto.
7. Determinação dos recursos necessários ao cumprimento do objetivo.

Cada projeto reúne membros da equipe que são temporariamente alocados e se reportam ao gerente do projeto, que coordena as atividades com outros

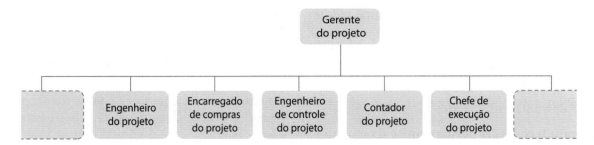

Figura 11.7 Agrupamento por projeto.

departamentos, e se reporta diretamente a um administrador de nível maior. Cada projeto é temporário e dura o tempo suficiente para completar seus objetivos, quando os seus membros retornam às posições anteriores ou deixam a empresa.

11.7.1 Características da departamentalização por projetos

1. **Adequação aos projetos**: este tipo de departamentalização adapta a estrutura da empresa aos projetos que ela se propõe a desenvolver. Unidades e grupos de pessoas são destacados e concentrados durante certo tempo em projetos específicos com recursos necessários alocados. A administração por projetos está centrada na adaptação de certos segmentos da empresa a um produto complexo e manufaturado a partir de uma enorme concentração de recursos e de especialistas diferentes para atender a especificações predeterminadas voltadas quase que exclusivamente para as exigências e necessidades de clientes.
2. **Flexibilidade**: requer uma estrutura organizacional flexível e mutável, capaz de adaptar-se rapidamente e sem consequências imprevistas às necessidades de cada projeto a ser desenvolvido e executado durante um determinado período de tempo. Como o projeto é geralmente definido pelo cliente, de acordo com suas necessidades e especificações, e como requer uma determinada tecnologia, a adaptabilidade organizacional consti-tui um problema de base.
3. **Coordenabilidade**: o agrupamento por projeto representa a estratégia que permite elevado grau de coordenação entre as partes envolvidas. As partes deixam suas posições anteriores para se fixarem temporariamente em um determinado projeto que passa a envolvê-las totalmente.
4. **Temporalidade**: como cada projeto tem um início, meio e fim, a estrutura organizacional precisa ser pensada e repensada com o fim de alguns projetos e o início de outros. Isso significa que a estrutura da organização se modifica de tempos em tempos em função dos projetos em andamento.
5. **Conjunção de competências**: cada projeto requer a convergência de diferentes habilidades e competências. A construção de um navio, por exemplo envolve competências de engenheiros, mecânicos, marceneiros, eletricistas, encanadores etc. com diferentes programações de trabalho nas diferentes etapas do projeto.
6. **É uma departamentalização temporária por produto** quando este assume proporções enormes, requerendo investimentos e recursos elevados, tecnologia específica e períodos prolongados de tempo para seu planejamento e execução.

11.7.2 Vantagens da departamentalização por projeto

1. **Convergência de esforços**: a departamentalização por projeto constitui uma maneira integrada e intensiva de convergir diferentes habilidades, conhecimentos e competências sobre um produto de grande porte.
2. **Alocação temporária de recursos**: mais do que isso, uma maneira econômica e eficiente de alocar diferentes recursos na produção ou construção de um produto de grande porte.
3. **Complexidade do produto**: quando o produto é altamente complexo e cujo projeto depende de grande dose de tempo para sua execução e implementação, a departamentalização por projeto constitui uma solução inteligente.

11.7.3 Desvantagens da departamentalização por projeto

A departamentalização por projeto apresenta algumas restrições:[21]

1. **Foco operacional**: em geral, a departamentalização por projeto se limita ao nível operacional, raramente ao nível intermediário das empresas.

2. **Temporalidade**: ela é provisória e passageira. Concluído o projeto, a equipe se dissolve ou é transferida para um novo projeto.

3. **Angústia**: como o projeto tem um início, meio e fim, os participantes se sentem preocupados com a sua permanência no emprego, já que ignoram se serão reaproveitados após a conclusão de seus trabalhos.

4. **Aproveitamento de recursos e competências**: todo projeto envolve recursos e competências que podem ter vida útil curta e restrita e que nem sempre serão úteis para outros projetos ao longo do tempo. A construção de uma hidrelétrica, por exemplo, consome recursos e envolve competências que somente poderiam ser utilizados em outros projetos similares.

5. **Foco exclusivo no projeto**: reduz ou limita o enfoque do nível institucional e do nível tático a partes ou componentes específicos do negócio e não ao negócio como uma totalidade. A atenção é reduzida a cada projeto e se torna parcial e internalizada. Como geralmente o projeto faz parte de alguma encomenda feita por um cliente – organização ou governo – quem dita as normas é o cliente e não a empresa que o produz e constrói. Isso pode provocar dependência.

6. **Necessidade de outros tipos de departamentalização**: como a estrutura por projeto é limitada a projetos em andamento, a empresa requer outros tipos de departamentalização – funcional, por produtos/serviços, geográfica etc. – para dar impulso aos seus negócios.

11.7.4 Aplicações da departamentalização por projeto

A departamentalização por projetos tem inúmeras aplicações:

1. **Projeto como futuro**: o desenho organizacional por projeto é indicado para situações em que o empreendimento é grande e tecnicamente complexo, acabado em si mesmo, tal como ocorre nas indústrias de construção (civil, de maquinaria pesada e de produtos de grande porte) e em atividades de pesquisa e desenvolvimento.

2. **Inovação**: o agrupamento por projeto é utilizado por empresas que se dedicam a atividades influenciadas pelo desenvolvimento tecnológico. É o caso de atividades de pesquisa e desenvolvimento em empresas do ramo de eletrônica, energia nuclear, astronáutica, aeronáutica, farmacêutico etc., quando o projeto se refere a um novo produto a ser pesquisado e desenvolvido para ser futuramente colocado em linha de produção. A principal tarefa é reunir uma equipe de especialistas em diversos campos de atividade.

3. **Convergência**: em termos contingenciais, se a tecnologia é autocontida (isto é, autossuficiente e não depende de outras atividades ou órgãos para o seu desempenho eficaz), então a estrutura por projeto é a mais indicada. É o caso de estaleiros navais que produzem navios, de obras de construção civil (edifícios) ou industrial (fábricas e usinas hidrelétricas) que exigem tecnologia sofisticada, pessoal especializado e reunião de recursos diferentes ao longo do processo. Como o projeto é de grande porte, exige planejamento individual e detalhado e um extenso período de tempo para a execução, cada produto é tratado como um projeto especial e sob encomenda.

4. **Investimento em novos produtos**: no caso de empresas que dedicam grandes investimentos a pesquisa e desenvolvimento de novos produtos que duram períodos longos de tempo – como a indústria automotiva, farmacêutica, química e petroquímica – cada projeto é tratado de maneira individualizada e particular.

11.7.5 Força-Tarefa

Uma variante do agrupamento por projeto é a equipe-tarefa ou força-tarefa. Trata-se de um agrupamento de dimensões bem mais reduzidas e de duração mais limitada do que o projeto em si. A força-tarefa é constituída por uma equipe heterogênea de especialistas em diferentes áreas, que são deslocados de suas funções habituais para, em conjunto, se dedicarem a uma tarefa específica e complexa, que exija abordagens e enfoques diferentes. Geralmente a força-tarefa é uma técnica adotada para resolver problemas gerados pela alta taxa de mudança ambiental ou tecnológica. Trata-se de um esforço de equipe que se aglutina para tratar de uma tarefa específica.[22]

SAIBA MAIS — Origem da força-tarefa

A força-tarefa apareceu na área militar em operações críticas de guerra quando surgiu a necessidade de reunir diferentes especialistas – em explosivos, armas, artilharia, engenharia, lutas marciais, conhecimentos de eletrônica – para missões específicas como ataques frontais ao inimigo, operações de guerrilha e resgate de prisioneiros cativos. Nessas missões específicas e complexas a conjunção de diferentes competências torna-se fundamental para que o sucesso seja assegurado. Terminada a missão, os integrantes retornam aos seus postos anteriores ou são indicados para outras missões. A força-tarefa trabalha como uma equipe transitória altamente integrada e coesa.

A força-tarefa apresenta características interessantes, tais como:[23]

1. **Foco em missões específicas**: nas quais se determina clara e objetivamente o quê, por quê, quem, quando e quanto fazer. Ela é criada para resolver um problema específico.
2. **Aglutinação de diferentes competências**: é composta de pessoas representando todas as funções administrativas relevantes para a solução do problema em foco. Em outros termos, a força-tarefa deve reunir todas as competências necessárias para resolver o problema.
3. **Conjunção de especialidades**: a cada membro da força-tarefa é dada a mesma responsabilidade e poder para tratar de sua especialidade em relação ao problema e espera-se que os membros trabalhem como uma unidade coesa e integrada.
4. **Transitoriedade**: a força-tarefa é transitória e não definitiva. Resolvido o problema ou atingida a missão, a equipe pode receber nova atribuição, pode

Quadro 11.1 Características dos vários tipos de departamentalização

Tipos de departamentalização	Agrupamento por	Vantagens	Desvantagens
Funcional	Atividades ou funções Divisão do trabalho pela especialização Auto-orientação	Maior especialização de pessoas e de recursos Ideal para atividades rotineiras e estáveis	Pouca cooperação interdepartamental Contraindicada para ambientes mutáveis e imprevisíveis
Produtos/Serviços	Resultados quanto a produtos/serviços Divisão do trabalho pelos produtos Orientação para resultados	Impõe responsabilidade por produtos, facilita avaliação de resultados Flexibilidade e inovação	Enfraquece a especialização Custo alto Duplicação Enfatiza coordenação em detrimento da especialização
Base territorial	Localização geográfica Ênfase na cobertura territorial Orientação para o mercado Extroversão	Ajustamento às condições locais Fixa responsabilidade por região Facilita avaliação	Enfraquece a coordenação da organização como um todo Enfraquece a especialização
Clientela	Tipo ou tamanho do cliente Ênfase no cliente Orientação para o cliente Extroversão	Predispõe à satisfação das demandas dos clientes Fixa responsabilidade por clientes	Sacrifica os objetivos da organização e torna secundárias as demais atividades
Processo	Fases do processo, produto ou operação Ênfase na tecnologia Introversão	Melhor arranjo físico e disposição dos recursos e da tecnologia estável	Pouca flexibilidade e adaptação às mudanças e inovação tecnológica
Projeto	Saídas ou resultados quanto ao projeto Ênfase no projeto Flexibilidade organizacional para ajustar a cada projeto	Alta concentração de recursos, com prazos definidos Orientada para resultados concretos Complexidade	Descontinuidade e imprevisibilidade quanto à permanência das pessoas e dos recursos Angústia

Figura 11.8 Organograma de uma empresa com agrupamento conjugado por funções, por produtos, por funções e por processo.

simplesmente ser dissolvida ou os membros devem retornar às suas unidades de origem e às suas atividades habituais, as quais devem ter a possibilidade de reabsorção dos integrantes.

5. **Curta duração**: a força-tarefa dura enquanto a missão ou o resultado não for alcançado. Se o problema é recorrente a equipe permanece ativa até que seja resolvido.
6. **Coordenação**: em muitos casos, a força-tarefa tem um coordenador ou encarregado que recebe total autoridade e responsabilidade pela tarefa ou missão, inclusive para recompensar ou punir os membros da equipe.
7. **Resposta à complexidade**: a força-tarefa é uma técnica para enfrentar e solucionar problemas típicos de uma era de complexidade em que os requisitos são variados e diferenciados. A convergência de várias pessoas dotadas de diferentes competências permite alcançar missões ou atacar problemas complexos que jamais poderiam ser tratados de maneira separada ou focados individualmente por diferentes especialistas trabalhando separadamente.

11.8 OPÇÕES DEPARTAMENTAIS

A departamentalização constitui o tipo de diferenciação que predomina no nível intermediário das empresas. Existem vários critérios de interdependências pelos quais as empresas escolhem as bases para departamentalizar suas unidades ou posições. Assim, uma empresa se departamentaliza funcionalmente, por produto, localização geográfica ou projeto etc., tendo em vista os critérios de interdependências entre as variáveis organizacionais mais importantes para alcançar os seus objetivos empresariais.

11.9 CRITÉRIOS PARA AVALIAR A DEPARTAMENTALIZAÇÃO

Existem vários critérios para avaliar a departamentalização baseados na interdependência. Os mais importantes são quatro:[24]

1. **Interdependência do fluxo de trabalho**: os agrupamentos são definidos na base da sequência ou fluxo do processo de operações de uma determinada tarefa.
2. **Interdependência no processo**: os agrupamentos são definidos conforme a especialização (que favorece o agrupamento funcional), com base nos contatos entre pessoas localizadas em diferentes fluxos de trabalho. Favorece as interações de processo às custas da coordenação do fluxo de trabalho.
3. **Interdependência de escala**: os agrupamentos são definidos para alcançar um tamanho capaz de proporcionar um funcionamento eficiente. Se todos os departamentos de uma fábrica requerem manutenção, em vez de anexar-se um especialista em manutenção a cada um, agrupam-se todos eles em um departamento de manutenção para a fábrica toda. Favorece a economia, seja na concentração ou na dispersão de serviços.

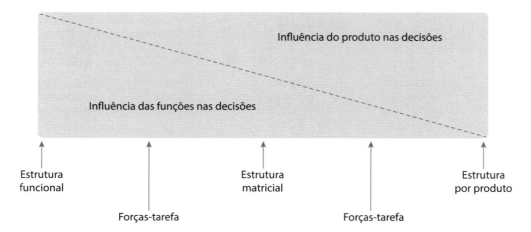

Figura 11.9 *Continuum* de desenhos departamentais.[25]

4. Interdependências sociais: é um critério relacionado não com o trabalho a fazer, mas com as relações sociais que o acompanham. As pessoas são agrupadas na base do fazer juntos.

As empresas não utilizam apenas um tipo de departamentalização, mas usam e combinam todos os tipos descritos no sentido de sintonizar as diferentes partes com as diferentes condições existentes. Em um mesmo nível hierárquico as organizações adotam vários tipos de departamentalização. É comum encontrar-se uma conjugação dos diversos tipos de agrupamentos de unidades, seja no mesmo nível hierárquico, seja nos diferentes níveis das empresas. Os desenhos departamentais podem ser avaliados dentro de um *continuum*: em um extremo predomina a influência funcional no processo decisório e, no outro, a influência do *produto*.

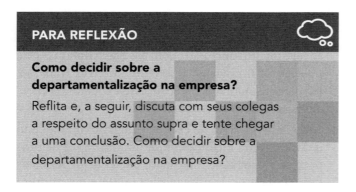

O tipo de departamentalização adotado define o foco que deve predominar na empresa: em si mesma e na sua estrutura, no produto/serviço, no cliente, na distribuição geográfica, nos seus processos internos, nos projetos. Uma das maneiras mais simplistas de conhecer as prioridades de uma empresa é avaliar a sua departamentalização.

A proliferação de novos formatos organizacionais mostra a disposição e necessidade imperiosa das empresas em enfrentar a mudança e a incerteza dela decorrente. Com isso, as organizações querem adquirir flexibilidade e adaptabilidade para se ajustar continuamente às novas e intermináveis demandas ambientais. Cabe ao administrador a busca de novas soluções criativas e inovadoras.

REFERÊNCIAS

1. CHIAVENATO, I. *Introdução à Teoria Geral da Administração*. São Paulo: Atlas, 2020.
2. CHIAVENATO, I. *Introdução à Teoria Geral da Administração*. op. cit.
3. GULICK, L. Notes on the Theory of Organization. In: GULICK, L.; URWICK, L. F. (orgs.). *Papers on the Science of Administration*. Nova York: Columbia University Press, 1937. p. 23.
4. GULICK, L. Notes on the Theory of Organization. op. cit., p. 24.
5. HAMPTON, D. R. *Contemporary Management*. Nova York: McGraw-Hill Book, 1977. p. 210.
6. WALKER, A. H.; LORSCH, J. Organization Choice: product 'versus' function. *Harvard Business Review*, nov./dez. 1968, p. 129-138. Vide também: CARROL JR., S. J.; PAINE, F. T.; MINER, J. B. *The Management Process*: cases and readings. Nova York: Macmillan Publishing, 1973. p. 169-184.
7. CHANDLER JR., A. D. *Strategy and Structure*. Cambridge: The M.I.T. Press, 1962.

8. CHIAVENATO, I. *Introdução à Teoria Geral da Administração*. *op. cit.*

9. CHIAVENATO, I. *Introdução à Teoria Geral da Administração*. *op. cit.*

10. HAMPTON, D. R. *Contemporary Management*. *op. cit.*, p. 212.

11. CHIAVENATO, I. *Introdução à Teoria Geral da Administração*. *op. cit.*

12. CHIAVENATO, I. *Introdução à Teoria Geral da Administração*. *op. cit.*

13. CHIAVENATO, I. *Introdução à Teoria Geral da Administração*. *op. cit.*

14. STOGDILL, R. M. Dimensions of Organization Theory. In: THOMPSON, J. D. (ed.). *Organizational Design and Research*: approaches to organizational design. Pittsburgh: University of Pittsburgh Press, p. 8, 1971.

15. CHIAVENATO, I. *Manual de Reengenharia*: um guia para reinventar sua empresa com a ajuda das pessoas. São Paulo: Makron Books, p. 23, 1998.

16. HAMMER, M.; CHAMPY, J. *Reengenharia*: revolucionando a empresa em função dos clientes, da concorrência e das grandes mudanças da gerência, Rio de Janeiro: Campus, 1994.

17. CHIAVENATO, I. *Manual de Reengenharia*: um guia para reinventar sua empresa com a ajuda das pessoas. op. cit., p. 23.

18. ADAM, JR, E. E.; EBBERT, R. J. *Production & Operations Management*. Englewood Cliffs: Prentice Hall, p, 333. 1992.

19. ROBBINS, S. P. *Administração*: mudanças e perspectivas, São Paulo: Saraiva, p. 126, 2008.

20. WEIIS, J. W.; WYSOCKI, R. K. *5-Phase Project Management*: reading. Massachusetts: Addison-Wesley, p. 3, 1992.

21. RUSSEL, R. S.; TAYLOR III, B. W. *Production and Operations Management*. Englewood Cliffs: Prentice-Hall, p. 827, 1995.

22. CHIAVENATO, I. *Introdução à Teoria Geral da Administração*. *op. cit.*

23. GADDIS, P. O. The Project Manager. *Harvard Business Review*. v. 37, n. 3, p. 89, mai/jun. 1959.

24. CHIAVENATO, I. *Introdução à Teoria Geral da Administração*. *op. cit.*

25. CHIAVENATO, I. *Introdução à Teoria Geral da Administração*. *op. cit.*

26. GALBRAITH, J. R. Matriz Organization Design: how to combine functional and project forms. *Business Horizons*. v. 14, p. 37, 1971.

MODELAGEM DO TRABALHO

OBJETIVOS DE APRENDIZAGEM

- Mostrar os critérios de modelagem do trabalho.
- Caracterizar o desenho de cargos e tarefas dentro das empresas.
- Apresentar as diferentes abordagens ao desenho de cargos e tarefas.
- Discutir a especialização e o enriquecimento de cargos e suas implicações.
- Apresentar a abordagem sociotécnica e o envolvimento entre pessoas e cargos.
- Discutir os principais esquemas de integração de cargos que existem no nível operacional.

O QUE VEREMOS ADIANTE

A modelagem do trabalho significa a maneira pela qual o trabalho operacional deverá ser atribuído às pessoas e realizado em cada unidade organizacional, seja ela um departamento ou divisão. Em muitas empresas ainda predomina o tradicional conceito de cargo como base da modelagem do trabalho das pessoas. Na verdade, cargo representa uma decorrência do velho modelo burocrático, rígido, hierarquizado e baseado na divisão do trabalho organizacional.
O conceito de cargo está sendo gradativamente substituído por outros mais modernos como gestão por competências ou pelas equipes, que veremos mais adiante. Por enquanto, faremos uma introdução ao desenho de cargos e tarefas que predominou durante toda a Era Industrial.

12.1 DESENHO DE CARGOS E TAREFAS

O desenho de cargos e tarefas teve como precursor Adam Smith e, mais adiante, Taylor e os engenheiros da administração científica. As primeiras concepções sobre a estruturação das tarefas partiram do princípio de que toda pessoa pode desempenhá-las de "uma melhor maneira" possível e de que as formas organizacionais devem ser escolhidas e elaboradas segundo critérios e princípios universais. Foi esta a fase em que a Teoria Geral da Administração se caracterizou basicamente pela ênfase nas tarefas.

Cargo é a composição de todas as atividades desempenhadas por uma pessoa, que podem ser visualizadas como um todo unificado e que ocupam uma posição formal no organograma. Um cargo é uma unidade da organização que consiste em um grupo de deveres e responsabilidades que o tornam separado e distinto dos outros cargos. No fundo, o conceito de cargo é uma velha decorrência do modelo burocrático, tal como os conceitos de departamento ou divisão. Os deveres e responsabilidades de um cargo são atribuídos ao ocupante que o desempenha e proporcionam os meios com os quais cada pessoa pode contribuir para o alcance dos objetivos da organização. Ocupante é a pessoa designada para desempenhar um cargo. Existem cargos que têm um ocupante, como também existem aqueles que têm vários ocupantes – como é o caso de operadores de máquinas ou escriturários. Um cargo está vago quando não há ocupante designado para preenchê-lo. Por outro lado, as tarefas constituem as atividades que serão cumpridas pelo ocupante do cargo.

O desenho de cargo (*job design*) é a especificação do conteúdo, métodos e relações de cargos, no sentido de satisfazer requisitos tecnológicos, organizacionais, sociais e pessoais. O desenho dos cargos e das tarefas – da mesma forma como o desenho organizacional ou departamental – é também orientado pelos objetivos e estratégias da empresa. Em outros termos, a estrutura dos cargos – assim como a estrutura organizacional e departamental – é decidida e elaborada no sentido de atender à estratégia empresarial da melhor maneira possível, de modo proposital e consistente. Os cargos e as tarefas – da mesma maneira que as unidades e os departamentos – constituem os meios pelos quais a empresa utiliza seus recursos para alcançar seus objetivos com determinadas estratégias.

Aumente seus conhecimentos sobre **Desenho de cargos e tarefas** na seção *Saiba mais ADM 12.1*

O processo de desenhar um cargo pode ser dividido em três partes:

1. Especificação do conteúdo de cada tarefa a ser executada.
2. Especificação do método para executar cada tarefa.
3. Combinação das tarefas individuais em cargos específicos. Cada cargo passa a ser um conjunto de tarefas específicas.

O primeiro e terceiro aspectos determinam o conteúdo do cargo, enquanto o segundo indica como deverá ser desempenhado.

 **SAIBA MAIS** — **Conceito de papel**

Um papel é um conjunto de atividades ou comportamentos solicitados de um ocupante de cargo. Os requisitos de um papel podem ser óbvios para o indivíduo em face do seu conhecimento da tarefa ou também podem ser incertos quando lhe são comunicados pelos outros membros da organização que solicitam ou dependem do seu comportamento no papel para que possam atender às expectativas de seus próprios cargos. A empresa pode ser entendida como um sistema de papéis que se superpõem, cada qual formado de pessoas desempenhando atividades e desenvolvendo expectativas de papéis quanto às demais pessoas. Assim, as empresas somente podem funcionar quando as pessoas que devem cumprir papéis específicos e atividades solicitadas tenham ocupado seus cargos correspondentes. Para tanto, elas precisam ser recrutadas, selecionadas de acordo com os requisitos do cargo, treinadas para desempenhá-lo adequadamente conforme as prescrições, supervisionadas, avaliadas e controladas. No fundo, as pessoas desempenham papéis dentro das empresas que precisam ser transmitidos, interpretados e vivenciados. Existem expectativas de papel (que a empresa define em relação às pessoas) e desempenhos de papel (que as pessoas vivenciam). Tudo isso deve ser levado em conta.

12.2 ABORDAGENS AO DESENHO DE CARGOS E TAREFAS

O desenho dos cargos é a maneira pela qual se projeta e estrutura os cargos individuais e os combinam em unidades, departamentos e divisões. Existem três diferentes abordagens ao desenho de cargos e tarefas: a clássica, a humanística e a contingencial. Cada uma delas será discutida a seguir.

12.2.1 Abordagem clássica ao desenho de cargos

É a abordagem fundamentada no trabalho pioneiro de Taylor e dos engenheiros da administração científica. Constitui a primeira tentativa sistemática de definir os princípios capazes de orientar a colocação ótima do indivíduo no cargo e sua execução eficiente. A administração científica procurava:

1. Encontrar a melhor maneira para as pessoas se moverem, localizarem e executarem a tarefa.
2. Segmentar e fragmentar os cargos em tarefas repetitivas e facilmente aprendidas pelo treinamento.
3. Dispor instrumentos e equipamentos de maneira a minimizar o esforço e eliminar a perda de tempo.
4. Construir o ambiente local de trabalho de maneira que o ruído, ventilação e iluminação não reduzam a eficiência do trabalhador.
5. Eliminar todos os meios que produzam fadiga e que não estão relacionados com a tarefa executada.[1]

O modelo clássico de desenho dos cargos partia da pressuposição de que a simplificação e fragmentação das tarefas facilita sua execução, programação, controle, seleção e treinamento, permite a padronização dos movimentos, aumenta a eficiência e diminui os custos de produção. O fundamento dessa abordagem é simples: o trabalhador e o seu cargo são tratados mecanisticamente como máquinas. Desde que racionalizado o método de trabalho, selecionado e treinado o operário, estabelecido um plano de incentivos salariais para estimulá-lo, eliminadas as condições que poderiam provocar fadiga, o resultado seria: a máxima eficiência possível. Porém, as vantagens e benefícios esperados com a racionalização do trabalho não corresponderam aos resultados alcançados.

Com a abordagem clássica, o operário passou a ser confinado em um cargo isolado, no qual a tecnologia, controles administrativos, regras, imposições e o próprio comando do supervisor restringem sua atuação como pessoa. Poucas de suas aptidões são aproveitadas e as que são se limitam a aptidões meramente manuais ou musculares. Dificilmente são solicitadas aptidões vinculadas à autoexpressão da personalidade do indivíduo, contatos interpessoais ou à sua capacidade cognitiva. O operário é submetido a uma forte dependência e submissão ao seu superior e deixa de ter controle – e mesmo conhecimento – sobre qualquer decisão importante para o seu interesse pessoal, como o trabalho que executa, sua permanência na empresa e recompensas ou punições que deve receber.

12.2.2 Abordagem humanística ao desenho de cargos

O modelo humanístico constitui uma forte reação ao mecanicismo do desenho clássico. Apresenta implicações humanas e tende a focalizar mais o contexto que envolve externamente o cargo e as condições sob as quais é desempenhado, deixando para plano secundário o conteúdo ou os métodos para sua execução. O ocupante do cargo recebe atenção especial do modelo humanístico. Não é tratado como máquina ou robô, como no desenho clássico, mas como membro de um grupo social. O desenho humanístico acena com maior interação entre pessoas e seus superiores, bem como com maior participação em decisões relacionadas com a execução das tarefas e como meio de satisfazer às necessidades individuais e aumentar o moral do pessoal. O superior é encorajado a desenvolver entre seus subordinados um espírito de equipe capaz de proporcionar um grupo de trabalho coeso por meio de uma atmosfera amigável e cooperativa e a minimizar fricções ou conflitos entre os subordinados que possam prejudicar o desempenho departamental. Algumas atividades extras são consideradas importantes para reduzir o aborrecimento e monotonia e para incrementar sentimentos de amizade e cooperação, como lazer e condições físicas de conforto no trabalho.

Quadro 12.1 Um balanço da abordagem clássica ao desenho de cargos[2]

Vantagens esperadas	Resultados alcançados
1. Os cargos podem ser aprendidos rapidamente, exigindo pouco treinamento do operário	1. As economias no custo do treinamento não ocorrem devido ao elevado *turnover* (rotatividade de pessoal)
2. Os cargos podem ser ocupados por pessoas não-habilitadas	2. Altos índices de absenteísmo exigem trabalhadores extras disponíveis para substituí-los, elevando os custos
3. Devido às poucas habilidades exigidas e à facilidade de treinamento, os operários são facilmente intercambiáveis	3. Devido ao trabalho em linha de montagem e a sua natureza monótona e insatisfatória, precisa-se pagar salários maiores para as pessoas permanecerem
4. Devido à mecanização, os operários não ficam fisicamente cansados	4. Devido à monotonia, os operários apresentam fadiga psicológica e frustração
5. A padronização facilita o controle de qualidade, minimizando a probabilidade de erros	5. Problemas de controle de qualidade aumentam devido à falta de comprometimento e colaboração dos operários
6. A mecanização torna a produção previsível e programável	6. Com o *turnover*, os custos de recrutamento e seleção do pessoal aumentam
7. A administração tem elevado controle sobre os operários, permitindo supervisão por meio da observação e aumento da amplitude de controle	7. A supervisão aumenta a distância entre o operário e a administração

A abordagem humanística ao desenho de cargos é assentada nas ciências comportamentais. Seu objetivo é motivar e incentivar as pessoas por meio das tarefas e, com isto, aumentar sua produtividade ou pelo menos mantê-la em níveis elevados. Enquanto o desenho clássico põe ênfase nas tarefas, o humanístico põe ênfase nas pessoas. O primeiro busca a eficiência pela imposição do método de trabalho, bitolando o empregado para melhor controlá-lo. O segundo busca a realização pessoal na medida do possível, mas peca por não modificar a essência da tarefa e das condições intrínsecas sob as quais ela é executada.

A principal crítica que se faz à abordagem humanística é que ela tratou da periferia, mas não tocou no núcleo e na essência do trabalho em si. Mexeu nas bordas e nas laterais mas omitiu o essencial: a maneira pela qual as pessoas trabalham.

12.2.3 Abordagem contingencial ao desenho de cargos[3]

Esta abordagem parte da premissa de que o desenho de cargos deve ter um enfoque sistêmico. Vimos que um sistema é um conjunto de unidades ou partes, com relações entre elas, formando um todo complexo. O enfoque sistêmico enfatiza as relações entre as partes do sistema e como estas relações afetam o desempenho do todo. Trata-se de proporcionar a máxima eficácia ao sistema inteiro – e não a eficácia de cada uma das partes isoladamente – além de assegurar a interdependência das partes do sistema.

Um cargo pode ser estudado como um sistema composto de:

1. **Entradas**: constituem o suprimento de informações, recursos e materiais que proporcionam a operação do sistema. As entradas podem ser:
   a. **Informações** como ordens e instruções sobre as tarefas a serem executadas, conhecimentos, orientações, metas e objetivos.
   b. **Matérias-Primas** (materiais ou dados) a serem processadas pelo ocupante do cargo.
   c. **Recursos** como máquinas, equipamentos, tecnologias e ferramentas para que o ocupante possa executar suas tarefas.
   d. **Contatos** no sentido vertical, seja do chefe ou dos subordinados ou no sentido horizontal, seja dos colegas ou clientes externos.

2. **Operações**: são os processos de transformação executados pelo ocupante do cargo e que convertem as entradas em saídas para o cliente interno. É a execução das tarefas do cargo pelo seu ocupante.

3. **Saídas**: correspondem ao resultado do trabalho do ocupante, seja em termos de produtividade, qualidade, realização pessoal ou satisfação no cargo.

4. **Retroação**: refere-se à monitoração dos resultados e sua comparação com os padrões de desempenho esperados do sistema. A retroação proporciona a informação sobre os resultados ou sobre o desempenho às pessoas responsáveis pelas decisões capazes de efetuar as mudanças quando necessárias para aumentar a eficiência (utilização produtiva dos recursos disponíveis) e a eficácia (alcance dos objetivos do sistema). A avaliação do desempenho constitui uma importante informação de retroação para o ocupante do cargo saber como está se saindo.

Figura 12.1 O cargo como um sistema aberto.

Qualquer mudança em um desses elementos do sistema provoca alterações nos demais e, consequentemente, em todo o sistema. Para desempenhar seu cargo cada indivíduo tem entradas ou insumos, processa operações ou executa tarefas, produz saídas e desenvolve retroação a respeito de seu desempenho. O desenho de cargos segundo a abordagem contingencial não se restringe nem à ênfase nas tarefas e nem à ênfase nas pessoas, exclusivamente. Vai muito além dessas duas variáveis, pois procura uma abordagem mais abrangente e sistêmica.

O modelo contingencial pressupõe que o cargo deve ser desenhado e continuamente redesenhado no sentido de reunir quatro dimensões profundas:[4]

1. **Variedade**: reside na diversidade de operações de trabalho ou no uso de vários equipamentos e procedimentos para a execução das tarefas do cargo. Quanto maior a variedade tanto mais desafiante se torna o cargo, porque as pessoas podem usar uma ampla gama de suas habilidades e capacidades.
2. **Autonomia**: refere-se ao grau de liberdade que o ocupante tem para programar seu trabalho, selecionar o equipamento que deve usar e decidir quais procedimentos deve seguir.
3. **Identidade com a tarefa**: refere-se à possibilidade de o ocupante executar uma atividade inteira e global, bem como identificar claramente o resultado de seu trabalho.
4. **Retroação**: refere-se à informação que o ocupante recebe enquanto está trabalhando e que lhe revela como está desempenhando sua tarefa.

A inclusão dessas quatro dimensões profundas é essencial para tornar o trabalho mais variado, introduzir autonomia e sentimentos de independência, trazer significado àquilo que se faz e informação de retorno sobre o desempenho.

Quanto mais presentes essas quatro dimensões profundas no desenho do cargo, tanto maior a satisfação do ocupante em relação ao conteúdo de sua tarefa e, consequentemente, tanto maior sua produtividade. Por meio do desenho contingencial pode-se incentivar as contribuições das pessoas que possam melhorar o desempenho departamental e, simultaneamente, fazer com que as necessidades de participação e de autoafirmação sejam meios e não fins em si mesmos.

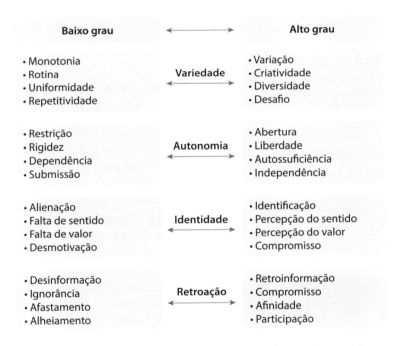

Figura 12.2 As quatro dimensões no desenho contingencial.

Quadro 12.2 Práticas organizacionais da abordagem clássica e contingencial[5]

Desenho clássico	Desenho contingencial
■ Sistema fechado	■ Sistema aberto
■ Especialização dos cargos	■ Ampliação dos cargos
■ Centralização	■ Descentralização
■ Autoridade	■ Consenso
■ Hierarquia rígida	■ Desenho organizacional frouxo
■ Ênfase técnica	■ Ênfase humana
■ Procedimentos rígidos	■ Procedimentos flexíveis
■ Comando	■ Consultoria
■ Comunicação vertical	■ Comunicação multidirecional
■ Ambiente negativo	■ Ambiente positivo
■ Necessidades de manutenção	■ Necessidades motivacionais
■ Controle severo	■ Gerência por objetivos
■ Abordagem autocrática	■ Abordagem democrática

A satisfação das necessidades individuais é um subproduto desejável, mas não o objetivo principal do desenho contingencial.

SAIBA MAIS — A sintonia fina do desenho contingencial

O desenho contingencial do cargo consiste em adequar cada uma dessas quatro dimensões em função do ocupante (como pessoa) e da tarefa a ser executada, procurando sintonizar a combinação adequada que resulte na maior satisfação do ocupante no desempenho do cargo.

PARA REFLEXÃO

Para que servem os cargos?

Reflita e, a seguir, discuta com seus colegas a respeito do assunto supra e tente chegar a uma conclusão.
Para que servem os cargos?

- Para definir o que as pessoas devem fazer?
- Para delimitar as responsabilidades envolvidas no trabalho?
- Para recrutar e selecionar os futuros ocupantes?
- Para definir como treinar as pessoas?
- Para especificar padrões de remuneração e salários?
- Para avaliar o desempenho das pessoas?

12.2.4 Desenho de cargos e a abordagem sociotécnica

As tarefas constituem a própria razão da existência das empresas. Com elas asseguram o alcance de seus objetivos. Nas empresas mais complexas, as tarefas incluem um grande número e variedade de subtarefas diferentes e operacionalmente significativas. Para realizar as tarefas, a empresa precisa simultaneamente de tecnologia e de pessoas, hardware e software conjuntamente, recursos e competências lado a lado. Desta forma, as empresas têm uma dupla função: a técnica (relacionada com a execução e coordenação do trabalho e tarefas) e a função social (referente aos meios de relacionar as pessoas umas com as outras de modo a fazê-las trabalharem juntas). Este é o ponto de partida da abordagem sociotécnica: a empresa é constituída de dois sistemas interdependentes: um técnico e um social.

O sistema técnico é determinado pelos requisitos típicos das tarefas que são executadas pela empresa e moldado pela especialização das habilidades e dos conhecimentos exigidos, pelos tipos de máquinas, equipamentos, matérias-primas utilizadas e pelo arranjo físico das instalações.

O sistema social é constituído pelas pessoas que trabalham na empresa, suas características físicas e

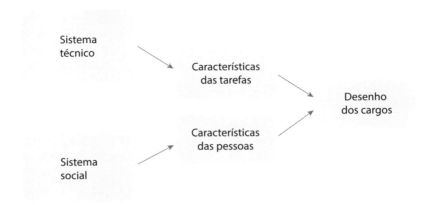

Figura 12.3 A influência dos fatores tecnológicos e sociais no desenho dos cargos.

psicológicas, as relações sociais e informais desenvolvidas por elas em função da execução das tarefas. Ambos os sistemas, técnico e social, influenciam-se mutuamente e qualquer mudança em um deles afeta poderosamente o outro. Até certo ponto, o sistema técnico determina o desenho dos cargos e os tipos de ocupantes, suas características pessoais, conhecimentos, habilidades e competências, bem como as tarefas que deverão executar. Porém, ao realizar suas tarefas os ocupantes dos cargos se relacionam entre si, formando o sistema social caracterizado pelos grupos informais, pela cultura organizacional, relacionamentos, valores sociais, expectativas etc. A interação existente entre estes dois sistemas é complexa: a empresa é um sistema sociotécnico estruturado na base desses dois sistemas interagentes.

12.2.5 Especialização e enriquecimento de cargos

A noção da empresa como uma organização complexa implica necessariamente que as pessoas conheçam quais são as suas respectivas responsabilidades. O desenho de cargos pressupõe uma tarefa a ser executada e uma pessoa incumbida de executá-la. Para tanto, ele precisa fundamentar-se em dois aspectos principais: a especialização e a definição.[6]

1. **Especialização**: refere-se ao grau do conhecimento e habilitação requerido pelo cargo. Geralmente, o grau de especialização do ocupante depende da tecnologia utilizada ou da administração.
2. **Definição**: refere-se à determinação das responsabilidades e atribuições do ocupante do cargo em relação ao seu trabalho, a quem ele se reporta, os recursos e pessoas sobre os quais tem autoridade, o trabalho que se espera que execute e as relações que deverá ter com outros ocupantes de cargos. Eles são geralmente definidos por meio de descrição de cargos que constitui um detalhamento das atribuições ou tarefas do cargo, dos métodos empregados para a execução dessas atribuições ou tarefas e os objetivos do cargo: em suma, o que, como e para que o ocupante o desempenha. Além de sua descrição, os cargos podem também ser definidos por meio de procedimentos formais, regras e regulamentos que a organização estabelece para dirigir e controlar os meios pelos quais as pessoas executam seus trabalhos. A definição no desenho dos cargos corresponde à formalização no desenho organizacional, da qual constitui importante faceta. O processo de definir cargos de maneira formal permite que a administração analise cuidadosamente a contribuição de cada um para as operações da empresa como um todo. A definição permite reduzir o grau de ambiguidade com que as pessoas se defrontam em seus cargos. Todavia, na medida em que ocorre definição, a formalização resultante diminui o grau de flexibilidade com que as pessoas os desempenham. Em outros termos, quanto maior a definição, maior a burocratização.

Em fase mais recente, verificou-se a necessidade de ajustar o trabalho ao trabalhador. Parte desse ajustamento é feito na forma de programas de mudanças como rotação de cargos, extensão, ampliação e enriquecimento de cargos. Cada um desses programas tem suas características próprias.

As diferenças entre rotação, extensão, ampliação e enriquecimento do cargo estão na gradativa variedade, responsabilidade e crescente oportunidade para o desenvolvimento pessoal. No sentido prático, tais diferenças são mais semânticas do que reais.[7]

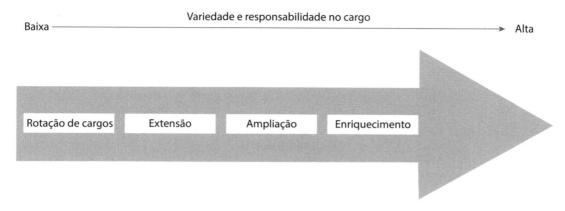

Figura 12.4 O *continuum* entre rotação, extensão, ampliação e enriquecimento de cargos.

1. **Rotação de cargos**: recebe também o nome de rodízio de cargos. Consiste em movimentar o indivíduo de um cargo para outro, sem fixá-lo e sem aumentar necessariamente as suas responsabilidades.
2. **Extensão**: constitui um acréscimo de tarefas do mesmo nível de dificuldade, de responsabilidade ou algum deslocamento horizontal.
3. **Ampliação**: representa um acréscimo de tarefas ou de responsabilidades de nível superior ou algum deslocamento vertical do cargo.
4. **Enriquecimento do cargo**: consiste em elevar deliberadamente a responsabilidade, os objetivos e os desafios das tarefas do cargo, como um meio de trazer maior significado ao trabalho e inovação, além de oferecer oportunidades de satisfação das necessidades humanas mais elevadas.

De todas as alternativas acima – rotação, extensão e ampliação – o enriquecimento do cargo representa a mais defendida pelos autores ligados à Teoria Comportamental. Ele pode ser vertical (adição de responsabilidades de níveis gradativamente mais elevados e eliminação de responsabilidades de níveis mais baixos do cargo) ou horizontal (adição de responsabilidades laterais no mesmo nível).

Na medida em que cada pessoa se desenvolve e aprende novas coisas, a empresa deve eliminar as tarefas mais simples do seu cargo e adicionar tarefas gradativamente

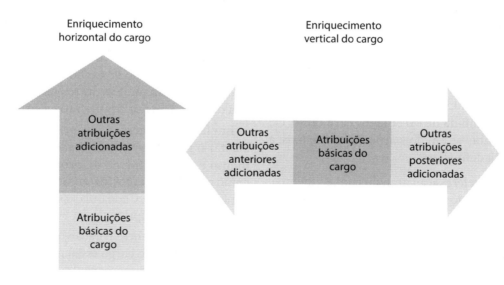

Figura 12.5 Tipos de enriquecimento de cargo.

Quadro 12.3 Alguns efeitos possíveis do enriquecimento do cargo[8]

Efeitos desejáveis	Efeitos indesejáveis
■ Maior motivação do pessoal em face do ■ desafio do cargo	■ Maior ansiedade em face da insegurança quanto aos desafios enfrentados
■ Maior produtividade devido à satisfação no cargo	■ Mais conflito íntimo devido à dificuldade em assimilar novas atribuições e responsabilidades
■ Menor absenteísmo devido ao comprometimento e sentimento de responsabilidade no cargo	■ Sentimento de que a empresa está explorando o empregado, impondo-lhe trabalho mais difícil e complexo
■ Menor rotatividade de pessoal devido às oportunidades de crescimento e desenvolvimento	■ Redução das relações interpessoais devido à ansiedade e insegurança nas novas atividades

mais complexas, acompanhando o seu desenvolvimento profissional. Enquanto tradicionalmente se fragmentava o trabalho por meio da especialização dos operários, para evitar erros e despesas, ao mesmo tempo em que se assegurava uma forma rígida de controle, as empresas impediam a iniciativa do empregado e restringiam a sua atividade a um conteúdo de cargo previamente fixado, pouco flexível e que não levava em conta o seu desenvolvimento pessoal. Em vez de forçar o empregado a procurar satisfações fora do seu cargo, por que não transformar o seu cargo em uma atividade que lhe dê satisfação profissional?

O enriquecimento do cargo traz vantagens tanto para a organização como para a pessoa, aliadas a alguns efeitos indesejáveis que podem acontecer. Um deles é a resistência à mudança face aos deveres aumentados. Isto porque nem todas as pessoas gostam da inovação, de desafios ou de novas oportunidades, que poderão trazer riscos de erros ou insegurança quanto ao futuro desempenho.

PARA REFLEXÃO

Restrições ao enriquecimento do cargo

Nos países europeus – típicos da chamada democracia industrial – nos quais o enriquecimento de tarefas é bastante utilizado, têm surgido problemas com sindicatos que não veem com bons olhos a alteração da estrutura de cargos das empresas sem uma correspondente alteração na estrutura de salários. Nem todas as empresas acompanham o enriquecimento do cargo com algum enriquecimento salarial. Retorno do investimento também conta para as pessoas.

Elas precisam ser estimuladas a crescer com reconhecimento e recompensas pelas novas atividades. Você concorda com isso? Reflita sobre suas razões.

12.2.6 Desenho de cargos e as pessoas

O desenho de cargos tem por objeto a configuração estrutural das tarefas e das pessoas que devem executá-las. Uma das preocupações dos responsáveis pela elaboração do desenho de cargos é reduzir a incerteza e a ambiguidade, principalmente no nível operacional da empresa, protegendo-o das incertezas, coações, contingências e turbulências que ocorrem no ambiente externo e, ao mesmo tempo, decodificando as imposições e exigências colocadas pela tecnologia utilizada pela empresa.

O cargo representa o ponto de mediação entre o indivíduo e a empresa. De um lado, o indivíduo com suas necessidades (motivações) e seus recursos pessoais (habilidades, conhecimentos, capacidades, aptidões, destrezas etc.) e, de outro, a empresa com seus recursos e suas necessidades de talento humano. O cargo é o ponto de ligação entre ambos. Por meio do cargo, empresa e indivíduo estabelecem os direitos e deveres explicitamente, isto é, formalmente, por meio de um contrato legal escrito e declarado. Porém, o contrato legal e formal nem sempre enumera tudo o que foi estabelecido e acordado entre as partes. Assim, as relações de intercâmbio são também governadas por certas presunções não formalizadas, que são estabelecidas implicitamente, isto é, informalmente ou talvez até inconscientemente. Essas presunções implícitas são chamadas "contrato psicológico" e constituem o conjunto de expectativas recíprocas, não formalizadas, nem escritas, nem documentadas, entre o indivíduo e a empresa, e que se estendem além do contrato formal

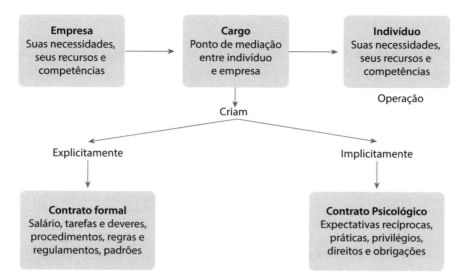

Figura 12.6 O contrato formal e o contrato psicológico.[10]

de emprego. Trata-se de um entendimento implícito e não declarado envolvendo uma vasta gama de práticas, direitos, privilégios e obrigações consagrados pelo uso e que serão respeitados e observados por ambas as partes envolvidas: o indivíduo e a empresa.[9]

12.2.7 Esquemas de integração entre cargos

Da mesma maneira como o nível intermediário lança mão de esquemas de integração para equilibrar os efeitos da diferenciação, também o nível operacional utiliza vários tipos de integração entre cargos, para assegurar-lhes a coordenação adequada às necessidades de eficiência. Existem três mecanismos de integração no nível operacional:[11]

1. **Ajustamento mútuo**: a coordenação do trabalho é feita por meio de processos simples de comunicação informal, enquanto o controle do trabalho permanece nas mãos do gerente. Quando a empresa é pequena ou quando as pessoas trabalham lado a lado, cada uma se adapta à outra informalmente. Na medida em que o número de executores aumenta, o ajustamento mútuo torna-se necessário para coordenar o trabalho de todos. Ideal para atividades com pouca burocratização e grande descentralização.

2. **Supervisão direta**: a coordenação se dá pela atribuição de responsabilidade a um supervisor pelo trabalho de outros. Um supervisor pode coordenar o trabalho de muitas pessoas, dependendo da amplitude de controle desejável. Se o trabalho passa a ser envolvido com o de outros grupos, a supervisão direta torna-se limitada. Ideal para atividades com pouca burocratização e pouca descentralização.

3. **Estandartização**: a coordenação é feita por meio da especificação e programação das atividades de acordo com padrões predeterminados. A estandartização pode ser efetuada de três maneiras:

   a. **Estandartização do processo de trabalho**: o próprio cargo é desenhado e os processos de trabalho são especificados ou programados por meio de instruções, de procedimentos, métodos, regras e regulamentos etc. Ideal quando as tarefas são simples e rotineiras, como ocorre nas linhas de montagem.

   b. **Estandartização de resultados do trabalho**: o resultado (produto/serviço) é dimensionado e padronizado, a quantidade de sua produção é especificada, sua qualidade ou desempenho são previamente determinados. Quando a tarefa é mais complexa, especificam-se os resultados, deixando a escolha do processo ao executor.

   c. **Estandartização das habilidades ou dos conhecimentos**: a seleção e o treinamento do pessoal que executará o trabalho são especificados rigorosamente. Em tarefas mais complexas, os resultados nem sempre podem ser estandartizados e a empresa precisa padronizar as **habilidades** dos executores.

Os mecanismos de integração constituem elementos básicos da estrutura de cargos, podem ser encontrados em todos os outros níveis da estrutura organizacional e podem coexistir. Quanto mais complexa a estrutura, quanto mais diferenciada, tanto mais mecanismos de integração existirão. Na medida em que a empresa parte para mecanismos mais sofisticados de integração, como a estandartização, ela vai se tornando mais complexa e, daí, volta a utilizar mecanismos mais simples, como o ajustamento mútuo e assim sucessivamente.

12.3 NOVAS ABORDAGENS NA MODELAGEM DO TRABALHO

Tudo o que vimos até agora se refere ao conceito de cargo como base para a atividade das pessoas nas empresas. Tradicionalmente, este conceito foi o responsável pela busca da eficiência e produtividade no trabalho. Mas ele peca por várias razões:[12]

1. O conceito de cargo limita e restringe a atividade das pessoas ao que é definido como conteúdo do cargo. O cargo sempre é menor do que as potencialidades de uma pessoa. No cargo, cada ocupante deve fazer somente o que lhe é solicitado.
2. O conceito de cargo é estável e pouco sujeito a mudança. Tende a se perpetuar.
3. O conceito de cargo está baseado na divisão do trabalho organizacional. Hoje, a tendência é juntar e não separar. Holismo e visão sistêmica em vez de divisão e superespecialização.
4. O cargo torna o trabalho individual e solitário e isola a pessoa das demais.
5. A carreira das pessoas é dimensionada em termos verticais, de um cargo para o outro na hierarquia organizacional. Ora, a hierarquia está sendo cada vez mais comprimida e os níveis hierárquicos estão se reduzindo ao longo do tempo. Assim, as perspectivas de encarreiramento vertical tornam-se cada vez menores.
6. No fundo, o conceito de cargo busca apenas a soma das eficiências individuais. Vimos que somar é necessário, mas insuficiente para os dias de hoje. Torna-se necessário algo mais do que isso. É preciso multiplicar para alcançar competitividade.

Assim, as empresas estão partindo definitivamente para novos conceitos em termos de modelagem do trabalho das pessoas. Dois grandes movimentos estão acontecendo nas empresas: a gestão por competências (que trataremos no último capítulo) e a atividade em equipes.

12.4 EQUIPES

Vimos que a maior parte das empresas está migrando do conceito de cargos para o conceito de equipes. E qual a diferença entre grupo e equipe? A principal delas está no compromisso e na responsabilidade solidária que se encontra na equipe.

A base fundamental do trabalho de cada administrador – seja ele do nível institucional, intermediário ou operacional – está na equipe. Ela constitui a sua unidade de ação, a sua ferramenta de trabalho. Com ela e por ela o administrador alcança metas e produz resultados superiores.

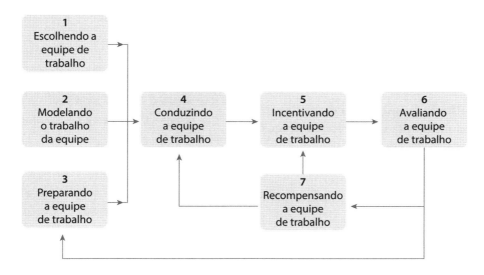

Figura 12.7 As habilidades do administrador para lidar com equipes.[14]

Para lidar com equipes, o administrador precisa desenvolver as seguintes habilidades:[13]

1. Como escolher sua equipe.
2. Como desenhar o trabalho para aplicar as competências da equipe.
3. Como treinar e preparar a equipe para aumentar sua excelência.
4. Como liderar e impulsionar a equipe.
5. Como motivar a equipe.
6. Como avaliar o desempenho da equipe para melhorá-lo cada vez mais.
7. Como recompensar a equipe para reforçar e reconhecer seu valor.

Essa é a praia do administrador. Trabalhar com a equipe passa a ser sua atividade principal como gestor de pessoas. Contudo, lidar com uma equipe exige cuidados especiais. Para alcançar eficiência, ela precisa ter objetivos claros, visão compartilhada, uma distribuição adequada de papéis e posições, decisões colaborativas, liderança compartilhada, novas ideias para a resolução de problemas e avaliação contínua de seu desempenho e eficácia.

Aumente seus conhecimentos sobre a **Simplicidade na GTH** na seção *Saiba mais ADM 12.2*

O trabalho em equipe exige os seguintes cuidados:[15]

1. **Objetivos claros**: a missão e os objetivos da equipe devem ser claramente definidos e aceitos por todos os membros. O objetivo de cada um deve também ser apoiado pela equipe toda. Cada membro deve ajudar o outro.
2. **Visão compartilhada**: os membros da equipe devem ter uma visão conjunta e coerente da situação em que se encontram. Devem ter uma definição clara da missão e da visão organizacional, determinar as direções de seus movimentos, determinar seus propósitos e objetivos e especificar as atividades a executar.
3. **Distribuição dos papéis e posições**: os membros da equipe devem ser designados para suas posições de acordo com suas propensões, habilidades, competências e tipo de personalidade. Devem estar totalmente esclarecidos quanto aos seus papéis para poder desempenhar seus deveres com suas melhores qualidades e competências.
4. **Decisões colaborativas**: a equipe deve evitar formalidades e burocracia. O compromisso deve ser alcançado com a discussão aberta e o consenso espontâneo entre os membros. Nada deve ser imposto às pessoas.
5. **Liderança compartilhada**: as funções de liderança devem passar de pessoa para pessoa, dependendo da situação, necessidades da equipe e dos membros. A equipe precisa ter o máximo de autonomia e de liberdade para poder gerar ideias novas e criativas.
6. **Novas ideias para resolução de problemas**: a equipe aceita o desacordo como uma maneira de discutir novas ideias e resolver seus assuntos de maneira inovadora e criativa.
7. **Avaliação da eficácia da equipe**: a equipe deve avaliar continuamente seu desempenho, como está realizando as tarefas, alcançado metas e objetivos e construindo e mantendo relacionamentos eficientes entre seus membros.

Sem dúvida, transformar o trabalho individual, limitado, restrito, solitário e rotineiro em um trabalho social, conjunto, interativo, amplo, solidário e criativo com equipes é uma tarefa obrigatória do administrador moderno. Prepare-se para isso. O conceito de equipe está transformando rapidamente a formatação das organizações.

PARA REFLEXÃO

Como criar e desenvolver equipes na empresa?

Reflita e, a seguir, discuta com seus colegas a respeito do assunto supra e tente chegar a uma conclusão. Como criar e desenvolver equipes na empresa?

REFERÊNCIAS

1. SCOTT, W. G.; MITCHELL, T. R. *Organization Theory*: a structural and behavioral analysis. Homewood: Richard D. Irwin, 1961. p. 334-335.

2. SCANLAN, B. K. *Principles of Management and Organizational Behavior*. Nova York: John Wiley & Sons, 1973. p. 326.

3. CHIAVENATO, I. *Recursos humanos. op. cit.*

4. CHIAVENATO, I. *Introdução à Teoria Geral da Administração.* São Paulo: Atlas, 2020.

5. HICKS, H. G.; GULLETT, C. R. *Organization: theory and behavior.* Tóquio: McGraw-Hill Kogakusha, 1975. p. 423.

6. CHIAVENATO, I. *Recursos humanos. op. cit.*

7. CHIAVENATO, I. *Recursos humanos. op. cit.*

8. CHIAVENATO, I. *Recursos humanos. op. cit.*

9. CHIAVENATO, I. *Recursos humanos. op. cit.*

10. CHIAVENATO, I. *Recursos humanos. op. cit.*

11. CHIAVENATO, I. *Introdução à Teoria Geral da Administração. op. cit.*

12. CHIAVENATO, I. *Recursos humanos. op. cit.*

13. CHIAVENATO, I. *Gerenciando com Pessoas*: transformando o executivo em um excelente gestor de pessoas. Barueri: Manole, 2015.

14. CHIAVENATO, I. *Gerenciando com Pessoas*: transformando o executivo em um excelente gestor de pessoas. *op. cit.*, p. 93.

15. CHIAVENATO, I. *Gerenciando com Pessoas*: transformando o executivo em um excelente gestor de pessoas. *op. cit.*, p. 78.

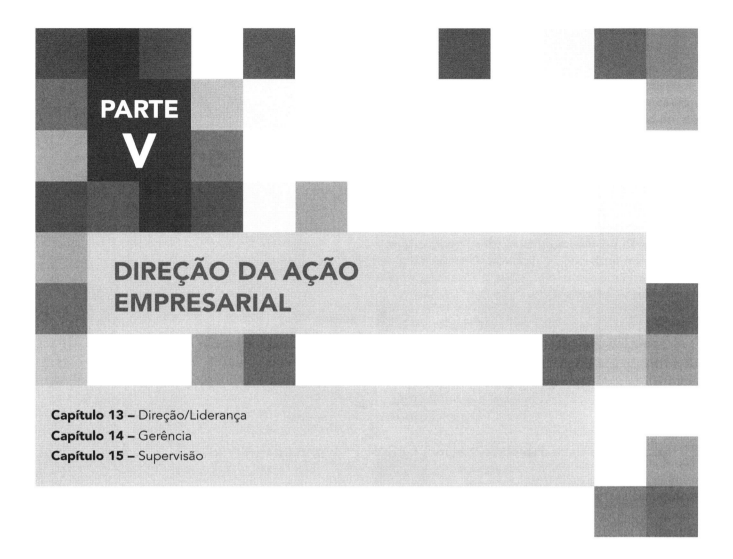

PARTE V

DIREÇÃO DA AÇÃO EMPRESARIAL

Capítulo 13 – Direção/Liderança
Capítulo 14 – Gerência
Capítulo 15 – Supervisão

Após o planejamento e a organização da ação empresarial, vem a função de direção/liderança. Uma vez definido o planejamento e configurada a organização, resta fazer as coisas andarem, funcionarem e acontecerem. Este é o papel da direção/liderança: acionar e dinamizar a empresa e fazê-la funcionar. Enquanto a direção se refere a recursos, a liderança se refere a pessoas. Em outras palavras, os recursos, por serem estáticos, inertes, passivos e sem vida própria devem ser administrados mediante planejamento, organização, direção e controle. As pessoas – por serem dotadas de proatividade, inteligência e competências –, devem ser engajadas, empoderadas e lideradas para agirem por conta própria. Sempre que falarmos de recursos físicos ou materiais estaremos falando de direção como função administrativa. E quando falarmos sobre pessoas estaremos falando de liderança. Portanto, a direção/liderança está relacionada com a ação e tem muito a ver com as pessoas.

As organizações são sistemas sociais por excelência porque são constituídas por pessoas. Todos os recursos organizacionais – físicos, materiais, tecnológicos, financeiros etc. –, constituem a plataforma sobre a qual as pessoas vão trabalhar. As pessoas precisam ser admitidas, aplicadas em seus trabalhos, engajadas, treinadas, orientadas, impulsionadas e lideradas: elas precisam saber o que delas se espera e como elas devem desempenhar seus trabalhos; precisam ser guiadas e motivadas para alcançar os resultados que delas se espera; precisam ser estimuladas a aprender cada vez mais e sempre para realizar todo o seu potencial de desenvolvimento. A direção se preocupa com a execução das operações e o alcance dos objetivos atingidos pela ação organizacional. E esta depende da ação humana.

Lidar com pessoas introduz uma condição de incerteza na administração das empresas. Enquanto as outras funções administrativas – planejamento, organização

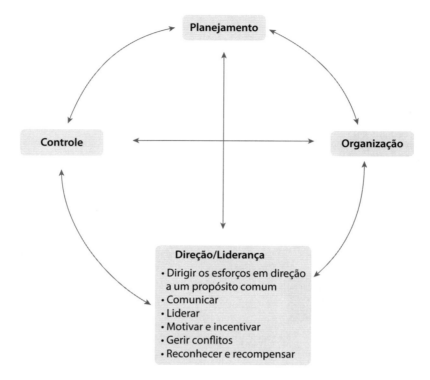

Figura V.1 Direção/liderança dentro do processo administrativo.[1]

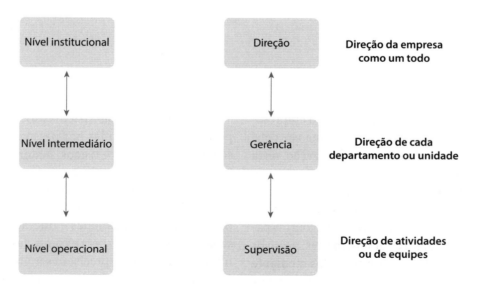

Figura V.2 A interligação entre direção, gerência e supervisão.[2]

e controle – são impessoais, a direção constitui um processo interpessoal que determina as relações entre indivíduos. Para dirigir as pessoas o administrador precisa comunicar, liderar e motivar. O problema é que elas são diferentes entre si. As diferenças individuais de personalidade, nível intelectual, cultura, atitudes e comportamentos exigem que o administrador tenha conhecimento da complexa natureza humana. No passado, as empresas tratavam as pessoas como recursos humanos: a tendência era considerar todas elas como iguais e padronizadas. Os processos de seleção de pessoal, treinamento, remuneração e avaliação do desempenho tratavam todas as pessoas igualmente em função dos cargos a serem ocupados. Hoje, cada pessoa é uma personalidade diferente e única e deve ser tratada como tal. Em vez de de tratá-las como homogêneas e padronizadas, as empresas estão tratando-as como se cada uma delas fosse um diretor ou um importante cliente interno. Acabou-se o tratamento das pessoas como se elas fossem *commodities*. Hoje predomina a diversidade e a inclusão, a aceitação de que as pessoas são diferentes entre si em relação a sexo, idade, raça, religião, estado civil, cultura etc. Cada pessoa é uma pessoa, um indivíduo especial. E o administrador precisa levar isso em conta.

V.1 RELAÇÕES DE INTERCÂMBIO

Toda organização funciona tendo ao seu redor um enorme agrupamento de outras organizações, grupos ou pessoas. E depende de todos eles para a sua existência e sustentabilidade. São os seus públicos de interesses, os *stakeholders*. Toda organização e seus *stakeholders* estão engajados em um complexo sistema de relações de intercâmbio, cada qual procurando contribuições do outro em troca dos incentivos que oferece. A empresa oferece incentivos ou alicientes aos seus *stakeholders* (na forma de salários, preço e qualidade dos produtos/serviços, qualidade de vida, satisfação etc.) para obter contribuições deles (na forma de atividade, prestação de serviços, fornecimento de recursos, comprometimento, compra de produtos/serviços etc.). Nessas diferentes relações de intercâmbio, cada *stakeholder* faz investimentos à empresa (contribuições ou incentivos) que lhe tragam retorno (contribuições ou incentivos) em proporção maior ou pelo menos igual aos investimentos efetuados.

Para a empresa, os incentivos representam investimentos, enquanto as contribuições dos *stakeholders*, o retorno esperado. Ao contrário, para os *stakeholders*, as suas contribuições representam investimentos enquanto os incentivos oferecidos pela empresa são o retorno desse investimento feito.

V.1.1 Processo de mútua adaptação

Os *stakeholders* envolvem-se em uma contínua dialética de poder e dependência entre si. Alguns ganham poder na medida em que sua atividade pode sujeitar a outra parte a um comportamento de dependência para que esta possa alcançar seus objetivos. O poder existe sempre que o *stakeholder* consegue impor suas condições à outra parte. Pelo contrário, alguns *stakeholders* tornam-se dependentes na medida em que sua atividade só pode ser realizada quando a outra parte lhes forneça os meios necessários. A dependência existe sempre que o *stakeholder* tem de aceitar e submeter-se às condições impostas pela outra parte. No fundo, as situações de poder e dependência constituem os dois extremos de um *continuum* que admite uma infinidade de situações intermediárias.

Além disso, os *stakeholders* se movimentam em um intrincado jogo de interesses do tipo colaboração-competição. A colaboração é um comportamento em que cada *stakeholder* procura relacionar-se com a outra parte a fim de cooperar por meio de uma ação conjunta visando à sinergia de esforços para alcançar objetivos comuns. No outro extremo, na competição, cada *stakeholder* procura defrontar-se e antagonizar-se com a outra parte para competir visando o mesmo objetivo a ser alcançado por ambos. No primeiro caso, a colaboração para o alcance simultâneo de objetivos; no segundo caso,

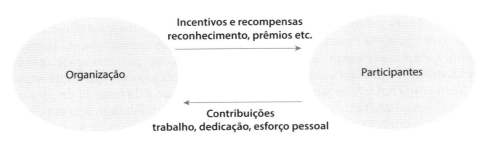

Figura V.3 Relações de intercâmbio entre organização e *stakeholders*.[3]

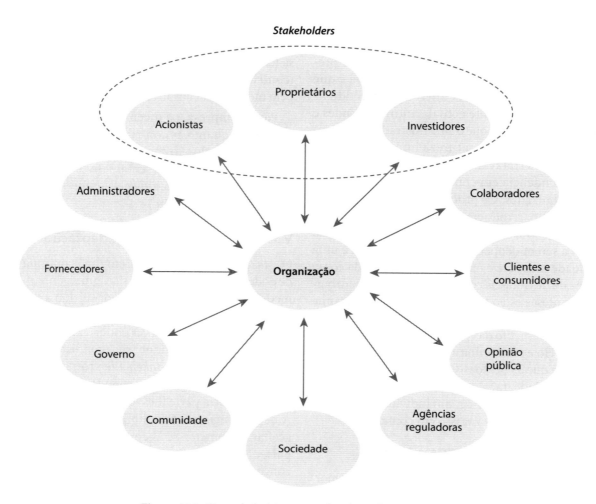

Figura V.4 Os *stakeholders* ao redor de cada organização.

a competição para que uma parte alcance o seu objetivo em detrimento da outra. Enquanto a colaboração envolve a consulta conjunta entre as partes para uma tomada de decisão consensual, a competição envolve o conflito e a oposição estratégica entre as partes envolvidas.

Tanto a empresa como seus *stakeholders* estão continuamente envolvidos em um processo de mútua adaptação e busca de equilíbrio. Embora o equilíbrio entre os objetivos empresariais e os objetivos individuais dos *stakeholders* seja constantemente perseguido, ele nunca é completamente alcançado em virtude das mudanças de necessidades, objetivos e relações mutáveis de poder e dependência. Assim, a adaptação é um processo constante, cuja regra fundamental é a mudança e ajustamentos contínuos. Todos os *stakeholders* (sejam internos ou externos à empresa) se comportam dentro de seus esquemas individuais, cada qual em sua racionalidade e provocam impacto maior ou menor sobre os processos de tomada de decisão da empresa. A recíproca também é verdadeira: a empresa se comporta dentro de seu próprio esquema e também provoca impacto maior ou menor sobre os diversos tipos de *stakeholders*. Esse impacto – seja na empresa em função do ambiente de tarefa, seja no ambiente de tarefa em função da empresa –, pode ser relevante em algumas áreas e supérfluo em outras. Desta forma, os consumidores e concorrentes influenciam as decisões na área mercadológica da empresa, enquanto os acionistas e bancos influenciam as decisões na área financeira e vice-versa. Isto mostra como os limites ou fronteiras da empresa são flexíveis e elásticos, além de não serem claramente definidos, como ocorrem nos demais organismos vivos. As fronteiras da empresa se expandem e se contraem ora incluindo certos grupos de *stakeholders*, ora excluindo outros conforme o processo de adaptação e de tomada de decisões envolvido. Se a decisão é mercadológica, o envolvimento de participantes visa interesses de marketing para incluir novos participantes; se a decisão é financeira visa interesses financeiros e os participantes são outros.

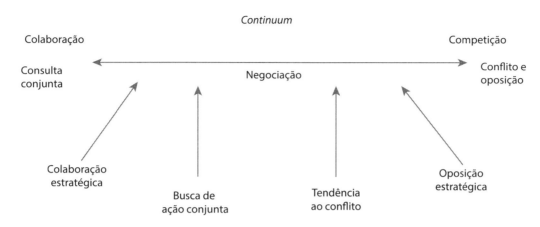

Figura V.5 O *continuum* colaboração-competição.[4]

Liderar significa interpretar os planos e dar as instruções sobre como executá-los. Como tempo é dinheiro quando se fala em negócio, a má interpretação de solicitações, relatórios ou instruções pode provocar erros e elevados custos decorrentes. O bom líder sabe explicar os processos às pessoas para fazê-los bem e prontamente. A liderança está relacionada com a atuação dos líderes sobre as pessoas da empresa. Em todas as organizações, os vários recursos são operados e trabalhados com pessoas e tecnologias para produzir um determinado resultado de produtos ou serviços. E é com as pessoas que a liderança está relacionada.

V.2 PODER E AUTORIDADE

A liderança está intimamente relacionada com a autoridade e o poder. Os termos autoridade e poder são utilizados com uma variedade de significados na literatura administrativa. Ambos são meios de influência. Para que a empresa possa realizar o que foi planejado e dentro do esquema que foi organizado a fim de alcançar seus objetivos, as pessoas devem ser lideradas para que possam desenvolver suas atividades e colaborar com a empresa para que esta seja bem-sucedida em seus negócios. A liderança envolve um processo de influenciação das pessoas. A autoridade e o poder constituem meios de influência. Esta se refere ao comportamento de uma pessoa capaz de alterar os comportamentos, atitudes e sentimentos de outras. A influência pode ser feita por vários meios: pela persuasão, coação, sanções, recompensas etc.

Poder significa o potencial para exercer influência. Uma pessoa pode ter poder para influenciar outras pessoas e nunca o ter feito. A autoridade tem um significado mais restrito e representa o poder institucionalizado. O termo autoridade refere-se ao poder que é inerente ao papel de uma posição na organização. A autoridade é delegada por meio de descrição de cargos, títulos organizacionais, políticas e procedimentos da empresa. Ela representa o poder legal ou o direito de comandar ou agir. É um poder designado a uma pessoa como condição básica para que a autoridade possa se impor. Embora o termo não seja usado uniformemente, em geral é definido como um poder legal ou direito de comandar ou agir, ou seja, autoridade é o poder de comandar os outros para agirem ou não e proporciona a força coesiva para o grupo. A autoridade é um conceito implícito no conceito de poder: ter autoridade significa ter poder. A recíproca nem sempre é verdadeira pois ter poder nem sempre significa ter autoridade. A autoridade é o poder legal e socialmente aceito.

Na prática, a direção exige diferentes estratégias baseadas em diferentes tipos de poder. Cada um envolve uma diferente relação entre a pessoa que exercita o poder e a pessoa sujeita ao poder. No sentido mais amplo, o poder significa a capacidade de limitar as escolhas dos outros.

Existem cinco tipos de poder.[5]

1. **Poder de recompensa**: baseado na percepção de que uma pessoa pode proporcionar variados tipos e quantidades de recompensas. É o caso do superior que pode proporcionar diferentes gratificações em dinheiro para diferentes níveis de desempenho dos seus subordinados. Nas empresas, este é provavelmente o mais importante tipo de poder usado para influenciar as pessoas e conseguir o controle do seu comportamento;

2. **Poder coercitivo**: baseado na percepção de que uma pessoa pode aplicar punições ou castigos, como medidas disciplinares, advertências escritas, suspensões

e demissões. Tende a coagir e pressionar criando uma reação de alienação, afastamento ou hostilidade das pessoas submetidas a ele.

3. **Poder legitimado**: baseado em normas organizacionais ou valores sociais sustentados por uma pessoa. Existe quando alguém ou um grupo acredita que é correto ou legítimo outra pessoa influenciar suas ações. A crença em aceitar a influência porque ela é justificada e legítima.

4. **Poder de referência**: baseado no desejo de imitar uma pessoa que é respeitada e admirada. Baseia-se na identificação psicológica com alguém.

5. **Poder de perícia**: baseado na percepção de uma pessoa a respeito do conhecimento, capacidade, competência ou perícia de outra pessoa e que a leva a segui-la. A perícia, capacidade ou competência pode ser atribuída a uma pessoa em virtude de sua posição ou *status*, experiência, liderança, treinamento, reputação ou competência demonstrada.

Na prática, as empresas utilizam um leque de tipos de poder combinados em graus e que variam profusamente. O administrador é investido de poderes para contratar, despedir, punir ou recompensar seus subordinados e dirigir seu comportamento no sentido dos objetivos da organização. Para tanto, deve utilizar os cinco tipos de poder conforme a situação. O ponto está em saber dosar e equilibrar os tipos para impulsionar – e não bloquear as pessoas. Este é o segredo dos executivos bem-sucedidos: obter o apoio e comprometimento das pessoas e fazê-las trabalhar em equipe dando-lhes força, liberdade e autonomia. É o que chamamos de *empowerment*: o fortalecimento das pessoas e das equipes.

V.3 ABRANGÊNCIA DA DIREÇÃO

Dentro dos três níveis da empresa, a função administrativa de direção está distribuída conforme demonstrado no Quadro V.2.

A direção/liderança constitui o maior desafio do administrador, já que ela é o meio com que se comunica com a sua equipe de subordinados, lidera, motiva e orienta as pessoas no sentido de que elas possam alcançar as metas e objetivos propostos pela organização. Na verdade, a direção/liderança é muito mais do que isso, é a maneira pela qual o administrador, em conjunto com sua equipe, gera valor e produz resultados incríveis.

Quadro V.1 Os tipos de poder[6]

Tipos de poder	Características
Poder de recompensas	Quando A tem capacidade de determinar recompensas ou prêmios a B, então A tem poder de recompensa sobre B
Poder coercitivo	Quando A tem capacidade de determinar as punições de B, ele tem poder coercitivo sobre B
Poder legitimado	Quando B aceita um conjunto de normas sociais que dizem que ele deve aceitar a influência de A, A tem poder legitimado sobre B
Poder de referência	Quando B deseja ser igual a A ou se modela segundo A, A tem poder referencial sobre B
Poder de perícia	Quando B percebe que A tem conhecimento ou competência profunda e especial em uma situação, A tem poder de perícia sobre B

Quadro V.2 A direção da ação empresarial nos três níveis da empresa[7]

Níveis	Direção	Posições	Abrangência
Institucional	Direção	Presidente, diretores, altos executivos	A empresa ou áreas da empresa
Intermediário	Gerência	Gerentes e pessoal do meio do campo	Cada departamento ou unidade da empresa
Operacional	Supervisão	Supervisores e Encarregados	Cada grupo de pessoas, tarefas ou operações

REFERÊNCIAS

1. CHIAVENATO, I. *Teoria Geral da Administração* – volume 1. São Paulo: Atlas, p. 204, 2021.
2. CHIAVENATO, I. *Introdução à Teoria Geral da Administração*. São Paulo: Atlas, 2020.
3. CHIAVENATO, I. *Introdução à Teoria Geral da Administração*. *op. cit.*
4. CHIAVENATO, I. *Comportamento Organizacional*: a dinâmica do êxito das organizações. São Paulo: Atlas, 2021.
5. FRENCH JR., J. R. P.; RAVEN, B. The Bases of Social Power. *In*: CARTWRIGHT, D.; ZANDER, A. (eds.). *Group Dynamics and Theory*. Nova York: Harper & Row, 1960. p. 607-623. *Vide* também: MAY, R. *Power and Innocence*. Nova York: V. W. Norton & Co., 1972.
6. KORMAN, A. K. *Industrial and Organizational Psychology*. Englewood Cliffs: Prentice-Hall, p. 133, 1971.
7. CHIAVENATO, I. *Introdução à Teoria Geral da Administração*. *op. cit.*

13 DIREÇÃO/LIDERANÇA

OBJETIVOS DE APRENDIZAGEM

- Estilos de direção.
- Sistemas de administração.
- Cultura organizacional.
- Liderança.
- Níveis de liderança.
- *Empowerment.*

O QUE VEREMOS ADIANTE

O nível institucional corresponde ao nível organizacional mais elevado da empresa e se situa na periferia da organização, isto é, na camada organizacional superior da empresa que se defronta com o ambiente externo. Neste nível mais elevado, os administradores se responsabilizam pelo relacionamento entre a empresa e o ambiente externo e traçam a estratégia empresarial mais adequada para atingir os objetivos pretendidos pela organização. O nível institucional representa a empresa frente ao conselho de administração, acionistas, governo e órgãos reguladores, fornecedores, clientes e público em geral. Todavia, apesar de toda essa projeção externa o nível institucional é o responsável pela condução dos negócios da empresa, pela sintonia das políticas internas em relação à estratégia empresarial e, sobretudo, é o nível que dirige a ação empresarial como um todo. Neste sentido, sobressai a função administrativa de direção da ação empresarial. É necessário que as atividades empresariais, tarefas departamentais e operações sejam cumpridas de acordo com o que foi planejado e organizado. E aqui entra a função de direção, predominantemente voltada para o desempenho das pessoas, já que são elas os recursos que vivificam os demais.

13.1 ESTILOS DE DIREÇÃO

A administração das empresas está fortemente marcada pelos estilos com que os administradores dirigem o comportamento das pessoas dentro delas. Os estilos de direção dependem das suposições que os administradores têm a respeito do comportamento humano dentro da empresa. McGregor distingue duas concepções opostas de estilos de direção, baseadas em concepções antagônicas acerca da natureza humana, a saber: a teoria X (ou tradicional) e a teoria Y (ou moderna).[1]

13.1.1 Teoria X

A teoria X baseia-se em algumas concepções e premissas incorretas e distorcidas a respeito da natureza humana.[2]

- O homem é indolente e preguiçoso por natureza: ele evita o trabalho ou trabalha o mínimo possível em função de recompensas salariais.
- Falta-lhe ambição: não gosta de assumir responsabilidades e prefere ser dirigido e sentir-se seguro.
- O homem é fundamentalmente egocêntrico e seus objetivos individuais opõem-se, em geral, aos objetivos da empresa.
- A sua natureza o leva a resistir às mudanças, procura segurança e não assume riscos que o ponham em perigo.
- A sua dependência o torna incapaz de autocontrole e autodisciplina: ele precisa ser dirigido e controlado.

Em função dessas concepções e premissas errôneas, a teoria X desenvolve um estilo de direção que se restringe à aplicação e ao controle da energia humana, unicamente em direção aos objetivos empresariais. A administração, segundo a teoria X, se caracteriza pelos seguintes aspectos:

- A administração é responsável pela organização dos recursos da empresa (dinheiro, materiais, equipamentos e pessoas) no interesse exclusivo de seus objetivos econômicos.

- A administração é um processo de dirigir os esforços das pessoas, incentivá-las, controlar suas ações e modificar o seu comportamento para atender às necessidades da empresa.
- Sem esta intervenção ativa por parte da **direção**, as pessoas seriam passivas em relação às necessidades da empresa, ou mesmo resistiriam a elas. As pessoas, portanto, devem ser persuadidas, recompensadas, punidas, coagidas e controladas: as suas atividades devem ser padronizadas e dirigidas em função dos objetivos e necessidades da empresa.
- Como as pessoas são basicamente motivadas por incentivos econômicos (salários), a empresa deve utilizar a remuneração como meio de **recompensa** (para o bom trabalhador) ou **punição** (para o empregado que não se dedique à realização de sua tarefa).

Aumente seus conhecimentos sobre **Teoria X e Teoria Y** na seção *Saiba mais* ADM 13.1

13.1.2 Teoria Y

Por outro lado, a teoria Y baseia-se nas seguintes concepções e premissas a respeito da natureza humana.[3]

- O homem médio não tem desprazer inerente em trabalhar. O trabalho pode ser fonte de satisfação e de recompensa (quando é voluntariamente desempenhado) ou uma fonte de punição (quando é desagradável e evitado pelas pessoas). A aplicação do esforço físico ou mental em um trabalho é tão natural quanto jogar ou descansar.
- As pessoas não são, por natureza intrínseca, passivas ou resistentes às necessidades da empresa; tornam-se assim como resultado de sua experiência profissional negativa em outras empresas.
- As pessoas têm motivação básica, potencial de desenvolvimento, padrões de comportamento adequados e capacidade para assumir responsabilidades. O homem deve exercitar a auto direção e o autocontrole para o alcance dos objetivos da empresa. O controle externo e a ameaça de punição não são os únicos meios de obter dedicação e esforço de alcançar os ob-jetivos empresariais.
- O homem médio aprende sob certas condições a aceitar e a procurar responsabilidade. A fuga à responsabilidade, a falta de ambição e a preocupação exagerada com a segurança pessoal são geralmente consequências da experiência insatisfatória de cada pessoa e não uma característica humana inerente a todas elas. Esse comportamento não é causa; é efeito de alguma experiência negativa em alguma empresa.
- A capacidade de imaginação e de criatividade na solução de problemas empresariais é amplamente – e não escassamente – distribuída entre as pessoas. Na vida moderna, as potencialidades intelectuais do homem são apenas parcialmente utilizadas.

Em função dessas concepções, a teoria Y desenvolve um estilo de direção aberto, dinâmico e extremamente democrático, por meio do qual administrar é um processo de criar oportunidades, libertar potenciais, remover obstáculos, encorajar o crescimento individual e proporcionar orientação quanto a objetivos. A administração, segundo a teoria Y, se caracteriza pelos seguintes aspectos:

- A motivação, o potencial de desenvolvimento, a capacidade de assumir responsabilidade, de dirigir o comportamento para os objetivos da empresa, são fatores presentes nas pessoas e não são criados nelas pela administração. É responsabilidade da administração proporcionar condições para que as pessoas reconheçam e desenvolvam, por si mesmas, estas características.
- A tarefa essencial da administração é criar condições organizacionais e métodos de operação por meio dos quais pessoas possam atingir seus objetivos pessoais, enquanto dirigem seus próprios esforços em direção aos objetivos da empresa.

13.1.3 Oposição entre teoria X e teoria Y

A teoria X se fundamenta em pressuposições errôneas acerca do comportamento humano e apregoa um estilo de direção em que a fiscalização e o controle externo rígido (representado por uma variedade de meios que garantem o cumprimento do horário de trabalho, a exata execução das tarefas por meio dos métodos ou rotinas e procedimentos de operação, avaliação do resultado do trabalho, regras e regulamentos e decorrentes medidas disciplinares pela não obediência etc.) constituem mecanismos para neutralizar a desconfiança da empresa quanto às pessoas que nela trabalham, já que, por sua natureza, as pessoas são indolentes, preguiçosas, fogem da responsabilidade e somente trabalham quando recebem a recompensa econômica (o salário) para tanto. Se o estímulo salarial não vem, o trabalho não sai. Dentro dessa perspectiva para vencer a preguiça e a indolência humana, o salário é utilizado como recompensa (ele deve ser maior à medida que o resultado de trabalho é maior) ou como punição (ele deve ser menor à medida que o resultado do trabalho for menor). Contudo, o salário passa a ser o único estímulo válido para a teoria X, pois prevalece sempre o ambiente de desconfiança, de vigilância e de controle, tirando-se das pessoas qualquer possibilidade de iniciativa própria ou de escolha quanto à maneira de trabalhar ou realizar as tarefas.

Em oposição à teoria X, a teoria Y apregoa que administrar é basicamente um processo de criar oportunidades, liberar potenciais rumo ao autodesenvolvimento das pessoas. Segundo a teoria Y, as condições impostas pela teoria X nas últimas décadas condicionaram as pessoas a tarefas superespecializadas e bitoladas, amarrando-as a empregos limitados por métodos e processos de trabalhos rígidos e mecanísticos, que não utilizam todas as suas capacidades, desencorajam a iniciativa e a aceitação de responsabilidades, desenvolvem a passividade e tiram todo o significado psicológico do trabalho. Assim, no longo período de predomínio da teoria X, as pessoas se acostumaram a ser dirigidas, controladas e manipuladas pelas empresas e a encontrar fora do trabalho as satisfações para as suas necessidades pessoais de autorrealização.

A teoria Y adota uma série de medidas inovadoras e humanistas, como:

1. **Descentralização das decisões e delegação de responsabilidades**: a fim de permitir maior liberdade para que as pessoas dirijam elas mesmas as suas tarefas, assumam os desafios delas decorrentes e satisfaçam suas necessidades de autorrealização.

2. **Ampliação do cargo**: em vez da superespecialização e do confinamento de tarefas, a **teoria Y** conduz à ampliação do cargo por meio de sua reorganização e extensão de atividades, para que as pessoas possam conhecer o significado daquilo que fazem e tenham uma ideia da contribuição de seu trabalho para as operações da empresa como um todo.

3. **Participação nas decisões e administração consultiva**: para que as pessoas possam ter participação nas decisões que as afetam direta ou indiretamente, elas devem comprometer-se com o alcance dos objetivos empresariais. A administração consultiva nada mais é do que a concessão de oportunidades para que os empregados sejam consultados a respeito de suas opiniões e pontos de vista sobre as decisões a serem tomadas pelo nível institucional da empresa.

4. **Autoavaliação do desempenho**: os programas tradicionais de avaliação do desempenho, nos quais os chefes medem o desempenho dos subordinados, como se fosse um produto que está sendo inspecionado ao longo de uma linha de montagem, devem ser substituídos por programas de autoavaliação do desempenho, nos quais a participação dos empregados envolvidos é de capital importância. O importante é fazer com que as pessoas sejam encorajadas a planejar a sua própria contribuição para os objetivos empresariais e a assumir responsabilidades.

Quadro 13.1 Teoria X e teoria Y como diferentes concepções da natureza humana[4]

Pressuposições da teoria X	Pressuposições da teoria Y
■ As pessoas são preguiçosas e indolentes ■ As pessoas evitam o trabalho ■ As pessoas evitam a responsabilidade, a fim de se sentirem mais seguras ■ As pessoas precisam ser controladas e dirigidas ■ As pessoas são ingênuas e sem iniciativa	■ As pessoas são esforçadas e gostam de ter o que fazer ■ O trabalho é uma atividade tão natural como brincar ou descansar ■ As pessoas procuram e aceitam responsabilidades e desafios ■ As pessoas podem ser automotivadas e autodirigidas ■ As pessoas são criativas e competentes

> **PARA REFLEXÃO**
>
> **Para que serve a direção/liderança?**
>
> Reflita e, a seguir, discuta com seus colegas a respeito do assunto supra e tente chegar a uma conclusão. Para que serve a direção?
> - Para impor ordem e disciplina dentro da empresa?
> - Para controlar o comportamento das pessoas?
> - Para garantir que as pessoas façam exatamente o que a empresa quer?
> - Para avaliar o desempenho das pessoas?
> - Para que mais?

13.2 SISTEMAS DE ADMINISTRAÇÃO

A ação administrativa assume feições diferentes dependendo das condições internas e externas da empresa. Em outros termos, a ação administrativa nunca é igual em todas as empresas, pois varia de acordo com inúmeras variáveis. Não existem normas específicas de administração válidas para todas as situações e ocasiões possíveis. Likert aponta quatro sistemas administrativos:[5]

13.2.1 Sistema 1: autoritário-coercitivo

É um sistema administrativo autocrático, forte, coercitivo e arbitrário que controla rigidamente tudo o que ocorre dentro da empresa. É o sistema mais duro e fechado. Suas características são:

1. **Processo decisório**: é totalmente centralizado na cúpula da empresa. Todas as ocorrências imprevistas e não rotineiras são levadas à cúpula para resolução. Neste sentido, o nível institucional torna-se sobrecarregado com a tarefa decisória.
2. **Sistema de comunicações**: é bastante precário. As comunicações ocorrem sempre verticalmente, no sentido descendente, carregando ordens e raramente orientações. Não existem comunicações laterais. As pessoas não são solicitadas a gerar informação, o que faz com que as decisões tomadas na cúpula se alicercem em dados limitados, incompletos e errôneos.
3. **Relacionamento interpessoal**: o relacionamento entre as pessoas é considerado prejudicial ao bom andamento dos trabalhos. A cúpula empresarial vê com desconfiança as conversas informais entre as pessoas e procura coibi-las ao máximo. A organização informal é simplesmente velada. Para evitá-la, os cargos e tarefas são desenhados para confinar e isolar as pessoas umas das outras e evitar o seu relacionamento.
4. **Sistema de recompensas e punições**: há uma ênfase nas punições e medidas disciplinares, gerando um ambiente de temor e desconfiança. As pessoas devem obedecer às regras e aos regulamentos internos à risca e executar suas tarefas de acordo com métodos e procedimentos impostos. Se elas cumprem fielmente suas obrigações, não fazem nada mais do que sua obrigação. As recompensas são raras e, quando eventualmente ocorrem, são materiais e salariais.

13.2.2 Sistema 2: autoritário-benevolente

É um sistema administrativo autoritário, porém mais suave, condescendente e menos rígido do que o sistema Suas características são:

1. **Processo decisório**: centralizado na cúpula administrativa. Permite uma diminuta delegação quanto a decisões de pequeno porte e de caráter rotineiro e repetitivo, baseadas em rotinas e prescrições e sujeitas à aprovação posterior, prevalecendo o aspecto centralizador.
2. **Sistema de comunicações**: relativamente precário, prevalecendo as comunicações verticais e descendentes, embora a cúpula se oriente em comunicações ascendentes, vindas dos escalões mais baixos, como retroação de suas decisões.
3. **Relacionamento interpessoal**: a organização tolera que as pessoas se relacionem entre si, em um clima de condescendência relativa. Contudo, a interação humana é pequena e a organização informal é incipiente, mas ainda considerada uma ameaça aos interesses e objetivos da empresa.
4. **Sistema de recompensas e punições**: há ênfase nas punições e nas medidas disciplinares, mas o sistema é menos arbitrário e oferece algumas recompensas materiais e salariais mais frequentes, e raras recompensas do tipo simbólico ou social.

13.2.3 Sistema 3: consultivo

É um sistema que pende mais para o lado participativo do que para o lado autocrático e impositivo. Representa um gradativo abrandamento da arbitrariedade organizacional. Suas características são as seguintes:

1. **Processo decisório**: é do tipo participativo e consultivo. Participativo porque as decisões específicas são delegadas aos diversos níveis hierárquicos e devem orientar-se pelas políticas e diretrizes definidas pelo nível institucional para balizar todas as decisões dos demais níveis. Consultivo porque a opinião e os pontos de vista dos níveis inferiores são considerados na definição das políticas e diretrizes que os afetam. Obviamente, todas as decisões são posteriormente submetidas à aprovação da cúpula empresarial.
2. **Sistema de comunicações**: prevê comunicações verticais no sentido descendente (mais voltadas para orientação do que para ordens específicas) e ascendente, bem como comunicações laterais entre os pares. A empresa desenvolve sistemas internos de comunicação para facilitar o seu fluxo.
3. **Relacionamento interpessoal**: o temor e a ameaça de castigos e sanções disciplinares não existem. A confiança depositada nas pessoas já é bem mais elevada, embora não completa e definitiva. A empresa cria condições favoráveis a uma organização informal sadia e positiva.
4. **Sistema de recompensas e punições**: há ênfase nas recompensas materiais (como incentivos salariais, promoções e oportunidades profissionais) e simbólicas (como prestígio e *status*), embora eventualmente ocorram punições e castigos.

13.2.4 Sistema 4: participativo

É o sistema administrativo democrático por excelência e o mais aberto de todos os sistemas. Suas características são as seguintes:

1. **Processo decisório**: as decisões são totalmente delegadas nos níveis organizacionais. Embora o nível institucional defina as políticas e diretrizes, ele apenas controla os resultados, deixando as decisões a cargo dos diversos níveis hierárquicos. Apenas em ocasiões de emergência os altos escalões assumem decisivamente, porém sujeitando-se à ratificação explícita dos grupos envolvidos.
2. **Sistema de comunicações**: as comunicações fluem em todos os sentidos e a empresa faz investimentos em sistemas de informação, pois são básicos para sua flexibilidade e eficiência.
3. **Relacionamento interpessoal**: o trabalho é totalmente realizado em equipes. A formação de grupos espontâneos é importante para o efetivo relacionamento entre as pessoas. As relações interpessoais baseiam-se na confiança mútua e não em esquemas formais (como descrições de cargos ou relações formais previstas no organograma). O sistema permite maior participação e envolvimento grupal, de modo que as pessoas se sintam responsáveis pelo que decidem e fazem em todos os níveis organizacionais.
4. **Sistema de recompensas e punições**: há uma ênfase nas recompensas, notadamente as simbólicas e sociais, embora não sejam omitidas as materiais e salariais. Raramente ocorrem punições, as quais sempre são decididas e definidas pelos grupos envolvidos.

Os quatro sistemas apontados por Likert mostram as diferentes e gradativas alternativas existentes para administrar as empresas. Enquanto o sistema 1 se refere ao comportamento organizacional autoritário e autocrático, que lembra a teoria X caracterizada por McGregor, o sistema 4, no lado diametralmente oposto, lembra a teoria Y.

Os quatro sistemas não têm limites definidos entre si: uma empresa pode estar situada acima do sistema 2 e abaixo do sistema 3, ou seja, ao redor de 2,5. Pode também ser caracteristicamente 2 no processo decisório e 3 nos sistemas de recompensas.

> **PARA REFLEXÃO**
>
> **O sistema administrativo no qual se trabalha**
>
> Constitui o primeiro passo para um diagnóstico da situação. E, principalmente, para as ações e providências para melhorá-lo e colocá-lo em condições de uma gestão humana mais humana. E por onde começar de maneira eficaz? Pelo sistema de comunicações? Pelo relacionamento interpessoal? Pelo sistema de recompensas? Pelo processo decisório? Ou por todos eles em conjunto?

Os quatro sistemas são encontrados na maioria das empresas:

- **Sistema 1**: é geralmente encontrado em empresas que utilizam mão de obra intensiva e tecnologia

Quadro 13.2 Os quatro sistemas administrativos, segundo Likert[6]

SISTEMAS DE ADMINISTRAÇÃO				
Variáveis principais	1 Autoritário-coercitivo	2 Autoritário-benevolente	3 Consultivo	4 Participativo
Processo decisório	Totalmente centralizado na cúpula	Centralizado na cúpula, mas permitindo diminuta delegação de caráter rotineiro	Consulta aos níveis inferiores, permitindo participação e delegação	Totalmente delegado e descentralizado Nível institucional define políticas e controla resultados
Sistema de comunicações	Bastante precário Apenas comunicações verticais descendentes carregando ordens	Relativamente precário, prevalecendo comunicações descendentes sobre as ascendentes	Facilita o fluxo no sentido vertical (descendente e ascendente) e horizontal	Sistemas de comunicação eficientes são fundamentais para o sucesso da empresa
Relações interpessoais	Provocam desconfiança Organização informal é vedada e considerada prejudicial Cargos e tarefas confinam as pessoas	São toleradas, com condescendência Organização informal incipiente e considerada como uma ameaça à empresa	Certa confiança nas pessoas e nas suas relações A empresa procura facilitar o desenvolvimento de uma organização informal sadia	Trabalho em equipes Formação de grupos torna-se importante Confiança mútua, participação e envolvimento grupal intensos
Sistemas de recompensas	Ênfase em punições e medidas disciplinares Obediência estrita aos regulamentos internos Raras recompensas (de cunho salarial)	Ênfase em punições e medidas disciplinares, com arbitrariedade Recompensas salariais frequentes Recompensas sociais são raras	Ênfase nas recompensas materiais (salários) Recompensas sociais ocasionais Raras punições ou castigos	Ênfase nas recompensas sociais Recompensas materiais e salariais frequentes Punições são raras e, quando ocorrem, são definidas pelos grupos

rudimentar, nas quais o pessoal empregado é de nível baixo, como ocorre nas empresas de construção industrial (construções de hidrelétricas, pavimentação de estradas etc.).

- **Sistema 2**: é encontrado em empresas industriais que utilizam tecnologia mais apurada e mão de obra mais especializada, mas mantendo ainda alguma forma de coerção para não perder o controle sobre o comportamento das pessoas (como produção e montagens de empresas industriais e escritórios de fábricas).

- **Sistema 3**: é empregado em empresas de serviços (como bancos e financeiras) e em áreas administrativas de empresas industriais mais organizadas e avançadas em termos de relações com empregados.

- **Sistema 4**: é encontrado em empresas que utilizam sofisticada tecnologia com pessoal especializado e desenvolvido (como empresas de propaganda, consultoria em engenharia e administração), nas quais os profissionais desenvolvem atividades complexas.

Na realidade, o sistema 4 utiliza um modelo de organização grupal que se superpõe. Cada grupo de trabalho vincula-se ao restante da empresa por meio de pessoas que são membros de mais de um grupo e que superpõem sua vinculação e seu relacionamento com mais de um grupo. São denominadas elos de vinculação superposta. São elos de ligação entre diferentes grupos de trabalho, o que proporciona uma dinâmica nova no sistema. Na prática, a estrutura organizacional

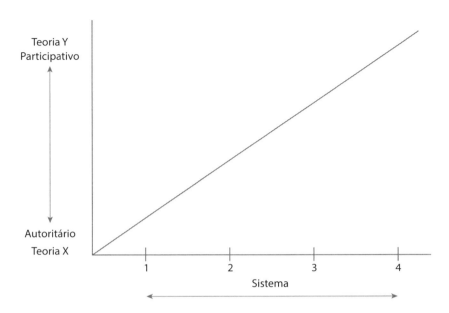

Figura 13.1 Os quatro sistemas de Likert e as teorias X e Y de McGregor.

permite uma vinculação de grupos superpostos conforme a Figura 13.2.

A interação ocorre entre os subordinados e entre os subordinados e superiores. Cada grupo de trabalho se compõe de um superior e seus respectivos subordinados, de forma que todos eles se envolvem em cada decisão. Além disso, um ou mais indivíduos de cada grupo passam a se comportar como elos de vinculação superposta com os demais outros grupos da empresa.

Assim, o sistema 4 repousa em três aspectos principais:[8]

1. **Utilização de princípios e técnicas de motivação**: em vez de dialética tradicional de recompensas e punições.

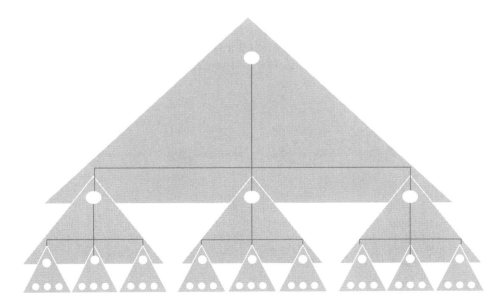

Figura 13.2 A forma de organização em grupos superpostos.[7]

2. **Composição de equipes de trabalho entrelaçadas e motivadas:** capazes de se empenharem totalmente para alcançar os objetivos empresariais.
3. **Adoção do princípio de relações de apoio:** a administração adota metas de elevado desempenho para si mesma e para todas as pessoas e oferece os meios adequados para atingi-las. Essas metas são mais bem alcançadas quando há condições de satisfazer também aos objetivos individuais das pessoas.

Assim, a tarefa do administrador é deslocar-se gradativamente dos sistemas inferiores (1 ou 2) para os sistemas superiores (3 ou 4) para melhorar as condições de eficiência e eficácia da organização. Isso nos leva necessariamente a uma nova cultura organizacional. Todos estes aspectos retratados são consequências diretas da cultura que impera na empresa.

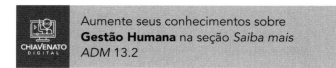

Aumente seus conhecimentos sobre **Gestão Humana** na seção *Saiba mais* ADM 13.2

13.3 CULTURA ORGANIZACIONAL

A direção/liderança não acontece apenas por vontade própria de cada administrador. Ela precisa ajustar-se e interagir dinamicamente com a cultura da empresa. E o que significa cultura organizacional? A cultura organizacional é um padrão de assuntos básicos compartilhados que a empresa apreendeu como maneira de resolver seus problemas de adaptação externa e de integração interna. Ela funciona bem a ponto de ser considerada válida e desejável para ser transmitida aos novos membros. Em suma, é a maneira vigente de perceber, pensar e sentir em relação a todos os assuntos ou aos seus problemas.[10] Ou, em outras palavras, como as coisas são entendidas e aceitas internamente pelas pessoas em cada empresa.

Alguns autores veem a cultura organizacional como a maneira costumeira ou tradicional de pensar e fazer os processos, que são compartilhadas por todos os membros da empresa e que os novos membros devem apreender e aceitar para serem aceitos nela.[11] Em outras palavras, a cultura organizacional representa as normas informais, e não escritas, que orientam o comportamento dos membros de uma empresa no dia a dia e que direcionam suas ações para o alcance dos objetivos organizacionais. No fundo, é a cultura que define a missão e provoca a definição dos objetivos da empresa.

Cada empresa tem a sua cultura própria, que denominamos cultura organizacional ou cultura corporativa, que ela mantém e cultiva. É por essa razão que algumas empresas são conhecidas por algumas peculiaridades. Assim, a cultura organizacional é o conjunto de hábitos e crenças que foram estabelecidos por normas, valores, atitudes e expectativas que são compartilhados por todos os seus membros. A cultura espelha a mentalidade que predomina na empresa.

Alguns aspectos da cultura organizacional são facilmente visíveis, enquanto outros são de difícil percepção e compreensão. É como se estivéssemos observando um *iceberg*. A sua parte superior é perfeitamente visível pois se encontra na superfície acima das águas. Contudo, a sua parte inferior fica oculta sob as águas e totalmente fora da visão das pessoas. Da mesma maneira, a cultura organizacional mostra aspectos formais e facilmente

Figura 13.3 Os seis processos da gestão humana.[9]

Figura 13.4 O *iceberg*: os três níveis da cultura organizacional.[12]

perceptíveis, como as políticas e diretrizes, métodos e procedimentos, objetivos, estrutura organizacional e a tecnologia adotada. Porém, oculta alguns aspectos informais, tais como as percepções, sentimentos, atitudes, valores, interações informais e normas grupais. Os aspectos ocultos da cultura organizacional são os mais difíceis não somente de compreender e interpretar, como também de mudar ou de sofrer transformações.

Resumindo, a cultura constitui a maneira pela qual cada organização aprendeu a lidar com o seu ambiente. É uma complexa mistura de pressuposições, crenças, comportamentos, histórias, mitos, metáforas e outras ideias que, consideradas juntas, representam a maneira particular de uma empresa funcionar e trabalhar. Na verdade, toda cultura existe em três diferentes níveis de apresentação: artefatos, valores compartilhados e pressuposições básicas.[13]

- **Artefatos**: são todas as coisas físicas e concretas que, no seu conjunto, definem uma cultura e revelam como ela dá atenção ao que é visível e perceptível. Fazem parte do primeiro nível da cultura, o mais superficial, visível e perceptível. São todas as coisas que cada pessoa vê, ouve e sente quando se depara com uma empresa. Os artefatos são compostos por produtos, serviços e padrões de comportamento dos membros de uma organização. Quando se percorre os escritórios de uma empresa pode-se notar como as pessoas se vestem, como elas falam, sobre o que conversam, como se comportam, quais assuntos são importantes e relevantes para elas. Os artefatos são todas as coisas ou eventos que podem indicar visual ou auditivamente como é a cultura da empresa. Os símbolos, histórias, heróis, lemas, cerimônias anuais são também exemplos de artefatos.

- **Valores compartilhados**: são os valores relevantes que se tornam importantes para as pessoas e que definem as razões pelas quais elas fazem o que fazem. Funcionam como justificativas aceitas por todos os membros. Constituem o segundo nível da cultura corporativa.

- **Pressuposições básicas**: são as crenças inconscientes, percepções, sentimentos e pressuposições dominantes e nos quais os membros da organização acreditam. Constituem o terceiro nível da cultura corporativa, o mais íntimo, profundo e oculto. A cultura prescreve a maneira certa de fazer as coisas na empresa, muitas vezes, por meio de pressuposições não escritas e nem sequer faladas.

Assim, artefatos, valores compartilhados entre os membros e pressuposições básicas constituem os principais elementos para se conhecer e compreender a cultura de uma empresa.

Da mesma maneira como não existem duas empresas iguais, também existem culturas e culturas. Algumas são estáveis e conservadoras; mantêm ideias, valores, tradições e costumes arraigados, retrógrados e que não mudam com o tempo. O perigo é que o mundo muda, assim como o contexto em que a organização está contida, mas ela se mantém imutável como se nada houvesse mudado. Outras culturas são adaptativas e flexíveis e a organização se caracteriza pela adoção de novos hábitos e costumes para manter sua maleabilidade, flexibilidade e adaptabilidade em um mundo mutável e dinâmico. A sobrevivência e o crescimento da organização ocorrem na medida em que ela consegue ajustamento e adaptabilidade à mudança que ocorre no seu ambiente. Todavia, a organização deve possuir certa dose de estabilidade como complemento ou suplemento à mudança. Mudanças seguidas e sem estabilidade alguma podem gerar caos, tensão e angústia entre os membros da organização.

Aumente seus conhecimentos sobre **O essencial da cultura organizacional** na seção *Saiba mais ADM* 13.3

Algumas organizações já ultrapassaram de longe a velha cultura de comando e obediência e a substituíram por uma nova cultura de liderança e compromisso. Em outras palavras, a tradicional gerência está cedendo lugar para uma liderança renovadora, democrática e participativa.

Com isso, as relações entre administradores e subordinados passam a ser cada vez mais diretas, igualitárias e menos burocráticas e formais. Cada pessoa – em

Quadro 13.3 Os componentes da cultura organizacional[14]

Premissas: são interpretações e avaliações subjetivas, não baseadas em dados objetivos, que passam a ser aceitas coletivamente como fatos

Normas, costumes e rotinas: são modos cotidianos como os participantes se comportam, interagem e trabalham. Vinculadas às premissas básicas, as normas determinam os comportamentos aceitáveis e geralmente são inúmeras, implícitas e poderosas. Os novos participantes são recompensados ou sancionados conforme sua aceitação desses padrões de comportamento. As normas e costumes oferecem vantagens, mas também protegem as premissas básicas e podem ser difíceis de mudar

Poder: é a capacidade de conseguir que as tarefas sejam feitas. O poder advém da dependência em relação aos outros, do relacionamento com figuras centrais ou do acesso ou controle de recursos-chave. Há bases de poder espalhadas por toda a organização, que podem derivar-se de estruturas formais ou informais mediante competências interpessoais

Ritos e rituais: são cerimônias, eventos, programas de treinamento etc. que dão destaque a realizações, marcam momentos decisivos e enfatizam o que é importante para a empresa. Podem incluir acontecimentos positivos e negativos, como a demissão de algum executivo. Os ritos e rituais reforçam as normas, contêm histórias e podem permanecer muito tempo depois de suas bases funcionais terem desaparecido

Papéis e responsabilidades: são as posições dos indivíduos e grupos dentro da organização, incluindo o que se espera deles e que tarefas são responsáveis por concluir

Histórias e mitos: são casos e histórias contados pelos participantes da empresa para as pessoas de dentro e de fora da organização. Comunicam sua história e dão destaque a eventos, pessoas e pontos críticos relevantes

Estrutura: é o quadro de referência, formal e informal, que retrata o modo de funcionamento da organização. A estrutura reflete e preserva as bases de poder e revela relacionamentos importantes

Símbolos: são logomarcas, linguagem, terminologia, títulos e símbolos de *status*, como salas e carros, que revelam os valores e crenças da empresa

Sistemas e regras: são métodos formais utilizados para controlar, medir e recompensar o desempenho. Refletem os valores e atitudes organizacionais. Determinam explicitamente como a empresa vai motivar, monitorar e reforçar os comportamentos

Valores: são crenças essenciais profundamente enraizadas da organização, como suas maiores preocupações, independentemente do ambiente externo. São princípios orientadores essenciais

qualquer nível da organização – precisa estar preparada para solucionar problemas na medida em que eles aparecem e sem a necessidade de recorrer à hierarquia para obter aprovação de suas ideias e sugestões.

> **PARA REFLEXÃO**
>
> **Como avaliar a cultura de uma empresa?**
> Reflita e, a seguir, discuta com seus colegas a respeito do assunto supra e tente chegar a uma conclusão. Como avaliar a cultura de uma empresa?

13.4 LIDERANÇA

Para fazer uma empresa ou uma unidade dela produzir resultados, o administrador deve desempenhar funções ativadoras e motivadoras. Dentre elas sobressaem a liderança e o uso adequado de incentivos para obter motivação. Ambos requerem uma compreensão básica das necessidades humanas e dos meios pelos quais essas necessidades podem ser satisfeitas ou canalizadas para determinados objetivos. Em resumo, o administrador precisa conhecer a motivação humana e saber conduzir e orientar as pessoas, isto é, liderar.

A liderança é necessária em todos os tipos de organizações humanas, principalmente nas empresas e em cada um de seus departamentos. Ela é igualmente essencial em todas as funções administrativas: planejamento, organização, direção e controle. Porém, é mais relevante e imprescindível no trabalho do administrador na função de direção – aquela que toca mais perto as pessoas.

Não se deve confundir liderança com direção. Um bom administrador pode ser ou não um bom líder e nem sempre um bom líder é um bom administrador. Os líderes devem estar presentes não apenas no nível institucional, mas nos níveis intermediário e operacional e em todas as equipes de pessoas ou nos grupos informais de trabalho.

13.4.1 Conceito de liderança

Liderança é a influência interpessoal exercida em uma situação e dirigida por meio do processo da comunicação humana à consecução de um ou mais objetivos específicos. Liderança é um processo de influência pelo qual o administrador, com suas ações pessoais, facilita,

Quadro 13.4 Diferenças entre cultura de obediência e de compromisso[15]

Fatores que reforçam a tradicional cultura de obediência	Fatores que contribuem para uma cultura de compromisso
■ Ênfase nos resultados do negócio não leva em conta o lado humano da empresa	■ Reconhecimento de que o fator humano produz resultados para o negócio da empresa
■ A cúpula está preocupada em ter absoluto controle sobre os resultados do negócio	■ A cúpula e as pessoas analisam o negócio e produzem mudanças para melhorá-lo
■ O comportamento da cúpula contradiz a sua mensagem de fortalecimento das equipes e das pessoas	■ A cúpula e as pessoas analisam conjuntamente as políticas, padrões, descrições de cargos, formação de equipes e as condições de trabalho
■ As pessoas são relutantes em assumir mais responsabilidades pessoais	■ Os sistemas de recompensas encorajam as pessoas a assumirem riscos e responsabilidades
■ As falhas nos esforços passados de melhoria contínua reforçam a crença de que é difícil ou impossível mudar o *status quo*	■ A eliminação da burocracia desnecessária e de políticas e procedimentos formais facilitam a vida das pessoas na organização
■ A cultura organizacional torna-se rígida e desencoraja as pessoas a aprender e a mudar seus hábitos e comportamentos	■ A cultura democrática e participativa encoraja a aprendizagem e a mudança comportamental das pessoas
■ A organização investe em treinamento e supervisão de pessoas com pouca instrução para executarem tarefas rotineiras e definidas	■ O treinamento e desenvolvimento geram o aprendizado e a autogestão das pessoas, a colaboração criativa e redes de relacionamentos
■ A avaliação do desempenho humano é feita somente pela cúpula e com muita demora	■ A avaliação do desempenho é dada circularmente (360°) por todos parceiros envolvidos e em todos os momentos em tempo real

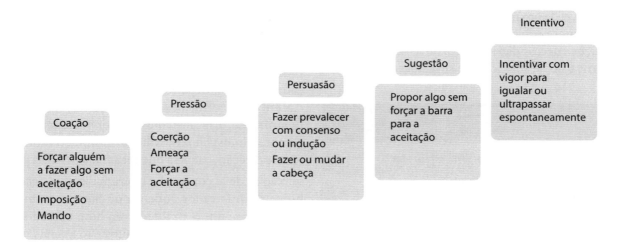

Figura 13.5 Os vários tipos de influência.

impulsiona e dinamiza o movimento de um grupo de pessoas rumo a metas comuns ou compartilhadas.[16] Para Kotter, a maioria das empresas é subliderada e subadministrada.[17]

A liderança é um fenômeno social e ocorre exclusivamente em grupos sociais, é um tipo de influência. A influência é uma força psicológica e envolve conceitos como poder e autoridade, abrangendo as maneiras pelas quais se introduzem mudanças no comportamento de pessoas ou de grupos de pessoas. A influência pode ocorrer de diversas formas, desde formas violentas de imposição até formas suaves de convencimento.

A liderança é a capacidade de influenciar as pessoas a fazerem aquilo que devem fazer. O líder exerce influência sobre as pessoas, conduzindo suas percepções de objetivos em direção a eles. A definição de liderança envolve duas dimensões: a primeira é a capacidade presumida de motivar as pessoas a fazerem aquilo que precisa ser feito. A segunda é a tendência dos seguidores de seguirem aqueles que eles percebem como instrumentais para satisfazerem os seus próprios objetivos pessoais e necessidades. Assim, a liderança é uma lâmina com corte duplo, nenhuma pessoa pode ser um líder a menos que possa fazer com que as pessoas façam aquilo que ela pretende fazer, nem será bem-sucedida a menos que seus seguidores a percebam como um meio de satisfazer suas próprias aspirações pessoais. O líder deve ser capaz; os seguidores devem ter vontade.

Também convém distinguir entre liderança como uma qualidade pessoal (combinação especial de características pessoais que fazem de um indivíduo um líder) e liderança como função (decorrente da distribuição da autoridade de tomar decisões dentro de uma empresa): o grau em que o indivíduo demonstra qualidades de liderança depende não somente de suas próprias características, mas também das características da situação na qual se encontra.

A liderança pode ser estudada em termos de estilos de comportamento do líder em relação aos seus subordinados, isto é, maneiras pelas quais o líder orienta sua conduta. Enquanto a abordagem dos traços se refere àquilo que o líder é, a abordagem dos estilos de liderança se refere àquilo que o líder faz, isto é, ao seu estilo de comportamento para liderar.

13.4.2 Estilo de liderança autoritária, liberal e democrática

Uma das primeiras experiências para avaliar o impacto causado por três diferentes estilos de liderança em grupos de meninos provocou celeuma no mundo acadêmico.[18] Os meninos foram divididos em quatro grupos e, de seis em seis semanas, a liderança de cada grupo era desenvolvida por líderes que utilizavam três estilos diferentes: a liderança autocrática, a liderança liberal (*laissez-faire*) e a liderança democrática. Os resultados dessa experiência mostraram que os meninos se comportaram da seguinte forma aos diferentes tipos de liderança a que foram submetidos:[19]

1. **Liderança autocrática**: o líder é duro e impositivo. O comportamento dos grupos mostrou forte tensão, frustração e, sobretudo, agressividade de um lado; de outro, nenhuma espontaneidade, nem iniciativa, nem formação de grupos de amizade. Embora

Quadro 13.5 Os três estilos de liderança

Autocrática	Democrática	Liberal (*laissez-faire*)
■ O líder fixa as diretrizes, sem qualquer participação do grupo	■ As diretrizes são debatidas e decididas pelo grupo, estimulado e assistido pelo líder	■ Há liberdade completa para as decisões grupais ou individuais, com participação mínima do líder
■ O líder determina as providências e as técnicas para a execução das tarefas, cada uma por vez, à medida que se tornam necessárias e de modo imprevisível para o grupo	■ O grupo esboça as providências e as técnicas para atingir o alvo, solicitando aconselhamento técnico ao líder quando necessário, passando este a sugerir alternativas para o grupo escolher, surgindo novas perspectivas com os debates	■ A participação do líder no debate é limitada, apresentando apenas materiais variados ao grupo, esclarecendo que poderia fornecer informações desde que as pedissem.
■ O líder determina a tarefa que cada um deve executar e qual o seu companheiro de trabalho	■ A divisão das tarefas fica a critério do próprio grupo e cada membro tem liberdade de escolher os seus companheiros de trabalho	■ Tanto a divisão das tarefas como a escolha dos companheiros ficam totalmente a cargo do grupo. Absoluta falta de participação do líder
■ O líder é dominador e "pessoal" nos elogios e nas críticas ao trabalho de cada membro	■ O líder procura ser um membro normal do grupo. O líder é "objetivo" e limita-se aos "fatos" em suas críticas e elogios	■ O líder não tenta avaliar ou regular o curso dos acontecimentos. Ele somente comenta sobre as atividades dos membros quando perguntado

aparentemente gostassem das tarefas, não demonstraram satisfação com relação à situação. O trabalho somente se desenvolvia com a presença física do líder. Quando este saía ou se ausentava, as atividades paravam e os grupos expandiam seus sentimentos reprimidos, chegando a explosões de indisciplina e de agressividade.

2. **Liderança liberal**: o líder deixa todos à vontade. Embora a atividade dos grupos fosse intensa, a produção foi medíocre. As tarefas se desenvolviam ao acaso, com muitas oscilações, perdendo-se muito tempo com discussões mais voltadas para motivos pessoais do que relacionadas com o trabalho em si. Notou-se forte individualismo agressivo e pouco respeito em relação ao líder.

3. **Liderança democrática**: o líder é atuante, consultivo e orientador. Houve formação de grupos de amizade e de relacionamentos cordiais entre os meninos. Líder e subordinados passaram a desenvolver comunicações espontâneas, francas e cordiais. O trabalho mostrou um ritmo suave e seguro, sem alterações, mesmo quando o líder se ausentava. Houve um nítido sentido de responsabilidade e de comprometimento pessoal, além de uma impressionante integração grupal, dentro de um clima de satisfação.

A partir dessa experiência, passou-se a defender o papel da liderança democrática – perfeitamente compatível com o espírito americano da época –, extremamente comunicativa, que encoraja a participação do empregado, que é justa e não arbitrária e que se preocupa não somente com os problemas do trabalho, mas também com os problemas das pessoas.

Figura 13.6 As diferentes ênfases dos três estilos de liderança.

Na prática, o líder utiliza os três estilos de liderança de acordo com a situação, as pessoas e a tarefa a ser executada. O líder tanto manda cumprir ordens, como consulta os subordinados antes de tomar uma decisão e sugere a algum subordinado realizar determinadas tarefas: ele utiliza a liderança autocrática, a democrática e a liberal. A principal problemática da liderança é saber quando aplicar qual estilo, com quem e dentro de que circunstâncias e atividades a serem desenvolvidas.

A abordagem de estilos de liderança mostra como o líder se comporta. Essa abordagem apresenta várias versões.

13.5 ESTILOS DE LIDERANÇA

Assim como a administração é um processo relativo para o qual não existem princípios universais e imutáveis, o mesmo se dá com a liderança. Likert[20] distingue dois tipos básicos de liderança:

1. **Liderança centrada na tarefa (*job centered*)**: é a liderança estreita, preocupada com a execução da tarefa e com os seus resultados. Ela é apregoada pela administração científica de Taylor e tende a subdividir e fragmentar o trabalho em tarefas componentes, a selecionar e treinar as pessoas mais adequadas para o tipo de tarefa e pressioná-las constantemente a fim de obter os níveis de produção

PARA REFLEXÃO

Para que serve a liderança?

Reflita e, a seguir, discuta com seus colegas a respeito do assunto supra e tente chegar a uma conclusão. Para que serve a liderança?
- Para melhor conduzir as pessoas?
- Para aumentar a participação das pessoas na atividade empresarial?
- Para obter comprometimento das pessoas?
- Para orientar, impulsionar, educar, treinar e capacitar as pessoas?
- Só isso?

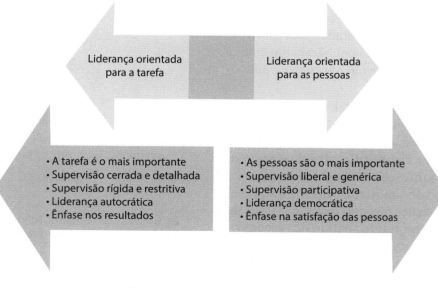

Figura 13.7 Os tipos de liderança.

estimados. É típica das empresas que tendem a concentrar as pessoas em ocupações restritas ao ciclo de trabalho, do modo padronizado, em ritmos baseados em padrões de produção preestabelecidos. É a liderança preocupada exclusivamente com o trabalho e em conseguir que as coisas sejam feitas de acordo com os métodos preestabelecidos e com os recursos disponíveis.

2. **Liderança centrada nas pessoas (*employeecentered*)**: é a liderança preocupada com os aspectos humanos dos problemas de seus subordinados e que procura manter uma equipe de trabalho atuante, dentro da maior participação nas decisões. É o tipo de liderança que dá mais ênfase às pessoas do que ao trabalho em si, procurando compreender e ajudar os subordinados, preocupando-se mais com as metas do que com os métodos, sem descuidar-se do desempenho esperado.

As pesquisas de Likert revelaram que os departamentos nos quais se apresentou baixa eficiência são geralmente chefiados por líderes orientados para a tarefa. A alta pressão no sentido de que as pessoas trabalhem provoca atitudes desfavoráveis para com o trabalho e para com os supervisores, da parte dos subordinados. No curto prazo, este tipo de liderança pode promover resultados melhores de eficiência e produtividade. Contudo, no médio e longo prazo, a liderança centrada na tarefa provoca insatisfação, redução do ritmo de trabalho, rotatividade de pessoal, elevado absenteísmo, desperdício, reclamações frequentes e envolvimento em questões trabalhistas. Quanto maior a percepção de conflito tanto menor o nível de produção.

13.5.1 *Managerial grid*

Em uma abordagem próxima a de Likert, Blake e Mouton elaboraram uma abordagem sobre a liderança denominada grade gerencial (*managerial grid*).[22] Segundo os autores, todo administrador está voltado para duas preocupações:

1. **Ênfase na produção**: isto é, nos resultados concretos dos esforços dos subordinados com quem trabalha. É a preocupação com a produção, isto é, com os resultados da tarefa.
2. **Ênfase nas pessoas**: isto é, a preocupação com as pessoas, como subordinados, colegas e chefes.

TENDÊNCIAS EM ADM

Liderança servidora

Em seu livro *O monge e o executivo*, James Hunter[21] propõe o conceito de líder servidor, que trata as pessoas como ele gostaria de ser tratado. Esta é a maneira mais simples de se tornar um líder servidor. Ele sabe identificar e satisfazer as necessidades legítimas de seus liderados e remover todas as barreiras ou dificuldades para que possam realizar plenamente seu trabalho e servir o cliente. Hunter propõe três passos para tanto:

1. Um método de avaliação do líder pelos profissionais que trabalham com ele.
2. Um método de autoavaliação feita pelo próprio líder.
3. O exercício da liderança servidora. Esta é a etapa principal para dar o apoio e suporte aos membros da equipe.

Para avaliar cada tipo de liderança, Blake e Mouton propõem a grade gerencial que é uma tabela de dupla entrada composta de dois eixos: o eixo vertical representa a ênfase nas pessoas, enquanto o eixo horizontal representa a ênfase na produção. Cada um desses dois eixos apresenta uma série contínua que varia de 1 a 9 pontos, em que 1 é o menor grau de preocupação e 9 é o grau mais elevado de ênfase possível. A Figura 13.8 mostra a grade gerencial.

A grade gerencial representa as duas ênfases e a sua interação. Embora os 9 pontos de cada um dos eixos permitam 81 posições diferentes para caracterizar os possíveis estilos de liderança, os autores colocam nos principais pontos de interação (nos quatro cantos e no centro do grid), os cinco principais estilos de liderança.

O administrador deve aprender a observar o seu estilo de liderança pelo *grid* a fim de fortalecer o seu

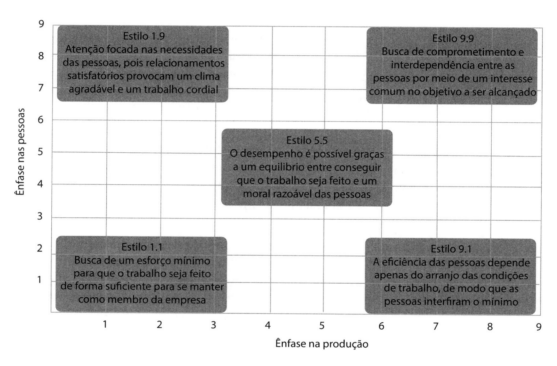

Figura 13.8 A grade gerencial (*managerial grid*).[23]

Quadro 13.6 Os principais estilos de liderança segundo o grid gerencial[24]

Estilo	Significado
9.1	No canto inferior direito do *grid*. Representa forte preocupação com a produção e nenhuma com as pessoas que estão produzindo
1.9	No canto superior esquerdo. É o estilo de liderança que enfatiza as pessoas, com nenhuma preocupação com os resultados que elas estão obtendo
1.1	No canto inferior esquerdo. Representa nenhuma preocupação com a produção ou com as pessoas. É a tendência ao mínimo esforço indispensável para permanecer na empresa
5.5	No centro do *grid*. É o meio-termo, no qual o administrador adota a atitude de conseguir resultados médios, mas sem muito esforço das pessoas. É a tendência à mediocridade
9.9	No canto superior direito. Demonstra elevada preocupação com a produção e com as pessoas que produzem. Os problemas são discutidos com profundidade, de maneira aberta, para alcançar compreensão mútua e amplo comprometimento em relação às conclusões obtidas. É a tendência à excelência, tanto nos resultados de produção como no desenvolvimento profissional das pessoas

desempenho individual e avaliando a situação que está vivendo. O administrador deve comparar a maneira pela qual está liderando seus subordinados e a maneira pela qual deveria administrá-los (em direção ao estilo 9,9, que é o estilo da excelência) para identificar a discrepância entre o que ele é e o que deveria ser em termos de liderança.

13.5.2 Eficácia gerencial

No mesmo diapasão, Reddin propõe um modelo de eficácia gerencial[25] que assevera que o comportamento gerencial pode ser orientado para dois aspectos:

1. **Orientação para a Tarefa (OT)**: quando o gerente se preocupa exclusivamente com a tarefa a ser realizada.
2. **Orientação para as Relações (OR)**: quando o gerente se preocupa exclusivamente com o relacionamento com as pessoas com quem eles trabalham.

A liderança pode produzir a eficácia gerencial, que é o grau em que o administrador alcança as exigências do produto (resultado) de sua posição na empresa. O administrador é solicitado a ser eficaz em uma enorme variedade de situações e a sua eficácia pode ser avaliada na medida em que ele é capaz de modificar o seu estilo de maneira apropriada conforme a situação. Daí a teoria tridimensional (3D) segundo a qual existem três habilidades gerenciais básicas:[26]

1. **Sensitividade situacional**: é a habilidade de diagnosticar e sentir situações e quais as forças que atuam em cada uma delas.

2. **Flexibilidade de estilo**: é a habilidade de se adequar às forças que atuam em cada situação. É o que se chama vulgarmente de "jogo de cintura".
3. **Destreza de gerência situacional**: é a habilidade de gestão situacional, isto é, a capacidade de modificar uma situação que precisa ser modificada.

A eficácia gerencial é avaliada em termo de produto (resultado) em vez de insumo (entrada), isto é, mais por aquilo que o administrador alcança por meio do seu trabalho do que por aquilo que ele realmente faz. Assim, a eficácia é resultado, é produto e desempenho em vez de insumo. Não é aquilo que o administrador faz, mas o que ele obtém como resultado. Daí a importância da liderança na eficácia gerencial, ou seja, na obtenção de resultados por meio de pessoas.

13.5.3 *Continuum* de liderança

A abordagem situacional da liderança sugere uma gama bastante ampla de padrões de comportamento de liderança que o administrador pode escolher para as suas relações de liderança com os subordinados. Cada tipo de comportamento está relacionado com o grau de autoridade utilizado pelo líder e o grau de liberdade concedido aos subordinados na tomada de decisões, dentro de um *continuum* de padrões de liderança. O comportamento do líder pode manter um alto grau de controle sobre os subordinados em um extremo ou permitir uma ampla liberdade de ação para os subordinados no outro.

Figura 13.9 O modelo de eficácia gerencial.

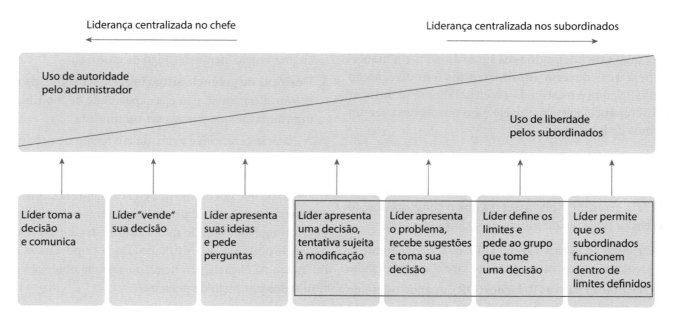

Figura 13.10 *Continuum* de padrões de liderança.[27]

Nenhum dos extremos é absoluto, pois autoridade e liberdade nunca são ilimitadas. Para que o administrador escolha qual o padrão de liderança que desenvolverá em relação aos seus subordinados, ele deve considerar e avaliar conjuntamente três forças:

1. **Forças no administrador**: suas características de personalidade, suas convicções, motivações e objetivos pessoais.
2. **Forças nos subordinados**: suas características de personalidade, seus conhecimentos e experiências, suas motivações e objetivos pessoais.
3. **Forças na situação**: tipo de empresa, circunstâncias, cultura organizacional, tipo de trabalho ou problema a enfrentar.

A abordagem situacional permite inferir as seguintes proposições:

1. Quando as tarefas são rotineiras e repetitivas, a liderança é geralmente limitada e sujeita a controles pelo chefe, que passa a se situar num padrão de liderança autocrático.
2. Um líder pode assumir diferentes padrões de liderança para cada um de seus subordinados, de acordo com as forças acima.
3. O líder pode assumir diferentes padrões de liderança para um mesmo subordinado conforme a situação envolvida ou o desafio enfrentado. Em situações em que o subordinado apresente alto nível de eficiência, o líder pode dar-lhe maior liberdade nas decisões; se o subordinado apresenta erros seguidos e imperdoáveis, o líder pode impor-lhe maior autoridade pessoal e menor liberdade de trabalho.

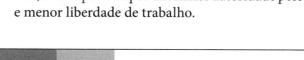

SAIBA MAIS — Liderança

A liderança é um tipo de comportamento que o líder utiliza em diferentes circunstâncias e situações enfrentadas e em função do diagnóstico que ele faz a respeito. Quase sempre é uma estratégia pessoal em lidar com diferentes pessoas e em diferentes situações. Assim, a liderança é sempre situacional, ou melhor, contingencial. O líder precisa ter alto jogo de cintura para isso. Adaptabilidade, flexibilidade e, principalmente, agilidade.

13.6 NÍVEIS DE LIDERANÇA

Vimos no capítulo anterior os conceitos básicos sobre liderança. Todavia, existem características diferentes de liderança para os vários níveis organizacionais. Os líderes que chegam ao topo, isto é, ao nível institucional, se caracterizam por pensar globalmente e são estrategistas e guardiães do negócio da empresa. Os líderes táticos são impulsionadores da execução e são mobilizadores de talentos, enquanto os líderes operacionais conduzem e desenvolvem as pessoas frente a resultados. As diferenças entre líderes estrategistas, táticos e operacionais estão configuradas na Figura 13.11.

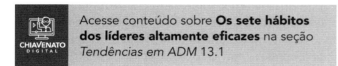

Acesse conteúdo sobre **Os sete hábitos dos líderes altamente eficazes** na seção *Tendências em ADM 13.1*

O fato é que a literatura sobre liderança é enorme e a cada dia ela cresce mais. A ponto de um autor famoso por seus livros sobre o assunto acabar dizendo que há uma enorme desconexão entre o que realmente torna os indivíduos bem-sucedidos e aquilo que pensamos que os torna bem-sucedidos. Isso acontece porque não nos baseamos em dados para elaborar apreciações precisas sobre o assunto. Assim, Pfeffer pondera que um líder precisa ser medido em três pontos:[28]

1. O que realmente realiza ou deixa de realizar. Se a organização tem mais sucesso com ele, se os problemas estão sendo realmente resolvidos.

2. Como melhora o seu próprio comportamento. Ele tem de ser melhor a cada dia que passa naquilo que faz, jamais pior. E crescer com cada desafio ou problema.

3. Como melhora as condições de trabalho de quem trabalha com ele. Se as pessoas têm saúde física e mental, se inspira confiança, angaria apoio mesmo quando uma pessoa é insegura, se é facilitador e impulsionador.

Neste caso, a liderança não se define pelas características pessoais, mas pelos resultados concretos que o líder consegue realizar, manter e melhorar gradativamente. E concretamente.

13.7 *EMPOWERMENT*

Para aplicar uma gestão participativa, o administrador precisa adotar novas maneiras de trabalhar com sua equipe. Isso significa abandonar rapidamente os antigos métodos de comando autocrático e de controle coercitivo sobre as pessoas para usar o compartilhamento de ideias e objetivos comuns. Estamos falando de *empowerment*. É o fortalecimento ou empoderamento das pessoas pelo trabalho em equipe.

O empoderamento das pessoas passa obrigatoriamente por cinco providências fundamentais:[29]

1. Participação direta das pessoas nas decisões da equipe.

2. Atribuição de responsabilidade total às pessoas pelo alcance de metas e resultados.

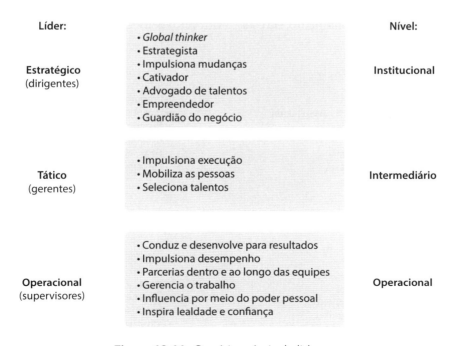

Figura 13.11 Os vários níveis de liderança.

3. **Liberdade e autonomia para que as pessoas escolham métodos e processos de trabalho e façam seus programas de ação com a orientação do seu líder.**
4. **Atividade grupal, solidária e trabalho em equipe.** Equipe, equipe e mais equipe. Tudo deve ser feito em trabalho conjunto e colaborativo. A equipe deve ser coesa, integrada, orientada, recompensada, apoiada e impulsionada.
5. **Avaliação do próprio desempenho da equipe.** A autoavaliação do desempenho pela própria equipe torna-se um importante meio de *feedback* em tempo real e de melhoria constante.

Em resumo: participação, responsabilidade, liberdade, equipe e autoavaliação. E o óbvio, substituir a tradicional gerência por liderança renovadora: apoiar e assessorar intensamente as pessoas, treinar e orientar continuamente, ajudar a tomar as decisões corretas, enfim, dar a elas toda a retaguarda necessária para que possam trabalhar com liberdade e autonomia. Em vez de ficar por cima e no comando, o executivo deve ficar atrás dando todo suporte e retaguarda à equipe. Isso significa uma nova maneira de lidar com as pessoas. Mas não basta apenas ser líder dentro do conceito convencional, é preciso ampliar o conceito de liderança convencional para o conceito de liderança renovadora. Qual é a diferença? A liderança convencional é uma liderança transacional, isto é, focada nos relacionamentos com os subordinados. A liderança renovadora é mais que isso pois, além desse relacionamento, ela está focada, principalmente, na criatividade e na inovação por meio da aprendizagem e da mudança. Não basta mais manter o *status quo*. Torna-se indispensável que as pessoas aprendam novos hábitos e conceitos para contribuírem com novas ideias e novas soluções. Somente assim as organizações poderão enfrentar a tremenda competitividade que impera no cenário da globalização. E isso depende do trabalho do executivo como líder renovador, impulsionador e facilitador do aprendizado e da mudança.

Aumente seus conhecimentos sobre **Alavancadores do *empowerment*** na seção *Saiba mais ADM* 13.4

Toda empresa é constituída de pessoas. E elas guardam entre si relações de interações e de intercâmbios constantes. É aí que podemos fazer melhorias rápidas e imediatas. Mais que isso, melhorias sem limites. Por onde começar? Comece pelo mais simples: pelas pessoas que trabalham na empresa. Isto é, modificando o relacionamento entre administrador (líder) e subordinados (equipe). É aí que está o fio inicial desse longo novelo que é a renovação organizacional. Algo mais que a simples direção ou liderança, algo além da liderança convencional: a liderança renovadora e a liderança servidora. Somente assim o administrador pode se tornar facilitador, incentivador, orientador e impulsionador do trabalho de sua equipe. Um verdadeiro *coach* e um verdadeiro mentor.

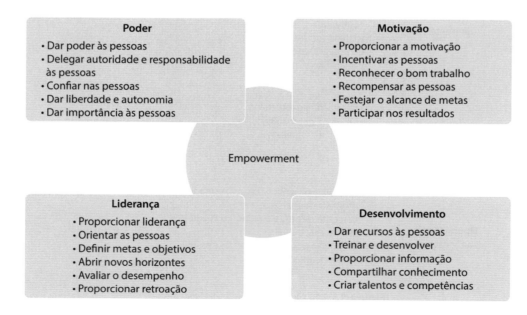

Figura 13.12 As características do *empowerment*.

> **PARA REFLEXÃO**
>
> **Como utilizar o *empowerment* na empresa?**
>
> Reflita e, a seguir, discuta com seus colegas a respeito do assunto supra e tente chegar a uma conclusão. Como utilizar o *empowerment* na empresa?

A direção/liderança, como função administrativa, está passando por uma formidável carpintaria. A maneira de dinamizar a organização, fazer com que as coisas aconteçam, servir ao cliente, gerar valor, produzir e distribuir resultados relevantes para todos os envolvidos está passando por grandes mudanças. Afinal, qual a ferramenta mais importante do administrador em todos os níveis da empresa? É a sua equipe! É preciso mantê-la sempre afiada. E é por ela que o administrador trabalha e oferece resultados. É a equipe que pode garantir seu sucesso profissional. E, para tanto, o administrador precisa ter liderança. É o que veremos no próximo capítulo.

REFERÊNCIAS

1. McGREGOR, D. M. O lado humano da empresa. *In:* BALCÃO, Y. F.; CORDEIRO, L. L (orgs.). *O Comportamento Humano na Empresa*: uma antologia. Rio de Janeiro: Fundação Getulio Vargas, 1967. p. 45-60.
2. McGREGOR, D. M. *O lado humano da empresa. op. cit.*, p. 46-48.
3. McGREGOR, D. M. *O lado humano da empresa. op. cit.*
4. McGREGOR, D. M. *O lado humano da empresa. op. cit.*
5. LIKERT, R. *Novos Padrões de Administração*. São Paulo: Livraria Pioneira, 1971.
6. CHIAVENATO, I. *Introdução à Teoria Geral da Administração*. São Paulo: Atlas, 2020.
7. LIKERT, R. *op. cit.*, p. 130.
8. *Idem ibdem.*
9. CHIAVENATO, I. *Gestão de pessoas*. São Paulo: Atlas, 2020.
10. SCHEIN, E. *Organizational Culture and Leadership*. Califórnia: Jossey-Bass, 1992.
11. JACQUES, E. *The Changing Culture of a Factory*. Londres: Tavistock Publications, 1951.
12. CHIAVENATO, I. *Administração nos Novos Tempos*. São Paulo: Atlas, 2020.
13. SCHEIN, E. *Organizational Culture and Leadership. op. cit.*
14. O'BRIEN, V. *op. cit.*, p. 49-50.
15. AUSTIN, J. W. *Corporate Coach and Principal*: potential at work. Nova York: Rochester, 1998.
16. KOTTER, J. P. A *Force for Change*: how leadership differs from management. Nova York: Free Press, 1990.
17. KOTTER, J. P. What Leaders Really Do. *Harvard Business Review*, p. 103-111, may/june 1990.
18. LEWIN, K.; LIPPITT, R.; WHITE, R. K. Patterns of Aggressive Behavior in Experimentally Created Social Climates. *Journal of Social Psychology*, v. 10, 1938.
19. LIPPITT, R.; WHITE, R. K. An Experimental Study of Leadership and Group Life. *In:* SWANSON, G. E.; NEWCOMB, T. M.; HARTLEY, E. L. (orgs.). Readings in Social Psychology. Nova York: Holt, 1952.
20. LIKERT, R. *Novos Padrões de Administração*. São Paulo: Pioneira, 1971. p. 20-23.
21. HUNTER, J. C. *O Monge e o Executivo*: uma história sobre a essência da liderança. Rio de Janeiro: Sextante, 2004.
22. BLAKE, R. R.; MOUTON, J. S. A *Estruturação de uma Empresa Dinâmica Através do Desenvolvimento Organizacional do Tipo Grid*. São Paulo: Edgard Blücher, 1972. *Vide* também: BLAKE, R. R.; MOUTON, J. S. *O Grid Gerencial*. São Paulo: Livraria Pioneira, 1975.
23. BLAKE, R. R.; MOUTON, J. S. *O Grid Gerencial*. São Paulo: Livraria Pioneira, 1976. p. 10.
24. BLAKE, R. R.; MOUTON, J. S. *O Grid Gerencial. op. cit.*, p. 65-67.
25. REDDIN, W. J. *Eficácia Gerencial*. São Paulo, Atlas, 1975.
26. REDDIN, W. J. *Eficácia Gerencial. op. cit.*
27. TANNENBAUM, R.; SCHMIDT, W. H. How to Choose a Leadership Pattern. *Harvard Business Review*, v. 36, p. 96, mar./apr., 1958.
28. PFEFFER, J. *Power*: why some people have it and others don't. Nova York: Harper Business, 2010.
29. CHIAVENATO, I. *Gerenciando com as Pessoas. op. cit.*, p. 79.

14 GERÊNCIA

OBJETIVOS DE APRENDIZAGEM

- Motivação humana.
- Clima organizacional.
- Equipes.
- Comunicação.

O QUE VEREMOS ADIANTE

A gerência significa o papel do administrador no nível intermediário das organizações. Na verdade, o termo gerência surgiu a partir das primeiras noções de administração como tentativa de ciência. Quase sempre o termo significa basicamente supervisionar pessoas dentro dos padrões tradicionais. Modernamente, o gerente é um condutor de pessoas e de equipes. Como tal, ele lidera, comunica e motiva as pessoas no sentido de atingir metas e objetivos organizacionais. E como o administrador realiza os objetivos da organização por meio de pessoas, a eficiência e eficácia com que consegue desenvolver as tarefas dependem sobremaneira do conhecimento que tiver a respeito das pessoas. A motivação, a liderança e a comunicação constituem os principais meios de dirigir as pessoas dentro das empresas. E, por sinal, constituem os três conceitos relacionados com o comportamento mais importante para o administrador: alcançar eficiência e eficácia por meio das pessoas.

14.1 MOTIVAÇÃO HUMANA

Do ponto de vista da administração, a motivação é a disposição de alcançar um nível persistente e elevado de esforço na direção de metas organizacionais, condicionada pela capacidade do esforço de satisfazer certa necessidade individual.[1] Para compreender o comportamento humano é fundamental o conhecimento da motivação humana. O conceito de motivação tem sido utilizado com diferentes sentidos. De um modo genérico, motivo é a força ou impulso que leva a pessoa a agir de determinada maneira, isto é, que dá origem a um comportamento específico. Esse impulso à ação pode ser provocado por um estímulo externo (provindo do ambiente) ou pode ser gerado internamente nos processos mentais do indivíduo. Neste aspecto, a motivação está relacionada com o sistema de cognição do indivíduo. Cognição (ou conhecimento) representa aquilo que as pessoas sabem a respeito de si mesmas e do ambiente que as rodeia. O sistema cognitivo de cada pessoa inclui seus valores pessoais e é profundamente influenciado pelo ambiente físico e social, por sua estrutura fisiológica, processos fisiológicos e por suas necessidades e experiências anteriores. Assim, todos os atos do indivíduo são guiados pela sua cognição – pelo que ele sente, pensa e acredita. No fundo, as pessoas veem o mundo tal como elas são.

O ambiente psicológico (ou ambiente comportamental) é a situação que a pessoa percebe e interpreta a respeito de seu ambiente externo mais próximo. É o ambiente relacionado com suas atuais necessidades. No ambiente psicológico, os objetos, pessoas ou situações adquirem valências, determinando um campo dinâmico de forças psicológicas. A valência é positiva quando os objetivos, pessoas ou situações podem ou prometem satisfazer as necessidades presentes do indivíduo. A valência é negativa quando pode ou promete ocasionar algum prejuízo ou dano ao indivíduo. Os objetos, pessoas ou situações com valência positiva tendem a atrair o indivíduo, enquanto os de valência negativa tendem a causar-lhe repulsa ou fuga. A atração é a força – ou vetor – dirigida para o objeto, pessoa ou situação, enquanto a repulsa é a força – ou vetor – que o leva a afastar-se, tentando fugir ou escapar. Um vetor tende sempre a produzir uma locomoção em certa direção. Quando dois ou mais vetores atuam ao mesmo tempo sobre uma pessoa, a locomoção é uma espécie de resultante (ou momento) de forças. De um modo geral, a locomoção pode ser de aproximação ou abordagem (valência positiva) ou de fuga ou repelência (valência negativa). Algumas vezes, a locomoção produzida pelos vetores pode ser impedida ou bloqueada por uma barreira (impedimento ou obstáculo) capaz de causar frustração.[2]

O modelo de comportamento humano proposto por Kurt Lewin é representado esquematicamente pela equação:

$$C = f(P, M)$$

em que o comportamento (C) é resultado ou função (f) da interação entre a pessoa (P) e o seu meio ambiente (M) ou situação. A pessoa (P), nesta equação, é definida pelas características de personalidade em interação com o meio (M).[3]

A motivação representa a ação de forças ativas e impulsionadoras: as necessidades humanas. As pessoas são diferentes entre si no que tange à motivação. As necessidades humanas que motivam o comportamento humano produzem padrões de comportamento que variam de indivíduo para indivíduo. Para complicar ainda mais, os valores pessoais e os sistemas cognitivos são diferentes entre as pessoas, bem como as capacidades pessoais para atingir objetivos são diferentes. E o pior é que as necessidades, os valores pessoais e as capacidades variam no mesmo indivíduo conforme o tempo.

Apesar de todas essas diferenças enormes, o processo que dinamiza o comportamento humano é mais ou menos semelhante para todas as **pessoas**. Existem três suposições relacionadas entre si para explicar o comportamento humano:

1. **O comportamento humano é causado**: existe uma causalidade do comportamento. Tanto a hereditariedade como o meio ambiente influem decisivamente sobre o comportamento das pessoas. O comportamento é causado por estímulos internos e externos.

2. **O comportamento humano é motivado**: há uma finalidade em todo comportamento humano. Ele não é causal nem aleatório, mas orientado e dirigido para algum objetivo que dê satisfação a alguma necessidade.

3. **O comportamento humano é orientado para objetivos pessoais**: subjacente a todo comportamento, existe sempre um impulso, desejo, necessidade, tendência, expressões que servem para designar os motivos do comportamento.[4]

Se essas três suposições forem corretas, o comportamento humano não será espontâneo, nem isento de finalidade: sempre haverá algum **objetivo** implícito ou explícito que orienta o comportamento das pessoas.

> **PARA REFLEXÃO:**
>
> **Por que a motivação é tão importante?**
> Com base nas afirmações a seguir, reflita por que a motivação é tão importante.
> - Para cada pessoa a motivação é um fator que gera satisfação no trabalho.
> - Para o gerente significa subordinados que assumem responsabilidades.
> - Para a empresa a motivação representa desempenho excelente das pessoas.

14.1.1 Ciclo motivacional

O comportamento humano pode ser explicado por meio do ciclo motivacional, isto é, o processo pelo qual as necessidades condicionam o comportamento humano, levando-o a algum estado de resolução. A necessidade é um estado que faz com que certos resultados pareçam atraentes.[5] As necessidades ou motivos não são estáticos; ao contrário, são forças dinâmicas e persistentes que provocam comportamentos. A necessidade, quando surge, rompe o equilíbrio do organismo, causando um estado de tensão, insatisfação, desconforto e desequilíbrio. Esse estado leva o indivíduo ao comportamento ou ação capaz de descarregar a tensão ou de livrá-lo do desconforto e do desequilíbrio. Se o comportamento for eficaz, o indivíduo encontrará a satisfação da necessidade portanto, a descarga da tensão provocada por ela. Satisfeita a necessidade, o organismo volta ao estado de equilíbrio anterior e à sua forma normal de ajustamento ao ambiente. O ciclo motivacional pode ser sumariado conforme a Figura 14.1.[6]

Com a repetição do ciclo motivacional (reforço) e a aprendizagem daí decorrente, os comportamentos ou ações tornam-se gradativamente mais eficazes na satisfação de certas necessidades. Por outro lado, uma necessidade satisfeita não é motivadora de comportamento já que não causa tensão, desconforto ou desequilíbrio. Assim, uma pessoa sem fome não é motivada a procurar alimento para comer.

A necessidade pode ser satisfeita, frustrada ou compensada (transferida para outro objeto). No ciclo motivacional representado na Figura 14.1 há um estado de equilíbrio interno (da pessoa) que é alterado por um estímulo (interno) ou incentivo (externo) que produz uma necessidade. A necessidade provoca um estado de tensão que leva a um comportamento ou ação que conduza à satisfação daquela necessidade. Satisfeita a necessidade, o organismo humano retorna ao equilíbrio interno anterior. Porém, nem sempre a necessidade é satisfeita. Muitas vezes, a tensão provocada pelo surgimento da necessidade encontra uma barreira ou um obstáculo para sua liberação. Não encontrando saída normal, a tensão represada no organismo procura um meio indireto de saída, seja por via social (agressividade, descontentamento, tensão emocional, apatia, indiferença), seja por via fisiológica (tensão nervosa, insônia, repercussões cardíacas ou digestivas). É o que chamamos de frustração. A tensão não é descarregada e permanece no organismo provocando certos sintomas psicológicos, fisiológicos ou sociais.

Outras vezes, a necessidade não é satisfeita e nem frustrada, mas transferida ou compensada. A transferência ou compensação ocorre quando a satisfação de outra necessidade serve para reduzir ou aplacar a intensidade de uma necessidade que não pode ser satisfeita. É o que acontece quando o motivo de uma promoção para um cargo superior é contornado por um bom aumento de salário ou por uma nova sala de trabalho.

14.1.2 A hierarquia das necessidades

A teoria da motivação de Maslow afirma que as necessidades humanas estão organizadas em uma hierarquia de necessidades, formando uma pirâmide.[8]

As necessidades humanas básicas são:[9]

1. Necessidades fisiológicas: são necessidades vegetativas relacionadas com a fome, cansaço, sono, desejo sexual etc. Dizem respeito à sobrevivência do indivíduo e da espécie e constituem pressões fisiológicas que levam o indivíduo a buscar ciclicamente a sua satisfação.

Figura 14.1 Etapas do ciclo motivacional com a satisfação de uma necessidade.[7]

2. **Necessidades de segurança**: levam o indivíduo a proteger-se de todo perigo real ou imaginário, físico ou abstrato. A busca de segurança, desejo de estabilidade, fuga ao perigo, busca de um mundo ordenado e previsível decorrem destas necessidades. Tal como as necessidades fisiológicas, as de segurança estão relacionadas com a sobrevivência do indivíduo.
3. **Necessidades sociais**: relacionadas com a vida associativa do indivíduo com outras pessoas. Relações de amizade e busca de participação em grupos levam o indivíduo à adaptação social ou não.
4. **Necessidades de estima**: relacionadas com a autoavaliação e autoestima do indivíduo. Sua satisfação conduz a sentimentos de autoconfiança, autoapreciação, reputação, reconhecimento, amor próprio, prestígio, *status*, valor, força, poder, capacidade e utilidade. Sua frustração pode produzir sentimentos de inferioridade, fraqueza e desamparo.
5. **Necessidades de autorrealização**: relacionadas com o desejo de cumprir o potencial de realização de cada indivíduo expresso por meio do desejo de se tornar mais do que é e de vir a ser tudo aquilo que se pode ser. Estão relacionadas com a plena realização daquilo que cada um tem de potencial.

Assim, todo comportamento pode ter mais de uma motivação. Ele não é casual, mas motivado, isto é, orientado para objetivos. A necessidade superior some e se manifesta quando a necessidade inferior (mais premente) foi satisfeita. A necessidade inferior (mais premente) monopoliza o comportamento do indivíduo. Em função dessa premência, nem todos os indivíduos conseguem chegar nos níveis mais elevados de necessidades.

14.1.3 Fatores higiênicos e fatores motivacionais

A teoria dos dois fatores desenvolvida por Herzberg procura explicar o comportamento de trabalho dos indivíduos a partir de dois fatores:[10]

1. **Fatores higiênicos ou fatores extrínsecos**: estão localizados no ambiente que rodeia o indivíduo e se referem às condições dentro das quais ele desempenha seu trabalho. Não estão sob o controle do indivíduo, pois são administrados pela empresa, tais como salários, benefícios sociais, tipo de chefia ou supervisão que o indivíduo recebe, condições físicas de trabalho, políticas da empresa, clima de relações com a direção e regulamentos internos. São

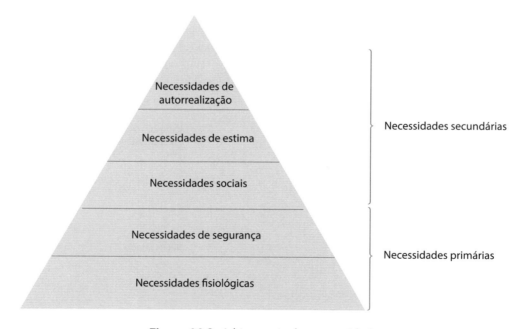

Figura 14.2 A hierarquia das necessidades.

Figura 14.3 As necessidades humanas primárias e secundárias.

fatores de contexto que circunda o indivíduo e que no passado eram privilegiados pelas empresas em suas políticas de pessoal.

2. **Fatores motivacionais ou fatores intrínsecos**: estão relacionados com o conteúdo do cargo ou com a natureza das tarefas que o indivíduo executa. Estão sob o controle do indivíduo e englobam os sentimentos de autorrealização, crescimento individual e reconhecimento profissional. Dependem da natureza das tarefas que o indivíduo executa.

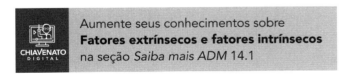

Aumente seus conhecimentos sobre **Fatores extrínsecos e fatores intrínsecos** na seção *Saiba mais ADM* 14.1

Em outras palavras, a teoria dos dois fatores afirma que a satisfação no cargo é função do conteúdo das atividades desafiadoras e estimulantes do cargo: são os fatores motivacionais. A insatisfação no cargo é função do contexto, isto é, do ambiente, do salário, da supervisão, dos colegas e do contexto geral do cargo: são os fatores higiênicos.

Quadro 14.1 Fatores motivacionais e fatores higiênicos[11]

FATORES MOTIVACIONAIS (satisfacientes)	FATORES HIGIÊNICOS (insatisfacientes)
Conteúdo do cargo (como o indivíduo se sente a respeito de seu cargo)	Contexto empresarial do cargo (como o indivíduo se sente a respeito de sua empresa)
■ O trabalho em si ■ Realização pessoal ■ Reconhecimento ■ Progresso profissional ■ Responsabilidade	■ Condições de trabalho ■ Administração da empresa ■ Salário ■ Relações com o supervisor ■ Benefícios e serviços sociais

Figura 14.4 Fatores satisfacientes e fatores insatisfacientes.

14.1.4 Enriquecimento do cargo

Para que o conteúdo de cargo (fatores motivacionais) seja sempre estimulante e desafiador a ponto de criar meios de satisfação das necessidades mais elevadas, Herzberg propõe o enriquecimento do cargo. Para ele, o enriquecimento do cargo traz efeitos desejáveis, como aumento da motivação, aumento da produtividade, redução do absenteísmo e redução da rotatividade do pessoal, como vimos anteriormente.

As duas teorias da motivação – de Maslow e de Herzberg – apresentam pontos de concordância que permitem uma configuração mais ampla e rica a respeito da motivação do comportamento humano. Os fatores higiênicos se referem às chamadas necessidades primárias (necessidades fisiológicas e necessidades de segurança, incluindo algumas necessidades sociais), enquanto os fatores motivacionais se referem às chamadas necessidades secundárias (necessidade de estima e de autorrealização), como mostra a Figura 14.5.

14.1.5 Abordagens contingenciais da motivação humana

Os dois modelos de motivação humana – o de Maslow, baseado na estrutura hierárquica e uniforme das necessidades humanas e o de Herzberg, baseado em duas classes de fatores estáveis e permanentes – presumem implicitamente que existe sempre "uma melhor maneira" de motivar que é válida para todas as pessoas em todas as situações. Contudo, a evidência tem demonstrado que diferentes pessoas reagem diferentemente de acordo com a situação em que se encontram. Uma teoria da motivação, para ser válida, precisaria levar em conta essas circunstâncias e contingências em que as pessoas se encontram. Daí o surgimento de abordagens contingenciais sobre a motivação.

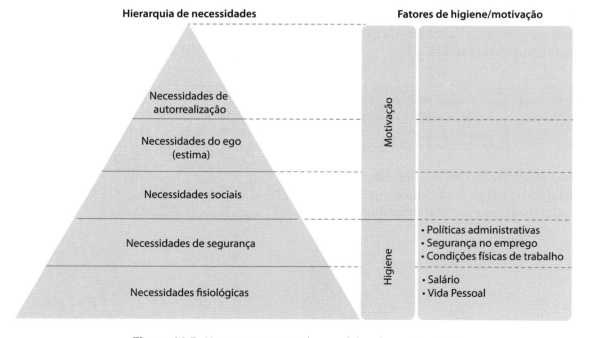

Figura 14.5 Uma comparação dos modelos de motivação.[12]

PARA REFLEXÃO

Para que serve a motivação?

Reflita e, a seguir, discuta com seus colegas a respeito do assunto supra e tente chegar a uma conclusão. Para que serve a motivação das pessoas?

- Para aumentar o nível de satisfação das pessoas no trabalho?
- Para tornar a atividade humana mais agradável?
- Para aumentar a participação das pessoas?
- Para melhorar os relacionamentos entre as pessoas?
- Para provocar emoção no trabalho?
- Para criar entusiasmo em relação a metas e objetivos a alcançar?
- Para melhorar a qualidade de vida das pessoas?
- Para impulsionar a vontade de participar, conviver e se dedicar ao trabalho?

14.1.6 Forças básicas da motivação para produzir

Vroom[13] desenvolveu uma teoria da motivação que reconhece as diferenças individuais das pessoas como as diferentes situações em que elas se encontram. A motivação para produzir determina o nível de produtividade individual e depende de três forças básicas que atuam dentro de cada pessoa:

1. **Expectativas**: são os objetivos individuais e a força para atingir tais objetivos. São variados e incluem: dinheiro, segurança no cargo, aceitação social, reconhecimento e uma infinidade de combinações de objetivos que cada pessoa tenta satisfazer simultaneamente,

2. **Recompensas**: é a relação percebida entre a produtividade e o alcance dos objetivos individuais. Se a pessoa tem por objetivo obter um salário melhor e se trabalha na base da remuneração por produção terá forte motivação para produzir mais. Mas se sua necessidade de aceitação social pelos colegas de grupo é mais importante, ela produzirá abaixo do nível que o grupo consagrou como padrão informal de produção pois, neste caso, produzir mais poderá significar a rejeição do grupo,

3. **Relações entre expectativas e recompensas**: é a capacidade percebida de influenciar sua produtividade para satisfazer suas expectativas com as recompensas. Se a pessoa acredita que o seu esforço tem pouco efeito sobre o resultado, tenderá a não se esforçar muito, pois não vê relação entre nível de produtividade e recompensa.

Esses três fatores determinam a motivação do indivíduo para produzir em quaisquer circunstâncias em que ele se encontre. Este modelo de motivação se apoia no modelo de expectação de motivação baseado em objetivos gradativos (*path-goal*). A motivação é um processo que orienta opções de comportamentos diferentes. A pessoa percebe as consequências de cada

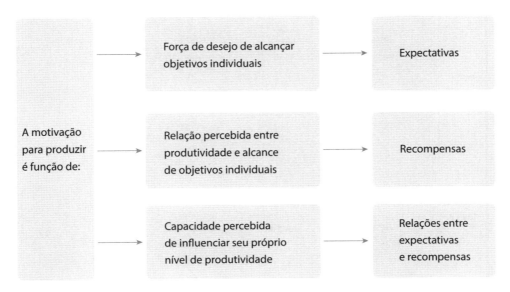

Figura 14.6 As três dimensões básicas da motivação de produzir.[14]

opção de comportamento como um conjunto de possíveis resultados decorrentes desse comportamento. Esses resultados compõem uma cadeia de relações entre meios e fins. Quando a pessoa procura um resultado intermediário (produtividade elevada, por exemplo) ela busca meios para alcançar resultados finais (dinheiro, benefícios sociais, apoio do chefe, promoção ou aceitação do grupo). Os meios conduzem aos fins visados.

14.1.7 Valências

Cada pessoa tem preferências quanto a determinados resultados finais que pretende alcançar ou evitar. Esses resultados adquirem valências dentro do conceito de Lewin.[15] A valência positiva indica o desejo de alcançar um determinado resultado final, enquanto a valência negativa implica o desejo de fugir de determinado resultado final. Os resultados intermediários apresentam valência em função de sua relação percebida com os resultados finais desejados.

A produtividade elevada (resultado intermediário) não tem valência em si mesma, mas adquire valência quando relacionada com o desejo da pessoa de atingir determinados resultados finais (como dinheiro, benefícios sociais, apoio do supervisor e promoção). A relação causal entre resultado intermediário e o resultado final é chamada de instrumentalidade. A instrumentalidade apresenta valores que variam de +1,0 a –1,0 de valência (como os coeficientes de correlação estatística entre duas variáveis) dependendo de estar diretamente ligada ou não ao alcance dos resultados finais. Se a pessoa perceber que não existe relação alguma entre o resultado intermediário (produtividade elevada, no caso) e o alcance dos objetivos finais (dinheiro, apoio do supervisor, promoção etc.), a instrumentalidade será igual a zero, ou seja, inexistente. Neste caso, para ela de nada adiantará a produtividade elevada para alcançar objetivos tais como dinheiro, apoio do supervisor ou promoção. É preciso que a pessoa sinta e perceba a valência e a instrumentalidade para que valha a pena o seu esforço.

14.1.8 Instrumentalidade

O desejo da pessoa (valência) para uma produtividade elevada (resultado intermediário) é determinado pela soma das instrumentalidades e valências de todos os resultados finais. A motivação e o seu esforço motivado para satisfazê-la levam a pessoa a perceber que suas ações poderão alterar o seu nível de desempenho para alcançar seus objetivos finais. Essa percepção subjetiva de ação-resultado é denominada expectância. Os valores de expectância podem variar de 0 a +1,0 (como os valores de probabilidade), dependendo do grau de certeza percebida com que as atividades da pessoa poderão influenciar o seu nível de desempenho. Uma pessoa somente se dedicará a resultados intermediários quando perceber que estes poderão conduzi-la aos resultados finais que deseja alcançar. Daí os objetivos gradativos. Quanto maior a expectância, tanto mais a pessoa se dedicará aos resultados intermediários. Se a expectância for igual a zero, a pessoa simplesmente se desinteressará dos resultados intermediários.

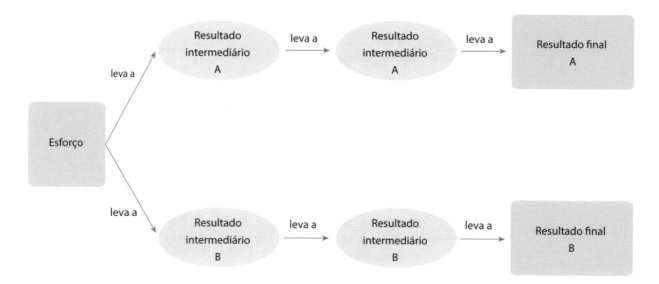

Figura 14.7 Cadeia de objetivos gradativos na teoria da expectância.

A motivação de uma pessoa é contingente e varia conforme as diferenças individuais e as diferentes maneiras de operacionalizá-las em diferentes circunstâncias. O desempenho de uma pessoa em uma atividade qualquer é contingente e depende de três fatores fundamentais: as expectativas, recompensas e as relações entre ambas (aquilo que a pessoa entende que deva fazer, isto é, suas percepções do papel a desempenhar). Obviamente, trata-se de uma teoria da motivação e não uma teoria do comportamento.

14.1.9 Teoria da expectância

Ao desenvolver sua teoria da expectância, Lawler III[16] considera o dinheiro um resultado intermediário que possui elevada instrumentalidade para o alcance de inúmeros resultados finais devido a diversas razões.

As pessoas desejam dinheiro porque este permite não somente a satisfação de necessidades fisiológicas (comida, vestuário, conforto, padrão de vida etc.) e necessidades de segurança (estabilidade e segurança financeira, ausência de problemas financeiros) como também oferece plenas condições para satisfação das necessidades sociais (relacionamentos, amizades, participação em grupos sociais), de estima (*status*, prestígio e consideração) e de autorrealização (condições de realização do potencial e do talento pessoal).

Se a pessoa acredita que o seu desempenho é, ao mesmo tempo, possível e necessário para obter dinheiro, ela se aplicará nesse desempenho. Ele torna-se um resultado intermediário para obter o dinheiro, que é outro resultado intermediário seguinte na sequência para alcançar resultados finais variados. O dinheiro apresenta elevado valor de expectação quanto ao alcance de resultados finais. Ele permite comprar muita coisa e assegurar a satisfação de muitas e diferentes necessidades individuais.

Desde que a pessoa acredite que uma melhoria no desempenho conduza a uma melhoria na remuneração, o salário (dinheiro) poderá ser um excelente motivador do desempenho.

14.1.10 Teoria da fixação de metas

As metas constituem uma importante fonte de motivação no trabalho. A teoria da fixação de metas parte das seguintes premissas:[17]

1. **Metas específicas e claras**: melhoram o desempenho por que proporcionam rumo e direção para as pessoas. Metas claras conduzem a um melhor desempenho do que metas confusas, obscuras e vagas.

2. **Metas complexas**: quando uma pessoa aceita uma tarefa difícil empenhará um nível elevado de esforço para alcançá-la. As metas complexas conduzem a um melhor desempenho do que as metas mais fáceis.

3. **Retroação sobre o alcance das metas**: provoca um melhor desempenho do que a falta dela.[18] A retroação permite à pessoa uma avaliação do seu desempenho frente à meta e lhe dá condições para dimensionar ou aumentar seu esforço.

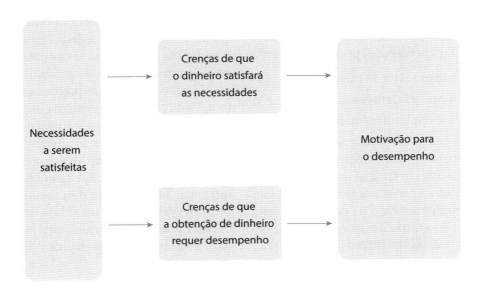

Figura 14.8 Modelo de comportamento da teoria da expectação.

Assim, não basta determinar metas genéricas e confusas, como o pedido de fazer o máximo que se possa. E é claro que, quando a retroação é autogerada – a pessoa é capaz de monitorar pessoalmente seu progresso – ocorre um motivador mais eficaz do que a retroação oferecida por meios externos.[19] A teoria da determinação de metas é uma teoria cognitiva segundo a qual os objetivos da pessoa é que governam sua ação.

14.1.11 Teoria do reforço

É uma teoria comportamental que explica que o reforço ajuda e condiciona o comportamento da pessoa. Segundo este ponto de vista, o comportamento é provocado pelo ambiente externo, isto é, quando um comportamento é acompanhado por uma resposta positiva ela aumenta a probabilidade de que tal comportamento se repita. Assim, a retroação determina e melhora o comportamento. Se uma pessoa recebe uma recompensa por determinada ação, ela voltará a praticar tal ação; se, pelo contrário, recebe uma punição, ela evitará praticar tal ação. Assim, o reforço pode ser positivo ou negativo. Além disso, o reforço positivo melhora e desenvolve o comportamento.

Por outro lado, conceitos de justiça e de equidade são aspectos importantes na motivação das pessoas. Daí surge a teoria da equidade que afirma que as pessoas comparam seus investimentos e resultados no trabalho com os investimentos e resultados das demais e a partir daí reagem de modo a evitar possíveis inequidades. Assim, as pessoas fazem comparações entre seu empenho e resultado com o empenho e resultados que as outras pessoas obtêm. E percebem o que recebem (resultados) em relação ao que contribuíram para ele (investimento) e comparam seu coeficiente resultado/investimento com o coeficiente resultado/investimento das outras pessoas. Três percepções podem ocorrer:[20]

1. Inequidade devido a um retorno menor.
2. Equidade, quando os coeficientes são iguais.
3. Inequidade devido a um retorno maior.

Assim, as pessoas não estão preocupadas com as recompensas que recebem de uma maneira absoluta, mas de uma maneira relativa em função do que as outras pessoas estão recebendo. A comparação é subjetiva, mas fundamental no comportamento da pessoa. Por esta razão, esta teoria se concentrou fortemente na remuneração: um dos aspectos mais facilmente comparáveis.

> **PARA REFLEXÃO**
>
> **Ao perceber uma desigualdade nos coeficientes resultado/investimento, a pessoa pode fazer uma das escolhas abaixo para tentar equilibrar a situação[21]**
>
> 1. Reduzir contribuições quando o retorno for menor: "devo trabalhar menos".
> 2. Aumentar contribuições quando o retorno for maior: "devo trabalhar mais".
> 3. Distorcer percepções de si mesma: "percebo que trabalho demais".
> 4. Distorcer percepções sobre outros: "percebo que outros trabalham pouco".
> 5. Escolher um referente diferente: "percebo que ganho menos que Alberto, mas que ganho mais do que João".
> 6. Abandonar a área: "vou pedir demissão".
>
> O que você acha disso tudo?

14.1.12 Conceito de homem complexo

A abordagem contingencial da motivação humana leva ao conceito de homem complexo: cada pessoa é concebida como um sistema individual e complexo de necessidades biológicas, motivos psicológicos, valores e de percepções. Tal sistema opera de forma a manter o seu equilíbrio interno diante das mudanças e das demandas externas que continuamente lhe são impostas pelas forças do ambiente que o rodeia. Em suas transações com o ambiente organizacional as pessoas são motivadas pelo desejo de utilizar suas habilidades de solucionar problemas ou dominar os problemas com que se defrontam. Cada pessoa é um sistema individual e particular que envolve motivações, padrão de valores pessoais e esquemas de percepção do ambiente externo. Motivos, valores e percepções são altamente inter-relacionados: o que uma pessoa percebe numa particular situação é influenciado pelos seus valores e motivos. O desenvolvimento de valores e motivos é influenciado pelo processo de percepção que determina qual informação o sistema individual recolhe do ambiente.

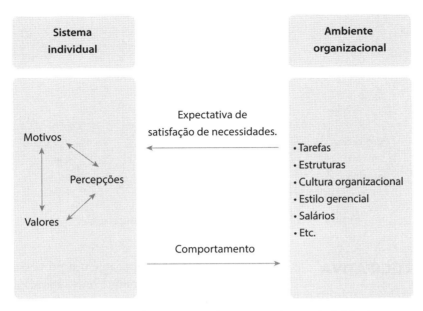

Figura 14.9 O homem complexo e seu sistema individual.

> **PARA REFLEXÃO**
>
> **Como aprender a motivar pessoas?**
>
> Reflita e, a seguir, discuta com seus colegas a respeito do assunto supra e tente chegar a uma conclusão. Como aprender a motivar pessoas na empresa?

14.2 CLIMA ORGANIZACIONAL

Refere-se ao ambiente psicológico interno que existe entre os participantes da empresa. Está intimamente relacionado com o grau de motivação de seus participantes. É a qualidade ou propriedade do ambiente organizacional que é percebida ou experimentada pelos participantes da empresa e que influencia o seu comportamento, relacionamento e desempenho.

Na medida em que o ambiente organizacional permite a satisfação das necessidades individuais de seus participantes, o clima organizacional tende a mostrar-se favorável e positivo. Ao contrário, quando frustra, tende a mostrar-se desfavorável e negativo. O clima organizacional pode ser percebido dentro de uma ampla gama de características qualitativas: saudável, doentio, quente, frio, incentivador, desmotivador, desafiador, neutro, animador, ameaçador etc., de acordo com as características com que cada participante se defronta nas suas transações com o ambiente organizacional e passa a percebê-lo em função de suas transações. O clima influencia a maneira como cada pessoa sente e percebe sua empresa, seu trabalho, seus superiores e colegas e como reage e se comporta nesse contexto.

Em termos práticos, o clima organizacional depende do estilo de liderança utilizado, das políticas e valores existentes, da cultura corporativa, da estrutura organizacional, do trabalho em si, das características das pessoas que participam da empresa e do relacionamento entre elas, natureza do negócio (ramo de atividade da empresa) e do estágio da vida da empresa. Tudo isso ajuda em seu conjunto a criar o clima dentro de cada empresa, a temperatura emocional ali existente.

> Aumente seus conhecimentos sobre **Meios para medir e avaliar o clima organizacional** na seção *Saiba mais* ADM 14.2

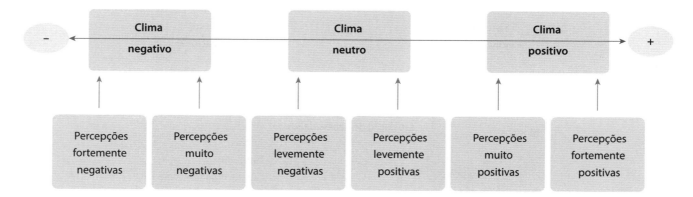

Figura 14.10 O *continuum* do clima organizacional.[22]

14.3 GESTÃO PARTICIPATIVA

A gestão participativa representa um estágio liberal avançado na gestão humana. Não se trata de subverter a ordem interna ou a hierarquia organizacional, mas simplesmente de transformar as pessoas em verdadeiros parceiros do negócio que participem diretamente na melhoria e nos custos e benefícios da atividade empresarial.

TENDÊNCIAS EM ADM

Gestão participativa[23]

A gestão participativa tem sido apontada por empresas bem-sucedidas – principalmente as japonesas – como a alavanca para o progresso tendo por base as pessoas. Representa o envolvimento das pessoas na gestão da empresa. No fundo, a gestão participativa é uma evolução do processo democrático de participar e decidir. Todavia, ela não se baseia simplesmente na democracia da maioria – tão utilizada na nossa vida política e na atividade sindical – mas, sobretudo, na democracia do consenso. Na democracia da maioria impera a vontade da parcela que for maior em detrimento da parte que tiver menor número de pessoas. Enquanto a maioria ganha, a minoria perde. Na democracia do consenso prevalece o resultado das negociações entre todas as partes, incluindo também a vontade das minorias. As vontades de todas as partes são submetidas a um intenso trabalho de discussão e de negociação, cujo resultado representa o esforço coletivo e não somente a vontade de um grupo majoritário sobre os demais.

A participação é um processo compartilhado entre o administrador e seus subordinados. O administrador deve incentivar continuamente a participação dos seus subordinados por meio de três aspectos fundamentais:

1. Envolvimento mental e emocional.
2. Motivação para contribuir.
3. Aceitação de responsabilidade.

A participação requer o envolvimento mental e emocional das pessoas em situações de equipe, que as encorajem a contribuir para os objetivos coletivos e a assumiram a responsabilidade de alcançá-los.

A gestão participativa constitui uma forma de administração na qual as pessoas têm reais possibilidades de participar com liberdade de questionar, discutir, sugerir, modificar, alterar, questionar uma decisão, um projeto ou uma simples proposta. Isso não significa destruir ou anular os centros de poder, pois a administração participativa é perfeitamente compatível com a hierarquia. Não significa subverter a autoridade, desautorizar, bagunçar. As pessoas são envolvidas, estimuladas e se tornam desejosas de contribuir quando há um clima de confiança mútua entre as partes – especialmente entre executivos e subordinados. Isso é completamente diferente do sistema que manda, impõe, coage e fiscaliza, que não ouve, nem discute, nem considera o ponto de vista das pessoas envolvidas.

14.4 EQUIPES

O presidente da empresa (no nível institucional) tem uma equipe de diretores; cada diretor tem uma equipe de gerentes; cada gerente (no nível intermediário) tem uma equipe de supervisores; cada supervisor (no nível operacional) tem uma equipe de colaboradores. A função administrativa de direção se apoia basicamente em equipes. A equipe é o principal instrumento de trabalho do administrador em qualquer nível organizacional em que se encontre. O conceito de equipes veio das agremiações esportivas, como no futebol ou no vôlei. Uma equipe é um conjunto de pessoas agrupadas no sentido de alcançar um objetivo em comum. Na verdade, a equipe é um grupo de pessoas com habilidades e competências suplementares que trabalham juntas com a finalidade de atingir um propósito comum pelo qual se consideram coletivamente responsáveis[24] de maneira compartilhada, cooperativa, engajada e compromissada. Os membros da equipe se comunicam aberta e intensamente e as diferentes e divergentes opiniões são estimuladas para a descoberta de caminhos melhores e inovadores. O respeito e a confiança são fundamentais para garantir ajuda recíproca indispensável para enfrentar possíveis dificuldades ou riscos. A equipe é muito mais do que um simples grupo devido a dois aspectos: de um lado, a cooperação e engajamento em relação aos objetivos compartilhados a atingir que determinam seu propósito e direcionamento e, de outro lado, a complementariedade das competências pessoais dos membros que permite integrar e canalizar todas as habilidades necessárias ao seu trabalho conjunto permitindo um resultado maior do que a soma das partes.

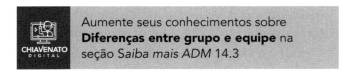

Aumente seus conhecimentos sobre **Diferenças entre grupo e equipe** na seção *Saiba mais ADM 14.3*

Uma equipe de elevado desempenho possui as seguintes características:

1. **Compromisso e engajamento**: em relação ao objetivo a ser alcançado e às alternativas adequadas para superá-lo. O objetivo da equipe deve ser claro para que se saiba aonde chegar e as expectativas a respeito do trabalho da equipe também sejam claras para que se produza identidade, isto é, a capacidade de se enxergar como membro da equipe.
2. **Intenso relacionamento interpessoal entre os membros**: na busca do consenso em relação ao trabalho a ser feito.
3. **Comunicação aberta e intensa**: entre os membros no sentido de incrementar o trabalho conjunto.
4. **Colaboração e ajuda mútua e recíproca**: cada membro é entendido como um cliente interno para os demais e que precisa ser bem tratado e atendido.
5. **Respeito e confiança entre os membros**: a amizade e a confiabilidade são indispensáveis para o trabalho em equipe.
6. **Competências pessoais necessárias ao objetivo a alcançar**: a equipe deve ser um conjunto integrado de várias competências individuais que complementam o acervo de competências distintivas que tornam a equipe bem-sucedida. A qualificação dos membros é um aspecto importante para que a equipe receba todas as contribuições de que necessita para alcançar seus objetivos.
7. **Clima democrático e participativo**: **no qual** as opiniões e divergências são discutidas abertamente em um clima aberto e sincero na busca do consenso.

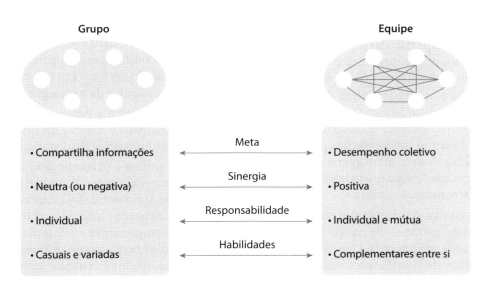

Figura 14.11 Comparação entre grupo e equipe.[25]

8. **Trabalho conjunto e coletivo**: ao contrário do trabalho individualizado, segregado e isolado típico dos cargos definidos pelo modelo burocrático. O trabalho conjunto rende mais e produz melhores resultados. A união faz a força.
9. **Autoavaliação**: a equipe deve fazer *feedback* em tempo real, constantes e contínuos do seu desempenho, não apenas no sentido de corrigir falhas internas, mas sobretudo para encontrar meios alternativos de aprender e se desenvolver cada vez mais.
10. **Equipe como um meio e não como uma finalidade**: na medida em que a empresa muda a equipe também precisa mudar, seja na sua composição, nas suas competências e até nos seus objetivos. Assim, a equipe precisa ser entendida como uma entidade flúida, flexível, mutável e dinâmica sujeita a mudanças para poder acompanhar adequadamente as variações no mundo dos negócios.

Para ter sucesso, o administrador precisa saber trabalhar com sua equipe em qualquer nível organizacional em que esteja situado. Isso é mandatório no mundo dos negócios de hoje.

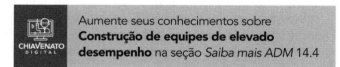

Aumente seus conhecimentos sobre **Construção de equipes de elevado desempenho** na seção *Saiba mais ADM* 14.4

14.5 COMUNICAÇÃO

Uma das principais ferramentas do administrador é a comunicação. A maior parte do seu tempo é usada em comunicação. Ela tem aplicação em todas as funções administrativas, mas é particularmente importante na função de direção, pois representa o intercâmbio de pensamento e de informações para proporcionar compreensão mútua e confiança, além de boas relações humanas. A comunicação envolve troca de fatos, ideias, opiniões ou emoções entre duas ou mais pessoas e é também definida como inter-relações por meio de palavras, letras, símbolos ou mensagens e como um meio para o participante de uma organização partilhar significado e compreensão com outros.

Toda comunicação envolve transações entre pessoas. A comunicação é um "processo de passar informação e compreensão de uma pessoa para a outra".[26] É essencialmente uma ponte de significados entre pessoas. Ninguém, sozinho, consegue se comunicar. Somente com outra pessoa ou pessoas que recebam a mensagem é que pode completar o ato de comunicação. Embora encarada como transmissão de informações de uma pessoa para outra para criar compreensão mútua e confiança, basicamente a comunicação é uma permuta ou um intercâmbio de informações que devem ser transmitidas e compreendidas dentro da empresa.

14.5.1 Processo de comunicação

O sistema de comunicação envolve, no mínimo, duas pessoas ou dois grupos: o remetente (fonte) e o recebedor (destino), isto é, o que envia a comunicação e o que a recebe. A fonte constitui o ponto inicial, e o destino, o ponto final da comunicação. Entre eles existem mais quatro componentes do processo: a transmissão, o canal, a recepção e o ruído. Vejamos os seis componentes do sistema de comunicação:[27]

1. **Fonte**: significa a pessoa, objeto ou processo que emite ou fornece as mensagens por intermédio do sistema. O remetente cria uma ideia ou escolhe um fato para comunicar. É o que passa a ser o conteúdo da comunicação, isto é, a mensagem com um determinado significado. O remetente organiza sua ideia ou a mensagem por meio de uma série de símbolos, sinais ou códigos pelos quais pretende comunicar a outra pessoa (destino).
2. **Transmissor**: significa o meio, processo ou equipamento (voz, telefone, carta etc.) que codifica e transporta a mensagem por algum canal até o receptor (destino) que deve recebê-la. Em princípio, todo transmissor é um codificador de mensagens.
3. **Canal**: é o espaço intermediário situado entre o transmissor e o receptor, que geralmente constituem dois pontos distantes.
4. **Receptor**: significa o processo ou equipamento que capta e recebe a mensagem do canal. Para tanto, o receptor decodifica a mensagem para poder colocá-la à disposição do destino. Em princípio, todo receptor é um decodificador de mensagens.
5. **Destino**: significa a pessoa, objeto ou processo a quem é destinada a mensagem no ponto final do sistema de comunicação. É o destinatário da mensagem.
6. **Ruído**: significa a perturbação indesejável que tende a deturpar e alterar, de maneira imprevisível, as mensagens transmitidas. O conceito de ruído envolve as perturbações internas presentes ao longo dos diversos componentes do sistema, como é o caso de perturbações no transmissor (voz rouca ou prolação defeituosa, telefone cruzado, carta ilegível etc.) ou no receptor (surdez, dificuldade de leitura etc). Por outro lado, a palavra interferência serve para conotar

uma perturbação de origem externa ao sistema, mas que influencia negativamente o seu funcionamento (ambiente barulhento, interferências, escuridão etc.). Em um sistema de comunicação, toda fonte de erros ou distorções está incluída no conceito de ruído. Uma informação ambígua ou que induz a erro é uma informação que contém ruído. Uma das maneiras de se reduzir o ruído é a redundância – repetição da mensagem – para garantir a interpretação dela. Em todo sistema de comunicação sempre existe algum grau de ruído.

Os seis componentes funcionam como um processo, tal como na Figura 14.12.[28]

O conteúdo do processo de comunicação é geralmente uma mensagem, enquanto o objetivo é a compreensão da mensagem por parte do destinatário. Assim, a comunicação somente ocorre quando o destinatário (pessoa que a recebe) compreende ou interpreta a mensagem. Se ela não chega ao destinatário, e se ele não a compreende, a comunicação não se efetiva.

A retroinformação (retroação) constitui um elemento importante no sistema de comunicação. Quando existe retroinformação a comunicação é bilateral e ocorre nos dois sentidos. Quando não há, a comunicação é feita em um só sentido, não havendo nenhum retorno para que a fonte possa conhecer o resultado. A retroinformação não garante a eficácia da comunicação, mas aumenta sua precisão e tem a vantagem de produzir autoconfiança para ambas as partes pois permite o conhecimento dos resultados da comunicação.

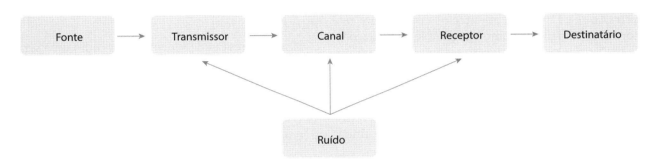

Figura 14.12 O processo de comunicação.

Quadro 14.2 Exemplos de sistemas de comunicação[29]

Componentes	Sistema telefônico	Programa de televisão
Fonte	■ Voz humana	■ Palcos e atores
Transmissor	■ Aparelho telefônico	■ Câmera, vídeos, transmissores
Canal	■ Fio condutor que liga um aparelho ao outro	■ Antenas
Receptor	■ O outro aparelho telefônico	■ Aparelho de TV
Destinatário	■ Ouvido humano	■ Telespectador
Ruído	■ Estática, ruídos, linha cruzada	■ Estática, ruídos, circuitos defeituosos

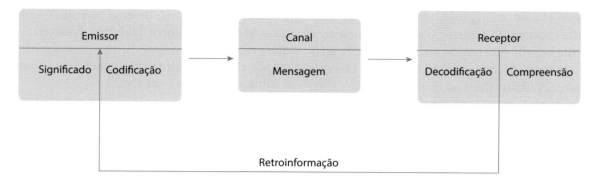

Figura 14.13 A importância da retroação no processo de comunicação.

14.5.2 Barreiras à comunicação

Quase sempre o processo de comunicação sofre entraves, bloqueios, dificuldades e restrições devido a barreiras que se interpõem entre os emissores e receptores. As barreiras à comunicação são as restrições e limitações que ocorrem dentro ou entre as etapas do processo de comunicação, fazendo com que nem todo sinal emitido pela fonte percorra o processo de modo a chegar incólume ao seu destino. O sinal pode sofrer perdas, mutilações, distorções, como também sofrer ruídos, interferências, vazamentos e ainda ampliações ou desvios. O boato é um exemplo típico de comunicação distorcida, ampliada e, muitas vezes, desviada. As barreiras fazem com que a mensagem enviada e a mensagem recebida e interpretada sejam diferentes entre si.

Uma empresa pode ser entendida como uma série de grandes redes de comunicação que se interpenetram e se cruzam ligando as necessidades de comunicação de cada processo decisório às fontes de informação. A comunicação repousa sobre o conceito de informação, significado e compreensão de uma pessoa para outra.

Figura 14.14 Barreiras ao processo de comunicação.[30]

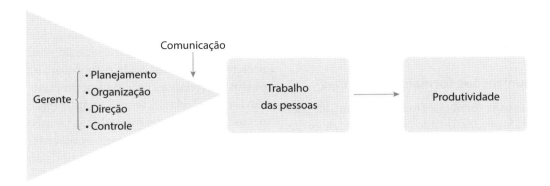

Figura 14.15 Toda a comunicação e atividade da liderança passa pelo gargalo da comunicação.[31]

 **SAIBA MAIS** **Informação**

Uma informação é um conjunto de dados que possui um significado, isto é, que quer dizer alguma coisa. Para que haja significado, a informação deve ter alguma referência com o sistema cognitivo da pessoa que a envia e da pessoa que a recebe. A compreensão se refere ao fato de o receptor interpretar aquilo que recebeu da maneira como a fonte o enviou. Se a fonte transmitiu uma ideia de quadrado e o receptor está pensando em um triângulo, a comunicação é ineficaz, pois a exata compreensão não ocorre. Além do mais, a comunicação dentro das empresas envolve mais do que simplesmente transmissão, recepção e interpretação: ela envolve também uma expectativa de compreensão, aceitação e de ação. Assim, um segundo passo da compreensão leva a uma aceitação e uma ação por parte de quem recebe a comunicação. Estamos falando de retroação, realimentação ou feedback de retorno para que o destinatário envie à fonte para confirmar o teor da mensagem.

Quadro 14.3 Exemplos de barreiras à comunicação

1. Na fonte
■ Falta de clareza
■ Significados diversos
■ Fontes concorrentes
■ Mensagem não desejada
2. Na transmissão
■ Muitos intermediários que distorcem
■ Canais sobrecarregados
■ Prioridades conflitantes
3. No receptor
■ Desatenção
■ Falta de interesse
■ Avaliação prematura
■ Má interpretação
■ Preocupação com o próprio ponto de vista

14.5.3 Propósito das comunicações

A comunicação constitui um dos aspectos básicos da atividade gerencial. Se administrar é fazer com que os processos sejam feitos por meio das pessoas, e para que as pessoas possam fazer os processos de maneira eficiente e eficaz, torna-se necessário comunicar constantemente a elas o que deve ser feito, como, quando, quanto etc. E, igualmente, como está sendo feito, para que elas tenham uma informação (retroação) a respeito de seu desempenho.

A comunicação – como atividade gerencial, isto é, como processo pelo qual o gerente garante a ação das pessoas para promover a ação empresarial – tem dois propósitos principais:[32]

1. Proporcionar informação e compreensão necessárias para que as pessoas possam conduzir-se nas suas tarefas.
2. Proporcionar as atitudes necessárias que promovam a motivação, cooperação e satisfação nos cargos.

Estes dois propósitos, em conjunto, promovem um ambiente que conduz a um espírito de equipe e ao melhor desempenho nas tarefas.

14.5.4 Comunicações formais e informais

Existem numerosas formas e tipos de comunicações que são agrupados e classificados em várias categorias para estudo, análise, explicação e comparação. Do ponto de vista do estilo e padrão de fluxo organizacional, as comunicações podem ser classificadas em formais e informais. Nas comunicações formais a mensagem é enviada, transmitida e recebida por meio de um padrão de autoridade determinado pela hierarquia da empresa, comumente denominado cadeia de comando. Todavia, a maior parte da comunicação intercambiada dentro de uma empresa se faz de maneira informal. As comunicações informais ocorrem fora dos canais formais de comunicação e por meio de formato oral ou escrito. O sistema de comunicação informal dentro de uma empresa é denominado "cacho de uva" pelo seu aparente crescimento e desenvolvimento casual em cadeias de segmentos por meio de grupos sociais.

14.5.5 Comunicações orais e escritas

As mensagens podem ser transmitidas em diferentes formatos. Elas podem ser orais ou escritas, isto é, as comunicações interpessoais são feitas no formato falado ou escrito. Como uma grande percentagem da interação humana ocorre por meio desses dois formatos, os estudos se concentram nas vantagens e desvantagens dessas duas formas de comunicação. Muitos indivíduos preferem a intimidade da comunicação oral, enquanto outros preferem a curacidade e precisão da comunicação escrita. Todavia, tempo, custo, rapidez, preferências pessoais, habilidades individuais, recursos disponíveis e outras considerações servem como critérios de decisão para a escolha de um desses dois tipos de comunicação.

14.5.6 Comunicações descendentes, ascendentes e laterais

Em toda empresa existe uma complexa combinação de meios de comunicações pelos quais elas transitam e se propagam. Conforme o fluxo direcional dentro da empresa, as comunicações podem ser classificadas como descendentes, ascendentes e laterais.

1. As comunicações descendentes – aquelas que fluem de cima para baixo – incluem intercâmbio de informação face a face entre chefe e subordinado ao longo da cadeia de comando, relatórios administrativos, manuais de políticas e de procedimentos, jornais internos da empresa, cartas e circulares aos empregados, relatórios escritos sobre desempenho, manuais de empregados etc. As comunicações descendentes se prestam mais às informações que não apresentam controvérsias e quando o propósito é mais informativo do que persuasivo.

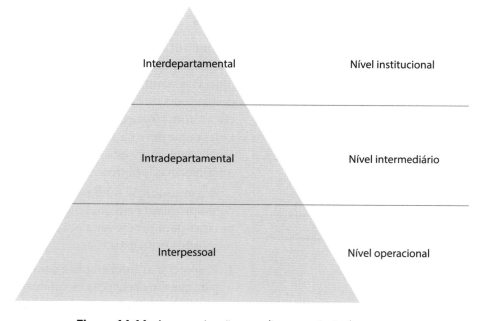

Figura 14.16 A comunicação nos diversos níveis da empresa.

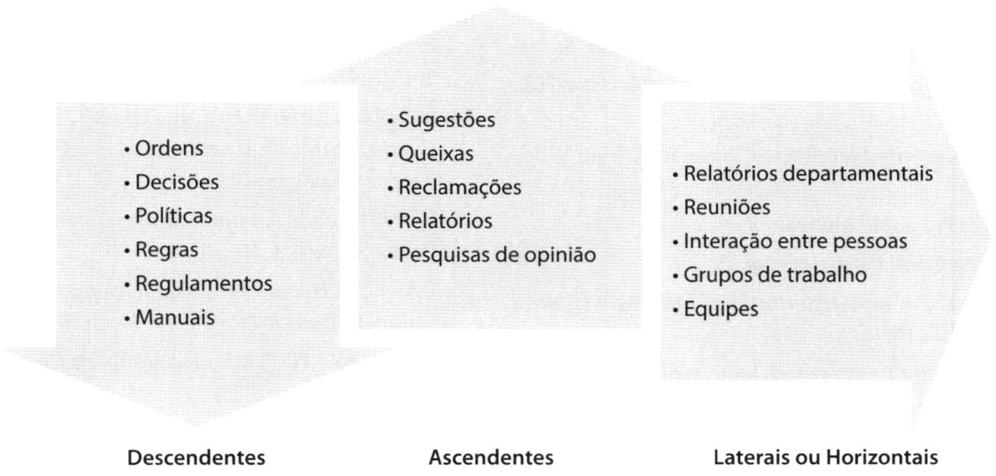

Figura 14.17

Descendentes	Ascendentes	Laterais ou Horizontais
• Ordens • Decisões • Políticas • Regras • Regulamentos • Manuais	• Sugestões • Queixas • Reclamações • Relatórios • Pesquisas de opinião	• Relatórios departamentais • Reuniões • Interação entre pessoas • Grupos de trabalho • Equipes

Figura 14.17 Os fluxos direcionais de comunicações.[33]

PARA REFLEXÃO

Como melhorar a comunicação do administrador?

Reflita e, a seguir, discuta com seus colegas a respeito do assunto supra e tente chegar a uma conclusão. Como melhorar a comunicação do administrador?

2. O fluxo ascendente utilizado na maioria das empresas envolve memorandos escritos, reuniões grupais entre empregados, conversas informais com superiores, além de outras técnicas adicionais como relatórios de desempenho, planos de sugestões e pesquisas de opinião.

3. O fluxo lateral ou horizontal de comunicações constitui uma das formas de fluxos de informação organizacional mais cruciais. Virtualmente, todo contato de trabalho direto entre duas ou mais pessoas envolve comunicações laterais ou horizontais. Os intercâmbios de informações interdepartamental ou intercargos ajudam a ligar e a unir os componentes de uma organização e servem como forças coordenadoras e integradoras dentro da estrutura empresarial.

Naturalmente, as comunicações descendentes, ascendentes e laterais podem ser orais ou escritas e formais ou informais quanto ao estilo ou padrão adotado pelo administrador. Contudo, é preciso lembrar que o administrador passa a maior parte do seu tempo comunicando-se com os superiores, subordinados, pares fazendo não somente comunicação interna como também comunicação externa. Tudo o que o administrador decide é transmitido pela comunicação. Assim, a comunicação é uma das principais tarefas e desafios do administrador moderno. Afinal, como dizia o finado Chacrinha: quem não se comunica, se trumbica.

REFERÊNCIAS

1. ROBBINS, S. P. *Administração*: mudanças e perspectivas. São Paulo: Saraiva, p. 342, 2008.

2. LEWIN, K. *Topological Psychology*. Nova York: McGraw-Hill, 1942.

3. LEWIN, K. *Topological Psychology. op. cit.*

4. LEAVITT, H. J. *Managerial Psychology*. Chicago: The University of Chicago Press, p. 12, 1988.

5. ROBBINS, S. P. *Administração*: mudanças e perspectivas. *op. cit.*, p. 343.

6. CHIAVENATO, I. *Recursos Humanos*: o capital humano das organizações. Rio de Janeiro: Elsevier/Campus, p. 81, 2007.

7. CHIAVENATO, I. *Recursos Humanos*: o capital humano das organizações. *op. cit.*

8. MASLOW, A. H. *Motivation and Personality*. Nova York: Harper & Row, 1962. *Vide* também: MASLOW, A. H. Uma teoria da motivação humana. *In*: BALCÃO, Y. F.; CORDEIRO, L. L. (orgs.). *O Comportamento Humano na Empresa*: uma antologia. Rio de Janeiro: Fundação Getulio Vargas, 1967. p. 337-366.

9. MASLOW, A. H. *Motivation and Personality. op. cit.*

10. HERZBERG, F. *Work and Nature of Man*. Cleveland: The World Publ. Co, 1961. *Vide* também: HERZBERG, F.; MAUSNER, B.; SNYDERMAN, B. B. *The Motivation To Work*. Nova York: John Wiley & Sons, 1959. e HERZBERG, F. O conceito de higiene como motivação e os problemas do potencial humano de trabalho. *In*: HAMPTON, D. R. *Conceitos de Comportamento na Administração*. São Paulo: EPU – Editora Pedagógica e Universitária, 1973. p. 53-626.

11. SIKULA, A. F. *Personel Administration and Human Resources Management*. Nova York: John Wiley & Sons, p. 88, 1976.

12. DAVIS, K. *Human Behavior at Work*. Nova York: McGraw-Hill, p.59, 1972.

13. VROOM, V. H. *Work and Motivation*. Nova York: John Wiley & Sons, 1964.

14. VROOM, V. H., *Work and Motivation. op. cit.*

15. LEWIN, K. *Topological Psychology. op. cit.*

16. LAWLER III, E. E. *Pay and Organizational Effectiveness*. Nova York: McGraw-Hill, 1971.

17. LOCKE, E. A. Toward a Theory of Task Motivation and Incentives. *Organizational Behavior and Human Performance*, p. 157-189, may. 1968.

18. LOCKE, E. A.; LATHAM, G. O. *A Theory of Goal Setting and Task Performance*. Englewood Cliffs: Prentice-Hall, 1990.

19. ADAMS, J. S. Inquiry in Social Exchanges. *In:* L. B. (ed.). *Advances in Experimental Social Psychology*. Nova York: Academic Press, 1965. p. 267-300.

20. WAISTER, E.; WAISTER, G. W.; SCOTT, W. G. *Equity*: theory and research. Boston: Allyn & Bacon, 1978.

21. WAISTER, E.; WAISTER, G. W.; SCOTT, W. G. *Equity*: theory and research. *op. cit.*

22. CHIAVENATO, I. *Recursos Humanos*: o capital humano das organizações. *op. cit.*

23. CHIAVENATO, I. *Gerenciando com as Pessoas*: como transformar gerentes em gestores de pessoas. Barueri: Manole, 2015. p. 66.

24. SCHERMERHORN, J. R.; HUNT, J. G.; OSBORN, R. N. *Fundamentos do Comportamento Organizacional*. Porto Alegre: Bookman, 1999.

25. ROBBINS, S. P. *Administração*: mudanças e perspectivas. São Paulo: Saraiva, p. 260, 2008.

26. DAVIS, K. *Human Relations at Work*: the dynamics of organizational behavior. Nova York: McGraw-Hill, 1972. p. 323-324.

27. CHIAVENATO, I. *Introdução à Teoria Geral da Administração*. São Paulo: Atlas, 2020.

28. CHIAVENATO, I. *Introdução à Teoria Geral da Administração. op. cit.*

29. CHIAVENATO, I. *Introdução à Teoria Geral da Administração. op. cit.*

30. DUBRIN, A. J. *Fundamentals of Organizational Behavior*: an applied perspective. Nova York: Pergamon Press, 1974. p. 281.

31. DAVIS, K. *Human Relations at Work*: the dynamics of organizational behavior. *op. cit.*, p. 319.

32. DAVIS, K. *Human Relations at Work*: the dynamics of organizational behavior. *op. cit.*, p. 320-321.

33. SIKULA, A. F. *Personnel Administration and Human Resources Management*. Nova York: John Wiley & Sons, p. 101, 1976.

15 SUPERVISÃO

OBJETIVOS DE APRENDIZAGEM
- Características da supervisão.
- O trabalho em equipe.

O QUE VEREMOS ADIANTE

Supervisão representa a função de direção/liderança exercida no nível operacional da empresa. Os supervisores são os administradores que dirigem atividades de pessoas não administrativas, isto é, de pessoas que não exercem funções administrativas na empresa. O termo supervisão é usado tradicionalmente para designar a atividade de direção imediata das atividades dos subordinados localizados nos níveis não administrativos, algo como assistência à execução. Neste sentido, a supervisão pode ocorrer em todos os níveis da empresa, desde que haja um acompanhamento mais próximo e imediato do superior sobre o trabalho da equipe de subordinados. Neste capítulo, adotaremos um conceito mais restrito de supervisão, enquadrando-a como a função de direção que ocorre no nível operacional da empresa. É o que chamamos de supervisão de primeiro nível, por se tratar do escalão administrativo mais baixo e elementar da hierarquia da empresa.

Os supervisores de primeiro nível encarregam-se da responsabilidade de direção do trabalho do pessoal não administrativo que é incumbido da execução pura e simples das tarefas e operações da empresa.

Em geral os supervisores ocupam cargos com denominações que variam conforme a empresa: supervisores de seção, encarregados de turma, chefes de setor, mestres, contramestres etc. Ou ainda recebem o nome de líderes ou coordenadores de equipes. Existem supervisores na área financeira, mercadológica, tecnologia, produção, operações, gestão humana etc. É um engano pensar que os supervisores de primeiro nível estejam alocados unicamente no nível operacional da área de produção.

SAIBA MAIS — Especialização

A especialização leva as pessoas a desenvolverem diferentes orientações de trabalho por causa do seu ambiente de trabalho. A pessoa que atua em uma fábrica é geralmente orientada para o manuseio e manipulação de objetos, enquanto um vendedor é orientado para o trabalho com pessoas e o especialista em propaganda cria e comunica ideias e conceitos. Essas são as principais orientações de trabalho: pessoas, objetos e ideias. A orientação de trabalho de uma unidade ou equipe tende a determinar a maneira pela qual os administradores julgam os problemas humanos e de produção de suas áreas.

Os supervisores de primeira linha lidam com o pessoal não administrativo que executa tarefas especializadas ou fragmentadas. Geralmente isto provoca a perda da visão de conjunto e o que ocorre é uma orientação voltada para aspectos locais e imediatos do trabalho. Na medida em que se desce na escala administrativa a especialização vai tomando o espaço da generalização.

Como administradores de primeira linha, os supervisores são diretamente responsáveis pelas operações diárias de um grupo de pessoas não administrativas da empresa, qualquer que seja a área envolvida. Em suma, os supervisores não dirigem as atividades de outros administradores, mas de executores.

PARA REFLEXÃO

Para que serve o supervisor?

Reflita e, a seguir, discuta com seus colegas a respeito do assunto supra e tente chegar a uma conclusão. Para que serve o supervisor?
- Para tomar conta das pessoas que fazem parte da operação?
- Para representar a direção da empresa frente aos executores?
- Para alcançar eficiência por meio de sua equipe?
- Para melhorar a produtividade da base?

15.1 CARACTERÍSTICAS DA SUPERVISÃO

A principal característica da supervisão de primeira linha é o fato de dirigir o trabalho de pessoal não administrativo no nível operacional da empresa. Seja no escritório, na fábrica ou na loja, o pessoal operacional trabalha em atividades de execução com qualificação variável e, em geral, requerendo treinamento e desenvolvimento com ações educacionais da empresa. A supervisão cuida basicamente da execução das atividades operacionais, cotidianas e quase sempre repetitivas e cotidianas. Neste nível, o trabalho é geralmente planejado e organizado de maneira sequencial e rotineira com vistas à eficiência, predominando os cuidados sobre qualidade e produtividade.

Outras características importantes da supervisão são as seguintes:[1]

1. **Representa a administração frente ao pessoal não administrativo** pois é ele que aplica as regras, regulamentos, procedimentos, políticas e diretrizes vindas de cima para baixo. Assim, quando os funcionários e operários pensam na administração, eles têm o supervisor como o ponto de referência mais próximo e imediato. Quando a administração encarrega o supervisor de representar com precisão as filosofias, políticas e diretrizes da empresa ela lhe impõe uma difícil tarefa pelo fato de que muito raramente o supervisor

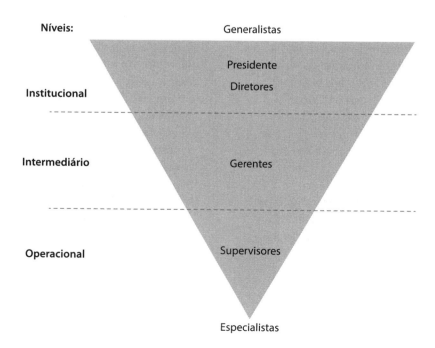

Figura 15.1 O gradativo bitolamento da generalização-especialização.

participa nas principais decisões que afetam as pessoas que ele diretamente dirige. Assim, quase sempre trabalha como um escudo entre a administração e as pessoas que atuam nos níveis não administrativos.

2. **Depende de perícia técnica**: enquanto os administradores que estão no nível institucional e nível intermediário se orientam mais para o planejamento, organização e controle, o supervisor precisa conhecer o trabalho que supervisiona com relativa profundidade e *expertise*. Como gasta a maior parte de seu tempo supervisionando e dirigindo as atividades de seus subordinados, ele precisa enfrentar e solucionar os problemas cotidianos e imediatos de sua área. Isto requer que o supervisor seja perito e conhecedor das tarefas especializadas desempenhadas pelos seus subordinados. O supervisor de primeira linha precisa de considerável habilidade técnica para instruir, capacitar, desenvolver, dirigir e avaliar técnicos e demais subordinados.

3. **Comunica em duas linguagens**: a comunicação é um problema crucial em todos os três níveis da empresa. Entretanto, para os supervisores de primeira linha a comunicação é um problema todo especial; enquanto os administradores do nível institucional e intermediário conversam com outros administradores acima e abaixo deles, os supervisores devem comunicar-se por meio de duas linguagens distintas – a linguagem dos administradores e a dos não administradores. As comunicações ascendentes são enviadas para o pessoal administrativo valendo-se de valores e de pontos de referência tipicamente administrativos, enquanto as comunicações descendentes são enviadas para pessoal de execução e de operação, valendo-se de valores e de pontos de referência estritamente ligados às tarefas e às técnicas utilizadas e em uma linguagem mais adequada ao entendimento popular. Essas orientações diferentes exigem abordagens igualmente diferentes quanto à motivação, comportamento, valores e pontos de referência considerados.

4. **Crise pessoal de identidade**: os supervisores de primeira linha enfrentam uma enorme dificuldade quanto à sua identidade e à sua postura dentro da hierarquia da empresa. Não são executores (operários ou funcionários não administrativos), mas também não são aceitos como administradores pelos níveis mais elevados da organização. Muito embora um supervisor seja um administrador colocado no nível operacional, sua atividade, *status* e especialização são bastante diferentes porque ele dirige pessoal não administrativo, ou seja, pessoal de execução e operação.

Por outro lado, muitos supervisores são promovidos e nomeados das fileiras de funcionários e operários com melhores avaliações, pairando sobre eles a ameaça implícita de retornarem ao seu *status* anterior caso seu desempenho não seja satisfatório. Isso faz com que seu *status* e segurança sejam vacilantes. Além do mais, funcionários e operários promovidos a supervisores encontram dificuldades em como se relacionar com seus subordinados, antigos colegas de trabalho ou companheiros de atividades informais. Se o supervisor tem dificuldade em ser aceito pelos níveis mais elevados, essa dificuldade também ocorre em relação aos seus subordinados. Daí a crise de identidade que ocorre entre os supervisores e o conflito de papéis dela decorrente. De um lado, predomina a orientação para a tarefa quando se relaciona com o nível de administradores ("faça com que este trabalho seja feito"); de outro, predomina a orientação para as relações quando se relaciona com os subordinados ("tratem-nos como seres humanos e considerem as nossas expectativas e sentimentos"). Diante dessas exigências opostas e de difícil compatibilização os supervisores convivem com uma situação de conflito de papéis.

5. **Autoridade restrita e limitada**: nas empresas pequenas os supervisores podem ter autoridade completa sobre sua área de atuação. E é o que acontecia há décadas atrás. Hoje, porém, os supervisores apresentam um estilo menos autocrático do que seus predecessores para sobreviver às novas condições do mundo atual; devem adaptar-se às restrições e exigências impostas pelas convenções sindicais e aceitar o complicado sistema de apresentação de queixas e reclamações que as empresas implantam em benefício dos operários e funcionários. Os supervisores ficam na fatia do meio do sanduíche recebendo pressões dos dois lados, de um lado representando os interesses da administração e da empresa, e de outro os interesses dos funcionários subordinados.

15.2 O TRABALHO EM EQUIPE

Embora já tenhamos falado de equipe nos capítulos anteriores, é exatamente no nível operacional – isto é, na função de supervisão – que encontramos os maiores problemas de formação e desenvolvimento de equipes. Trata-se de formar líderes nesse nível a partir de pessoas com baixa qualificação técnica e relacionamento humano. O supervisor deve estar capacitado a construir equipes de trabalho e fazê-las trabalhar com gradativos e maiores níveis de excelência. Para tanto, deve ter em mente que toda equipe deve possuir um conjunto de participantes capazes de contribuir com habilidades e competências diferentes necessárias para o alcance dos objetivos. O ideal seria uma equipe dotada de todas as habilidades e competências necessárias ao seu sucesso. Como cada membro não tem condições de possuir todas as habilidades e competências, torna-se importante que a equipe como um todo tenha todas elas distribuídas entre os seus participantes. Em outras palavras, a equipe deve ser constituída por pessoas com diferentes competências que, no conjunto, sejam essenciais ao cumprimento da tarefa e o alcance de resultados. O ideal é que cada um dos membros da equipe possua uma ou mais dessas competências de modo que, no conjunto, a equipe tenha todas elas. Isso significa diversidade: as situações e os problemas são vistos e abordados por vários ângulos diferentes.

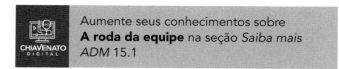

Aumente seus conhecimentos sobre **A roda da equipe** na seção *Saiba mais* ADM 15.1

No modelo da roda, as funções adjacentes estão mais próximas entre si enquanto as mais distantes requerem diferentes competências. O trabalho do promotor exige habilidades, capacidades e preferências que são diferentes daquelas requeridas pelo inspetor. Cada equipe de trabalho pode ser classificada por meio de uma combinação de áreas. A roda também permite medir o desempenho da equipe, proporcionando uma avaliação do desempenho coletivo em uma linguagem comum para compreender os fatores críticos do desempenho elevado. Funciona também como um catalisador para o desenvolvimento da equipe e melhoria de sua eficácia habilitando os membros a focalizar áreas que requeiram ação integrada. É uma ferramenta excelente para o processo de desenvolvimento de equipes, pois permite um instrumental para mudar as maneiras pelas quais a equipe trabalha, desenvolvendo uma nova visão e propósitos.

15.2.1 Tipos de equipes

A substituição do conceito de cargos pelo conceito de equipes está se tornando uma das peças centrais para a flexibilização do processo produtivo das empresas.[3] Vimos que a equipe é um agrupamento de pessoas com diferentes responsabilidades funcionais para o alcance de objetivos previamente definidos e gozando de certa autonomia decisória e multifuncionalidade no trabalho. A equipe veio substituir a velha estrutura verticalizada em uma mais horizontalizada. Essa desverticalização e descentralização está trazendo melhores resultados também no nível operacional.

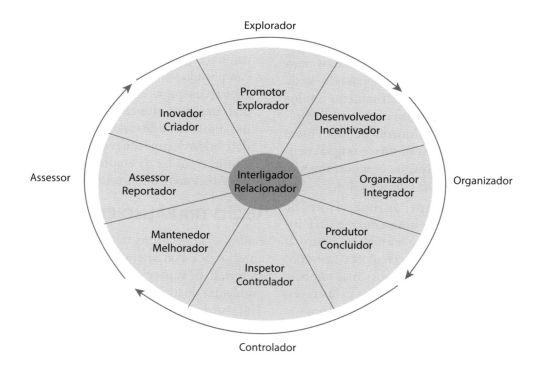

Figura 15.2 A roda de trabalho em equipe.[2]

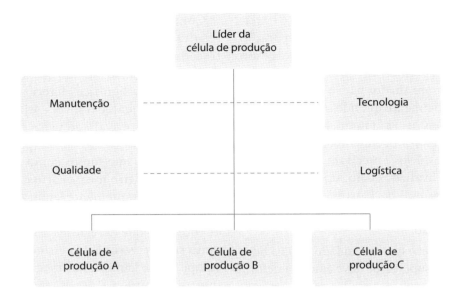

Figura 15.3 Exemplo de célula de produção.

Os principais tipos de equipes no nível operacional são:

1. **Equipes operacionais**: são formadas por membros de diferentes áreas funcionais (como produção, manutenção, qualidade, tecnologia, logística) para integrar o processo produtivo. São equipes que envolvem todas as competências e habilidades necessárias para uma determinada atividade, o que proporciona relativa autonomia e independência no processo produtivo.
2. **Equipes abertas**: são formadas aleatoriamente de acordo com a necessidade de um novo projeto a ser executado. Neste sentido, confundem-se com forças-tarefa destinadas a cumprir determinadas missões específicas e que, alcançando a meta ou objetivo, são dispersas.
3. **Células de produção**: constituem estruturas que integram mais de uma equipe operacional e que compartilham as mesmas atividades funcionais sob a coordenação de um líder de célula. As células de produção estão substituindo cada vez mais as tradicionais linhas de montagem no nível operacional e oferecendo melhores resultados.

15.2.2 Construção de equipes

Não é fácil construir uma equipe de trabalho de alto desempenho. O supervisor deve considerar quatro aspectos fundamentais para criar e desenvolver uma equipe capaz de levá-lo às alturas:[4]

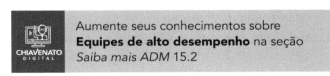

1. **Escolha da equipe**: o primeiro cuidado é a escolha das pessoas para a composição da equipe. Trata-se de selecionar os membros de tal modo que a equipe possua todas as competências, habilidades e conhecimentos necessários ao seu trabalho. O supervisor deve sempre estar atento à composição de sua equipe. O trabalho rotineiro e repetitivo requer um tipo de profissional enquanto o trabalho criativo e inovador exige uma composição completamente diferente de competências. Para escolher os integrantes de sua equipe o supervisor deve saber entrevistar, testar e avaliar candidatos e compará-los no sentido de escolher os mais adequados à atividade que deve supervisionar.
2. **Modelagem do trabalho da equipe**: o segundo cuidado é definir a atividade da equipe e distribuir, de forma balanceada, o trabalho entre os membros. A maneira de modelar o trabalho certamente vai aumentar ou reduzir os contatos e interações entre os membros. O ideal é alcançar elevada conectividade entre eles de modo a permitir relacionamentos e interações constantes. Em suma, o trabalho deve ser mais coletivo e menos individual. Para isso, o supervisor deve distribuir as atividades de acordo com as características de cada membro de modo que consiga casar as competências de cada um com as exigências do trabalho a ser efetuado.

3. **Preparação da equipe**: o terceiro cuidado é o treinamento e capacitação da equipe. Sua preparação – tal como em uma equipe de futebol – deve ser um aspecto constante e permanente. Todos os membros precisam estar sempre afiados para a atividade a ser cumprida, principalmente quando ela sofre mutações e desdobramentos. Para tanto, todos os membros precisam ter os conhecimentos, habilidades e competências necessários e precisam ser constantemente treinados e avaliados pelo supervisor. Neste sentido, ele deve ser um *coach*, isto é, o preparador, treinador, orientador, avaliador e impulsionador da equipe como um todo.

4. **Condução da equipe**: o quarto cuidado está na liderança da equipe. O supervisor deve ajudar a definir metas e objetivos a serem alcançados, meios e recursos para chegar lá, acompanhamento, orientação e muita ajuda, retaguarda e apoio incondicional à equipe. Isso requer facilidade de relacionamento, comunicação e liderança.

5. **Motivação e recompensas à equipe**: o quinto cuidado está em manter o clima e o entusiasmo da equipe. O supervisor deve motivá-la constantemente, proporcionar reconhecimento imediato e oferecer recompensas à equipe pelo alcance das metas e objetivos definidos.

Contudo, todos esses cuidados precisam levar a resultados concretos. Sabemos hoje que administração não é somente desempenho, boa vontade ou dedicação. É muito mais do que tudo isso. Na verdade, administração significa oferecer resultados. O administrador em qualquer nível – seja supervisor, gerente ou dirigente – é avaliado pelos resultados concretos que entrega. Por esta razão, ele precisa focar a missão da empresa (o que somos como empresa); portanto, ser um verdadeiro missionário na condução da equipe. Deve constantemente lembrar aos membros qual é a missão da empresa. Também precisa focar a visão de futuro (o que desejamos ser como empresa), portanto ser um verdadeiro visionário na condução da equipe. Deve lembrar aos membros qual é a visão de futuro da empresa. E precisa focar os objetivos globais (onde queremos chegar como empresa), portanto, atuar com visão proativa e antecipatória. E, além de tudo, focar sua equipe de trabalho (com quem vamos contar para o trabalho) e, portanto atuar como gestor de equipes. A Figura 15.4 dá uma ideia sintetizada de todos estes cuidados.

O supervisor precisa trabalhar em equipe e com equipes. Para tanto deve saber construir e desenvolver equipes que possuam meios para alcançar excelência no desempenho. Essa deve ser a sua competência principal.

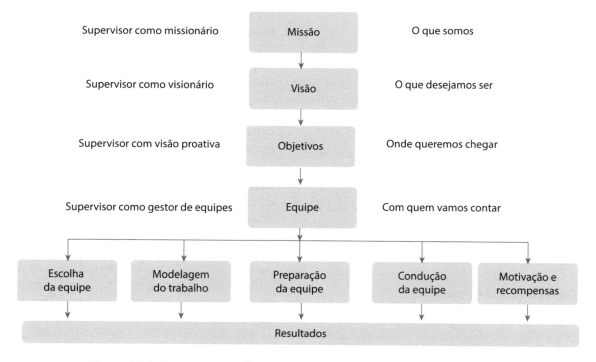

Figura 15.4 A atuação do administrador – seja supervisor, gerente ou diretor.

REFERÊNCIAS

1. CHIAVENATO, I. *Introdução à Teoria Geral da Administração.* São Paulo: Atlas, 2020.

2. MARGERISON, C. J.; McCANN, D. J. *High Energy Teams Workbook.* Londres: Management Books, 2000.

3. DRUCKER, P. F. *A Profissão de Administrador.* São Paulo: Pioneira, 1998.

4. CHIAVENATO, I. *Introdução à Teoria Geral da Administração. op. cit.*

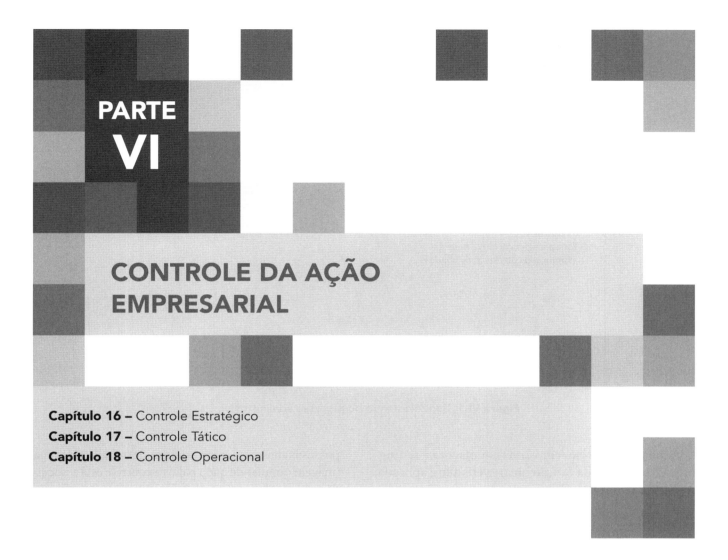

PARTE VI

CONTROLE DA AÇÃO EMPRESARIAL

Capítulo 16 – Controle Estratégico
Capítulo 17 – Controle Tático
Capítulo 18 – Controle Operacional

Vimos nos capítulos anteriores que o processo administrativo é um sistema aberto e cíclico de planejamento, organização, direção e controle. Todas estas funções administrativas estão intimamente ligadas entre si: são interdependentes e interagentes. O todo deve ser sinérgico, isto é, deve ser maior do que a soma de suas partes. Assim, todas as funções administrativas devem se reforçar de maneira mútua e recíproca para alavancar resultados em seu conjunto.

A função de controle está relacionada com as outras funções do processo administrativo: planejamento, organização e direção repercutem nas atividades de controle da ação empresarial. Muitas vezes se torna necessário modificar o planejamento, a organização ou a direção para que os sistemas de controle possam ser mais eficientes e eficazes. O segredo está no conjunto, isto é, no processo administrativo como uma totalidade.

Embora menos envolvente do que as demais funções administrativas, o controle representa uma contraparte de todas elas. O controle propicia a mensuração e avaliação dos resultados da ação empresarial obtida a partir do planejamento, da organização e da direção. Nenhum plano está completo e acabado até que se tenham elaborado os meios para avaliar seus resultados e consequências. Um plano sem o correspondente controle é o mesmo que tentar dirigir um automóvel sem freios. Enquanto o carro tem uma velocidade razoável tudo bem, mas quando se precisa reduzi-la por alguma razão, o controle não funcionará. O administrador eficaz precisa juntar o controle ao planejamento, organização e direção da ação empresarial para adequar a totalidade do processo administrativo aos resultados que pretende alcançar.

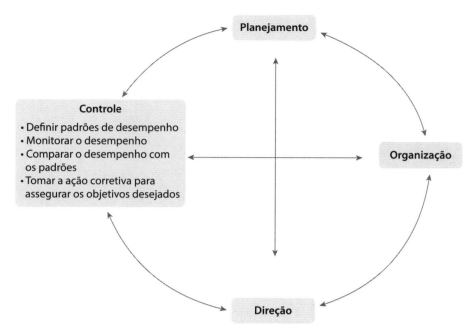

Figura VI.1 Controle dentro do processo administrativo.[1]

A palavra controle tem várias conotações e seu significado depende da função ou área em que é aplicada. A palavra controle pode ser entendida como:[2]

1. **Como função administrativa** que faz parte do processo administrativo, como o planejamento, organização e direção.
2. **Como um sistema automático de regulação** utilizado no intuito de manter automaticamente um grau constante de fluxo ou de funcionamento de um sistema. É o caso do processo de controle automático em refinarias de petróleo, indústrias químicas, petroquímicas caracterizadas pelo processamento contínuo e automático da produção. O mecanismo de controle mantém a regularidade do processamento por meio da detecção e correção de possíveis desvios ou irregularidades para proporcionar automaticamente a regulação necessária para voltar à normalidade. Quando algo está sob controle significa que está dentro da normalidade. Neste sentido, o controle é entendido como um sistema automático utilizado para certas tarefas reguladoras, como é o caso do *controller* que acompanha e baliza o desempenho empresarial ao controlar e orientar as decisões financeiras.
3. **Como função restritiva e coercitiva** de um sistema para manter os participantes dentro dos padrões desejados e evitar qualquer desvio. É o caso do controle de frequência e expediente do pessoal para evitar possíveis abusos quanto a horários de trabalho. Há uma imagem popular de que a palavra controle está associada a algum aspecto negativo. Nas organizações e na sociedade, a palavra é interpretada no sentido de restrição, coerção, delimitação, direção, reforço, manipulação e inibição. É o caso da disciplina em muitas empresas; existem regras e regulamentos que devem ser obedecidos e o controle funciona como ação disciplinar ou corretiva para evitar abusos quanto a comportamentos.

Existem ainda várias outras conotações para a palavra controle:

- Conferir ou verificar.
- Regular.
- Comparar com um padrão.
- Exercer autoridade sobre alguém (dirigir ou comandar).
- Frear ou cercear.

A administração geralmente cria mecanismos para controlar todos os aspectos possíveis das operações da organização. Os controles podem ser usados para:[3]

1. **Padronizar o desempenho**: por meio de inspeções, supervisão, procedimentos escritos ou programas de produção.
2. **Proteger os bens organizacionais**: de desperdícios, roubos e abusos, por meio de exigência de registros escritos, procedimentos de auditoria e divisão de responsabilidades.

3. **Padronizar a qualidade de produtos e serviços**: oferecidos pela empresa, por meio de treinamento de pessoal, inspeções, controle estatístico de qualidade e sistemas de incentivo.

4. **Limitar a quantidade de autoridade**: que está sendo exercida pelas várias posições ou pelos níveis organizacionais, por meio de descrições de cargos, diretrizes e políticas, regras e regulamentos, e sistemas de controle.

5. **Medir e dirigir o desempenho das pessoas**: por meio de sistemas de avaliação do desempenho do pessoal, supervisão direta, vigilância e registros, incluindo informações sobre produção por empregado ou perdas com refugo por empregados etc.

6. **Como meios preventivos para o alcance dos objetivos organizacionais**: por meio da articulação de objetivos em um planejamento, pois os objetivos ajudam a definir o escopo apropriado e a direção do comportamento das pessoas para o alcance dos resultados desejados.

Isso mostra que o controle apresenta uma enorme variedade de formas e de conteúdos, apresentando características diferentes em cada organização, em cada área ou ainda em cada nível organizacional.

No fundo, todas essas conotações constituem certos aspectos específicos – alguns até negativos – a respeito do controle. Nesta parte do livro trataremos do controle sob o primeiro ponto de vista, ou seja, o controle como a quarta função administrativa, a qual depende do planejamento, organização e direção para formar o processo administrativo.

Durante quase toda a era Industrial a administração enfatizava e privilegiava o controle. Administrar era quase o mesmo que controlar. O planejamento embutia em si mesmo boa dose de controle para que ele pudesse ser executado em todos os seus detalhes. A organização era uma composição de órgãos e cargos articulados e estruturados para garantir o controle sobre os participantes. A própria direção também priorizava o controle das chefias sobre os seus subordinados. Tudo era controlado para que os planos previamente estabelecidos fossem executados à risca.

A era da Informação se incumbiu de modificar todo esse *status quo*. E a era Digital abriu e democratizou o conceito de controle no sentido que hoje conhecemos: engajamento das pessoas, empoderamento e autonomia na condução de suas atividades. Hoje, o controle é uma função administrativa que não invade e nem sobrepuja as demais. Em vez de controle externo – sinal inequívoco de fiscalização e vigilância cerrada – existe o controle interno, aquele que está mais na cabeça das pessoas e não em esquemas de checagem e verificações externas antes tão comuns. O controle interno é alcançado quando as pessoas se conscientizam de que elas próprias devem se autocontrolar pela disciplina, responsabilidade, iniciativa própria e compromisso pessoal para com a empresa. Isso faz parte da educação corporativa: a maneira pela qual a empresa educa seus participantes para a cidadania organizacional. E o que isso significa? Cada pessoa age como se fosse um cidadão da empresa e responsável pela sua continuidade e sucesso.

VI.1 CONCEITO DE CONTROLE

A essência do controle consiste em verificar se a atividade controlada está ou não alcançando os resultados desejados. Quando se fala em resultados desejados, parte-se do princípio de que esses resultados foram previstos e precisam ser controlados. Assim, o controle pressupõe a existência de objetivos e planos, pois não se pode controlar sem planos que definam o que deve ser feito. O controle verifica se a execução está de acordo com o que foi planejado. Quanto mais complexos, definidos e coordenados forem os planos e quanto maior for o período de tempo envolvido tanto mais complexo será o controle.

O sistema de controle deve incluir os seguintes aspectos essenciais:[4]

1. **Objetivo**: o controle requer um objetivo, um fim predeterminado, um plano, uma linha de atuação, um padrão, uma norma, uma regra decisória, um critério ou uma unidade de medida.

2. **Medição**: o controle requer um meio de medir a atividade desenvolvida. O que não se pode medir não se pode administrar.

3. **Comparação**: um procedimento para comparar tal atividade com o critério definido.

4. **Correção**: algum mecanismo que corrija a atividade em curso para permitir que ela alcance os resultados desejados.

A finalidade do controle é assegurar que os resultados daquilo que foi planejado, organizado e dirigido se ajustem tanto quanto possível aos objetivos previamente estabelecidos. A essência do controle reside na verificação se a atividade controlada está ou não alcançando os objetivos ou resultados desejados. O controle consiste fundamentalmente em um processo que guia e monitora a atividade exercida para um fim previamente determinado.

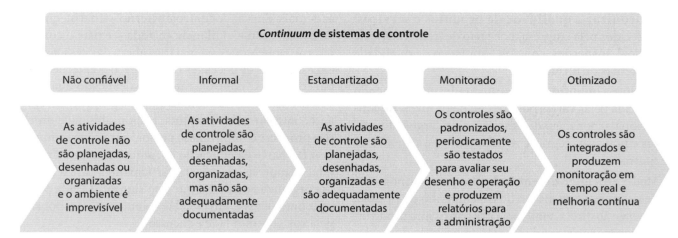

Figura VI.2 O grau de otimização dos controles.

O controle serve tanto para atividades internas da organização como também para atividades externas (como relações com clientes e com acionistas e investidores, investimentos financeiros, projetos, fornecedores, terceirização e franquias). Também o relacionamento com o mercado – seja financeiro, de tecnologia, de abastecimento de matérias-primas – requer uma intensa atividade de controle e monitoração.

As evidências mostram que os controles internos mais encontrados nas organizações se assemelham ao tipo informal. Quase sempre os controles são antecipadamente planejados, desenhados e organizados, mas pouco documentados, ou seja, pouco formalizados. Na maioria dos casos, os controles são dependentes de pessoas e não de sistemas integrados e nem sempre são estandartizados dentro da organização. Isso provoca problemas quando as pessoas são promovidas ou transferidas ou quando saem da organização e seus sucessores não assumem responsabilidades por procedimentos de controle. O treinamento formal e programas de comunicação bem como procedimentos de monitoração podem resolver parcialmente o problema. Mas quase sempre o gerenciamento de riscos fica ao sabor do acaso.

Em resumo, alguns fatores internos podem afetar a maneira como a organização constrói seus controles internos:

1. Seu tamanho, ou seja, o seu porte.
2. O grau de centralização ou descentralização dos controles em suas operações.
3. O grau em que políticas e procedimentos são bem definidos, conceituados, documentados e amplamente comunicados.
4. Quando a organização terceiriza algumas funções do seu negócio para fornecedores externos que podem executá-las de maneira melhor e mais barata.

Toda organização leva em conta esses quatro fatores quando tenta construir ou incrementar seus controles internos.

VI.2 ABRANGÊNCIA DE CONTROLE

O controle está presente em maior ou menor grau em quase todas as formas de ação empresarial. Os administradores – em todos os níveis organizacionais – passam parte de seu tempo observando, revendo e avaliando o desempenho de pessoas, métodos e processos, o funcionamento de máquinas e equipamentos, a qualidade de matérias-primas, produtos e serviços. Assim, os controles podem ser classificados de acordo com sua atuação nesses três níveis organizacionais – isto é, de acordo com sua esfera de aplicação – em três amplas categorias: controles no nível institucional, intermediário e operacional.

A finalidade do controle é assegurar que os resultados das estratégias, políticas e diretrizes (elaboradas no nível institucional), dos planos táticos (elaborados no nível intermediário) e dos planos operacionais (elaborados no nível operacional) se ajustem tanto quanto possível aos objetivos previamente estabelecidos. Os três níveis de controle se interligam e se entrelaçam intimamente. Na prática, não existe uma separação nítida entre eles.

Nesta Parte VI, nos próximos três capítulos, trataremos do controle no nível institucional, intermediário e operacional, respectivamente.

Quadro VI.1 O controle nos três níveis da empresa[5]

Nível da empresa	Tipo de controle	Conteúdo	Tempo	Amplitude
Institucional	Estratégico	Genérico e sintético	Direcionado para longo prazo	Macro-orientado Aborda a empresa como uma totalidade, como um sistema
Intermediário	Tático	Menos genérico e mais detalhado	Direcionado para médio prazo	Aborda cada unidade da empresa (departamento) ou cada conjunto de recursos isoladamente
Operacional	Operacional	Detalhado e analítico	Direcionado para curto prazo	Micro-orientado Aborda cada tarefa ou operação isoladamente

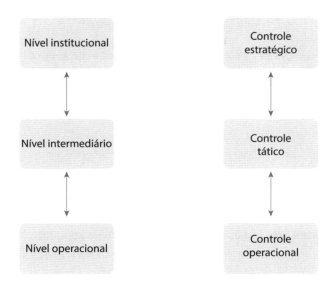

Figura VI.3 A interligação entre controle estratégico, tático e operacional.[6]

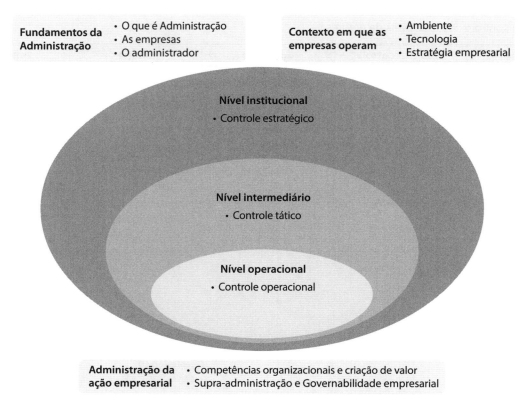

Figura VI.4 Plano integrado das partes e capítulos do livro.

REFERÊNCIAS

1. CHIAVENATO, I. *Teoria Geral da Administração – volume 1*. São Paulo: Atlas, p. 204, 2021.
2. HELLRIEGEL, D.; SLOCUM JR., J. W. *Management*: a contingency approach, reading. Massachusetts: Addison-Wesley Publishing, p. 211, 1974.
3. HELLRIEGEL, D.; SLOCUM JR., J. W. *Management*: a contingency approach, reading. op. cit., p. 212. *Vide* também: JEROME III, W. T. *Executive Control*: the catalyst. Nova York: John Wiley & Sons, 1961. p. 31-34.
4. HAYNES, W. W.; MASSIE, J. L. *Management*: analysis, concepts, cases. Englewood Cliffs: Prentice-Hall, p. 259, 1969.
5. CHIAVENATO, I. *Introdução à Teoria Geral da Administração*. São Paulo: Atlas, 2020.
6. CHIAVENATO, I. *Introdução à Teoria Geral da Administração*. op. cit.

CONTROLE ESTRATÉGICO

OBJETIVOS DE APRENDIZAGEM

- Ilustrar como as empresas controlam a ação empresarial no nível institucional.
- Definir as fases do controle e seu inter-relacionamento.
- Caracterizar os diversos tipos de controle e sua utilização.
- Definir o controle organizacional, seus requisitos e como o desempenho global da empresa é avaliado por meio de diversos sistemas de controle.
- Caracterizar o controle organizacional e suas implicações humanas.

O QUE VEREMOS ADIANTE

O controle é a função administrativa que faz parte do processo administrativo e que mede e avalia o desempenho organizacional em relação aos objetivos planejados em função dos padrões e critérios esperados e toma a ação corretiva quando necessário. Assim, o controle é um processo essencialmente regulador que serve para manter as coisas nos devidos trilhos. Na verdade, o controle assegura a adequação do desempenho aos padrões desejados do que foi planejado, organizado e dirigido por ações corretivas e de medidas preventivas para evitar futuros desvios. O controle estratégico – também denominado controle organizacional – é tratado no nível institucional e se refere aos aspectos globais que envolvem a empresa como uma totalidade. ua dimensão de tempo é o longo prazo. Seu conteúdo é genérico e sintético. Daí as três características básicas que identificam o controle estratégico da empresa:

1. **Nível de decisão**: é decidido no nível institucional da empresa.
2. **Dimensão de tempo**: é orientado para o longo prazo.
3. **Abrangência**: é genérico e abrange a empresa como um todo.

Devido à complexidade e às multifacetadas atividades da empresa, torna-se difícil abordar o controle em sua totalidade, uma vez que existem muitos tipos de controles: financeiros, contábeis, de produção, de qualidade, de inventários, de vendas, de pessoal etc. Isto significa que muitas pessoas se incumbem, dentro das empresas, de tarefas relacionadas com o acompanhamento e avaliação das atividades correntes e passadas, comparando-as com as normas e padrões desejados pela empresa. Se os resultados se afastam ou se desviam das normas prescritas, alguma ação corretiva deve ser tomada para mantê-los dentro das condições esperadas.

Aumente seus conhecimentos sobre **As entradas e saídas de um sistema** na seção *Saiba mais ADM 16.1*

Como sistemas abertos, as empresas procuram continuamente controlar suas atividades para se manterem sempre dentro dos parâmetros ou balizamentos esperados. E aí surge a noção de controle.

O controle visa atender a duas finalidades principais:[1]

1. **Correção de falhas ou erros existentes**: o controle serve para detectar falhas ou erros – seja no planejamento ou na execução – para apontar as medidas corretivas adequadas para saná-los.
2. **Prevenção de novas falhas ou erros**: ao corrigir as falhas ou erros existentes, o controle aponta os meios necessários para evitá-los no futuro. É uma finalidade pedagógica no sentido de aprendizagem contínua.

16.1 A NECESSIDADE DE CONTROLAR

A administração cria mecanismos para controlar todos os aspectos possíveis da organização. Os controles organizacionais servem para:[2]

- **Padronizar o desempenho** por meio de supervisão, inspeções, verificações, procedimentos escritos, programas de produção etc.
- **Padronizar a qualidade de produtos ou serviços** oferecidos pela empresa mediante treinamento de pessoal, inspeções, controle estatístico de qualidade e sistemas de incentivo.
- **Proteger os bens organizacionais** de abusos, desperdícios ou roubos, por meio de exigência de registros escritos, procedimentos de auditoria e divisão de responsabilidades.
- **Limitar a autoridade exercida** pelas várias posições ou níveis organizacionais, mediante descrições de cargos, diretrizes e políticas, regras, regulamentos e sistemas de auditoria.
- **Avaliar o desempenho das pessoas** por meio de sistemas de avaliação do desempenho do pessoal, supervisão direta, vigilância e registros incluindo informação sobre produção por empregado ou perdas com refugo por empregado etc.
- **Prevenir erros** por meios preventivos para garantir o alcance dos **objetivos** da empresa, pois estes ajudam a definir o escopo apropriado e a **direção** do comportamento dos indivíduos para o alcance dos resultados desejados.

Os controles podem estar localizados no nível institucional, intermediário ou operacional, ou ainda espalhados em todos eles, dependendo das características da empresa. Neste capítulo nos limitaremos aos controles estratégicos.

> **PARA REFLEXÃO**
>
> **Para que serve o controle?**
>
> Reflita e, a seguir, discuta com seus colegas a respeito do assunto supra e tente chegar a uma conclusão. Para que serve o controle?
>
> - Para assegurar que tudo foi feito conforme planejado?
> - Para assegurar o alcance de objetivos e resultados?
> - Para melhorar o desempenho das pessoas?
> - Para verificar detalhes?
> - Para olhar o passado pelo retrovisor?
> - Para manter ou melhorar a eficiência e eficácia das operações?
> - Para evitar erros ou desvios futuros?

16.2 FASES DO CONTROLE ORGANIZACIONAL

O controle ao nível de toda a organização é um processo cíclico e interativo constituído de quatro fases:[3]

1. **Estabelecimento de padrões ou critérios de desempenho organizacional**: que serão os objetivos a serem alcançados.
2. **Avaliação do desempenho organizacional**: para obter dados a respeito de como os planos estão sendo executados.
3. **Comparação do desempenho ou resultado com o padrão**: para mensurar ou avaliar o desempenho em função dos padrões desejados.
4. **Ação corretiva**: para corrigir o desvio entre o desempenho atual e o desempenho esperado.

Vejamos cada uma das fases do controle.

16.2.1 Estabelecimento de padrões de desempenho

Os padrões representam o desempenho desejado ou critérios de desempenho.

Figura 16.1 O ciclo do processo de controle.[4]

Em geral, padrões são metas de desempenho. Podem ser tangíveis ou intangíveis, vagos ou específicos, mas sempre relacionados com o resultado que se deseja alcançar. Os padrões são normas que proporcionam a exata compreensão do que se deve fazer, bem como o nível de excelência que se deve alcançar. Se um padrão é apenas medíocre, o nível desejado também será medíocre. Contudo, se o padrão for inatingível dada a sua elevada exigência, o desempenho desejado jamais será alcançado. As empresas definem padrões de acordo não somente com suas expectativas, mas também conforme suas possibilidades reais. Na medida em que o desempenho for sendo melhorado – pelo aprendizado, treinamento, experiência, melhoria de métodos e processos, novas tecnologias etc. – os padrões vão sendo gradativamente aumentados. Um padrão é bom quando ele está dentro das possibilidades de ser bem aplicado e permite a melhoria gradativa para sempre aprimorar a atividade controlada.

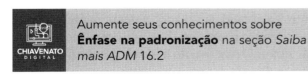

Aumente seus conhecimentos sobre **Ênfase na padronização** na seção *Saiba mais ADM 16.2*

Os padrões precisam ser claros e explícitos, objetivos e simples para facilitar seu uso. Além disso, as empresas bem-sucedidas costumam fixar padrões elevados em relação às empresas concorrentes para alcançar melhor qualidade, produtividade, agilidade e redução de custos. Em geral, o *benchmarking* envolve comparação de padrões no mercado.

16.2.2 Avaliação do desempenho ou do resultado organizacional

Avaliação é um julgamento, juízo ou veredito comumente utilizado na administração. E ela sempre se baseia em alguma referência, como um padrão, um indicador ou uma métrica tomada como base lógica de comparação. Assim, a avaliação do desempenho organizacional exige uma definição exata daquilo que se pretende medir ou mensurar. Caso contrário, o processo cairá em erros e confusões. O sistema de controle depende da informação imediata a respeito do desempenho e a unidade de medida e avaliação deve estar de acordo com o padrão predeterminado. A avaliação do desempenho deve se basear em dados e informações que facilitem a comparação entre o desempenho e o padrão de desempenho desejado. O importante é que aquilo que não se pode medir não se pode administrar adequadamente.

 SAIBA MAIS — **Avaliação do desempenho humano**

Muitas empresas adotam um sistema de avaliação do desempenho das pessoas que nelas trabalham: é a chamada avaliação do desempenho. Periodicamente, líderes e suas equipes se reúnem para oferecer *feedback* e trocar ideias e conceitos a respeito do trabalho, do desempenho e dos resultados alcançados pelas pessoas.

A avaliação do desempenho organizacional pode ser feita por:[5]

1. **Observação**: é o acompanhamento cotidiano das ações empresariais por parte de seus dirigentes. Reuniões, contatos pessoais, passeios pelas unidades da empresa, troca intensiva de *e-mails* e utilização da intranet são meios com que se observa e avalia o andamento dos processos na empresa.
2. **Instrumentação**: é a obtenção de dados e informações pelos vários sistemas de informação da empresa e de instrumentos de aferição e controle disponíveis.
3. **Relatórios escritos**: é a obtenção de dados e informações pelos relatórios periódicos expedidos nas várias unidades da empresa relatando desempenho e resultados alcançados no período. Em geral, tais relatórios são planejados no sentido de proporcionar o máximo de informação com um mínimo de tamanho.
4. **Resultados alcançados**: é o controle feito pelo acompanhamento de resultados alcançados em comparação com metas e objetivos previamente fixados ou negociados com as unidades da empresa. As metas e objetivos passam a constituir padrões de comparação para medir e controlar os resultados.

SAIBA MAIS — Princípio da exceção

Para facilitar o trabalho do supervisor, Taylor bolou um sistema que tratava apenas dos aspectos excepcionais, isto é, que ocorrem fora dos padrões normais. Para ele, o administrador não deve se preocupar com o que está ocorrendo de acordo com o planejado, mas principalmente com aquilo que está fora dos padrões e das expectativas. Daí o princípio da exceção: deixar de lado o que é normal e que está andando bem, visualizar o que é extremamente bom (para utilizá-lo melhor ainda) e o que é extremamente ruim (para controlá-lo melhor).

16.2.3 Comparação do desempenho com o padrão

Nenhuma atividade é perfeita ou isenta de erros ou desvios. Toda atividade ocasiona algum tipo de variação, seja por problemas de equipamentos, tecnologia ou da ação humana. É importante determinar os limites dentro dos quais a variação pode ser aceita como normal. Nem toda variação exige correções, mas apenas aquelas que ultrapassam os limites e que são denominadas erros ou desvios. O controle deve separar o que é normal e o que é excepcional para que a correção se concentre nas exceções. Este aspecto lembra muito o princípio da exceção proposto por Taylor. Para que possa concentrar-se nas exceções, o controle deve dispor de técnicas que indiquem rapidamente onde se encontra o problema, pondo a luz vermelha no ponto em que ele se encontra.

A comparação do desempenho organizacional com o que foi planejado busca localizar os erros ou desvios, sobretudo para permitir a predição de outros resultados futuros. Um bom sistema de controle deve proporcionar rápidas comparações, localizar possíveis dificuldades ou mostrar tendências significativas para o futuro. Não é possível modificar o passado, mas a sua compreensão propicia auxílio para, a partir do presente, criar condições para que as operações futuras obtenham melhores resultados.

A comparação do desempenho organizacional pode ser feita por meio de:[6]

1. **Resultados**: quando a comparação entre o padrão e a variável é feita após terminada a operação. A mensuração realiza-se em termos de algo pronto e acabado, no fim da linha e apresenta o inconveniente de mostrar os acertos e falhas, uma espécie de atestado de óbito de algo que já aconteceu.
2. **Desempenho**: quando a comparação entre o padrão e a variável é feita paralelamente à operação, ou seja, quando a comparação acompanha a execução da operação. A mensuração é concomitante com o processamento da operação. É feita paralelamente ao tempo e corresponde a uma monitoração do desempenho, sem interferir no seu resultado ou na sua consecução.

16.2.4 Ação corretiva

O controle deve indicar quando o desempenho não está de acordo com o padrão estabelecido e qual medida corretiva adotar. O objetivo do controle é indicar quando, quanto, onde e como se deve executar a correção. A ação corretiva é tomada a partir dos dados quantitativos gerados nas três fases anteriores do processo de controle. As decisões quanto às correções a serem feitas representam a culminação deste processo.

Qualquer que seja o nível, a área de atividade ou o problema envolvido, o processo de controle é basicamente o mesmo e segue aproximadamente estas quatro fases. Pode mudar o mecanismo, mas o processo é sempre o mesmo. "O objetivo básico do controle é assegurar que os resultados das operações sejam tão conformes quanto possível aos objetivos estabelecidos. Um objetivo secundário do controle é proporcionar informação periódica que possa tornar rápida a revisão dos objetivos. Estes objetivos são atingidos pela fixação de padrões, pela comparação dos resultados reais e previstos em relação a estes padrões e pela tomada de ação corretiva".[7]

Assim, o controle depende e contribui para as outras funções administrativas, guardando estreita vinculação com todas elas. Sem planejamento para fixar os objetivos e especificar atividades o controle não teria qualquer propósito. Sem a organização, a orientação sobre quem deve fazer as avaliações e quem deve tomar as ações corretivas não existiria. Sem a direção todos os relatórios de avaliação não teriam nenhuma influência sobre o desempenho atual da empresa.

Aumente seus conhecimentos sobre **Afinal, o que medir?** na seção *Saiba mais* ADM 16.3

16.3 TIPOS DE CONTROLES ESTRATÉGICOS

O controle estratégico recebe também a denominação de controle organizacional: é o sistema de cúpula que controla o desempenho e os resultados da empresa como um todo, tendo por base as informações realimentadoras que chegam do seu nível intermediário e operacional e também, principalmente, do ambiente externo à empresa. Estabelecidos os objetivos a serem alcançados e elaborados os planos para alcançá-los, a função do controle estratégico envolve a aferição das condições reais, do seu confronto com os padrões e o início de uma realimentação que possa ser utilizada para coordenar a ação empresarial como um todo, focalizar o rumo certo e facilitar o alcance dos objetivos pretendidos.

O controle estratégico envolve a utilização de critérios de longo prazo que são estrategicamente relevantes para que o nível institucional possa avaliar o desempenho da empresa e de suas unidades estratégicas de negócios. Envolve quase sempre julgamentos subjetivos e objetivos, bem como critérios intuitivos de avaliação face à complexidade e diversidade dos fenômenos empresariais. São inúmeros os aspectos da empresa que precisam ser controlados e avaliados, mas quase sempre sobressai a necessidade de avaliar a estratégia empresarial e seus resultados mediatos situados no longo prazo. O controle estratégico permite obter um entendimento tático e operacional das estratégias que são implementadas nas diversas divisões ou unidades de negócios da empresa. Como proporciona avaliação em nível corporativo do conjunto de ações estratégicas das diversas unidades da organização, ele deve permitir um claro entendimento das operações e mercados da empresa ou das suas unidades estratégicas de negócios.[8]

TENDÊNCIAS EM ADM

O controle na era digital

As recentes tecnologias trouxeram uma exponenciação dos processos de controle estratégico. A ênfase nos dados, no seu tratamento e análises, proporcionam *insights* em tempo real e tendências que indicam caminhos e soluções seguras em tempos de disrupturas, incertezas e ambiguidades. A automação e digitalização proporcionam oportunidades de controle em tempo real que permitem decisões imediatas e colocam o processo de controle no seio do desempenho organizacional.

 SAIBA MAIS — **A necessidade de controlar**

O controle estratégico impõe intensas trocas de informações entre os executivos do nível institucional e gerentes de unidades de negócios. Tais trocas podem envolver reuniões, relatórios, comunicações, encontros face a face tanto formais como informais.[9] Quando a diversificação dos negócios aumenta, o controle estratégico torna-se extremamente complicado e precisa necessariamente ser filtrado ou condensado para ser eficiente e eficaz. Muitas empresas tiveram de reduzir o nível de diversificação para não perderem o controle estratégico da sua estratégia e de suas operações. Isso significa que muitas vezes a necessidade de controle influencia o tamanho do negócio e a diversificação das operações.

SAIBA MAIS — Como as empresas medem seu desempenho global

A Asea Brown Boveri – ABB – é mais do que uma simples empresa. Na verdade, ela é um conglomerado de milhares de pequenos negócios, cada qual tocado por uma equipe multifuncional que não ultrapassa 50 pessoas. Haja descentralização! Cada negócio – e cada equipe – tem plena autossuficiência e autonomia para responder pelos resultados. Mas como medir e avaliar tantos negócios? A ABB utiliza um complexo sistema integrado de informação denominado Abacus. Em tempo real, a ABB consegue visualizar toda a complexidade de sua enorme rede de negócios, tomar múltiplas decisões a respeito e as medidas adequadas à sua otimização, desempenho e resultados. Na verdade, ela se tornou uma empresa mundial.

Da mesma forma como existe uma hierarquia nas atividades de planejamento, é evidente que há uma hierarquia de tipos de controle. O controle global se relaciona com os objetivos gerais da empresa, enquanto o controle tático se refere a cada departamento ou unidade organizacional e o controle operacional cuida de cada atividade ou tarefa no nível das operações. O planejamento estratégico ou plano global envolve vários mecanismos de controle que se tornam mais vagos e amplos na medida em que se sobe nos níveis organizacionais da empresa.

Existem vários tipos de controle estratégico:

1. Desempenho global da empresa.
2. Balanço contábil e relatórios financeiros.
3. Demonstrativo de lucros e perdas.
4. Análise do retorno do investimento.
5. Balanço social – ética e responsabilidade social.
6. Controle organizacional do ponto de vista humano.
7. Implicações ecológicas.

Vejamos cada um deles.

16.3.1 Desempenho global da empresa

O nível institucional utiliza sistemas de controle para medir e avaliar o desempenho global da empresa. Em alguns casos, tornam-se necessários sistemas de controle para medir o desempenho de uma ou de todas as unidades organizacionais – departamentos ou divisões – da empresa ou ainda de unidades estratégicas de negócios ou de projetos considerados prioritários.

SAIBA MAIS — Eficiência organizacional

A eficiência organizacional refere-se à maneira pela qual os recursos e competências de uma empresa são arranjados, integrados e aplicados de maneira racional. A eficiência organizacional exige que os recursos e competências sejam arranjados de tal maneira que tragam o máximo de retorno e lucratividade. Para operacionalizar o conceito de eficiência, é necessário definir e redefinir constantemente os objetivos organizacionais, medir o grau de alcance desses objetivos em função do valor dos recursos e competências organizacionais utilizados e conhecer todos os arranjos alternativos possíveis desses recursos e competências.
A eficiência é geralmente medida por meio da razão de saídas (retornos, benefícios, produtos ou resultados) sobre as entradas (investimentos, custos, esforços, insumos). Dentro deste conceito, o ideal seria incluir todas as entradas e todas as saídas do sistema para medir sua eficiência.

Existem três razões básicas para a existência de alguma forma de controle sobre o desempenho global da empresa:[10]

1. **Adequação ao planejamento estratégico**: o planejamento estratégico é aplicável à empresa como uma totalidade no sentido de alcançar objetivos empresariais globais. Para acompanhá-lo e medi-lo, tornam-se necessários controles igualmente globais e amplos, para permitir ações corretivas por parte da direção da empresa.

2. **Autonomia requer controle global**: na medida em que ocorre descentralização da autoridade – especialmente nos departamentos por produto ou por localização geográfica – as unidades passam a ser semiautônomas em suas operações e em suas decisões locais, exigindo controles globais capazes de medir seus resultados e avaliar seu desempenho. A descentralização das operações quase sempre é acompanhada de uma centralização dos controles.

3. **Controles globais**: permitem medir o esforço total da empresa como um todo ou de uma área integrada em vez de medir simplesmente partes dela. O importante é medir o sistema e não cada um de seus subsistemas.

Quase sempre – e isto representa um reducionismo ou uma distorção – os controles globais na empresa são predominantemente de caráter financeiro. Muito embora a existência dos negócios seja justificada em termos de geração de lucro e o dinheiro seja cada vez mais um recurso escasso e caro, a avaliação da eficiência de uma empresa quando medida apenas pelo dinheiro nem sempre é completa e adequada. Existem outros aspectos igualmente importantes na avaliação do desempenho global da empresa: o atendimento às necessidades de clientes, imagem no mercado, competências e talentos, ética e responsabilidade social, potencial de desenvolvimento e inovação, sustentabilidade etc., que não são adequadamente medidos por meio de índices financeiros. Ainda mais agora, em tempos de *Environment, Society and Governance* (ESG) no novo capitalismo.

Apesar disso, os controles financeiros constituem os mais importantes controles do desempenho global das empresas. As medidas financeiras permitem um denominador comum – o dinheiro – capaz de indicar os gastos totais incorridos no alcance dos objetivos da empresa. Sua ênfase, todavia, recai exclusivamente sobre recursos financeiros e trata os demais recursos da empresa – materiais, mercadológicos, tecnológicos etc., sem esquecer a gestão humana – dentro de uma abordagem estritamente financeira. A razão disso está no atendimento privilegiado dado no passado aos interesses específicos dos proprietários ou acionistas do negócio – os *shareholders*.

16.3.2 Balanço contábil e relatórios financeiros

O controle do desempenho global da empresa geralmente toma a forma de relatórios contábeis que constituem uma conclusão de todos os principais fatos da empresa como volume de vendas, volume de produção, volume de despesas em geral, custos, lucros, utilização do capital e retorno sobre o investimento dentro de um inter-relacionamento que varia de empresa para empresa. Com isso, a administração no nível institucional pode saber como a empresa como um todo está sendo bem ou malsucedida em relação aos seus objetivos. Muitas vezes, são incluídas as previsões de vendas e sua translação em termos de despesas a serem incorridas, para dar uma ideia dos custos, possibilitando uma espécie de balanço projetado ou uma espécie de projeção de lucros e perdas para que a administração possa ponderar o efeito das atividades departamentais sobre a empresa como um todo ou tomar as ações corretivas com antecedência.

A contabilidade é um sistema de linguagem especializada utilizada para medir as consequências das ações empresariais e comunicar esta informação aos executivos e outros interessados. A informação que entra inicialmente no processo contábil sofre uma série de registros e lançamentos, de acordo com a codificação estabelecida no plano de contas da empresa. Mudanças e alterações no ativo, passivo e na renda líquida – como resultados dos negócios da empresa – são registradas nas contas de débitos e créditos. Cada entrada envolve tantos débitos e créditos em quantidades iguais, de forma que os dois lados de uma conta ou um plano de contas devem estar sempre balanceados. As informações são apresentadas à administração e a outros interessados na forma de balanços financeiros e outros relatórios, utilizando o plano de contas que estabelece a forma de tabulação das informações que decorrem dos lançamentos relacionados às operações, permitindo demonstrar os custos e lucros. Assim, o problema básico do planejamento – dentro da contabilidade – é obter um equilíbrio favorável entre receitas e custos envolvidos.

Aumente seus conhecimentos sobre **Informação contábil** na seção *Saiba mais* ADM 16.4

Na medida em que ocorre a descentralização da autoridade, tende a aumentar a centralização do controle no nível institucional da empresa. E o controle global permite fornecer os meios pelos quais os objetivos da empresa podem ser claramente e especificamente definidos e como os planos departamentais podem contribuir para tais objetivos. Os relatórios contábeis indicam de que maneira a empresa como um todo está atingindo seus objetivos, quais desvios estão ocorrendo e quais as medidas corretivas a adotar.

16.3.3 Demonstrativo de lucros e perdas

O demonstrativo de lucros e perdas (L&P) oferece uma visão resumida da posição de lucro ou perda da empresa em um determinado período de tempo. Comparando os demonstrativos dos períodos anteriores, pode-se verificar as variações e detectar as áreas (como despesas de vendas ou lucro bruto sobre vendas) que necessitam de maior atenção por parte da administração. Como a sobrevivência do negócio depende basicamente da lucratividade, o lucro passa a ser um importante padrão para a medida do sucesso, seja da empresa como um todo, seja de suas unidades, como departamentos ou divisões. O controle sobre lucros e perdas, quando aplicável a departamentos ou divisões da empresa, se baseia na premissa de que o objetivo do negócio como um todo é gerar lucros e cada parte da empresa deve contribuir para esse objetivo. A capacidade de cada parte em atingir um determinado lucro esperado passa a ser um padrão para medir seu desempenho.

16.3.4 Análise do retorno sobre o investimento

A análise do retorno sobre o investimento (ROI) é uma técnica de controle global utilizada para medir o sucesso absoluto ou relativo da empresa ou de uma unidade departamental em razão dos ganhos em relação ao investimento de capital. Esta abordagem foi desenvolvida pela Du Pont Company como uma importante parte de seu sistema de controle global.[11] O sistema da Du Pont se assenta na ideia de que a melhor medida do esforço e do desempenho de uma empresa com grande investimento de capital é a taxa de ROI. O sistema utilizado pela Du Pont envolve a consideração de muitos fatores. O retorno é computado na base do capital de giro multiplicado pelos lucros em percentagem de vendas. Este cálculo reconhece que um departamento com elevado giro de capital e baixa percentagem de lucro sobre vendas pode ser mais lucrativo em termos de retorno sobre o investimento do que outro departamento com elevada percentagem de lucro sobre vendas, mas com baixo giro de capital. O giro é computado na base do total de vendas dividido pelo investimento total (que inclui não somente o investimento permanente, mas também o ativo circulante da unidade).

O controle por meio do ROI utiliza o tradicional gráfico da Du Pont conforme a Figura 16.2.[12]

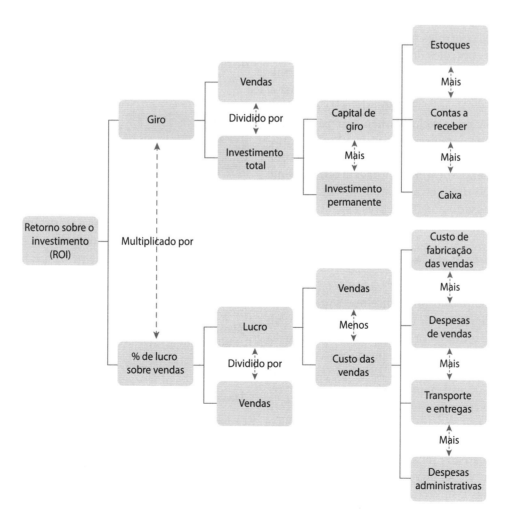

Figura 16.2 Fatores que afetam o ROI.[13]

Com a análise do ROI a empresa avalia suas diferentes linhas de produtos e verifica onde o capital está sendo mais eficientemente empregado, além de poder fazer uma aplicação balanceada do capital para alcançar um lucro global maior. Isto lhe permite identificar os produtos mais rentáveis, bem como melhorar outros que estão pesando negativamente na balança dos lucros.

16.3.5 Balanço social – ética e responsabilidade social

Uma forte tendência que surgiu na Europa e chegou entre nós é o balanço social focado na responsabilidade social da empresa. O balanço social privilegia os interesses dos chamados *stakeholders* – os grupos de interesses que contribuem direta ou indiretamente para o sucesso da empresa – bem como as ações da empresa em relação à sua comunidade local e ao seu ambiente natural. Ecologia no meio disso tudo.

> Aumente seus conhecimentos sobre **Modelo de balanço social** na seção *Saiba mais ADM 16.5*

16.3.6 Controle organizacional do ponto de vista humano

Por controle social entendem-se todos os meios e métodos utilizados para induzir pessoas ou grupos a corresponderem às expectativas de uma organização social ou da própria sociedade. Vimos que as organizações sociais – e as empresas – exercem poder ou controle social sobre as pessoas. O poder é uma condição de exercer uma vontade sobre outra pessoa ou grupo de pessoas, podendo assim controlar o seu comportamento. O poder é legitimado quando os indivíduos que o exercem são investidos de autoridade. A autoridade para exercer o poder é institucionalizada por meio de documentos escritos – como estatutos, manuais de organização, descrições de cargos, circulares, cartas etc. – devidamente publicados para conhecimento geral as pessoas envolvidas.

O controle social pode ser também feito mediante normas, regras e regulamentos. Eles podem ser prescritivos ou restritivos. Prescritivos, quando especificam o que as pessoas devem fazer. Restritivos, quando especificam algo que as pessoas não devem fazer.

> Aumente seus conhecimentos sobre **Controles burocráticos** na seção *Saiba mais ADM 16.6*

Modernamente, as organizações estão abandonando o modelo burocrático e migrando rapidamente para modelos orgânicos e adhocráticos para incentivar a iniciativa e inovação das pessoas.

16.3.7 Variáveis causais, intervenientes e resultantes

As pessoas influenciam poderosamente os resultados finais da empresa. Para avaliar o desempenho humano em termos globais, Likert aponta três tipos de variáveis.[14]

1. **Variáveis causais**: são as variáveis administrativas determinadas por meio de decisões da empresa como a estrutura organizacional, a filosofia e políticas administrativas, estilo de liderança, planos e controles, enfim, todos os fatores que a administração amolda e altera segundo seus pontos de vista.

2. **Variáveis intervenientes**: são as variáveis provocadas pelos participantes da empresa, ou seja, pelas próprias pessoas com suas atitudes, percepções, motivações, habilidades e capacidades, interação social, comunicação, lealdade, decisões pessoais etc.

Figura 16.3 O modelo de organização humana.[15]

3. Variáveis resultantes: são as variáveis finais, ou seja, as consequências ou os efeitos das variáveis causais e dos desdobramentos provocados pelas variáveis intervenientes. É o caso da produção, da produtividade, dos custos, lucros etc.

As variáveis intervenientes são de difícil abordagem para muitos administradores que preferem avaliar a eficiência da empresa em períodos de curto prazo e apenas em termos de variáveis resultantes. Quando muito, a preocupação se volta para as variáveis causais, como se apenas elas pudessem afetar os resultados finais. Por outro lado, os administradores que trabalham orientados para resultados imediatos de produção costumam ser valorizados e rapidamente promovidos para cargos mais elevados em consequência do frágil êxito demonstrado, deixando a seus sucessores um grande volume de fragmentos intervenientes cuja ordenação e correção exigem longo período de trabalho árduo.

Likert assegura que as variáveis resultantes são medidas tradicionais do desempenho organizacional, mas são precárias pelo fato de fornecerem fatos passados e consumados. As aferições de produção, custos, lucros, gastos orçamentários etc. são dados financeiros valiosos e importantes. Porém, seu poder preditor é bastante limitado. Frequentemente, as aferições de resultado são insuficientes e só servem para trancar a porta depois do roubo efetuado.[16] As variáveis resultantes focalizam dados quantitativos passados, mas não conseguem mostrar o potencial e as possibilidades reais de uma empresa. As variáveis intervenientes possuem a condição de proporcionar uma visão mais consistente das potencialidades e fraquezas da organização humana da empresa, suas forças e fragilidades, seus pontos fortes e vulneráveis e, consequentemente, onde aproveitar as vantagens e onde corrigir as desvantagens, sempre mirando o futuro.

Do ponto de vista humano, o controle organizacional está voltado para o comportamento humano dentro da empresa a fim de manter a necessária eficácia e eficiência. Na organização humana que provoca o comportamento organizacional existem variáveis causais, intervenientes e resultantes. Em todo processo de controle deve-se levar em conta os fatores humanos em face das suas implicações racionais e simbólicas sobre o comportamento das pessoas.

De todo modo, o controle estratégico é fundamental para a navegação no mundo dos negócios e requer uma visão panorâmica do comportamento da organização. Isso significa mirar o passado e o presente para enfrentar o futuro que virá ou que já está chegando. Saber transformar enormes volumes de dados em informações relevantes e preciosas. Ter pleno conhecimento a respeito do andamento de todos os processos para tomar decisões inteligentes e corretas para a situação que se apresenta e para as condições externas e ambientais que virão.

REFERÊNCIAS

1. CHIAVENATO, I. *Introdução à Teoria Geral da Administração.* São Paulo: Atlas, 2020.

2. CHIAVENATO, I. *Introdução à Teoria Geral da Administração. op. cit.*

3. NEWMAN, W. H.; SUMMER, C. E.; WARREN, E. K. *The Process of Management*: concepts, behavior and practice. Englewood Cliffs: Prentice-Hall, 1967. p. 328-675.

4. CHIAVENATO, I. *Introdução à Teoria Geral da Administração. op. cit.*

5. CHIAVENATO, I. *Introdução à Teoria Geral da Administração. op. cit.*

6. CHIAVENATO, I. *Introdução à Teoria Geral da Administração. op. cit.*

7. NEWMAN, W. H.; WARREN, E. K. *Administração Avançada*: conceitos, comportamentos e práticas no processo administrativo. São Paulo: Atlas, p. 463, 1974.

8. HITT, M. A.; HOSKISSON, R. E; JOHNSON, R. A.; MOESEL, D. D. The Market for Corporate Control and Firm Innovation. *Academy of Management Journal*, v. 39, p. 416-418, 1996.

9. HOSKISSON, R. E.; HITT, M. A.; IRELAND, R. D. The Effects of Acquisitions and Restructuring (Strategic Refocusing): strategies on innovations. *In*: KROGH, G. von, SINATRA, A.; SINGH, H. (eds.). *Managing Corporate Acquisitions*. Londres: Macmillan Press, 1994. p. 144-169.

10. CHIAVENATO, I. *Administração nos Novos Tempos. op. cit.*

11. KLINE JR, C. A.; HESSLER, H. L. The Du Pont Chart System for Appraising Operating Performance. *N.A.C.A*, Bulletin n. 33, p. 1595-1619, ago. 1952.

12. KLINE JR, C. A.; HESSLER, H. L. The Du Pont Chart System for Appraising Operating Performance. *op. cit.*

13. HOW the Du Pont Appraises its Perfomance. *Financial Management Series*, n. 94. Nova York: American Management Association, 1950. Vide também: KLINE JR., C. A.; HESSLER, H. L. The Du Pont Chart System for Appraising Operating Performance. N.A.C.A, Bulletin n. 33, p. 1595-1619, ago. 1952.

14. LIKERT, R. *Novos Padrões em Administração*. São Paulo: Livraria Pioneira, 1971.

15. LIKERT, R. *Novos Padrões em Administração. op. cit.*

16. LIKERT, R. *Novos Padrões em Administração. op. cit.*

CONTROLE TÁTICO

OBJETIVOS DE APRENDIZAGEM

- Definir e caracterizar o controle tático.
- Explicar como são estabelecidos os padrões que servem de base para os controles táticos.
- Explicar como os resultados são acompanhados pelo processo de controle.
- Explicar a comparação dos resultados com os padrões estabelecidos.
- Apresentar e caracterizar os diversos tipos de controles táticos.

O QUE VEREMOS ADIANTE

O controle exercido no nível intermediário das empresas é o controle tático, também denominado controle departamental ou controle gerencial. De um modo geral, o controle tático se refere a cada unidade organizacional ou cada departamento ou conjunto de recursos tomado isoladamente. Seu conteúdo está limitado a aspectos departamentais. É direcionado para o médio prazo ou para o exercício contábil, em geral de 12 meses de duração.

 SAIBA MAIS — **Controle como função administrativa**

O controle é a função administrativa que consiste em medir e corrigir o desempenho para assegurar que os objetivos empresariais e os planos estabelecidos para alcançá-los sejam realizados. É, pois, a função segundo a qual todo administrador – desde o presidente da empresa até o supervisor de primeira linha – certifica-se de que aquilo que é feito está de acordo com o que se pretendia fazer. A essência do controle é a ação que ajusta as operações aos padrões predeterminados e sua base é a informação que os diretores (nível institucional), gerentes (nível intermediário) e supervisores (nível operacional) recebem e utilizam.

A teoria do controle se baseia em dois conceitos importantes:[1]

1. **Retroinformação**: é a retroação ou realimentação, o mecanismo que fornece informações relativas ao desempenho passado ou presente, capazes de influenciar as atividades futuras ou os objetivos futuros

do sistema. A retroinformação é um ingrediente essencial a qualquer processo controlador e fornece as informações necessárias às decisões para promover o ajustamento do sistema. Quando os planos entram em execução, o sistema passa a ser acompanhado para se verificar o caminho que ele está percorrendo, se seu desempenho está apontado para o alvo e se os objetivos propostos estão sendo atingidos. A retroinformação pode referir-se tanto aos fins a serem alcançados, como aos meios que estão sendo utilizados.

2. **Homeostase**: é a tendência que todos os organismos e organizações têm para autorregular-se, isto é, para retornarem a um estado de equilíbrio estável toda vez que forem submetidos a alguma perturbação por força de algum estímulo externo. Desde que o estímulo não seja forte demais, os organismos tendem a voltar ao seu estado normal quando dele se desviam. É a autorregulação que garante um equilíbrio dinâmico em todo processo vivo. Embora não haja uma analogia exata com os organismos vivos, as empresas possuem padrões de comportamento relativamente programáveis – como os procedimentos – que lhes permitem estabilidade no decorrer do tempo, sem que haja intervenção dos níveis organizacionais mais elevados.

O executivo precisa assegurar que o desempenho da execução corresponda aos planos. Neste sentido, o executivo – no nível intermediário – precisa desenvolver um processo de controle que envolve as quatro fases seguintes:

1. Estabelecimento de padrões.
2. Avaliação dos resultados.
3. Comparação dos resultados com os padrões.
4. Ação corretiva quando ocorrem desvios ou variâncias.

17.1 ESTABELECIMENTO DE PADRÕES TÁTICOS

Os padrões táticos de controle dependem diretamente dos objetivos, especificações e resultados previstos resultantes do processo de planejamento tático. Um padrão significa um nível de realizações ou de desempenho que se pretende tomar como referência. Ele pode servir como um resultado esperado em função do planejamento. Os padrões fornecem os parâmetros que deverão balizar o funcionamento do sistema. As decisões sobre os padrões são tomadas no decorrer do processo de planejamento, mas poderão ser reajustadas à medida que o processo de controle comece a produzir a informação de realimentação capaz de definir se os padrões estão adequadamente prefixados ou se devem ser alterados para mais ou para menos, a fim de se ajustar à realidade dos fatos.

A finalidade do controle tático é assegurar que os resultados departamentais se ajustem aos planos táticos

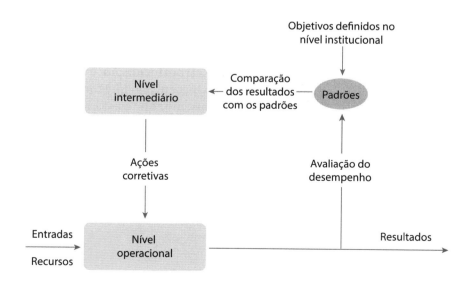

Figura 17.1 O processo de controle no nível intermediário.[2]

estabelecidos. O controle precisa detectar e localizar as falhas e os desvios em relação aos planos para que a ação corretiva possa ser aplicada. Assim, o elemento fundamental do controle é um objetivo predeterminado: um padrão. O padrão fornece os critérios para medir o desempenho e avaliar os resultados.

No nível intermediário, os padrões de controle tático são geralmente estabelecidos a partir de certos objetivos departamentais tomados como critérios para avaliar os resultados e o desempenho de cada departamento. Ao fixar seus objetivos principais, cada departamento define os padrões pelos quais poderá verificar se está ou não atingindo o leque de objetivos a que se propôs alcançar.

17.1.1 Tipos de padrões táticos

Existem vários tipos de padrões táticos utilizados para avaliar e controlar os diferentes recursos da empresa:[3]

1. **Padrões de quantidade**: como número de empregados, volume de produção, volume de vendas, percentagem de rotação do estoque, índice de acidentes e quantidade de clientes. Servem para verificar variações de quantidade.
2. **Padrões de qualidade**: como padrões de qualidade para a produção, funcionamento das máquinas e equipamentos, qualidade dos produtos e serviços da empresa, atendimento ao cliente e padrões de assistência técnica. Servem para verificar variações de qualidade.
3. **Padrões de tempo**: como permanência média do empregado na empresa, tempos padrões de produção, tempo de processamento dos pedidos dos clientes, tempo de espera dos clientes, ciclo operacional, ciclo financeiro, tempo de inovação e tempo de parada para manutenção de máquinas. Servem para verificar variações de tempo.
4. **Padrões de custo**: como custo de estocagem das matérias-primas, custo do processamento de um pedido, custo de uma requisição de material, custo de uma ordem de serviço, relação custo-benefício de um novo equipamento, custos diretos e indiretos da produção, custo da qualidade e custo de financiamentos. Servem para verificar variações de custo.

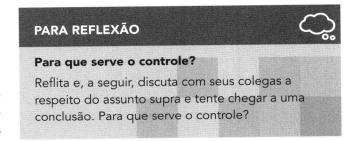

PARA REFLEXÃO

Para que serve o controle?

Reflita e, a seguir, discuta com seus colegas a respeito do assunto supra e tente chegar a uma conclusão. Para que serve o controle?

Figura 17.2 Os tipos de padrões táticos.[4]

17.2 AVALIAÇÃO DOS RESULTADOS

O controle tático se baseia nas informações obtidas com o acompanhamento da execução dos planos de ação de cada departamento ou unidade organizacional. Seu objetivo é avaliar o desempenho ou garantir que os resultados estejam dentro dos limites previstos pelos padrões, a fim de assegurar o alcance dos objetivos traçados para cada departamento. Constitui o instrumento adequado para influir nas decisões de corrigir a atividade planejada – caso sofra desvios ou variâncias – e possibilitar seu ajustamento em ralação aos objetivos.

A descentralização administrativa influencia profundamente o controle. Na medida em que aumenta a descentralização deve haver maior ênfase nos controles globais da empresa. Quando as decisões são centralizadas, a administração pode estabelecer padrões detalhados para cada fase do trabalho. Mas na medida em que delega autoridade para planejar e decidir, a administração desvia sua atenção dos detalhes operacionais para poder acompanhar os resultados globais atingidos. E é isso o que acontece geralmente com os departamentos. A empresa precisa saber como está seu desempenho e como estão seus resultados.

A frequência e os tipos das avaliações também mudam com a descentralização. Na centralização, a administração se preocupa com detalhes e com o curto prazo. Na medida em que descentraliza, a administração deixa de lado os detalhes e relatórios diários para dirigir sua atenção aos resultados globais e para amplitudes de tempo mais longas.

17.3 COMPARAÇÃO DOS RESULTADOS COM OS PADRÕES

A comparação de resultados com padrões preestabelecidos constitui a terceira fase do processo de controle tático. A comparação é geralmente uma atividade especializada de assessoria (staff) por envolver especialização. Aliás, boa parte das atividades de planejamento e de controle é encargo da assessoria e não da linha. Muitos dos componentes da comparação envolvem alguma especialização técnica e seus resultados são transmitidos aos gerentes de linha por meio de relatórios, mapas, circulares etc. A partir desse material, que constitui o sistema de informação gerencial (SIG), os gerentes de linha avaliam o desempenho de seus departamentos ou unidades e tomam as decisões necessárias para sua adequada condução.

> **PARA REFLEXÃO**
>
> **Atenção para a avaliação de resultados**
> Reflita e, a seguir, discuta com seus colegas a respeito do assunto supra e tente chegar a uma conclusão. Como melhorar a atenção do administrador para avaliar?

A comparação proporciona a informação (retroação) a respeito da quantidade, qualidade, tempo e custo das atividades de cada departamento, capaz de permitir sua avaliação em relação aos padrões reestabelecidos. O processo de comparação repousa em três elementos essenciais: mensuração, variância e princípio da exceção.[6]

1. **Mensuração**: refere-se à medição do desempenho de um departamento, de forma a avalia-lo de acordo com algum critério quantitativo ou qualitativo. A técnica de mensuração mais adequada, espécies de registros e anotações devem ser feitos, o tipo de unidade de medida utilizada em determinada situação e os instrumentos de mensuração mais adequados a

Quadro 17.1 Efeito da descentralização sobre o controle[5]

Graus de descentralização	Natureza do controle	
	Tipo de padrão	Frequência de avaliação
Centralização	Padrões detalhados sobre como o trabalho deverá ser realizado e sobre o resultado a ser apresentado por cada pessoa ou posição	Avaliação diária e detalhada com horários definidos e resultados alcançados
Descentralização	Resultados finais globais e indicadores de possíveis desvios ou variações	Avaliação mensal e genérica para resultados principais; avaliação semestral ou anual para resultados globais

um determinado propósito são aspectos que devem ser decididos no processo de planejamento. Isto revela, mais uma vez, a estreita vinculação entre planejamento e controle, o fato de que o controle também precisa ser planejado.

2. **Variância**: é o grau de desvio ou afastamento do desempenho atual em relação ao padrão preestabelecido. A comparação procura descobrir e localizar discrepância ou desvio entre o que está sendo feito e o que deveria ser feito, ou seja, a comparação procura detectar e localizar variâncias, para que se possa decidir sobre qual a ação corretiva a ser adotada e restabelecer o desempenho dentro do padrão.

3. **Princípio da exceção**: proposto por Taylor e muito badalado pela escola da administração científica, o princípio da exceção – como o próprio nome indica – deixa de lado as ocorrências normais que não requerem ação corretiva, para apontar somente o que é excepcional. Focaliza as ocorrências que fogem à normalidade dos acontecimentos para que o administrador possa concentrar-se nas exceções, isto é, nas variâncias ou desvios que requerem medidas corretivas para enquadrá-los na normalidade.

O primeiro desses três elementos essenciais do processo de comparação – a mensuração – merece alguns esclarecimentos adicionais.

17.4 TÉCNICAS DE MENSURAÇÃO

Como vimos no capítulo anterior, a mensuração pode ser feita pela observação e de relatórios periódicos.

17.4.1 Observação

A observação do nível da atividade departamental – por meio de indagações feitas aos empregados, comentários obtidos dos clientes, notícias dos consumidores etc. – é um importante meio de saber como as coisas vão indo. A observação pessoal é uma técnica de mensuração que consome horas de diretores, gerentes e supervisores, seja visitando fábricas, passeando pelos escritórios, conversando com o pessoal, com clientes, fornecedores etc. A observação pessoal permite uma avaliação jamais possível por meio de relatórios orais ou escritos. Realmente, não há substituto adequado para a observação direta da avaliação do desempenho. Muito embora seja forte consumidora do tempo dos administradores, a observação pessoal é uma parte essencial da administração. Ela permite ao supervisor uma vantagem que o gerente e o diretor geralmente não têm: quanto mais o diretor e o gerente se distanciam das atividades táticas e do contato íntimo com o pessoal que as executa, mais dependentes eles se tornam em relação a fontes de informação, como é o caso dos relatórios. São muito comuns nas pequenas empresas as conversas informais dos dirigentes com superiores e empregados a respeito de seus trabalhos e de suas famílias. O nível de atividade, o comportamento dos empregados, suas reações, sugestões etc. são diretamente observados e utilizados para formar uma figura mental de como vão indo as coisas dentro da empresa.

17.4.2 Relatórios

O controle somente é possível e eficaz quando o progresso em relação aos objetivos propostos é prontamente medido pelo administrador encarregado de alcançá-los. Parte da tarefa de mensurar o desempenho é dedicada ao planejamento e desenho de um sistema de relatórios capaz de proporcionar informação acurada em tempo hábil.

O conceito de controle gerencial inclui um sistema de relatórios capaz de suprir informações a respeito do que ocorre em todas as áreas e dos problemas e suas causas. Por meio dos relatórios, os dados chegam ao administrador de uma forma que lhe permite fazer comparações e tomar as ações mais indicadas. Assim, relatórios sobre vendas nas diversas praças mostrando o comportamento dos produtos nos diversos territórios; relatórios sobre pesquisas salariais; sobre produção, manutenção etc. Geralmente, os relatórios constituem um tipo de comunicação ascendente ou lateral que permite ao administrador saber o que ocorre. Relatórios de controle permitem revelar não apenas o que está acontecendo em um determinado período de tempo, mas também o significado do que está acontecendo. Existem vários tipos de relatórios de controle: orais, escritos ou combinação de ambos. Os relatórios orais são apresentados face a face, pelo telefone, ou por meio de reuniões de grupos com gerentes de departamento ou de unidades. Os relatórios escritos não requerem a presença da pessoa que os emitiu, mas muitas questões e respostas, discussões e esclarecimentos adicionais precisam ser feitos oralmente.

As principais formas de relatórios são:

1. **Relatórios narrativos**: podem ser verbais ou escritos, mas sempre descritivos.

2. **Relatórios estatísticos**: baseiam-se amplamente em números e símbolos, comparações quantitativas etc.

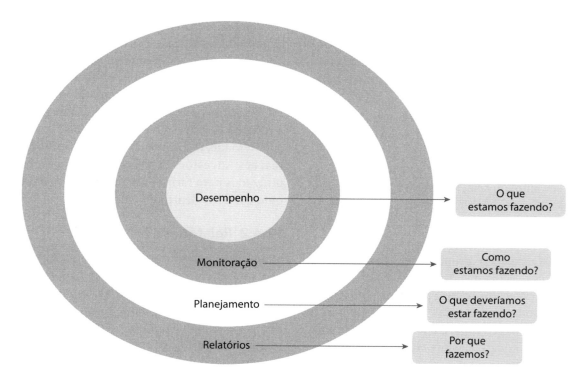

Figura 17.3 A comparação feita pelo controle.

3. **Relatórios periódicos**: emitidos em períodos regulares e programados de tempo em tempo, como diários, semanais, semestrais ou anuais.
4. **Relatórios de progresso**: informam sobre o andamento de um projeto ou assunto desde o seu início até o seu complemento ou conclusão. São também chamados **relatórios de *follow-up*** ou de seguimento.
5. **Relatórios especiais**: são elaborados esporadicamente em resposta a determinados assuntos específicos e não rotineiros. Geralmente se referem a problemas específicos, a produtos ou serviços prioritários, clientes importantes, etc.

O relatório de controle geralmente é uma combinação desses tipos enumerados. No fundo, constitui uma forma de atribuição de responsabilidade pela qual o administrador sumariza as atividades sob sua responsabilidade e relata ao seu superior prestando conta dos resultados que conseguiu atingir. Na Administração por Objetivos (APO), os relatórios de controle assumem uma importância vital.

17.5 AÇÃO CORRETIVA

No nível intermediário das empresas, os administradores concentram em suas mãos o controle sobre uma infinidade de assuntos e somente autorizam o prosseguimento das atividades após certificarem que os diversos padrões estão sendo observados. Antes de conceder o crédito a determinado cliente, o tesoureiro ou o gerente de vendas solicita o relatório ou a ficha dos créditos anteriormente aprovados e os pagamentos que foram devidamente efetuados. As alterações de preços, em algumas empresas, são condicionadas a provação do executivo principal, do responsável pela área de vendas, pela área financeira e provavelmente por alguns outros executivos. Cada um deles procura verificar as possíveis alterações da decisão sobre os planos de suas áreas. Em algumas circunstâncias, a verificação e controle de certos assuntos são delegados a terceiros. É o que ocorre quando a empresa atribui tarefas de controle para o auditor contábil a respeito de despesas operacionais; para o inspetor de qualidade aprovar ou rejeitar produtos ou serviços; para o fiscal de obras ajustar ou dar andamento a tarefas de construção etc.

> **PARA REFLEXÃO**
>
> **Como tomar ações corretivas?**
>
> Reflita e, a seguir, discuta com seus colegas a respeito do assunto supra e tente chegar a uma conclusão. Como o administrador deve tomar ações corretivas?

17.6 TIPOS DE CONTROLES TÁTICOS

Existem vários tipos de controles táticos, isto é, de controles efetuados no nível intermediário das empresas. Os mais importantes são o sistema de informações gerenciais, controle orçamentário, orçamento-programa e a contabilidade de custos.

17.6.1 Sistema de informação gerencial

Toda decisão depende da qualidade da informação disponível ao administrador. A habilidade de tomar rapidamente decisões importantes e inteligentes no complexo mundo dos negócios de hoje é vital e definitiva. Assim, o Sistema de informação gerencial (SIG) é um sistema informatizado utilizado para fornecer regularmente as informações necessárias à administração.[7] O SIG envolve ordem, arranjo e propósito e visa proporcionar informações e não apenas dados. Informação é um conjunto de dados analisados e processados.[8] Toda empresa apresenta uma incrível quantidade de dados, mas uma enorme carência de capacidade de processar tais dados de maneira que a informação certa esteja disponível ao administrador no momento em que ele necessitar.[9]

As empresas deixaram para trás o processamento de dados centralizado, passando pela computação descentralizada no usuário final, chegando às redes interativas de locação fixa e, agora, às redes interativas móveis permitindo incrível mobilidade e comunicabilidade. Uma rede representa uma interconexão de *hardwares* de computadores que permitem ao usuário comunicação com outros usuários, transformar o computador em um terminal e acessar o sistema central da empresa ou acessar bancos de dados externos.[10]

17.6.2 Controle orçamentário

Planejamento e controle orçamentário constituem um sistema que busca definir antecipadamente as despesas de custos fixos e variáveis a serem incorridos no exercício contábil da empresa por cada departamento ou unidade organizacional. Trata-se de estabelecer antecipadamente os possíveis gastos para então passar a controlá-los no decorrer do ano fiscal. O planejamento orçamentário constitui o plano, o critério, o padrão a ser seguido, enquanto o controle orçamentário representa a maneira de acompanhar e avaliar como o plano está sendo seguido e realizado.

Em termos simplistas, o orçamento constitui um plano apresentado em linguagem de dinheiro: a atividade da empresa é traduzida em resultados monetários esperados, tendo o dinheiro como denominador comum.

O planejamento do orçamento ajuda a dirigir e controlar desempenhos. Ele tem uma fase estritamente controladora – o controle orçamentário. Em geral, os orçamentos envolvem ações administrativas que produzem resultados observáveis dentro de dado período contábil, como um mês ou um ano.

SAIBA MAIS — O controle orçamentário

O controle orçamentário envolve planejamento e controle, tal como o processo administrativo. Em muitas empresas, o orçamento acaba se transformando no principal instrumento de trabalho gerencial e tudo passa a ser expresso em termos de valores monetários: as previsões de vendas, o orçamento de salários e encargos sociais, o orçamento de propaganda etc. A vantagem do processo orçamentário é explicitar os planos futuros e atribuir-lhes valores financeiros. O fato de se solicitar a todos os membros da empresa, em todos os níveis, que elaborem suas subpartes do orçamento permite alguma forma de participação e envolvimento nos negócios da empresa. Os orçamentos gerados a partir dessa participação são mais fáceis de controlar do que aqueles impostos por determinação superior.

Quando integradas as diversas partes do orçamento dentro de um plano financeiro global, este passa a constituir um padrão, em relação ao qual o desempenho do período poderá ser comparado e medido. O orçamento não constitui um instrumento rígido de contenção de despesas, podendo ser bastante flexível a ponto de permitir uma variedade de ajustes, quando necessários.

As principais vantagens do controle orçamentário são:[11]

1. Aprimoramento do planejamento, tornando-o mais objetivo, ágil e realista.
2. Auxílio à coordenação por meio de troca de informações e o equilíbrio entre as diferentes atividades ao detectar possíveis desequilíbrios existentes.
3. Controle global ao estabelecer **padrões** para todas as atividades e divulgação de relatórios de resultados reais capazes de indicar desvios e possibilitar medidas corretivas.

Quadro 17.2 Controle orçamentário indicando despesas planejadas e realizadas

Itens de despesas	Jan.	Fev.	Mar.	Abr.	Maio	Jun.	Jul.	Ago.
1. Salários indiretos	890	890	890	890	960	960	960	960
Real =	850	850	850	850	850	850	850	850
2. Horas extras	20	20	20	20	25	25	25	25
Real =	10	10	10	10	10	10	10	10
3. 13º salário	75	75	75	75	80	80	80	80
Real =	72	72	72	72	72	72	72	72
4. Gratificações	75	75	75	75	80	80	80	80
Real =	72	72	72	72	72	72	72	72
5. Encargos sociais	455	455	455	455	492	492	492	492
Real =	450	450	450	450	450	450	450	450
6. Subtotal salários	1.515	1.515	1.515	1.515	1.637	1.637	1.637	1.637
Real =	1.454	1.454	1.454	1.454	1.454	1.454	1.454	1.454
7. Aluguéis	420	420	420	420	420	420	420	420
Real =	450	450	450	450	450	450	450	450
8. Energia elétrica	80	80	80	80	80	80	80	80
Real =	100	100	100	100	100	100	100	100
9. Material de escritório	800	1.000	1.300	800	1.000	1.300	1.400	1.400
Real =	400	600	900	400	600	900	950	950
10. Subtotal despesas	800	1.000	1.300	800	1.000	1.300	1.400	1.400
Real =	950	1.150	1.350	950	1.150	1.350	1.500	1.500
11. Total geral	2.315	2.515	2.815	2.315	2.637	2.937	3.037	3.037
Real =	2.404	2.604	2.804	2.404	2.604	2.804	2.954	2.954

Os orçamentos são utilizados para comunicar os planos às várias partes da empresa. Muitas organizações desenvolvem um sistema abrangente de orçamentos no qual eles são relacionados de maneira quantitativa formando logicamente um sistema integrado. Outras empresas utilizam sistemas de orçamentos parciais orientados para determinados aspectos específicos do planejamento como orçamentos de vendas, de produção ou de despesas gerais.

17.6.3 Orçamento-Programa

A filosofia do planejamento e controle pelo orçamento-programa nasceu no departamento de defesa dos Estados Unidos (com a sigla PPBS: *Planning-Programming Budgeting System*), sendo estendido para todos os departamentos do governo federal no sentido de permitir uma feição de planejamento no processo orçamentário norte-americano. O sistema de planejamento pelo **orçamento-programa** veio substituir os pedidos orçamentários, com bases anuais, que os vários departamentos encaminhavam ao Congresso, para satisfazer suas necessidades de verbas. O Congresso as examinava e fazia as dotações à medida que chegavam. Com a complexidade dos programas militares e sociais, tornou-se necessário rever totalmente o processo de dotações orçamentárias.[12]

O orçamento-programa requer a identificação das missões e despesas com elas relacionadas, desde a justificativa de sua necessidade, o projeto e a produção, até sua entrega e utilização. Com isto, dá-se ênfase à natureza planificadora do processo orçamentário e se facilita a dotação das verbas em bases uniformes, permitindo uma base cumulativa para qualquer ponto do ciclo de vida do programa.

Todavia, o orçamento-programa tem suas limitações. Ele exige a implementação de uma sistemática administração programática em todos os níveis da empresa. Por outro lado, nem todas as decisões se fundamentam em análise quantitativa e muitas delas envolvem julgamentos pessoais que não são previstos no orçamento-programa.

17.6.4 Contabilidade de custos

A contabilidade de custos é considerada um ramo especializado da contabilidade. Trata de informações sobre acumulação e análise de custos, alocando-os em algum tipo de unidade-base como produtos, serviços, subconjuntos, componentes, projetos ou departamentos. A contabilidade de custos utiliza as seguintes classificações de custos:

1. **Custos fixos**: são os custos permanentes e constantes que independem do volume de produção ou do nível de atividade da empresa. Qualquer que seja a quantidade de produtos produzidos, os custos fixos permanecem inalterados. Mesmo que a empresa nada produza, eles se mantêm constantes. Envolvem aluguéis, seguros, manutenção, depreciação, salários dos gerentes, do pessoal de assessoria, secretárias, pessoal de escritório etc.

2. **Custos variáveis**: são os custos que estão diretamente relacionados com o volume de produção ou com o nível de atividade da empresa. Constituem uma variável dependente da produção realizada e englobam custos de materiais diretos (materiais ou matérias-primas que são transformados em produto ou que participam diretamente na elaboração do produto) e custos de mão de obra direta (salários e encargos sociais do pessoal que executa as tarefas de produção do produto).

A partir dos custos fixos e variáveis calcula-se o ponto de equilíbrio (*break-even point* ou ponto de paridade). Constitui o ponto em que não há lucro e nem prejuízo, isto é, em que as contas se tornam zero e se equilibram.

O gráfico de ponto de equilíbrio mostra a relação entre a renda total de vendas e os custos de produção, indo de zero até a plena capacidade de produção da fábrica. A linha de vendas indica a renda total esperada em diferentes níveis de produção e a linha de custos totais indica as despesas globais (custos fixos mais custos variáveis) para os mesmos níveis de produção. O ponto de intersecção das linhas de vendas e de custos é o chamado ponto de equilíbrio, isto é, o ponto em que não há prejuízo e nem lucro; em outros termos, o ponto em que o lucro é zero (e o prejuízo também).

O gráfico de ponto de equilíbrio é uma técnica de planejamento e de controle fácil e simples, pois mostra como os diferentes níveis de vendas afetam os lucros da empresa: o ponto em que os custos e as vendas se equiparam, separando os níveis em que as operações da empresa (ou de um departamento) tornam-se deficitários ou lucrativos.

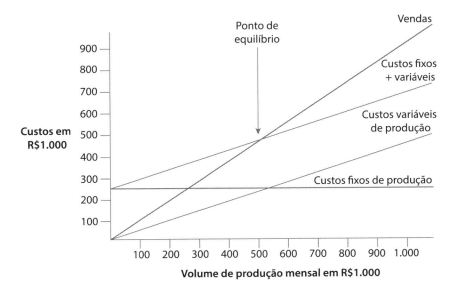

Figura 17.4 Exemplo de um orçamento variável.

A análise do ponto de equilíbrio permite mostrar que:

1. Alguns custos são fixos e independem do volume de produção ou vendas.
2. Outros custos são variáveis e aumentam linearmente com o aumento do volume de produção ou vendas.
3. Se o preço de vendas é constante, o aumento do volume de vendas também apresenta um crescimento linear.

17.7 CENTROS DE RESPONSABILIDADE

Os sistemas de controle tático podem ser utilizados para monitorar funções específicas, projetos ou departamentos. Os centros de responsabilidade são usados para isolar uma unidade que deve ser avaliada separadamente do resto da empresa. Cada centro de responsabilidade tem seu próprio orçamento, é avaliado pelo uso de seus recursos orçamentários e é administrado por um administrador responsável por ele. Cada centro utiliza recursos medidos em termos de custos ou despesas para produzir determinado produto ou serviço medido em termos de volume ou retornos. Os centros de responsabilidade podem ser:[13]

1. **Centros de custo padrão**: utilizados principalmente em facilidades na manufatura, os custos padrão (ou esperados) são computados para cada operação na base de dados históricos. Ao avaliar o desempenho do centro, seus custos padrão totais são multiplicados pelas unidades produzidas. O resultado é o custo esperado da produção que pode ser comparado com o atual custo de produção.

2. **Centros de retorno**: a produção, geralmente em termos de unidades ou valores em reais, é medida sem consideração com os custos de recursos (como salários, por exemplo). O centro é avaliado em termos de eficácia mais do que eficiência. A eficácia de uma região de vendas é determinada pela comparação das vendas atuais com as projetadas ou históricas do ano anterior. Lucros não são considerados porque o departamento de vendas tem pouca influência sobre o custo dos produtos que vende.

3. **Centros de despesa**: os recursos são medidos em reais, sem consideração com os custos do produto ou do serviço. O orçamento deve ser preparado principalmente para as despesas administrativas, pesquisa etc. Embora tenham um custo para a empresa, eles contribuem apenas indiretamente para os retornos.

4. **Centros de lucro**: o desempenho é medido em termos da diferença entre retornos (que medem produção) e as despesas (que medem recursos). O centro de lucro, geralmente, define quando uma unidade organizacional tem controle tanto sobre seus recursos como seus produtos ou serviços. Os centros de lucro permitem que a empresa seja organizada em divisões de linhas de produtos separadas que podem ser avaliadas em função do lucro.

5. **Centros de investimento**: utilizados quando a empresa tem muitas divisões e, para fazer seus produtos, utilizam recursos que devem ser avaliados. Um centro é medido em termos de diferença entre seus recursos e seus produtos ou serviços, o que permite uma comparação com os demais.

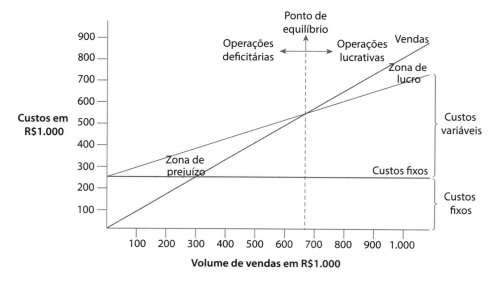

Figura 17.5 Exemplo de um gráfico de ponto de equilíbrio.

Muitas empresas utilizam uma combinação de centros de custo, de despesa e de retorno e muitos administradores são especialistas funcionais e administram de acordo com um orçamento. A lucratividade total é integrada no nível institucional.

Em geral, a avaliação do desempenho das unidades de uma empresa costuma ser feita pelo *benchmarking* com outras unidades da própria empresa e de unidades de outras empresas consideradas referência em termos de comparação. É bom lembrar que o *benchmarking* é um processo contínuo de avaliação e comparação de produtos, serviços e práticas oferecidos pelos concorrentes mais avançados ou com as empresas reconhecidas como líderes na indústria. E está se tornando um programa baseado no conceito de não reinventar algo que outros já estão utilizando com sucesso. É a pedagogia da excelência.

PARA REFLEXÃO

Como melhorar os controles na empresa?

Reflita e, a seguir, discuta com seus colegas a respeito do assunto supra e tente chegar a uma conclusão Como melhorar os controles na empresa?

REFERÊNCIAS

1. CHIAVENATO, I. *Introdução à Teoria Geral da Administração*. São Paulo: Atlas, 2020.
2. CHIAVENATO, I. *Introdução à Teoria Geral da Administração*. *op. cit.*
3. CHIAVENATO, I. *Introdução à Teoria Geral da Administração*. *op. cit.*
4. CHIAVENATO, I. *Introdução à Teoria Geral da Administração*. *op. cit.*
5. CHIAVENATO, I. *Introdução à Teoria Geral da Administração*. *op. cit.*
6. CHIAVENATO, I. *Introdução à Teoria Geral da Administração*. *op. cit.*
7. SMALL, J. T.; LEE, W. B. In Search of an MIS. *MSU Business Topics*, p. 47-55, autumn 1975.
8. ROBBINS, S. P. *Administração*: mudanças e perspectivas. São Paulo: Saraiva, p. 151, 2008.
9. SIMON, H. A. *Administrative Behavior*. Nova York: Free Press, p. 294, 1976.
10. ROBBINS, S. P. *Administração*: mudanças e perspectivas. *op. cit.*, p. 153-154.
11. CHIAVENATO, I. *Introdução à Teoria Geral da Administração*. *op. cit.*
12. NEWMAN, W. H. *Ação Administrativa*: as técnicas de organização e gerência. São Paulo: Atlas, 1972. p. 394-396.
13. WHEELEN, T. L.; HUNGER, J. D. *Strategic Management and Business Policy*. Upper Saddle River: Prentice-Hall, 2002. p. 252-253.

18 CONTROLE OPERACIONAL

OBJETIVOS DE APRENDIZAGEM

- Definir as características do controle operacional.
- Identificar o controle como um processo cibernético.
- Caracterizar os padrões operacionais.
- Definir a ação corretiva do controle operacional da empresa.
- Apresentar os diversos tipos de controles operacionais.

O QUE VEREMOS ADIANTE

O controle utilizado no nível operacional ou simplesmente controle operacional, é o subsistema de controle realizado no nível de execução das operações. Trata-se de uma forma de controle realizada sobre a execução das tarefas e operações desempenhadas pelo pessoal não administrativo da empresa. Neste sentido, o controle operacional se refere aos aspectos mais específicos, como as tarefas e operações. Sua dimensão de tempo é o curto prazo, pois seu objetivo é imediatista e focado no cotidiano da empresa: avaliar e controlar o desempenho das tarefas e operações a cada momento. É também o subsistema de controle mais voltado para a realidade da empresa: o seu dia a dia em termos de tarefas realizadas.

Em resumo, o controle operacional é o subsistema de controle efetuado no nível mais baixo da organização empresarial; seu conteúdo é específico e voltado para cada tarefa ou operação e é direcionado para o curto prazo e para a ação corretiva imediata.

Enquanto o nível institucional estabelece os objetivos e o nível intermediário elabora os planos e os meios de controle em termos departamentais, o nível operacional traça os planos e os meios de controle em termos específicos com relação a cada tarefa ou operação isoladamente.

18.1 CONTROLE COMO UM PROCESSO CIBERNÉTICO

No nível operacional, o processo de controle mais se assemelha a um processo cibernético. Muito embora nos níveis institucional e intermediário da empresa o controle também possa ser comparado a um processo cibernético, é no nível operacional que essa semelhança se torna mais facilmente perceptível.

O controle tem recebido enorme atenção por parte de especialistas de diferentes campos de atividade pois ele é vital para uma enorme quantidade de processos.

Os fisiologistas estudam como os organismos vivos controlam a temperatura e a pressão sanguínea dentro de certas margens consideradas normais. Os ecologistas estudam como as populações animais permanecem mais ou menos do mesmo tamanho. Os economistas estudam como a economia do país deve controlar a inflação e manter o equilíbrio da balança comercial. O engenheiro estuda como controlar os gastos de combustíveis do automóvel e mantê-lo possante e veloz. O administrador financeiro estuda como manter os custos baixos e os lucros elevados dentro de uma situação de recursos escassos e de forte concorrência. Muito embora os mecanismos de controle sejam diferentes em cada um desses exemplos, o processo de controle é basicamente o mesmo. Por essa razão, a cibernética passou a estudar o controle como um processo universal.

Contudo, os componentes do processo de controle podem estar distribuídos de maneira diferente. Em uma situação em que o trabalhador recebe do chefe uma ordem para executar uma tarefa dentro de um

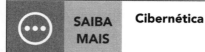

SAIBA MAIS — **Cibernética**

Ao criar a cibernética, Wiener a concebeu como a ciência da comunicação e do controle no animal e na máquina.[1] Para ele, a comunicação – que é a transferência de informações ou de energia – e o controle existem em qualquer sistema vivo ou mecânico. O controle administrativo é basicamente um processo cibernético; aliás, o mesmo processo encontrado em sistemas físicos, biológicos e sociais. Todos os sistemas cibernéticos (dotados de homeostasia e de autorregulação) se autocontrolam por meio de uma reentrada de informações que revela erros ou desvios no alcance dos objetivos e efetua correções. Os sistemas utilizam uma parte de sua energia para controlar informações que são confrontadas com algum padrão de desempenho.

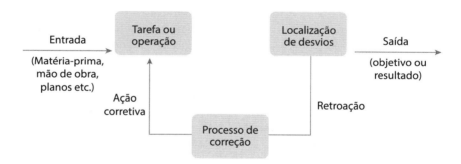

Figura 18.1 Processo de controle.

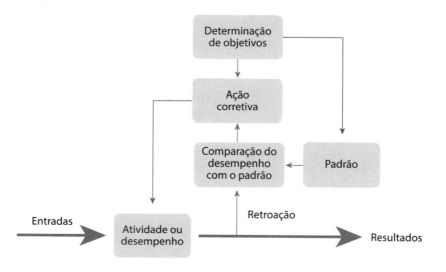

Figura 18.2 O ciclo de controle.[2]

determinado padrão de qualidade, o chefe apenas define o padrão. O resto da operação de controle fica por conta do trabalhador: este fará o acompanhamento dos resultados, contando as peças produzidas, medindo-as (comparando os resultados com os padrões) para verificar sua qualidade e tomando ações corretivas para ajustar a máquina ou melhorar alguns aspectos das peças. Neste exemplo, o ciclo de controle pode ser ilustrado pela Figura 18.3.

O controle está relacionado diretamente com a verificação de meios e de fins: se os meios estão sendo seguidos e os fins estão sendo alcançados. Em função disso, os mecanismos de controle são classificados em três categorias, dependendo de sua posição no processo administrativoconforme a Figura 18.4.

PARA REFLEXÃO

Para que serve o controle operacional?

Reflita e, a seguir, discuta com seus colegas a respeito do assunto supra e tente chegar a uma conclusão. Para que serve o controle operacional?

- Apenas para os aspectos técnicos?
- Apenas para os aspectos de produção?
- Apenas para os aspectos humanos?
- Apenas para os aspectos de qualidade?
- Apenas para os aspectos de produtividade?

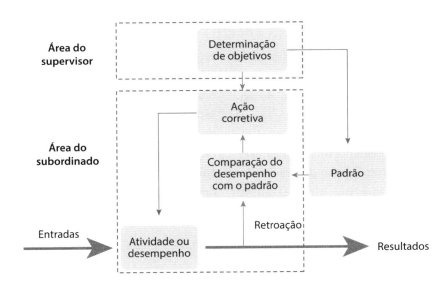

Figura 18.3 Variação no ciclo de controle.[3]

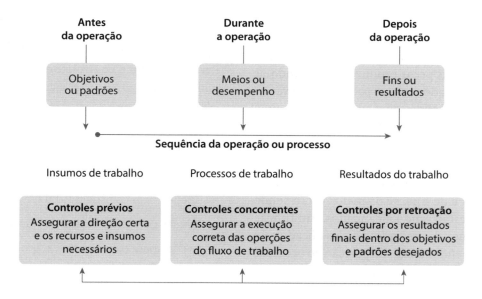

Figura 18.4 As três categorias de controle.[4]

As três categorias de controle podem ser exemplificadas de acordo com a Figura 18.5.

Nenhuma atividade é perfeita. Toda atividade provoca ou ocasiona algum tipo de variação. Portanto, torna-se importante determinar os limites dentro dos quais essa variação pode ser aceita como normal ou aceitável. Assim, as variações que ocorrem dentro desses limites não exigem correções. Apenas as que ultrapassam os limites dos padrões é que são denominadas exceções, erros, desvios, afastamentos ou anormalidades. O controle procura separar o que é normal e o que é excepcional, para que a correção se concentre nas exceções. Esse aspecto lembra muito o princípio da exceção proposto por Taylor: o administrador deve preocupar-se com o que é excepcional, ou seja, com aquilo que se afasta dos padrões. Para que possa localizar as exceções, o controle deve dispor de técnicas que indiquem rapidamente onde se encontra o problema.

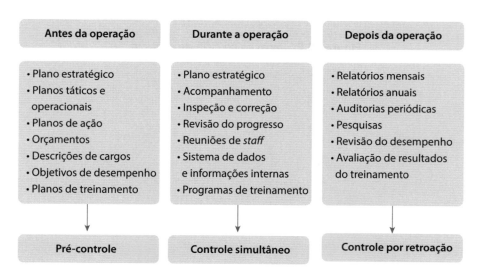

Figura 18.5 As três categorias de controle.[5]

18.2 FASES DO CONTROLE OPERACIONAL

O controle operacional – da mesma forma como ocorre com o controle estratégico e com o controle tático – é um processo composto de quatro etapas.[6]

1. **Estabelecimento de padrões**: é a primeira etapa do processo de controle e estabelece previamente os padrões ou critérios de avaliação ou de comparação. Padrões são metas de desempenho que representam a base fundamental do controle operacional. Um padrão é uma norma ou critério que serve de base para a avaliação ou comparação de algo. Metro, litro, grama, watt, bell são padrões de medida universalmente aceitos. Um dos maiores cuidados é o de estabelecer previamente padrões de controle pois eles são o ponto de referência para aquilo que será feito. A definição de padrões geralmente começa com a análise das operações passadas para planejar como as operações futuras deverão ser avaliadas. Mas isso seria apenas manter o *status quo*, o que não é desejável. Os padrões devem sempre conter melhorias futuras. Assim, por exemplo, os custos-padrão se baseiam nos custos passados, mas com projeções de melhorias decorrentes de métodos e processos mais eficientes de trabalho, inovações na tecnologia e no maquinário, maior competência pessoal dos funcionários etc. Assim, os padrões constituem um nível aceitável de eficiência de produção. Além disso, devem ser utilizados para motivar as pessoas a executar eficientemente as operações. Existem vários tipos de padrões operacionais, como de quantidade, qualidade, tempo e custo, que veremos adiante.

2. **Avaliação do desempenho**: é a segunda etapa do processo de controle e consiste em avaliar o desempenho por meio do acompanhamento e monitoração do que está sendo executado.

3. **Comparação do desempenho com o padrão**: é a terceira etapa do processo de controle e consiste em comparar o desempenho com o que foi previamente estabelecido como padrão para verificar se há desvio ou variação, isto é, se há falha ou erro em relação ao desempenho desejado. Trata-se de alinhar o desempenho com o padrão planejado e esperado e verificar possíveis distorções ou falhas.

A comparação do resultado ou do desempenho em relação ao padrão pode resultar em três possibilidades:

a. **Conformidade ou aceitação**: o resultado ou desempenho está de acordo com o **padrão**, portanto, é aceito.

b. **Aceitação**: o resultado ou desempenho apresenta leve desvio quanto ao **padrão**, mas dentro da tolerância permitida, portanto, é aceito, embora a conformidade não seja a ideal.

c. **Rejeição**: o resultado ou desempenho apresenta desvio, afastamento ou discrepância para mais ou para menos em relação ao padrão, além da tolerância permitida, portanto, é rejeitado e sujeito à ação corretiva. A comparação dos resultados obtidos com os resultados planejados utiliza vários meios de apresentação como gráficos, relatórios, índices, percentagens, medidas e estatísticas. Esses meios de apresentação supõem técnicas à disposição do controle para que este tenha maior informação sobre aquilo que deve ser controlado.

d. **Ação corretiva**: é a quarta e última etapa do processo de controle e consiste em apontar medidas corretivas caso surjam falhas, distorções, erros, variações ou desvios no desempenho avaliado. Trata-se de corrigir o desempenho para adequá-lo ao padrão estabelecido. Se o desempenho foi de acordo com o padrão, não há ação corretiva a aplicar. O objetivo do controle é indicar quando, onde e quanto corrigir para manter o processo de acordo com o que foi previamente estabelecido.

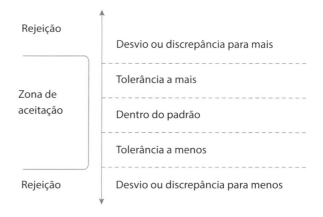

Figura 18.6 As possibilidades de comparação com o padrão.

PARA REFLEXÃO

Como melhorar o controle operacional?

Reflita e, a seguir, discuta com seus colegas a respeito do assunto supra e tente chegar a uma conclusão. Como melhorar o controle operacional da empresa?

Figura 18.7 Fases do controle operacional.[7]

Figura 18.8 A localização de desvios ou discrepâncias por meio do controle.

18.3 AÇÃO CORRETIVA

Ação corretiva é a função básica do controle pela qual as providências são tomadas para eliminar as variâncias significativas entre o desempenho atual e o planejado. O propósito da ação remediadora é corrigir os desvios observados em relação ao padrão e reduzi-los ou eliminá-los a fim de que o trabalho possa continuar. A ação corretiva pode também ser direcionada a problemas que ocorrem no nível operacional. Problema é a percepção de que algo não está ocorrendo como deveria e que conduz ao reconhecimento de uma necessidade, insatisfação ou inquietude que precisa ser corrigida ou atendida.

A ação corretiva pode incidir sobre a própria tarefa ou operação ou pode ser feita indiretamente por meio de intervenção como reavaliação e revisão do planejamento, organização, direção e do próprio controle, como na Figura 18.9.

A ação corretiva visa colocar tudo em ordem. Ou, em outros termos, fazer com que os processos caminhem de acordo com o que foi previamente planejado. Muitas vezes o problema não reside na execução das tarefas ou operações, mas no seu planejamento inadequado. Assim, a ação corretiva do controle deve permitir uma reavaliação e revisão do planejamento, adequando-o à realidade e às possibilidades concretas de sua execução. Outras vezes, o problema reside na maneira de organizar e estruturar os processos e o controle deve permitir uma ação corretiva sobre a organização das tarefas e operações. Em outros casos, ainda, o problema reside

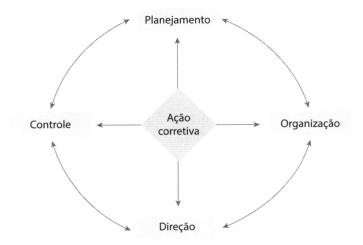

Figura 18.9 A ação corretiva como função básica do controle.[8]

na direção: embora tudo tenha sido bem planejado e organizado, a direção pode falhar em algum aspecto e a ação corretiva do controle deve permitir que as falhas de direção sejam corrigidas ou atenuadas. Contudo, o problema pode também residir no próprio controle: a ação corretiva do controle deve permitir seu próprio aperfeiçoamento, detectando falhas e impropriedades nele contidas.

Na verdade, o controle operacional é um processo cíclico e repetitivo. É cíclico por envolver um ciclo composto de quatro fases que acabamos de enumerar. É repetitivo porque se repete indefinidamente. E, na medida em que se repete, o controle tende a fazer com que os processos controlados se aperfeiçoem e reduzam seus desvios em relação aos padrões estabelecidos. Isto é, quanto mais se repete, maior a tendência de corrigir gradativamente os erros ou desvios graças a um processo de aprendizagem. A organização que aprende com seus próprios erros é que detém maior capacidade de melhoria contínua e aperfeiçoamento rumo à excelência.

18.3.1 Ação disciplinar

No nível operacional, uma boa parte das ações corretivas é realizada sobre pessoas ou sobre o desempenho de pessoas; é a chamada ação disciplinar. Nos desvios exagerados em relação aos padrões exigidos, a causa pode residir em falhas humanas, seja pela precária definição das tarefas, pelo desempenho inadequado, por negligência ou desobediência a instruções, regras ou procedimentos. Nestes casos, torna-se necessária a ação disciplinar para orientar e/ou corrigir o comportamento de pessoas;

O propósito da ação disciplinar é reduzir a discrepância entre os resultados atuais e os esperados. Existem vários tipos de ação corretiva à disposição do administrador e de acordo com a situação e as pessoas envolvidas. A ação disciplinar pode ser positiva ou negativa. A ação positiva toma a forma de encorajamento, recompensas, reconhecimento, elogios, treinamento adicional ou orientação. A ação negativa inclui o uso de advertências, castigos, admoestações e até mesmo o desligamento de pessoas que não se ajustam às condições da empresa.

Quando se faz necessária uma ação disciplinar negativa, ela deve ser realizada em etapas crescentes. A primeira, dependendo da infração cometida, deve ser uma reprimenda ou admoestação verbal do supervisor feita informalmente. As reincidências devem merecer um crescimento progressivo nas penalidades para cada infração sucessiva: advertência verbal formal, advertência escrita, suspensão e demissão da empresa.

Cada pessoa em geral aceita certas responsabilidades para adequar seu próprio comportamento às regras e regulamentos vigentes desde que seu desempenho seja benéfico e produtivo para a empresa. Assim, a orientação das pessoas, o direcionamento de seu comportamento frente aos objetivos organizacionais e individuais de maneira sadia e colaborativa são os caminhos preferencialmente adotados. O autocontrole e a autodisciplina são sempre preferíveis ao controle externo ou à disciplina imposta por força ou por meios coativos. Cada pessoa deve ser responsável pela sua própria conduta.

A ação disciplinar visa desenvolver todas as condições de contexto para que haja disciplina na empresa.

Disciplina é o processo de formar e informar a pessoa de modo que ela possa desenvolver autocontrole e tornar-se mais eficaz em seu trabalho. A empresa deve criar um ambiente de trabalho no qual as pessoas se sintam bem e satisfeitas, mas dentro de um contexto no qual cada uma delas ocupe seu espaço físico e psicológico de maneira a não interferir ou impactar negativamente no espaço das outras e nem ultrapassar certos limites impostos pela atividade organizacional. Assim, de um lado, a empresa define sua missão e visão de futuro, princípios e valores, regras e regulamentos para regular o comportamento das pessoas. Parte desse trabalho é desenvolvido por supervisão, parte pelo órgão responsável pela gestão de pessoas e parte pelos níveis intermediário e institucional. Todo esse conjunto de ações visa o bom relacionamento entre pessoas e organização para que os resultados possam acontecer.

O objetivo ou propósito do processo disciplinar desenvolvido pelo supervisor é a manutenção de um desempe-nho humano de acordo com os objetivos empresariais. O termo disciplina muitas vezes apresenta uma conotação de dar recompensas ou punições quando, na realidade, a disciplina, em seu próprio contexto, pode ser visualizada como o desenvolvimento da habilidade ou capacidade de analisar situações e determinar qual é o comportamento correto.

Para ser eficaz a ação disciplinar deve possuir as seguintes características:[9]

1. **Deve ser esperada**: a ação disciplinar deve ser prevista em regras e regulamentos e previamente estabelecida e comunicada amplamente. Não deve ser improvisada, mas planejada. Antes mesmo que o comportamento errado ocorra deve estar publicada em avisos ou painéis (por exemplo, "é proibido marcar o cartão de ponto de outro empregado. A penalidade é a suspensão automática por três dias sem pagamento"). No caso, a sanção negativa é imposta a fim de desencorajar possíveis infrações.

2. **Deve ser impessoal**: a ação disciplinar não deve simplesmente punir uma determinada pessoa ou grupos culpados, mas apenas corrigir a situação e restabelecer a normalidade. Ela deve basear-se em fatos e não em opiniões. Não visa a pessoa, mas a discrepância, o fato, o desvio de comportamento.

3. **Deve ser imediata**: a ação disciplinar deve ser aplicada tão logo seja detectado o desvio para que o infrator associe claramente a sua aplicação com a discrepância que efetuou.

4. **Deve ser consistente**: as regras e os regulamentos devem ser feitos para todos. Devem ser justos e equitativos, sem qualquer favoritismo ou preferências pessoais.

5. **Deve ser limitada ao propósito**: tomada a ação disciplinar, o supervisor deve reassumir sua atitude normal em relação ao subordinado faltoso. Tratar o subordinado sempre como faltoso é puni-lo permanentemente, encorajando hostilidade e autodepreciação quando o certo seria adotar uma atitude positiva e construtiva para garantir uma conduta adequada.

18.4 TIPOS DE CONTROLES OPERACIONAIS

Existe uma ampla variedade de tipos de controles operacionais. Alguns deles ganham maior importância dependendo das características das operações e tarefas da empresa, unidade organizacional ou departamento. Alguns desses controles operacionais envolvem mecanismos impessoais de controle como a produção em linha de montagem, quadros de produtividade e automação do processo de operações e execução de tarefas.

PARA REFLEXÃO

Como assegurar a disciplina em uma equipe?

Reflita e, a seguir, discuta com seus colegas a respeito do assunto supra e tente chegar a uma conclusão. Como assegurar a disciplina em uma equipe de trabalho?

18.4.1 Custo-Padrão

Em geral, as empresas utilizam o custo-padrão para elaborar seus orçamentos de produção ou fabricação no nível operacional. O custo-padrão envolve material direto, mão de obra (MO) direta e custos indiretos. Os padrões para material direto, MO direta e custos indiretos de fabricação são geralmente desdobrados em dois componentes:

1. Preço-Padrão.
2. Quantidade-Padrão.

Ambos os componentes são geralmente separados porque a maneira de os controlar é diferente. Em geral, o preço dos materiais diretos é controlado pelo departamento de compras, enquanto a quantidade de material direto é controlada pelo departamento de produção. A multiplicação desses dois componentes proporciona o custo-padrão por unidade para uma determinada categoria de custo, como no Quadro 18.1.

Os custos de produção orçados para volumes planejados deverão ser incluídos no orçamento geral para o período de tempo considerado. As quantidades-padrão orçadas tanto para a compra de materiais, MO direta e custos indiretos de fabricação são calculadas multiplicando os custos-padrão por unidade pelo volume planejado de produção. No exemplo do Quadro 18.1, se a empresa pretende produzir mil unidades de produtos, os custos de material direto, MO direta e custos indiretos de fabricação serão respectivamente 20 mil reais, 12 mil reais e 11 mil reais, totalizando um custo-padrão de 43 mil reais para esse lote de produtos.

Após o planejamento do custo-padrão, segue-se o relatório de desempenho orçamentário que envolve os custos reais, as quantidades-padrão do volume atual de produção e as diferenças entre essas duas quantidades, as quais são denominadas variações de custo. A variação de custo pode ser favorável – quando o custo real é menor que o custo-padrão – ou desfavorável – quando o custo real é maior que o custo-padrão.

Tendo por base o relatório do desempenho orçamentário, o administrador pode localizar as principais diferenças e tomar as medidas corretivas necessárias. O controle das possíveis variações dos componentes dos custos-padrão pode conduzir às situações retratadas na Figura 18.10.[10]

Quadro 18.1 Relatório de custo-padrão

Custos de produção	Preço-padrão	Quantidade-padrão por unidade produzida	Custo-padrão por unidade produzida
Materiais diretos	R$ 20,00 por metro	1 metro	R$ 20,00
Mão de obra direta	R$ 12,00 por hora	1 hora	R$ 12,00
Custos indiretos	R$ 11,00 por hora	1 hora	R$ 11,00
Custo-padrão por unidade produzida			R$ 43,00

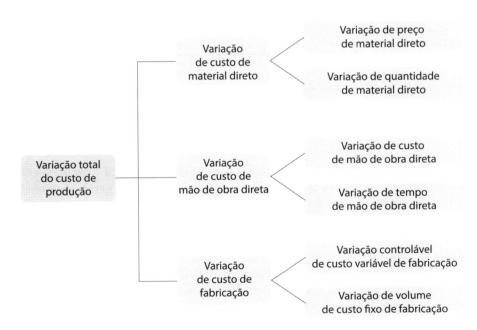

Figura 18.10 Composição das variações totais do custo de produção.[11]

SAIBA MAIS — Custo-padrão como referência

Hospitais e companhias de seguro de saúde estão sempre definindo custo-padrão para vários tipos de procedimentos médico-hospitalares. Variações ao redor do custo-padrão podem ser acumuladas por procedimento, por paciente, médico ou hospital. As variações referentes aos médicos acontecem quando um médico continuamente prescreve um tratamento que foge ao padrão. Médicos cujas variações são constantemente desfavoráveis podem ser notificados a rever suas decisões de tratamento ou internamento. Internações que fogem ao custo-padrão são realinhadas.

O nível intermediário deve localizar as causas das variações desfavoráveis e tomar as ações corretivas necessárias. O que ocorre normalmente é que os gerentes de produção tendem a operar a fábrica acima de sua capacidade normal para evitar variações de volume. Quando a produção é totalmente vendida, essa decisão é favorável, mas quando o excedente não é vendido e é estocado, isso pode provocar um risco. As economias proporcionadas pelas variações de volume favoráveis serão excedidas pelos custos adicionais de manutenção de estoques.

18.4.2 Fluxo de caixa[12]

O fluxo de caixa é o movimento de entradas e saídas de recursos financeiros do caixa, isto é, das origens e das aplicações de caixa. As origens são fatores que aumentam o caixa da empresa, enquanto as aplicações são itens que o reduzem, conforme mostra o Quadro 18.2.

Quadro 18.2 Origens e aplicações de caixa[13]

Origens básicas do caixa (entradas)	Aplicações mais comuns do caixa (saídas)
■ Uma diminuição em um ativo	■ Um aumento em um ativo
■ Um aumento em um passivo	■ Uma diminuição em um passivo
■ Lucro líquido após o Imposto de Renda	■ Um prejuízo líquido
■ Depreciação	■ Pagamento de dividendos em moeda
■ Despesas sem saídas de caixa	■ Requisição de ações
■ Venda de ações	■ Resgate de ações

SAIBA MAIS — Reposição e depreciação

Quando uma empresa retira uma parcela do caixa para converter em ativos fixos – como na compra de uma máquina ou equipamento – ela espera repor o custo destes pela venda dos produtos da mesma maneira como espera repor o custo das matérias-primas que fazem parte dos produtos acabados. Como a máquina não é imediatamente consumida no produto, da mesma forma como nas matérias-primas, faz-se necessário apropriar uma parcela do custo da máquina a cada peça produzida dividindo o custo histórico da máquina pelo seu tempo de vida útil e então apropriar o custo previsto de cada ano de serviço aos produtos produzidos durante aquele ano. Quando a empresa fixa preços e vende seus produtos, ela está procurando repor os custos de pagamentos à vista – como mão de obra, matérias-primas e outros custos já realizados. Este grupo de custos é representado pelos ativos fixos, enquanto a parcela dos custos originais que se tenta reaver atualmente é denominada depreciação. A depreciação é a redução do valor ativo de um bem em consequência de desgaste pelo uso, obsolescência tecnológica ou queda no preço de mercado. O cálculo da depreciação é feito pelo custo original (ou custo histórico) ou pelo custo atual (ou custo de reposição).[14] Em resumo, a depreciação consiste na alocação do custo de um ativo com base em sua vida útil para fins gerenciais ou fiscais.

O planejamento financeiro de curto prazo, isto é, o planejamento que cobre o exercício de 12 meses, é geralmente denominado planejamento de caixa ou orçamento de caixa. O orçamento de caixa permite planejar as necessidades de caixa de curto prazo pois proporciona uma visão dos recebimentos e dos pagamentos previstos que ocorrerão durante certo período de tempo. Quando o orçamento de caixa indica algum excesso (mais recebimentos do que pagamentos), permite planejar aplicações de curto prazo. Quando, ao contrário, o orçamento indica um déficit (mais pagamentos do que recebimentos) deve-se planejar um financiamento de curto prazo.

18.4.3 Orçamento de caixa

O fluxo de caixa pode ser planejado com antecipação por meio do orçamento de caixa. Este serve para retratar o fluxo de caixa no período, ou seja, as entradas e saídas do caixa. O ciclo de caixa é o período de tempo que vai desde o ponto em que a empresa faz um desembolso para adquirir matérias-primas até o ponto em que recebe o dinheiro da venda do produto acabado, produzido com aquelas matérias-primas. O orçamento de caixa deve cobrir o ciclo de caixa, porém geralmente cobre o exercício de um ano, podendo ainda ser montado para qualquer período e ainda subdividido em intervalos menores que variam de dias a semanas.

A estrutura básica de um orçamento de caixa é a apresentada no Quadro 18.3.

O item recebimentos inclui todas as entradas de caixa no período, como vendas à vista, cobrança de vendas a crédito e outros recebimentos.

A informação fundamental para qualquer orçamento de caixa é a previsão de vendas que a área comercial fornece regularmente. Conhecer a previsão de vendas permite saber o que se poderá vender no mercado e, portanto, o que se deverá produzir e entregar. Assim, ela permite estimar as entradas e receitas da empresa e os gastos relacionados com a produção, estoques e distribuição, isto é, o fluxo de entradas e saídas de dinheiro. Também se pode determinar o nível de imobilizado necessário e o financiamento a ser captado para assegurar o nível previsto de produção e vendas.

A elaboração do orçamento de caixa parte da projeção dos recebimentos e dos pagamentos:[16]

1. **Projeção dos recebimentos**: a previsão de vendas fornece os subsídios para dimensionar as receitas operacionais da empresa em consequência das vendas esperadas dos produtos/serviços produzidos.

2. **Projeção dos pagamentos**: a projeção dos pagamentos deve incluir todos os desembolsos de caixa no decorrer do período considerado.

3. **Fluxo líquido de caixa**: subtrai-se os pagamentos dos recebimentos em cada mês e adiciona-se o saldo inicial de caixa de cada mês para chegar ao saldo final de caixa de cada mês. Após, subtrai-se do saldo final, o saldo mínimo para saber se há excesso (saldo positivo ou excedente que deve ser aplicado) ou insuficiência (saldo negativo que pede um financiamento para ser coberto).

Cada um dos itens do orçamento de caixa pode ser desdobrado e detalhado de acordo com as necessidades de cada empresa.

Quadro 18.3 Composição do orçamento de caixa[15]

ITENS		JAN.	FEV.	MAR.
	Recebimentos			
menos	Pagamentos			
igual	Fluxo líquido de caixa			
mais	Saldo inicial de caixa			
igual	Saldo final de caixa			
menos	Saldo mínimo de caixa			
igual	Financiamento necessário			
ou	Saldo de caixa excedente			

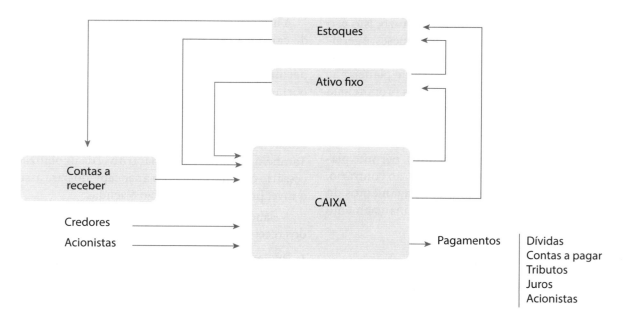

Figura 18.11 Fluxo de caixa.[17]

O objetivo do orçamento de caixa é operar de maneira a precisar de um mínimo de dinheiro em caixa. A Figura 18.11 permite uma visualização do fluxo de caixa, suas entradas e saídas.

O fluxo de caixa constitui o termômetro do dia a dia da empresa, ou seja, como a empresa está se comportando quanto aos recebimentos e aos pagamentos de suas operações.

18.4.4 Controle de estoques[18]

Dá-se o nome de inventário ao volume de materiais ou produtos em estoque. As empresas procuram manter estoques de materiais, de materiais em processamento ou de produtos acabados em níveis adequados às suas necessidades. O inventário permite certa flexibilidade em seus processos de produção/operação para ultrapassar períodos de excesso ou de capacidade ociosa, enfrentar períodos de demanda irregular e para obter economias em compras de larga escala. Como o inventário representa um dos maiores investimentos de capital ele precisa ser cuidadosamente administrado. O propósito do controle do inventário é assegurar que o estoque corresponde ao tamanho certo para as tarefas a serem executadas.

As empresas procuram reduzir todas as formas de custos, o que está levando a reconhecer que a administração de compras e de inventários é uma importante ferramenta de produtividade. O controle de custos das organizações está verificando o que se paga para tudo o que se compra. Entre as novas abordagens administrativas está a alavancagem do poder de compra que faz com que as empresas centralizem suas compras para aumentar o volume, ao mesmo tempo em que se comprometem cada vez mais com um menor número de fornecedores com os quais negociam contratos especiais, qualidade assegurada e preferência nas compras. Parcerias são negociadas entre fornecedores e compradores para operar de maneira a reduzir os custos dos parceiros envolvidos.

O Lote Econômico de Compra (LEC) é um método de controle de inventário que envolve a aquisição de um certo número de itens toda vez que o nível de estoque cai a um determinado ponto crítico. Quando este ponto é alcançado, uma decisão é automaticamente tomada para colocar um pedido padronizado. O melhor exemplo está nos supermercados onde centenas de pedidos diários são feitos rotineiramente por computadores. Esses pedidos padronizados são matematicamente calculados para minimizar os custos totais de estocagem. O LEC determina pedidos de compras que minimizam dois custos de estoques. Primeiro, os custos de emissão de pedidos, incluindo os custos de comunicação, expedição e recebimento. Segundo, os custos de estocagem, que incluem os custos de estoque e de seguros, bem como os custos de capital empatado. A fórmula do LEC é igual à raiz quadrada de duas vezes a atual demanda para estoque multiplicado pelo custo de emissão e tudo isso dividido pelos custos de estocagem. Seja D a demanda

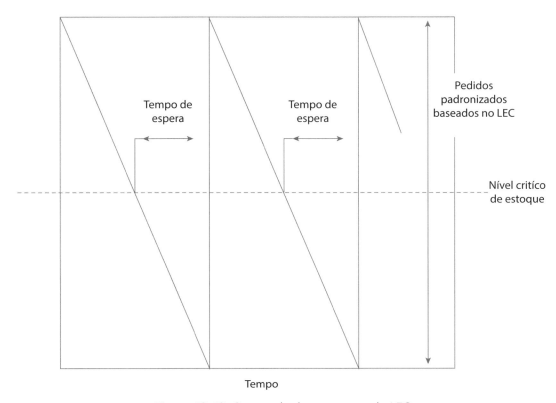

Figura 18.12 O controle de estoques pelo LEC.

atual para utilização de estoques, O o custo de emissão de pedidos e E o custo de estocagem. Em símbolos matemáticos, o LEC é igual a:

$$LEC = \sqrt{\frac{2\,DO}{C}}$$

O LEC proporciona uma reposição de materiais no momento em que o estoque anterior foi esgotado. Isto minimiza os custos de estoque.

18.4.5 Programação de produção just-in-Time[18]

O sistema de *just-in-time* (JIT) significa uma feroz tentativa de reduzir custos e melhorar o fluxo de trabalho com a programação de materiais que devem chegar a uma estação de trabalho no momento certo de seu uso. Essa abordagem de controle de inventário envolve uma minimização de custos para manter estoques, para o uso do espaço contribuindo na melhoria da qualidade dos resultados e para comprar ou produzir estoques dentro do estritamente necessário. Permite cortar custos de manutenção do estoque. O JIT utiliza o *kanban*, um cartão de papel que acompanha cada lote de itens. Quando o primeiro operário recebe o lote, ele anota o fornecimento no *kanban* para servir como um novo pedido de lote. A simplicidade é a essência do sistema.

Os principais fatores de sucesso no JIT são:[19]

1. **Alta qualidade de fornecimento**: os usuários devem receber apenas bons materiais dos fornecedores. As relações devem ser construídas e mantidas com fornecedores confiáveis.

2. **Cadeia de fornecedores**: um número mínimo de fornecedores facilita a negociação e a entrega de qualidade. Muitas companhias japonesas de automóveis utilizam menos que 250 fornecedores de componentes. A General Motors utiliza um número várias vezes maior.

3. **Concentração geográfica**: tempos de trânsito e de transporte pequenos das fábricas dos fornecedores para a fábrica do cliente – menores que um dia – são necessários. No Japão, os fornecedores da Toyota estão localizados em um raio menor do que 100 quilômetros de suas fábricas.

4. **Transporte e manuseio de materiais eficientes**: o transporte entre os fornecedores e usuários deve ser

altamente confiável. As partes devem ser expedidas tão próximas quanto possível do ponto de uso.
5. **Forte compromisso da administração**: a cúpula da empresa deve assumir suas ações e fazer os arranjos necessários para assegurar que o sistema realmente funcione.

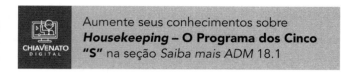

Aumente seus conhecimentos sobre *Housekeeping – O Programa dos Cinco "S"* na seção *Saiba mais ADM* 18.1

18.4.6 Produção em linha de montagem

É um mecanismo impessoal de controle que exerce, mais do que a hierarquia administrativa, uma contínua limitação ao desempenho dos subordinados.[20] A linha de montagem reduz as responsabilidades do chefe na supervisão de seus subordinados e aumenta sua responsabilidade de ajudá-los e treiná-los.[21] Enquanto na hierarquia administrativa o fluxo de exigências flui de cima para baixo, na linha de montagem ocorre o contrário: o padrão típico de interação é que o subordinado pede ajuda ao supervisor – seja para obter conselhos ou suprimento – mais do que o supervisor faz exigências ao funcionário. O subordinado é que toma a iniciativa da maior parte das interações, invertendo o fluxo de exigências típico da supervisão rigorosa na organização formal. Por outro lado, a linha de montagem especifica previamente as tarefas, os métodos de sua execução e o tempo envolvido, esvaziando quase que totalmente a necessidade de dar ou receber ordens. Com isto, remove algumas das fontes de conflito entre o supervisor e o subordinado, melhorando substancialmente as relações entre eles.[22]

18.4.7 Quadros de produtividade

São quadros estatísticos que abordam aspectos quantitativos e qualitativos do desempenho dos subordinados e que são colocados em lugares públicos para que todos tomem conhecimento. Os quadros de produtividade fornecem aos supervisores e às pessoas informações a respeito do desempenho destes, mas ao mesmo tempo também agem como mecanismo impessoal de controle, exercendo influência direta sobre o bom desempenho das tarefas. Uma consequência dos quadros estatísticos é que eles liberam o supervisor de uma assistência mais rigorosa aos subordinados e dispensam regras operacionais rígidas, aumentando a independência dos subordinados em relação aos seus supervisores e melhorando a sua satisfação no trabalho. Os quadros estatísticos envolvem a avaliação do desempenho dos subordinados com base nos resultados concretos, o que lhes concede um caráter de objetividade.

18.4.8 Automação

Enquanto a mecanização substituiu o músculo humano ou do animal pela máquina a partir da Primeira Revolução Industrial, a automação passou a substituir o cérebro humano pela máquina a partir da Segunda Revolução Industrial – a revolução da cibernética. Com a automação, a máquina passou a simular o pensamento e não simplesmente a força muscular. Esquemas automáticos – como o computador e o robô industrial – e outros avanços tecnológicos eliminaram muitos cargos, modificaram totalmente alguns e criaram novos. O termo mecanização é geralmente utilizado em um sentido mais limitado do que o termo automação. Automação é o sistema e método de tornar um processo automático. O termo automático significa que, durante as operações, não há assistência de seres humanos e as máquinas e sistemas apresentam vários graus de complexidade e de auto ajustamento. O termo automação é utilizado para definir operações desempenhadas por máquinas ou sistemas automaticamente controlados. As mesmas funções criadas pela linha de montagem – como a eficiência de coordenação e manutenção do ritmo de produção sem necessidade de uma supervisão rigorosa – são esperadas da automação; porém, sem as disfunções típicas da linha de montagem, como a falta de independência de ação e pouca satisfação no trabalho devido à superespecialização. Mas o que nos interessa é que a automação constitui um poderoso mecanismo impessoal de controle sobre o comportamento dos subordinados.

18.4.9 Controle de qualidade

O controle de qualidade consiste em assegurar que a qualidade do produto ou serviço atenda aos padrões prescritos. Qualidade significa a adequação a padrões previamente definidos. Esses padrões são denominados especificações quando se trata de projetar um produto ou um serviço a ser realizado. Quando essas especificações não são bem definidas, a qualidade torna-se ambígua e a aceitação ou rejeição do produto ou serviço passa a ser discutível. Diz-se que um produto é de alta qualidade quando ele atende exatamente aos padrões e às especificações com que foi criado e projetado. Para localizar desvios ou defeitos, detectar erros ou falhas no processo produtivo, o Controle de Qualidade (CQ) compara o desempenho com o padrão estabelecido. Essa comparação pode ser feita de três maneiras:[23]

1. **CQ 100%**: corresponde à inspeção total da qualidade. Isso significa que a totalidade dos itens deve ser comparada com o padrão para verificar se há desvio ou variação. Neste sentido, toda matéria-prima recebida deve ser inspecionada, todo trabalho de cada seção deve ser verificado, e assim por diante. A inspeção total ou controle 100% é imprescindível em determinados tipos de produtos de alto valor unitário, em que a garantia de qualidade é necessária, ou em empresas que adotam o sistema de produção sob encomenda. Porém, a inspeção total exige muito pessoal especializado, muitas paradas no processo produtivo para a inspeção e, consequentemente, acarreta um custo final elevado.
2. **CQ por amostragem**: como o controle total custa caro, a alternativa é o CQ por amostragem, isto é, o CQ por lotes de amostras que são recolhidos aleatoriamente ou periodicamente, para serem inspecionados. Esse controle amostral substitui com algumas vantagens o controle total pois não interfere no processo produtivo e não requer paradas na produção. Se a amostra é aprovada, então todo o lote, por extensão, será também aprovado. Se a amostra for rejeitada, então o lote todo deverá ser inspecionado. A amostra deve ser uma parte representativa do universo a ser inspecionado.
3. **CQ aleatório**: é o controle probabilístico ou inspeção probabilística e consiste em inspecionar apenas certa percentagem de produtos ou serviços tomada aleatoriamente.

Além de produção em linha de montagem, dos quadros de produtividade, da automação e do controle de qualidade, o controle operacional utiliza os mesmos tipos de planos organizacionais estudados no Capítulo 8, tais como: os procedimentos (planos relacionados com métodos), os orçamentos (planos relacionados com dinheiro), os programas ou programações (planos relacionados com o tempo) e as regras e regulamentos (planos relacionados com comportamentos). Todos esses planos, à medida que são executados, fornecem a informação necessária ao controle operacional. É comum que estes planos também sirvam como meios de controle.

Acesse conteúdo sobre **Qualidade, qualidade, qualidade** na seção *Tendências em ADM* 18.1

18.4.10 Medidas não financeiras de desempenho

Quase sempre medidas de desempenho relacionadas com variações do padrão desejado precisam ser acompanhadas ou suplementadas por outras medidas não financeiras de desempenho. Não há dúvida de que, juntas, a medição financeira e não financeira proporcionam uma abrangência maior ao envolver vários, e às vezes conflitantes objetivos de desempenho.

Aumente seus conhecimentos sobre **Abrangência de medidas** na seção *Saiba mais ADM* 18.2

Medidas não financeiras podem dar origem a outras perspectivas mais amplas, como qualidade do trabalho para a avaliação do desempenho. Existem vários tipos de medidas não financeiras para o nível operacional:

1. Rotatividade dos estoques.
2. Rotatividade de pessoal.
3. Pontualidade nas entregas.
4. Tempo entre o pedido do cliente e a entrega do produto.
5. Tempo de resposta a uma chamada telefônica ou a um *e-mail*.
6. Tempo para desenvolver novos produtos.
7. Nível de satisfação dos empregados.
8. Número de reclamações dos clientes.
9. Classificação das preferências dos clientes em comparação com os concorrentes.
10. Nível de satisfação dos clientes.

O segredo está em saber utilizar um conjunto de métricas, indicadores e medidas críticas e importantes para o bom desempenho do nível operacional e aumentar os seus resultados.

REFERÊNCIAS

1. WIENER, N. *Cibernética*. São Paulo: Polígono, 1970.
2. CHIAVENATO, I. *Introdução à Teoria Geral da Administração*. São Paulo: Atlas, 2020.
3. CHIAVENATO, I. *Introdução à Teoria Geral da Administração*. *op. cit.*
4. CHIAVENATO, I. *Administração nos Novos Tempos*. São Paulo: Atlas, p. 521, 2021.
5. Adaptado de: OAKLAND, J. S. *Gerenciamento da Qualidade Total*: TQM. São Paulo: Nobel, 1994. p. 38.
6. CHIAVENATO, I. *Introdução à Teoria Geral da Administração*. *op. cit.*
7. CHIAVENATO, I. *Introdução à Teoria Geral da Administração*. *op. cit.*
8. CHIAVENATO, I. *Introdução à Teoria Geral da Administração*. *op. cit.*
9. KOHN, M. *Dynamic Managing*: principles, process, practice. Califórnia: Cummings, 1977. p. 478-482.
10. WARREN, C. S.; REEVE, J. M.; FESS, P. E. *Contabilidade Gerencial*. São Paulo: Pioneira/Thomson Learning, 2001. p. 232-235.
11. WARREN, C. S.; REEVE, J. M.; FESS, P. E. *Contabilidade Gerencial*. *op. cit.*, p. 234.
12. CHIAVENATO, I. *Iniciação à Administração Financeira*. Barueri: Manole, 2009.
13. GITMAN, L. J. *Princípios de Administração Financeira*. São Paulo: Harbra, 1987. p. 208-210.
14. SANDRONI, P. (org.). *Dicionário de Administração e Finanças*. São Paulo: Best Seller, 2003. p. 125
15. CHIAVENATO, I. *Iniciação à Administração Financeira*. *op. cit.*
16. CHIAVENATO, I. *Iniciação à Administração Financeira*. *op. cit.*
17. CHIAVENATO, I. *Iniciação à Administração Financeira*. *op. cit.*
18. CHIAVENATO, I. *Administração nos Novos Tempos*. *op. cit.*, p. 533-535.
19. SCHERMERHORN JR, J. *Management*. Nova York: John Wiley & Sons, p. 481, 1996.
20. BLAU, P. M.; SOTT, W. R. *Organizações Formais: uma abordagem comparativa*. São Paulo. Atlas, 1970. p. 203-210.
21. WALKER, C. R.; GUEST, R. H. *The Man on the Assembly Line*. Cambridge: Harvard University Press, 1952. p. 12-33.
22. WALKER, C. R.; GUEST, R. H. *The Man on the Assembly Line*. *op. cit.*, p. 63, 120-121, 135.
23. CHIAVENATO, I. *Introdução à Teoria Geral da Administração*. *op. cit.*

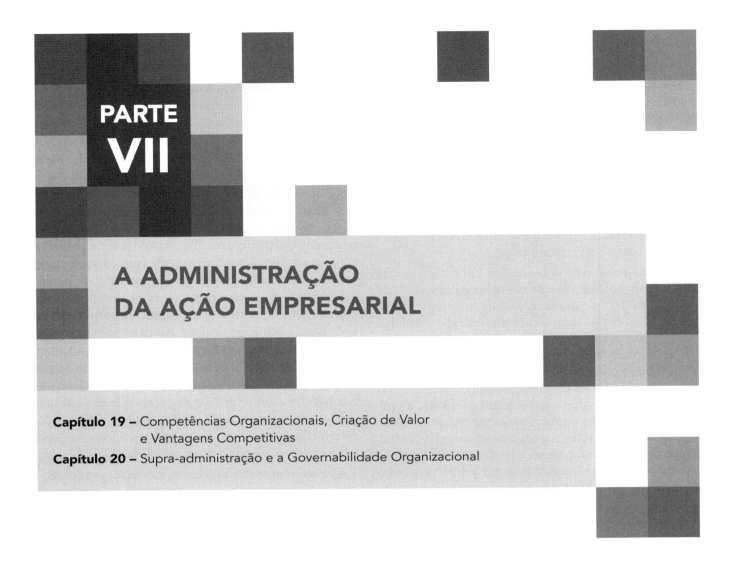

PARTE VII

A ADMINISTRAÇÃO DA AÇÃO EMPRESARIAL

Capítulo 19 – Competências Organizacionais, Criação de Valor e Vantagens Competitivas
Capítulo 20 – Supra-administração e a Governabilidade Organizacional

A administração é um fenômeno organizacional. Ela nasceu para resolver desafios organizacionais e provocou com isso um enorme surto de desenvolvimento econômico mundial. Hoje vivemos em uma sociedade de organizações, em que tudo é criado, planejado, produzido e entregue por empresas para oferecer produtos, serviços, entretenimento, educação, saúde etc. para a moderna sociedade. Todas as organizações do mundo – inclusive a Organização das Nações Unidas e até o pequeno empreendedor ou o menor município do país – necessitam ser administrados para alcançarem sucesso, competitividade e sustentabilidade em suas atividades.

Nos capítulos anteriores, tratamos dos fundamentos da administração e de suas bases teóricas, bem como da complexidade das organizações, uma das mais maravilhosas criações do gênio inventivo do homem. Vimos que as organizações se manifestam por formas e naturezas diferentes e de variados tamanhos. Elas se dirigem para objetivos diversos e passam por mudanças e transformações radicais. Buscam objetivos declarados e abertos e criam valor e riqueza para seus públicos de interesse.

As empresas escolhem ramos de atividades que as levam a produzir produtos ou prestar serviços multivariados, operando em mercados e em condições diferentes. Ao escolherem o produto/serviço que irão produzir, as empresas definem seu ambiente de tarefa, isto é, seus clientes ou consumidores, fornecedores de recursos (materiais, financeiros, humanos, tecnológicos etc.), concorrentes quanto a todos estes recursos e grupos reguladores relacionados com seus produtos/serviços. Nesse ambiente de tarefa, a empresa procura estabelecer o seu domínio em termos de poder/dependência, já que o ambiente, apesar de lhe proporcionar oportunidades e recursos, também lhe impõe coações a que a empresa não pode escapar, contingências que ela não pode prever e restrições que ela tem de suportar. Assim, a empresa se defronta com a incerteza a respeito do ambiente que a circunda.

Por outro lado, para produzir seus produtos/serviços, a empresa precisa utilizar determinadas tecnologias. Mas também a tecnologia impõe uma profunda incerteza à organização no que concerne à sua aplicação e eficiência para alcançar a eficácia diante de seus objetivos. Assim, toda organização se defronta com dois grandes desafios: um externo e extremamente indefinível que é o ambiente no qual deve operar e sobreviver: outro interno e extremamente complicado que é a tecnologia que deve utilizar para produzir os produtos/serviços que pretende colocar no mercado.

Para arcar com estes dois desafios – que muitas vezes lhe escapam do controle e de sua própria capacidade de influência e poder e quase sempre de sua própria compreensão – a organização articula estratégias que julga apropriadas para compatibilizar seus recursos, competências, tecnologia, estrutura e potencialidades com aquilo que ela consegue analisar e interpretar em termos de oportunidades ou de ameaças ambientais. Como o ambiente ao seu redor sofre mudanças rápidas e profundas, a tecnologia também passa por transformações exponenciais. Isso tudo impõe que a estratégia organizacional tenha de mudar rápida e constantemente para se sintonizar melhor a fim de não se perder no torvelinho de mudanças imprevistas e voláteis, aproveitar as oportunidades que surgem intempestivamente e para escapar das ameaças e perigos ambientais que não anunciam sua chegada e nem pedem licença. Para que a estratégia organizacional seja eficiente e eficaz nesse contexto incerto e ambíguo, a organização precisa articular-se como um sistema integrado e como um organismo único para obter suficiente flexibilidade, agilidade e sinergia. Para tanto, a ação empresarial precisa ser levada a cabo pelos diversos níveis da empresa: o nível institucional, que funciona dentro da lógica de sistema aberto; o nível intermediário, que é predominantemente gerencial e mediador; e o nível operacional, que é o núcleo técnico que funciona dentro de uma lógica de sistema fechado.

Cada um desses níveis desempenha um papel diferente na ação empresarial. O nível institucional se defronta com o ambiente de tarefa e lida basicamente com a incerteza, as coações e contingências externas. O nível operacional se defronta com a mutável e complexa tecnologia utilizada pela organização e lida com a execução das tarefas e operações do seu cotidiano. O nível intermediário faz a intermediação entre ambos os níveis, gerenciando o nível operacional a partir das decisões tomadas no nível institucional.

Essa intermediação do nível tático ou intermediário faz com que a incerteza provida do ambiente pelo nível institucional seja atenuada, absorvida e transformada em programas e esquemas de operação para o nível operacional, que deve funcionar dentro de uma racionalidade técnica voltada para a eficiência e como um mecanismo de relojoaria. Além disso, a ação empresarial precisa ser planejada, organizada, dirigida/liderada e controlada nesses três níveis empresariais para que seja bem-sucedida e possa capacitar a organização a lidar com todas as condições indispensáveis para seu crescimento, competitividade e sustentabilidade. Assim, planejamento, organização, direção/liderança e controle constituem funções administrativas que apresentam características diferentes em cada um dos três níveis da empresa. Na medida em que essas funções administrativas se aproximam da cúpula da empresa, isto é, do nível institucional, elas passam a conviver com a incerteza externa e ganham características de sistema aberto. Na medida, porém, em que elas se aproximam da base inferior da empresa, isto é do nível operacional, passam a conviver com a necessidade de certeza e ganham características de sistema fechado. Para o lado externo da empresa, precisam garantir eficiência; para o lado interno, precisam garantir eficácia.

O nível intermediário precisa proporcionar as condições gerenciais para que a conjugação desses extremos seja bem-sucedida e para que o sistema funcione com flexibilidade e sinergia sem perder sua integridade e sua identidade. Por isso, planejamento, organização, direção e controle apresentam características bastante diferentes de acordo com o nível da empresa em que forem utilizados ou aplicados. Além do mais, se as condições ambientais externas – como a conjuntura econômica, política, social, legal, cultural, demográfica, ecológica etc. – e o ambiente de tarefa – caracterizado pelos clientes e consumidores, fornecedores de recursos, concorrentes e entidades reguladoras – permanecerem estáticos e imutáveis e se o estado atual de tecnologia também permanecer estático e inalterado, a estratégia da ação empresarial e todo o processo administrativo de planejar, organizar, dirigir e controlar também poderiam permanecer constantes, recorrentes e repetitivos. Mas isso é simplesmente uma ficção ou fantasia impossível de acontecer. Afinal, todas as organizações no mundo dos negócios estão constantemente fazendo mudanças e alterando os rumos de suas estratégias provocando um impressionante campo dinâmico de forças interagentes.

Na realidade, tanto as condições ambientais externas como a tecnologia que a empresa guarda sigilosamente em seu bojo e utiliza para processar suas operações e

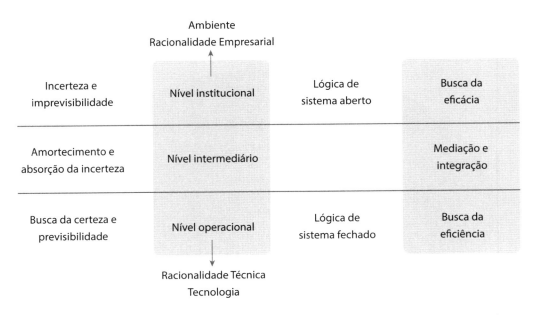

Figura VII.1 O papel dos três níveis organizacionais: estratégico, tático e operacional.

produzir seus produtos/serviços mudam de maneira intensiva, intempestiva e desordenadamente, impondo à organização o seu maior desafio: lidar com a incerteza e fazer dela a chave do sucesso de suas operações. Na medida em que a dinâmica ambiental apresenta mudanças ou características diferentes, todo o processo administrativo de planejar, organizar, dirigir/liderar e controlar a ação empresarial precisa sofrer rápidas mudanças e ajustamentos, principalmente no nível institucional da empresa. Conforme a tecnologia apresenta mudanças ou características diferentes, todo o processo administrativo precisa sofrer mudanças e ajustamentos, principalmente no nível operacional da organização. E, assim, quando a organização muda seus objetivos em função de todas essas mudanças externas, ela também muda a sua estratégia empresarial para melhor atingi-los. Sempre que a estratégia organizacional apresenta mudanças ou características diferentes, todo o processo administrativo precisa sofrer mudanças e ajustamentos em sua totalidade, podendo variar de um nível para outro, conforme a ênfase na mudança estratégica esteja voltada para o ambiente ou para a tecnologia. A Era Digital chegou acelerando todas essas mudanças e transformações simultaneamente e exponencialmente.

Se a organização decide mudar seus produtos/serviços ou seus mercados para garantir ou mudar o seu domínio no mercado, ela terá de mudar toda a sua ação empresarial e todo o processo administrativo para levá-la a cabo. Se a organização é bem-sucedida nos seus negócios ela tende a sobreviver ou a crescer. Na medida em que a empresa cresce ou se descentraliza e passa por modificações no seu tamanho, todo o processo

Quadro VII.1 O processo administrativo nos três níveis da empresa

	Planejamento	**Organização**	**Direção**	**Controle**
Nível institucional	Planejamento estratégico (o que fazer)	Desenho organizacional	Direção e estilos de administração	Controle estratégico e organizacional
Nível intermediário	Planejamento tático (como fazer)	Desenho departamental	Gerência, motivação, liderança e comunicação	Controle tático e departamental
Nível operacional	Planejamento operacional (fazer)	Desenho de cargos e de tarefas	Supervisão de primeiro nível	Controle operacional

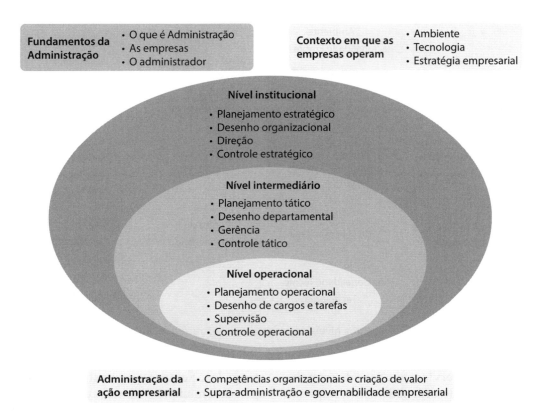

Figura VII.2 Plano integrado das partes e capítulos do livro.

administrativo precisa passar por mudanças e ajustamentos em sua totalidade. Assim, a administração da ação empresarial e todo o processo administrativo não podem ser visualizados simplesmente do ponto de vista de princípios universais de administração válidos para toda e qualquer situação. Ao contrário, a administração da ação empresarial e todo o processo administrativo que a dinamiza precisam ser visualizados do ponto de vista de uma abordagem sistêmica e contingencial que considere todos os diferentes e complexos aspectos multivariados que ocorrem em cada situação.

Quando as mudanças e transformações provêm do ambiente externo, o nível institucional sofre mais o impacto da incerteza e ambiguidade provocada por essas mudanças externas e maior deve ser a sua flexibilidade e agilidade para suportar as pressões, coações e contingências ambientais. O nível intermediário também sofre parte dessas pressões, mas precisa absorvê-las e atenuá-las para que não prejudiquem ou retardem o andamento das operações e tarefas do nível operacional. Na medida, porém, que as mudanças ocorrem na própria tecnologia utilizada pela organização, o nível operacional é quem sofre o maior impacto dessas mudanças e precisa ser bastante flexível e maleável para poder absorvê-las e incorporá-las às tarefas e operações cotidianas.

Se as mudanças são simultaneamente externas (ambientais) e internas (em decorrência da tecnologia), então todos os três níveis da empresa terão de desenvolver características orgânicas e flexíveis para acompanhar o ritmo, as características dessas mudanças e promover condições para que a empresa possa se adaptar rapidamente para sobreviver e crescer.

Nesta última parte do livro, abordaremos como as organizações manejam todas essas condições internas para se adaptarem e aproveitarem as condições ambientais externas para ganhar competitividade e garantir sua sustentabilidade no longo prazo. Não basta sobreviver, é preciso mudar, inovar e concorrer de modo contínuo e sustentável.

Tudo isso requer que as organizações saibam construir e desenvolver suas competências organizacionais para criarem valor e oferecerem resultados a todos os seus *stakeholders*. Dentro desse quadro torna-se necessário o que chamamos de supra-administração: a governança corporativa capaz de apontar e impulsionar os rumos a seguir.

REFERÊNCIA

1. CHIAVENATO, I. *Introdução à Teoria Geral da Administração.* São Paulo: Atlas, 2020.

COMPETÊNCIAS ORGANIZACIONAIS, CRIAÇÃO DE VALOR E VANTAGENS COMPETITIVAS

OBJETIVOS DE APRENDIZAGEM

- Explicar as competências organizacionais e sua importância para o sucesso empresarial.
- Analisar a cascata de competências: essenciais, funcionais, gerenciais e individuais e sua integração como um sistema articulado.
- Descrever a criação de valor e a rede de valor.
- Mostrar como as empresas capturam valor e oferecem resultados.

O QUE VEREMOS ADIANTE

Não basta ter recursos à disposição de uma empresa. Eles não sabem trabalhar sozinhos e nem possuem vida, inteligência ou racionalidade própria. Dizer que uma empresa é apenas um conjunto de recursos – como prédios, instalações, equipamentos e materiais – é falar da plataforma ou infraestrutura material e sem vida própria e não da alma e da inteligência do negócio. Na verdade, os recursos constituem apenas a plataforma física e concreta sobre a qual a organização opera. Os recursos precisam ser reunidos, agrupados, utilizados e rentabilizados, ou seja, aplicados de maneira integrada no sentido de produzir resultados excepcionais para a empresa. Em outras palavras, eles precisam ser administrados, mas com a ajuda das pessoas e de suas competências. Sem elas o resultado jamais será alcançado. As competências são a alma do negócio, o DNA da empresa.

Aumente seus conhecimentos sobre **O moderno conceito de organização está na intangibilidade** na seção *Saiba mais ADM 19.1*

As competências são repertórios de comportamentos que algumas pessoas ou organizações dominam melhor do que outras e o que as torna mais eficazes e competitivas.[1] As competências significam aquilo que a organização aprendeu a fazer bem. E a fazer muito bem e melhor do que as outras organizações. As competências não somente diferenciam a organização em relação aos concorrentes como também lhe fornecem os meios para tornar-se melhor do que eles em termos de processos, métodos e procedimentos, produtos, serviços, inovação etc.

Aumente seus conhecimentos sobre **Conceitos de competências** na seção *Saiba mais ADM 19.2*

19.1 A CASCATA DE COMPETÊNCIAS

Uma organização possui competências essenciais quando sabe fazer melhor do que os concorrentes. As competências essenciais tornam a organização altamente competitiva e diferenciada em relação às outras. Para ser competitiva, a organização deve ter competências suficientes para extrair o máximo de seus recursos e, com um mínimo de custos e de esforços, agregar valor e entregar ao cliente um produto ou serviço altamente diferenciado e atrativo. O retorno do investimento feito em recursos passa necessariamente pelas competências. E as competências essenciais dependem das competências individuais de seus participantes.

As competências organizacionais repousam sobre uma cascata de competências funcionais, gerenciais e pessoais. Nessa hierarquia, as competências superiores dependem de todas as outras competências que lhes dão base e sustentação.

Como mostra a Figura 19.1, as competências essenciais constituem um arranjo especial de competências funcionais; estas envolvem uma articulação de competências gerenciais e, por fim, as competências individuais. Todo este conjunto funciona como um arranjo *sui generis* de competências que se ajudam mutuamente para proporcionar resultados sistêmicos e alavancados.

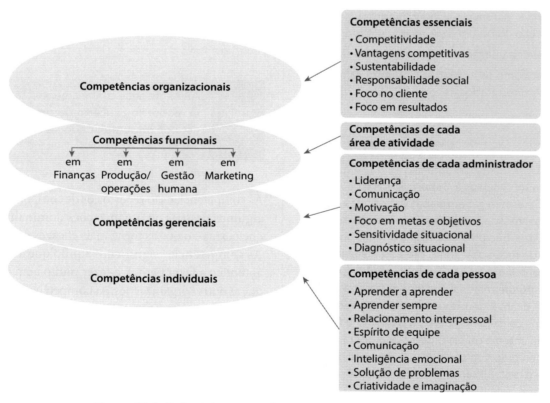

Figura 19.1 O desdobramento das competências organizacionais.

19.2 COMPETÊNCIAS ESSENCIAIS

Hamel introduziu o conceito de competências essenciais ao discutir a competitividade organizacional em um mundo caracterizado pela forte concorrência. As competências essenciais de uma empresa apresentam quatro características básicas:[2]

1. **Proporcionam uma forte vantagem competitiva** que alavanca o negócio da empresa e a destaca dos demais concorrentes.
2. **São indispensáveis para o sucesso da empresa**: as competências constituem os fatores críticos do sucesso empresarial. Um fator crítico é aquele que, se não estiver presente, o sucesso não acontece.
3. **São singulares, específicas e próprias da empresa**: definem aquilo que a empresa sabe fazer melhor do que as outras. Em outras palavras, caracterizam e identificam a empresa junto ao mercado.
4. **São de difícil imitação pelas demais empresas**: sua complexidade decorre do fato de que são criadas, desenvolvidas, integradas e articuladas de uma maneira própria que dificilmente as outras empresas conseguem copiar e imitar. O seu arranjo também é singular e próprio de cada empresa.

Quando uma competência atende diretamente às demandas dos diferentes *stakeholders* se diz que ela é uma competência essencial ou central (*core competence*). O impacto de uma competência essencial se manifesta em três aspectos competitivos da organização:[3]

1. **Valor percebido**: as competências essenciais são aquelas que permitem a oferta de benefícios que são fundamentais para os clientes. Constituem o valor do produto ou serviço, ou seja, o que o comprador está realmente pagando, quanto ele está disposto a pagar a mais para ter acesso aos benefícios e qual é a hierarquia de valor que o cliente tem em relação aos benefícios oferecidos. Os benefícios fundamentais nem sempre são percebidos porque o cliente tem sua atenção voltada para benefícios adicionais como descontos ou propaganda.
2. **Diferenciação dos concorrentes**: a competência essencial é sempre singular e diferente em relação à concorrência. Ela permite que a empresa se distancie ou se diferencie dos competidores. É o caso da marca, tradição, serviços adicionais, curva de aprendizado, acessos únicos ou gestão, além dos parâmetros do setor.
3. **Capacidade de expansão**: a competência essencial permite que a empresa ingresse com sucesso em novos segmentos de produtos/serviços. Elas oferecem novas oportunidades à empresa, pois apresentam uma força competitiva que viabiliza a oferta de novos produtos e serviços gerados a partir dela.

No fundo, as competências essenciais significam ativos intangíveis, dinâmicos e inteligentes que permitem à organização moldar de maneira especial o seu negócio e a maneira peculiar como trata o cliente e aborda o mercado.

Figura 19.2 As armas da organização: recursos e competências essenciais.

> **SAIBA MAIS — Competência essencial como um emergente sistêmico**
>
> A competência essencial é aquela que proporciona uma vantagem competitiva para a empresa frente a seus concorrentes. Uma empresa pode produzir em tempo de ciclo rápido quando consegue juntar um conjunto de habilidades que se integram entre si para aumentar sua capacidade de maximizar os processos comuns numa linha de produção, de flexibilidade para alterações no planejamento e execução da produção, execução de sistemas sofisticados de informação, gestão dos estoques e desenvolvimento do compromisso por parte dos fornecedores. A competência essencial nunca está embasada em uma só pessoa ou em uma mesma equipe. Ela é um arranjo sistêmico e integrado de várias competências pessoais e grupais. E o que é um emergente sistêmico? Nada mais do que o resultado da sinergia do sistema.

As competências essenciais produzem indicadores de desempenho que fazem com que a organização se diferencie e se destaque das outras, tais como:

1. Oferecem um diferencial sobre os concorrentes de forma perceptível.
2. Ganham o reconhecimento de sua excelência tanto no ambiente externo (mercado e *stakeholders* externos), como no ambiente interno.
3. Agregam valor aos clientes e consumidores.
4. Garantem estabilidade e firmeza na sua participação no mercado.
5. Conseguem envolvimento e engajamento dos seus colaboradores no seu desenvolvimento e aplicabilidade.
6. Seus processos internos são integrados e altamente eficazes.

Para identificar as competências essenciais de uma organização é preciso utilizar quatro critérios de escolha.[4]

1. **Capacidades valiosas**: que ajudam a empresa a neutralizar ameaças ambientais ou a explorar oportunidades ambientais. Elas geram valor para a empresa pois exploram oportunidades ou neutralizam ameaças externas e permitem que a empresa formule e execute estratégias capazes de gerar valor para os clientes. A Sony utiliza suas capacidades valiosas para projetar, fabricar e comercializar sua tecnologia eletrônica miniaturizada que permite explorar uma variada gama de oportunidades de mercado para câmeras de vídeo e tocadores de música.
2. **Capacidades raras**: que nenhum outro ou poucos concorrentes atuais ou em potencial conseguem possuir. Se essa capacidade for comum a muitas empresas é improvável que ela venha a constituir uma vantagem competitiva para qualquer uma delas. Esta vantagem ocorre quando a empresa desenvolve e explora capacidades diferentes daquelas que existem na concorrência. O modelo comercial pelo qual a Dell vende diretamente a seus clientes dá-lhe maior eficiência do que seus concorrentes.
3. **Capacidades de difícil imitação**: são aquelas que as outras empresas não conseguem entender, compreender, imitar e desenvolver com facilidade ou rapidez. A capacidade pode ser difícil de imitar devido a três motivos isolados ou pela combinação deles:
   a. **Condições únicas e exclusivas**: ela se desenvolve em decorrência de condições históricas únicas, como é o caso da cultura organizacional. Um exemplo é a McKinsey – fonte de vantagem competitiva que mantém forte coesão entre os funcionários que nela acreditam e conduz a uma incansável e positiva insatisfação que os desafia a criar novas formas de desempenho capazes de gerar elevados níveis de valor aos clientes. A capacidade é fruto de uma longa história e experiência acumulada pela empresa.
   b. **Arranjo de imitação cara e dispendiosa**: os concorrentes não conseguem entender claramente como a empresa arranja, integra e utiliza suas competências como base da vantagem competitiva.
   c. **Fruto da complexidade social**: ela implica na conjunção de várias capacidades socialmente complexas, como relações interpessoais, confiança e amizade entre funcionários e executivos e a reputação da empresa junto aos fornecedores e clientes. É o caso da GE, Sony, Wal-Mart, Walt Disney e Hewlett-Packard que utilizam capacidades socialmente complexas como base para a visão de seu papel na sociedade, responsabilidades com os *stakeholders* e seus compromissos com os funcionários;
4. **Capacidades insubstituíveis**: são aquelas que não possuem equivalentes estratégicos e não podem ser facilmente substituídas. Quanto mais difícil de serem substituídas, tanto maior o seu valor estratégico. Quanto menos visíveis, tanto mais difícil será para encontrar substitutos e maior será o desafio para os concorrentes que tentam imitá-las. O conhecimento

corporativo e as relações de trabalho baseadas na confiança são capacidades de difícil identificação, interpretação e imitação.

SAIBA MAIS — As artes da excelência

Para sobreviver no mundo dos negócios a empresa precisa reunir e aglutinar uma gama de competências cruzadas e simultâneas para alcançar vantagem competitiva sobre as concorrentes. E deve buscar sempre a melhoria e aprimoramento dessas competências. Quase sempre surge a pergunta: vale a pena construir internamente competências ou adquirir competências externamente?
A construção de competências leva tempo de aprendizagem, desenvolvimento e maturação. E isso depende do conhecimento acumulado e da experiência progressiva dentro da empresa.
Por outro lado, a aquisição de competências no mercado faz um caminho bem mais curto ao buscar as competências fora da empresa (pela admissão de talentos já dotados dessas competências), ao fazer terceirização de certas atividades (*outsourcing*) para utilizar competências de outras empresas ou ainda desenvolver empreendimentos conjuntos (*joint ventures*) para aprender as competências com outras empresas pelas parcerias em negócios.

Prahalad e Hamel oferecem três aspectos para identificar as competências essenciais de uma organização.[5]

1. **Potencial de oportunidades**: uma competência essencial oferece acesso potencial a uma ampla variedade de mercados. A competência em sistemas de monitores de vídeo permitiu à Casio participar de negócios extremamente diversos como calculadoras, aparelhos miniaturizados de TV, monitores para *notebooks* e *netbooks* e painéis para carros.
2. **Percepção dos benefícios**: uma competência essencial oferece uma poderosa contribuição para os benefícios que os clientes percebem no produto final. A Honda possui competências em motores que fazem o cliente perceber claramente seus benefícios.
3. **Difícil imitação**: uma competência essencial é dificilmente imitada pelos concorrentes. E será mais difícil ainda se for uma complexa harmonização de tecnologias individuais e habilidades de produção. O rival pode imitar produtos ou serviços com certa facilidade, mas precisa levar muito tempo para conseguir imitar uma competência essencial.

Para que a organização possa reunir competências essenciais, ela precisa cultivar e desenvolver competências funcionais. Estas estão espalhadas pelas diversas unidades organizacionais e devem agir em conjunto.

19.2.1 Competências funcionais

São as competências relacionadas com cada área de atividade da organização. Cada unidade organizacional

Figura 19.3 O desdobramento das competências funcionais.

– divisão, departamento, seção, unidade estratégica de negócios – deve constituir a reunião integrada de competências funcionais em sua respectiva atividade. Assim, o marketing deve envolver competências funcionais relacionadas com o relacionamento com o cliente, promoção e propaganda, gerenciamento do produto/serviço, etc. A área financeira deve envolver competências funcionais relacionadas com a maneira de buscar ou aplicar recursos financeiros no mercado. A área de operações/produção deve reunir competências relacionadas com eficiência e eficácia operacional, qualidade e produtividade etc. E a área de gestão de talentos deve reunir competências relacionadas com agregar, recompensar, desenvolver, manter e aplicar talentos no negócio da empresa.

Assim, não basta a organização possuir apenas competências funcionais em marketing ou em produção, por exemplo. Ela precisa reunir competências funcionais em todas as suas áreas de atividade e saber dosá-las adequadamente para alcançar equilíbrio e sinergia entre elas. A integração entre diferentes competências funcionais alavanca a capacidade da organização em gerar valor e riqueza, conquistar e manter clientes e apresentar resultados acima da média dos concorrentes.

19.2.2 Competências gerenciais

Competências gerenciais são as competências administrativas relacionadas com o trabalho gerencial. Referem-se às que os administradores devem possuir para realizar o seu trabalho de equipe. Aqui retornamos ao Capítulo 3 onde explicamos a atividade do administrador, suas competências e habilidades administrativas. Os papéis do administrador requerem o aprendizado constante e contínuo de competências e habilidades que mudam e se transformam com o passar dos tempos. É preciso sempre atualizar-se e manter-se conectado com o mundo.

SAIBA MAIS — **Quais as competências funcionais mais importantes?**

Se a empresa possuir competências funcionais em marketing, por exemplo, ela estará apta a conquistar e manter clientes. A fidelização de clientes é uma necessidade, não só pelo aspecto de conquistar e manter clientes, mas também pelo fato de que conquistar um novo cliente – quando se perde um cliente real – custa oito a nove vezes mais do que manter esse cliente. Mas para que a empresa possa fazer isso, ela precisa também de competências em produção/operações para poder inserir características desejáveis em seus produtos. As competências em marketing dependem das competências em produção/operações e estas dependem daquelas para que a empresa seja bem-sucedida. Isso sem falar nas competências em finanças, em tecnologia e em talentos humanos.

Quadro 19.1 Competências gerenciais segundo a Training House

Competências relacionadas com pessoas	
Comunicações	**Supervisão**
■ Ouvir e organizar as ideias	■ Treinamento, orientação e delegação
■ Dar informações claras	■ Avaliação de pessoal e desempenho
■ Obter informações imparciais	■ Disciplina e aconselhamento
Competências relacionadas com o trabalho	
Administração	**Raciocínio**
■ Administração do tempo e priorização	■ Identificação e solução de problemas
■ Estabelecimento de meta e padrões	■ Tomada de decisões e pesar riscos
■ Planejamento e programação de trabalhos	■ Pensar clara e analiticamente

Acesse conteúdo sobre **Coaching e mentoring** na seção *Tendências em ADM* 19.1

19.2.3 Competências individuais

Não basta ter pessoas na organização, é preciso contar com talentos humanos. Infelizmente ter pessoas nem sempre significa ter talentos. Talento é uma pessoa muito especial, dotada de competências. Daí o enorme esforço das organizações em transformar pessoas em verdadeiros talentos por uma multiplicidade de meios: organização do trabalho das pessoas para torná-lo mais agradável e com sentido psicológico, cultura organizacional envolvente e participativa para engajar os talentos, estilo de gestão democrático e baseado na liderança e no *coaching*, além de criar um ambiente de trabalho que privilegia o aprendizado constante, crescimento profissional e as oportunidades para realização daquilo que se aprendeu. Muitas empresas estão partindo para a criação de universidades corporativas exatamente para disseminar conhecimentos, habilidades, julgamento e avaliação de situações, atitudes e competências vitais para o sucesso do seu negócio.[6]

SAIBA MAIS — Pessoas e talentos

Não basta ter ou conjugar recursos organizacionais e tecnologia. Em geral eles são estáticos e inertes. Além disso, eles podem ser facilmente comprados no mercado, pois qualquer empresa pode adquiri-los com relativa facilidade. E para operá-los e ativá-los são necessárias pessoas. Mais do que pessoas, as empresas precisam saber cultivar talentos, pessoas especiais, preciosas que possuem competências distintas e relevantes para o negócio da empresa. A diferença entre pessoas e talentos está exatamente na posse de competências individuais valiosas para o sucesso do negócio.

Competência pessoal é o conjunto de conhecimentos, habilidades e atitudes pessoais aplicadas de maneira integrada e convergente em uma determinada atividade.

As competências pessoais transformam pessoas simples em grandes talentos. E os talentos – pessoas dotadas de competências – fazem o seu trabalho da seguinte maneira:[7]

1. **Execução primorosa e excelente**: o talento executa uma atividade, função ou processo com excelência. Isso é produto da competência pessoal, saber fazer as coisas melhor do que ninguém. Graças às competências de seus colaboradores, as empresas bem-sucedidas alcançam excelência operacional: oferecem um produto de elevada qualidade ou um serviço impecável ao cliente ou consumidor.

2. **Solução de problemas**: o talento consegue a convergência de conhecimentos, habilidades e atitudes para solucionar situações problemáticas que, sem isso, permaneceriam intocáveis ao longo do tempo e prejudicando seriamente a empresa. A resolução de problemas implica necessariamente no conhecimento, na habilidade e na atitude das pessoas frente a eles.

3. **Desenvolvimento continuado**: a competência pessoal permite gerar alternativas para desenvolver, mudar, melhorar, transferir, transformar produtos, serviços, métodos, processos, tecnologias, formatação de negócios etc. O gradativo desenvolvimento que gera o progresso nas empresas depende necessariamente das competências pessoais que elas conseguem criar, incentivar, integrar e utilizar.

4. **Inovação**: a inovação é muito mais do que desenvolvimento ou melhoria constante, é um passo além. Enquanto este parte de premissas concretas já alcançadas e realizadas, a inovação parte de premissas inteiramente novas e diferentes. A competência pessoal permite gerar alternativas criativas e engenhosas para novas ideias que significam inovação. A inovação pode ser feita em produtos, serviços, métodos, processos, tecnologias, formatação de negócios etc., mas no sentido de criar coisas inteiramente novas e diferentes. A competência pessoal proporciona meios para gerar novas ideias, conceitos e coisas que jamais existiram;

5. **Proatividade**: ou seja, visão antecipatória quanto a situações ou ações futuras. Enquanto a execução primorosa, solução de problemas, desenvolvimento e inovação acontecem no momento presente, a proatividade se estende para o futuro que ainda não está acontecendo. Não se trata de previsibilidade ou futurologia, mas de intuição pessoal quanto aos desdobramentos futuros de situações atuais. É como se a pessoa tivesse uma ideia clara da cadeia

de causas e efeitos que levarão a situações posteriores ou tivesse acesso a cursos de ação futuros. E isso é importante nas empresas focadas no futuro, pois inovação e proatividade – embora diferentes e separadas – precisam andar de mãos juntas.

Embora sejam intangíveis e invisíveis, as competências pessoais podem ser observadas nas situações de trabalho ou ainda em situações de teste, quando demonstram conhecimentos adquiridos sendo aplicados de maneira assertiva por pessoas com certas características individuais.

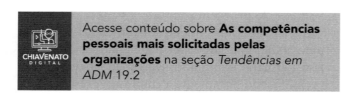

Acesse conteúdo sobre **As competências pessoais mais solicitadas pelas organizações** na seção *Tendências em ADM 19.2*

A construção dessas competências depende não apenas das pessoas que trabalham na empresa, mas principalmente da maneira como os administradores lidam com as pessoas, promovem o conhecimento, desenvolvem habilidades em seus subordinados e criam atitudes empreendedoras neles. Nada acontece sem a intervenção ativa, proativa e intensiva dos administradores.

PARA REFLEXÃO

Como descobrir quais são as competências essenciais da empresa?

Reflita e, a seguir, discuta com seus colegas a respeito do assunto supra e tente chegar a uma conclusão. Como descobrir e localizar quais são as competências essenciais de uma empresa?

19.2.4 Vantagem competitiva

Em resumo, as competências essenciais de uma organização constituem sua principal vantagem competitiva nos dias de hoje. A razão é simples: o mundo lá fora muda rápida e intempestivamente e são as competências – e não os estáticos recursos tradicionais – que permitem a inteligência organizacional suficiente para adaptar-se agilmente às mudanças e aproveitar as oportunidades que surgem. As competências organizacionais compreendem todo o estoque e aplicabilidade do conhecimento organizacional e das habilidades que a organização conseguiu construir com o tempo.[8] Essas competências diferenciam e distinguem a organização

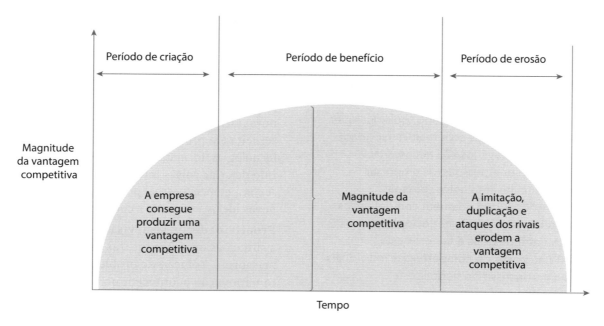

Figura 19.4 Tempo de criação e de erosão da vantagem competitiva.[11]

das demais, pois imitá-las é uma tarefa difícil e exige investimentos.[9] Para que uma competência se torne uma fonte de vantagem competitiva sustentável ela precisa reunir três condições: ser valiosa, rara e difícil ou custosa de ser copiada.[10] Como ativos intangíveis e invisíveis as competências organizacionais precisam ser identificadas e avaliadas para serem desenvolvidas, compartilhadas e devidamente utilizadas.

Contudo, quem cria as vantagens competitivas de uma empresa? Certamente, a tecnologia e os recursos materiais e financeiros ajudam muito, mas são fundamentalmente as pessoas que nelas trabalham, as diretamente responsáveis pela criação e aplicação de vantagens competitivas. E as organizações precisam criar as condições adequadas para desenvolver as competências e então transformá-las em vantagens competitivas duráveis. Convém lembrar que as vantagens competitivas não são eternas e nem permanentes, pois na medida em que são copiadas e imitadas elas deixam de ser competitivas e passam a ser uma regra do mercado comum às demais empresas concorrentes.

Esse é o desafio com que as empresas se defrontam nos dias de hoje.[12] Como saber quais são as competências que devem ser construídas e desenvolvidas em cada organização para assegurar as vantagens competitivas ao seu negócio? Isso requer que as lideranças tenham sua atenção focada no futuro.

E onde estão essas competências? Em qual lugar? A maior parte delas está na cabeça das pessoas. Elas fazem parte do capital humano e do capital intelectual da organização. E dependem da sua integração com o conjunto das competências individuais das pessoas que trabalham na organização.

E para que servem as competências? Elas criam valor para a organização, para o cliente, para o fornecedor, para a própria pessoa, para a comunidade, sociedade e a nação. Ou seja, criar e agregar valor para todos os *stakeholders*. É exatamente para isso que existem as organizações. E é isso que garante a sua competitividade em um mundo de negócios extremamente dinâmico, ambíguo, mutável, volátil e imprevisível.

19.3 COMPETITIVIDADE

Toda organização com fins lucrativos tem por objetivo obter o maior retorno sobre o capital investido. Para tanto faz uso de todos os meios possíveis para ficar na frente de seus concorrentes, obter as maiores margens e ampliar sua fatia de mercado. Em resumo, a organização precisa ser competitiva para ser bem-sucedida.

Mas não basta satisfazer os *shareholders* (proprietários, acionistas, investidores). A responsabilidade da empresa vai além disso e se expande cada vez mais para os *stakeholders*, que fazem pressões para uma atuação organizacional ecologicamente correta e socialmente justa, de maneira que não é suficiente que a organização tenha apenas êxito econômico.[13] É preciso também saber oferecer algo aos demais atores que dela participam direta ou indiretamente, interna ou externamente.[14]

Aumente seus conhecimentos sobre **A luta pela competição** na seção *Saiba mais ADM 19.3*

Uma organização não herda sua capacidade de competir e enfrentar a concorrência. A competitividade não é simplesmente o resultado de seus recursos ou da quantidade de funcionários – embora sejam fatores que certamente contam muito a seu favor. A capacidade de competir é uma manifestação de vontade, uma construção obsessiva, uma opção da organização. Está no seu espírito e na sua gana de competir. A competitividade é a capacidade de uma empresa em conseguir cumprir sua missão com mais sucesso do que as outras empresas que concorrem com ela, de atender às expectativas e necessidades do mercado de maneira melhor do que seus concorrentes conseguem fazer. Contudo, a competitividade é quase sempre abordada simplesmente em função da economia de mercado e significa a obtenção de rentabilidade igual ou superior aos rivais no mercado.

A organização é realmente competitiva quando consegue diferenciar-se no mercado, obtendo retornos acima da média para o capital investido. Frente às regras estabelecidas pela indústria a organização competitiva consegue colocar-se em uma situação de vantagem frente aos seus concorrentes. A competitividade pode ser entendida como uma habilidade da organização em aumentar o seu tamanho, a fatia de mercado e a lucratividade,[15] ou como a capacidade da organização de formular e implementar estratégias de concorrência que lhe permitem conservar de forma duradoura uma posição sustentável no mercado.[16] Assim, não é suficiente conseguir uma situação de vantagem, mas é preciso mantê-la ao longo do tempo. E para isso, a organização precisa monitorar constantemente os aspectos internos e externos que influenciam sua competitividade e implementar e redefinir estratégias que os concorrentes não conseguem imitar com facilidade. Assim, competitividade não envolve apenas lucratividade, mas uma enorme variedade de aspectos dinâmicos que não podem ser ignorados.

19.3.1 Modelo de análise estrutural das cinco forças competitivas

Porter[17] elaborou um modelo para analisar a competição entre empresas que atuam em uma determinada indústria. Para ele, a competição é constante e representa o resultado da interação de cinco variáveis:

1. Entrantes em potencial.
2. Concorrentes na indústria.
3. Produtos substitutos.
4. Clientes.
5. Fornecedores.

A competitividade de uma empresa é determinada pela ameaça de entrada de novas empresas na indústria e produtos substitutos, pela rivalidade existente entre os concorrentes atuantes no mercado e pelo poder de negociação que a empresa tem com seus clientes e fornecedores. A empresa deve conhecer as forças que atuam sobre a sua competitividade para poder atuar sobre elas e elaborar estratégias que permitam ocupar uma posição no mercado que a diferencie de seus concorrentes. A análise estrutural permite que a empresa organize sua infraestrutura e administre a sua relação com os atores externos de forma a obter uma posição de vantagem em uma determinada indústria. Assim, existe uma diferença entre ser competitivo, isto é, ter os meios necessários para competir, e ter vantagem competitiva, que significa estar na frente de seus concorrentes, diferenciar-se, ser líder em determinado setor ou processo. Da mesma forma, as empresas não mais atuam numa única região ou país, mas num mercado globalizado no qual as regras de competição são extremamente complexas.

Porter propõe um modelo de cinco forças competitivas considerando a rivalidade entre concorrentes e a ameaça representada por novos entrantes, pela possibilidade de emergência de produtos substitutos e pelo poder de barganha dos fornecedores ou dos compradores.[18]

O modelo de análise das cinco forças competitivas amplia a base analítica setorial, na medida em que essas forças mostram que a concorrência em um setor envolve todas as organizações dele. Fornecedores, compradores, entrantes potenciais, sem falar nos concorrentes, são todos concorrentes entre si pela margem potencialmente a ser gerada pelo setor. A seguir são apresentadas as situações que determinam a rivalidade ampliada dos setores considerando cada força competitiva:[20]

1. **Ameaça de novos entrantes**: uma organização que ingressa no setor de negócios – o novo entrante – traz ameaças às organizações existentes por trazer capacidade de produção adicional forçando as demais a serem mais eficazes e aprenderem a concorrer em novas dimensões.

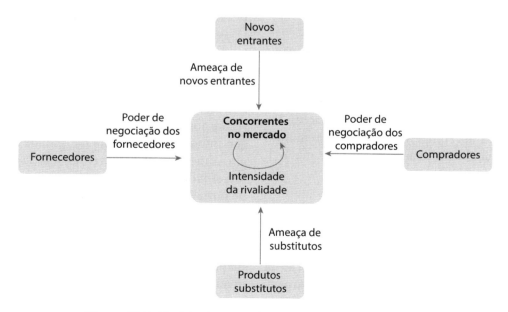

Figura 19.5 Modelo das cinco forças competitivas de Porter.[19]

Para barrar o ingresso de novos entrantes, as organizações utilizam barreiras de entrada, tais como:

a. **Economias de escala**: as economias de escala aumentam na medida em que a quantidade de um produto fabricado aumenta e os custos de fabricação de cada unidade diminuem. Assim, o novo entrante enfrenta o desafio frente às economias de escala dos concorrentes existentes.

b. **Diferenciação de produto**: as organizações existentes diferenciam o produto para torná-lo único e exclusivo para que o cliente o valorize mais. O novo entrante precisa alocar muitos recursos para superar a fidelidade do cliente.

c. **Requisitos de capital**: para que um novo entrante ingresse no setor, ele precisa dispor de capital e recursos.

d. **Custos de mudança**: como custos de aquisição de equipamentos auxiliares, treinamento de pessoal, etc. envolvem custos adicionais, como a mudança da fita cassete para o CD. Quando os custos de mudança são elevados, o novo entrante enfrenta desafios.

e. **Acesso aos canais de distribuição**: por meios eficazes de distribuição dos produtos e um forte relacionamento com distribuidores com a finalidade de gerar custos de mudanças para estes.

2. **Poder de barganha dos fornecedores**: um grupo de fornecedores é considerado poderoso quando:

a. É constituído por um pequeno número de grandes organizações fornecedoras e altamente concentradas.

b. Não há produtos substitutos satisfatórios para o setor.

c. As organizações não são consideradas clientes importantes para o grupo fornecedor.

d. Os artigos do fornecedor são essenciais ao êxito do comprador no mercado.

e. Os fornecedores representam uma ameaça de integrar-se para a frente no setor dos compradores (um produtor de roupas pode optar por operar seus próprios canais de varejo).

3. **Poder de barganha dos compradores**: o cliente (grupo de compradores) tem poder quando:

a. Está adquirindo grande parte do total da produção do setor.

b. O produto adquirido responde por uma parcela significativa dos custos do comprador.

c. Os produtos da indústria não são diferenciados ou padronizados.

d. O comprador pode apresentar uma ameaça concreta de integração para trás. A indústria automobilística está oferecendo um serviço de vendas nacionais *on-line* para oferecer serviços adicionais ao cliente.

4. **Ameaça de produtos substitutos**: produtos substitutos são diferentes bens ou serviços que vêm de fora do setor e que desempenham as mesmas funções de um produto fabricado no setor. É o caso de recipientes plásticos no lugar de potes de vidro, sacos de papel em vez de sacos plásticos, chá substituindo café etc.

5. **Intensidade da rivalidade entre os concorrentes**: em cada setor há organizações que concorrem ativa e vigorosamente para alcançar competitividade estratégica. Os fatores que influenciam a intensidade da rivalidade entre as organizações são:

a. Concorrentes numerosos ou igualmente equilibrados.

b. Crescimento lento do setor.

c. Custos fixos elevados.

d. Capacidade aumentada em grandes incrementos.

e. Concorrentes divergentes em termos de metas e estratégias.

f. Apostas estratégicas elevadas.

6. **Barreiras de saída elevadas** envolvendo ativos especializados (vinculados a um negócio específico), custos fixos de saída (como custos trabalhistas), inter-relacionamentos estratégicos (relações de dependência recíproca entre um negócio e outras partes das operações, como operações compartilhadas), barreiras emocionais (como lealdade aos funcionários) e limitações sociais e governamentais (preocupação com demissões).

Em geral, a competitividade da empresa fundamenta-se em alguns determinantes como eficiência, qualidade, flexibilidade, prontidão, sinergia nos relacionamentos, capacidade de pesquisa e desenvolvimento, tecnologia, redes de cooperação tecnológica, gestão do talento humano e gestão da inovação, entre outros, para combinar suas competências essenciais de maneira que não possa ser imitada pelos concorrentes no curto prazo.[21]

19.4 CRIAÇÃO DE VALOR

Valor é um conceito relativamente recente na administração. Significa algo que enriquece a organização ou que contribui fortemente para o seu sucesso. Criar valor é um dos objetivos da administração moderna e, na prática, consiste em buscar incessantemente maneiras inovadoras de ganhar dinheiro novo para continuamente agregar riqueza ao negócio. No fundo, trata-se de ganhar mais do que se gasta. Assim, recursos e competências da empresa precisam ser adequadamente utilizados e aplicados para gerar valor. Esse é o resultado mais importante.

> Aumente seus conhecimentos sobre **Valor** na seção *Saiba mais ADM* 19.4

Na verdade, as empresas são sistemas criados para maximizar ganhos. Elas buscam gerar valor econômico em larga escala e capturar parte dele como lucro. Mesmo as empresas sem fins lucrativos – como as ONGs que procuram gerar valor social e não econômico – utilizam a administração como qualquer empresa lucrativa. O mesmo está acontecendo com a administração pública.

19.4.1 Cadeia de valor

Como criar valor em uma empresa? A resposta é: com uma cadeia de atividades. Cadeia de valor é um conjunto integrado de atividades criadoras de valor que começam com as matérias-primas básicas provindas de fornecedores e que vão se movimentando em séries de atividades agregadoras de valor envolvendo produção e marketing de um dado produto e terminando com distribuidores colocando o produto final nas mãos dos consumidores finais.[22] Cada elo da cadeia deve agregar alguma coisa ao valor final que o cliente irá receber. Assim, a análise da cadeia de valor permite examinar e avaliar a empresa no contexto da cadeia global de atividades criadoras de valor, da qual

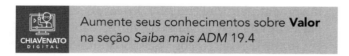

Figura 19.6 Cadeia de valor típica de um produto manufaturado.

Figura 19.7 A cadeia de valor segundo Porter.[25]

a empresa pode ser apenas uma pequena parte. Muitas vezes, a empresa constitui parte integrante no meio da cadeia de valor que envolve fornecedores em uma ponta e distribuidores em outra. Essa visão de conjunto é fundamental.

O conceito de cadeia de valor proposto por Porter[23] envolve estruturas e processos com os quais as empresas procuram se preparar estrategicamente. Toda empresa desempenha uma variedade de atividades para projetar, produzir, comercializar, entregar e apoiar seu produto ou serviço no mercado. A cadeia de valor é um modelo que descreve como um produto se movimenta desde a etapa da matéria-prima até o consumidor final com atividades estrategicamente relevantes. A ideia básica é adicionar valor tanto quanto possível da maneira menos dispendiosa e capturar esse valor. Os elos mais valiosos da cadeia pertencem aos colaboradores que detêm o conhecimento – os clientes. O valor é representado pelas características e atributos que as empresas proporcionam sob a forma de produtos ou serviços pelos quais o cliente está disposto a pagar.[24]

Para Porter, existem nove atividades criadoras de valor na empresa e que podem ser desdobradas em cinco atividades primárias e quatro atividades de apoio:[26]

1. **Atividades primárias**: são as cinco atividades básicas na sequência:
   a. **Logística de entrada**: para trazer materiais e insumos para dentro da organização.
   b. **Operações**: para converter os materiais e insumos em produtos finais.
   c. **Logística externa**: para expedir os produtos finais.
   d. **Marketing e vendas**: para comercializar os produtos finais.
   e. **Serviços**: para prestar assistência técnica aos compradores.
2. **Atividade de apoio e suporte**: são as quatro atividades de apoio realizadas em determinados departamentos específicos:
   a. **Suprimentos de serviços e materiais**.
   b. **Desenvolvimento tecnológico**.
   c. **Gestão de recursos humanos**.
   d. **Infraestrutura da organização**: envolvendo administração geral, planejamento e áreas de finanças, contabilidade, assuntos jurídicos e governamentais.

O importante na análise da cadeia de valor não é propriamente cada elo – embora cada um deles seja importante – mas a maneira como os elos são encadeados e integrados entre si. O segredo está na articulação do todo e não em cada uma de suas partes integrantes. A análise da cadeia de valor trata de eliminar as ineficiências ao longo da cadeia para que todos os elos possam ser mais produtivos e lucrativos. Toda cadeia se rompe no seu elo mais frágil. Todos os elos devem ser eficientes e eficazes. A análise da cadeia deve ir do todo para as partes em uma abordagem sistêmica.

Figura 19.8 Exemplo de uma cadeia de valor.

> **PARA REFLEXÃO**
>
> **Como incrementar a criação de valor na empresa?**
>
> Reflita e, a seguir, discuta com seus colegas a respeito do assunto supra e tente chegar a uma conclusão. Como incrementar a criação de valor na empresa?

A cadeia de valor permite à empresa analisar detalhadamente seus custos e seu desempenho em cada atividade criadora de valor, bem como compará-los com os custos e desempenho de seus concorrentes – como *benchmarks* – para aprender como eles fazem e melhorar continuamente. O objetivo é conseguir desempenhar as atividades melhor que os concorrentes a um custo mais baixo e, com isso, alcançar uma vantagem competitiva.[27] Contudo, embora a redução de custos seja importante a ênfase maior na análise da cadeia de valor é agregar valor à cadeia. A Figura 19.9 mostra a diferença entre reduzir custos e agregar valor. A primeira é compressiva, enquanto a segunda é expansiva.

> Aumente seus conhecimentos sobre **Cadeia de valor** na seção *Saiba mais* ADM 19.5

Acontece que o sucesso da organização não depende apenas de como cada departamento ou colaborador (elo da cadeia de valor) desempenha seu trabalho com um mínimo de custo e um máximo de rendimento. Quase sempre departamentos ou colaboradores isolados buscam maximizar seus próprios interesses em vez dos interesses globais da empresa e dos clientes. Além disso, como veremos adiante, cada departamento constrói fronteiras e paredes que retardam ou impedem a entrega de valor ao cliente. O importante não é somente a excelência departamental, mas principalmente como as diversas atividades departamentais são coordenadas e integradas entre si e, se possível, sem fronteiras separadoras. A cadeia de valor é muito mais do que uma soma entre departamentos. Copiar ou imitar as atividades de cada departamento é relativamente fácil para os concorrentes. O difícil é tentar copiar ou imitar a maneira como eles estão sendo articulados e integrados entre si para convergir e produzir resultados exponenciais.[28]

Vimos que a cadeia de valor de um produto se concentra em uma área básica de *expertise* constituída pelas suas atividades primárias. Mas a cadeia não acontece de maneira isolada. Várias operações se situam acima e abaixo dela. O centro de gravidade é aquela parte da cadeia de valor que é a mais importante para a empresa e no ponto em que se localizam sua maior expertise e suas competências essenciais. O centro de gravidade da empresa é geralmente o ponto em que a empresa iniciou suas atividades até obter uma vantagem competitiva e

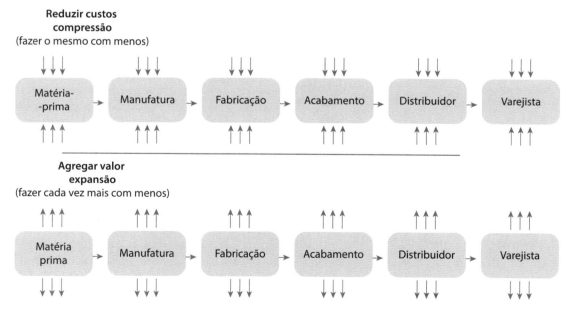

Figura 19.9 A diferença entre reduzir custos e agregar valor.

Figura 19.10 A cadeia de valor e o seu segmento superior e inferior.

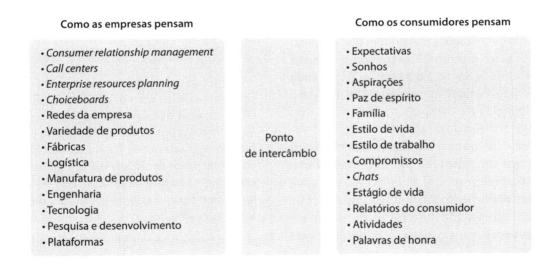

Figura 19.11 Criação de valor: como empresas e consumidores podem se ajudar mutuamente.[30]

depois se moveu para frente ou atrás ao longo da cadeia de valor para reduzir custos, garantir acesso a matérias-primas ou garantir distribuição.[29] Este processo é denominado integração vertical.

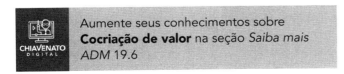

Aumente seus conhecimentos sobre **Cocriação de valor** na seção *Saiba mais* ADM 19.6

19.5 REDE DE VALOR

Uma das velhas limitações da cadeia de valor é que ela era sequencial, linear e tinha uma relação continuada de causas e efeitos. Embora seja necessário, isto não é mais suficiente para competitividade empresarial em um mundo de negócios altamente dinâmico e concorrencial. O importante agora é pensar em termos de rede de valor. O que isso significa? O valor deve ser

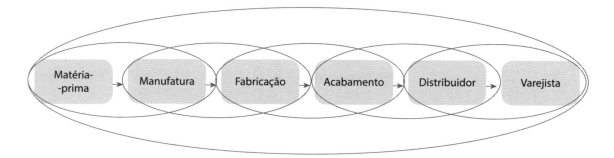

Figura 19.12 A rede de valor: um sistema de subsistemas.

criado não em linha sequencial, mas como um sistema de subsistemas produzindo um efeito sinérgico que é diferente do resultado de cada uma de suas partes, ou seja, é bem maior.

Assim, não basta somar. É preciso utilizar uma abordagem sistêmica para obter convergência e sinergia e não apenas sequências de esforços. Em outras palavras, multiplicar e não apenas somar.

19.6 RESPONSABILIDADE SOCIAL

Além do mais, as organizações não podem mais se limitar aos seus processos internos. Elas precisam assumir uma Responsabilidade Social Empresarial (RSE) cada vez maior. Isso significa que as organizações precisam atender às exigências da competitividade buscando baixo custo, alto padrão de qualidade, entrega de valor ao cliente, retorno do investimento, mas precisam também levar em consideração práticas exemplares de gestão socialmente responsável no sentido de contemplar o desenvolvimento sustentável e atender às reivindicações da sociedade. Isso significa traduzir o discurso, a boa vontade e a conscientização crescente dos administradores em efetiva assimilação da gestão socialmente responsável em todos os níveis da organização de maneira estruturada e sistêmica. Para tanto, o tema deve ser incorporado aos processos de gestão e tratado no plano estratégico do negócio. É o que apregoa o Instituto Ethos de Responsabilidade Social.[31]

> **SAIBA MAIS**
>
> **O ISEA – Institute of Social and Ethical Accountability**
>
> Além da norma SA8000 – que segue o padrão da ISO9000 e da ISO14000, o que facilita a implantação por empresas que já conhecem esse sistema – existe a norma AA1000 do ISEA – Institute of Social and Ethical Accountability que define as melhores práticas para prestação de contas para assegurar a qualidade da contabilidade, auditoria, relato social, ético e que pode ser usada isoladamente ou em conjunto com outras ferramentas ou padrões de prestação de contas. *Vide*: www.isea.org.

Quadro 19.2 Requisitos da Norma SA8000 do Social Accountability International

Norma SA8000 do Social Accountability International:
1. Trabalho infantil: não é permitido
2. Trabalho forçado: não é permitido
3. Saúde e segurança: devem ser asseguradas
4. Liberdade de associação e negociação coletiva: devem ser garantidas
5. Discriminação: não é permitida
6. Práticas disciplinares: não são permitidas
7. Horário de trabalho: não deve ultrapassar 48h/semana e não deve ultrapassar 12h extras/semana
8. Remuneração: deve ser suficiente
9. Sistemas de gestão: devem garantir o efetivo cumprimento de todos os requisitos

A RSE é o grau de obrigações que uma empresa adota em assumir ações que protejam e melhorem o bem-estar da sociedade na medida em que ela procura atingir seus próprios interesses. Refere-se ao grau de eficiência e eficácia que uma organização apresenta no alcance de suas responsabilidades sociais.

Uma organização socialmente responsável deve desempenhar as seguintes obrigações:[32]

1. Apoiar objetivos sociais em seus processos de planejamento.
2. Adotar programas sociais para a comunidade.
3. Oferecer relatórios sobre os progressos na sua responsabilidade social.
4. Utilizar várias abordagens para medir seu desempenho social.
5. Medir os custos e o retorno dos investimentos em programas sociais.

19.6.1 Áreas de responsabilidade social

Os investimentos em objetivos sociais podem ser feitos nas seguintes áreas:[33]

1. **Área funcional econômica**: a empresa se dedica a atividades como produção de bens e serviços necessários às pessoas, criação de empregos para a sociedade, pagamento de bons salários e garantia de segurança no trabalho. Esta medida de responsabilidade social proporciona uma indicação da contribuição econômica da empresa à sociedade.
2. **Área de qualidade de vida**: a empresa se dedica à melhoria da qualidade geral de vida na sociedade ou redução da degradação ambiental. Produção de bens de alta qualidade, relações com empregados e clientes e o esforço para preservar o ambiente natural são indicações do que a empresa faz para melhorar a qualidade geral de vida na sociedade.
3. **Área de investimentos sociais**: a empresa investe recursos financeiros e humanos para resolver problemas sociais da comunidade e assistir organizações dela que tratam de educação, caridade, cultura, artes etc.
4. **Área de solução de problemas**: a empresa lida diretamente com problemas sociais participando no planejamento da comunidade no longo prazo e na condução de estudos para localizar problemas sociais.

19.6.2 Estratégias de responsabilidade social

Todas as organizações funcionam dentro de um complexo conjunto de interesses com elementos do seu ambiente específico e geral, como mostra a Figura 19.13.

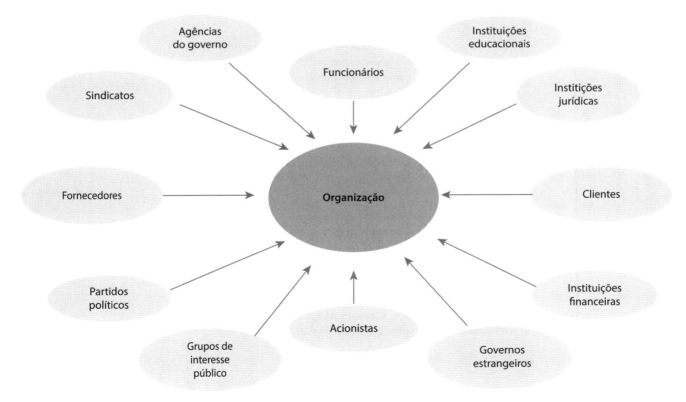

Figura 19.13 As múltiplas relações éticas de uma organização.[34]

Na realidade, cada empresa forma uma intensa rede de relacionamentos com outras organizações e instituições para poder funcionar satisfatoriamente. Assim, a responsabilidade social é a obrigação de uma empresa de atuar de modo a servir tanto seus próprios interesses quanto os interesses dos diferentes públicos envolvidos. Esses públicos – *stakeholders* – são pessoas, grupos e organizações afetadas de alguma maneira pelo comportamento de uma empresa.

Existem dois pontos de vista a respeito da responsabilidade social das empresas – o clássico e o socioeconômico:[35]

1. **Ponto de vista clássico**: assevera que a responsabilidade da administração é fazer com que o negócio proporcione lucros máximos para a empresa. Esse modelo estreito de visão é apoiado por Milton Friedman, um respeitado economista do livre mercado que apregoa que as organizações devem proporcionar dinheiro aos investidores. Esse ponto de vista é contrário à responsabilidade social e seus principais argumentos residem no aumento dos lucros do negócio, nos custos mais baixos do negócio, em evitar diluição do propósito do negócio, dar maior poder social para o negócio e oferta de contabilidade para o público.

2. **Ponto de vista socioeconômico**: assevera que a empresa deve estar ligada ao bem-estar social e não apenas aos seus lucros. Esse modelo mais amplo é apoiado por Paul Samuelson, outro economista famoso. Entre os argumentos para a responsabilidade social estão: lucros de longo prazo para o negócio, melhor imagem junto ao público, menor regulamentação para os negócios, maiores obrigações sociais do negócio, melhor ambiente para todos e o atendimento dos desejos do público.

Em termos de comprometimento com a responsabilidade social, as empresas podem adotar quatro alternativas de estratégia, desde uma estratégia obstrutiva até uma estratégia proativa, conforme a Figura 19.14.

O Instituto Ethos oferece um conjunto de indicadores que permite a cada empresa planejar de maneira a alcançar um grau mais elevado de responsabilidade social por um questionário desenvolvido em software, dividido em sete temas:

1. Valores, transparência e governança:
   a. Autorregulação da conduta da empresa.
      - Compromissos éticos.
      - Enraizamento na cultura organizacional.
      - Governança corporativa.

Figura 19.14 As quatro estratégias de responsabilidade social.[36]

Capítulo 19 – Competências Organizacionais, Criação de Valor e Vantagens Competitivas

b. Relações transparentes com a sociedade.
- Diálogo com as partes interessadas (*stakeholders*).
- Relações com a concorrência.
- Balanço social.

2. Público interno:
   a. Diálogo e participação.
   - Relação com sindicatos.
   - Gestão participativa.

   b. Respeito ao indivíduo.
   - Compromisso com o futuro das crianças.
   - Valorização da diversidade.
   - Relação com trabalhadores terceirizados.

   c. Trabalho decente.
   - Política de remuneração, benefícios e carreira.
   - Cuidados com saúde, segurança e condições de trabalho.
   - Compromisso com o desenvolvimento profissional.
   - Comportamento frente a demissões.
   - Preparação para a aposentadoria.

3. Meio ambiente:
   a. Responsabilidade frente às gerações futuras.
   - Comprometimento da empresa com a melhoria da qualidade ambiental.
   - Educação e conscientização ambiental.

   b. Gerenciamento do impacto ambiental.
   - Gerenciamento do impacto no meio ambiente e ciclo de vida de produtos.
   - Sustentabilidade da economia florestal.
   - Minimização de entradas e saídas de materiais.

4. Fornecedores:
   a. Seleção, avaliação e parceria com fornecedores.
   - Critérios de seleção e avaliação de fornecedores.
   - Trabalho infantil na cadeia produtiva.
   - Trabalho forçado na cadeia produtiva.
   - Apoio ao desenvolvimento de fornecedores.

5. Consumidores e clientes:
   a. Dimensão social do consumo.
   - Política de comunicação comercial.
   - Excelência no atendimento.
   - Conhecimento e gerenciamento dos danos potenciais dos produtos.

6. Comunidade:
   a. Relações com a comunidade local.
   - Gerenciamento do impacto da empresa na comunidade de entorno.
   - Relações com organizações locais.

   b. Ação social.
   - Financiamento da ação social.
   - Envolvimento da empresa com a ação social.

7. Governo e sociedade:
   a. Transparência política.
   b. Liderança social.

Os valores sociais estão gerando novas demandas sobre as decisões administrativas que precisam refletir padrões éticos e de alto desempenho. O administrador deve assumir a responsabilidade pessoal para fazer as coisas certas, não apenas sob o ponto de vista técnico, processual, mas acima de tudo humano e do ponto de vista moral e ético. Critérios sociais e morais devem balizar o exame dos interesses dos múltiplos públicos interessados em um ambiente de negócios cada vez mais dinâmico e complexo. É o que está acontecendo com o *Environment, Society and Governance* (ESG): o novo capitalismo social. Agora é a vez dos *stakeholders*.

As organizações precisam assumir uma responsabilidade social cada vez maior. A responsabilidade social empresarial é o grau de obrigações que uma organização adota ao assumir ações que protejam e melhorem o bem-estar da sociedade na medida em que ela procura atingir seus próprios interesses. E isso depende dos seus administradores.

REFERÊNCIAS

1. LEBOYER-LÉVY, C. *A Crise das Motivações*. São Paulo: Atlas, 1994.

2. HAMEL, G.; PRAHALAD, C. K. *Competindo pelo Futuro*. Rio de Janeiro: Campus, 1995

3. CHIAVENATO, I.; SAPIRO, A. *Planejamento Estratégico*: da intenção ao resultado. São Paulo: Atlas, 2020.

4. CHIAVENATO, I.; SAPIRO, A. *Planejamento Estratégico*: da intenção ao resultado. *op. cit.*

5. HAMEL, G.; PRAHALAESD, C. K. *Competindo pelo Futuro*. *op. cit*

6. CHIAVENATO, I. *Gestão de Pessoas*. São Paulo: Atlas, 2020.

7. CHIAVENATO, I. *Gestão de Pessoas. op. cit.*

8. PRAHAKAD, C. K.; HAMEL, G. The Core Competence of the Corporation. Boston: Harvard *Business Review*, v. 68, n. 3, p. 79-91, 1990.

9. HAMEL, G.; HEENE, A. (eds.). *Competence-Based Competition*. New York: John Wiley & Sons, p. 111-147, 1994.

10. BARNEY, J. B. Looking Inside for Competitive Advantage. T*he Academy of Management Executive*, v. 9, n. 4, p. 49-61, 1995.

11. Adaptado de: THOMPSON, JR., A. A.; STRICKLAND III, A. J. *Administración Estratégica*: textos y casos. México: McGraw-Hill, 2003. p. 188.

12. CHIAVENATO, I. *Introdução à Teoria Geral da Administração*. São Paulo: Atlas, 2020.

13. FIGGE, F.; SCHALTEGGER, S. *What is Stakeholder Value*: developing a catchphrase into a benchmarking tool. Washington: United Nations Environment Programme, 2000.

14. CHIAVENATO, I.; SAPIRO, A. *Planejamento Estratégico*: da intenção ao resultado. *op. cit.*

15. CLARK, J.; GUY, K. Innovation and Competitiveness: a review. *Technology Analysis & Strategic Management*, v. 10, n. 3, 1988.

16. ECIB. *Estudo da Competitividade da Indústria Brasileira*. Campinas: Papirus, 1994.

17. PORTER, M. E. *Vantagem Competitiva*: criando e sustentando um desempenho superior. Rio de Janeiro: Campus, 1989.

18. PORTER, M. E. *Vantagem Competitiva*: criando e sustentando um desempenho superior. *op. cit.*, p. 22.

19. PORTER, M. E. V*antagem Competitiva*: criando e sustentando um desempenho superior. *op. cit.*, p. 23.

20. PORTER, M. E. *Vantagem Competitiva*: criando e sustentando um desempenho superior. *op. cit.*

21. ESSER, K., WOLFGANG, H., MESSNER, D.; MEYER-STAMMER, J., *Competitividad Sistémica*: competitividad internacional de lãs empresas y politicas requeridas. Berlin: Estudios e Informes, 1994.

22. WHEELEN, T. L.; HUNGER, J. D. Strategic. *Management and Business Policy, op. cit.*, p. 84.

23. PORTER, M. E. *Vantagem Competitiva*: criando e sustentando um desempenho superior. *op. cit.*

24. CHIAVENATO, I.; SAPIRO, A. *Planejamento Estratégico*: da intenção ao resultado. *op. cit.*

25. PORTER, M. E. *Vantagem Competitiva*: criando e sustentando um desempenho superior. *op. cit.*

26. PORTER, M. E. *Vantagem Competitiva*: criando e sustentando um desempenho superior. *op. cit.*

27. CHIAVENATO, I.; SAPIRO, A. *Planejamento Estratégico*: da intenção ao resultado. *op. cit.*

28. CHRISTENSEN, C. M.; RAYNOR, M. E. *The Innovator's Solution*: creating and sustaining successful growth. Massachusetts: Harvard Business School Press, 2003.

29. GALBRAITH, J. R. Strategy and Organization Planning. *In*: MINTZBERG, H.; QUINN, J.R. *The Strategy Process*: concepts, contexts, and cases. Upper Saddle River: Prentice Hall, p. 315-324, 1991.

30. PRAHALAD, C. K.; RAMASWAMY, V. The Co-Creation Connection. Booz Allen Hamilton, *Strategy+Business*, Issue 27, 2nd Quarter 2002, p.53.

31. *Vide*: www.ethos.org.br. Acesso em: 7 fev. 2022.

32. LIPSON, H. A. Do Corporate Executives Plan for Social Responsibility. *Business and Society Review*, 1974-75, p. 80-81.

33. CASSELL, F. H. The Social Cost of Doing Business. *MSU Business Topics*, p. 19-26, 1974.

34. SCHERMERHORN, JR., J. R. *Management*. Nova York: John Wiley & Sons, 1996. p. 115.

35. SCHERMERHORN, JR., J. R. *Management. op. cit.*

36. CARROLL, A. B. A Three-Dimensional Conceptual Model of Corporate Performance. *Academy of Management Review*, v. 4, n. 4, 1979, p. 499.

20 SUPRA-ADMINISTRAÇÃO E A GOVERNABILIDADE ORGANIZACIONAL

OBJETIVOS DE APRENDIZAGEM

- Mostrar a importância da sustentabilidade no sucesso empresarial.
- Apresentar os meios de promover a inovação na empresa.
- Indicar como a governança corporativa incrementa os resultados da empresa.
- Definir a ética indispensável ao trabalho do administrador.

O QUE VEREMOS ADIANTE

A administração deve funcionar como um sistema integrado que envolve a empresa para garantir a sua permanência ou expansão no mercado e o alinhamento de todas as ações organizacionais em direção aos objetivos do negócio. Daí surge a pergunta: quem deve determinar os rumos globais de uma empresa e avaliar seus resultados finais? Os proprietários (sócios, acionistas) ou administradores de topo? Isso traz à baila três temas fundamentais para a administração: sustentabilidade, inovação empresarial e governança corporativa. De um lado, juntar e aplicar os aspectos positivos do negócio e eliminar os prováveis riscos e aspectos negativos para garantir a sustentação do negócio ao longo do tempo. E, de outro lado, mudar e inovar para acompanhar as mudanças ambientais que se tornam cada vez mais rápidas, imprevistas e inesperadas. Além disso, estabelecer uma entidade supra empresarial para governar a empresa a fim de assegurar seu sucesso no alcance dos seus objetivos. E tudo isso sem deixar de lado a ética e a transparência em todas as ações administrativas.

20.1 SUSTENTABILIDADE

Sustentabilidade significa fazer o hoje sem prejudicar o amanhã, ou melhor, fazer o hoje para melhorar cada vez mais o amanhã. Em outras palavras, sustentabilidade (do latim *sustinere* = manter vivo, defender, sustentar) é um conceito sistêmico relacionado à continuidade e preservação ao longo do tempo dos aspectos econômicos, sociais e ambientais da sociedade.[1]

A administração focada na sustentabilidade baseia as suas ações em três aspectos: a prosperidade da organização, a equidade social das comunidades em que ela atua e a qualidade ambiental. Este é o tema básico do movimento ESG. Em outras palavras, uma organização é sustentável quando olha para si mesma, para a comunidade e para o meio ambiente no sentido de assegurar longevidade e lucratividade, além de contribuir eficazmente para a melhor utilização e conservação dos recursos naturais e o bem-estar de seus colaboradores e consumidores. Investir em sustentabilidade é bom para o negócio, para a comunidade e para o planeta pois promove resultados como redução de custos, melhoria da imagem corporativa e da reputação, além da identificação e geração de novas oportunidades de negócios.[2]

Aumente seus conhecimentos sobre **Sustentabilidade** na seção *Saiba mais* ADM 20.1

A sustentabilidade de uma organização está intimamente ligada à satisfação que ela oferece ao universo de seus vários *stakeholders* e, especialmente, aos seus *shareholders* como retorno dos seus investimentos feitos à empresa. Em outras palavras, a empresa precisa proporcionar respostas positivas e interessantes a todos os seus públicos estratégicos principalmente aos públicos que nela investem financeiramente seja com capital de risco, seja com créditos, financiamentos ou empréstimos. O termo sustentabilidade significa a capacidade de sustentar, aproveitar ou suportar as condições favoráveis ou adversas em um ambiente dinâmico e complexo, que muda a cada instante, garantindo sua permanência em um nível satisfatório no longo prazo.

Hoje, a sustentabilidade está figurando como a chave do desenvolvimento responsável e um princípio segundo o qual a utilização dos recursos naturais para a satisfação de necessidades presentes não pode comprometer a satisfação das necessidades das gerações futuras.

Na verdade, a sustentabilidade pode coexistir tranquilamente com a competitividade. A competição existe onde há disputa por algo que dois ou mais competidores desejam. Existem vários tipos de competição que ocorrem no dia a dia: esportiva, cultural, militar, política etc. A competição econômica existe em um ambiente denominado sistema concorrencial, dentro do qual duas ou mais empresas disputam mais pela sobrevivência no mercado do que pela busca do maior lucro possível.[3]

A sustentabilidade é uma atitude organizacional e envolve necessariamente:[5]

1. **Sustentabilidade econômica**:
   a. Pela busca de maior eficiência para gerar resultados para proprietários, acionistas, dirigentes, funcionários, clientes, fornecedores e para toda a sociedade.

2. **Sustentabilidade social**:
   a. Por incentivos para a atitude consciente e ética das pessoas que trabalham na empresa.
   b. Por melhorias na comunidade em que está localizada e ações comunitárias no sentido de melhorar a qualidade de vida das pessoas.
   c. Por adequação da remuneração e das condições de trabalho dos funcionários da empresa.
   d. Pela busca de alternativas para a empresa se inserir em outras cadeias produtivas locais.

3. **Sustentabilidade ambiental**:
   a. Pela preservação do ecossistema e da biodiversidade com o crescimento verde e o respeito à natureza.
   b. Pela redução de perdas no processo produtivo com medidas simples como organização, limpeza, higiene, ordem e técnicas de produção mais limpas a fim de incrementar ganho em eficiência, qualidade e redução de custos.
   c. Pela redução na emissão de resíduos e dejetos e seu descartamento adequado e correto.
   d. Pela redução do consumo de água e energia pelo uso consciente desses recursos.

Quadro 20.1 Resumo comparativo entre competitividade e sustentabilidade[4]

Competitividade	Sustentabilidade
■ Baseada em fatores econômicos operacionais	■ Baseada em fatores econômicos, sociais e ecológicos
■ Visão restrita do mundo: empresa x vantagens competitivas	■ Visão mais ampla do mundo: parcerias para obter vantagens competitivas
■ Legislação ambiental = custos maiores de produção	
■ Uso de tecnologias tradicionais e sujas	■ Legislação ambiental: promoção da inovação
■ Questões do meio ambiente natural são consideradas ameaças	■ Uso de tecnologias limpas de produção
■ Foco na redução de custos	■ Questões do meio ambiente natural são consideradas novas oportunidades
■ Foco na eficiência operacional	■ Foco na criação de valor
■ Individualismo	■ Foco na inovação
	■ Cooperação

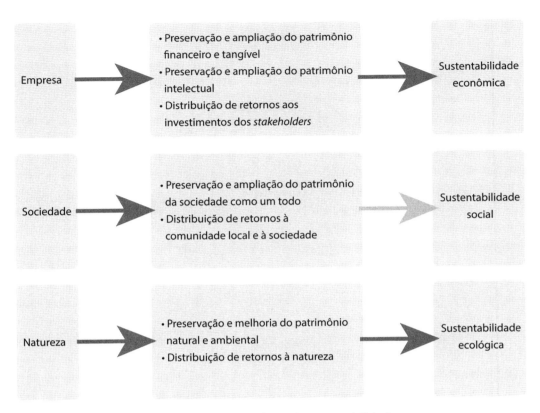

Figura 20.1 As três faces da sustentabilidade.

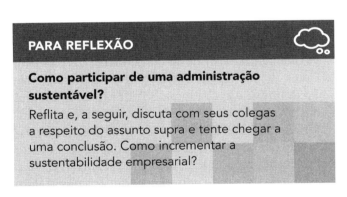

Como participar de uma administração sustentável?

Reflita e, a seguir, discuta com seus colegas a respeito do assunto supra e tente chegar a uma conclusão. Como incrementar a sustentabilidade empresarial?

Tudo isso exige uma ação permanente de buscar novas oportunidades de crescimento e expansão nos negócios e aperfeiçoar de maneira contínua os processos de trabalho, passos indispensáveis para tornar as empresas cada vez mais viáveis, sustentáveis e competitivas.

Sustentabilidade no seu contexto mais amplo é um assunto que domina a agenda do administrador moderno. A empresa precisa crescer ao mesmo tempo em que traz benefícios para a sociedade e para a natureza.

20.1.1 Indicadores de sustentabilidade corporativa[7]

Indicador é uma ferramenta que permite a obtenção de informações sobre uma determinada realidade e que tem como principal característica poder sintetizar várias informações retendo o significado essencial dos aspectos analisados.

Para tanto um indicador deve ser completo, relevante, preciso, neutro, transparente, comparável e auditável. Em conjunto com outros, o indicador permite aumentar a qualidade da informação desejada e, dependendo da estrutura utilizada, os indicadores permitem uma avaliação cruzada capaz de confirmar a mesma informação sob diferentes ângulos de apreciação.

Enquanto os indicadores tradicionais de progresso econômico medem as mudanças de cada aspecto de maneira independente dos demais, os indicadores de sustentabilidade trazem uma visão integrada do mundo com

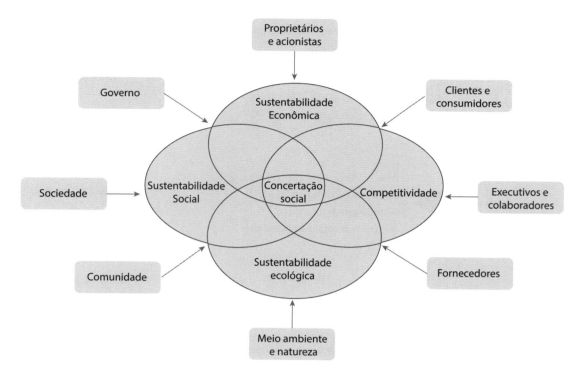

Figura 20.2 O jogo das pressões externas dos *stakeholders*[6]

indicadores multidimensionais que mostram as inter-relações entre a economia, o meio ambiente e a sociedade.

Os dois principais indicadores de sustentabilidade corporativa são:

1. **Índice de Sustentabilidade Dow Jones (DJSI):**[8] foi o primeiro indicador de sustentabilidade corporativa de nível global criado para acompanhar o desempenho de empresas líderes em seu campo de atuação em termos de sustentabilidade corporativa. Fornece às empresas uma avaliação financeira de sua estratégia de sustentabilidade, bem como do gerenciamento das oportunidades, riscos e custos a ela relacionados. Está integrado com os indicadores globais tradicionais do Dow Jones, com a mesma metodologia de cálculo, revisão e publicação dos índices. Sua estrutura permite avaliar o sucesso financeiro da empresa que são importantes para a avaliação de seus acionistas. Seu foco é criar valor aos acionistas.

A dimensão econômica é focalizada em itens de ordem estratégica e como a empresa é gerenciada por seus dirigentes; a dimensão ambiental avalia a estrutura organizacional voltada ao meio ambiente enquanto a dimensão social trata de temas relacionados com funcionários, fornecedores e comunidade.

2. **Global Reporting Initiative (GRI):** é um relatório para a sustentabilidade corporativa criado pela Ceres – Coalition for Environmentally Responsible Economies[9] e adotado pelo Programa Ambiental das Nações Unidas (UNEP).[10] Seu objetivo é aumentar a qualidade, rigor e utilidade dos relatórios para a sustentabilidade corporativa que devem relatar dimensões econômicas, ambientais e sociais de suas atividades. Os indicadores econômicos não tratam apenas da situação financeira da organização (do interesse dos *shareholders*), mas da variação da situação econômica dos *stakeholders* como decorrência das atividades da empresa. Os temas estratégia empresarial e governança corporativa são abordados como itens à parte. Os indicadores sociais trazem também os direitos indígenas e os indicadores ambientais são basicamente quantitativos. A abordagem do GRI procura atender aos interesses de todos os *stakeholders* envolvidos na atividade empresarial.[11] Os interesses dos acionistas têm o mesmo peso que o dos demais *stakeholders*.

É claro que existem outros indicadores de sustentabilidade, como o Pacto Global da ONU e o Índice de Sustentabilidade da BM&F Bovespa, apenas para citar alguns. Assim, relatórios integrados que combinam medidas financeiras (contábeis), sociais e ambientais e desempenho da governança em uma única peça proporcionam transparência aos *stakeholders* quanto ao passado, presente e futuro da empresa, demonstrando compromisso com essas áreas.

Em resumo, a defesa do meio ambiente é dever e responsabilidade de todos. Afinal, temas como meio ambiente, aquecimento global, créditos de carbono, produtos verdes, energia, combustíveis e tecnologias limpas são assuntos que hoje em dia dominam o noticiário. Cada vez mais o mercado está preferindo produtos e serviços de empresas realmente sustentáveis.

PARA REFLEXÃO

Indicadores de sustentabilidade empresarial

Reflita e, a seguir, discuta com seus colegas a respeito do assunto supra e tente chegar a uma conclusão.
Quais são os indicadores de sustentabilidade empresarial que poderiam ser utilizados?

20.2 INOVAÇÃO

A organização não pode ser apenas uma fábrica ou um simples balcão de serviços que executa cotidianamente trabalhos repetitivos. Quando lá fora o mundo todo muda e se transforma de maneira incrivelmente rápida, intensa e volátil, a organização precisa necessariamente acompanhar muito de perto essas mudanças e, se possível, antecipar-se a elas em um comportamento proativo rápido. Isso exige mudanças céleres e urgentes. Não apenas dar alguns passos isolados e sequenciais, mas enormes saltos integrados de mudanças e de transformação. Assim como há uma extensa gradação entre o preto e o branco, a mudança pode adquirir várias e diferentes velocidades e características indo desde mudar, melhorar, desenvolver, aperfeiçoar, criar, até inovar em um ímpeto veloz e crescente.

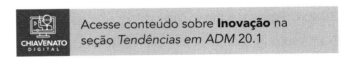
Acesse conteúdo sobre **Inovação** na seção *Tendências em ADM 20.1*

E o que é inovação? Ela é muito mais do que uma simples mudança tópica ou local, novidade ou renovação. Inovação (do latim *innovatio* = ideia, método ou objeto que é criado e que é diferente dos padrões anteriores) é uma palavra mais utilizada no contexto de ideias e invenções. Ela é uma invenção transformada em consumo, uma solução diferente e melhor ou algo

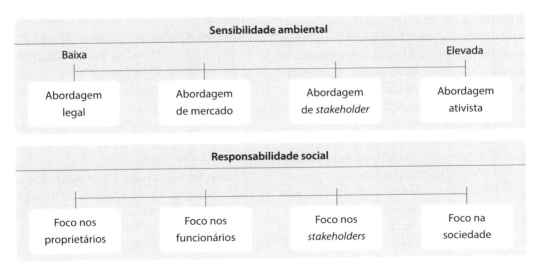

Figura 20.3 Os diferentes estágios da sensibilidade ambiental e da responsabilidade social das empresas[12-13]

valioso e que não tem nada a ver com aquilo que já existe. A inovação tem a ver com ideias novas, novos conceitos, imaginação, novidades, invenções, maior utilidade, vantagens agregadas, melhor proveito, economias etc.

Em geral, é uma ideia que gera um novo produto, serviço ou processo completamente diferente daqueles que já existem. Para que existam ideias bem-sucedidas é necessário ter imaginação, engenhosidade e criatividade. Em nosso caso, a inovação é a invenção que chega ao mercado, pois engloba um processo que envolve as atividades criadoras que vão desde a concepção, desenvolvimento, produção e comercialização de novos produtos ou na utilização de novos processos.[14] No fundo, a inovação hoje constitui a criação de novas e diferentes vantagens competitivas para uma organização e um importante fator de crescimento econômico da sociedade.

20.2.1 Tipos de inovação

A inovação pode manifestar-se sob diferentes formas. Existem três tipos de inovação:

1. **Inovação evolucionária**: melhora e aperfeiçoa gradativamente a tecnologia ou produtos de maneira incremental e contínua.
2. **Inovação revolucionária**: traz rápidas e profundas mudanças nas tecnologias ou produtos atuais, rompe o *status quo* e torna rapidamente velho aquilo que é novo, abre novas fronteiras, traz novas soluções e novos negócios. É a inovação que rompe paradigmas e cria novas e diferentes expectativas.[15]
3. **Inovação disruptiva**: começa com uma tecnologia ou produto mais barato e com desempenho inferior para preencher um espaço de mercado que as organizações líderes atuais não estão dispostas a ocupar ou que não atendem para então gradativamente melhorar, aperfeiçoar e deslocar aquelas líderes. Em geral, as líderes de mercado não têm interesse em baixar seus atuais níveis de qualidade ou reduzir suas atuais margens de lucro para produzir tecnologias ou produtos mais baratos. Essas organizações perdem a liderança porque não conseguem entender as tendências do mercado e isso abre espaço para novos e iniciantes concorrentes que depois passarão a ameaçá-las.[16] A disrupção é o processo de entrar por baixo em um mercado com produtos baratos e ir subindo gradualmente até conquistar o espaço das empresas que antes estavam estabelecidas nele. São os entrantes por baixo que se inserem numa faixa de mercado menos exigente ou abordam uma faixa de mercado que não consumia o produto dos estabelecidos. Com o tempo melhoram e passam a competir com os estabelecidos.

> **PARA REFLEXÃO**
>
> **Como inovar disruptivamente?**
>
> Inovação disruptiva aconteceu quando as motos baratas da Honda bateram as caras da Harley Davidson, quando os carros japoneses quebraram a indústria automobilística americana, quando o McDonald's acatou por baixo o comer fora, a Gol ao atacar a TAM, o Linux batendo no Windows, o Google acabou com os catálogos e o modelo T da Ford atacou os carrões milionários da época. Reflita e, a seguir, discuta com seus colegas a respeito do assunto supra e tente chegar a uma conclusão. Como introduzir inovação disruptiva na empresa?

A inovação pode ocorrer com várias características diferentes:

1. **Inovação em produtos ou serviços**: também chamada inovação tecnológica, ocorre com a introdução no mercado de novos produtos ou serviços ou com características completamente diferentes. Envolve alterações profundas nas especificações técnicas, no desenho do produto, nos componentes ou materiais utilizados, no *software* incorporado ou ainda com adoção de interfaces que permitem outras funcionalidades do produto ou serviço.
2. **Inovação em processos**: ocorre com a implementação de novos processos, métodos ou logística de bens ou serviços com alterações profundas nas tecnologias avançadas, técnicas de produção, nos equipamentos e no *hardware* e *software*.
3. **Inovação nos modelos de negócios**: ocorre com a adoção de novas plataformas de relacionamento com o mercado e novos formatos de negócios que tragam vantagem competitiva e sustentáve.
4. **Inovação em administração**: talvez a inovação mais importante de todas. Ela pode ocorrer em qualquer ponto da empresa e não apenas nos produtos, serviços, processos de produção ou negócios. Não significa

apenas fazer coisas diferentes, mas principalmente fazer as coisas de formas diferentes criando uma cultura envolvente, dinâmica, participativa e empreendedora que faz com que as pessoas se sintam administradoras de suas próprias atividades dentro de uma comunidade de interesses focada em contribuir para criar valor e riqueza ao cliente, às empresas, à sociedade e a si próprias.

Quanto à sua origem, a inovação pode ser:

1. **Fechada (*closed innovation*)**: refere-se ao processo de limitar o conhecimento corporativo ao uso interno e confidencial da empresa. Neste caso, a empresa vende o produto como uma caixa preta para que o concorrente não saiba reproduzi-lo, imitá-lo ou copiá-lo.
2. **Aberta (*open innovation*)**: decorrente do processo de utilizar fontes e informações externas, como licenças e patentes para obter o conhecimento já existente e praticado no mercado. É a inovação que utiliza os concorrentes como referência para suas próprias iniciativas de inovação pelo *benchmarking*, por exemplo.

Assim, a inovação pode assumir diferentes significados, tais como:

1. Um novo produto ou um serviço diferente.
2. Um novo método ou processo de trabalho.
3. Um novo modelo de negócio.
4. Uma nova solução.
5. Uma cultura empreendedora e criadora.
6. Uma nova e avançada tecnologia;
7. Um novo modelo de administração.

20.2.2 Criação de um ambiente propício à inovação

Embora possa também surgir por mero acaso, a inovação depende de uma constelação de aspectos organizacionais – como arquitetura organizacional flexível, cultura organizacional agradável e empreendedora, estilo de liderança participativo e democrático, além de uma maneira especial e envolvente de lidar com as pessoas – que precisa ser tratada de maneira sistêmica

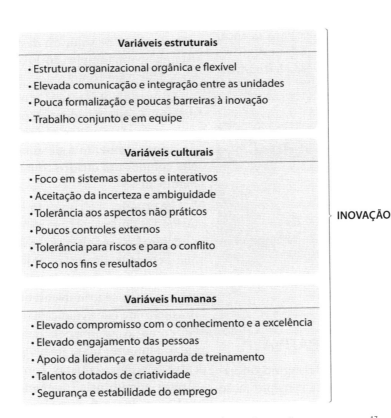

Figura 20.4 Variáveis que estimulam a inovação na empresa.[17]

e integrada para que possa produzir um poderoso efeito sinérgico. A inovação depende da maneira pela qual a organização é administrada e de como as pessoas estão engajadas, empoderadas e estimuladas no processo de gerar ideias novas que tragam dinheiro para todos os envolvidos.

A inovação permite fazer cada vez mais com cada vez menos recursos quando consegue ganhos de eficiência em processos produtivos, financeiros, administrativos ou no atendimento aos clientes.

Acesse conteúdo sobre **Condições para o sucesso da inovação** na seção *Tendências em ADM 20.2*

A inovação conduz o mundo a novos rumos e a um futuro diferente. Mas a inovação mais importante é a da administração. Não basta a inovação operacional nos métodos e processos para alcançar a excelência operacional, não basta a inovação em produtos ou serviços para alcançar ofertas excepcionais, como também não basta a inovação em estratégia para chegar a modelos arrojados de negócios – que veremos adiante. É preciso inovar a administração das organizações para alcançar vantagens competitivas sustentáveis. E isso significa transformar o administrador em um verdadeiro inventor de outras invenções. Isso é possível?[18]

PARA REFLEXÃO

Como incrementar a inovação na empresa?

Reflita e, a seguir, discuta com seus colegas a respeito do assunto supra e tente chegar a uma conclusão. Como incrementar a inovação empresarial?

20.3 GOVERNANÇA CORPORATIVA

A sociedade moderna está cada vez mais exigindo mecanismos e procedimentos de transparência na prestação de contas dos resultados das ações administrativas das organizações. Proprietários, acionistas, investidores e demais públicos estratégicos (*stakeholders*) querem saber como os administradores de empresas estão agindo em função de seus variados interesses e como avaliar seu desempenho e resultados oferecidos. Assim, a governabilidade é a capacidade de um público estratégico ou grupo de interesse poder monitorar e avaliar como as organizações estão sendo administradas e como os seus interesses e expectativas estão sendo levados em conta. A Governança Corporativa (GC) é a resposta para esta questão. Trata-se de um exercício de poder e de autoridade feito pelas partes interessadas.

20.3.1 Conceituação de governança corporativa

O conceito de GC está relacionado com um conjunto de regras sobre como as empresas devem ser administradas e controladas. É o resultado de normas, tradições e padrões de comportamento desenvolvidos por cada empresa e não apenas um modelo genérico que possa ser exportado ou imitado. A GC surgiu a partir da separação entre a propriedade e a gestão da empresa. Seu foco reside na definição de uma estrutura de governo que maximize a relação entre o retorno dos acionistas e os benefícios auferidos pelos seus executivos. Assim, a GC costuma envolver a estratégia do negócio, operações, geração de valor e a destinação dos resultados.[19] E também uma ampliação do contexto: ESG – ambiente, sociedade e governança.

Andrade e Rossetti[20] mostram que a GC reúne direitos e sistemas de relações, sistemas de governo e estruturas de poder, sistemas de valores e padrões de comportamento e sistemas normativos para com eles compor um quadro com cinco caixas, conforme a Figura 20.5.

Governança é o conjunto de meios que os proprietários da empresa ou seus representantes utilizam para direcionar ou monitorar sua administração e garantir que a empresa alcance os objetivos definidos tal como definiram para o negócio. Negócio é a atividade que a empresa oferece ao ambiente que a circunda. O Instituto Brasileiro de Governança Corporativa (IBGC) define GC como "o sistema pelo qual as sociedades são dirigidas e monitoradas, envolvendo os relacionamentos entre acionistas/cotistas, conselho de administração, diretoria, auditoria independente e conselho fiscal. As boas práticas de governança corporativa têm a finalidade de aumentar o valor da sociedade, facilitar seu acesso ao capital e contribuir para sua perenidade".[22]

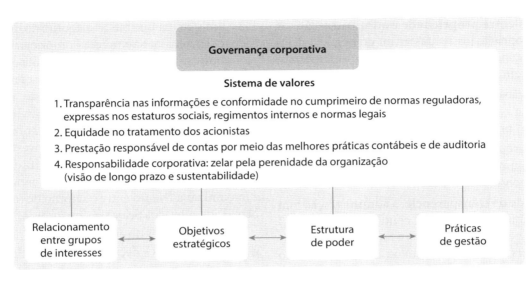

Figura 20.5 Elementos básicos do processo de governança corporativa.[21]

Figura 20.6 O esquema de governança corporativa.[24]

Segundo o IBGC a "governança corporativa é o conjunto de práticas e relacionamentos entre os acionistas ou cotistas, Conselho de Administração, diretoria, auditoria independente e Conselho Fiscal com a finalidade de otimizar o desempenho da empresa e facilitar o acesso ao capital".[23]

Apesar de todo o aparato administrativo situado em seu nível institucional, intermediário e operacional, toda empresa requer uma supra entidade que determine seus rumos e decida os meios para chegar lá.

20.3.2 Origens da governança corporativa

A GC surgiu para superar o chamado conflito de agência decorrente da separação entre a propriedade e a administração da empresa. Aliás, a GC está ganhando força em função dos seguintes aspectos:[25]

1. **Separação entre propriedade e administração**: os antigos proprietários se afastaram do negócio delegando sua condução a administradores profissionais. Assim, surgiu a profissionalização na administração.
2. **Pulverização e dispersão do capital**: os proprietários começaram a dispersar seus investimentos em outros negócios. A propriedade se tornou dispersa.
3. **Surgimento das sociedades anônimas** com um incrível volume de acionistas (*shareholders*) e investidores envolvidos no negócio.
4. **Necessidade de transparência**: a administração tem a responsabilidade de prestar contas (*accountability*) aos proprietários ou acionistas e também aos demais *stakeholders* envolvidos direta ou indiretamente no negócio da empresa.
5. **Monitoramento da atividade administrativa e avaliação dos resultados**: os proprietários ou acionistas precisam monitorar e avaliar os resultados oferecidos pela administração para analisar o retorno de seus investimentos.
6. **Influência dos *stakeholders***: a administração da empresa precisa também atender às demandas e expectativas de outros públicos externos direta ou indiretamente relacionados com o negócio a fim de preservar sua imagem, reputação e sustentabilidade.

20.3.3 Componentes da governança corporativa

Assim, a GC constitui um componente supra organizacional situado acima da estrutura organizacional tradicional para reger o equilíbrio de poder entre todos os envolvidos numa instituição – donos, gestores, investidores, funcionários, público de fora interessado – de forma que o bem comum prevaleça sobre os interesses de pessoas ou grupos. Só assim a empresa pode crescer, aparecer, oferecer desempenho acima da média, perpetuando-se com lucro e orgulho para todos os envolvidos.[26] Ela envolve uma estrutura de governo geralmente composta de um conselho de administração (em que há o presidente do conselho de administração que costuma ser o principal acionista e de vários conselheiros que representam os demais acionistas), um conselho fiscal (que avalia a administração dos riscos e dos resultados do negócio) e auditoria externa. O presidente executivo da empresa deve prestar contas ao conselho de administração.

A GC trata das relações entre a administração da empresa, o conselho de administração, os acionistas e outras partes interessadas (*stakeholders*) para definir como ajustar os interesses dos acionistas e dos dirigentes de cúpula.[27]

Ela é um sistema que busca o equilíbrio de poder entre todos os envolvidos na empresa – proprietários, investidores, administradores, funcionários, públicos de fora – no sentido de que o bem comum prevaleça sobre os interesses de pessoas ou grupos isolados. Para tanto, a GC trata dos direitos e obrigações dos acionistas e define os meios pelos quais os provedores de capital da organização possam estar assegurados do retorno de seu investimento.[28] Ela define os objetivos da empresa e a maneira de atingir esses objetivos para poder monitorar seu desempenho de modo a maximizar a relação entre o retorno dos acionistas e os benefícios auferidos pelos seus executivos.[29]

O presidente e a diretoria executiva da empresa seguem as diretrizes e decisões tomadas pelo conselho de administração cujos conselheiros se reúnem periodicamente para definir rumos, analisar os resultados da empresa e definir as decisões globais que deverão ser tomadas pela presidência e diretoria executiva. No fundo, o conselho de administração fornece o balizamento necessário para que os administradores da empresa possam trabalhar da maneira estratégica e global.[30]

20.3.4 Graus de maturidade da governança corporativa

Dependendo da maturidade da empresa existem diferentes graus de GC, desde uma visão limitada exclusivamente aos interesses mais imediatos dos maiores acionistas até uma visão fortemente ampliada para todo o variado universo externo de *shareholders* e *stakeholders*, como na Figura 20.7.

A GC está se tornando um complexo processo de tomada de decisão que antecipa e ultrapassa a tradicional estrutura administrativa da organização. No fundo, o processo de governar a empresa se torna cada vez mais amplo e interativo e envolve todos os atores envolvidos no negócio pois nenhum deles detém sozinho o conhecimento e a capacidade de juntar recursos para tomar todas as decisões unilateralmente.

Em geral, a GC envolve um amplo sistema de autorregulações que varia enormemente em função do grau de maturidade de cada empresa. Quase sempre ela é impulsionada por um código de ética ou código de conduta que define como a organização e seus participantes deverão se comportar.

 Aumente seus conhecimentos sobre **Código de conduta corporativa** na seção *Saiba mais ADM 20.2*

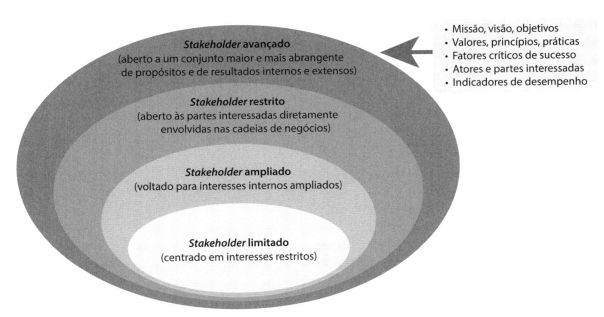

Figura 20.7 Modelos de governança corporativa e interesses envolvidos.[31]

20.3.5 Stakeholders

Voltamos a abordar os *stakeholders*, nome dado aos grupos de interesses – ou partes interessadas ou públicos envolvidos – que afetam ou são afetados de alguma maneira pela organização. São também denominados públicos estratégicos pois, de modo direto ou indireto, influenciam poderosamente os resultados da organização e, por esta razão, merecem um cuidado muito especial pois podem oferecer vantagens ou exigir reparações. Seu relacionamento com a organização pode ser direto ou indireto, sem envolver necessariamente transações comerciais.

O administrador não pode ficar concentrado apenas no âmago e no interior de sua organização. Ele precisa também ter a visão periférica, ou seja, olhar para fora dela. E é lá que estão os *stakeholders* que também precisam receber incentivos e retribuições da organização. Os *stakeholders* podem constituir um grupo mais direto (como acionistas, clientes, funcionários, instituições financeiras, fornecedores, agências reguladoras) e outro grupo mais indireto (como comunidades, governo, mídia, grupos de interesse, concorrentes, associações de defesa de interesses e a própria sociedade).

A importância ou relevância do *stakeholder* depende da conjugação de três fatores:[32]

1. **Poder**: é a força ou poder coercitivo, utilitário ou regulatório que lhe permite se impor no seu relacionamento com a organização.
2. **Urgência**: quando seu relacionamento é importante ou crítico para a organização e exige atenção imediata e relevante por possuir uma natureza sensível ao tempo.
3. **Legitimidade**: quando seu relacionamento com a organização é protegido por um sistema de normas, leis, crenças e definições sendo percebido ou assumido de maneira legítima.

Um *stakeholder* inativo possui apenas um dos três fatores, enquanto um *stakeholder* ativo reúne os três fatores pois tem poder, urgência e legitimidade. É o caso do Ministério Público que pode mandar interromper (poder) imediatamente (urgência) o funcionamento de uma fábrica quando recebe queixas sobre violação de leis ambientais (legitimidade).

Na verdade, o administrador precisa olhar para fora da empresa e em todas as direções para perceber e sentir as expectativas de todos os públicos estratégicos que esperam algo da sua empresa e a avaliam em função dos retornos e satisfações que ela oferece a todos eles. Não basta satisfazer alguns em detrimento de outros. É preciso atender a todos. Neste aspecto o administrador tem de fazer o mesmo que o equilibrista do circo ao tentar manter todos os pratos girando ao mesmo tempo sobre os palitos em um equilíbrio incrível e difícil.

> **PARA REFLEXÃO**
>
> **Como implantar governança corporativa em uma pequena empresa familiar?**
>
> Reflita e, a seguir, discuta com seus colegas a respeito do assunto supra e tente chegar a uma conclusão. Como implantar a GC em uma pequena empresa familiar?

20.4 ÉTICA

Toda empresa tem responsabilidades éticas que incluem os comportamentos que nem sempre são codificados em leis e que podem não servir aos seus interesses econômicos diretos. O administrador deve tomar decisões certas com base na igualdade, justiça, imparcialidade, honestidade, respeito às pessoas em todas as situações nas quais venha a lidar com assuntos da empresa, clientes, público em geral, fornecedores, agências governamentais etc.

Ética representa um código de princípios morais e de valor que governam o comportamento de uma pessoa ou grupo com respeito ao que é certo ou errado.[33] Em geral, as práticas empresariais estão centradas em determinados valores de acordo com sua missão e visão. Valores são convicções éticas nem sempre claramente comunicadas que servem de guias para orientar o comportamento ético das pessoas e, em consequência, para o comportamento ético na empresa. Os valores (como tratar as pessoas com respeito e dignidade ou não se envolver em negociações escusas) decorrem da visão que cada pessoa tem do universo e do papel que a humanidade desempenha nesse universo. Em certo sentido, os valores representam uma parte das convicções filosóficas e religiosas básicas de cada pessoa que se refletem na sua conduta nos negócios da empresa.

A falta de ética tem muitas gradações. O comportamento antiético pode ir desde a popular lei de Gerson (gíria que traduz o comportamento sorrateiro de querer levar vantagem em tudo), passando pelo gol feito com a mão e chegando a negócios ou relacionamentos escusos e desonestos. Pode ser sutil ou até inconsciente indo até agendas ocultas, à corrupção e ao crime oculto.

 Aumente seus conhecimentos sobre **Como aplicar a ética nos negócios** na seção *Saiba mais ADM 20.3*

20.4.1 Código de ética

As empresas, em geral, definem um código de ética que indica os padrões oficiais de comportamento para as pessoas que nelas trabalham. É mais do que um simples código de conduta. Em geral é um texto com diretrizes que orientam as pessoas quanto às suas posturas e atitudes moralmente aceitas ou toleradas pela sociedade

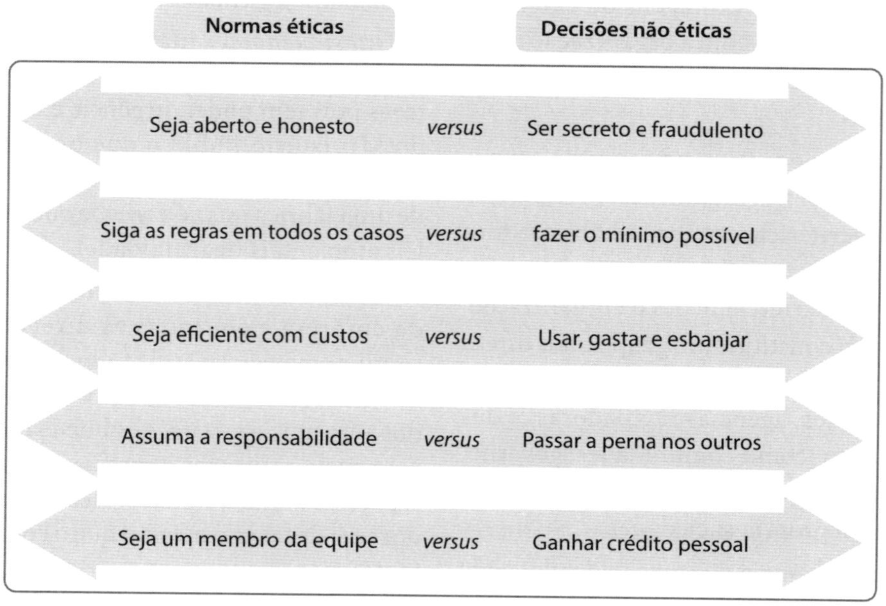

Normas éticas		Decisões não éticas
Seja aberto e honesto	versus	Ser secreto e fraudulento
Siga as regras em todos os casos	versus	fazer o mínimo possível
Seja eficiente com custos	versus	Usar, gastar e esbanjar
Assuma a responsabilidade	versus	Passar a perna nos outros
Seja um membro da equipe	versus	Ganhar crédito pessoal

Figura 20.8 As normas éticas e as decisões não éticas.[34]

como um todo para enquadrá-las em uma conduta politicamente correta e que permita um ambiente sadio e uma boa imagem da empresa. Afinal, a ética é um comportamento social, pois ela define um conjunto de valores que orientam o comportamento humano em relação às pessoas na sociedade em que vivemos para garantir o bem-estar social. A confiabilidade de uma pessoa ou empresa depende necessariamente do seu comportamento ético. E a transparência não é somente uma questão moral, mas uma importante ferramenta da boa governança corporativa.

> **PARA REFLEXÃO**
>
> **Como criar uma cultura de ética e transparência na empresa?**
>
> Reflita e, a seguir, discuta com seus colegas a respeito do assunto supra e tente chegar a uma conclusão. Como implantar uma cultura de ética e transparência na empresa?

É isso: o administrador precisa cultivar comportamento ético e transparente em todas as suas decisões e relacionamentos para que sua empresa possa ser percebida como responsável do ponto de vista financeiro, social e ambiental por todos os *stakeholders* e pelo público em geral. E, consequentemente, pelos amantes da administração. Isso não deve ser apenas um discurso, mas também ação. Em outras palavras, teoria e prática. Você pode fazê-lo, ingressar no seleto grupo dos excelentes administradores e ter a admiração e respeito de todos. Essa é a nossa maior conquista e a nossa maior recompensa. Pense nisso.

 Aumente seus conhecimentos sobre **Confiança é indispensável** na seção *Saiba mais ADM 20.4*

Além do mais, o novo contexto da Era Digital está exigindo organizações capazes de produzir produtos e serviços da mais alta qualidade que possam satisfazer consumidores sem destruir o planeta ou degradar a vida humana. O mundo está experimentando complexos desafios do ponto de vista ecológico, econômico, social e político. As organizações de hoje estão buscando líderes, ecossistemas, estruturas, sistemas e maneiras capazes de operar satisfatoriamente nesse contexto e de superar o dilema entre buscar vantagens e maximizar lucros para os *shareholders* no curto prazo ou construir crescimento sustentável no longo prazo tanto para seus funcionários como para a sociedade envolvendo todos os *stakeholders*.[35] Há muito o que fazer nas organizações.

E isso vai depender também de você. Não basta ser apenas um funcionário perdido entre os vários funcionários de uma organização. Ou trabalhar dentro da média ou da mediana dos desempenhos avaliados como normais. O importante é marcar sua presença na vida da organização e deixar os sinais da sua passagem por ela. Isso significa trabalhar mais com ideias e conceitos do que com objetos e ferramentas. Olhar para frente e acima e não para o chão. Então, boa viagem e tenha muito sucesso!

REFERÊNCIAS

1. CHIAVENATO, I. *Introdução à Teoria Geral da Administração*. São Paulo: Atlas, 2020.
2. CHIAVENATO, I. *Introdução à Teoria Geral da Administração*. op. cit.
3. LANDAU, R. *Technological and Capital Formation and U.S. Competitiveness*: international productivity and competitiveness. Nova York: Oxford University Press, 1992. p. 6.
4. CORAL, E.; STROBEL, J. S.; SELIG, P. M. A competitividade empresarial no contexto dos indicadores de sustentabilidade corporativa. Florianópolis. *In: XXIV Encontro Nacional de Engenharia de Produção*, 2004. Disponível em: <http://www.abepro.org.br/biblioteca/ENEGEP2004_Enegep1002_0574.pdf>. Acesso em: 11 jan. 2022.
5. CHIAVENATO, I. *Introdução à Teoria Geral da Administração*. op. cit.
6. CARVALHO, J. E. *Rating Social*: análise do valor econômico-laboral nas organizações empresariais. Lisboa: Universidade Lusíada, 1999. p. 83.
7. CORAL, E.; STROBEL, J. S.; SELIG, P. M. A competitividade empresarial no contexto dos indicadores de sustentabilidade corporativa. op. cit.
8. DOW Jones. *Dow Jones Sustainability Index*. Disponível em: www.sustainability-indexes.com Acesso em: 11 jan. 2022.
9. CERES. *Coalition for Environmentally Responsible Economies*. Disponível em: www.ceres.org. Acesso em: 11 jan. 2022.
10. UNEP. *United Nations Environment Program*. Disponível em: www.unep.org. Acesso em: 11 jan.2022.
11. Global Reporting Initiative, Sustainability Reporting Guidelines. Disponível em: www.globalreportinginitiative.org e www.sustainablelogistics.org. Acesso em: 11 jan. 2022.
12. FREEMAN, R. E.; PIERCE, J.; DODD, R. *Shades of Green*: business ethics and the environment. Nova York: Oxford University Press, 1995.

13. ROBBINS, S. P.; COULTER, M. *Management*. Upper Saddle River: Prentice Hall, 1999. p. 156.

14. FREEMAN, R. E. *Strategic Management*: a stakeholder approach. Boston: Ballinger Publishing, 1984.

15. CHIAVENATO, I. *Os Novos Paradigmas*: como as mudanças estão mexendo com as empresas. São Paulo: Manole, 2009.

16. Veja em: CHRISTENSEN, C. M. *The Innovator's Dilemma*. Boston: Harvard Business School Press, 1997. E em: CHRISTENSEN, C. M.; RAYNOR, M. E. *The Innovator's Solution*. Boston: Harvard Business School Press, 2003.

17. WOODMAN, R. W.; SAWYER, J. E.; GRIFFIN, R. W. Toward a Theory of Organizational Creativity *Academy of Management Review*, apr. 1983, p. 293-321. Veja também: ROBBINS, S. P.; COULTER, M. *Management. op.cit.*, p. 406.

18. CHIAVENATO, I. *Os Novos Paradigmas*: como as mudanças estão mexendo com as empresas. *op. cit.*

19. HITT, M. A., IRELAND, R. D.; HOSKISSON, R. E. *Strategic Management*: competitiveness and globalization. Ohio: South-Western College Publishing, 2001.

20. ANDRADE, A.; ROSSETTI, J. P. *Governança Corporativa*: fundamentos, desenvolvimento e tendências. São Paulo: Atlas, 2004. p. 27.

21. Adaptado de: ANDRADE, A.; ROSSETTI, J. P. *Governança Corporativa*: fundamentos, desenvolvimento e tendências. *op. cit.*, p. 27; e Código das *Melhores Práticas de Governança Corporativa. op. cit.* Veja também: IBGC. Instituto Brasileiro de Governança Corporativa. Disponível em: www.ibgc.org.br. Acesso em: 11 jan. 2022.

22. IBGC. Instituto Brasileiro de Governança Corporativa. *Governança Corporativa*. São Paulo: IBGC, 2004. Disponível em: www.ibgc.org.br. Acesso em: 11 jan. 2022.

23. IBGC. Instituto Brasileiro de Governança Corporativa. *Governança Corporativa. op. cit.*

24. ANDRADE, A.; ROSSETTI, J. P. *Governança Corporativa*: fundamentos, desenvolvimento e tendências. *op. cit.*, p. 27.

25. IBGC. Instituto Brasileiro de Governança Corporativa. *Governança Corporativa. op. cit.*

26. STEINBERG, H. *A Dimensão Humana da Governança Corporativa*. São Paulo: Gente, 2003.

27. IBGC. Instituto Brasileiro de Governança Corporativa. *Governança Corporativa. op. cit.*

28. BLAIR, M. M. For Whom Should Corporations Be Run? an economic rationale for stakeholder management. *Long Range Planning*, v. 31, 1999.

29. SHLEIFER, A.; VISHNY, R. W. A Survey of Corporate Governance. *Journal of Finance*, v. 52, 1997.

30. CHIAVENATO, I.; SAPIRO, A. *Planejamento Estratégico*: da intenção aos resultados. São Paulo: Atlas, p. 296-297, 2020.

31. ANDRADE, A.; ROSSETTI, J. P. *Governança Corporativa*: fundamentos, desenvolvimento e tendências. *op. cit.*, p. 37-38.

32. MITCHELL, R. K.; AGLE, B. R.; WOOD, D. J. Toward a Theory of Stakeholder Identification and Salience: defining the principle of who and what really counts. *Academy of Management Review*, n. 22, p. 853-886, 1997.

33. DAFT, R. L. *Management*. Orlando: The Dryden Press, 1994. p. 145.

34. GREENBERG, J. *Managing Behavior in Organizations*. Upper Saddle River: Prentice Hall, 2002. p. 257.

35. CLOKE, K.; GOLDSMITH, J. *The End of Management*: and the rise of organizational democracy. San Francisco: Jossey & Bass, 2002.

ÍNDICE ALFABÉTICO

A

Abordagem(s)
ao desenho de cargos e tarefas, 226
clássica ao desenho de cargos, 226
contingenciais da motivação humana, 274
contingencial ao desenho de cargos, 228
da estratégia, 100
humanística ao desenho de cargos, 227
sociotécnica, 91, 225, 230

Ação
corretiva, 167, 298, 303-307, 314-315, 317-318, 325-326, 329-331
disciplinar, 331
empresarial, 2, 4, 71, 104, 115-117, 122, 125, 142, 145, 169, 171-173, 239, 244, 247, 285, 297-398, 300, 302-303, 307, 342-344

Adhocráticas, 88, 200

Administração
Científica, 6, 8, 225, 260, 317
conceito, 4
atual, 6
da ação empresarial, 341
da estratégia, 113
da tecnologia, 22, 91
de empresas, 21
fundamentos, 1
o que é, 3
perspectivas, 22
por Objetivos, 130, 318
sistemas, 250

Administrador, 59
como empreendedor, como gerente ou como líder, 65
atividades do, 63
competências do, 60
habilidades do, 61
natureza do trabalho do, 64
papel do, 60

Alinhamento organizacional, 45

Ambiente(s)
das empresas, 73
de tarefa, 66, 73, 75, 78-82, 84, 86-89, 94, 99, 101, 103, 106-107, 109, 113, 123-124, 130-134, 137, 171, 187-188, 204, 213, 242, 342
reconhecimento do, 84
setores do, 78
geral, 66, 73, 75, 77-80, 84, 123, 131, 134, 137
variáveis do, 75
tipologia de, 81

Amplitude de controle, 86-87, 95-96, 175, 182-183, 185-186, 204, 234

Análise
ambiental, 84
cenários, 84
ambiental de Porter, 133-134
das condições ambientais, 130
do ambiente de tarefa, 131
do ambiente geral, 131
do Retorno do Investimento (ROI), 310-311
organizacional, 135
SWOT, 136-137

Aplicações
da departamentalização funcional, 210

da departamentalização geográfica, 214
da departamentalização por clientela, 215
da departamentalização por processo, 217
da departamentalização por produtos/serviços, 212
da departamentalização por projeto, 219
da estrutura matricial, 200

Áreas de responsabilidade social, 361

Articulação estratégica, 104

Automação, 18, 28, 35, 90-91, 135, 307, 332, 338-339

Autoridade, 12-15, 17, 24, 41-42, 86, 135, 138, 149, 159, 171, 176-177, 179-180, 182-183, 185, 187-196, 198-200, 210, 221, 230-231, 243, 258, 263-264, 280, 286, 291, 298-299, 308-309, 311, 316, 372

Avaliação
da estratégia empresarial, 112
do desempenho, 168, 176
do(s) resultado(s), 125, 142, 297, 314, 316, 374
organizacional, 305

B

Balanced Scorecard, 142

Balanço
contábil, 25, 126, 308-309
social, 25, 126, 308, 311, 363

Barreiras à comunicação, 284

Busca da vantagem competitiva, 103

C

Cadeia de valor, 356-359

Característica(s)
  da adhocracia, 201
  da departamentalização geográfica, 213
  da departamentalização por clientela, 214
  da departamentalização por processo, 216
  da departamentalização por projetos, 218
  da estrutura em redes, 202
  da estrutura matricial, 198
  da organização funcional, 189
  da organização linear, 188
  da organização linha-*staff*, 193
  da supervisão, 290
  das empresas, 36
  do desenho organizacional, 177, 183
  do planejamento estratégico, 124
  do planejamento tático, 147
  principais do desenho organizacional, 177

Cascata de competências, 346

Centralização, 23, 86, 175, 177, 179, 183, 188-189, 198, 203, 230, 300, 308-309, 316

Centros de responsabilidade, 322

Ciclo motivacional, 270-271

Classificação dos recursos empresariais, 53

Clima organizacional, 135, 254, 279-280, 284

Comparação
  do desempenho com o padrão, 306
  dos resultados com os padrões, 316

Competências
  essenciais, 20, 27, 46, 61, 71, 100, 104, 136, 142, 345-349, 352, 355, 358
  funcionais, 346, 349-350
  gerenciais, 346, 350
  individuais, 281, 346, 351, 353
  organizacionais, 353

Competitividade, 6, 20-22, 25, 49, 108, 127, 134, 136, 235, 266, 341-342, 344, 346-347, 353-355, 359-360, 366, 368

Componentes
  da estratégia empresarial, 103
  da governança corporativa, 374

Comunicação(ões), 5, 17-18, 23, 35, 61, 63-64, 87, 103, 139-142, 178-179, 182, 185, 188-190, 194, 212, 230, 234, 251-252, 257, 269, 281-287, 291, 294, 300, 311, 317, 319, 326, 336, 343, 346, 363, 371
  descendentes, ascendentes e laterais, 286
  formais e informais, 286
  orais e escritas, 286

Conceito
  de homem complexo, 278-279
  de liderança, 257
  de organizações, 33
  de sistema, 37

Conceituação
  de governança corporativa, 372
  de planejamento operacional, 157
  de planejamento tático, 146

Conclusões sobre as características do desenho organizacional, 183

Condições de decisão, 151

Consonância e dissonância, 74

Construção de equipes, 293

Contabilidade de custos, 321

Contexto em que as Empresas Operam, 69

Continuum de liderança, 263-264

Contabilidade de custos, 319, 321

Controle
  como um processo cibernético, 325
  da ação empresarial, 297
  de estoques, 336
  de qualidade, 135, 155, 193, 197, 201, 227, 315, 338-339
  estratégico, 2, 71, 301-303, 307-308, 312, 329, 343-344
  operacional, 2, 71, 301-302, 308, 325, 327, 329-331, 339, 343-344
  orçamentário, 2, 63, 197, 319-320

organizacional do ponto de vista humano, 311
  tático, 2, 71, 301-302, 308, 313-316, 322, 329, 343-344

Criação
  de um ambiente propício à inovação, 371
  de valor, 2, 56, 71, 122, 172, 302, 344-345, 356, 358-359, 366

Critérios
  de distinção entre linha e *staff*, 192
  para avaliar a departamentalização, 221

Cronograma, 61, 165-166

Cultura organizacional, 254

Custo-padrão, 332-334

D

Decisões
  não programáveis, 151
  programáveis, 151,

Definição dos objetivos organizacionais, 125

Demonstrativo de lucros e perdas, 308-310

Departamentalização, 207
  funcional, 198, 208-210, 212-213, 220
  geográfica, 208, 213-215
  por base territorial, 208, 213-214,220
  por clientela, 208, 214-215, 220
  por processo, 198, 208, 216-217, 220
  por produtos ou serviços, 199, 208, 211-213, 217-218, 220
  por projeto, 198, 208, 211, 217-219, 220

Desdobramento estratégico, 102, 105-106

Desempenho global da empresa, 308

Desenho
  de cargos
    e a abordagem sociotécnica, 230
    e as pessoas, 233
    e tarefas, 225

departamental, 2, 71, 171-173, 200, 207-208, 343-344

organizacional, 2, 19, 71, 138, 171-173, 175-177, 182-184, 187, 195, 203-204, 207, 214, 219, 225, 230-231, 343-344

requisitos do, 176

Desvantagens

da departamentalização por projeto, 219

da organização funcional, 190

da organização linear, 188

da organização linha-*staff*, 196

Diferenciação, 24, 54, 81-82, 85-86, 133, 170-171, 175-178, 181, 183-184, 203, 207-208, 211-214, 216-217, 221, 234, 347, 355

Dinâmica ambiental, 80, 343

Direção

da ação empresarial, 239

e liderança, 247

Diversidade de planos operacionais, 168

Domínio, 79

E

Eficácia, 114

gerencial, 263

Eficiência, 6-7, 14, 18, 23, 40-41, 43, 45, 49, 67, 89, 109, 111, 114-115, 119, 121, 130, 157, 193, 195, 211, 215, 227, 235, 254, 261, 269, 312, 355, 361, 366

Elaboração

de cenários, 134

do planejamento estratégico, 139

Elementos do processo decisório, 149

Empowerment, 21, 27, 71, 204, 244, 247, 265-267

Empresas, 31

como organizações sociais, 32

como sistemas abertos, 37

papel da, 55

partes da empresa, 41

Encadeamento dos níveis organizacionais, 43

Ênfase

na estrutura organizacional, 10

na tecnologia, 18

nas competências e na competitividade, 20

nas pessoas, 16

nas tarefas, 6

no ambiente, 19

Enriquecimento do cargo, 225, 231-232, 274

Equipes, 2, 21, 23, 27, 53, 55, 61, 63, 70, 91, 171, 175, 177, 182, 199, 201-204, 217, 225, 235-237, 240, 244, 251-252, 254, 257, 265, 269, 280-282, 287, 289, 291-294, 305

Era

da Informação, 16, 20, 24-28, 35-36, 59, 201, 299

Digital, 16, 28, 36, 299, 307, 343, 377

Industrial, 1, 16, 24-27, 34-35, 54, 59, 126, 225, 299

o que nos deixou, 24

Escola das Relações Humanas, 16

Especialização e enriquecimento de cargos, 231

Esquemas de integração entre cargos, 234

Estabelecimento

de padrões de desempenho, 304

de padrões táticos, 314

Estabilidade, 15-16, 22, 25-26, 39, 50, 76, 81, 97, 101, 106, 109-111, 115, 186, 188, 212, 256, 272, 277, 348, 371

Estilo

de decisão, 152-153

de direção, 247

de liderança autoritária, liberal e democrática, 258

de liderança, 258, 259-260, 262

Estratégia(s)

competitivas, 103, 108

de responsabilidade social, 361

empresarial, 2, 70-71, 79, 99-105, 107-08, 111-113, 116-117, 122, 124-125, 131, 137-139, 141-143, 154, 172, 204, 226, 247, 302, 307, 343-344, 368

Estrutura

em redes, 201-203

matricial, 110, 198-200, 207, 222

organizacional, 10, 13, 16, 18-19, 24, 82-83, 86, 95-96, 103-104, 108-109, 112, 117, 135, 137, 141, 171, 173, 175, 185, 187, 189, 198, 207, 211-212, 216, 218, 226, 234, 252, 255, 279, 311, 368, 371, 374

Etapas

do planejamento estratégico, 125

do processo decisório, 150

Ética

código de, 376

F

Fases

do controle operacional, 329

do controle organizacional, 304

Fatores

higiênicos, 272-274

motivacionais, 272-274

Filosofias de planejamento, 141

Fluxo de caixa, 50, 53, 128, 135, 168, 335-336

Fluxograma

de blocos, 162

horizontal, 161

vertical, 160, 161

Força(s)

básicas da motivação para produzir, 275

competitiva, 347, 354

tarefa, 219-221

Formalização, 13, 109, 175, 177-178, 183, 203, 210, 231, 371

Formulação de alternativas estratégicas, 137

G

Gerência, 269

Gestão participativa, 265, 280, 363

Governança corporativa, 27, 344, 362, 365, 368, 372-377

origens da, 373

Gráfico de Gantt, 166

Graus de maturidade da governança corporativa, 374

H

Heterogeneidade, 76, 80-82, 92-93, 177-178, 183

Hierarquia
  das necessidades, 271-272
  de objetivos, 101, 127-129, 141
História das organizações, 5, 34
Homogeneidade, 76, 80-81, 183, 207-208

I

Imperativo
  ambiental, 19, 22, 73, 87-88
  tecnológico, 18, 22, 96-97
Implementação
  do planejamento estratégico, 141
  dos planos táticos, 154
Indicadores de sustentabilidade corporativa, 368
Influência
  ambiental, 23, 85
  da tecnologia, 95
Inovação, 1, 16, 23, 27-28, 45, 49, 53, 60-61, 64, 66-67, 82, 89-90, 94, 104, 108-109, 126-127, 140, 143, 148, 153, 180, 188, 197, 204, 212, 219-220, 232-233, 266, 309, 311, 315, 345, 351-352, 355, 365, 366, 369-372
Instabilidade, 1, 25, 67, 76, 81
Instrumentalidade, 276-277
Integração entre cargos, 234

J

Just-in-time
  programação de, 337

L

Liderança 2, 5, 17, 18, 22, 25, 60-61, 63-65, 70, 100, 106, 112, 117, 119, 135, 142-143, 186, 189, 236, 239-240, 243-244, 247, 250, 254, 256-267, 279, 285, 289, 294, 311, 342-343, 346, 351, 362-363, 370-371
Limitações
  da departamentalização geográfica, 214
  da departamentalização por clientela, 215
  da departamentalização por processo, 217
  da departamentalização por produtos/serviços, 212

  da estrutura matricial, 200
  e desvantagens da departamentalização funcional, 209
Limites ou fronteiras, 75
Linha de montagem, 7-8, 23, 92, 227, 249, 332, 338-339
Listas de verificação, 163

M

Managerial Grid, 261-62
Mapeamento ambiental, 74, 84, 138, 146
Medidas não financeiras de desempenho, 339
Missão organizacional, 45-46, 105, 113, 138, 183, 311
Modelagem do trabalho, 171-172, 235, 254, 293-294
  novas abordagens, 235
Modelo de análise estrutural das cinco forças competitivas, 354
Motivação humana, 257, 269, 274, 278
Mútua adaptação, 241-242

N

Níveis
  das empresas, 40
  de decisão, 149
  de liderança, 264
  organizacionais, 41, 43, 45, 108-110, 121, 128, 172, 251, 264, 299-300, 304, 308, 314, 343
Noções
  de estratégia, 100
  de tecnologia, 90

O

Objetivos
  das empresas, 49
  organizacionais, 14, 18, 22, 31-32, 40, 48, 51, 104, 115, 125-126, 137-138, 150, 180, 187, 209-210, 254, 269, 299, 308, 331
Orçamento
  de caixa, 335-336
  programa, 319-321
Organização(ões)
  da ação empresarial, 169

  formal(is), 10, 12-13, 17-18, 21, 33, 170-171, 177, 338
  funcional, 187, 189-191, 198
  linear, 175, 187-191, 193
  linha-*staff*, 175, 187, 191-197
  lucrativas e não lucrativas, 33
  rápida história das, 34
  recursos das, 52
  sem fronteiras, 204
  temporárias ou adhocráticas, 200
  virtual, 203

P

Padrões
  de desempenho, 176, 228, 298, 304-305
  táticos, 314-315
Percepção ambiental, 74
Planejamento
  da ação empresarial, 119
  estratégico, 2, 44, 71, 100, 102, 104-105, 117, 121-125, 128, 130-131, 134-135, 138-139, 141-143, 145-148, 158, 308, 343-344
  operacional, 2, 71, 105, 107, 121-122, 141, 146, 157-158, 166, 343-344
  tático, 2, 44, 71, 105, 117, 121-122, 141, 145-148, 157-158, 314, 343-344
Políticas, 44, 66, 71, 76-78, 100, 106-107, 112-114, 117, 131, 140-141, 149, 151, 154-155, 159, 167, 180, 243, 247, 251-252, 255, 257, 272-274, 279, 286-287, 290, 299-300, 304, 311
Princípios e valores organizacionais, 47
Procedimentos, 158
Processo
  administrativo, 4, 11-12, 99, 115-117, 120, 145, 170-171, 240, 297-299, 303, 319, 342-344
  cibernético, 325-326
  de comunicação, 282
  decisório, 14, 60, 75, 86, 106, 145, 147-152, 154, 167,170, 179, 190, 196, 215, 222, 250-252, 284

Índice alfabético 383

Produção em linha de montagem, 338

Programas ou programações, 164

Program Evaluation Review Technique, 166, 167

Propósito das comunicações, 285

Q

Quadros de produtividade, 338

R

Racionalidade, 40
do processo decisório, 150

Recursos, 135
empresariais, 52-55, 135, 176

Rede de valor, 345, 359-360

Reengenharia de processos, 217

Regras e regulamentos, 167

Relações de intercâmbio, 233, 241

Relatórios, 317

Representação dos sistemas, 40

Responsabilidade social, 360

S

Seleção ambiental, 74

Shareholders, 126

Sistema
1: autoritário-coercitivo, 250
2: autoritário-benevolente, 250
3: consultivo, 250
4: participativo, 251
de informação gerencial (SIG), 316, 319

Stakeholders, 126, 375

Supervisão, 289

Supra-administração, 365

Sustentabilidade, 365

T

Tamanho organizacional, 184

Técnicas de mensuração, 317

Tecnologia, 2, 6-8, 18-23, 25, 28, 35, 45-47, 53-54, 56, 63, 69-71, 76, 80, 83, 88-97, 102, 104-106, 108, 113, 116-117, 122, 132, 135-137, 157, 168, 172, 184, 186-188, 199-202, 204, 210-212, 216-217, 219-220, 227, 230-231, 233, 251-252, 255, 289, 293, 300, 302, 306, 329, 342-344, 350-351, 353, 355, 359, 370-371
atual, 111
conceitual e abstrata, 90
de acordo com o arranjo físico, 92
de acordo com o produto, 93
de acordo com o tipo de operação, 95
de capital intensivo, 90
de elos em sequência, 92
de mão de obra intensiva, 90
dual, 110
física e concreta, 90
fixa, 93
flexível, 93
incorporada, 91
intensiva, 91
mediadora, 92
não incorporada, 91

Teoria
Administrativa, 3, 6, 20-21, 96
estado da, 20
Clássica, 10, 12, 16-17, 86
Comportamental, 16, 18, 232, 278
da Burocracia, 10, 13, 16, 21, 40, 93
da expectância, 276-277
da fixação de metas, 277
do reforço, 278
Estruturalista, 10, 16, 21-22
X, 247-249, 251, 253
Y, 247-249, 251, 253

Tipologias de tecnologias, 92

Tipos
de controles
estratégicos, 307
operacionais, 332
táticos, 319
de equipes, 292
de estratégias empresariais, 106
de inovação, 370
de padrões táticos, 315
de planos
operacionais, 157-158, 168
táticos, 153
de políticas, 155
de sistemas, 39
tradicionais de organização, 187

Trabalho em equipe, 25, 60, 130, 139, 143, 236, 265-266, 281, 289, 291-92

V

Valências, 269, 276

Vantagem(s)
competitiva, 52, 53, 103-104, 141, 347-349, 352-354, 358, 370
da departamentalização funcional, 208
da departamentalização geográfica, 213
da departamentalização por clientela, 215
da departamentalização por processos, 216
da departamentalização por produtos/serviços, 211
da departamentalização por projeto, 218
da estrutura em redes, 203
da estrutura matricial, 199
da organização funcional, 190
da organização linear, 188
da organização linha-*staff*, 195

Variáveis causais, intervenientes e resultantes, 311

Visão organizacional, 48-49, 125, 135, 137, 236